21世纪会计系列规划教材

应用型

会计信息系统应用教程

（第二版）

安　洋　郑新娜　主　编

隋志纯　李争艳　刘　言　副主编

aiji Xinxi Xitong

ngyong Jiaocheng

东北财经大学出版社

Dongbei University of Finance & Economics Press

大连

图书在版编目（CIP）数据

会计信息系统应用教程 / 安洋，郑新娜主编. —2版. —大连：东北财经大学出版社，2019.8

（21世纪会计系列规划教材·应用型）

ISBN 978-7-5654-3614-7

Ⅰ. 会… Ⅱ. ①安… ②郑… Ⅲ. 财务软件-高等学校-教材 Ⅳ. F232

中国版本图书馆CIP数据核字（2019）第154817号

东北财经大学出版社出版

(大连市黑石礁尖山街217号 邮政编码 116025)

网 址：http：//www.dufep.cn

读者信箱：dufep@dufe.edu.cn

大连图腾彩色印刷有限公司印刷 东北财经大学出版社发行

幅面尺寸：185mm×260mm 字数：741千字 印张：31

2019年8月第2版 2019年8月第3次印刷

责任编辑：高 铭 责任校对：佟 欣

封面设计：冀贵收 版式设计：钟福建

定价：62.00元

教学支持 售后服务 联系电话：（0411）84710309

如有印装质量问题，请联系营销部：（0411）84710711

第二版前言

在当今这样一个信息化时代，会计作为企业经济不可或缺的一部分，已经越来越多地运用信息技术。财务软件得到了快速发展，财务软件系统的应用平台、开发技术及功能体系也在不断更新，并且应用水平不断提高，应用范围也不断扩大。财务软件从单一的记账软件逐步发展到包含销售、采购等业务流程的信息化软件，可谓发展到了财务软件时代。这对会计及相关经济管理工作人员对财务软件的了解、使用和维护提出了更高的要求。

本书详细讲解了用友U8 V10.1软件、金蝶KIS V8.1标准版软件的使用方法。

通过具体案例来列举财务软件系统操作方法，可使学生完整地学习财务软件系统的全部工作过程。本书采用模块操作方式，以模块化的方式介绍财务软件系统，内容安排合理，文字简明，突出操作技能的训练，能够适应现代化企业管理对会计人员综合素质的要求。

本书在内容和结构上突出了如下特点：

1.实用性

本书采用实践教学方式，有针对性地学习，完整地实现企业财务一体化，能够适应企业管理现代化对会计人员综合素质的要求，有效地培养学生的综合实践能力和创新精神，促进其知识、能力及素质的全方位提高。

2.代表性

本书选取的是用友和金蝶这两款信息化软件。这两款软件的市场占有率非常高，基本上能涵盖财务软件的主要功能。通过学习这两款软件，读者既能掌握财务软件系统的基本理论知识，又能全面了解利用财务软件系统处理会计业务的原理和方法，从而满足熟练使用财务软件系统处理会计业务的需要。

3.系统性

本书依据企业会计业务处理流程，全面、系统地介绍财务软件系统的原理和使用方法，把财务软件系统分为六个模块，使学员全面了解财务软件系统的功能、结构和数据流程，系统地掌握财务软件系统的工作原理和数据处理方法。

全书建议讲授80课时，其中用友财务软件部分44课时，金蝶财务软件部分36课时，具体分配如下：

第一章　系统管理，2课时

第二章　企业应用平台，4课时

第三章　总账系统，10课时

第四章　报表管理，4课时

第五章　工资管理，4课时

第六章　固定资产管理，4课时

第七章　应收款管理，4课时

第八章　应付款管理，4课时

第九章　采购管理，4课时

第十章　销售管理，4课时

第十一章　金蝶KIS标准版的安装、卸载与基本操作，2课时

第十二章　初始数据设置与录入，6课时

第十三章　凭证管理，4课时

第十四章　固定资产管理，4课时

第十五章　工资管理，4课时

第十六章　往来管理，4课时

第十七章　出纳管理，4课时

第十八章　期末处理，6课时

第十九章　系统维护，2课时

本书适用于不同的教学层次需求，高职高专层次可使用前八章，普通本科可使用前十章，若需要补充教学，可以使用第十一章至第十九章。

本书在第一版的基础上，用友部分改用了用友U8 V10.1软件，软件版本更新，更适合目前Win7、Win8、Win10的计算机操作系统，总账系统的业务资料也全部更换，从筹资、采购、生产、销售到利润分配，业务更全面、更系统。

本书由沈阳工学院的安洋、郑新娜担任主编，沈阳工学院的隋志纯、李争艳和沈阳理工大学的刘言担任副主编。写作分工是：安洋编写第一章至第六章，郑新娜编写第七章至至第十四章，隋志纯编写第十五章至第十六章，李争艳编写第十七章至第十八章，刘言编写第十九章。

全书由郑新娜统稿，安洋审定。

在本书的编写过程中，我们拜读了国内外许多专家、学者的著作，并借鉴了其中部分内容，在此谨向他们表示深深的感谢和敬意！受时间和水平所限，书中难免会有不足和纰漏，敬请专家和读者不吝指正。

编　者

2019年6月

目　录

上篇　用友ERP-U8 V10.1软件

第一章　系统管理　1
第一节　系统注册及新增用户　1
第二节　建立账套　5
第三节　用户权限设置　9
第四节　账套输出与引入　12
第二章　企业应用平台　16
第一节　系统启用　16
第二节　企业基础档案　19
第三章　总账系统　29
第一节　总账系统初始设置及录入期初数据　29
第二节　凭证处理　47
第三节　期末处理　65
第四节　出纳管理　80
第五节　账表查询　95
第四章　报表管理　108
第一节　报表格式设计　108
第二节　报表数据处理　125
第三节　报表模板处理　127
第五章　工资管理　133
第一节　工资管理系统初始化　133
第二节　工资管理日常业务　151
第三节　工资数据统计与分析　167
第六章　固定资产管理　170
第一节　固定资产系统初始化　170
第二节　固定资产系统的日常业务处理　185
第三节　固定资产系统期末处理　192
第七章　应收款管理　198
第一节　应收款管理系统初始设置　198
第二节　应收款管理系统日常业务处理　214
第三节　应收款管理期末处理　237

第八章　应付款管理　239
第一节　应付账款系统初始化　239
第二节　应付款管理系统日常业务处理　248
第三节　应付账款系统期末处理　260
第九章　采购管理　262
第一节　采购管理系统初始设置　262
第二节　采购管理系统日常业务处理　286
第三节　采购管理系统月末结账　305
第十章　销售管理　308
第一节　销售管理系统日常业务处理　308
第二节　销售管理系统月末结账　325

下篇　金蝶KIS V8.1标准版软件

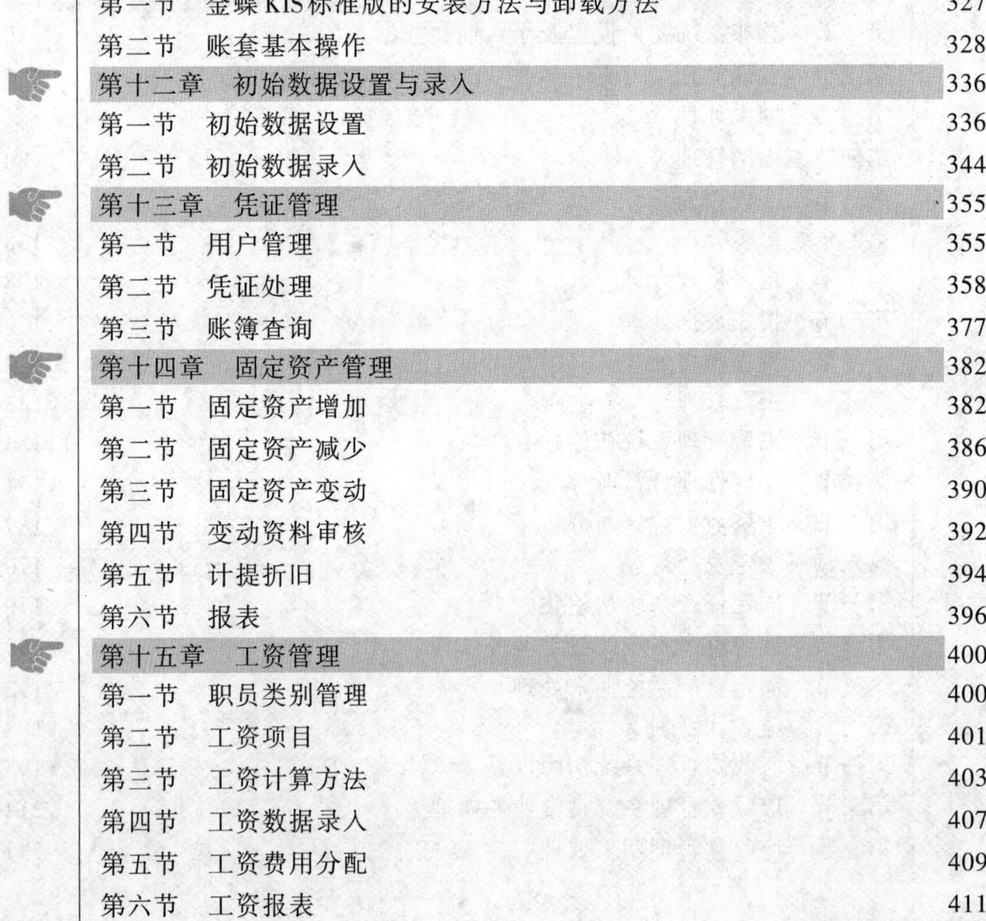

第十一章　金蝶KIS标准版的安装、卸载与基本操作　327
第一节　金蝶KIS标准版的安装方法与卸载方法　327
第二节　账套基本操作　328
第十二章　初始数据设置与录入　336
第一节　初始数据设置　336
第二节　初始数据录入　344
第十三章　凭证管理　355
第一节　用户管理　355
第二节　凭证处理　358
第三节　账簿查询　377
第十四章　固定资产管理　382
第一节　固定资产增加　382
第二节　固定资产减少　386
第三节　固定资产变动　390
第四节　变动资料审核　392
第五节　计提折旧　394
第六节　报表　396
第十五章　工资管理　400
第一节　职员类别管理　400
第二节　工资项目　401
第三节　工资计算方法　403
第四节　工资数据录入　407
第五节　工资费用分配　409
第六节　工资报表　411

第十六章　往来管理 415
第一节　核销往来业务 415
第二节　往来对账单查询 417
第三节　合同管理 418
第四节　账簿报表 426
第十七章　出纳管理 429
第一节　现金管理 429
第二节　银行存款管理 436
第三节　出纳轧账 446
第四节　支票管理 447
第五节　出纳报表 453
第十八章　期末处理 455
第一节　自动转账 455
第二节　期末调汇 459
第三节　结转损益 461
第四节　期末结账 464
第五节　财务报表 466
第十九章　系统维护 478
第一节　模式凭证 478
第二节　账套选项 482
主要参考文献 488

上篇　用友ERP-U8 V10.1软件

第一章

系统管理

第一节 系统注册及新增用户

一、实验要求

1.系统注册

2.根据所给的实验资料设置角色和用户（操作员）

二、实验资料

1.001赵晓——账套主管

2.002张彤——会计

3.003孙静——出纳

（口令可以根据需要设置，不设置即为空）

三、实验指导

1.系统注册

初次登录系统，以系统管理员（admin）的身份在“系统管理”功能中完成。具体操作步骤如下：

（1）单击“开始”按钮，依次指向“程序”—“用友U8 V10.1”—“系统服务”—“系统管理”，打开“系统管理”窗口，如图1-1所示。

（2）在系统管理窗口中，单击“系统”—“注册”，出现“注册系统管理”对话框，如图1-2所示。

（3）在“注册系统管理”对话框中，可以看出操作员为“admin”，无密码，单击“确定”按钮。此时在“系统管理”界面的左下角可以看到操作员为“admin”，以及注册的子系统、注册站点和注册信息等内容，如图1-3所示。

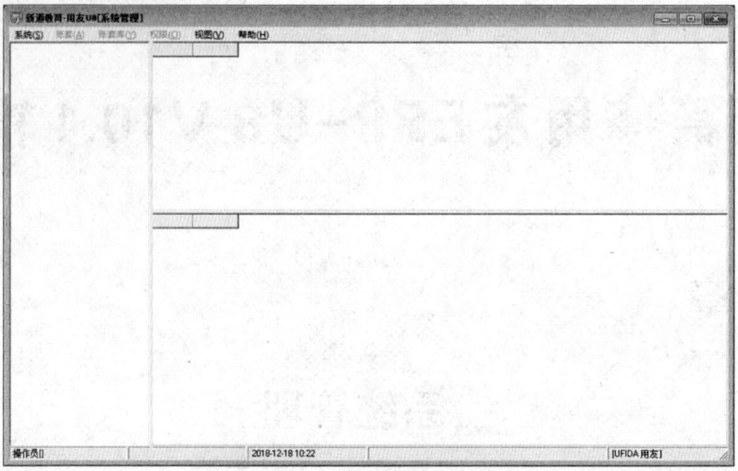

图 1-1 “系统管理”窗口

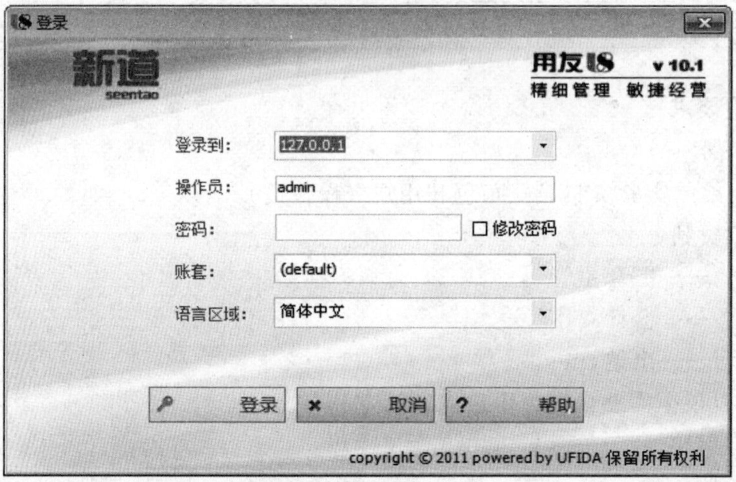

图 1-2 “登录”对话框

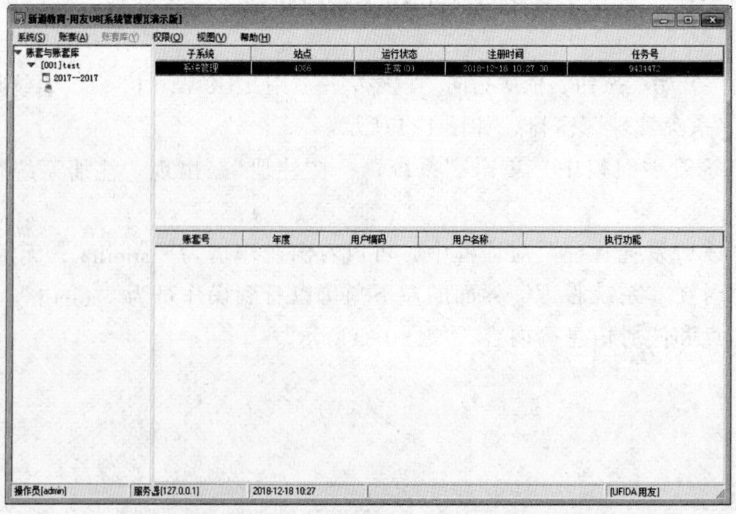

图 1-3 “系统管理-登录”界面

注意事项：

系统管理员（admin）没有预设口令，即初始口令为空。在实际工作中要为系统管理员加设口令，这样可确保系统安全。在学习演练过程中，由于多人公用一套系统，很可能出现他人不知道系统管理员（admin）口令而无法以系统管理员（admin）身份进入的问题，因此在学习过程中无须为系统加设口令。

2. 设置角色（操作员）

角色是指在企业管理中拥有某一类职能的组织或个人。在实际工作中，我们可以依照手工账务处理的惯例，根据企业的业务量设置不同的角色。一般来说，规模较小的企业可以只设会计和出纳（注意：会计与出纳不能为同一人）；如果企业规模较大，业务量多，我们还可具体分设总账会计、成本会计、工资会计、现金出纳、银行出纳等角色。在建立角色之后，我们就可以根据每个角色的不同分工，设置各角色人员的权限。这样，把某一用户归属于某一类角色时，它就拥有了该角色的权限。建立角色的目的，就是对每一个系统用户根据其职能分工统一进行权限划分。

角色一般是依照各工作岗位设置，如采购业务员、销售业务员、化验员、质量检验员等。角色管理包括对角色的增加、修改、删除等。其具体操作步骤如下：

(1) 以系统管理员（admin）的身份注册进入系统管理界面，打开系统管理界面，单击菜单“权限”—“角色”，进入“角色管理”窗口，如图1-4所示。

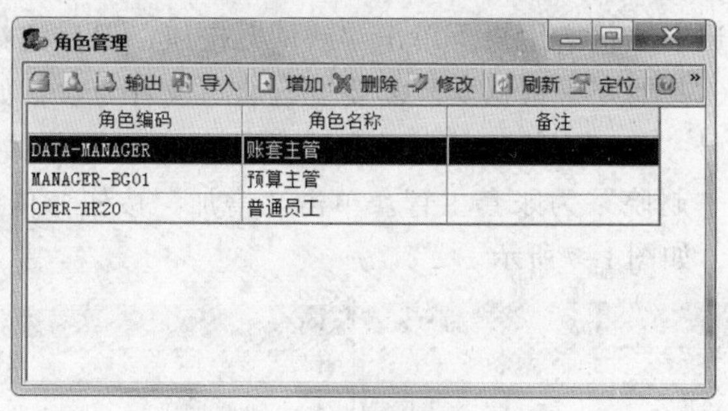

图1-4 “角色管理”窗口

(2) 单击“增加”按钮，打开“增加角色”对话框，输入角色编码和角色名称，在“所属用户名称”中可以选中归属角色的用户，单击“增加”按钮，保存新增设置，如图1-5所示。

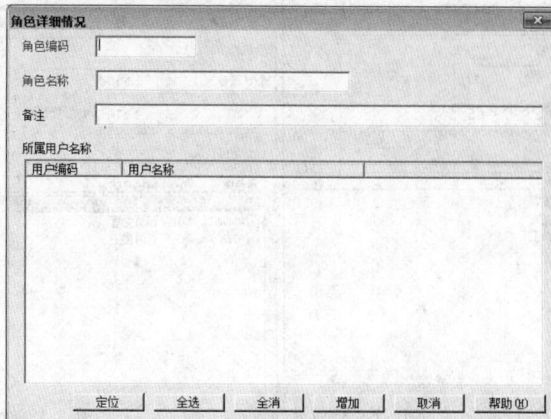

图1-5 “增加角色”对话框

（3）单击“修改”按钮，可以修改角色信息。注意：除角色编号不能修改外，其他信息都能修改。

（4）单击“删除”按钮，用户确认后即可进行删除。注意：如果该角色有所属用户，则不允许删除；若非要进行删除，则必须先进行修改，将所属用户置于非选中的状态，然后才能进行该角色的删除。

3.设置用户

用户是有权登录系统对账套进行操作的人员，即指某一个具体的系统操作员，也就是我们通常所说的“操作员”。我们在前面已经对角色进行了设置，那么用户与角色有何区别呢？简单地说，角色的设置是传统意义上企业根据不同工作岗位所进行的工种设置，而用户是针对财务软件系统而设置的某个具体操作员。在设置角色后，可定义角色的权限。如果将某个用户归属于该类角色，则该用户相应具有了该角色的权限，也可以直接对各个用户按照不同的权限进行分别授权。用户和角色的设置不分先后顺序，但如果希望将角色的权限自动传递到用户上，则应在先设定角色并对其分配权限后，再对用户进行设置，将设置好的用户选择归属于该角色，则其自动得到该角色的权限。一个角色可以拥有多个用户，一个用户也可以分属于不同的角色。用户设置的具体操作步骤如下：

（1）以系统管理员的身份注册进入系统管理，单击“权限”—“用户”进入“用户”窗口。

（2）单击“增加”按钮，输入有关用户信息，如用户编号、姓名、口令、所属部门等，并在所属角色中选中该新增用户。单击“新增”按钮，保存其新增设置。注意：用户编号、姓名必须输入，其他则可根据实际需要进行填写或者为空，如图1-6所示。

（3）依次录入编号“001”、姓名“赵晓”并确认所属部门“财务部”，单击“账套主管”前复选框，选中“赵晓”为账套主管。单击“增加”按钮，依此方法依次设置张彤、孙静等其他的操作员，如图1-7所示。

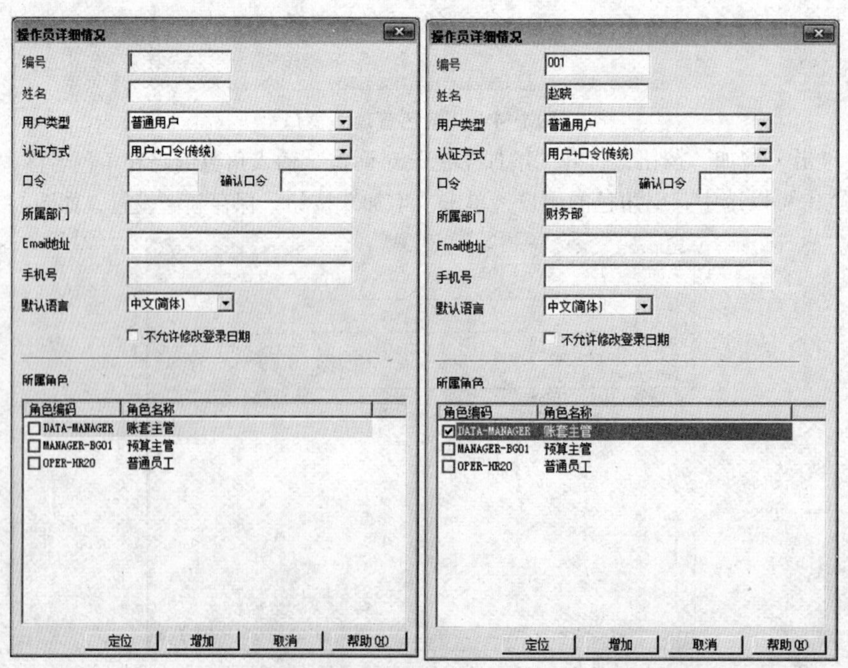

图1-6 “增加操作员”界面　　图1-7 “增加操作员-001”对话框

（4）单击“修改”，可以进行用户信息的修改。如需暂停使用该用户，可单击“注销当前用户”按钮。

（5）单击“删除”，可删除用户信息。系统要求先删除用户的角色信息。注意：已启用的用户不能删除。

注意事项：

（1）在系统管理中只有系统管理员有权设置用户。

（2）在用户功能中的“增加”的状态下可进行用户设置，可增加多位用户，点击增加即可。

（3）用户编号不可重复和删除，在联系时可自行设置操作员编号（编号最大为10位数）。

（4）不可删除被启用后的客户。

（5）初次使用本系统，需要在建账时设置账套主管。

第二节　建立账套

一、实验要求

建立新账套（不进行系统启用的设置）。

二、实验资料

1.账套信息

账套号：001；

账套名称：上海海晨科技有限公司；

备份路径：默认路径；

启用会计期间：2019年1月1日；

会计期间设置：1月1日至12月31日。

2.单位信息

单位名称：上海海晨科技有限公司；

单位简称：海晨科技；

单位地址：上海市虹口区大连路66号；

法人代表：田昊；

邮政编码：200080；

联系电话：021-34567891；

传真：021-34567891；

电子邮件：TH1983@163.com；

税号：357951268459179。

3.核算类型

记账本位币：人民币（RMB）；

企业类型：工业；

行业性质：2007年新会计制度科目；

是否按行业性质预置科目：是；

账套主管：赵晓。

4.基础信息

是否有外币核算：否；

是否对存货进行分类：是；

是否对客户进行分类：是；

是否对供应商进行分类：是。

5.分类编码方案

科目编码级次：4222；

客户分类编码级次：123；

部门编码级次：12；

地区分类编码级次：223；

存货分类编码级次：1223；

收发类别编码级次：111；

结算方式编码级次：12；

供应商分类编码级次：123。

6.数据精度

该企业对存货数量、单价小数位定为2。

三、实验指导

建立账套应由系统管理员（admin）在“系统管理”功能中完成，包括：设置账套信息、单位信息、核算信息、基础信息，以及确定分类编码方案和数据精度。具体操作步骤如下：

（1）单击“开始”按钮，依次指向“程序”—“用友U8 V10.1”—“系统服务”—“系统管理”，打开“系统管理”窗口。

（2）在“系统管理”窗口中，单击“账套”—“建立”，打开“账套信息”对话框。

（3）录入账套号“001”、账套名称“上海海晨科技有限公司”、账套路径以及启用会计期，如图1-8所示。

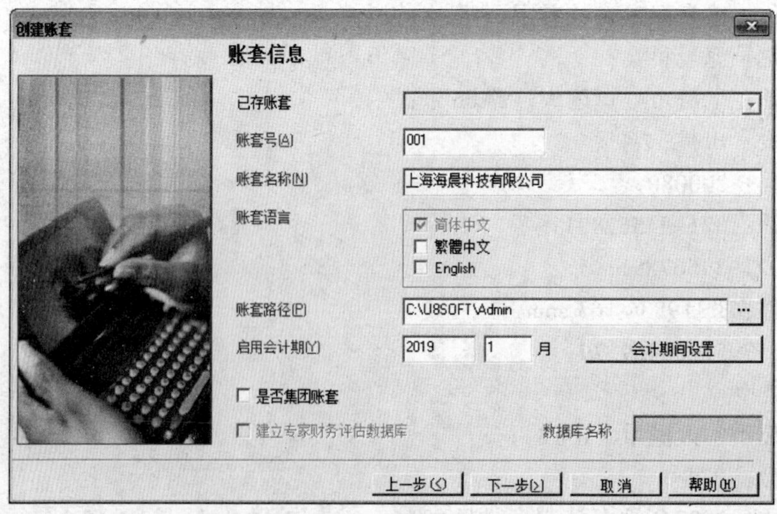

图1-8 “创建账套”窗口

（4）单击“下一步”按钮，打开“单位信息”对话框，录入有关单位信息，包括：单位名称“上海海晨科技有限公司”；单位简称“海晨科技”；单位地址“上海市虹口区大连路66号”；法人代表“田昊”；邮政编码“200080”；联系电话“021-34567891”；传真“021-34567891”；电子邮件“TH1983@163.com”；税号“357951268459179”，如图1-9所示。

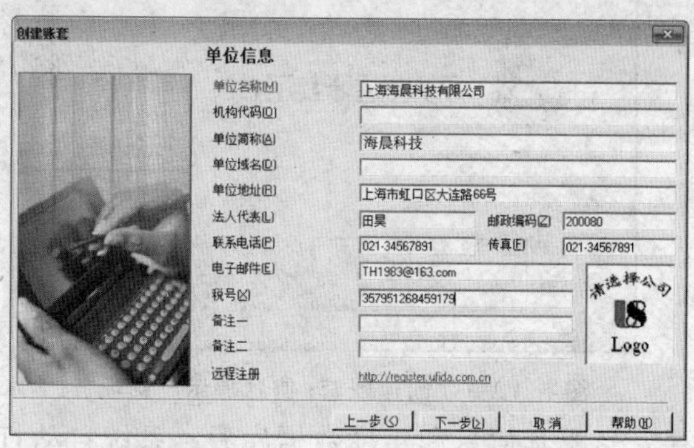

图1-9 “单位信息”对话框

（5）单击“下一步”按钮，打开“核算类型”对话框。输入所选择的核算类型，包括：记账本位币代码“人民币（RMB）”；企业类型“工业”；行业性质“2007年新会计制度科目”，单击“账套主管”的选择按钮，选择“赵晓”；选中“按行业性质预置科目”复选框，如图1-10所示。

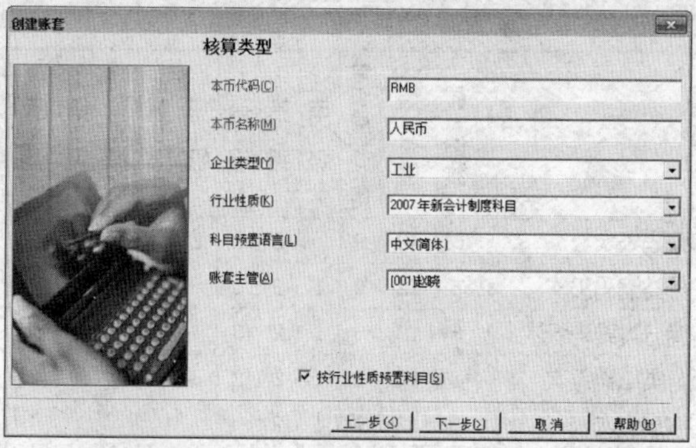

图1-10 “核算类型”对话框

（6）单击“下一步”按钮，打开“基础信息”对话框，选中“存货是否分类”“客户是否分类”“供应商是否分类”复选框，如图1-11所示。

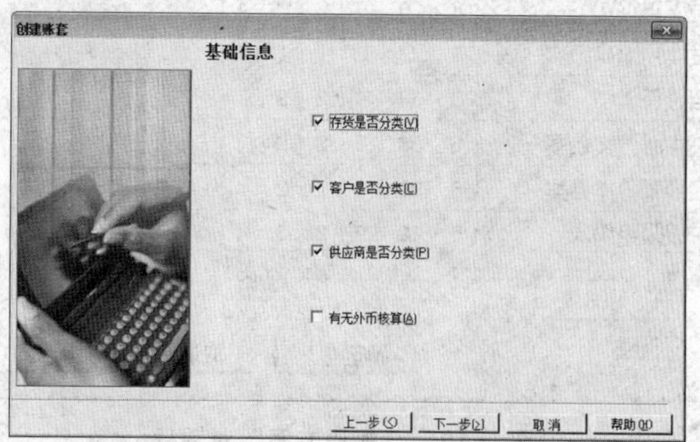

图1-11 “基础信息”对话框

（7）单击“完成”后，系统提示“可以创建账套了么?”，单击“创建账套”对话框中的“是”，如图1-12所示。

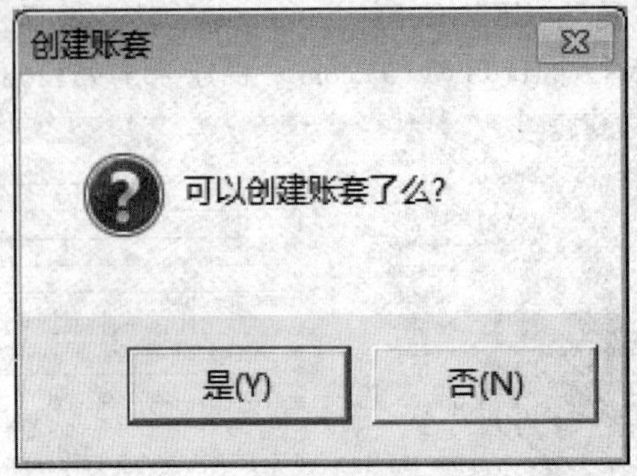

图1-12 “创建账套-信息提示”选项

（8）等待系统保存妥当账套信息和年度数据库后，系统自动打开“编码方案”对话框，按实际账务资料修改分类编码方案：科目编码级次“4222”；客户分类编码级次“123”；部门编码级次“12”；地区分类编码级次“223”；存货分类编码级次“1223”；收发类别编码级次“111”；结算方式编码级次“12”；供应商分类编码级次“123”，如图1-13所示。

项目	最大级数	最大长度	单级最大长度	第1级	第2级	第3级	第4级	第5级	第6级	第7级	第8级	第9级
科目编码级次	13	40	9		2	2	2					
客户分类编码级次	5	12	9	1	2	3						
供应商分类编码级次	5	12	9	1	2	3						
存货分类编码级次	8	12	9	1	2	2	3					
部门编码级次	9	12	9	1	2							
地区分类编码级次	5	12	9	2	3	3						
费用项目分类	5	12	9	1	2							
结算方式编码级次	2	3	3	1	2							
货位编码级次	8	20	9	2	3	4						
收发类别编码级次	3	5	5	1	1	1						
项目设备	8	30	9	2	2							
责任中心分类档案	5	30	9	2	2							
项目要素分类档案	6	30	9	2	2							
客户权限组级次	5	12	9	2	3	4						

图1-13 “编码方案”对话框

（9）单击“确认”进入“数据精度”，按实际账务资料修改系统默认的数据精度设置方案，如图1-14所示。

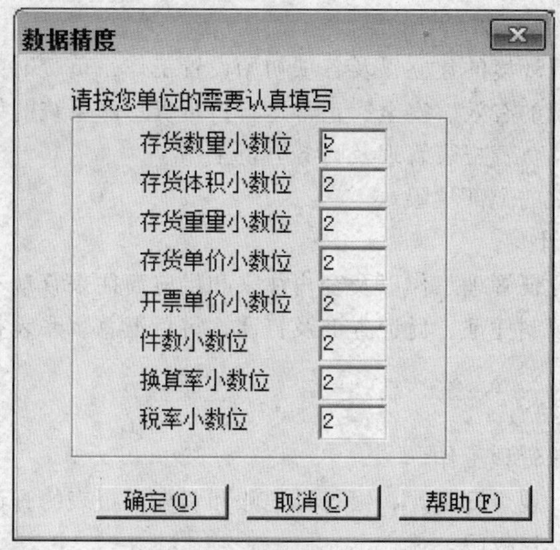

图1-14 “数据精度”对话框

(10) 在“数据精度”对话框中单击“确定”后，出现“创建账套”的提示对话框。

(11) 单击“否”，结束建账过程。在以后需要的时候，可在“企业门户”的“基础信息”中进行设置。

注意事项：

(1) 账套号是用来标示该账套的，设置为三位数字。账套号不能重复，设置后不能修改。

(2) 账套名称是用来标示该账套的，与账套号一同显示在屏幕左下角，且可自行设定和修改。

(3) 账套路径可按系统默认保存，也可自行修改。

(4) 会计启用期应根据需要自行修改。

(5) 单位名称必须填写单位全称，以方便在日后工作中打印发票。

(6) 系统默认人民币代码为RMB，企业类型为工业，行业性质为2007年新会计制度科目。

(7) 对存货、客户及供应商是否分类会影响档案设置。外币核算会影响基础信息设置和日常业务处理。

(8) 若设置的基础信息有误，可由账套主管在修改账套功能中修改。

(9) 编码方案的设置会影响相应的编码级次及每级编码位长。

(10) 既可直接进行系统启用的设置，也可单击“否”并在“企业门户”的“基础信息”中设置。

第三节 用户权限设置

一、实验要求

根据所给的实验资料设置用户权限。

二、实验资料

1.001赵晓——账套主管

负责财务软件运行环境的建立以及各项初始设置工作；负责财务软件的日常运行管理工作，监督并保证系统的有效、安全、正常运行；负责总账系统的凭证审核、记账、账簿查询、月末结账工作；负责报表管理及财务分析工作。

具有系统所有模块的全部权限。

2.002张彤——会计

负责总账系统的凭证管理工作以及客户往来和供应商往来管理工作。

具有总账系统的填制凭证、凭证查询及打印，科目汇总、账表查询及打印、期末处理等操作权限。

3.003孙静——出纳

负责现金及银行账管理工作。

具有出纳签字权，现金日记账、银行日记账和资金日报表的查询及打印权，支票登记权以及银行对账全部操作权限。

三、实验指导

（1）打开“用友U8 V10.1”—“系统服务”—“系统管理”，打开“系统管理”窗口。

（2）在“系统管理”窗口，单击“权限”—“操作员权限”，打开“操作员权限”对话框，依次对各操作员按所给权限进行设置，如图1-15所示。

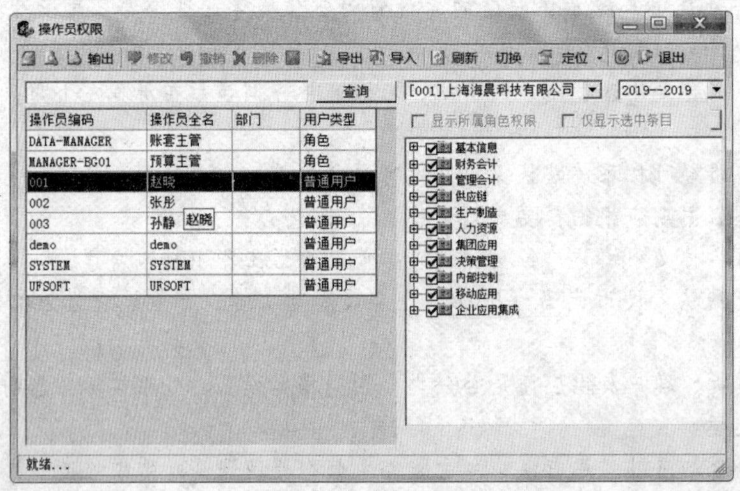

图1-15　“操作员权限”对话框

（3）权限的设置可以在设置用户时直接指定所设操作员的角色，如赵晓的角色为“账套主管”、张彤的角色为“会计”、孙静的角色为“出纳”。系统已经给已预设的用户授予了相应的角色，则其就已经拥有了该角色的所有权限。

（4）如果该用户所拥有的权限与该角色的权限不完全相同，则可以在“权限”功能中选择“修改”。进入“增加和调整权限”，对所选定角色要赋予什么样的权限，在相应的权限的方框里打勾即可，如图1-16所示。

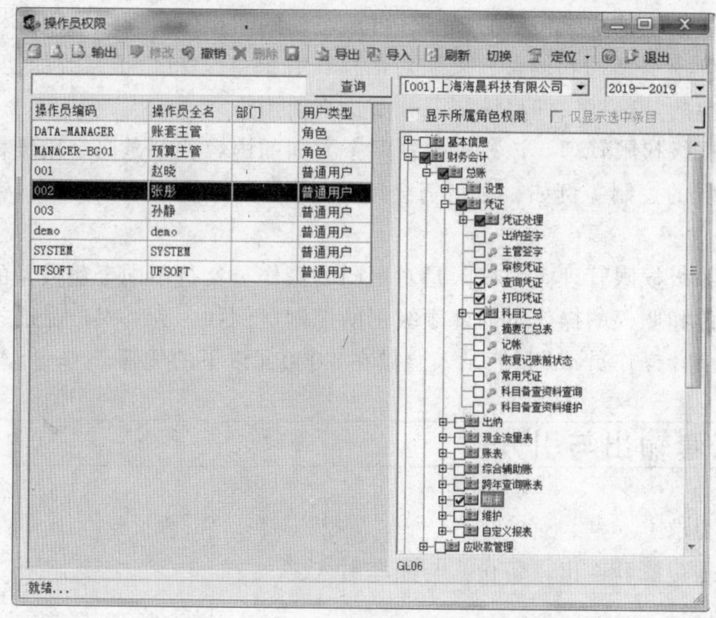

图 1-16 “修改操作员权限”对话框

随着企业管理向纵深发展，财务软件系统提供的权限管理也更为精细，除了对用户提供的各模块的操作权限外，还相应地提供了金额权限的管理以及对数据的字段级和记录级控制，三者灵活组合，使权限设置更灵活，更贴合企业的实际需求。用友 U8 V10.1 系统提供了如下三个层次的权限管理：

第一，功能权限管理。功能权限管理主要是提供模块相关业务的查看和分配权限。例如，对会计×××赋予总账子系统的全部功能：对出纳×××赋予出纳子系统的全部功能。功能权限设置的具体操作步骤如下：

①以系统管理员的身份注册进入“系统管理”，单击“权限”，打开“操作员权限”对话框。

②如果是设置账套主管，可从左侧的“操作员列表”选择操作员，从“账套”下拉列表中选择要进行设置的账套，单击选中“账套主管”复制框，单击系统提示信息“是”，则设置该操作员为该账套的账套主管，如图 1-17 所示。

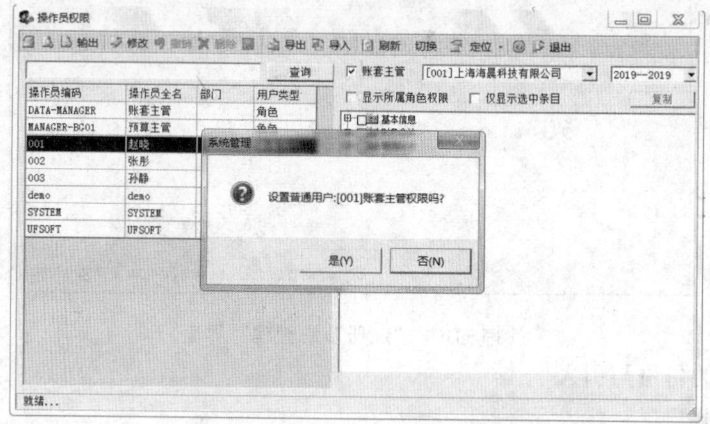

图 1-17 “设置账套主管”对话框

③如增加或修改某个操作员的权限，可从左侧的“操作员列表”中选择操作员，单击“修改”，系统弹出“增加和调整权限”对话框，并提供了22个子系统的功能权限的分配，单击相应功能前的复选框，即将该权限分配给当前用户。

第二，数据级权限管理。该权限包括两个方面的内容：一是对字段级权限的控制，二是对记录级权限的控制。例如，对工资会计×××操作员只能录入、查询某一种凭证类别的凭证。

第三，金额级权限管理。该权限是对不同的操作员实行不同金额数量的级别划分，以实现对不同岗位和职权的操作员的金额级别的控制。例如，为了对产品成本进行管理和控制，设定成本会计操作员×××只能录入金额在8 000元以下的凭证。

第四节 账套输出与引入

一、实验要求

根据需要进行账套输出（备份）与账套引入。

二、系统运行

进入“系统管理”，可以看到系统管理功能分上下两个列表来列示系统的运行情况。上半部分列示的是正在执行的子系统，下半部分列示的是已登录的操作员在系统中正在执行的功能。

这两个部分的内容是动态的，它们随着不同的操作员对不同子系统的操作内容变化而不断变化。如果某个操作员要放弃对系统的操作，则可以单击“系统”—“注销”，将旧的操作员注销掉；反之，可以单击“系统”—“注册”，以新操作员的身份重新进入，如图1-18所示。

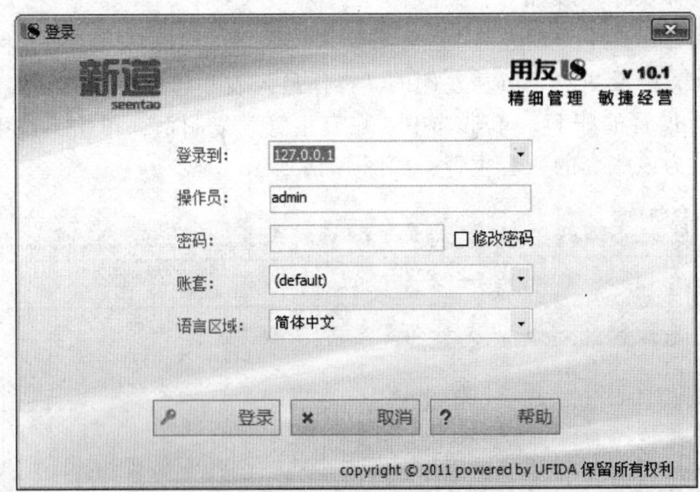

图1-18 “注册系统管理”界面

三、账套的备份与引入

1.账套备份

无论从企业自身管理，还是从税务或上级主管部门的管理角度来看，企业的财务信息都是非常重要、不可缺失的。因此，我们要养成定期备份的习惯，将账套信息储存到不同的介质上，如软盘、光盘或网盘。在遇到计算机病毒、人为失误操作或者地震、火灾等意外情况时，就可以将数据进行恢复，即“账套引入”功能，以保证数据的安全性。账套的备份有两种方式：

（1）方式一：手工备份方式

手工选择备份路径可随时进行账套备份，具体操作步骤如下：

①打开“系统管理”窗口，用系统管理员的身份进行注册。

②“备份”即“输出”，单击“账套”—“输出”，系统弹出“账套输出”对话框，选择需要备份的账套号。

如果该账套备份后，还希望从系统中删除该账套，则还可选中“删除当前输出账套”项，如图1-19所示。

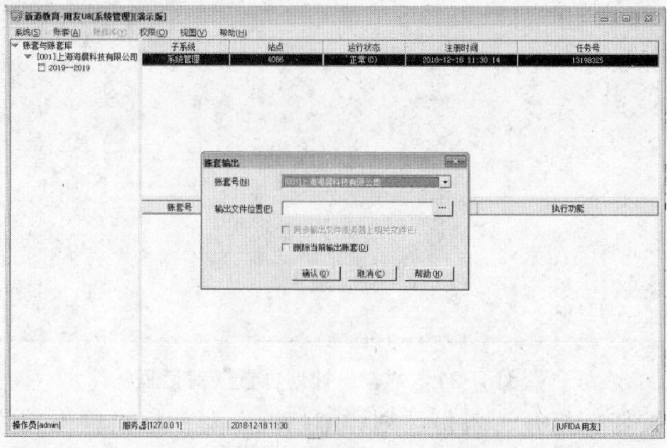

图1-19 “账套输出”对话框

③单击“确认”，系统出现账套备份的进度条。最后提示选择备份的路径，选择好目标文件夹后，单击“确认”，系统成功地将账套数据备份在路径的文件夹中，如图1-20所示。

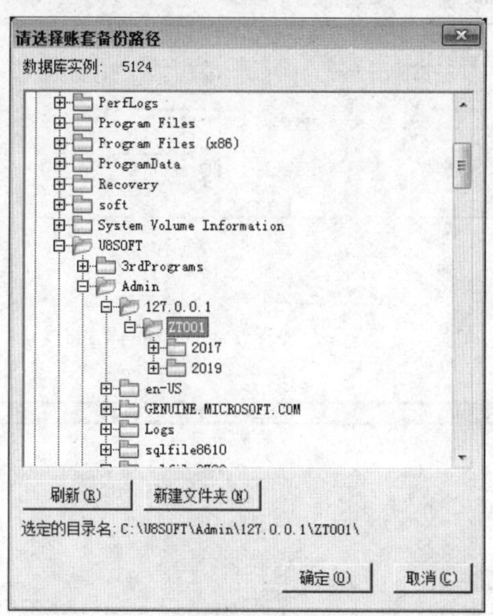

图1-20 “备份路径选择”界面

④如果勾选了“当前输出账套”项，则系统会提示“真要删除该账套吗？”，单击“是”，则删除；单击“否”，则不删除。

（2）方式二：设置自动备份计划

该功能是自动定时对账套进行输出备份，以自动、高效地保障系统数据的安全、稳定。具体操作如下：

以系统管理员（admin）的身份注册进入系统管理模块，单击“系统”—“设置备份计划”，打开“备份计划设置”对话框，如图1-21所示。

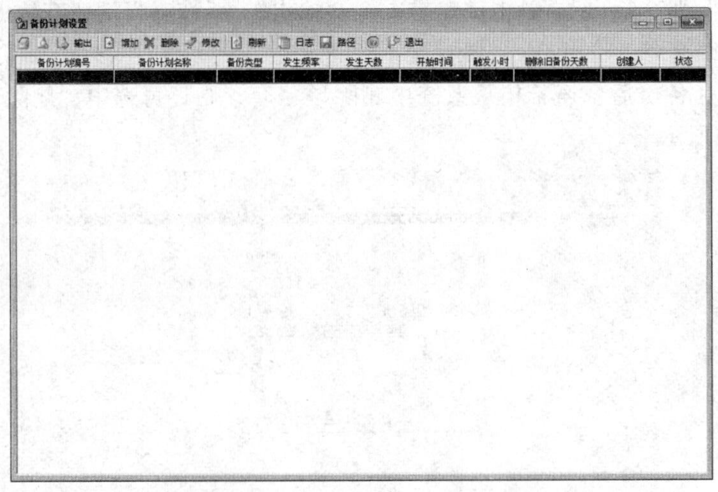

图1-21　“备份计划设置”对话框

单击“增加”按钮，打开“备份计划详细情况”对话框，输入相关内容，包括：计划编号、计划名称、备份类型、发生频率、发生天数、开始时间、有效触发、保留天数、备份路径等，如图1-22所示。

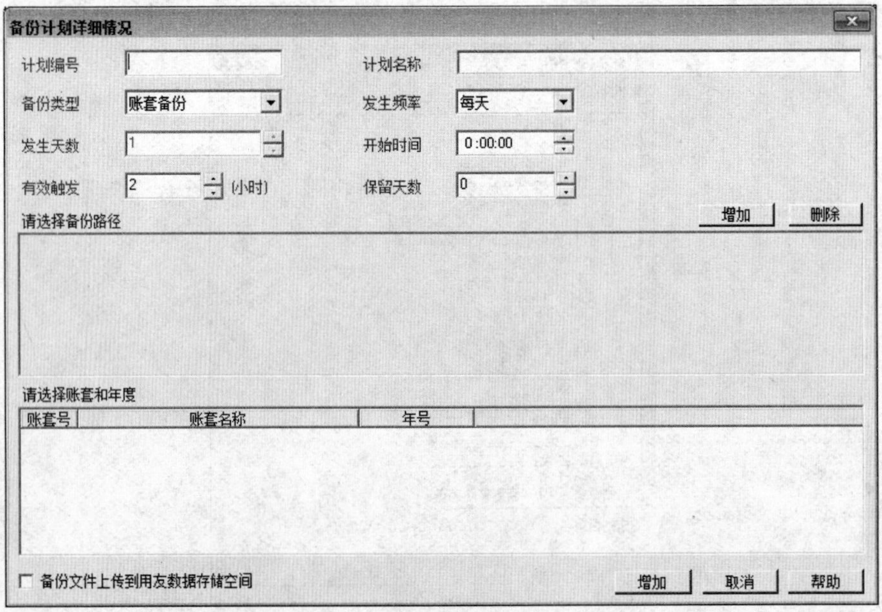

图1-22　“备份计划详细情况”对话框

备份类型：分账套备份和年度备份。由于一个账套包括了该企业若干年度的账簿资料，因此，账套主管只能进行年度备份，而系统管理员则可以进行账套备份。

发生频率：有每天、每周、每月三个选择，企业可以根据实际备份需要进行选择。

发生天数：系统根据发生频率设置，确认在每一周期中执行备份计划的具体时间，如选择“每月”为发生频率，则可以设置“1—31”之间的数字，如“30”，则在每月30日系统进行自动备份，当2月份不足30天时，系统在最后一天进行备份。如选择“每周”，则可选择“1—7”之间数字，1代表周日，2代表周一，以此类推。

开始时间：指具体发生频率下发生天数的确切时间，例如，选择每周五的下午5点进行备份，则可在“发生频率”中选择“每周”，在“发生天数”中选择“6”，在“开始时间”中选择“17：00：00”。

2. 账套引入

如果想要恢复备份账套的数据，以便继续进行账套操作，可执行“账套引入”功能，具体操作如下：

（1）打开“操作系统”窗口，用系统管理员的身份进行注册。

（2）单击“账套”—“引入”，系统弹出“引入账套数据”窗口。

（3）选择需要引入的系统已备份的账套，单击“打开”，系统提示是否更改引入的目标账套路径，根据实际需要选择好目标路径，或者单击“否”，默认系统路径，即可引入账套数据。

注意事项：

账套与年度账的区别：先有账套，然后有年度账，即账套是年度账的上一级概念，一个账套中可有多个年度账。采用上述两种分立的两层结构模式，可方便企业对跨年度数据的应用。

第二章

企业应用平台

第一节 系统启用

一、实验要求

1.启用系统

2.核对基础信息的设置

二、实验资料

启用总账系统。

三、实验指导

1.系统启用

要进行基本信息设置，先要进行系统启用。系统启用有两种方法：

（1）方法一：创建账套时启用系统

当用户在“系统管理”中成功创建一个新账套后，系统会提示“是否现在进行系统启用的设置”，选择“是”，则直接进行系统启用。

（2）方法二：在“企业门户”中启用系统

若在成功创建账套后，没有直接选择系统启用，还可以在“企业门户”中进行设置。具体操作步骤如下：

①单击“开始”—“程序”—“用友U8 V10.1”—“企业应用平台”，进入用友U8 V10.1登录界面，操作员为账套主管的身份（赵晓001）、密码为空、账套为（001）、语言区域为简体中文、操作日期为2019-01-01，确定，如图2-1所示。

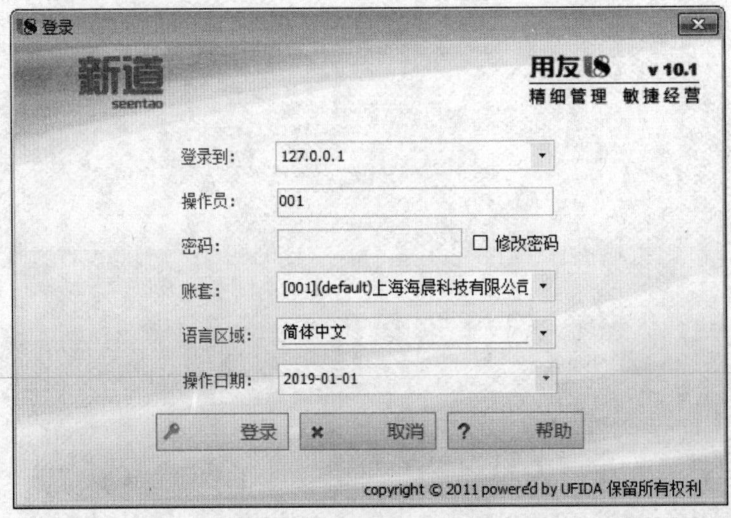

图2-1 “登录系统”界面

②在左下角按钮中点击“基础设置”，单击“基本信息”，找到“系统启用”，如图2-2所示。

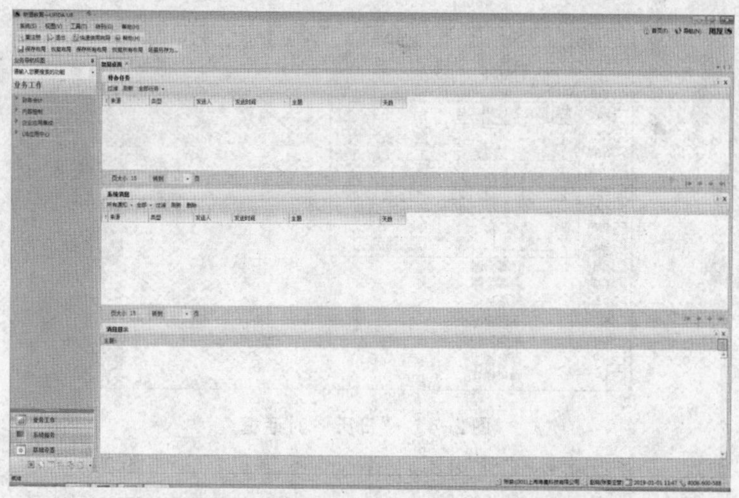

图2-2　“登录-基础设置”界面

③双击“系统启用”，打开对话框。系统会列示出全部已安装的子系统，未安装的不予列示，如图2-3所示。

系统启用

全启　刷新　退出

[001]上海海晨科技有限公司账套启用会计期间2019年1月

系统编码	系统名称	启用会计期间	启用自然日期	启用人
□GL	总账			
□AR	应收款管理			
□AP	应付款管理			
□FA	固定资产			
□NE	网上报销			
□NB	网上银行			
□WH	报账中心			
□SC	出纳管理			
□CA	成本管理			
□PM	项目成本			
□FM	资金管理			
□BM	预算管理			
□CM	合同管理			
□PA	售前分析			
□SA	销售管理			
□PU	采购管理			
□ST	库存管理			
□IA	存货核算			

图2-3　“系统启用”对话框

④单击子系统前面的复选框，选择要启用的子系统，弹出“日历”对话框，选择启用系统的年度、月份和日期，如图2-4所示。

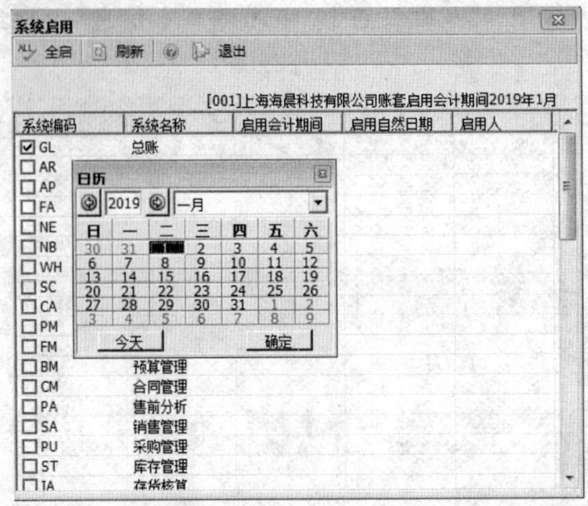

图2-4　“日历”对话框

⑤单击“确定”，系统提示“确实要启用当前系统吗?”，如图2-5所示。

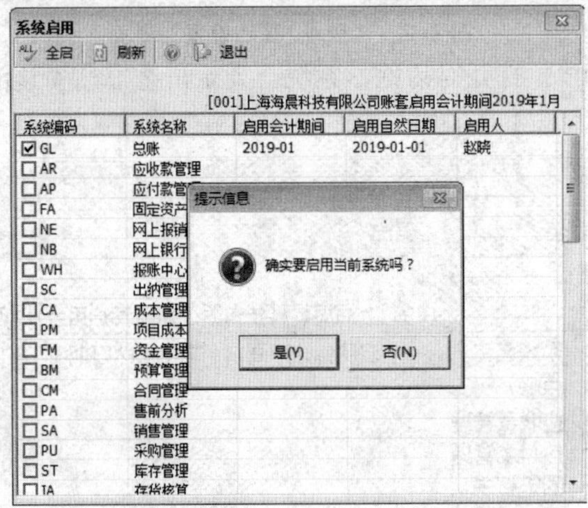

图2-5　“确实要启用当前系统吗?”对话框

⑥单击“是”，完成系统启用，系统自动记录启用日期和启用人，如图2-6所示。

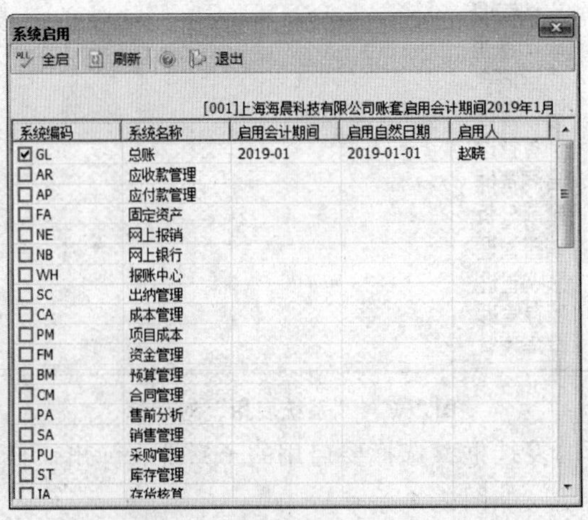

图2-6　“系统启用-总账”界面

注意事项：

（1）各个子系统的会计启用期间应大于或等于账套的启用日期。

（2）各个子系统之间的启用，也必须注意逻辑关系。

2.核对基础信息的设置

根据第一章的实验资料仔细核对建立新账套时分类编码方案和数据精度设置是否正确，有关操作不再赘述。

第二节 企业基础档案

一、实验要求

根据所给的资料录入基础档案。

1.设置部门档案

2.设置人员档案

3.客户分类设置

4.供应商分类设置

5.设置客户档案

6.设置供应商档案

7.结算方式

二、实验资料

1.部门档案（见表2-1）

表2-1 部门档案

部门编码	部门名称	部门属性	部门编码	部门名称	部门属性
1	综合管理部	管理部门	3	创新中心	技术创新
101	总经理办公室	综合管理	4	生产部	生产制造
102	财务部	财务管理	401	加工车间	产品加工
103	企划部	公司策划	402	动力车间	动力供应
104	后勤部	后勤管理	403	设备部	设备管理
2	市场部	市场营销	5	库房	仓库
201	销售部	产品销售	501	原材料库	原材料管理
202	采购部	材料采购	501	产成品库	产成品库

2. 人员档案（见表2-2）

表2-2 **人员档案**

职员编码	职员名称	所属部门	人员属性
10101	吴晗	总经理办公室	总经理
10102	张轩	总经理办公室	办公室主任
10103	徐若琳	总经理办公室	文秘
10201	赵晓	财务部	财务部部长
10202	张彤	财务部	会计
10203	孙静	财务部	出纳
10204	陈盛瑞	财务部	办税员
10301	张天佑	企划部	企划部部长
10302	李潇潇	企划部	科员
10401	马浩宇	后勤部	后勤部部长
20101	吴雨泽	销售部	销售部部长
20102	张旭	销售部	科员
20201	陈梦白	采购部	采购部部长
20202	刘尧	采购部	科员
30101	周浩强	创新中心	技术创新主任
40101	胡英杰	加工车间	车间主任
40102	吕少辉	加工车间	工人
40103	李慕容	加工车间	工人
40201	刘诚	动力车间	车间主任
40202	吴诗涵	动力车间	工人
40301	陆美妍	设备部	设备部部长
50101	白雪	原材料库	保管员
50102	郭雪寒	原材料库	保管员
50201	管双双	产成品库	保管员

3. 客户分类（见表2-3）

表2-3 **客户分类**

分类编码	分类名称
1	VIP客户
2	大客户
3	一般客户

4.供应商分类（见表2-4）

表2-4 供应商分类

分类编码	分类名称
1	战略合作供应商
2	一般供应商

5.客户档案（见表2-5）

表2-5 客户档案

客户编号	客户名称	客户简称	所属分类编码	电话	发展日期
BJHS	北京华氏有限公司	华氏公司	1	010-34546787	2000-08-19
BJHC	北京海昌有限公司	海昌公司	1	010-96846323	2000-11-13
SHGDJ	上海供电局	供电局	2	021-10835482	2001-02-16
SHYX	上海永兴有限公司	永兴公司	2	021-63429637	2003-08-11
HNTT	河南天天有限公司	天天公司	2	0371-73529453	2003-06-24
SDYL	山东幽兰有限公司	幽兰公司	3	0531-15386528	2004-06-15
SDNL	山东南里有限公司	南里公司	3	0532-34274548	2004-12-01
HZTL	杭州天伦有限公司	天伦公司	3	0571-8464835	2004-12-01

6.供应商档案（见表2-6）

表2-6 供应商档案

供应商编号	供应商名称	供应商简称	所属分类编码	电话	发展日期
BJRY	北京任影有限公司	任影公司	1	010-42357835	2000-02-15
BJHL	北京桦莱有限公司	桦莱公司	1	010-37468363	2000-09-24
BJJG	北京九宫有限公司	九宫公司	1	010-37246484	2001-03-17
SHTY	上海天阳有限公司	天阳公司	1	021-75436426	2001-12-01
SHKY	上海科元有限公司	科元公司	1	021-77765466	2002-05-01
XZHS	徐州华顺有限公司	华顺公司	1	0516-23567446	2002-11-11
HZNY	杭州南赢有限公司	南赢公司	1	0571-15564437	2003-10-08
HBQY	河北清远有限公司	清远公司	2	0311-46246747	2004-01-01
HNYM	河南元明有限公司	元明公司	2	0371-68368626	2004-07-13
GDWM	广东物美有限公司	物美公司	2	07551-65834245	2004-12-01
SDCX	山东晨星有限公司	晨星公司	2	0531-12586206	2005-08-16

7.结算方式（见表2-7）

表2-7 **结算方式**

结算方式编码	结算方式名称	票据管理
1	现金结算	否
2	支票结算	是
201	现金支票	是
202	转账支票	是
3	商业汇票	否
301	商业承兑汇票	否
302	银行承兑汇票	否
4	电汇结算	否
5	其他	否

三、实验指导

1.部门档案

（1）登录系统后，在“企业门户”中单击左下角的“基础设置”，再单击系统菜单中的“基础档案”—“机构人员”，找到“部门档案”，如图2-7所示。

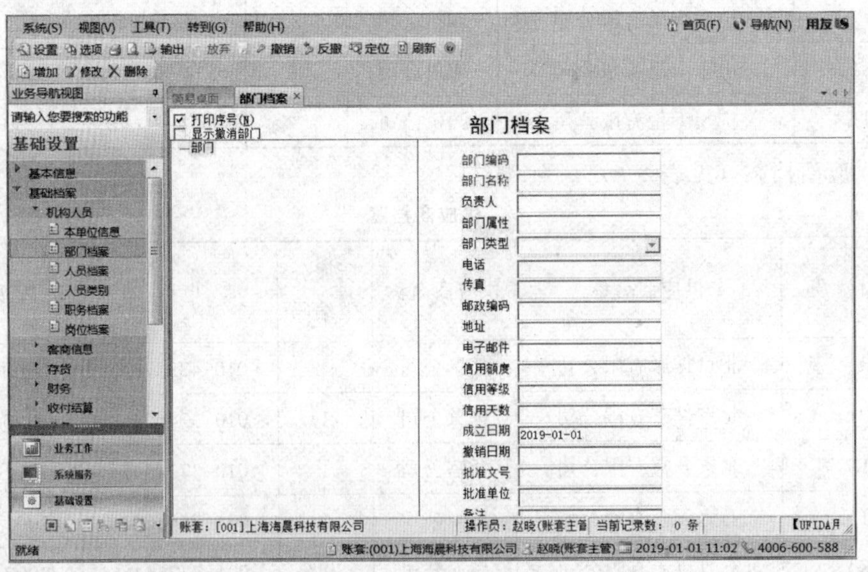

图2-7 “部门档案”界面

（2）增加部门档案。打开“部门档案”，单击“增加”，就可以增加新的部门。依次输入：部门编码、部门名称、负责人、部门属性、电话、地址、信用额度、信用等级、信用天数、备注等（根据实验资料填写）。其中，部门编码和部门名称是必须录入的，并且部门编码必须符合编码规则（编码规则在新建账套时已经设定，系统提示在屏幕右下方），部门编码必须唯一。其他项目为部门的辅助信息，可以为空，其中部门属性是按部门的分类属性来填写的，如××车间、销售部等。信用额度、信用等级、信用天数是信用信息，是指部门对客户的信用权限。“新增部门档案”界面如图2-8所示。

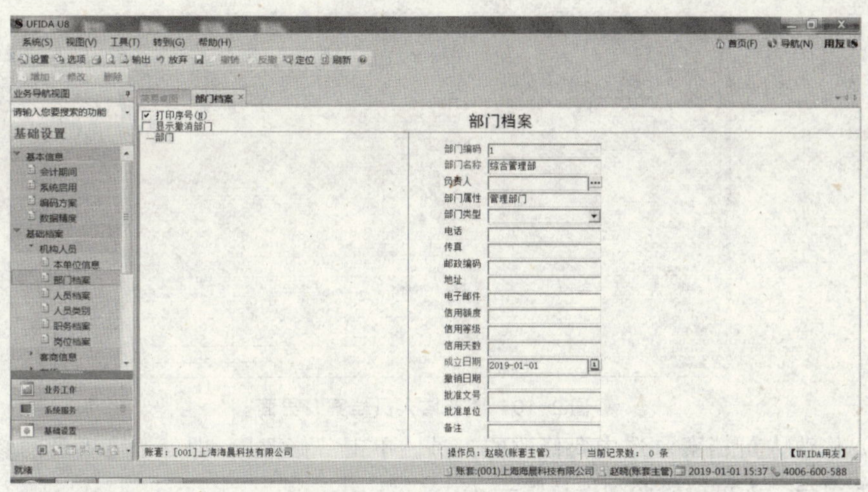

图 2-8 “新增部门档案”界面

（3）修改部门档案。在部门档案界面选择左边的部门编码，单击“修改”，即处于该部门的修改状态。注意：除部门编码不能修改外，其他信息都可以修改。

（4）删除部门档案。在部门档案界面选中左边的部门编码，单击“删除”，即可删除该部门。注意：该部门若被其他对象引用，就不能删除。

注意事项：

（1）部门档案的新增：应先增上级部门，再增下级部门。

（2）部门档案的删除：应先删除下级部门，再删除上级部门。

2. 人员档案

（1）登录系统后，在“企业门户”中单击左下角的“基础设置”，再单击系统菜单中的“基础档案”—“机构人员”，找到“人员档案”，如图 2-9 所示。

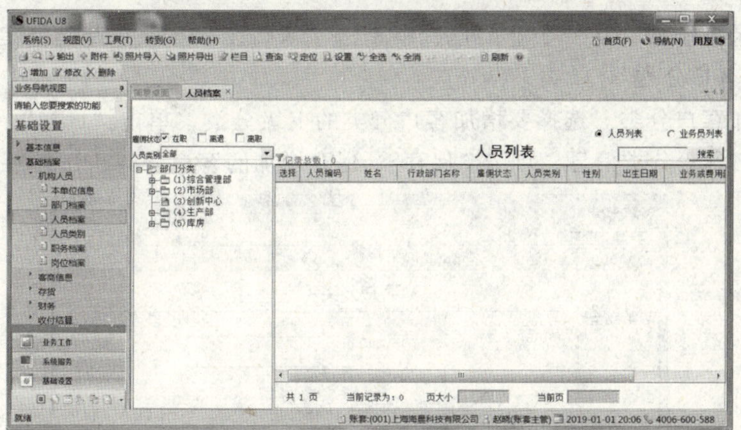

图 2-9 “人员档案”界面

（2）增加人员档案。打开“人员档案”，单击“增加”，就可以增加新的人员。在左侧部门目录中选择要增加人员的末级部门，单击功能键中的“增加”，显示“增加人员档案”空白页，用户根据实验资料在相应栏目中输入相应内容，如图 2-10 所示。

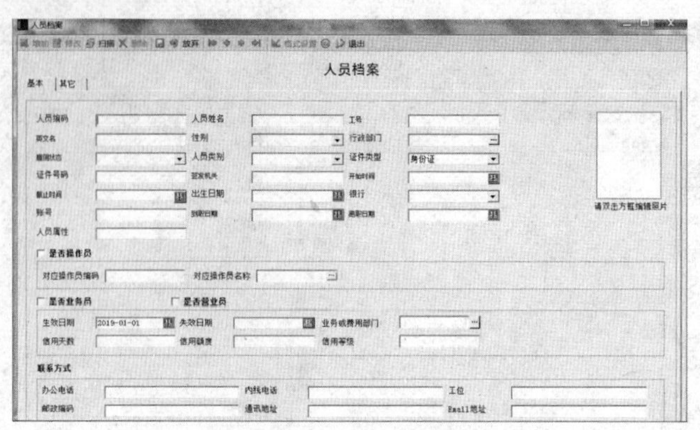

图2-10　“新增人员档案”界面

（3）修改人员档案。选中要修改的人员，单击“修改”，即处于该人员的修改状态。注意：修改后，人员编码必须保持唯一。

（4）删除人员档案。选中人员档案界面左边的职员编码，单击“删除”，即可删除该人员。注意：该人员若被其他对象引用，就不能删除。

注意事项：

（1）职员编码：必须录入且不可重复。

（2）职员名称：必须录入但可以重复。

（3）所属部门：选定末级部门，输入该职员所属的部门。

（4）职员属性：填写职员是属于哪类人员属性。

（5）E-mail地址和手机号：职员的辅助联系方式。

（6）信用信息：包括信用额度、信用天数、信用等级，指该职员对所负责的客户的信用额度和最大信用天数，但也可以不填。

3.客户分类

（1）登录系统后，在“企业门户”中单击“基础设置”—“基础档案”—“客商信息”，打开“客户分类”。

（2）增加客户分类。选择要增加客户分类的上级分类，单击“增加”，在编辑区输入分类编码和名称等分类信息，点击“保存”，保存增加的客户分类，如图2-11所示。

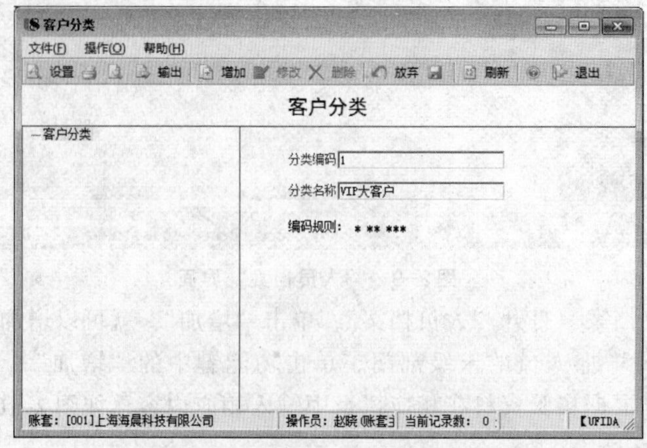

图2-11　新增“客户分类”界面

（3）修改客户分类。选择要修改的客户分类，单击“修改”，即进入修改客户分类的状态。注意：只能修改类别名称，类别编码不能修改。

（4）删除客户分类。选择要删除的客户分类，单击“删除”即可。注意：已被其他基础档案调用的不可删除。

注意事项：

（1）分类编码：编码应该是唯一的，不能重复或修改。

（2）分类名称：必须填写，可以是汉字或英文字母。

（3）有下级分类码的客户分类前会出现带框的“+”符号，双击则出现或取消下级分类码。

（4）新增的客户分类的分类编码要和“编码规则”中设定的编码级次结构相符。

（5）客户分类必须从上级到下级逐一增加。

4.供应商分类

（1）登录系统后，在“企业门户”中单击“基础设置”—“基础档案”—“客商信息”，打开“供应商分类”。

（2）增加供应商分类。选择要增加供应商分类的上级分类，单击“增加”，在编辑区输入分类编码和名称等分类信息，点击“保存”，保存增加的供应商分类。想要增加下级供应商分类；需要选择上级供应商分类后再点击“增加”，根据编码规则输入分类编码，例如，上级编码为“1”，编码规则为“***　***”，则新增的下级编码应为“101”，如图2-12所示。

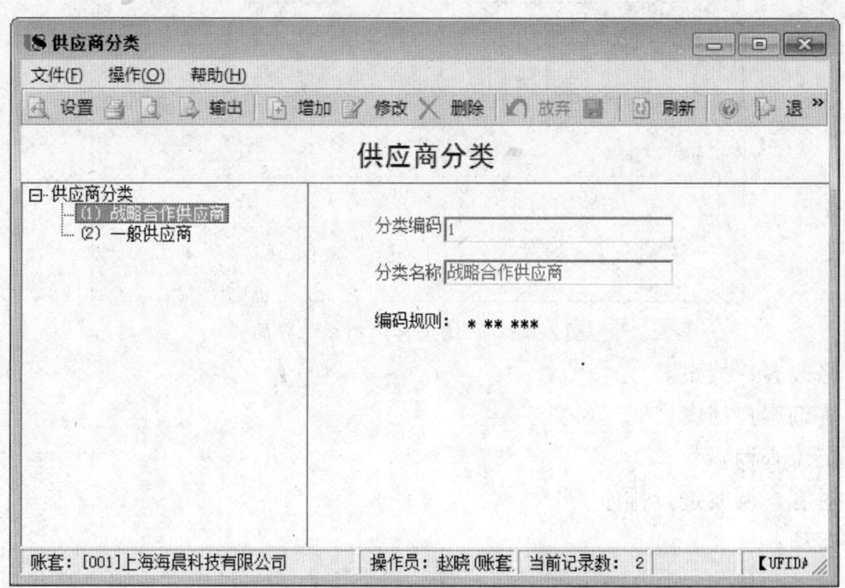

图2-12　新增“供应商分类”界面

（3）修改供应商分类。选择要修改的供应商分类，单击“修改”，即进入修改供应商分类的状态。注意：只能修改分类名称，分类编码不能修改。

（4）删除供应商分类。选择要删除的供应商分类，单击“删除”即可。注意：已被使用的供应商分类不能删除，非末级供应商分类不能删除。

注意事项：

（1）分类编码：编码必须唯一，不能重复或修改。

（2）分类名称：必须填写，可以是汉字或英文字母。

（3）新增的供应商分类的分类编码要和“编码规则”中设定的编码级次结构相符。

（4）供应商分类必须从上至下逐级增加。

（5）有下级分类码的供应商分类前会出现带框的“+”符号，双击则会出现或取消下级分类码。

5.客户档案

（1）登录系统后，在“企业门户”中单击“基础设置”—“基础档案”—“客商信息”，打开“客户档案”。

（2）增加客户档案。在左侧的树形列表里选择一个末级的客户分类（如果客户不需要分类，则不用进行选择），单击“增加”，进入增加客户档案的状态。选择“基本”“联系”“信用”“其他”选项卡，填写实验资料的内容。如果设置了自定义项，还需要填写“自定义项”，如图2-13所示。

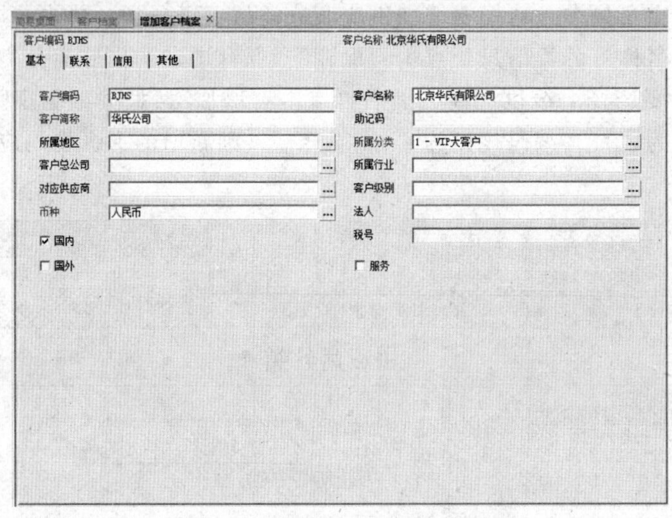

图2-13 “增加客户档案”界面

（3）修改客户档案。

（4）查询客户档案。

（5）定位查询。

（6）对客户档案进行排序。

注意事项：

（1）输入已被停用的客户单据时不能再参照，否则系统提示“此客户已停用，请选择其他用户”。

（2）已停用的客户仍可继续进行单据或账表查询。

6.供应商档案

（1）登录系统后，在“企业门户”中单击“基础设置”—“基础档案”—“客商信息”，打开“供应商档案”。

（2）增加供应商档案。在左侧的树形列表里选择一个末级的客户供应商分类，单击“增加”，进入增加供应商档案的状态。选择“基本”“联系”“信用”“其他”选项卡，填写实验资料的内容，如图2-14所示。

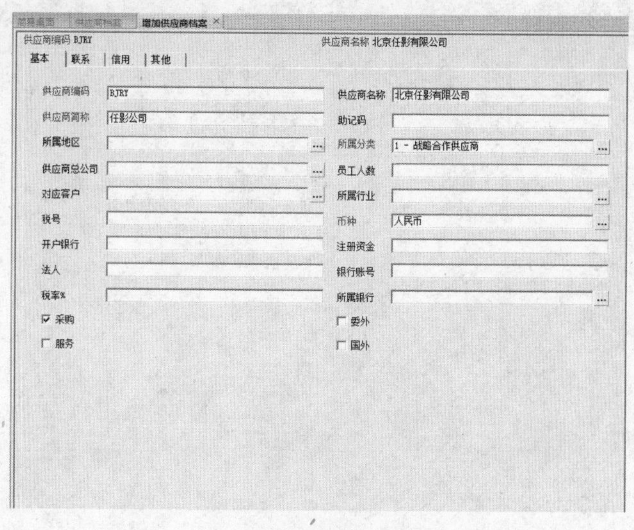

图2-14 “增加供应商档案”界面

注意事项：

（1）输入已被停用的供应商单据时不能再参照，否则系统提示“此客户已停用，请选择其他用户”。

（2）已停用的供应商仍可继续进行单据或账表查询。

7.结算方式

（1）增加结算方式。点击“增加”，依次输入结算方式编码、结算方式名称，选择是否票据管理。结算方式编码用来标识某结算方式；票据管理标志用于选择该结算方式下的票据是否要进行支票登记簿管理。点击“保存”，便可将本次增加的内容保存，并在左边部分的树形结构中添加和显示，如图2-15所示。

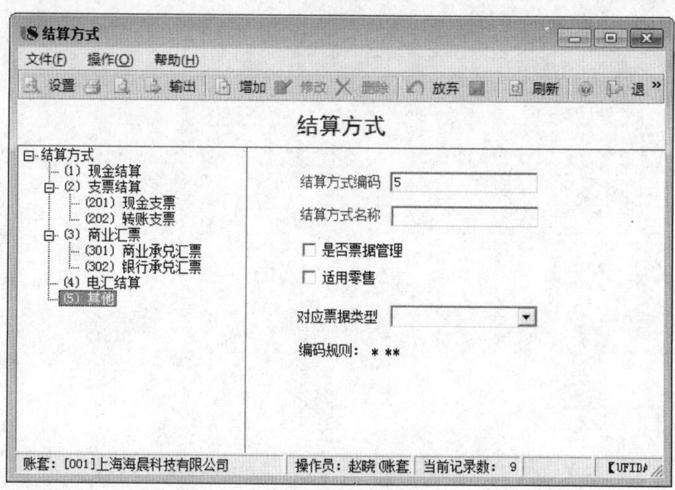

图2-15 “增加结算方式”界面

（2）修改结算方式。选择要修改的结算方式，点击“修改”进行修改。注意：结算方式一旦被引用，就不能进行修改。

（3）删除结算方式。选择要删除的结算方式，点击“删除”即可。注意：结算方式一旦被引用，就不能进行删除。

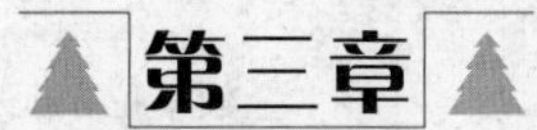

总账系统

第一节 总账系统初始设置及录入期初数据

一、实验要求

以“赵晓”的身份进行总账子系统初始化设置。

1. 设置总账系统参数
2. 设置会计科目
3. 指定会计科目
4. 设置项目目录
5. 设置凭证类别
6. 输入期初余额

二、实验资料

1. 总账的账套参数（见表 3-1）

表 3-1 总账参数设置

选项卡	参数设置
凭证	不允许修改、作废他人填制的凭证
	可以使用应收系统受控科目
	可以使用应付系统受控科目
	可以使用存货受控科目
	可查询他人的凭证
	凭证审核控制到操作员
	出纳凭证必须经出纳签字
	凭证编号由系统进行
	账簿打印位数、每页打印行数按软件默认的标准设定
	明细账查询权限控制到科目
	明细账打印按年排页

2.2019年1月份会计科目及期初余额表（见表3-2）

表3-2 **2019年1月份会计科目及期余额表** 金额单位：元

科目名称	辅助核算	方向	币别计量	期初余额
库存现金（1001）	日记账	借		15 000.00
银行存款（1002）		借		409 780.00
建设银行（100201）	日记账、银行账	借		409 780.00
工商银行（100202）	日记账、银行账	借		0.00
其他货币资金（1012）		借		303 000.00
存出投资款（101206）		借		303 000.00
交易性金融资产（1101）		借		13 000.00
股票（110101）		借		13 000.00
债券（110102）		借		0.00
应收票据（1121）	客户往来	借		70 000.00
应收账款（1122）	客户往来	借		250 000.00
预付账款（1123）	供应商往来	借		94 000.00
应收股利（1131）		借		0.00
应收利息（1132）		借		0.00
其他应收款（1221）	个人往来	借		90 000.00
应收股利（1131）		借		0.00
应收利息（1132）		借		0.00
其他应收款（1221）	个人往来	借		90 000.00
坏账准备（1231）		贷		1 250.00
材料采购（1401）		借		0.00
甲材料（140101）		借		0.00
乙材料（140102）		借		0.00
原材料（1403）		借		420 000.00
甲材料（140301）	数量核算	借		220 000.00
		借	吨	220.00
乙材料（140302）	数量核算	借		200 000.00
		借	吨	100.00
周转材料（1411）		借		24 850.00
低值易耗品（141101）		借		9 850.00
包装物（141102）	数量核算	借		15 000.00
		借	个	250.00
材料成本差异（1404）		借		-8 445.00
库存商品（1405）		借		432 800.00

续表

科目名称	辅助核算	方向	币别计量	期初余额
A产品（140501）	数量核算	借		292 500.00
		借	箱	65.00
B产品（140502）	数量核算	借		140 300.00
		借	箱	55.00
存货跌价准备（1471）		贷		0.00
持有至到期投资（1501）		借		0.00
持有至到期投资减值准备（1502）		贷		0.00
可供出售金融资产（1503）		借		0.00
长期股权投资（1511）		借		150 000.00
长股权投资减值准备（1512）		借		0.00
固定资产（1601）		借		25 000 000.00
累计折旧（1602）		贷		3 186 000.00
固定资产减值准备（1603）		贷		0.00
在建工程——生产线设备工程（1604）		借		306 000.00
厂房扩建工程（160401）		借		306 000.00
生产线设备工程（160402）		借		0.00
固定资产清理（1606）		借		0.00
无形资产（1701）		借		186 000.00
专利权（170101）		借		66 000.00
商标权（170102）		借		120 000.00
商誉（170103）		借		0.00
累计摊销（1702）		贷		18 000.00
无形资产减值准备（1703）		贷		0.00
长期待摊费用（1801）		借		0.00
待处理财产损溢（1901）		借		0.00
待处理流动资产损溢（190101）		借		0.00
待处理固定资产损溢（190102）		借		0.00
短期借款（2001）		贷		150 000.00
应付票据（2201）	供应商往来	贷		143 000.00
应付账款（2202）	供应商往来	贷		90 000.00
预收账款（2203）	客户往来	贷		130 600.00
应付职工薪酬（2211）		贷		100 000.00
工资（221101）		贷		0.00
福利费（221102）		贷		100 000.00

续表

科目名称	辅助核算	方向	币别计量	期初余额
应付工会经费（221103）		贷		0.00
应付教育经费（221104）		贷		0.00
应交税费（2221）		贷		170 450.00
应交增值税（222101）		贷		0.00
进项税额（22210101）		贷		0.00
已交税金（22210102）		贷		0.00
转出未交增值税（22210103）		贷		0.00
减免税款（22210104）		贷		0.00
销项税额（22210105）		贷		0.00
出口退税（22210106）		贷		0.00
进项税额转出（22210107）		贷		0.00
转出多交增值税（22210108）		贷		0.00
未交增值税（222102）		贷		24 000.00
应交消费税（222104）		贷		0.00
应交资源税（222105）		贷		0.00
应交所得税（222106）		贷		120 000.00
应交土地增值税（222107）		贷		0.00
应交城市维护建设税（222108）		贷		0.00
应交房产税（222109）		贷		0.00
应交城镇土地使用税（222110）		贷		0.00
应交车船税（222111）		贷		0.00
应交个人所得税（222112）		贷		24 650.00
应交教育附加（222113）		贷		1 800.00
应付股利（2232）		贷		0.00
其他应付款（2241）		贷		10 000.00
应付个人款（224101）	个人往来	贷		5 800.00
存入保证金（224102）		贷		4 200.00
长期借款（2501）		贷		17 621 000.00
生产线投资借款（250101）		贷		17 468 000.00
厂房改扩建借款（250102）		贷		153 000.00
应付债券（2502）		贷		0.00
预计负债（2801）		贷		0.00
实收资本（或股本）（4001）		贷		5 474 790.00

续表

科目名称	辅助核算	方向	币别计量	期初余额
资本公积（4002）		贷		70 000.00
资本溢价（400201）		贷		70 000.00
盈余公积（4101）		贷		995 895.00
法定盈余公积（410101）		贷		965 895.00
任意盈余公积（410102）		贷		30 000.00
法定公益金（410103）		贷		0.00
本年利润（4103）		贷		0.00
利润分配（4104）		贷		35 000.00
提取法定盈余公积（410401）		贷		0.00
提取法定公益金（410402）		贷		0.00
提取任意盈余公积（410403）		贷		0.00
应付利润（410404）		贷		0.00
其他转入（410405）		贷		0.00
未分配利润（410406）		贷		35 000.00
生产成本（5001）		借		440 000.00
直接材料（500101）	项目核算	借		158 000.00
直接人工（500102）	项目核算	借		228 000.00
制造费用（500103）	项目核算	借		54 000.00
制造费用（5101）		借		0.00
工资（510101）		借		0.00
福利费（510102）		借		0.00
折旧费（510103）		借		0.00
机物料消耗（510104）		借		0.00
水电费（510105）		借		0.00
办公费（510106）		借		0.00
修理费（510107）		借		0.00
其他费用（510108）		借		0.00
制造费用转出（510109）		借		0.00
劳务成本（5201）		借		0.00
主营业务收入（6001）		贷		0.00
A产品（600101）	数量核算	贷		0.00
		贷	箱	0.00
B产品（600102）	数量核算	贷		0.00

续表

科目名称	辅助核算	方向	币别计量	期初余额
		贷	箱	0.00
其他业务收入（6051）		贷		0.00
包装物出租收入（605101）		贷		0.00
无形资产转让收入（605102）		贷		0.00
投资收益（6111）		贷		0.00
债券投资收益（611101）		贷		0.00
股票投资收益（611102）		贷		0.00
其他股权投资收益（611103）		贷		0.00
营业外收入（6301）		贷		0.00
罚款收入（630101）		贷		0.00
主营业务成本（6401）		借		0.00
A产品（640101）	数量核算	借		0.00
		借	箱	0.00
B产品（640102）	数量核算	借		0.00
		借	箱	0.00
其他业务成本（6402）		借		0.00
包装物出租成本（640201）		借		0.00
无形资产转让成本（640202）		借		0.00
税金及附加（6403）		借		0.00
销售费用（6601）		借		0.00
工资（660101）		借		0.00
福利费（660102）		借		0.00
广告费（660103）		借		0.00
产品展销费（660104）		借		0.00
运杂费（660105）		借		0.00
水电费（660106）		借		0.00
其他费用（660107）		借		0.00
管理费用（6602）		借		0.00
工资（660201）		借		0.00
福利费（660202）		借		0.00
办公费（660203）	部门核算	借		0.00
折旧费（660204）		借		0.00
机物料消耗（660205）		借		0.00

续表

科目名称	辅助核算	方向	币别计量	期初余额
工会经费（660206）		借		0.00
职工教育经费（660207）		借		0.00
税金（660208）		借		0.00
无形资产摊销（660209）		借		0.00
坏账损失（660210）		借		0.00
差旅费（660211）	部门核算	借		0.00
财产保险费（660212）		借		0.00
水电费（660213）		借		0.00
招待费（660214）		借		0.00
其他（660215）		借		0.00
财务费用（6603）		借		0.00
金融机构手续费（660301）		借		0.00
利息支出（660302）		借		0.00
营业外支出（6711）		借		0.00
处理固定资产损失（671101）		借		0.00
捐赠支出（671102）		借		0.00
材料盘亏损失（671103）		借		0.00
其他（671104）		借		0.00
所得税费用（6801）		借		0.00
以前年度损益调整（6901）		借		0.00

辅助账期初余额表见表3-3到表3-11。

表3-3 **应收票据期初余额表**

会计科目:1121应收票据　　余额:借70 000元　　单位：元

日期	凭证号	摘要	客户	金额	业务员	票号
2018-08-14	转-23	销售产品	华氏公司	30 000	吴雨泽	1352
2018-10-27	转-55	销售产品	海昌公司	40 000	吴雨泽	2309

表3-4 **应收账款期初余额表**

会计科目:1122应收账款　　余额:借250 000元　　单位：元

日期	凭证号	摘要	客户	金额	业务员	票号
2018-08-25	转-87	销售产品	南里公司	134 000	吴雨泽	X876
2018-11-04	转-122	销售产品	永兴公司	116 000	吴雨泽	X536

表 3-5

预付账款期初余额表

会计科目：1123 预付账款　　余额：借 94 000 元　　单位：元

日期	凭证号	摘要	供应商	金额	业务员	票号
2018-11-12	转-34	采购材料	九宫公司	58 000	陈梦白	C345
2018-12-09	转-76	采购材料	天阳公司	36 000	陈梦白	C185

表 3-6

其他应收款期初余额表

会计科目：1221 其他应收款　　余额：借 90 000 元　　单位：元

日期	凭证号	摘要	部门	个人	方向	金额
2018-10-22	付-46	出差借款	采购部	陈梦白	借	50 000
2018-11-18	付-78	出差借款	采购部	刘尧	借	40 000

表 3-7

应付票据期初余额表

会计科目：2201 应付票据　　余额：贷 143 000 元　　单位：元

日期	凭证号	摘要	供应商	金额	业务员	票号
2018-10-13	转-40	采购材料	物美公司	74 000	陈梦白	5320
2018-12-02	转-134	采购材料	科元公司	69 000	刘尧	5321

表 3-8

应付账款期初余额表

会计科目：2202 应付账款　　余额：贷 90 000 元　　单位：元

日期	凭证号	摘要	供应商	金额	业务员	票号
2018-09-29	转-58	采购材料	桦莱公司	60 000	陈梦白	0849
2018-11-18	转-93	采购材料	九宫公司	30 000	陈梦白	2090

表 3-9

预收账款期初余额表

会计科目：2203 预收账款　　余额：贷 130 600 元　　单位：元

日期	凭证号	摘要	客户	金额	业务员	票号
2018-10-28	转-146	销售产品	南里公司	77 950	吴雨泽	X689
2018-11-07	转-90	销售产品	天伦公司	52 650	吴雨泽	X654

表 3-10

其他应付款——应付个人款期初余额表

会计科目：224101 其他应付款——应付个人款　余额：贷 5 800 元　　单位：元

日期	凭证号	摘要	部门	个人	方向	期初余额
2018-10-27	转-87	奖金	企划部	张天佑	贷	5 800

表 3-11

生产成本期初余额表

会计科目：5001 生产成本　　余额：借 440 000 元　　单位：元

科目名称	A 产品	B 产品	合计
直接材料 500101	113 500	44 500	158 000
直接人工 500102	136 700	91 300	228 000
制造费用 500103	23 000	31 000	54 000
合计	273 200	166 800	440 000

3.项目目录（见表3-12）

表3-12 **项目目录**

项目设置步骤	设置内容
项目大类	生产成本
核算项目	直接材料500101 直接人工500102 制造费用500103
项目分类	1.产品制造 2.委托加工
项目名称	101 A产品 102 B产品

4.指定会计科目

把“1001库存现金”科目指定为“库存现金总账科目”；把“1002银行存款”科目指定为“银行存款总账科目”。

5.凭证类别（见表3-13）

表3-13 **凭证类别**

凭证类别	限制类型	限制科目
收款凭证	借方必有	1001、100201、100202
付款凭证	贷方必有	1001、100201、100202
转账凭证	凭证必无	1001、100201、100202

三、实验指导

1.设置总账系统参数

（1）在“企业门户”中，点击左下角“业务工作”，打开“财务会计”中的“总账”，进入总账系统，如图3-1所示。

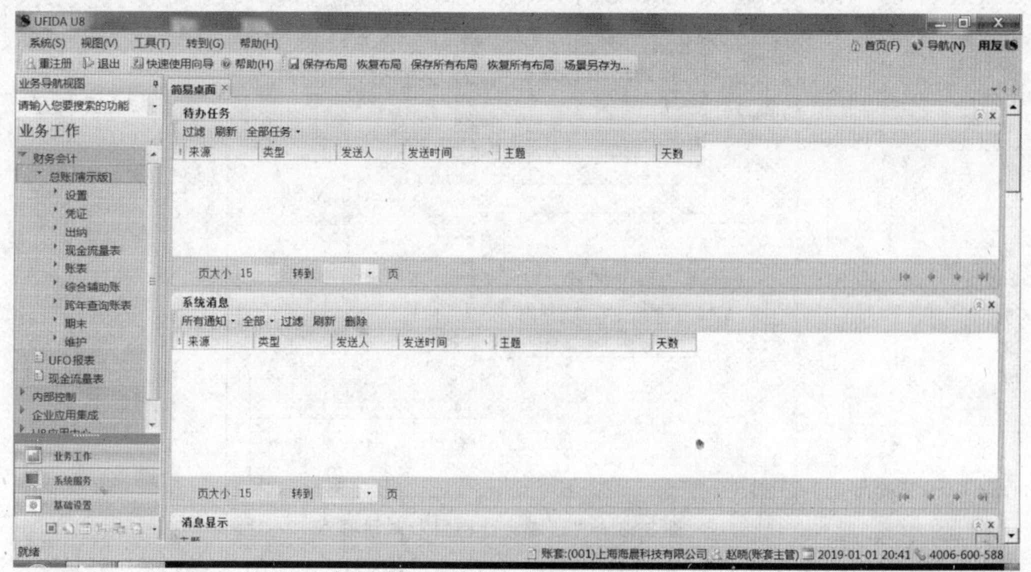

图3-1 “总账系统”界面

（2）在总账系统中，单击“设置”中的“选项”，打开“选项”对话框，如图3-2所示。

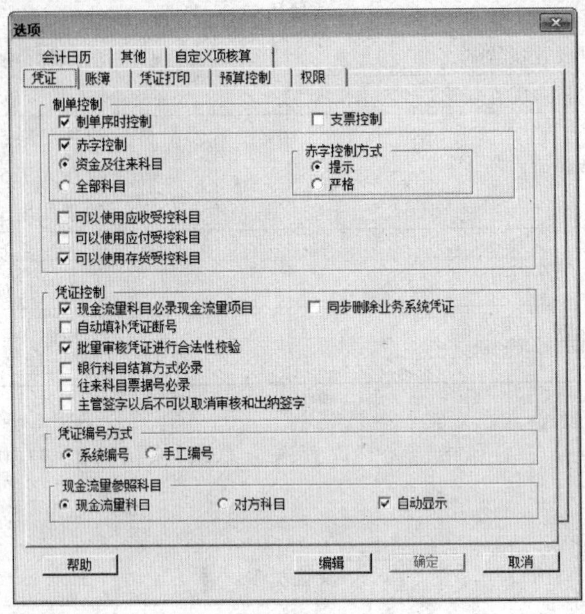

图3-2 “选项”对话框

（3）在“选项”对话框中，点击“编辑”。

（4）选择“凭证”选项卡，按实验资料进行选择。

（5）单击“确定”后退出。

2.增加会计科目

（1）在“企业门户”中，点击左下角的“基础设置”，再点击系统菜单中的“基础档案”—“财务”—“会计科目”，进入“会计科目”窗口。

（2）单击“增加”，进入“新增会计科目”界面，如图3-3所示。

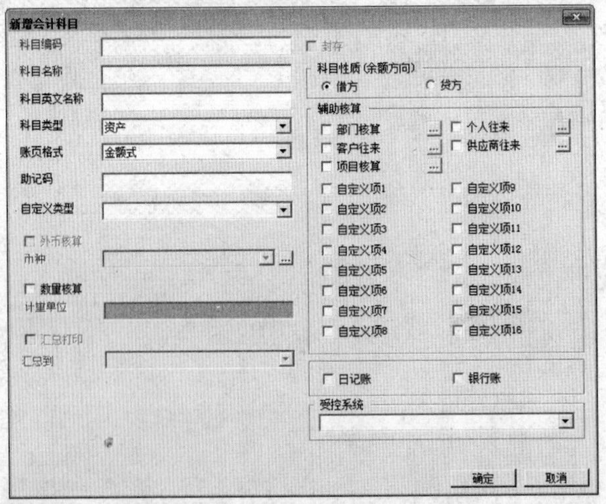

图3-3 “新增会计科目”对话框

（3）以增加“建设银行”为例，首先要输入科目编码“100201”、科目中文名称“建设银行”，单击“日记账”和“银行账”前的空白框，单击“确定”，如图3-4所示。

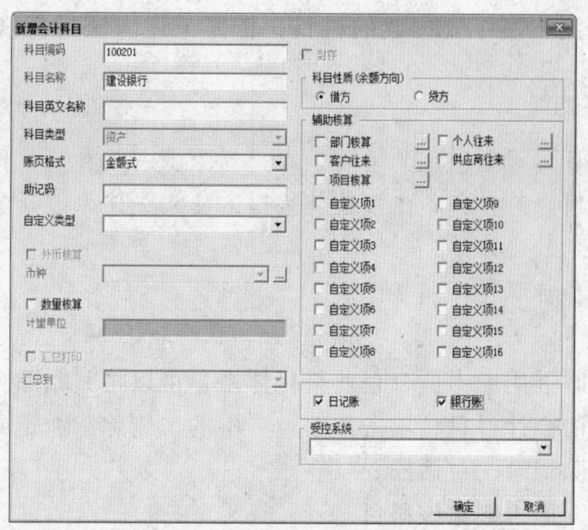

图3-4　“增加‘建设银行’会计科目”对话框

（4）如果继续增加会计科目，则单击“增加”，继续输入会计科目等相关科目属性，输入完毕后单击“确定”。

注意事项：

（1）要用先建上级科目、再建下级科目的方法增加会计科目。

（2）会计科目的编码长度及每级位数要符合编码规则。

（3）编码不能重复。

（4）数量核算科目，应单击“数量核算”，输入计量单位。

（5）辅助核算科目，则应单击相应的辅助核算。

3. 修改会计科目

（1）单击所要修改的会计科目，双击该科目或单击“修改”，就可以进入会计科目修改界面，单击“修改”。

（2）如修改“应收票据，双击“1131 应收票据”，单击“修改”，进入修改界面，科目编码改为1121，单击“客户往来”前的复选框，再单击“受控系统”栏下拉菜单，选择空白，如图3-5所示。

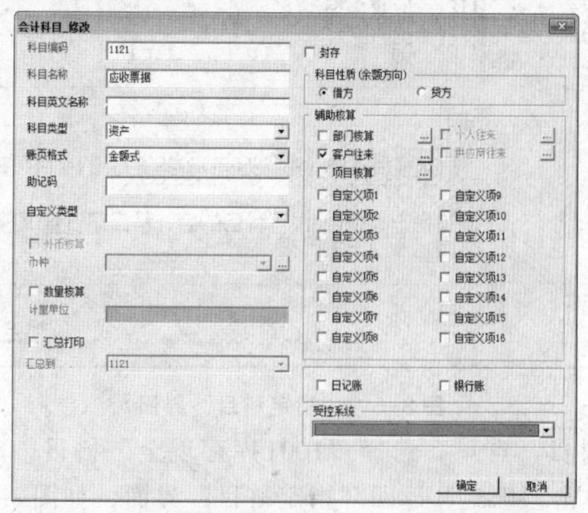

图3-5　“修改‘应收票据’会计科目”对话框

（3）通过翻页找到下一个要修改的科目，依照上述方法进行修改，修改完毕，单击“确定”。

注意事项：

（1）已有下级科目，不能修改其编码，应先删除下一级科目，再修改本科目。

（2）已经输入余额的科目，不能修改其编码，必须先使本级及其下级科目的期初余额为0，才能修改该科目。

（3）已有数据的科目属性不能修改。

4.删除会计科目

如果有些科目暂时不用或不适合企业科目体系，可以将其删除。

（1）选择要删除的会计科目，单击“编辑”中的“删除”命定或单击工具栏上的“删除”按钮，打开“删除记录”对话框。

（2）单击“确定”即可删除该科目。

注意事项：

（1）不能删除已输入期初余额或已制单的科目。

（2）被指定为现金/银行科目的会计科目不能删除。若必须删除，应先取消指定科目。

5.指定会计科目

（1）在会计科目设置界面，单击“编辑”菜单下的“指定科目”项，如图3-6所示。

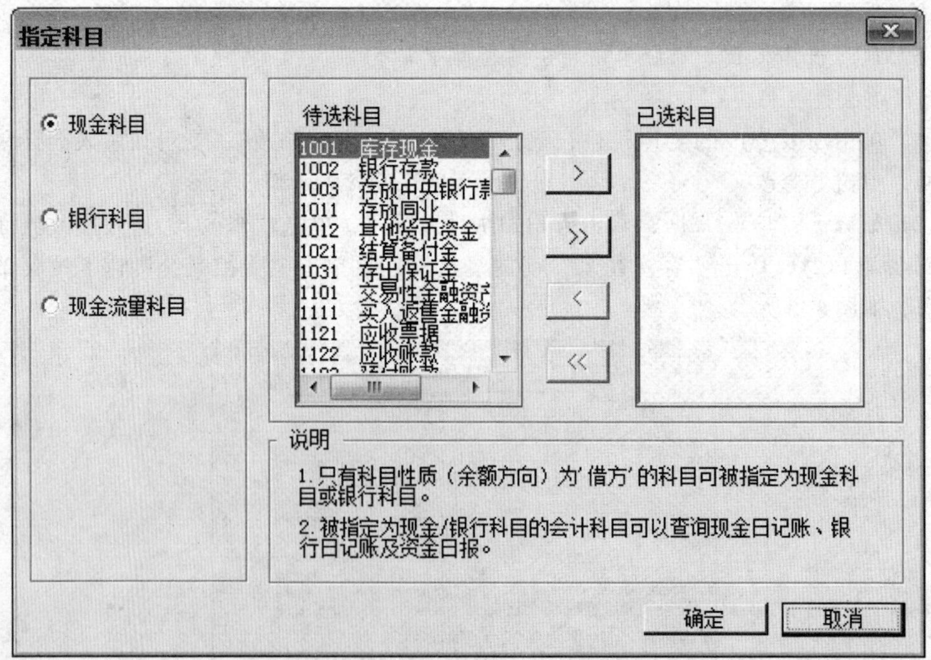

图3-6 “指定科目”界面

（2）单击“现金科目”选项，选择“1001库存现金”科目，双击或单击“>”按钮，选入已选科目栏中，单击“确定”返回“指定科目”界面，如图3-7所示。

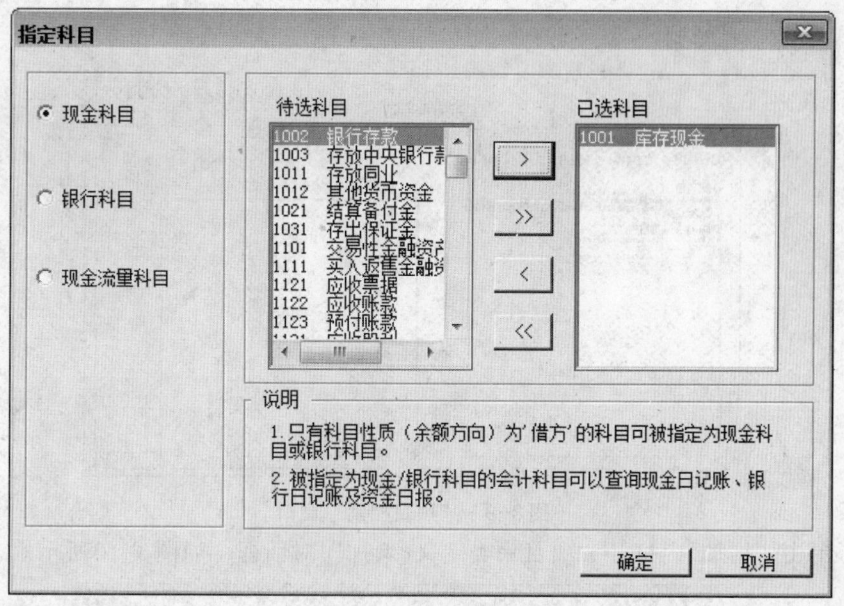

图3-7 “指定‘库存现金’”界面

（3）单击“银行科目”选项，选择“1002银行存款”科目，双击或单击“>”按钮，选入已选科目栏中，单击“确认”返回“指定科目”设置界面，如图3-8所示。

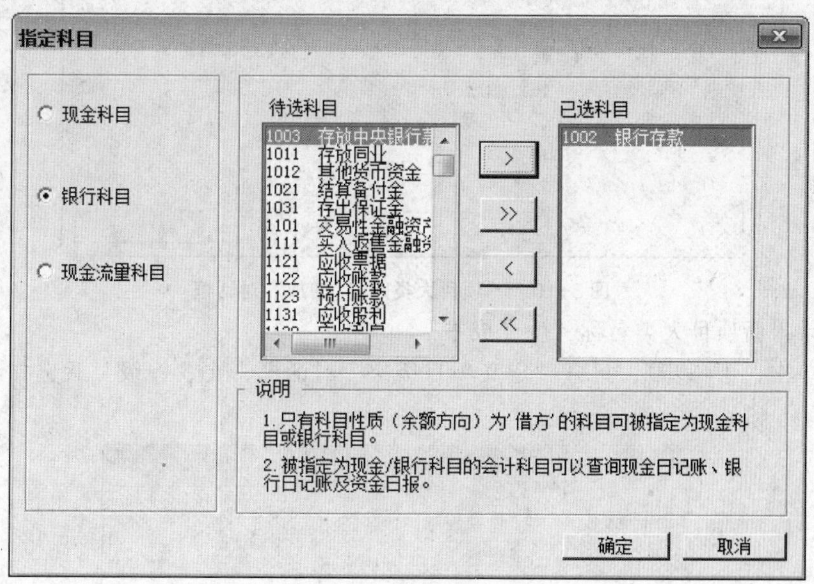

图3-8 “指定‘银行存款’”界面

6.设置项目目录

（1）在“企业门户”中，单击左下角“基础设置”，再单击系统菜单中的“基础档案”—“财务”—“项目档案”窗口，如图3-9所示。

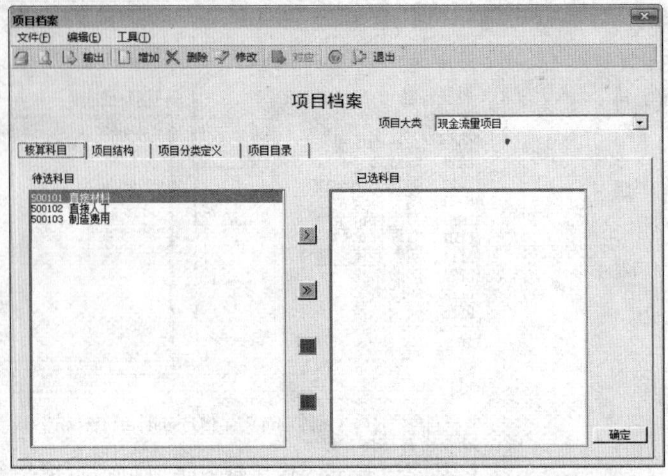

图3-9 “项目档案”窗口

（2）单击“增加”，打开“项目大类定义_增加”对话框，如图3-10所示。

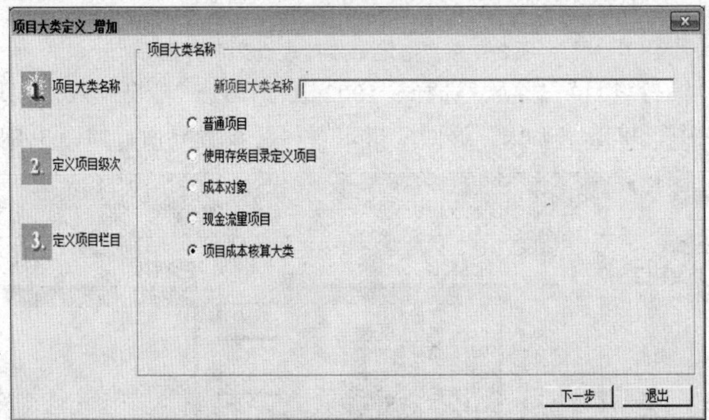

图3-10 “项目大类定义_增加”对话框

（3）录入新项目大类名称“生产成本”。

（4）单击“下一步”，打开“定义项目级次”对话框，在“一级”后选择“1”，如图3-11所示。

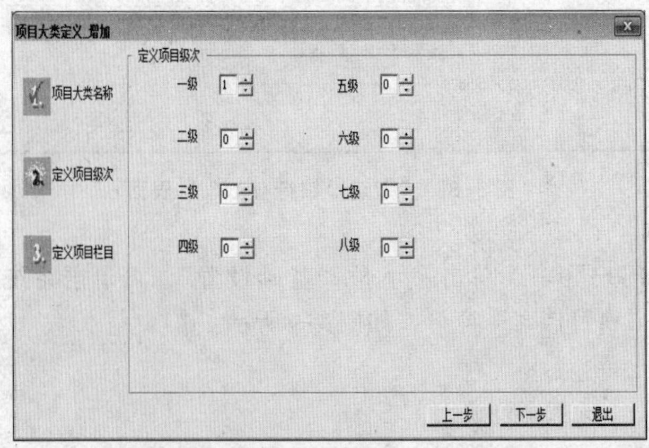

图3-11 “定义项目级次”对话框

（5）单击“下一步”，打开“定义项目栏目”对话框，如图3-12所示，单击“完成”，则返回“项目档案”窗口。

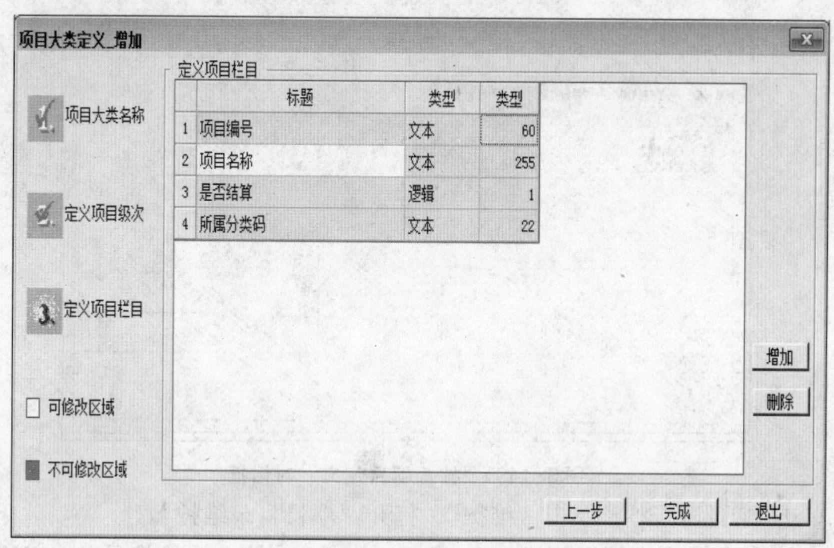

图3-12 “定义项目栏目”对话框

（6）单击“项目大类”栏下三角按钮，选择“生产成本”，再单击“核算科目”，选择直接材料（500101）、直接人工（500102）、制造费用（500103）科目，单击“>>”，如图3-13所示。

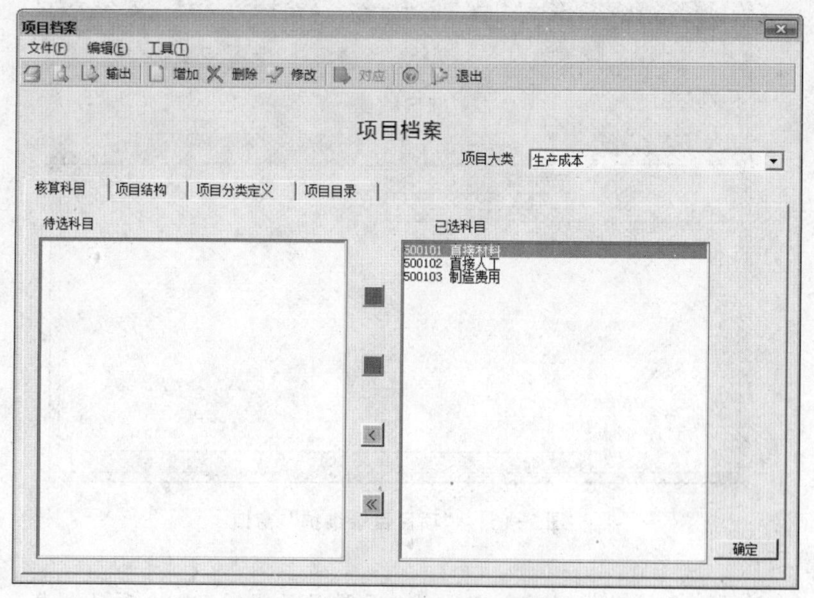

图3-13 “核算项目”对话框

（7）单击“确定”，再单击“项目分类定义”，录入分类编码“1”，分类名称“产品制造”，单击“确定”。再在分类编码中录入“2”，分类名称为“委托加工”，单击“确定”，如图3-14所示。

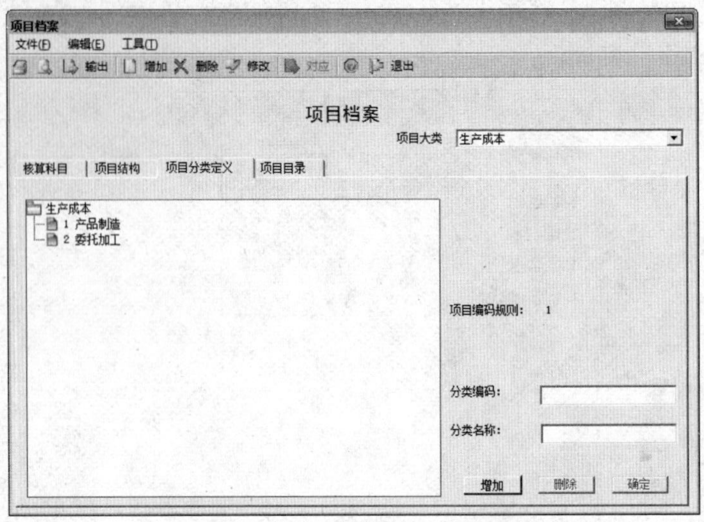

图3-14 “核算项目定义”对话框

(8) 单击“项目目录”，单击“维护”，打开“项目目录维护”。

(9) 在“项目目录维护”窗口中，单击“增加”，录入项目编号“101”，项目名称“A产品”，是否结算为“空”，单击所属分类码栏，选择“1”；再单击“增加”，在项目编号栏录入“102”，项目名称“B产品”，是否结算为“空”，单击所属分类码栏，选择“1”，如图3-15所示。

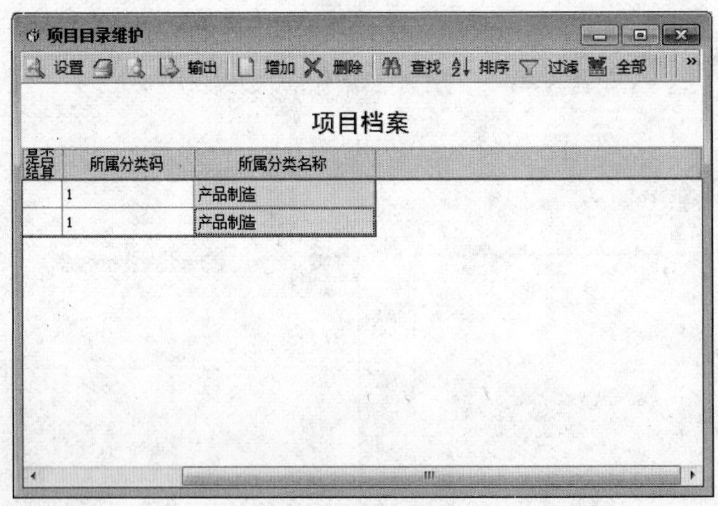

图3-15 “项目目录维护”窗口

注意事项：

(1) 一个项目大类可以指定多个科目，一个科目只能指定一个项目大类。

(2) 单击工具栏上的“修改”按钮，进入项目大类修改向导，以修改项目大类名称、项目分类级次、项目栏目结构等项目大类的相关信息。

(3) 分类编码应遵循定义项目分类时的设置。

(4) 不能隔级输入分类编码。

(5) 显示“已使用”标记的项目分类不能删除。

（6）若某项目分类下已定义下级项目，则不能删除和定义下级分类，应先删除该项目，再删除定义下级分类。

（7）标识结算后的项目不能再使用。

（8）每年年初，应将已结算或不用的项目删除。

7.设置凭证类别

（1）在“企业门户”中单击“基础设置”，再点击系统菜单“基础档案”—“财务”—“凭证类别”，进入“凭证类别预置”，如图3-16所示。

（2）根据资料，在分类方式中选择“收款凭证 付款凭证 转账凭证”后单击“确定”，进入“凭证类别”，如图3-17所示。

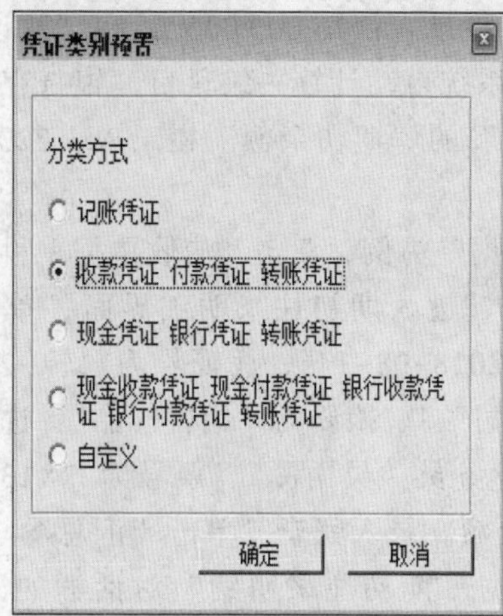

图3-16 “凭证类别预置”窗口

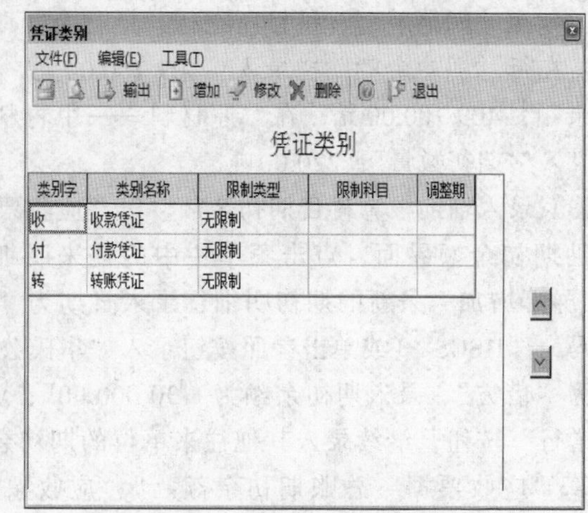

图3-17 “凭证类别”窗口

（3）双击“收款凭证”限制类型栏，选择“借方必有”的限制类型后，选择或参照录入借方必有科目“1001、100201、100202”；继续双击“付款凭证”限制类型栏，选择“贷方必有”的限制类型后，选择或参照录入贷方必有科目“1001、100201、100202”；继续双击“转账凭证”限制类型栏，选择“凭证必无”的限制类型后，选择或参照录入凭证必无科目“1001、100201、100202”。如图3-18所示。

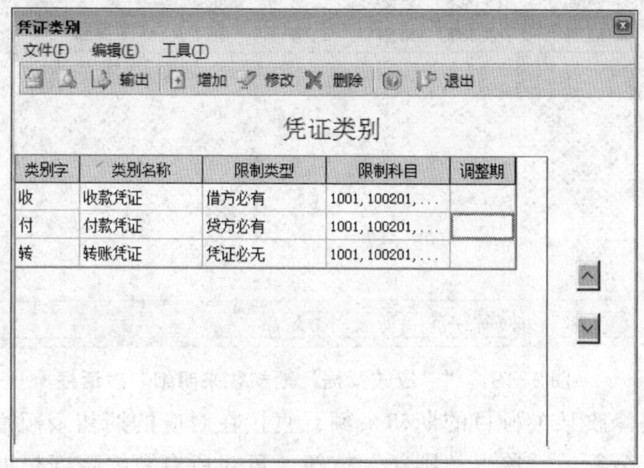

图3-18 “凭证类别”窗口

（4）操作完毕单击“退出”。

注意事项：

（1）已使用的凭证类别不能删除或修改凭证字。

（2）若有科目限制，则至少输入一个限制科目。若限制类型选“无限制”，则不能输入限制科目。

（3）若限制科目为非末级科目，则在制单时，其所有下级科目都将受到同样的限制。

（4）直接录入科目编码的标点符号应为英文状态下的标点符号。

8.录入期初余额

（1）在总账系统中单击“设置”—“期初余额”，进入期初余额录入界面。

（2）在“库存现金”科目所在行“期初余额”栏录入：15 000.00元；在“建设银行”科目所在行“期初余额”栏录入：409 780.00元，系统自动计算一级科目“银行存款”的期初余额：409 780.00元；在“原材料——甲材料”的“期初余额”栏录入：220 000.00元，录入“期初数量”：220.00吨。

（3）录入辅助核算科目期初余额。以“应收票据”为例，双击“应收票据”科目，进入辅助期初余额界面，点击菜单栏中的往来明细，进入期初往来明细界面，单击“增行”，屏幕增加一条新的期初明细：录入日期为“2018-08-14”、凭证号为“转-23”、客户编码为“HSGS”（或单击参照按钮录入“华氏公司”）、摘要为“销售产品”、选择余额方向为“借方”、录入期初余额为“30 000.00”、业务员“吴雨泽”、票号为“X135”。单击“增行”按钮，继续录入其他往来单位的期初余额。录入完毕，单击“汇总”，系统自动计算“应收票据”总账期初余额。“‘应收票据’期初往来明细”对话框如图3-19所示。

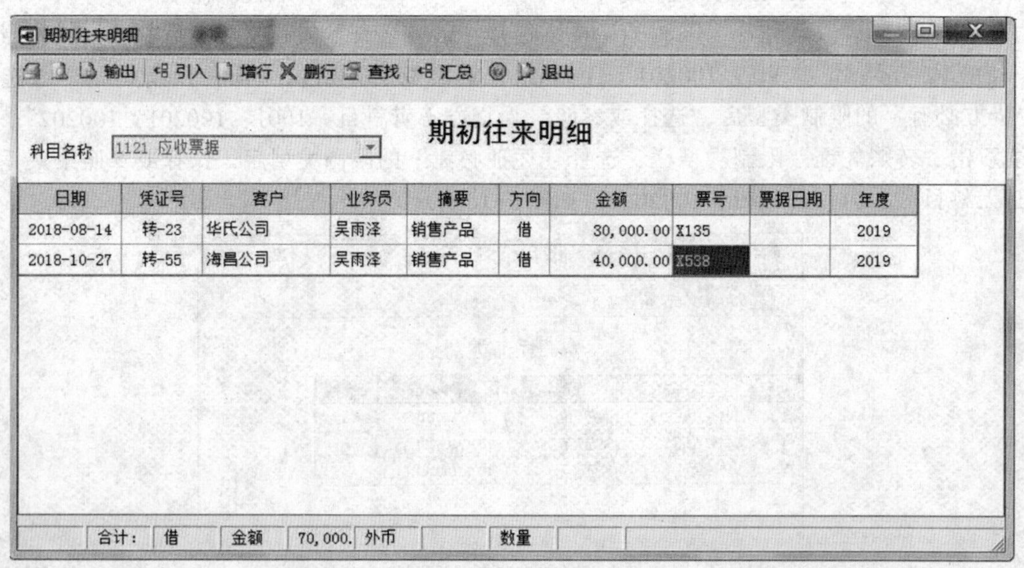

日期	凭证号	客户	业务员	摘要	方向	金额	票号	票据日期	年度
2018-08-14	转-23	华氏公司	吴雨泽	销售产品	借	30,000.00	X135		2019
2018-10-27	转-55	海昌公司	吴雨泽	销售产品	借	40,000.00	X538		2019

图3-19 “‘应收票据’期初往来明细”对话框

（4）如果需要修改某个科目的期初余额，直接在对应的期初余额栏内进行修改。

（5）录完所有余额后，单击“刷新”按钮，可对所有数据重新根据最末级科目余额计算上级科目余额。

（6）单击“试算”，可查看期初余额试算平衡表，检查余额是否平衡。如果平衡，可进行日常业务的处理；如果不平衡，则要修改期初余额，直至平衡为止。“期初试算平衡表”界面如图3-20所示。

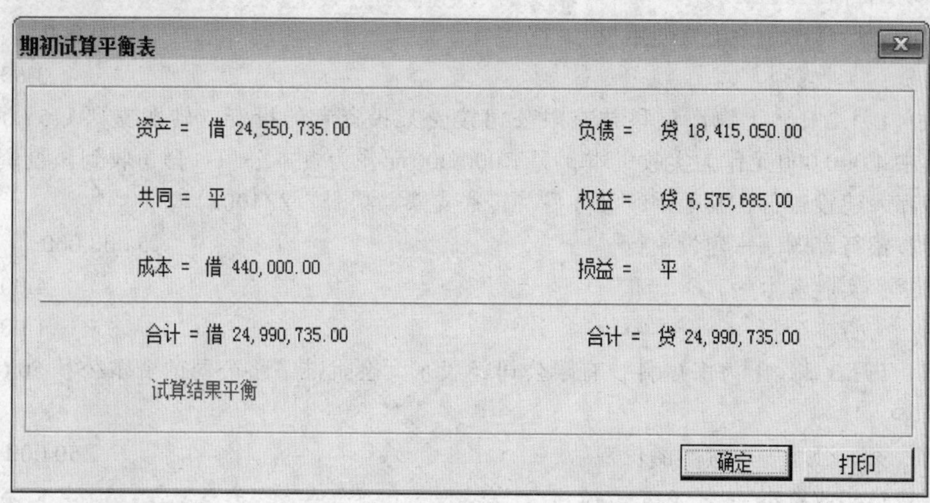

图3-20　“期初试算平衡表”界面

重要提示：做完总账系统初始设置及录入期初数据后要备份，备份文件对学习后面的内容非常重要，一定要保存好。

注意事项：

若期初余额试算不平衡，则不能记账。

第二节　凭证处理

一、实验要求

1.以“赵晓”的身份填制凭证

2.以“孙静”的身份进行出纳签字

3.以“张彤”的身份审核凭证、记账

二、实验资料

（1）1月1日，上海海晨科技有限公司接受某单位的投资（转账支票）2 000 000元，款项已存入银行（转账支票，票号：ZZ1001）。

借：银行存款——建设银行　　2 000 000

　贷：实收资本　　2 000 000

（2）1月1日，上海海晨科技有限公司接受某投资方投入的一项全新设备，确定的价值为100 000元。设备投入使用，取得增值税专用发票，税率16%[①]。

借：固定资产——生产经营用固定资产　　100 000

　　应交税费——应交增值税（进项税额）　　16 000

　贷：实收资本　　116 000

① 自2019年4月1日起，一般纳税人销售或者进口货物（另有个别货物除外），以及销售劳务，增值税税率为13%。

（3）1月2日，上海海晨科技有限公司接受某单位以一块土地使用权作为投资，经投资双方共同确认价值为3 600 000元，已办完各种手续（自行增加“无形资产——土地使用权”明细科目）。

借：无形资产——土地使用权　　3 600 000

　贷：实收资本　　3 600 000

（4）1月2日，上海海晨科技有限公司接受某投资者的投资（转账支票）5 000 000元，其中4 000 000元作为实收资本，另1 000 000元作为资本公积。公司收到该投资者的投资后存入建设银行，其他手续已办妥（转账支票，票号：ZZ1002）。

借：银行存款——建设银行　　5 000 000

　贷：实收资本　　4 000 000

　　资本公积——资本溢价　　1 000 000

（5）1月3日，上海海晨科技有限公司经股东大会批准，将公司的资本公积50 000元转增资本。

借：资本公积——资本溢价　　50 000

　贷：实收资本　　50 000

（6）1月3日，上海海晨科技有限公司因生产经营的临时性需要，向银行申请取得期限为6个月的低息借款1 000 000元，存入建设银行（转账支票，票号：ZZ1003）。

借：银行存款——建设银行　　1 000 000

　贷：短期借款　　1 000 000

（7）接业务（6），1月4日，假如上述业务中，上海海晨科技有限公司取得的借款年利率为15%，利息按季度结算，经过计算，其本月负担的利息为12 500元。

借：财务费用——利息支出　　12 500

　贷：应付利息　　12 500

（8）接业务（7），1月4日，上海海晨科技有限公司用银行存款12 500元支付本月的银行借款利息（转账支票，票号：ZZ1004）。

借：应付利息　　12 500

　贷：银行存款——建设银行　　12 500

（9）1月5日，上海海晨科技有限公司用银行存款1 000 000元购入一项无形资产（转账支票，票号：ZZ1005）。

借：无形资产——专利　　1 000 000

　贷：银行存款——建设银行　　1 000 000

（10）1月5日，上海海晨科技有限公司为购建一条新的生产线（工期2年），向建设银行取得期限为3年的人民币借款5 000 000元，存入建设银行。上海海晨科技有限公司当即将该借款投入到生产线的购建工程中（转账支票，票号：ZZ1006）。

借：银行存款——建设银行　　5 000 000

　贷：长期借款——生产线投资借款　　5 000 000

（11）接业务（10），1月6日，假如上述业务中的借款年利率为8%，合同规定到期后一次还本并付利息，单利计息。计算确定当年应由该工程负担的借款利息。

借：在建工程——生产线设备工程　　400 000

贷：长期借款——生产线投资借款 400 000

（12）1月7日，上海海晨科技有限公司偿还前期所欠短期借款150 000元（转账支票，票号：ZZ1007）。

借：短期借款 150 000

贷：银行存款——建设银行 150 000

（13）1月7日，上海海晨科技有限公司购入一项不需要安装的生产用设备。该设备的买价为125 000元，增值税20 000元，全部款项使用银行存款支付，设备当即投入使用（转账支票，票号：ZZ1008）。

借：固定资产——生产经营用固定资产 125 000

应交税费——应交增值税（进项税额） 20 000

贷：银行存款——建设银行 145 000

（14）1月7日，上海海晨科技有限公司用银行存款购入一项需要安装的设备，有关发票等凭证显示其买价为480 000元，增值税76 800元，设备投入安装（转账支票，票号：ZZ1009）。

借：在建工程——生产线设备工程 480 000

应交税费——应交增值税（进项税额） 76 800

贷：银行存款——建设银行 556 800

（15）接业务（14），1月8日，上海海晨科技有限公司的上述设备在安装过程中发生的安装费如下：领用本企业的原材料（甲材料）价值22 000元，应付本企业安装工人的薪酬22 800元。（领用甲材料100吨，假定不考虑增值税。另外，本业务需要自行增加“应付职工薪酬——应付安装经费”明细科目。）

借：在建工程——生产线设备工程 44 800

贷：原材料——甲材料 22 000

应付职工薪酬——应付安装经费 22 800

（16）接业务（14）和业务（15），1月8日，上述设备安装完毕，达到预定可使用状态，并经验收合格办理竣工决算手续，现已交付使用，结转工程成本。

借：固定资产——生产经营用固定资产 524 800

贷：在建工程——生产线设备工程 524 800

（17）1月9日，上海海晨科技有限公司从华顺公司购入一项不需要安装的设备，其购买价款为120 000元，增值税进项税额19 200元，款项尚未支付。

借：固定资产——生产经营用固定资产 120 000

应交税费——应交增值税（进项税额） 19 200

贷：应付账款 139 200

（18）1月9日，上海海晨科技有限公司从任影公司购入下列材料：甲材料5 000千克，单价24元；乙材料2 000千克，单价19元。增值税税率16%，全部款项用银行存款付清（转账支票，票号：ZZ1011）。

借：在途物资——甲材料 120 000

——乙材料 38 000

应交税费——应交增值税（进项税额） 25 280

贷：银行存款——建设银行　183 280

（19）1月10日，上海海晨科技有限公司用银行存款7 000元支付上述购入甲材料外地运杂保险费等，按照材料的重量比例进行分配（转账支票，票号：ZZ1012）。

借：在途物资——甲材料　5 000

——乙材料　2 000

贷：银行存款——建设银行　7 000

（20）1月10日，上海海晨科技有限公司从九宫公司购进丙材料5 500千克，发票注明的价款为220 000元，增值税税额35 200元（220 000×16%）。账单、发票已到，但材料价款及税费尚未支付（业务员：陈梦白）。

借：在途物资——丙材料　220 000

应交税费——应交增值税（进项税额）　35 200

贷：应付账款——九宫公司　255 200

（21）1月10日，上海海晨科技有限公司按照合同规定，用银行存款预付给物美公司订购丙材料的货款180 000元（业务员：陈梦白；转账支票，票号：ZZ1014）。

借：预付账款　180 000

贷：银行存款——建设银行　180 000

（22）1月11日，上海海晨科技有限公司收到物美公司发运来的前已预付货款的丙材料，随货物附来的发票注明该批丙材料为2 100千克，单价200元，增值税进项税67 200元，除冲销原预付款180 000元外，不足款项立即用银行存款支付（业务员：陈梦白；转账支票，票号：ZZ1015）。

借：在途物资——丙材料　420 000

应交税费——应交增值税（进项税额）　67 200

贷：预付账款　180 000

银行存款——建设银行　307 200

（23）1月12日，上海海晨科技有限公司签发并承兑一张商业汇票，从物美公司购入丁材料1 500千克，单价200元。该批材料的含税总价款为348 000元，增值税税率16%（业务员：刘尧）。

借：在途物资——丁材料　300 000

应交税费——应交增值税（进项税额）　48 000

贷：应付票据　348 000

（24）1月12日，上海海晨科技有限公司签发并承兑一张商业汇票，用以抵付本月从九宫公司购入丙材料的价款及相关税款（业务员：刘尧）。

借：应付账款——九宫公司　255 200

贷：应付票据　255 200

（25）1月13日，本月购入的甲、乙、丙、丁材料已经验收入库，结转各种材料的实际采购成本。

借：原材料——甲材料　125 000

——乙材料　40 000

——丙材料　640 000

借：原材料——丁材料 300 000
　贷：在途物资——甲材料 125 000
　　　　　　——乙材料 40 000
　　　　　　——丙材料 640 000
　　　　　　——丁材料 300 000

（26）1月13日，上海海晨科技有限公司用银行存款（转账支票）购入甲材料3 000千克，发票注明其价款为120 000元，增值税税额19 200元。另用现金3 000元支付该批甲材料的运杂费（转账支票，票号：ZZ1018）。

借：材料采购——甲材料 123 000
　　应交税费——应交增值税（进项税额） 19 200
　贷：银行存款——建设银行 139 200
　　　库存现金 3 000

（27）接业务（26），1月14日，上述甲材料验收入库，其计划成本为120 000元，结转该批甲材料的计划成本和差异额。

①借：原材料——甲材料 120 000
　　贷：材料采购——甲材料 120 000
②借：材料成本差异 3 000
　　贷：材料采购——甲材料 3 000

（28）1月14日，上海海晨科技有限公司本月生产产品领用甲材料的计划成本总额为120 000元。同时，计算确定发出甲材料应负担的差异额3 000，并予以结转。

借：生产成本——直接材料（A产品） 120 000
　贷：原材料——甲材料 120 000
借：生产成本——直接材料（A产品） 3 000
　贷：材料成本差异 3 000

（29）1月15日，上海海晨科技有限公司本月仓库发出材料，分别用于生产A产品、B产品和车间一般耗用。具体金额详见分录。

借：生产成本——直接材料（A产品） 323 000
　　　　　　——直接材料（B产品） 200 000
　　制造费用——其他 40 000
　贷：原材料——甲材料 323 000
　　　　　　——乙材料 240 000

（30）1月15日，上海海晨科技有限公司根据当月的考勤记录和产量记录等，计算确定本月职工的工资如下：

A产品生产工人工资 1 640 000元
B产品生产工人工资 1 430 000元
车间管理人员工资 320 000元
厂部管理人员工资 210 000元

借：生产成本——直接人工（A产品） 1 640 000
　　　　　　——直接人工（B产品） 1 430 000

借：制造费用——其他 320 000

管理费用——工资 210 000

贷：应付职工薪酬——工资 3 600 000

（31）1月15日，上海海晨科技有限公司开出现金支票，从银行提取现金3 600 000元，准备发放工资（现金支票，票号：ZZ1019）。

借：库存现金 3 600 000

贷：银行存款——建设银行 3 600 000

（32）1月16日，上海海晨科技有限公司用现金3 600 000元发放工资。

借：应付职工薪酬——工资 3 600 000

贷：库存现金 3 600 000

（33）1月17日，上海海晨科技有限公司本月以银行存款支付职工福利费504 000元，其中生产工人的福利费为429 800元（A产品生产工人229 600元，B产品生产工人200 200元），车间管理人员的福利费为44 800元，厂部管理人员的福利费为29 400元（转账支票，票号：ZZ1020）。

①列支福利费时：

借：生产成本——直接人工（A产品） 229 600

——直接人工（B产品） 200 200

制造费用——福利费 44 800

管理费用 29 400

贷：应付职工薪酬——福利费 504 000

②支付福利费时：

借：应付职工薪酬——福利费 504 000

贷：银行存款——建设银行 504 000

（34）1月17日，上海海晨科技有限公司用银行存款100 800元预付今、明两年的车间用房租金（转账支票，票号：ZZ1021）。

借：长期待摊费用 100 800

贷：银行存款——建设银行 100 800

（35）接业务（34），1月18日，上海海晨科技有限公司月末摊销应由本月负担的上项已付款的车间用房租金4 200元。

借：制造费用——其他 4 200

贷：长期待摊费用 4 200

（36）1月18日，上海海晨科技有限公司用银行存款支付应由本月负担的车间设备修理费3 500元（转账支票，票号：ZZ1022）。

借：制造费用——维修费 3 500

贷：银行存款——建设银行 3 500

（37）1月19日，上海海晨科技有限公司计提本月固定资产折旧，其中应计入制造费用的固定资产折旧额为8 600元，应计入管理费用的固定资产折旧额为4 500元。

借：制造费用——折旧 8 600

管理费用——折旧 4 500

贷：累计折旧 13 100

（38）1月19日，上海海晨科技有限公司用现金900元购买车间的办公用品。

借：制造费用——办公费 900

贷：库存现金 900

（39）1月20日，上海海晨科技有限公司结转制造费用。所有制造费用明细科目余额通过“制造费用——制造费用转出”转到“生产成本——制造费用”中。（提示：本业务应通过自定义转账设置，然后再自定义转账生成凭证。自定义转账操作详见下节。）

借：生产成本——制造费用（A产品） 253 200

——制造费用（B产品） 168 800

贷：制造费用——制造费用转出 422 000

（40）1月20日，上海海晨科技有限公司结转完成产品成本。本月生产完工A、B两种产品，其中A产品完工总成本为2 842 000元，B产品完工总成本为2 165 800元。A、B产品现已验收入库，结转成本。

借：库存商品——A产品 2 842 000

——B产品 2 165 800

贷：生产成本——直接材料（A产品） 559 500

——直接材料（B产品） 244 500

——直接人工（A产品） 2 006 300

——直接人工（B产品） 1 721 500

——制造费用（A产品） 276 200

——制造费用（B产品） 199 800

（41）1月21日，上海海晨科技有限公司按照合同规定预收南里公司订购B产品的货款500 000元，存入建设银行（业务员：刘尧；转账支票，票号：ZZ1024）。

借：银行存款——建设银行 500 000

贷：预收账款——南里公司 500 000

（42）1月22日，上海海晨科技有限公司赊销给幽兰公司A产品100箱，每箱5 760元，发票注明的价款为576 000元，增值税税额92 160元。

借：应收账款——幽兰公司 668 160

贷：主营业务收入——A产品 576 000

应交税费——应交增值税（销项税额） 92 160

（43）接业务（41），1月22日，上海海晨科技有限公司向南里公司发出B产品70箱，发票注明的价款为1 400 000元，增值税销项税额224 000元。原预收款不足，其差额部分当即收到并存入建设银行（业务员：张旭；转账支票，票号：ZZ1026）。

借：预收账款——南里公司 500 000

银行存款 1 124 000

贷：主营业务收入——B产品 1 400 000

应交税费——应交增值税（销项税额） 224 000

（44）1月23日，上海海晨科技有限公司收到幽兰公司开出并承兑的商业汇票668 160元，用以抵偿其前欠本公司的货款（业务员：刘尧；转账支票，票号：ZZ1027）。

借：应收票据 668 160

贷：应收账款——幽兰公司 668 160

（45）1月23日，上海海晨科技有限公司赊销给天伦公司45箱A产品，发票注明的货款为258 000元，增值税销项税额41 280元。另外，公司用银行存款为天伦公司垫付A产品运杂费1 500元（业务员：刘尧；转账支票，票号：ZZ1028）。

借：应收账款——天伦公司 300 780

贷：主营业务收入——A产品 258 000

应交税费——应交增值税（销项税额） 41 280

银行存款——建设银行 1 500

（46）1月24日，由于质量问题，上海海晨科技有限公司上个月销售给创业集团的B产品本月被退回10箱，按照规定应冲减本月的收入200 000元和增值税销项税额32 000元，有关款项通过银行付清（转账支票，票号：ZZ1029）。

借：主营业务收入——B产品 200 000

应交税费——应交增值税（销项税额） 32 000

贷：银行存款——建设银行 232 000

（47）1月24日，上海海晨科技有限公司结转本月已销售的A、B产品的销售成本。其中A产品的成本为710 400元，B产品的单位成本为816 000元。

借：主营业务成本——A产品 710 400

——B产品 816 000

贷：库存商品——A产品 710 400

——B产品 816 000

（48）1月25日，假定经计算，上海海晨科技有限公司本月应缴纳的消费税为35 000元。

借：税金及附加 35 000

贷：应交税费——应交消费税 35 000

（49）1月25日，上海海晨科技有限公司以银行存款支付印花税、车船税、房产税等5 500元（转账支票，票号：ZZ1030）。

借：税金及附加 5 500

贷：银行存款——建设银行 5 500

（50）1月26日，上海海晨科技有限公司销售一批原材料（可根据需要自行增加明细科目），价款为28 000元，增值税税额4 480元。款项收到存入建设银行（转账支票，票号：ZZ1031）。

借：银行存款——建设银行 32 480

贷：其他业务收入——销售材料 28 000

应交税费——应交增值税（销项税额） 4 480

（51）1月26日，上海海晨科技有限公司向某单位转让专有技术的使用权，获得收入100 000元，存入建设银行（转账支票，票号：ZZ1032）。

借：银行存款——建设银行 100 000

贷：其他业务收入——无形资产转让收入 100 000

（52）1月27日，上海海晨科技有限公司出租一批包装物，收到租金11 600元存入建设银行（转账支票，票号：ZZ1033）。

借：银行存款——建设银行 11 600

贷：其他业务收入——包装物出租收入 10 000

应交税费——应交增值税（销项税额） 1 600

（53）1月27日，上海海晨科技有限公司月末结转本月销售材料的成本16 000元（可根据需要自行增加明细科目，不考虑增值税）。

借：其他业务成本——销售材料 16 000

贷：原材料——丙材料 16 000

（54）1月28日，上海海晨科技有限公司结转本月出租包装物的成本4 680元。

借：其他业务成本——包装物出租成本 4 680

贷：周转材料 4 680

（55）1月28日，上海海晨科技有限公司的采购部刘尧出差归来报销差旅费2 460元，原借款3 000元，余额退回现金。

借：管理费用——差旅费 2 460

库存现金 540

贷：其他应收款——刘尧 3 000

（56）1月29日，上海海晨科技有限公司用现金支付董事会成员津贴及咨询费10 000元。

借：管理费用——津贴及咨询费 10 000

贷：库存现金 10 000

（57）1月29日，上海海晨科技有限公司月末摊销以前已经付款且摊销期超过1年的业务部门房租2 010元。

借：销售费用——其他 2 010

贷：长期待摊费用 2 010

（58）1月30日，上海海晨科技有限公司用银行存款5 200元支付销售产品的装卸费等杂费（转账支票，票号：ZZ1035）。

借：销售费用——运杂费 5 200

贷：银行存款——建设银行 5 200

（59）1月30日，上海海晨科技有限公司下设一个销售网点，经计算确定，该网点销售人员的工资为41 610元。

借：销售费用——工资 41 610

贷：应付职工薪酬——工资 41 610

（60）1月30日，上海海晨科技有限公司以银行存款支付销售部门办公费21 000元（转账支票，票号：ZZ1036）。

借：管理费用——办公费 21 000

贷：银行存款——建设银行 21 000

（61）1月30日，上海海晨科技有限公司抛出某为交易目的而持有的股票，买价为13 000元，卖价为20 000元，所得款项存入建设银行（转账支票，票号：ZZ1037）。

借：银行存款——建设银行 20 000

贷：交易性金融资产——股票 13 000

投资收益——股票投资收益 7 000

（62）1月30日，上海海晨科技有限公司的某项长期股权投资采用成本法核算。该被投资单位宣告分配本年的现金股利，其中本公司应得50 000元。

借：应收股利 50 000

贷：投资收益——其他股权投资收益 50 000

（63）1月30日，上海海晨科技有限公司收到某单位的违约罚款收入84 800元，存入银行（转账支票，票号：ZZ1038）。

借：银行存款——建设银行 84 800

贷：营业外收入——罚款收入 84 800

（64）1月30日,上海海晨科技有限公司用银行存款20 000元购入管理部门办公用品（转账支票，票号：ZZ1039）。

借：管理费用——办公费 20 000

贷：银行存款——建设银行 20 000

（65）1月31日，上海海晨科技有限公司在会计期末将本期实现的各项收入、成本费用等损益类账户的余额转入“本年利润”账户。（提示：本业务应通过期间损益转账设置，然后再期间损益结转生成凭证。期间损益转账操作详见下节，转账生成的凭证也要审核记账。）

借：主营业务收入——A产品 834 000

——B产品 1 200 000

其他业务收入——包装物出租收入 10 000

——无形资产转让收入 100 000

——销售材料 28 000

投资收益 57 000

营业外收入——罚款收入 84 800

贷：本年利润 367 540

主营业务成本——A产品 710 400

——B产品 816 000

其他业务成本——包装物出租成本 4 680

——销售材料 16 000

税金及附加 40 500

财务费用——利息支出 12 500

管理费用——办公费 41 000

——差旅费 2 460

——福利费 29 400

——工资 210 000

——津贴及咨询费 10 000

——折旧 4 500

贷：销售费用——工资 41 610

——其他 2 010

——运杂费 5 200

（66）根据前述内容，我们已经确定上海海晨科技有限公司本期实现的利润总额为367 540元，按照25%的税率计算本期的所得税费用（假设没有纳税调整项目）。

借：所得税费用 91 885

贷：应交税费——应交所得税 91 885

（67）上海海晨科技有限公司在会计期末，将计算出的所得税费用转入“本年利润”账户。（提示：本业务应通过期间损益转账设置，然后再期间损益结转生成凭证。期间损益转账操作详见下节，转账生成的凭证也要审核记账。）

借：本年利润 91 885

贷：所得税费用 91 885

（68）上海海晨科技有限公司在会计期末,结转本月实现的净利润，将“本年利润”账户余额转至“利润分配——未分配利润”账户（采用自定义转账结转）。

借：利润分配——未分配利润 275 655

贷：本年利润 275 655

三、实验指导

1.填制凭证

（1）在总账系统中单击“凭证”菜单下的“填制凭证”，进入“填制凭证”窗口，如图3-21所示。

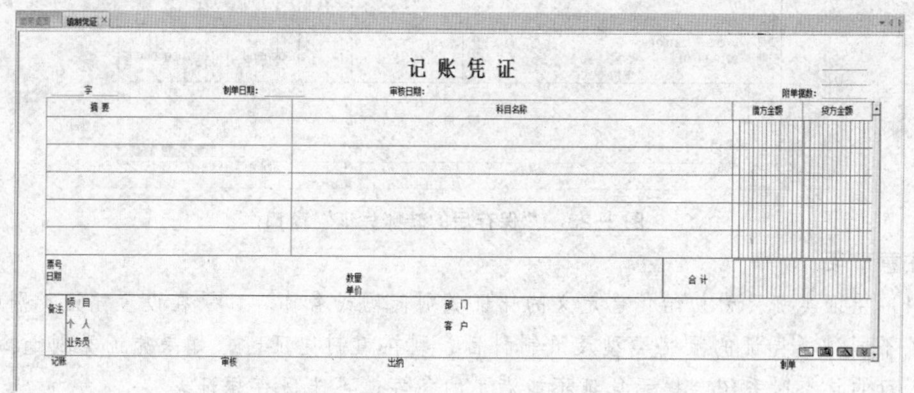

图3-21 “填制凭证”窗口

（2）单击工具栏上的“增加”按钮或按F5键，增加一张新凭证。

（3）单击“凭证类别”的参照按钮，选择凭证类别，按回车键。

（4）在“制单日期”输入修改凭证日期，按回车键。

（5）在“附单据”处输入录入摘要，按回车键。

（6）在“摘要栏”直接录入摘要，按回车键。

（7）在“科目名称”内单击科目名称栏目参照按钮（或按F2键选择科目），或在科目名称栏输入科目代码，按回车键。

（8）在“金额”栏内输入金额，按回车键。

（9）遇到辅助项，需要按照实验资料要求进行录入，如图3-22所示。

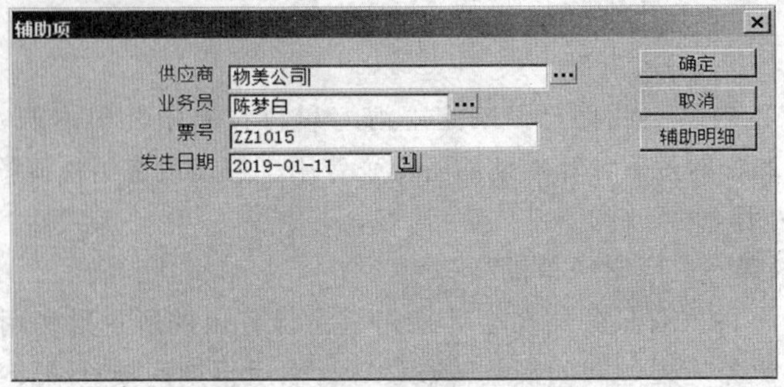

图3-22 录入“辅助项”窗口

（10）继续输入第二条记录。

（11）当凭证信息全部录入完毕后，单击“保存”按钮，保存当前所填制的凭证；也可以单击“增加”按钮，继续填制下一张凭证，如图3-23所示。

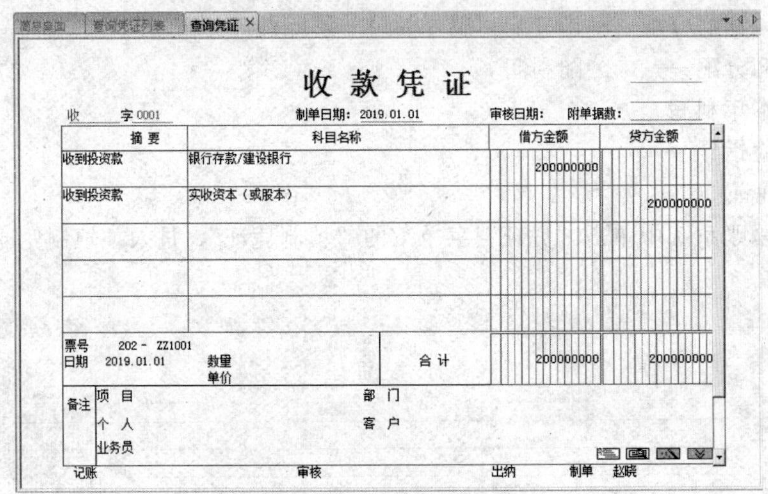

图3-23 “保存后的转账凭证”窗口

注意事项：

（1）凭证类别：为初始化已定义的凭证类别代码或名称。如果在设置凭证类别时已经设置了不同种类凭证的限制类型及限制科目，则在填制凭证时，如果凭证类别选择错误，在进入新的状态时系统会提示凭证不能满足的条件，不能保存凭证。

（2）凭证编号：一般采用系统自动编号。系统自动按凭证类别按月对凭证进行顺序编号。编号由凭证类别编号和凭证顺序编号组成。系统规定每页凭证有五笔分录。当凭证不止一页时，系统将自动在凭证号后标上几分之一。

（3）制单日期：包括年、月、日，日期随凭证号递增而递增。凭证日期应大于或等于启用日期，但不允许超过系统日期。

（4）附单据数：指本张凭证所附原始单据张数，可以为空。

（5）摘要：对输入本笔分录的业务说明，可直接输入摘要的内容或常用摘要的代号，单击“参照”按钮参照输入。当前新增分录完成后，按回车键，系统将摘要自动复制到下一分录行。

（6）科目：科目可以输入科目编码、中文科目名称、英文科目名称或助记码。输入的科目编码必须在建立科目时已经定义，必须是末级科目编码。

如果在科目设置时定义了相应的“辅助账”，则在输入每笔分录时，同时输入辅助核算的内容。如果一个科目同时兼有几个核算要求，则要求同时输入有关内容。在这里录入的辅助内容将在凭证下方的备注中显示。当需要对所录入的辅助项进行修改时，可用鼠标双击所要修改的项，则系统显示辅助信息录入窗，可进行修改。

①如果输入的会计科目属性为部门辅助核算，如输入科目“660203管理费用——办公费”，则屏幕提示要求输入“部门”信息，可输入代码或部门名称，也可单击“参照”按钮参照输入，不能为空，只能输入最末级的部门。

②如果输入的会计科目属性为个人往来辅助核算，如输入科目“224101其他应付款——应付个人款”，则屏幕提示要求输入“部门”“个人”信息，可输入代码或名称，也可单击“参照”按钮或按F2键参照输入，不能为空。在录入个人信息时，若不输入“部门”只输入“个人”，系统将根据所输入的“个人”自动输入其所属的“部门”。

③如果输入的会计科目属性为客户往来辅助核算，如输入科目“1122应收账款”，则屏幕提示要求输入“客户”“业务员”“票号”等信息。“客户”可直接输入代码或客户简称，也可在“客户”处单击“参照”按钮或按F2键参照输入，不能为空。“票号”可输入往来业务的单据号，可以为空。

④如果输入的会计科目属性为供应商往来辅助核算，如输入科目“2201应付票据”，则屏幕提示要求输入“供应商”“业务员”“票号”等信息。“供应商”可输入代码或供应商简称，也可通过参照功能输入，参照方法同上，不能为空。“业务员”可输入该笔业务的采购人员，可以为空。“票号”可输入往来业务的单据号，可以为空。

需要注意的是：科目、客户名称、供应商名称、个人名称、部门名称等可在制单时随时通过参照界面中的“编辑”按钮进行增加及修改。

⑤如果输入的会计科目有数量核算要求，则屏幕提示要求输入“数量”“单价”。系统根据数量和单价自动计算出金额，若数量、单价有一方未录入，系统将根据金额及数量或单价自动计算另一方。也可在只调整金额的情况下不输入数量和单价。

⑥如果输入的会计科目为待核银行账时，屏幕提示要求输入“结算方式”“票号”“发生日期”。其中，“结算方式”应输入银行往来结算方式，“票号”应输入结算单据号或支票号，“发生日期”应输入该笔业务发生的日期。

⑦如果输入的会计科目有外币核算要求时，要求录入外币数量及汇率，也可以在只调整本币金额的情况下不输入外币的数量和汇率。

（7）金额：该笔分录的借方或贷方本币发生额。可以输入红字，红字金额以负数形式输入。如果方向不符，可按空格键调整金额方向。如按“=”键，系统将根据借贷方差额自动计算此笔分录的金额。

（8）合计：系统自动计算借方科目和贷方科目的金额合计数。

（9）制单人签字：由系统根据登录总账系统时输入的操作员姓名自动输入。

（10）凭证一旦保存，其凭证类别、凭证编号不能修改。

2.修改凭证

（1）在“填制凭证”窗口，单击“查询”按钮，进入“凭证查询”界面，找到需要修改的凭证，如图3-24所示。

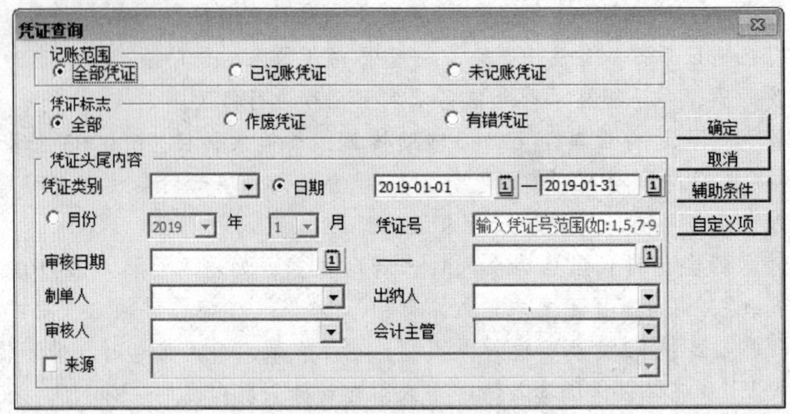

图3-24　“凭证查询”界面

（2）除了凭证类别、凭证编号不能修改，其他如摘要、科目名称、金额都可修改。

（3）单击工具栏上的“保存”按钮，保存当前修改。

3.作废与删除凭证

（1）在“填制凭证”窗口，选择要作废的凭证。

（2）单击“制单”中的“作废”—“恢复”菜单，将该凭证打上“作废”标志。

（3）单击“制单”中的“整理凭证”菜单，选择凭证期间“2019-01”，单击“确定”按钮，出现“作废凭证表”对话框。

（4）双击“作废凭证表”对话框中的“删除”栏。

（5）单击“确定”按钮，出现“是否还需要整理凭证断号？”提示，单击“是”。

注意事项：

（1）未审核的凭证可以直接删除，已审核或已由出纳签字的凭证不能直接删除，必须在取消审核及出纳签字后再删除。

（2）进行“作废”操作后的凭证才能删除，然后再进行整理。

（3）作废凭证不能修改或审核，但可参与记账。

（4）进行凭证整理时的对象为未记账凭证。

4.冲销凭证

（1）在“填制凭证”窗口，单击“制单”中的“冲销凭证”对话框。

（2）在“冲销凭证”对话框中，依次输入月份、凭证类别和凭证号。

（3）单击“确定”按钮，系统自动生成一张红字冲销凭证。

注意事项：

通过红字冲销法增加的凭证与正常凭证保存和管理的方式相同。

5.出纳签字

（1）重新注册，更新操作员为“孙静”。

（2）在总账系统中单击“凭证”菜单下的“出纳签字”项，打开“出纳签字”对话框，如图3-25所示。

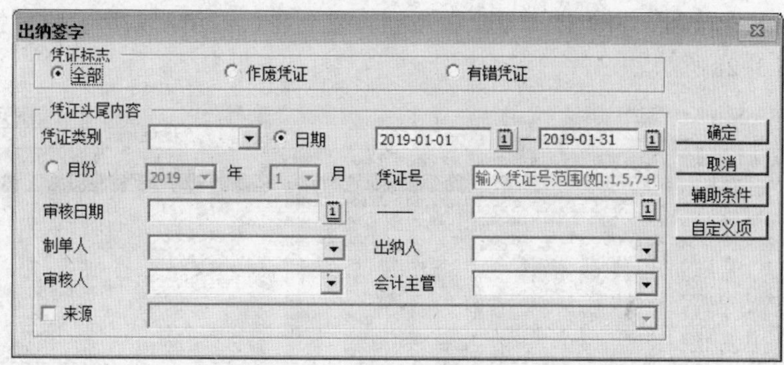

图 3-25 “出纳签字”对话框

（3）输入出纳凭证的选择条件，单击“确定”按钮进入“出纳签字”窗口，其中灰色背景显示为已签字凭证，白色显示为未签字凭证，如图 3-26 所示。

简易桌面 出纳签字列表

凭证共 35张 已签字 0张 未签字 35张 凭证号排序 制单日期排序

制单日期	凭证编号	摘要	借方金额合计	贷方金额合计	制单人	签字人	系统名	备注	审核日期	年度
2019-01-01	收 - 0001	收到投资款	2,000,000.00	2,000,000.00	赵晓					2019
2019-01-02	收 - 0002	收到投资	5,000,000.00	5,000,000.00	赵晓					2019
2019-01-03	收 - 0003	申请借款	1,000,000.00	1,000,000.00	赵晓					2019
2019-01-05	收 - 0004	购建生产线	5,000,000.00	5,000,000.00	赵晓					2019
2019-01-21	收 - 0005	订购B产品	500,000.00	500,000.00	赵晓					2019
2019-01-22	收 - 0006	补差额并存入银行	1,624,000.00	1,624,000.00	赵晓					2019
2019-01-26	收 - 0007	销售原材料	32,480.00	32,480.00	赵晓					2019
2019-01-26	收 - 0008	转让专有技术使用权	100,000.00	100,000.00	赵晓					2019
2019-01-27	收 - 0009	出租包装物	11,600.00	11,600.00	赵晓					2019
2019-01-28	收 - 0010	报销差旅费	3,000.00	3,000.00	赵晓					2019
2019-01-30	收 - 0011	抛出股票	20,000.00	20,000.00	赵晓					2019
2019-01-30	收 - 0012	收到违约罚款	84,800.00	84,800.00	赵晓					2019
2019-01-04	付 - 0001	支付银行借款利息	12,500.00	12,500.00	赵晓					2019
2019-01-05	付 - 0002	购入无形资产	1,000,000.00	1,000,000.00	赵晓					2019
2019-01-06	付 - 0003	偿还前期借款	150,000.00	150,000.00	赵晓					2019
2019-01-07	付 - 0004	购入生产用设备	145,000.00	145,000.00	赵晓					2019
2019-01-07	付 - 0005	购入一台设备	556,800.00	556,800.00	赵晓					2019
2019-01-09	付 - 0006	购入材料	183,280.00	183,280.00	赵晓					2019
2019-01-10	付 - 0007	支付运杂费	7,000.00	7,000.00	赵晓					2019
2019-01-10	付 - 0008	预付货款	180,000.00	180,000.00	赵晓					2019

图 3-26 “出纳签字-显示”窗口

（4）在“出纳签字”窗口中，双击某张凭证或单击“确定”按钮，则屏幕显示以此张凭证为首的所有凭证。

（5）确认凭证正确后，单击“签字”按钮，系统将在出纳处自动签上出纳姓名，如图 3-27 所示。

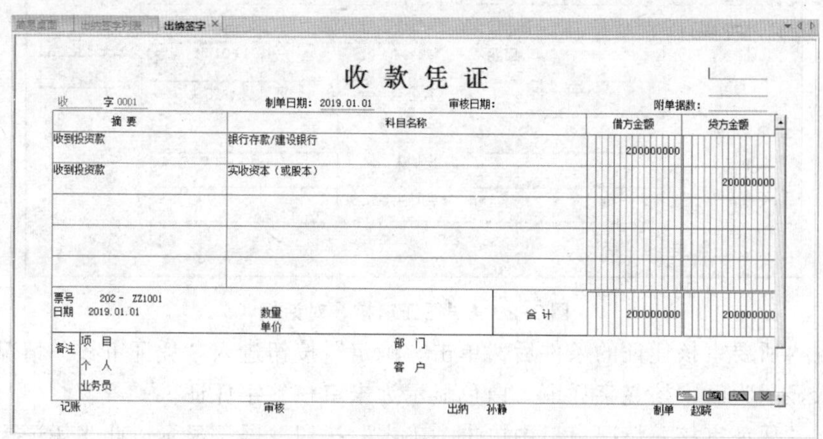

图 3-27 “出纳签字凭证”窗口

单击“确定”按钮，再单击“签字”按钮，直到将已经填制的所有收付款凭证进行出纳签字，如图3-28所示。

简易桌面 出纳签字列表

凭证共 35张 已签字 35张 未签字 0张 ⊙凭证号排序 ○制单日期排序

制单日期	凭证编号	摘要	借方金额合计	贷方金额合计	制单人	签字人	系统名	备注	审核日期	年度
2019-01-01	收 - 0001	收到投资款	2,000,000.00	2,000,000.00	赵晓	孙静				2019
2019-01-02	收 - 0002	收到投资	5,000,000.00	5,000,000.00	赵晓	孙静				2019
2019-01-03	收 - 0003	申请借款	1,000,000.00	1,000,000.00	赵晓	孙静				2019
2019-01-05	收 - 0004	购建生产线	5,000,000.00	5,000,000.00	赵晓	孙静				2019
2019-01-21	收 - 0005	订购B产品	500,000.00	500,000.00	赵晓	孙静				2019
2019-01-22	收 - 0006	补差额并存入银行	1,624,000.00	1,624,000.00	赵晓	孙静				2019
2019-01-26	收 - 0007	销售原材料	32,480.00	32,480.00	赵晓	孙静				2019
2019-01-26	收 - 0008	转让专有技术使用权	100,000.00	100,000.00	赵晓	孙静				2019
2019-01-27	收 - 0009	出租包装物	11，600.00	11，600.00	赵晓	孙静				2019
2019-01-28	收 - 0010	报销差旅费	3,000.00	3,000.00	赵晓	孙静				2019
2019-01-30	收 - 0011	抛出股票	20，000.00	20，000.00	赵晓	孙静				2019
2019-01-30	收 - 0012	收到违约罚款	84,800.00	84,800.00	赵晓	孙静				2019
2019-01-04	付 - 0001	支付银行借款利息	12,500.00	12,500.00	赵晓	孙静				2019
2019-01-05	付 - 0002	购入无形资产	1,000,000.00	1,000,000.00	赵晓	孙静				2019
2019-01-06	付 - 0003	偿还本金和利息	150，000.00	150，000.00	赵晓	孙静				2019
2019-01-07	付 - 0004	购入生产用设备	14，500.00	14，500.00	赵晓	孙静				2019
2019-01-07	付 - 0005	购入一台设备	556,800.00	556,800.00	赵晓	孙静				2019
2019-01-09	付 - 0006	购入材料	183,280.00	183,280.00	赵晓	孙静				2019
2019-01-10	付 - 0007	支付运杂费	7,000.00	7,000.00	赵晓	孙静				2019
2019-01-10	付 - 0008	预付货款	180,000.00	180,000.00	赵晓	孙静				2019

图3-28 “全部‘出纳签字’”界面

（6）单击“取消”按钮退出。

注意事项：

（1）出纳签字在凭证审核前后均可进行。

（2）要进行出纳签字的操作应满足以下三个条件：①在总账系统中已经设置了“出纳凭证必须经由出纳签字”；②在会计科目中进行了“指定科目”的操作；③凭证中使用的会计科目是已经在总账系统中设置为“日记账”辅助核算内容的会计科目。

（3）被取消签字后才可以进行修改或删除。取消签字只能由出纳自己进行。

6.审核凭证

（1）重新注册，更换操作员为“赵晓”。

（2）在总账系统中单击“凭证”菜单下的“审核凭证”，打开“凭证审核”对话框，如图3-29所示。

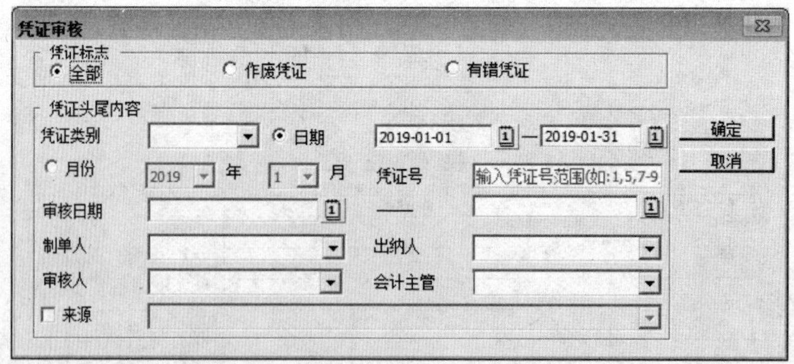

图3-29 “凭证审核”对话框

（3）输入所要审核凭证的条件后，单击“确定”按钮进入“凭证审核”情况窗口，其中蓝色背景显示为已审核签字凭证，白色显示为未审核签字凭证。

（4）在“凭证审核”情况窗口中单击“确定”按钮，屏幕显示以此张凭证为首的所有凭证。

（5）审核人员在确认该张凭证正确后，单击“审核”按钮，系统在审核处自动签上审核人姓名，并自动显示下一张待审核凭证，如图3-30所示。

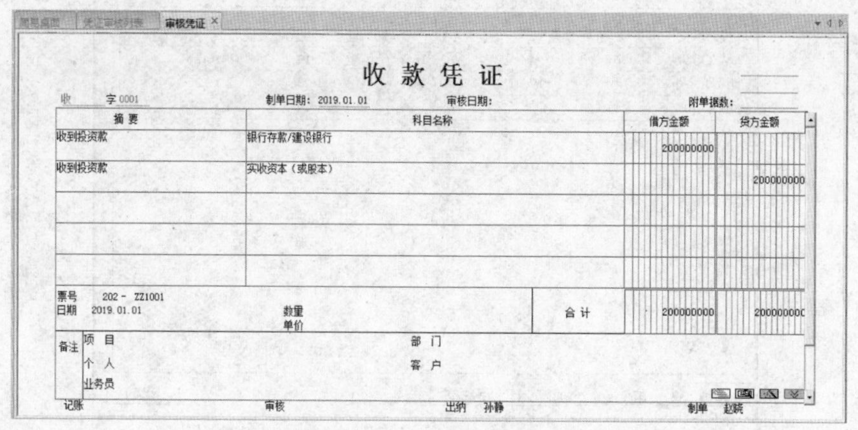

图3-30 “审核凭证”窗口

（6）若审核人员发现该凭证有错误，可单击“标错”按钮对凭证进行标错，以便制单人对其进行修改。

（7）将已经填制的凭证全部审核签字，单击“退出”按钮退出，如图3-31所示。

凭证审核列表

凭证共 74张　已审核 74 张　未审核 0 张　凭证号排序　制单日期排序

制单日期	凭证编号	摘要	借方金额合计	贷方金额合计	制单人	审核人	系统名	备注	审核日期	年度
2019-01-01	收 - 0001	收到投资款	2,000,000.00	2,000,000.00	赵晓	会计			2019-01-31	2019
2019-01-02	收 - 0002	收到投资	5,000,000.00	5,000,000.00	赵晓	会计			2019-01-31	2019
2019-01-03	收 - 0003	申请借款	1,000,000.00	1,000,000.00	赵晓	会计			2019-01-31	2019
2019-01-05	收 - 0004	购建生产线	5,000,000.00	5,000,000.00	赵晓	会计			2019-01-31	2019
2019-01-21	收 - 0005	订购B产品	500,000.00	500,000.00	赵晓	会计			2019-01-31	2019
2019-01-22	收 - 0006	补差额并存入银行	1,624,000.00	1,624,000.00	赵晓	会计			2019-01-31	2019
2019-01-26	收 - 0007	销售原材料	32,480.00	32,480.00	赵晓	会计			2019-01-31	2019
2019-01-26	收 - 0008	转让专有技术使用权	100,000.00	100,000.00	赵晓	会计			2019-01-31	2019
2019-01-27	收 - 0009	出租包装物	11,600.00	11,600.00	赵晓	会计			2019-01-31	2019
2019-01-28	收 - 0010	报销差旅费	3,000.00	3,000.00	赵晓	会计			2019-01-31	2019
2019-01-30	收 - 0011	抛出股票	20,000.00	20,000.00	赵晓	会计			2019-01-31	2019
2019-01-30	收 - 0012	收到违约罚款	84,800.00	84,800.00	赵晓	会计			2019-01-31	2019
2019-01-04	付 - 0001	支付银行借款利息	12,500.00	12,500.00	赵晓	会计			2019-01-31	2019
2019-01-05	付 - 0002	购入无形资产	1,000,000.00	1,000,000.00	赵晓	会计			2019-01-31	2019
2019-01-06	付 - 0003	偿还本金和利息	150,000.00	150,000.00	赵晓	会计			2019-01-31	2019
2019-01-07	付 - 0004	购入生产用设备	14,500.00	14,500.00	赵晓	会计			2019-01-31	2019
2019-01-07	付 - 0005	购入一台设备	556,800.00	556,800.00	赵晓	会计			2019-01-31	2019
2019-01-09	付 - 0006	购入材料	183,280.00	183,280.00	赵晓	会计			2019-01-31	2019
2019-01-11	付 - 0007	支付运杂费	7,000.00	7,000.00	赵晓	会计			2019-01-31	2019

图3-31 “全部‘凭证审核’”界面

注意事项：

（1）审核人和制单人不能是同一个人。

（2）凭证一经审核，则不能再修改、删除，只有被取消审核签字后才可以进行修改或删除。

（3）单击“取消”按钮，可对已审核的凭证取消审核。

（4）再次单击“标错”按钮可取消标错。

7.凭证记账

（1）由操作员“赵晓”单击“凭证”—“记账”，进入“记账向导-选择本次记账范围”对话框，如图3-32所示。

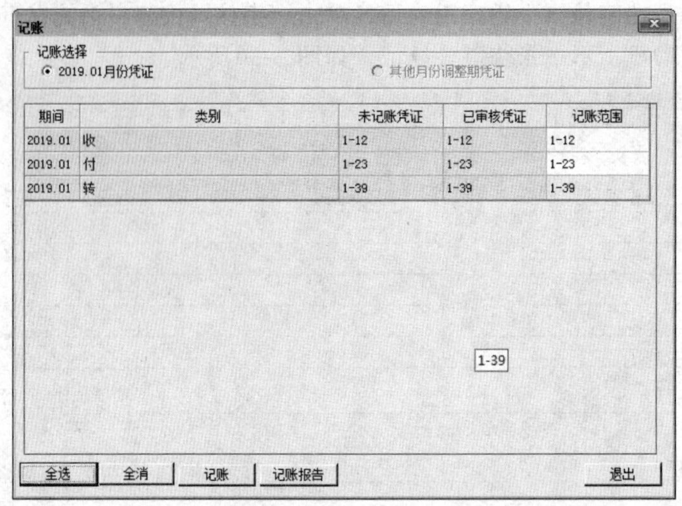

期间	类别	未记账凭证	已审核凭证	记账范围
2019.01	收	1-12	1-12	1-12
2019.01	付	1-23	1-23	1-23
2019.01	转	1-39	1-39	1-39

图3-32　“记账向导-选择本次记账范围”对话框

(2) 在“选择本次记账范围”对话框中列出各期间的未记账凭证范围清单，并同时列出其中的空号与已审核凭证范围。若编号不连续，则用逗号分隔。

(3) 输入本次记账的范围，单击“下一步”按钮。

(4) 进入“记账向导-记账报告”，系统先对凭证进行合法性检查。如果发现不合法凭证，系统将提示错误；如果未发现不合法凭证，屏幕显示所选凭证的汇总表及凭证的总数，以供核对。核对无误后，可单击“下一步”按钮。

(5) 进入“记账向导-记账”界面，当以上工作都确认无误后，可单击“记账”按钮，系统开始记账。

(6) 记账完毕后系统提示，单击“退出”按钮，如图3-33所示。

科目编码	科目名称	外币名称	数量单位	金额合计	
				借方	贷方
1001	库存现金			3,600,540.00	3,613,900.00
1002	银行存款			14,872,880.00	7,174,480.00
100201	建设银行			14,872,880.00	7,174,480.00
1101	交易性金融资产				13,000.00
110101	股票				13,000.00
1121	应收票据			668,160.00	
1122	应收账款			968,940.00	668,160.00
1123	预付账款			180,000.00	180,000.00
1131	应收股利			50,000.00	
1221	其他应收款				3,000.00
1401	材料采购			123,000.00	123,000.00
140101	甲材料			123,000.00	123,000.00
1402	在途物资			1,105,000.00	1,105,000.00
140201	甲材料		千克	125,000.00	125,000.00

图3-33　“记账完毕系统提示”窗口

（7）打开任意一张记账后的凭证，如图3-34所示。

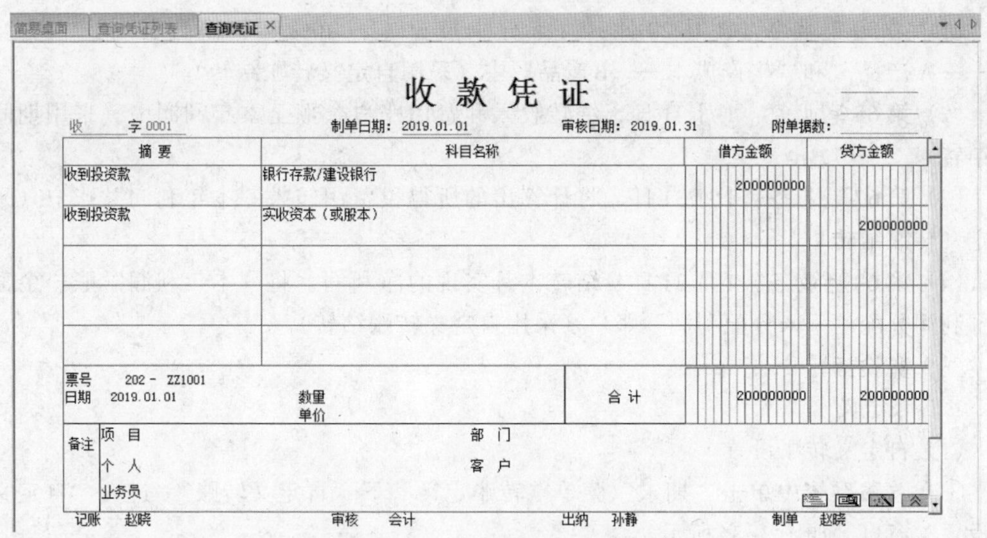

图3-34 “记账完毕的凭证”界面

注意事项：

（1）如果期初余额试算不平衡，则不允许记账；如有未审核凭证，则不允许记账；上月未结账，本月不能记账。

（2）单击可以输入的记账范围区，其中背景为白色表示可以记账，背景为蓝色表示上月未结账、本月不能记账，输入要进行记账的凭证范围。如果不输入记账范围，则表示对所有未记账凭证执行记账。

（3）范围列示方式可以输入数字、“—”和“,”。

（4）记账后不能整理断号。

（5）已记账的凭证不能在“填制凭证”中查询。

8.取消记账

如果凭证出现错误，需要修改凭证，那么必须先取消记账。取消记账的操作如下：

①在总账初始窗口，执行“期末”—“对账”命令，进入“对账”窗口。

②按Ctrl+H键，弹出“恢复记账前状态功能已被激活”信息提示框。

③单击“确定”按钮，单击“退出”按钮。

④执行“凭证”—“恢复记账前状态”命令，打开“恢复记账前状态”对话框。

⑤单击“最近一次记账前状态”单选按钮。

⑥单击“确定”按钮，弹出“恢复记账完毕”信息提示框，单击“确定”按钮。

第三节 期末处理

一、实验要求

1.以“赵晓”的身份定义转账分录并生成凭证

2.以“张彤”的身份进行审核、记账、对账和结账的操作

二、实验资料

（1）第39笔业务：1月20日，月末分别按60%和40%结转制造费用到“生产成本——A产品”和“生产成本——B产品”中（采用自定义转账结转）。

（2）第65笔业务：1月31日，结转收入和费用账户余额至本年利润中（采用期间损益结转）。

（3）第67笔业务：1月31日，将计算出的所得税费用转入“本年利润”账户（采用自定义转账结转）。

（4）第68笔业务：1月31日，结转本月实现的净利润，将“本年利润”账户余额转至“利润分配——未分配利润”账户（采用自定义转账结转）。

三、实验指导

1.转账定义

（1）自定义转账设置

①在总账系统中单击“期末”菜单“转账定义”下“自定义转账”，进入“自定义转账设置”窗口，如图3-35所示。

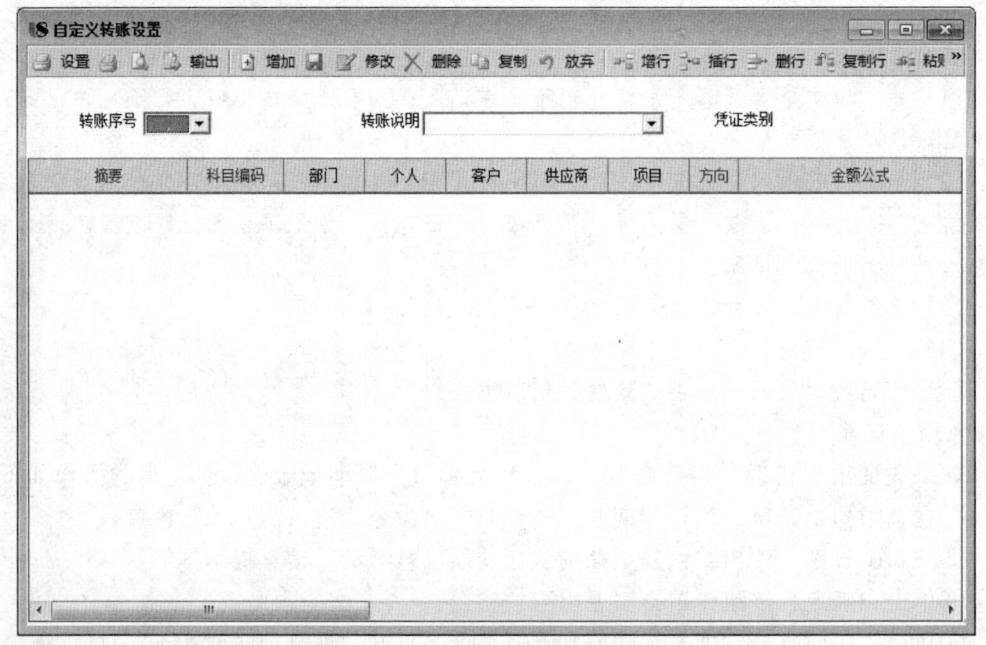

图3-35 “自定义转账设置”窗口

②单击工具栏上的“增加”，打开“转账目录”对话框，可定义一张转账凭证。下面将以月末分别按60%和40%结转制造费用到“生产成本——A产品”和“生产成本——B产品”中为例进行讲解。

③输入“转账序号”，即所定义凭证的代号，如“0001”；输入“转账说明”，即摘要，如“结转制造费用”；选择凭证类别，如选择“转账凭证”；单击“确定”按钮，如图3-36所示。

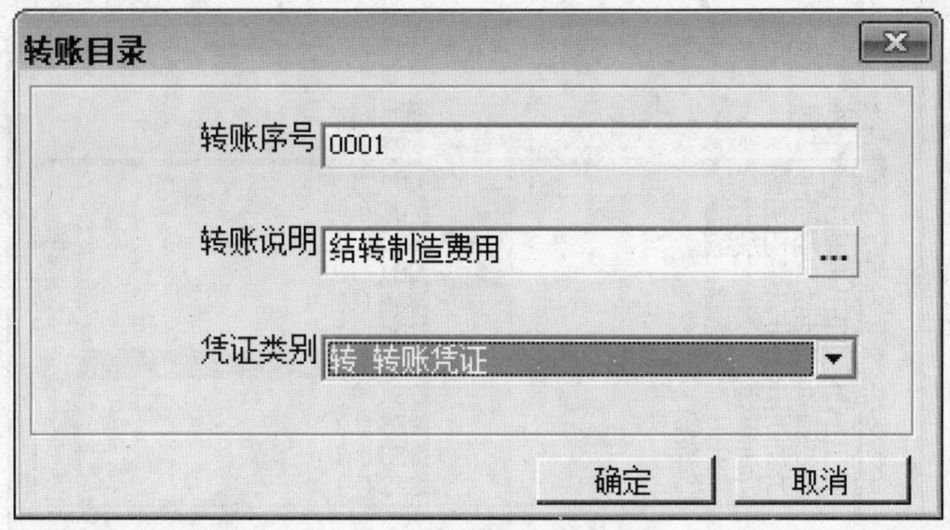

图 3-36　“转账目录”窗口

④默认摘要，不作修改，直接回车。

⑤在“科目编码”栏中输入科目代码，如“500103 生产成本——制造费用”；如果输入的科目有辅助信息，需要录入辅助信息，如项目代码“101A 产品”。

⑥输入科目的方向：输入转账凭证数据发生的借贷方向。在“方向”下拉列表中选择“借”。

⑦输入公式：双击“金额公式”栏，直接输入公式。

⑧输入公式时，也可采用向导方式输入金额公式。

A.双击“金额公式”栏，打开“公式向导”对话框，如图 3-37 所示。

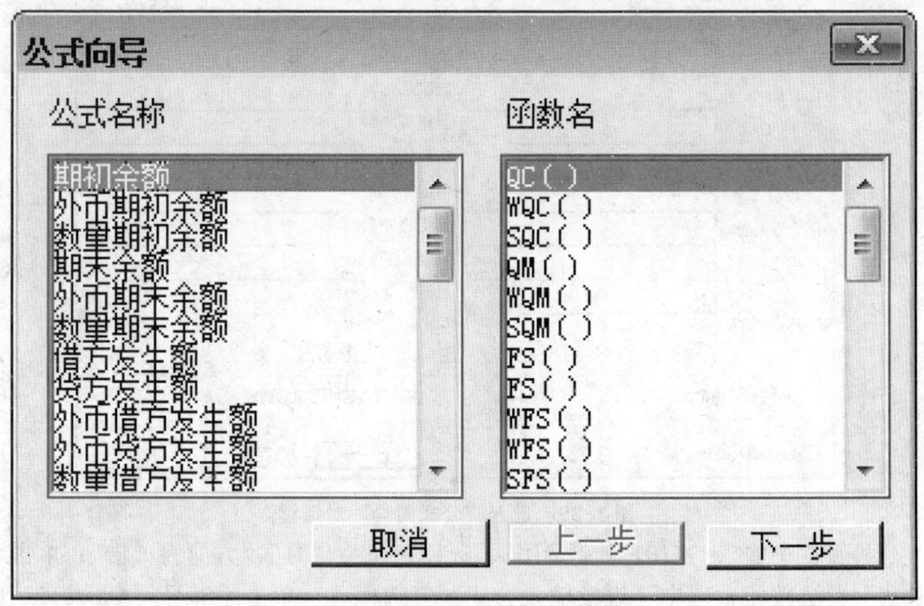

图 3-37　“公式向导”对话框

B.选择“FS（）借方发生额”，如图 3-38 所示。

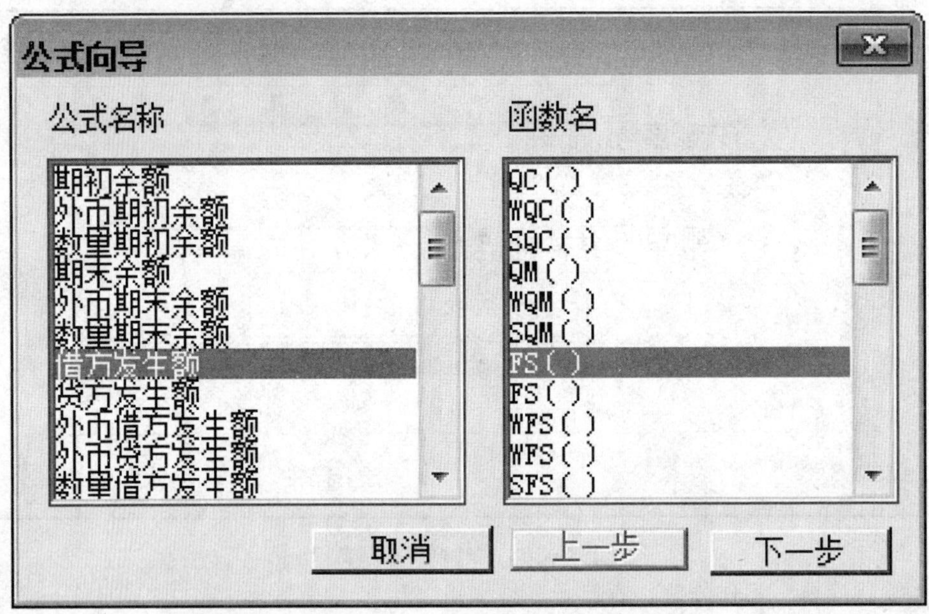

图 3-38 “公式向导-借方发生额”对话框

C.单击“下一步”按钮，进入公式向导，如图 3-39 所示。

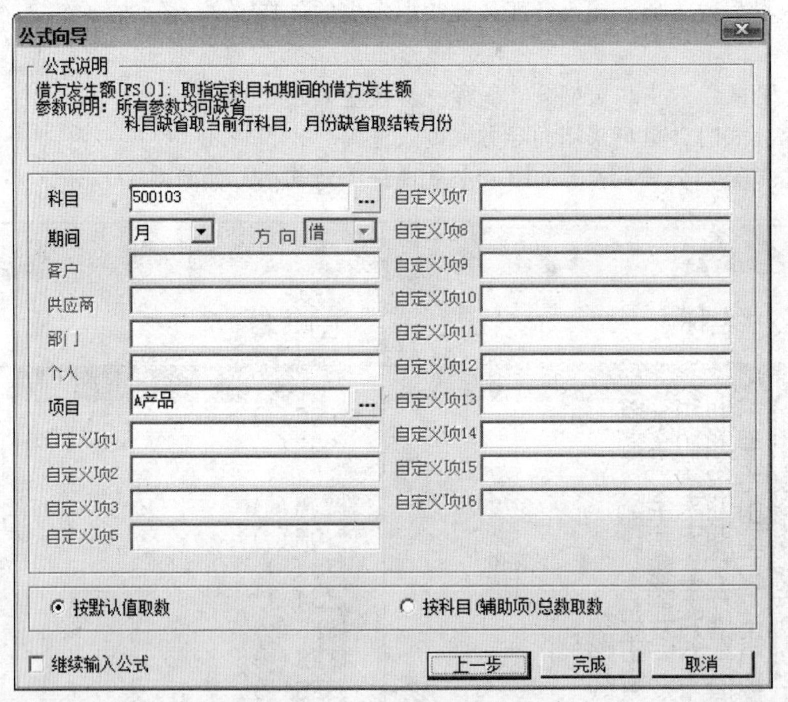

图 3-39 进入“公式向导”对话框

D.在科目栏中输入“5101 制造费用”，选择期间为“月”，方向为“借”；单击“按默认值取数”单选按钮；选中“继续输入公式”复选框后，单击运算号“*（乘）”单选按钮。单击“下一步”按钮，如图 3-40 所示。

公式向导
公式说明
借方发生额[FS()]：取指定科目和期间的借方发生额
参数说明：所有参数均可缺省
科目缺省取当前行科目，月份缺省取结转月份
科目 5101
期间 月　方向 借
客户
供应商
部门
个人
项目
自定义项1
自定义项2
自定义项3
自定义项5
自定义项7
自定义项8
自定义项9
自定义项10
自定义项11
自定义项12
自定义项13
自定义项14
自定义项15
自定义项16
按默认值取数　按科目(辅助项)总数取数
运算符：+(加)　-(减)　*(乘)　/(除)
继续输入公式　上一步　下一步　取消

图3-40　录入“公式向导”对话框

E.在“公式名称”框中，选择“常数”，单击“下一步”按钮，如图3-41所示。

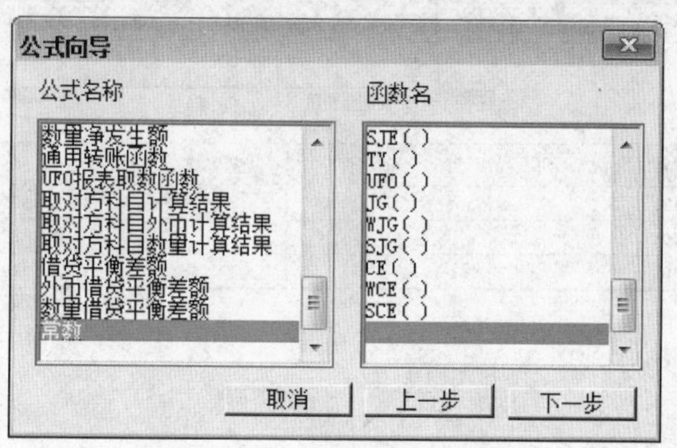

图3-41　“录入常数”对话框

F.在“常数”栏中输入“0.6”，单击“完成”，得到公式“FS（5101，月，借）*0.6”，如图3-42（A）、3-42（B）所示。也可以在公示栏的有关公式后面直接填入“*0.6”。

公式向导
公式说明
常数：
说明：
常量或表达式
常数 0.6
继续输入公式　上一步　完成　取消

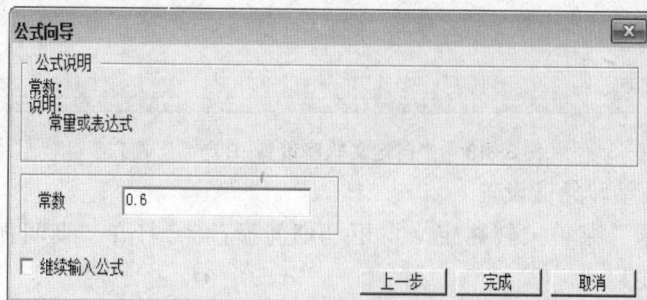

图3-42（A）　“输入0.6”对话框

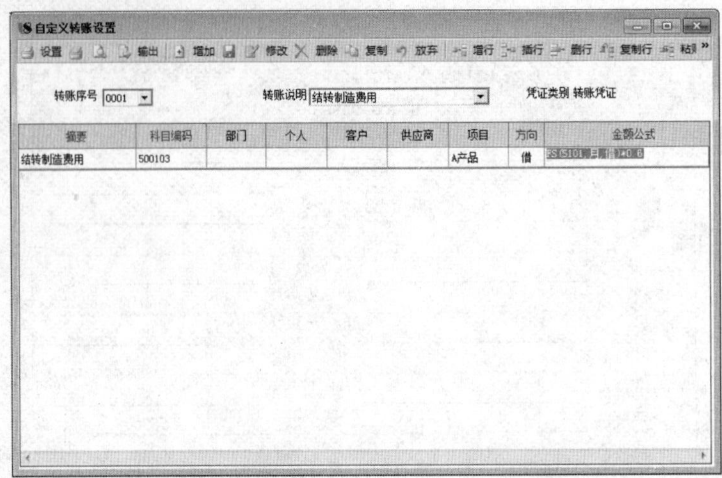

图3-42（B） “自定义转账设置”窗口

⑨单击“增行”按钮，输入第二条记录，“摘要”由系统选择默认；在“科目编码”栏中输入科目编码，如“500103生产成本——制造费用”；“项目”栏输入“102 B产品”。“金额公式”输入“FS（5101，月，借）*0.4”，接着自行录入贷方公式，如图3-43所示。

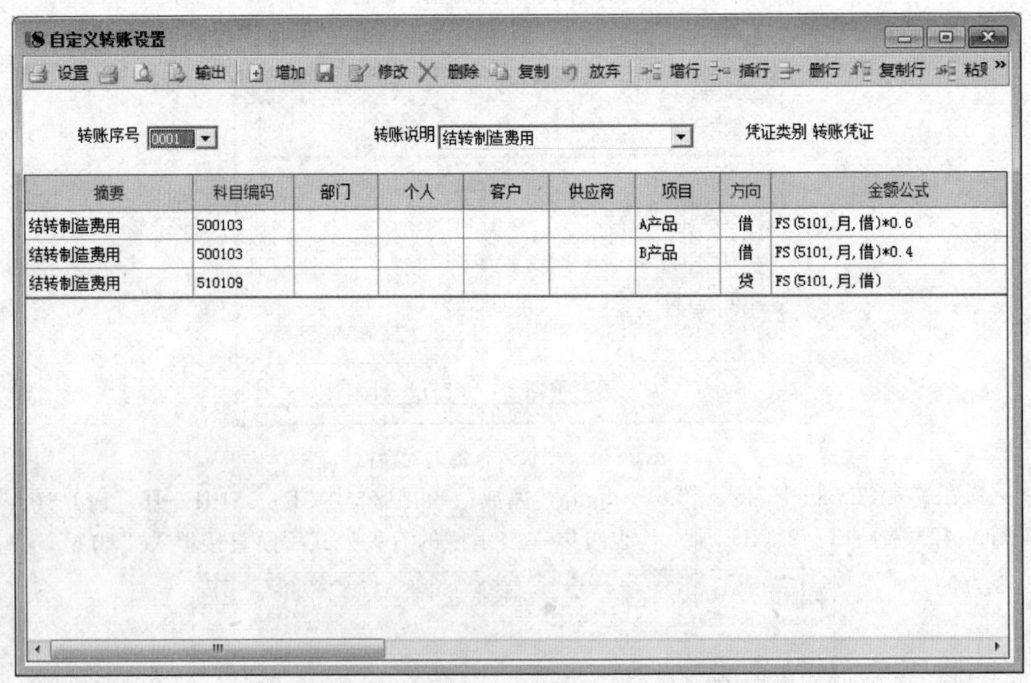

图3-43 “自定义转账设置-B产品”窗口

（2）期间损益结转凭证设置

①单击“期末”菜单“转账定义”下“期间损益”，打开“期间损益结转设置”窗口，如图3-44所示。

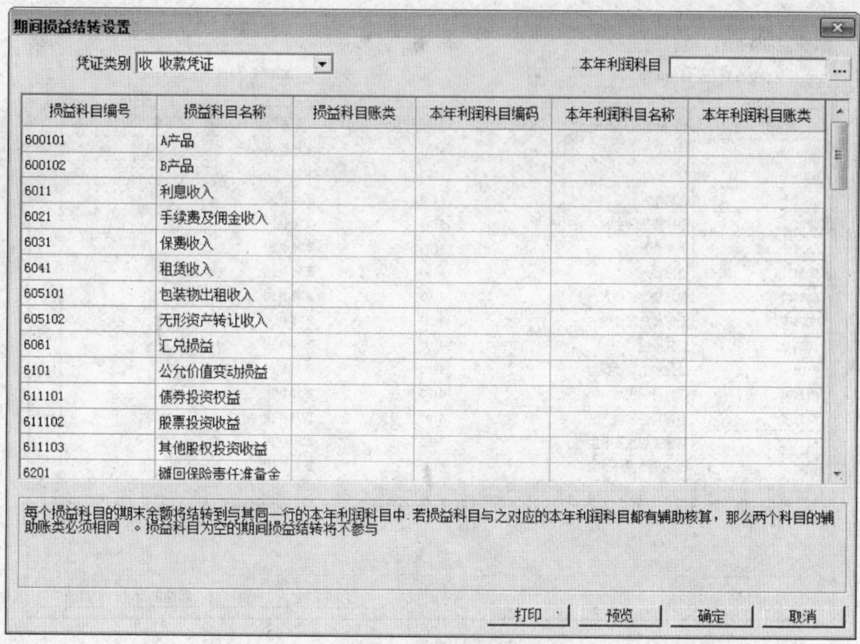

图3-44　“期间损益结转设置”窗口一

②在“凭证类别”下拉列表中选择“转账凭证”。

③录入本年利润科目代码“4103”，如图3-45所示。

图3-45　“期间损益结转设置”窗口二

④单击“确定”按钮，设置完毕，退出，如图3-46所示。

图3-46 “期间损益结转设置”窗口三

（3）对应结转设置

①单击“期末”菜单“转账定义”下“对应结转”，进入“对应结转设置”窗口，输入编号如“0001”，如图3-47所示。

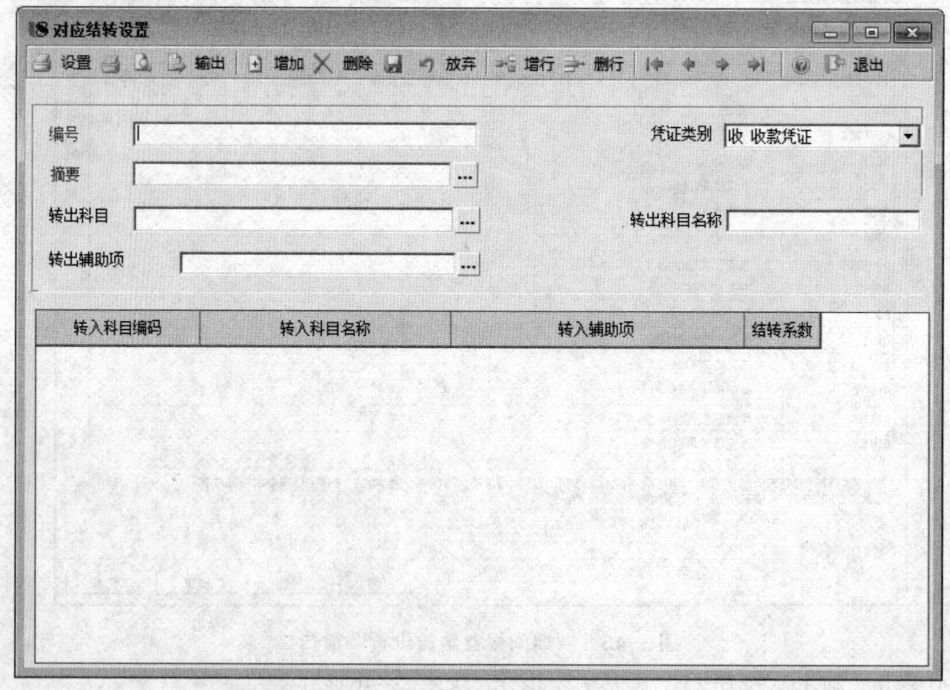

图3-47 “对应结转设置”窗口

②在“凭证类别”下拉列表中选择“转账凭证”。

③输入摘要为“结转所得税”。

④在“转出科目”框中选择“6801所得税费用”，如图3-48所示。

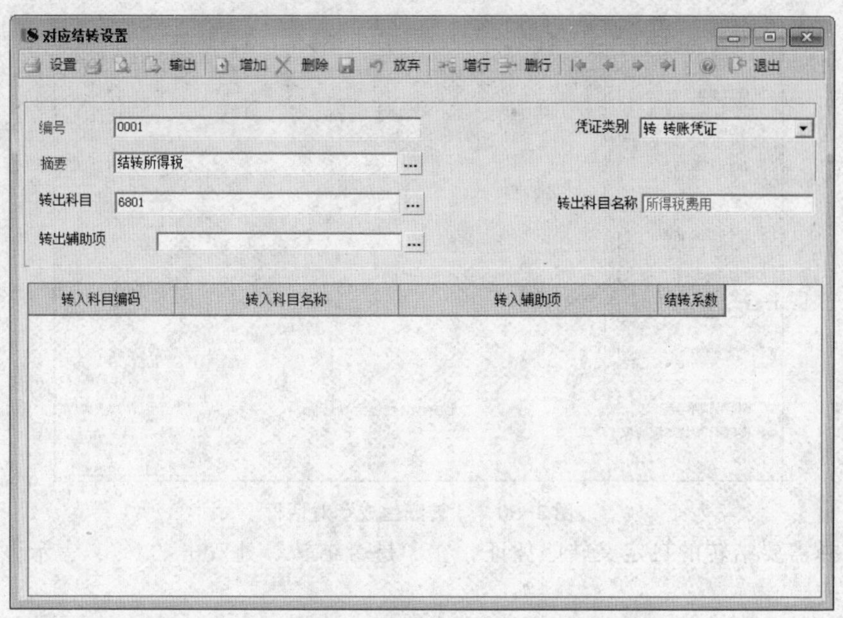

图3-48 “录入转出科目编码”对话框

⑤单击“增行”按钮，在“转入科目编码”框中选择“4103本年利润”。

⑥输入“结转系数”1，如图3-49所示。

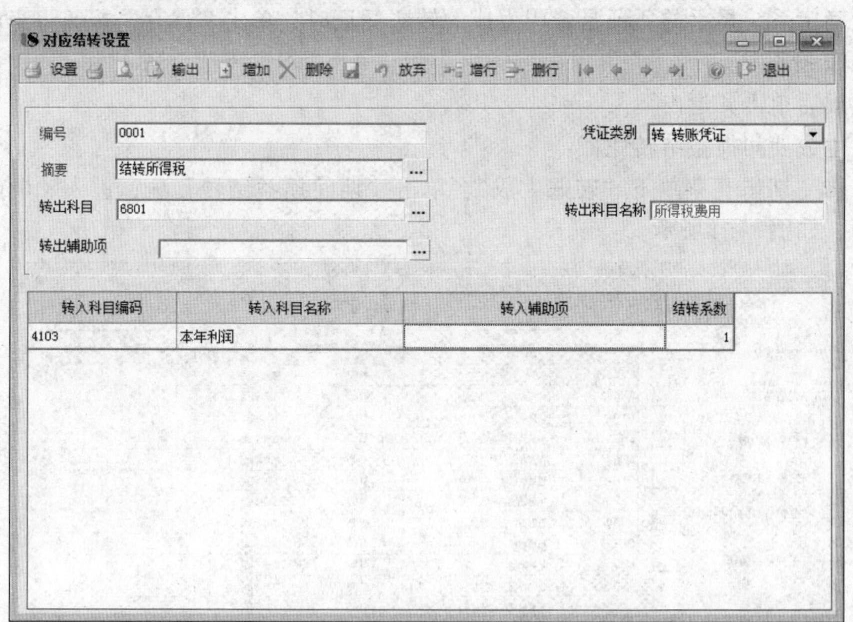

图3-49 “录入结转系数”对话框

⑦单击“保存”按钮。

2.转账生成

(1) 生成自定义转账凭证

①单击“期末”菜单下的“转账生成”，打开“转账生成”对话框，单击“自定义转

账”单选按钮，如图3-50所示。

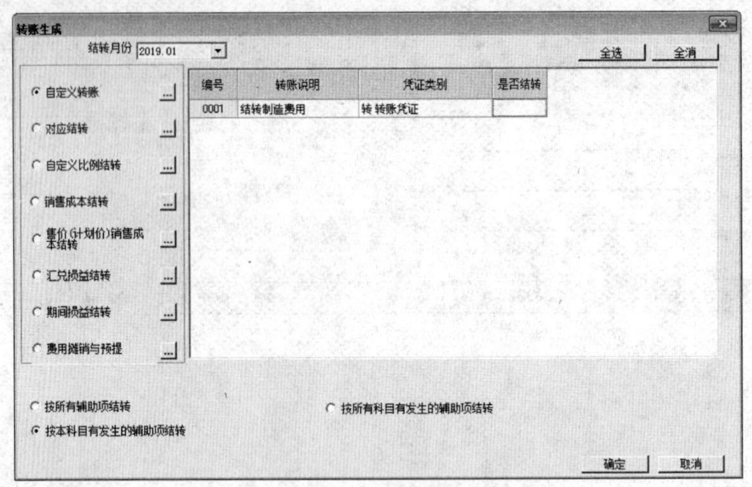

图3-50 “转账生成”对话框

②选择需要结转的自定义转账凭证，在“是否结转”处双击“√”，表示该转账凭证将执行结转。

③单击屏幕左上角的结转月份下拉列表，选择要结转的月份。

④选择完毕后，单击“确定”按钮，系统开始进行结转计算，计算完毕进入凭证生成界面。

⑤若凭证类别、制单日期和附单据数与实际情况有出入，可直接在当前凭证上进行修改。

⑥当确定系统显示的凭证是希望生成的转账凭证时，单击“保存”按钮将当前凭证追加到未记账凭证中。

⑦生成后单击“退出”。

（2）生成期间损益结转凭证

①单击“期末”菜单下“转账生成”，单击“期间损益结转”项，进入“期间损益结转”界面，如图3-51所示。

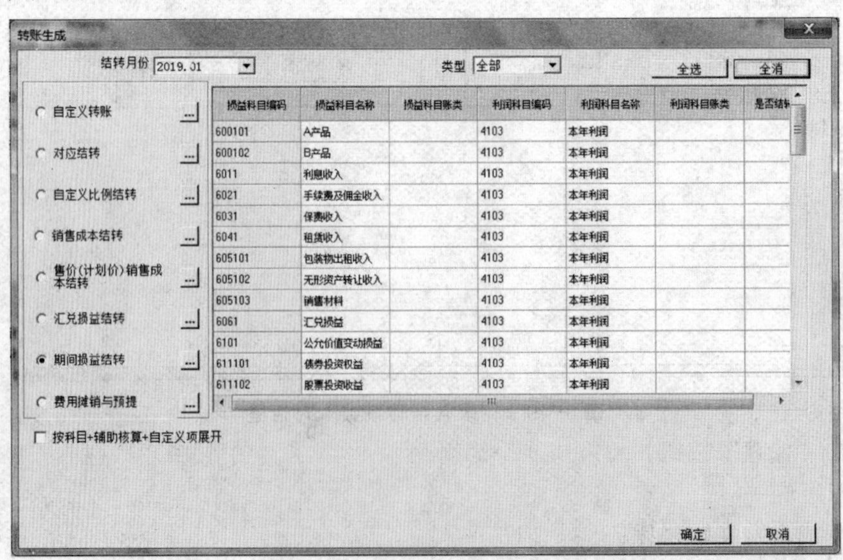

图3-51 “转账生成”窗口一

②单击屏幕左上角的结转月份下拉列表，选择要结转的月份“2019.01”。

③单击类型下拉列表，选择损益科目的类型，类型分为三种：全部、收入、支出。选择“全部”，单击“全选”按钮，如图3-52所示。

损益科目编码	损益科目名称	损益科目账类	利润科目编码	利润科目名称	利润科目账类	是否结转
600101	A产品		4103	本年利润		Y
600102	B产品		4103	本年利润		Y
6011	利息收入		4103	本年利润		Y
6021	手续费及佣金收入		4103	本年利润		Y
6031	保费收入		4103	本年利润		Y
6041	租赁收入		4103	本年利润		Y
605101	包装物出租收入		4103	本年利润		Y
605102	无形资产转让收入		4103	本年利润		Y
605103	销售材料		4103	本年利润		Y
6061	汇兑损益		4103	本年利润		Y
6101	公允价值变动损益		4103	本年利润		Y
611101	债券投资收益		4103	本年利润		Y
611102	股票投资收益		4103	本年利润		Y
611103	其他股权投资收益		4103	本年利润		Y

图3-52　“转账生成”窗口二

④单击“确定”按钮，系统开始进行结转计算，计算完毕进入凭证生成界面，如图3-53所示。

收 款 凭 证

收　字 - 0001/0005　　制单日期：2019.01.31　　审核日期：　　附单据数：0

摘要	科目名称	借方金额	贷方金额
期间损益结转	本年利润		36754000
期间损益结转	主营业务收入/A产品	83400000	
期间损益结转	主营业务收入/B产品	120000000	
期间损益结转	其他业务收入/包装物出租收入	1000000	
期间损益结转	其他业务收入/无形资产转让收入	10000000	
票号 日期　数量 单价	合计	231380000	23138000

备注　项目　　部门
　　　个人　　客户
　　　业务员

记账　　审核　　出纳　　制单　赵晓

图3-53　“生成凭证”界面

⑤当前收款凭证，注意要改为转账凭证。当确定系统显示的凭证是希望生成的转账凭证时，单击“保存”按钮，显示已生成，如图3-54所示，即可将当前凭证追加到未记账凭证中。

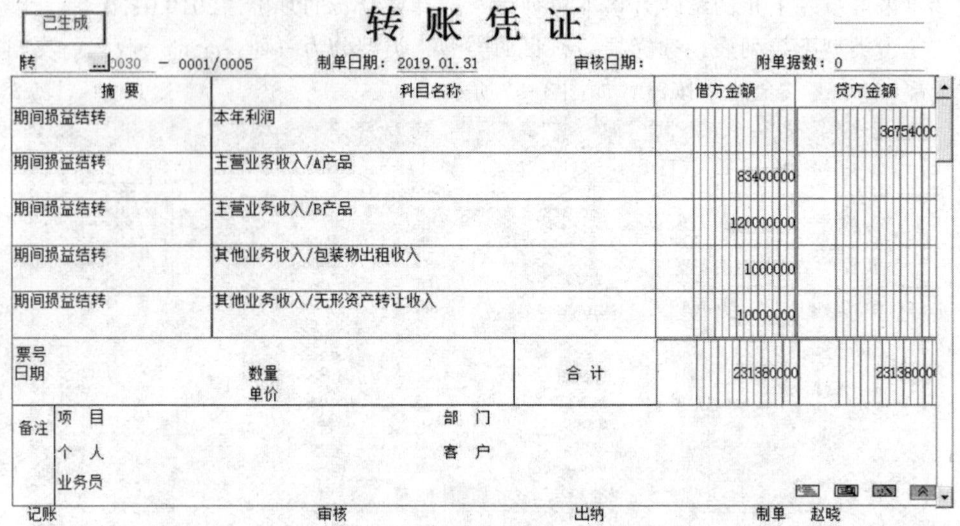

图3-54 “已生成凭证”界面

⑥生成后单击“退出”。

3.对账

（1）重新注册操作员为“张彤”，单击“期末”菜单下的“对账”，进入“对账”窗口，如图3-55所示。

图3-55 “对账”窗口

（2）将光标定在要进行对账的月份，如“2019.01”，单击“选择”按钮。

（3）单击“对账”按钮，开始自动对账，并显示对账结果，如图3-56所示。

图3-56 “对账结果”界面

（4）单击“试算”按钮，可以对各类科目余额进行试算平衡，如图3-57所示。

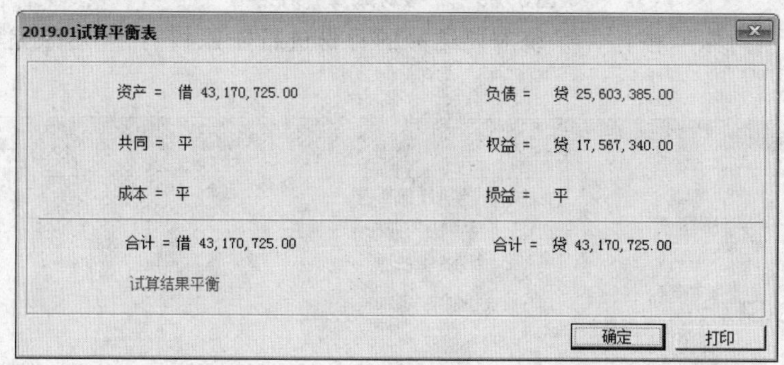

图3-57 “2019.01试算平衡表”界面

（5）在“2019.01试算平衡表”对话框中，单击“确定”按钮，返回。

（6）单击“退出”按钮，完成对账工作。

4.结账

（1）重新注册操作员为“张彤”，单击“期末”菜单下的“结账”，打开“开始结账”对话框，如图3-58所示。

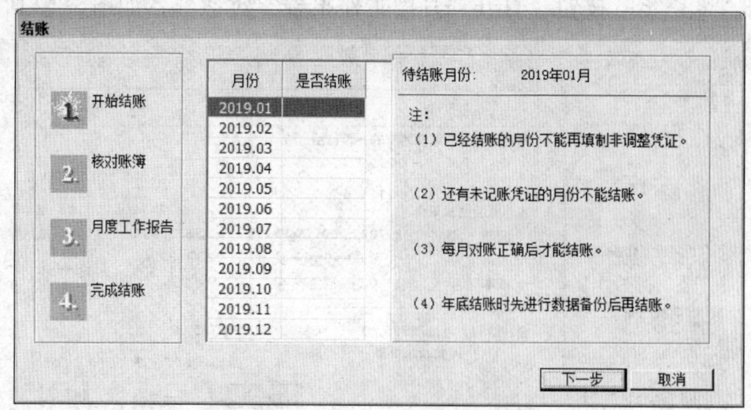

图3-58 “开始结账”对话框

（2）单击要结账的月份，如“2019.01”。

（3）单击“下一步”按钮，打开“核对账簿”对话框，如图3-59所示。

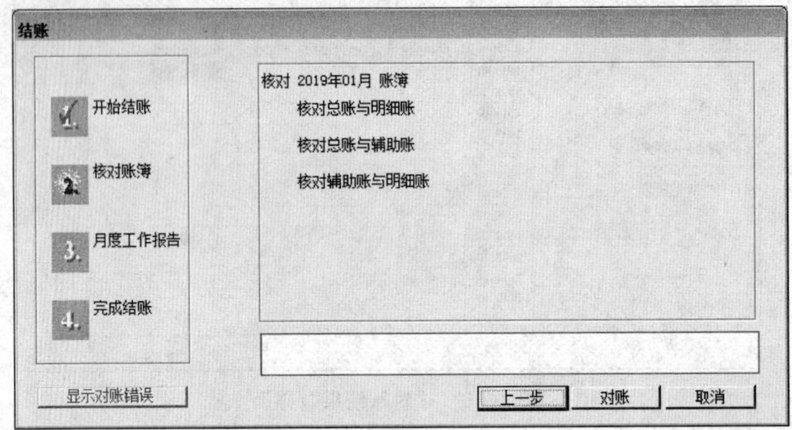

图3-59　“核对账簿”对话框

（4）单击“对账”按钮，系统对要结账的月份进行账账核对，“对账完毕”对话框如图3-60所示。

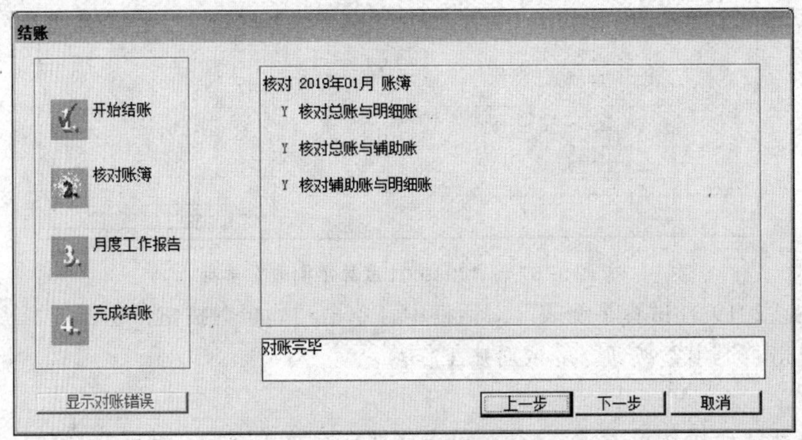

图3-60　“对账完毕”对话框

（5）单击“下一步”按钮，打开“月度工作报告”对话框，如图3-61所示。

图3-61　“月度工作报告”对话框

（6）查看工作报告后，单击“下一步”按钮，打开“完成结账”对话框。

（7）单击“结账”按钮，若符合结账要求，系统将进行结账，否则不予结账。现举例说明遇到无法结账的情况该如何处理，如图3-62所示，单击“上一步”，

图3-62 “无法结账”对话框

发现应付系统、应收系统、薪资系统等系统已启用但未结账，如图3-63所示，需要取消启用，总账才能结账。

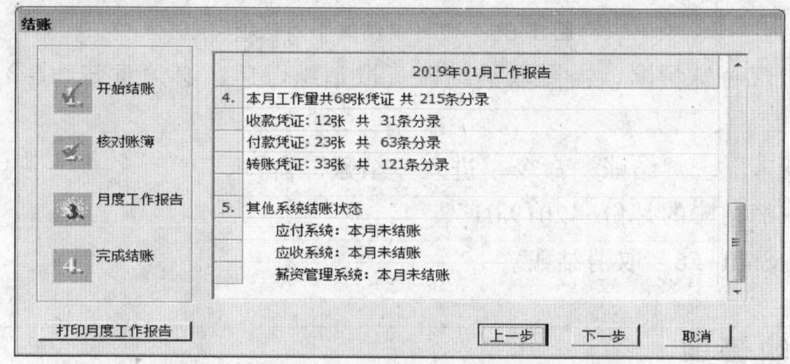

图3-63 “无法结账的原因”对话框

现将应付系统、应收系统、薪资系统等其他系统取消启用，如图3-64所示。

图3-64 “取消‘应收系统、应付系统、薪资系统’”对话框

然后，再回到总账结账界面，进行结账处理，可以看到总账系统可以结账了，如图3-65所示。

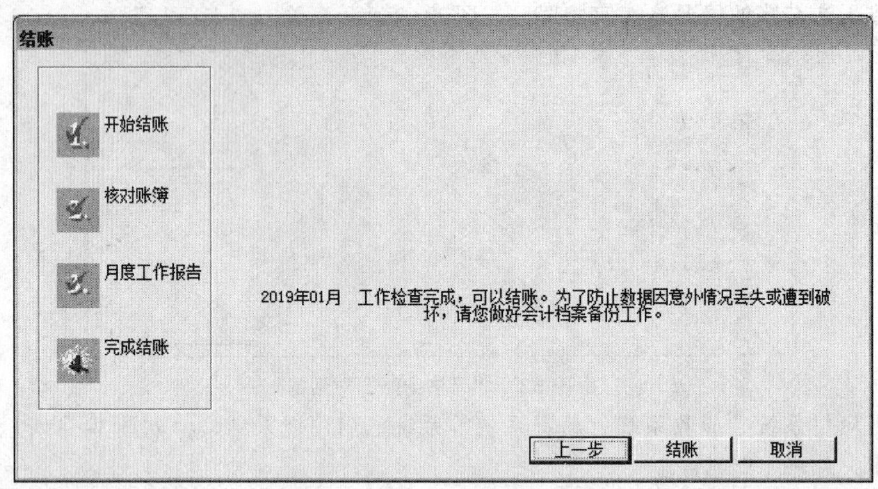

图3-65 “可以结账”对话框

（8）如果出现特殊情况，需要取消结账（取消结账后，必须重新结账），那么取消结账的操作是：

①执行“期末”—“结账”命令，进入“结账”窗口。

②选择要取消结账的月份“2019.01”。

③按“Ctrl+Shift+F6”取消结账。

第四节 出纳管理

一、实验要求

1.以“孙静”的身份查询现金日记账、银行日记账和资金日报表

2.以“孙静”的身份进行银行对账

二、实验资料

1.录入期初未达账项

上海海晨科技有限公司银行账的启用日期为2019年1月1日，建设银行人民币户企业日记账调整前余额为409 780.00元，银行对账单调整前余额为420 160.00元，有未达账项一笔，系企业已于2018年12月20日开出的转账支票（票号：ZZ1160），支付购复印机款10 380元（记账凭证号为：付123），而银行因尚未收到此转账支票而未划款。

2.输出期初银行存款余额调节表（见表3-14）

表3-14 期初银行存款余额调节表 单位：元

企业日记账项目	日记账余额	银行对账单项目	对账单余额
调整前余额	409 780.00	调整前余额	420 160.00
加：银行已收，企业未收	0.00	加：企业已收，银行未收	0.00
减：银行已付，企业未付	0.00	减：企业已付，银行未付	10 380.00
调整后余额	409 780.00	调整后余额	409 780.00

3.录入银行对账单（见表3-15）

表3-15 银行对账单 单位：元

日期	结算方式	票号	借方金额	贷方金额
2019.01.01	202	ZZ1001	2 000 000.00	
2019.01.02	202	ZZ1002	5 000 000.00	
2019.01.03	202	ZZ1003	1 000 000.00	
2019.01.04	202	ZZ1004		12 500.00
2019.01.05	202	ZZ1006	5 000 000.00	
2019.01.05	202	ZZ1005		1 000 000.00
2019.01.06	202	ZZ1007		150 000.00
2019.01.07	202	ZZ1008		145 000.00
2019.01.07	202	ZZ1009		556 800.00
2019.01.09	202	ZZ1011		183 280.00
2019.01.10	202	ZZ1012		7 000.00
2019.01.10	202	ZZ1014		180 000.00
2019.01.11	202	ZZ1015		307 200.00
2019.01.13	202	ZZ1018		139 200.00
2019.01.15	202	ZZ1019		3 600 000.00
2019.01.17	202	ZZ1020		504 000.00
2019.01.17	202	ZZ1021		100 800.00
2019.01.18	202	ZZ1022		3 500.00
2019.01.21	202	ZZ1024	500 000.00	
2019.01.22	202	ZZ1026	1 124 000.00	
2019.01.23	202	ZZ1028		1 500.00
2019.01.23	202	ZZ1029		232 000.00
2019.01.25	202	ZZ1030		5 500.00
2019.01.26	202	ZZ1031	32 480.00	
2019.01.26	202	ZZ1032	100 000.00	
2019.01.27	202	ZZ1033	11 600.00	
2019.01.30	202	ZZ1037	20 000.00	
2019.01.30	202	ZZ1038	84 800.00	
2019.01.30	202	ZZ1035		5 200.00
2019.01.30	202	ZZ1036		21 000.00
2019.01.30	202	ZZ1039		20 000.00

三、实验指导

1.查询现金日记账

（1）重新更换操作员为“孙静”，单击“出纳”中的“现金日记账”项，屏幕显示“现金日记账查询条件”窗口，如图3-66所示。

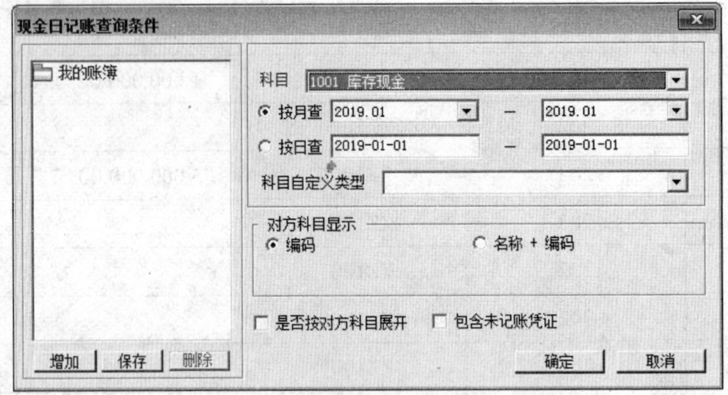

图3-66 “现金日记账查询条件”对话框

（2）在“现金日记账查询条件”窗口中的科目范围处选择科目“1001库存现金”，然后选择查询方式，系统提供“按月查”和“按日查”两种方式，可选择要查询的会计月份或日期；如果查看包含未记账凭证的日记账，可用鼠标选择“包含未记账凭证”选项。如图3-67所示。

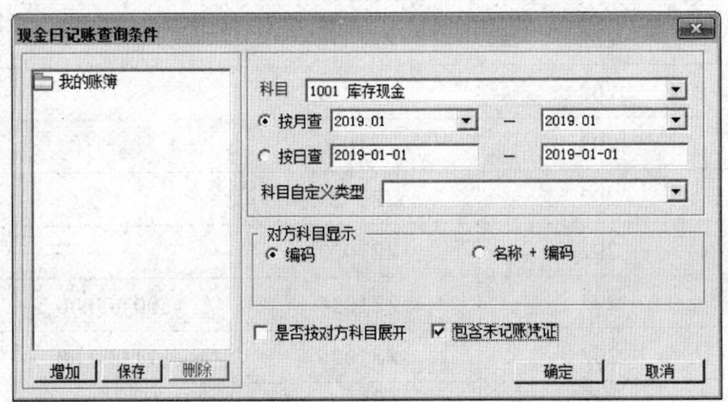

图3-67 “现金日记账查询条件录入”对话框

（3）输入查询条件后，单击“确定”按钮，屏幕显示现金日记账查询结果，如图3-68所示。

图3-68 “查询现金日记账”窗口

（4）在“账页格式”下拉列表框中，可选择需要查询的格式，如图3-69所示。

现金日记账

金额式

数量金额式

外币金额式

数量外币式

科目 1001 库存现金

月份：2

2019年 月	日	凭证号数	摘要	对方科目	借方	贷方	方向	余额
			上年结转				借	15,000.00
01	13	付-0010	购入甲材料	140101,22210101		3,000.00	借	12,000.00
01	13		本日合计			3,000.00	借	12,000.00
01	15	付-0011	发放工资	100201	3,600,000.00		借	3,612,000.00
01	15		本日合计		3,600,000.00		借	3,612,000.00
01	16	付-0012	发放工资	221101		3,600,000.00	借	12,000.00
01	16		本日合计			3,600,000.00	借	12,000.00
01	19	付-0016	购买办公用品	510106		900.00	借	11,100.00
01	19		本日合计			900.00	借	11,100.00
01	28	收-0010	报销差旅费	1221	540.00		借	11,640.00
01	28		本日合计		540.00		借	11,640.00
01	29	付-0020	支付津贴及咨询费	660216		10,000.00	借	1,640.00
01	29		本日合计			10,000.00	借	1,640.00
01			当前合计		3,600,540.00	3,613,900.00	借	1,640.00
01			当前累计		3,600,540.00	3,613,900.00	借	1,640.00
			结转下年				借	1,640.00

图3-69 “账页格式”窗口

（5）单击“退出”按钮退出。

2.查询银行日记账

（1）单击“出纳”中的“银行日记账”项，屏幕显示“银行日记账查询条件”窗口，如图3-70所示。

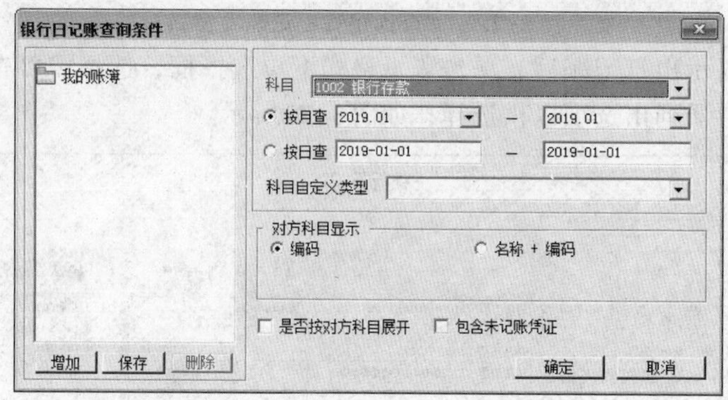

图3-70 “银行日记账查询条件”窗口

（2）在“银行日记账查询条件”窗口中的科目范围处选择科目“100201银行存款——建设银行”，然后选择查询方式，系统提供“按月查”和“按日查”两种方式，可选择要查询的会计月份或日期。如果查看包含未记账凭证的日记账，用鼠标选择“包含未记账凭证”选项即可，如图3-71所示。

银行日记账查询条件

我的账簿

科目 100201 建设银行

按月查 2019.01 – 2019.01

按日查 2019-01-01 – 2019-01-01

科目自定义类型

对方科目显示

编码　名称 + 编码

是否按对方科目展开　包含未记账凭证

增加　保存　删除

确定　取消

图3-71 “银行日记账查询条件录入”窗口

（3）输入查询条件后，单击“确定”按钮，屏幕显示银行日记账查询结果，如图3-72所示。

图3-72 “查询银行日记账”窗口

（4）当屏幕显示出日记账后，单击账页格式下拉选择框，选择需要查询的格式，系统自动根据科目的性质列出选项以供选择，如图3-73所示。

银行日记账

金额式 / 金额式 / 数量金额式 / 外币金额式 / 数量外币式

科目 100201 建设银行　　月份：20…

2019年 月	日	凭证号数	摘要	结算号	对方科目	借方	贷方	方向	余额
01	22	收-0006	补差额并存入银行_202_ZZ1026_2019.01.22	转账支票-ZZ1026	600102, 22210105	1,124,000.00		借	8,144,500.00
01	22		本日合计			1,124,000.00		借	8,144,500.00
01	23	付-0017	赊销商品_202_ZZ1028_2019.01.23	转账支票-ZZ1028	1122		1,500.00	借	8,143,000.00
01	23	付-0018	产品被退回_202_ZZ1029_2019.01.23	转账支票-ZZ1029	600102, 22210105		232,000.00	借	7,911,000.00
01	23		本日合计				233,500.00	借	7,911,000.00
01	25	付-0019	支付印花税_202_ZZ1030_2019.01.25	转账支票-ZZ1030	6403		5,500.00	借	7,905,500.00
01	25		本日合计				5,500.00	借	7,905,500.00
01	26	收-0007	销售原材料_202_ZZ1031_2019.01.26	转账支票-ZZ1031	605103, 22210105	32,480.00		借	7,937,980.00
01	26	收-0008	转让专有技术使用权_202_ZZ1032_2019.01.2	转账支票-ZZ1032	605102	100,000.00		借	8,037,980.00
01	26		本日合计			132,480.00		借	8,037,980.00
01	27	收-0009	出租包装物_202_ZZ1033_2019.01.27	转账支票-ZZ1033	605101, 22210105	11,600.00		借	8,049,580.00
01	27		本日合计			11,600.00		借	8,049,580.00
01	30	收-0011	抛出股票_202_ZZ1037_2019.01.30	转账支票-ZZ1037	110101, 611102	20,000.00		借	8,069,580.00
01	30	收-0012	收到违约罚款_202_ZZ1038_2019.01.30	转账支票-ZZ1038	630101	84,800.00		借	8,154,380.00
01	30	付-0021	支付销售产品运输费_202_ZZ1035_2019.01.3	转账支票-ZZ1035	660105		5,200.00	借	8,149,180.00
01	30	付-0022	支付办公费_202_ZZ1036_2019.01.30	转账支票-ZZ1036	660203		21,000.00	借	8,128,180.00
01	30	付-0023	办公费_202_ZZ1039_2019.01.30	转账支票-ZZ1039	660203		20,000.00	借	8,108,180.00
01	30		本日合计			104,800.00	46,200.00	借	8,108,180.00

图3-73 “查询银行日记账格式”窗口

（5）单击“退出”按钮。

3.查询资金日报表

（1）单击“出纳”中的“资金日报表”项，屏幕显示“资金日报表查询条件”窗口，如图3-74所示。

（2）在“资金日报表查询条件”窗口中输入需要查询日报表的日期，并选择科目显示级次；如想包含未记账凭证，可用鼠标在“包含未记账凭证”选项处标上标记，如图3-75所示。

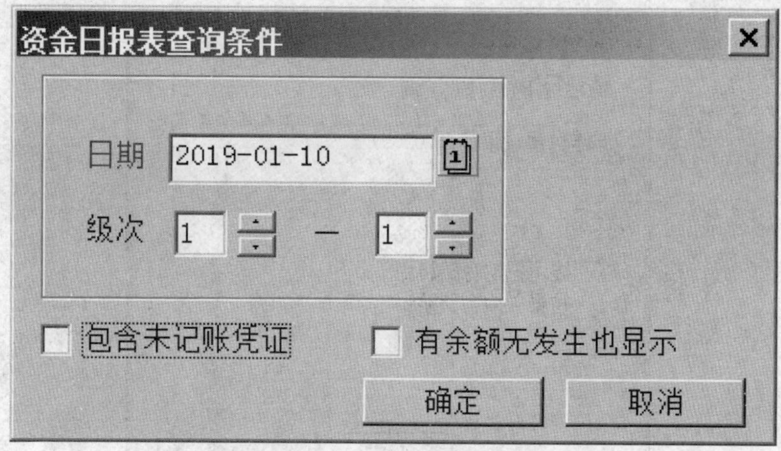

图 3-74　“资金日报表查询条件”窗口

图 3-75　“资金日报表查询条件录入”窗口

（3）查询条件完成后，用鼠标单击“确认”按钮，屏幕显示当日余额、本日共借、本日共贷等项目，如图 3-76 所示。

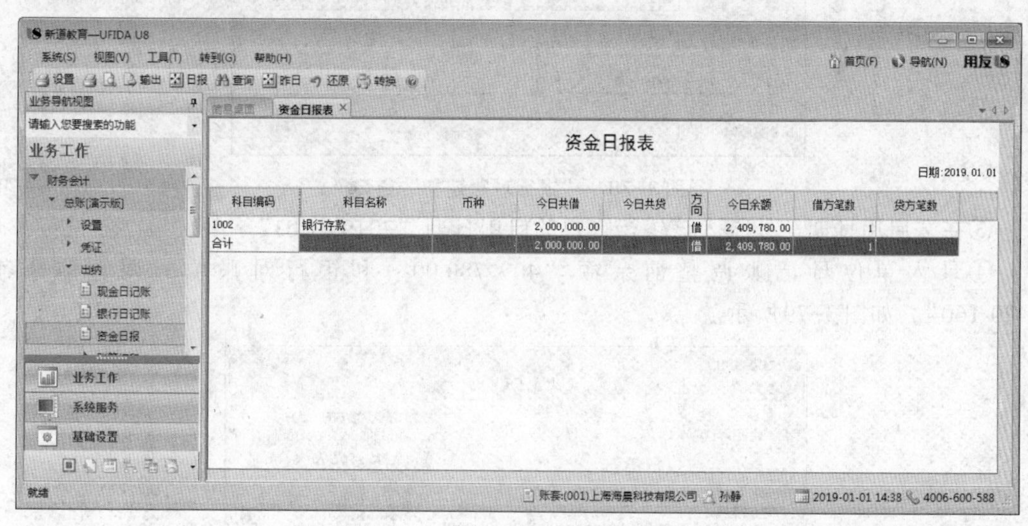

图 3-76　“查询资金日报表”窗口

4. 银行对账

（1）录入银行对账期初数据

①在总账系统中单击“出纳”中的“银行对账”下“银行对账期初输入”命令，打开“银行科目选择”对话框，如图 3-77 所示。

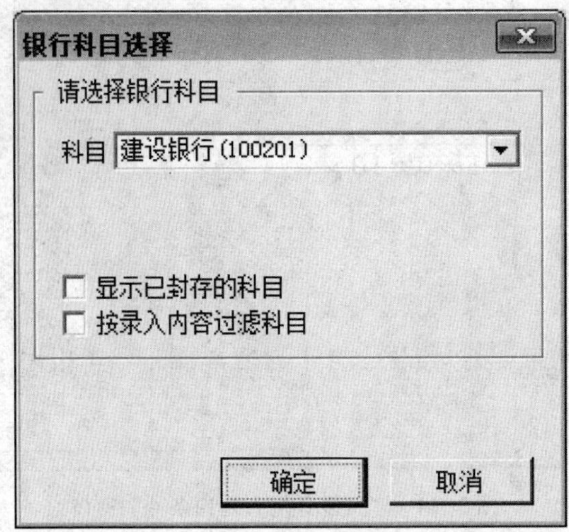

图3-77 “银行科目选择”对话框

②在“银行科目选择”对话框中选择输入银行科目“100201建设银行”，单击“确定”按钮，打开“银行对账期初”窗口，如图3-78所示。

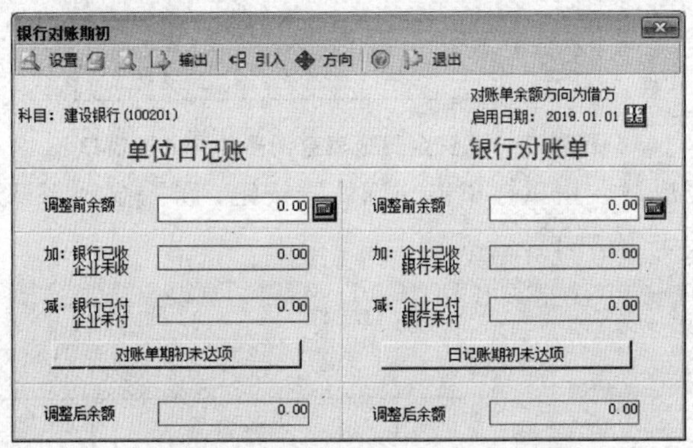

图3-78 “银行对账期初”窗口

③在“启用日期”处录入该银行账户的启用日期“2019.01.01”。

④录入单位日记账调整前余额“409 780.00”和银行对账单的调整前余额“420 160”，如图3-79所示。

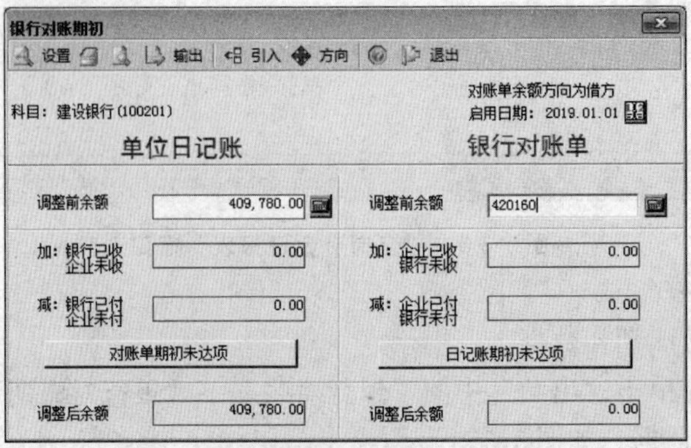

图3-79 “调整前余额”对话框

⑤单击“对账单期初未达项”，进入“对账单期初未达项”录入窗口，如图3-80所示。

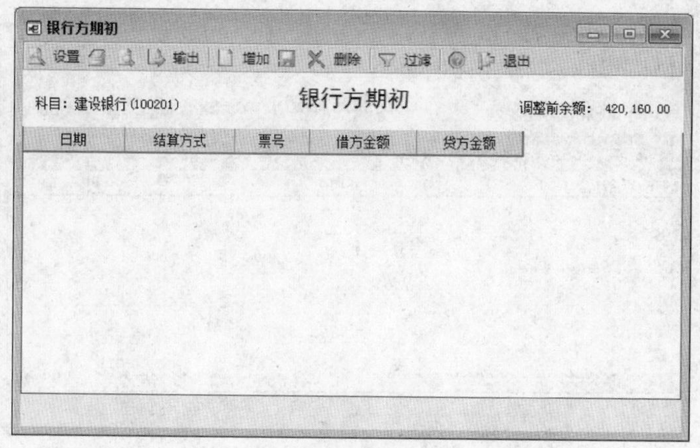

图3-80 “对账单期初未达项”窗口

⑥单击“增加”按钮，录入企业未达账项。

⑦录入完毕，单击退出，系统自动计算调整后的余额，如图3-81所示。

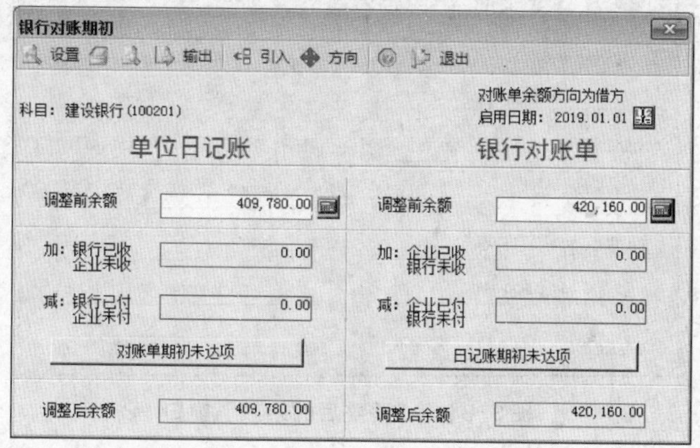

图3-81 “调整后的余额”对话框

⑧单击“日记账初期未达账”，进入“日记账期初未达账”录入窗口，如图3-82所示。

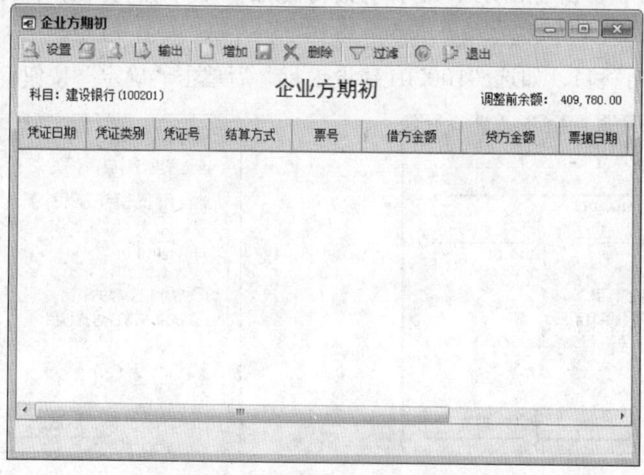

图3-82 “日记账期初未达账”窗口

单击“增加”按钮，录入银行未达账项，如图3-83所示。

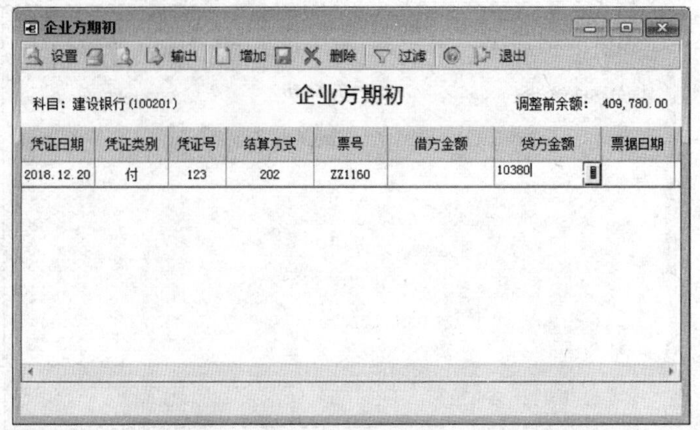

图3-83 “录入银行未达账项”窗口

⑨录入完毕，单击“退出”，系统自动计算调整后的余额，如图3-84所示。

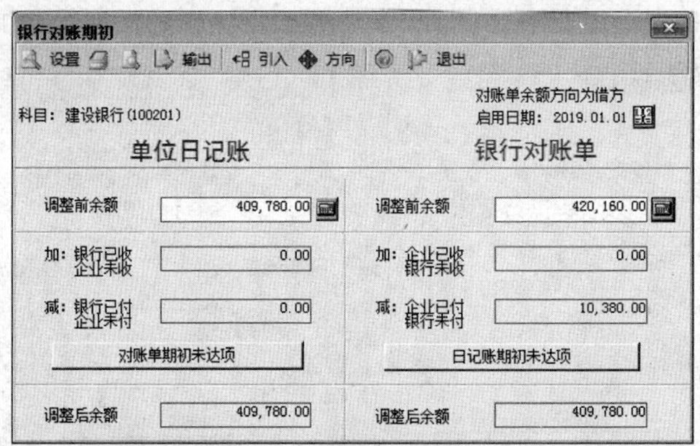

图3-84 “调整后的余额”窗口

⑩余额相等后，单击“退出”。

（2）录入银行对账单

①在总账系统中单击“出纳”菜单“银行对账”下“银行对账单”，打开“银行科目选择”窗口，如图3-85所示。

②选择输入银行科目，如选“100201建设银行”后单击“确定”按钮，如图3-86所示。

图3-85 “银行科目选择”窗口

图3-86 “银行科目选择录入”窗口

③在“银行对账单”窗口中，单击“增加”按钮，新增一条空白栏，如图3-87所示。

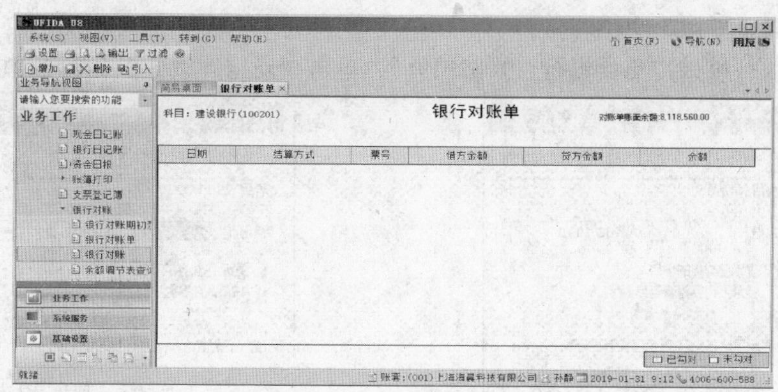

图3-87 “银行对账单”窗口

④录入或选择日期“2019.01.01”，选择结算方式“202转账支票”，录入票号“ZZ1001”，录入借方金额“2 000 000.00”，按回车键，如图3-88所示。

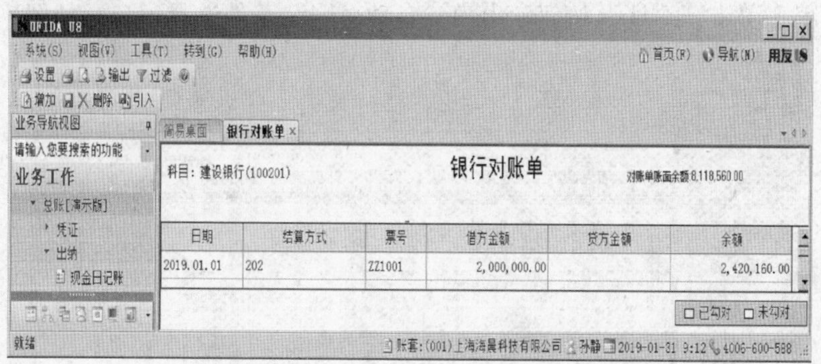

图3-88 “录入银行对账单”窗口

⑤新增第二个空白栏，根据资料继续录入，直到全部录入完毕，如图3-89所示。

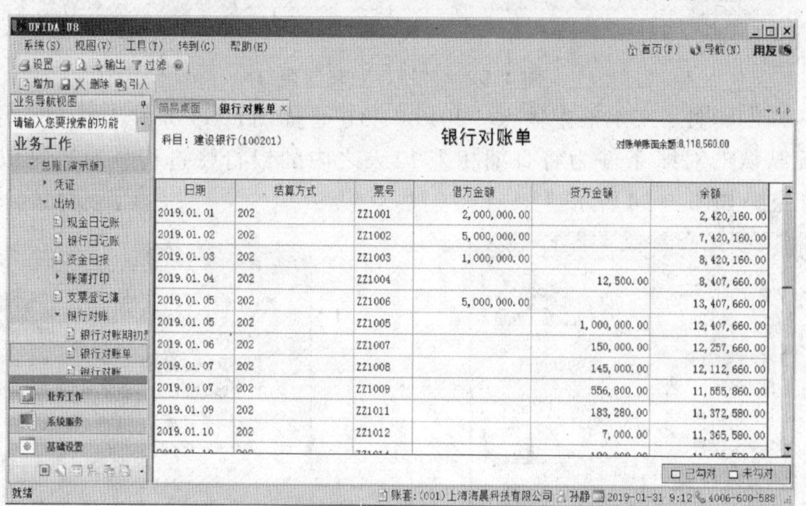

日期	结算方式	票号	借方金额	贷方金额	余额
2019.01.01	202	ZZ1001	2,000,000.00		2,420,160.00
2019.01.02	202	ZZ1002	5,000,000.00		7,420,160.00
2019.01.03	202	ZZ1003	1,000,000.00		8,420,160.00
2019.01.04	202	ZZ1004		12,500.00	8,407,660.00
2019.01.05	202	ZZ1006	5,000,000.00		13,407,660.00
2019.01.05	202	ZZ1005		1,000,000.00	12,407,660.00
2019.01.06	202	ZZ1007		150,000.00	12,257,660.00
2019.01.07	202	ZZ1008		145,000.00	12,112,660.00
2019.01.07	202	ZZ1009		556,800.00	11,555,860.00
2019.01.09	202	ZZ1011		183,280.00	11,372,580.00
2019.01.10	202	ZZ1012		7,000.00	11,365,580.00

图3-89 “录入全部银行对账单”窗口

⑥录入完毕，单击“退出”。

(3) 银行对账

①在总账系统中单击“出纳”菜单“银行对账”下的“银行对账”项，打开“银行科目选择”窗口，如图3-90所示。

②选择银行科目“建设银行（100201）”，单击“确定”按钮，如图3-91所示。

图3-90 “银行科目选择”窗口

图3-91 “银行科目选择”录入窗口

③打开“银行对账”窗口，该窗口左边为记账后产生的单位银行账，右边为手工录入的银行对账单，单击“对账”按钮，出现“自动对账”条件选择窗口，如图3-92所示。

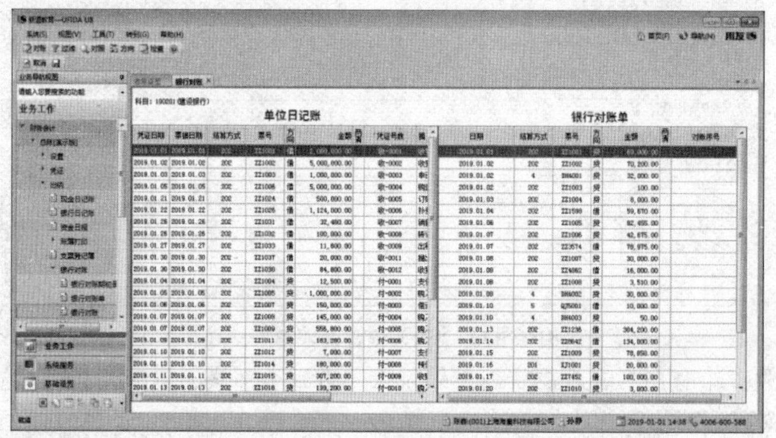

图3-92 “银行对账”窗口

④在“截止日期”文本框中输入“2019.01.31”，如图3-93所示。

⑤系统默认的对账条件为将日期相差12天之内的银行账进行核对，可以进行修改，如我们选择空，如图3-94所示。

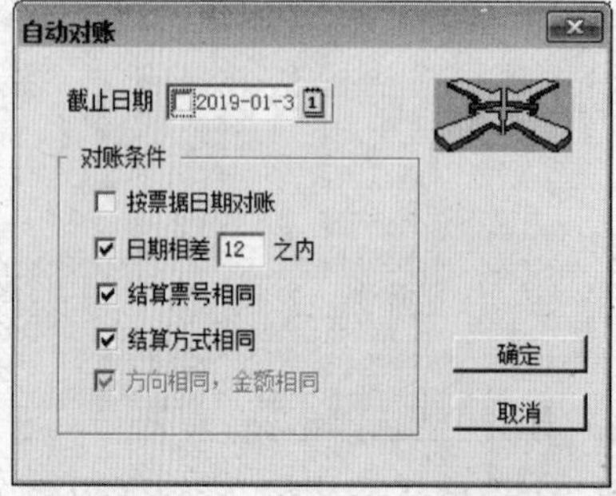

图3-93 “截止日期”窗口

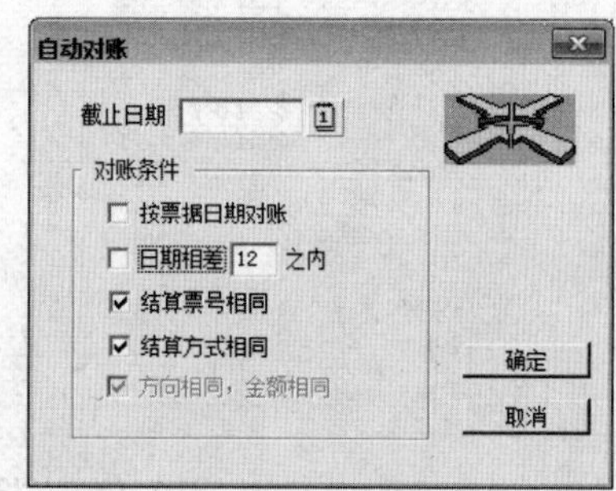

图3-94 “日期相差”窗口

⑥单击“结算方式相同”前的复选框，表示按结算方式相同的银行账进行核对。

⑦单击“结算票号相同”前的复选框，表示按结算票号相同的银行账进行核对，如图3-95所示。

⑧方向相同、金额相同不能修改，此项根据对账单方向自动确定，如图3-96所示。

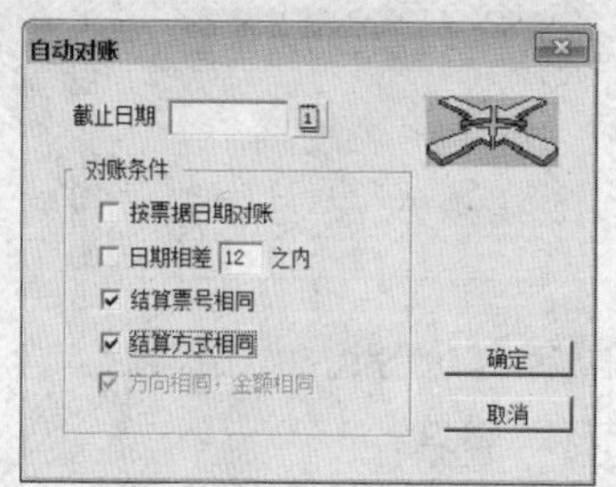

图3-95　“结算票号和结算方式”窗口

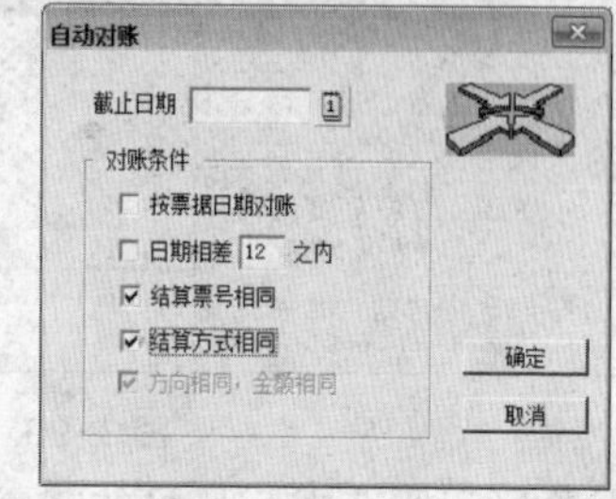

图3-96　“方向和金额”窗口

⑨选择以上对账条件后，单击“确定”按钮，系统开始对账。自动对账两清以“○”标记，且已两清的记录背景色为红色，如图3-97所示。

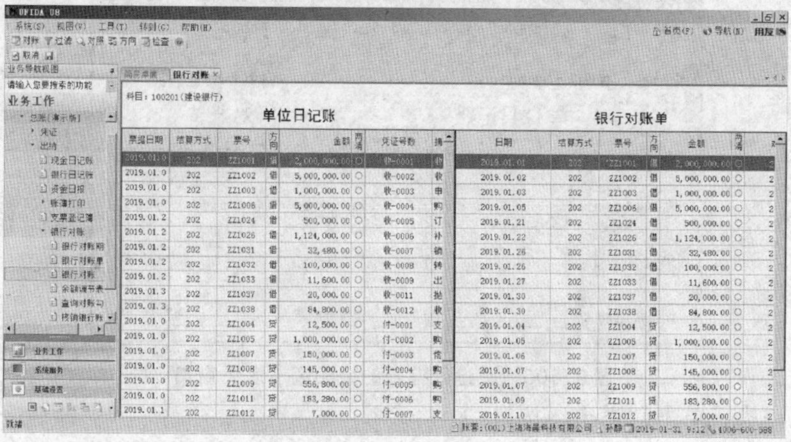

图3-97　“自动对账”窗口

⑩单击“检查”按钮，检查对账是否有错误。如果有错误，应进行调整；若没有错误，则如图3-98所示。

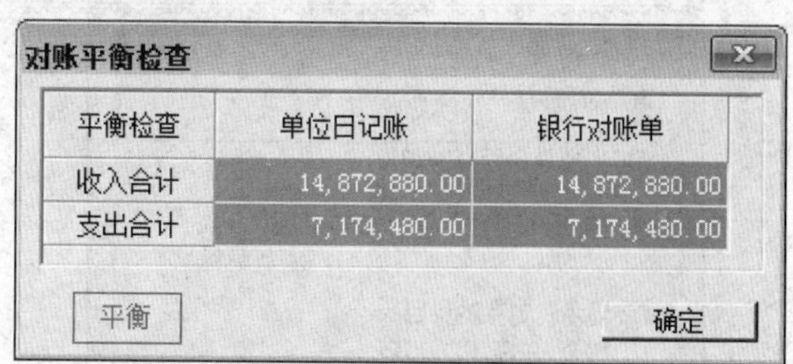

图3-98　“对账平衡检查”窗口

（4）编制余额调节表

①在总账系统中单击“出纳”菜单“银行对账”下“余额调节表查询”项，打开“银行存款余额调节表”窗口，如图3-99所示。

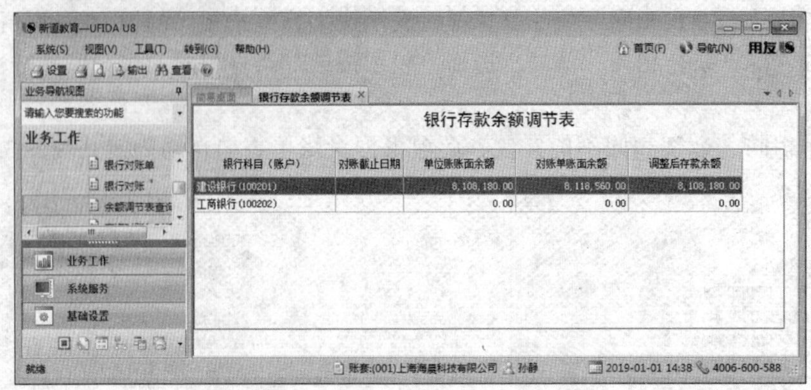

图 3-99　“银行存款余额调节表”窗口

②屏幕显示所有银行科目的账面余额及调整余额。如要查看某科目的调节表，则将光标移到该科目上，然后单击“查看”按钮或双击该行，则可查看该银行账户的银行存款余额调节表。例如，双击“100201 建设银行”显示建行存款的余额调节表，如图 3-100 所示。

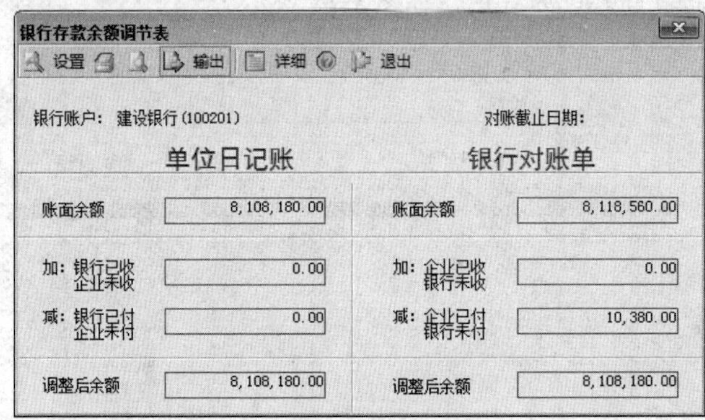

图 3-100　“建行存款的余额调节表”窗口

③操作完毕，单击“退出”按钮。

（5）查询对账勾对情况

①在总账系统中单击“出纳”菜单“银行对账”下“查询对账勾对情况”项，选择要进行对账的银行科目，如选择“100201 建设银行”，如图 3-101 所示。

图 3-101　“银行科目选择”窗口

②屏幕提示输入查询条件，输入要查找的银行科目，然后选择查询方式。系统提供三种查询方式，即显示全部、显示未达账、显示已达账，系统默认显示全部。

③确定查询条件后，如选“全部”，单击“确定”按钮，屏幕显示查询结果，如图3-102所示。

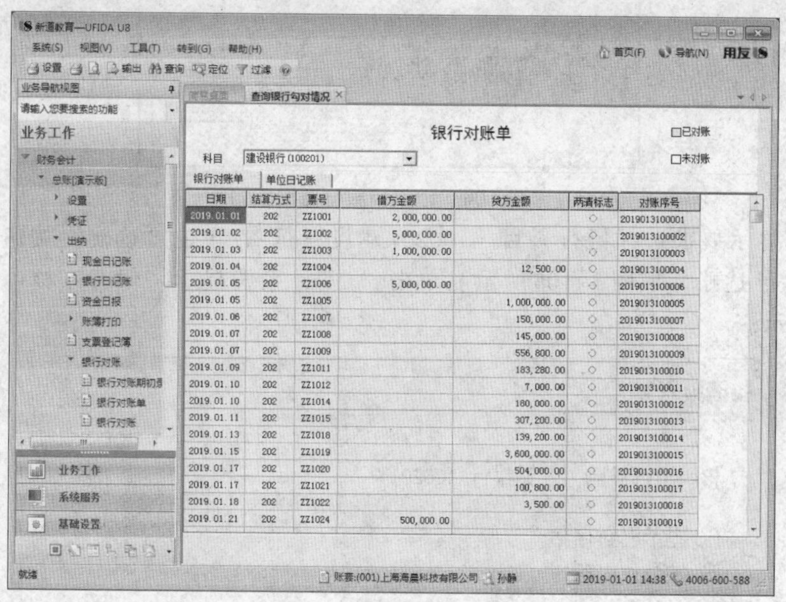

日期	结算方式	票号	借方金额	贷方金额	两清标志	对账序号
2019.01.01	202	ZZ1001	2,000,000.00		◇	2019013100001
2019.01.02	202	ZZ1002	5,000,000.00		◇	2019013100002
2019.01.03	202	ZZ1003	1,000,000.00		◇	2019013100003
2019.01.04	202	ZZ1004		12,500.00	◇	2019013100004
2019.01.05	202	ZZ1006	5,000,000.00		◇	2019013100006
2019.01.05	202	ZZ1005		1,000,000.00	◇	2019013100005
2019.01.06	202	ZZ1007		150,000.00	◇	2019013100007
2019.01.07	202	ZZ1008		145,000.00	◇	2019013100008
2019.01.07	202	ZZ1009		556,800.00	◇	2019013100009
2019.01.09	202	ZZ1011		183,280.00	◇	2019013100010
2019.01.10	202	ZZ1012		7,000.00	◇	2019013100011
2019.01.10	202	ZZ1014		180,000.00	◇	2019013100012
2019.01.11	202	ZZ1015		307,200.00	◇	2019013100013
2019.01.13	202	ZZ1018		139,200.00	◇	2019013100014
2019.01.15	202	ZZ1019		3,600,000.00	◇	2019013100015
2019.01.17	202	ZZ1020		504,000.00	◇	2019013100016
2019.01.17	202	ZZ1021		100,800.00	◇	2019013100017
2019.01.18	202	ZZ1022		3,500.00	◇	2019013100018
2019.01.21	202	ZZ1024	500,000.00		◇	2019013100019

图3-102 “查询银行对账单”窗口

可以通过单击“银行对账单”“单位日记账”切换显示对账情况，也可打印输出，如图3-103所示。

图3-103 “查询单位日记账”窗口

④查询完毕，单击“退出”按钮。

（6）核销已达账

①在总账系统中单击“出纳”菜单“银行对账”下“核销已达账”项，如图3-104所示。

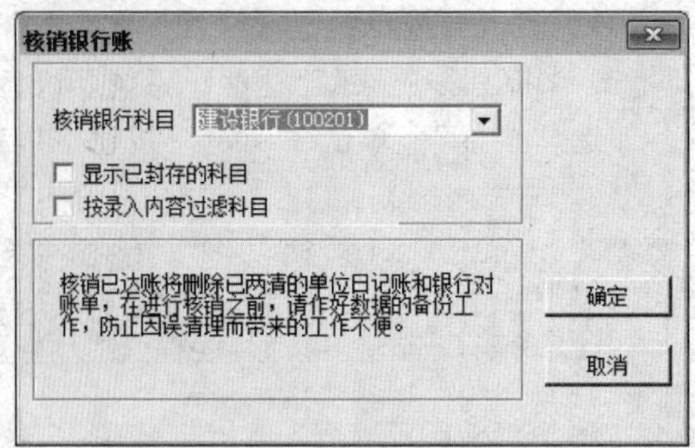

图 3-104 “核销银行账”窗口

②屏幕显示要求选择银行科目“100201 建设银行”，单击“确定”按钮，提示确认后即可删除已达账，如图 3-105 所示。单击“是”，系统提示“银行账核销完毕！”，如图 3-106 所示。

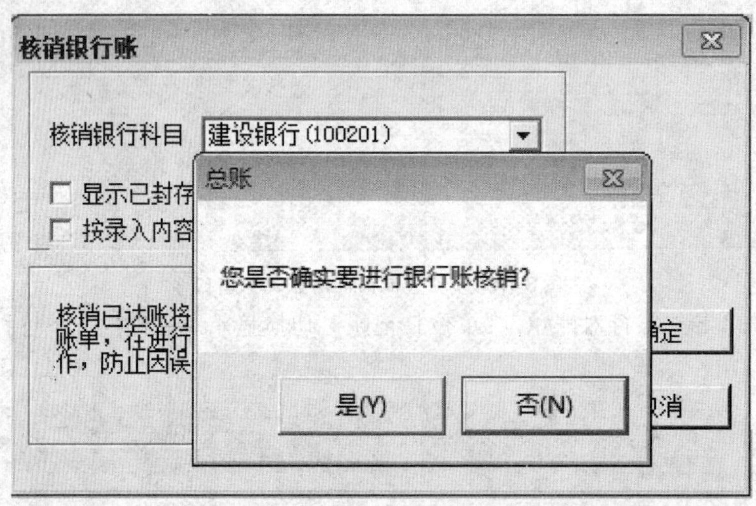

图 3-105 “询问是否核销”窗口

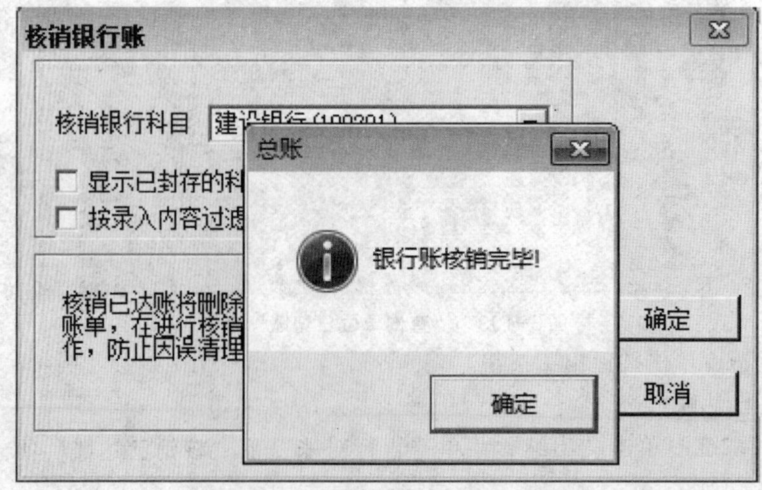

图 3-106 “银行账核销完毕”窗口

第五节　账表查询

一、实验要求

以“赵晓”的身份进行账簿查询操作：

（1）查询2019年1月份的三栏式总账，并联查“6602管理费用”明细账及第1号付款凭证。

（2）查询2019年1月份的发生额及余额表并联查专项资料。

（3）查询“6602管理费用”明细账。

（4）查询“应交增值税”多栏账。

二、实验资料

以前面实验资料为基础。

三、实验指导

1.查询三栏式总账

（1）重新注册操作员为“赵晓”，单击“账表”菜单下的“科目账”—“总账”，屏幕显示“总账查询条件”窗口，如图3-107所示。

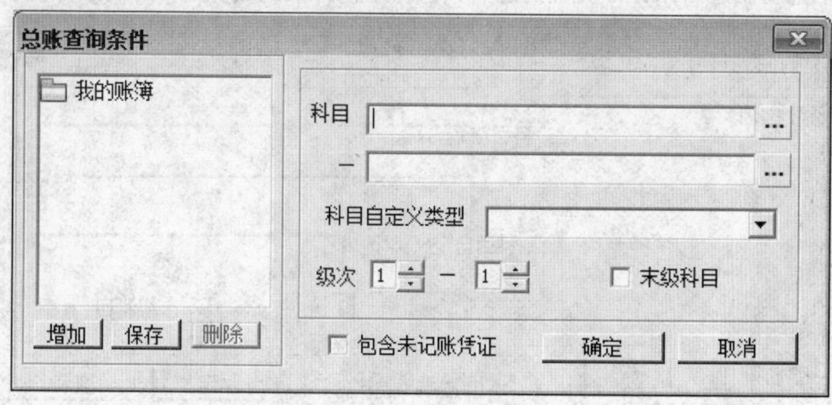

图3-107　“总账查询条件”窗口

（2）在“科目”文本框中输入科目起止范围。科目范围为空时，系统默认为所有的科目，我们选择空，如图3-108所示

图3-108　“录入科目”窗口

（3）单击“级次”文本框的微调按钮，可以按该范围内的某级科目，如将科目级次输入为1—1，则只查一级科目；如将科目级次输入为1—3，则只查一至三级科目；如需要查所有末级科目，则选择“末级科目”即可，如图3-109所示。

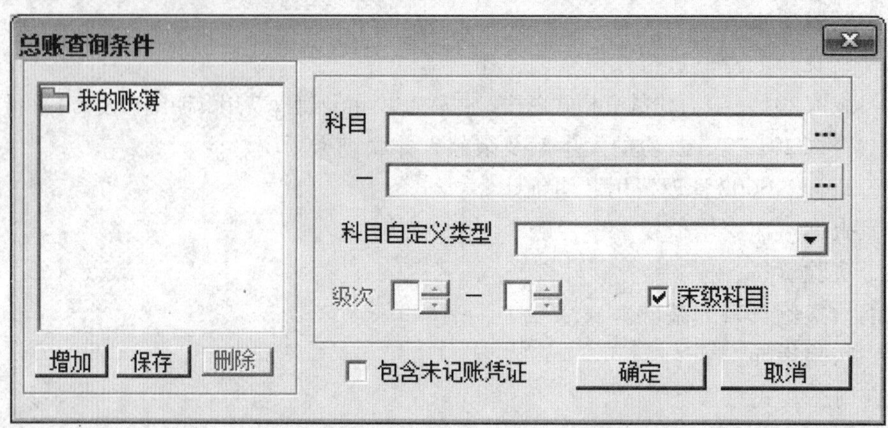

图3-109　“末级科目”窗口

（4）若想查询包含未记账凭证的总账，选择“包含未记账凭证”即可，如图3-110所示。

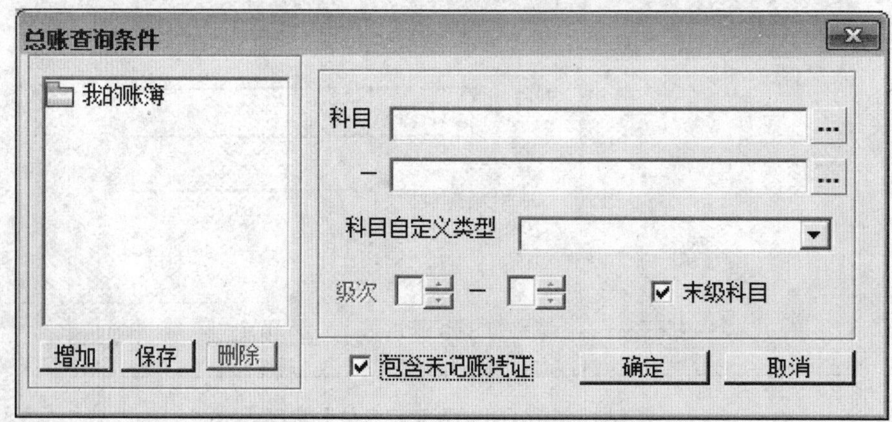

图3-110　“包含未记账凭证”窗口

（5）输入查询条件后，单击“确定”按钮进入总账查询窗口，如图3-111所示。

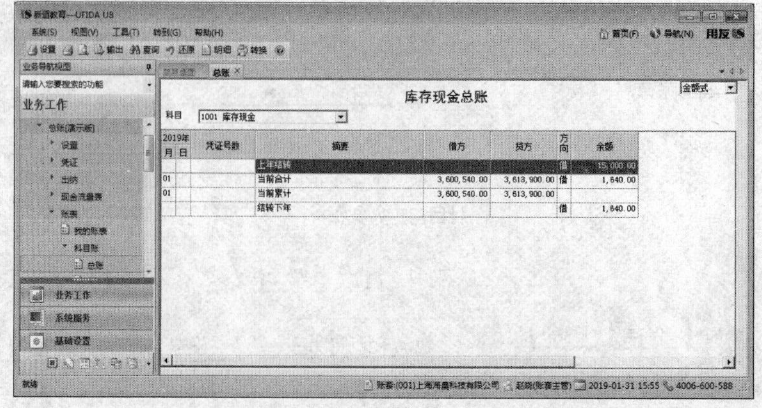

图3-111　“总账查询”窗口

（6）在总账查询窗口中，可单击科目下拉框，选择需要查看的科目“6602 管理费用”，如图 3-112 所示。

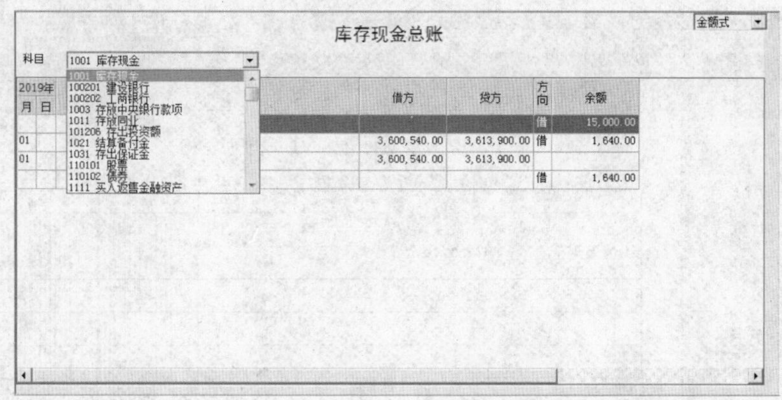

图 3-112　“管理费用”窗口

可单击屏幕右上方账页格式下拉框，显示所选科目的数量、外币总账，如图 3-113 所示。

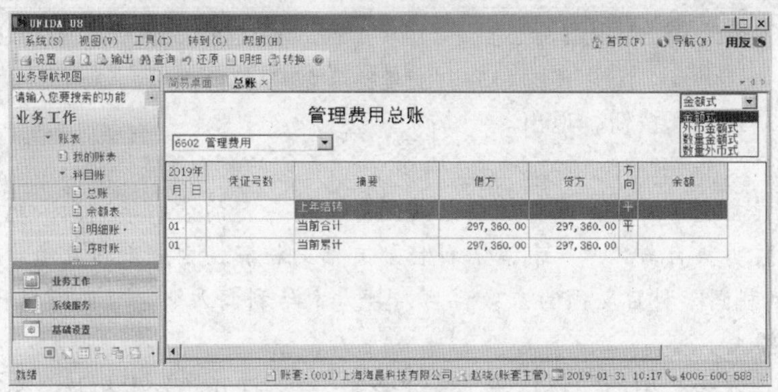

图 3-113　“账页格式”窗口

（7）单击工具栏中的“明细”按钮，即可联查到“管理费用”1月份的明细账，如图 3-114 所示。

图 3-114　“管理费用明细账”窗口

（8）单击选中“付-0022”所在行，单击“凭证”按钮，打开第22号付款凭证，如图3-115所示。

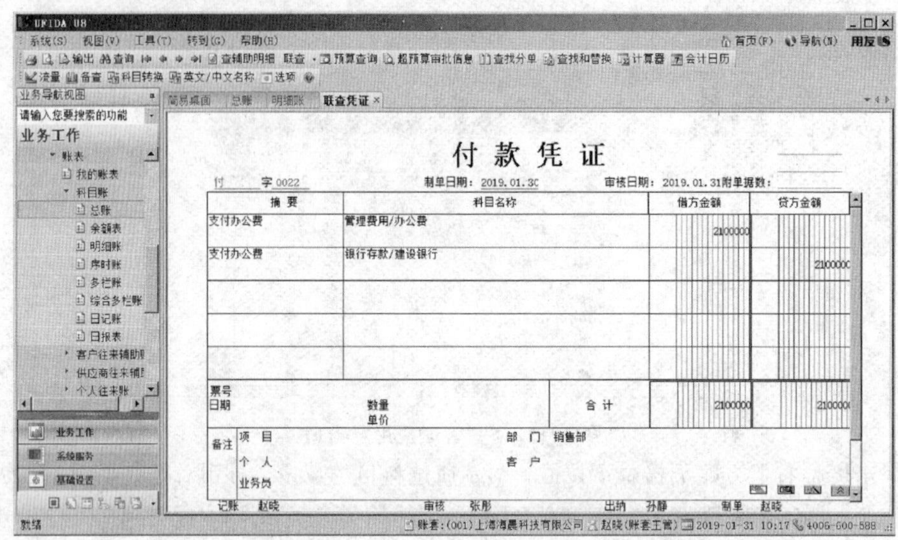

图3-115 “管理费用凭证”窗口

（9）单击“退出”按钮，退出。

注意事项：

（1）每个损益类科目的期末余额将结转到与其同一行的“本年利润”科目中去。

（2）若损益类科目与“本年利润”科目都有辅助核算，则辅助核算项目必须相同。

（3）“本年利润”科目必须为末级科目，且为本年利润入账科目的下级科目。

2.查询余额表

（1）单击“账表”中的“科目账”—“余额表”，打开“发生额及余额查询条件”窗口，如图3-116所示。

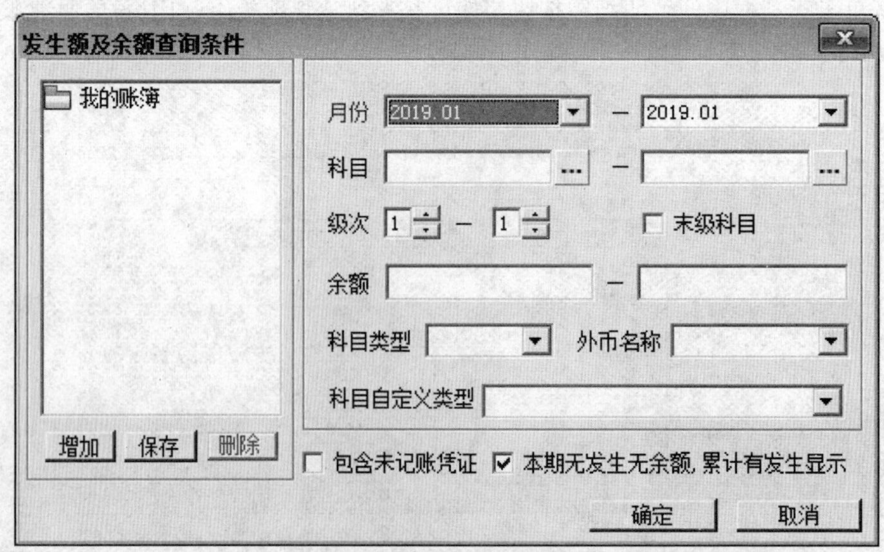

图3-116 “发生额及余额查询条件”窗口

（2）在“月份”框中，选择起止月份，当只查某个月时，应将起止月份选择为同一月份，如“2019.01”—“2019.01”。

（3）科目范围为空时，系统默认为所有科目。

（4）单击“级次”文本框中的按钮，选择1—3，如图3-117所示。

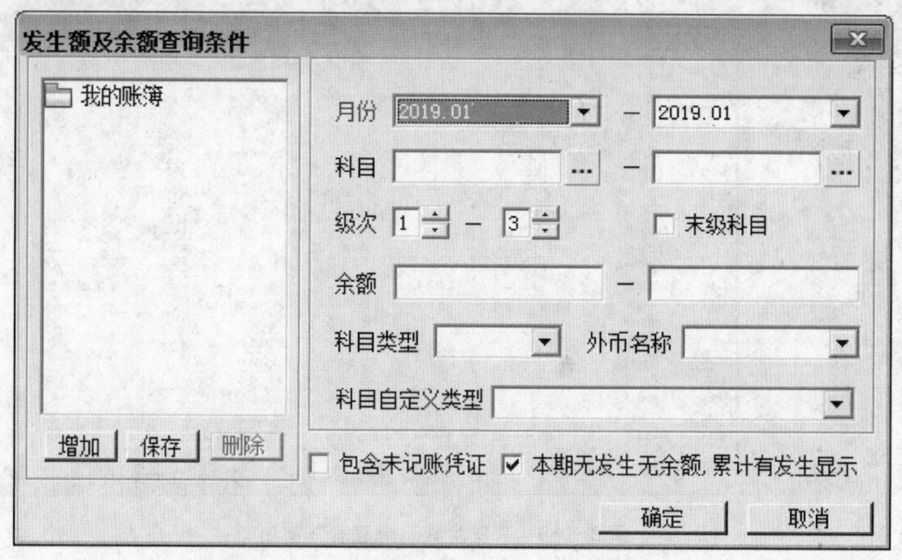

图3-117 “录入发生额及余额查询条件”窗口

（5）余额范围用于指定要查找的余额范围，如上限不输，则表示查询余额大于零的所有科目。

（6）科目类型：为空时，系统默认为全部类型；也可单击科目类型选择下拉框，选择要查询的科目类型。

（7）想查询包含未记账凭证的总账，选择“包含未记账凭证”即可，如图3-118所示。

图3-118 “选择包含未记账凭证”窗口

（8）外币名称为空时，系统默认所有外币。

（9）单击“确定”按钮，则显示“发生额及余额表”，如图3-119所示。

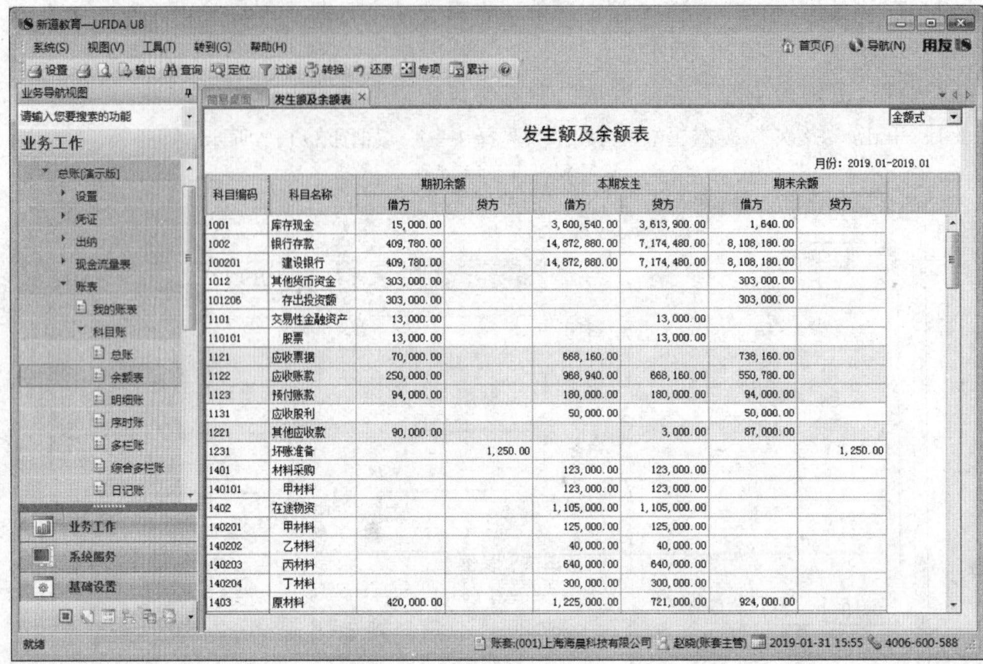
发生额及余额表

月份：2019.01-2019.01

科目编码	科目名称	期初余额		本期发生		期末余额	
		借方	贷方	借方	贷方	借方	贷方
1001	库存现金	15,000.00		3,600,540.00	3,613,900.00	1,640.00	
1002	银行存款	409,780.00		14,872,880.00	7,174,480.00	8,108,180.00	
100201	建设银行	409,780.00		14,872,880.00	7,174,480.00	8,108,180.00	
1012	其他货币资金	303,000.00				303,000.00	
101206	存出投资额	303,000.00				303,000.00	
1101	交易性金融资产	13,000.00			13,000.00		
110101	股票	13,000.00			13,000.00		
1121	应收票据	70,000.00		668,160.00		738,160.00	
1122	应收账款	250,000.00		968,940.00	668,160.00	550,780.00	
1123	预付账款	94,000.00		180,000.00	180,000.00	94,000.00	
1131	应收股利			50,000.00		50,000.00	
1221	其他应收款	90,000.00			3,000.00	87,000.00	
1231	坏账准备		1,250.00				1,250.00
1401	材料采购			123,000.00	123,000.00		
140101	甲材料			123,000.00	123,000.00		
1402	在途物资			1,105,000.00	1,105,000.00		
140201	甲材料			125,000.00	125,000.00		
140202	乙材料			40,000.00	40,000.00		
140203	丙材料			640,000.00	640,000.00		
140204	丁材料			300,000.00	300,000.00		
1403	原材料	420,000.00		1,225,000.00	721,000.00	924,000.00	

图3-119 “发生额及余额表”窗口

（10）在余额表中单击“累计”按钮，系统将显示（或取消显示）借贷方累计发生额，如图3-120所示。

发生额及余额表

月份：2019.01-2019.01

科目编码	科目名称	期初余额		本期发生		累计发生		期末余额	
		借方	贷方	借方	贷方	借方	贷方	借方	贷方
1001	库存现金	15,000.00		3,600,540.00	3,613,900.00	3,600,540.00	3,613,900.00	1,640.00	
1002	银行存款	409,780.00		14,872,880.00	7,174,480.00	14,872,880.00	7,174,480.00	8,108,180.00	
100201	建设银行	409,780.00		14,872,880.00	7,174,480.00	14,872,880.00	7,174,480.00	8,108,180.00	
1012	其他货币资金	303,000.00						303,000.00	
101206	存出投资额	303,000.00						303,000.00	
1101	交易性金融资产	13,000.00			13,000.00		13,000.00		
110101	股票	13,000.00			13,000.00		13,000.00		
1121	应收票据	70,000.00		668,160.00		668,160.00		738,160.00	
1122	应收账款	250,000.00		968,940.00	668,160.00	968,940.00	668,160.00	550,780.00	
1123	预付账款	94,000.00		180,000.00	180,000.00	180,000.00	180,000.00	94,000.00	
1131	应收股利			50,000.00		50,000.00		50,000.00	
1221	其他应收款	90,000.00			3,000.00		3,000.00	87,000.00	
1231	坏账准备		1,250.00						1,250.00
1401	材料采购			123,000.00	123,000.00	123,000.00	123,000.00		
140101	甲材料			123,000.00	123,000.00	123,000.00	123,000.00		
1402	在途物资			1,105,000.00	1,105,000.00	1,105,000.00	1,105,000.00		
140201	甲材料			125,000.00	125,000.00	125,000.00	125,000.00		
140202	乙材料			40,000.00	40,000.00	40,000.00	40,000.00		
140203	丙材料			640,000.00	640,000.00	640,000.00	640,000.00		
140204	丁材料			300,000.00	300,000.00	300,000.00	300,000.00		
1403	原材料	420,000.00		1,225,000.00	721,000.00	1,225,000.00	721,000.00	924,000.00	

图3-120 “显示本期发生额”窗口

（11）将光标定在具有辅助核算的科目所在行，单击“专项”按钮，可查询相应科目的辅助总账或余额表，如图3-121所示。

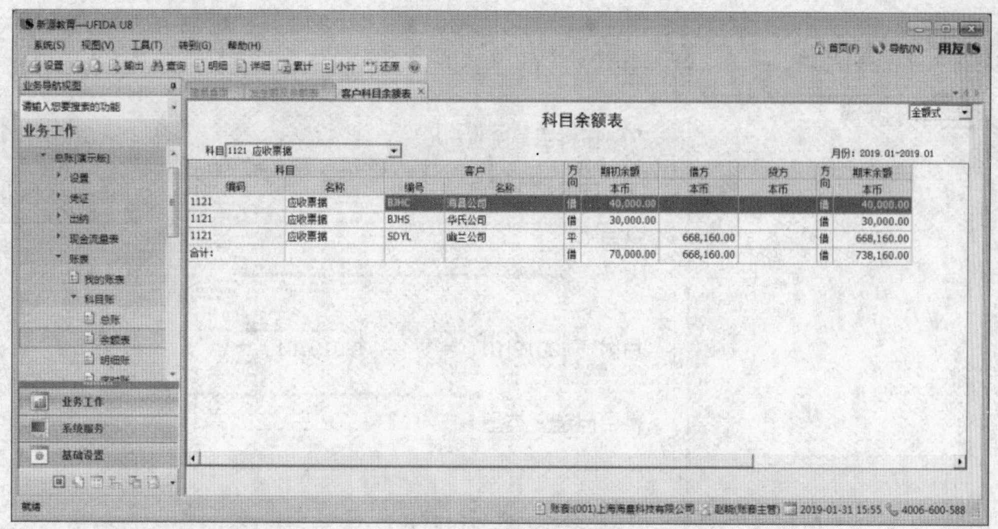

图3-121　“相应科目的辅助余额表”窗口

（12）在余额表中单击“过滤”按钮，输入要过滤的科目编码，单击“确定”按钮即可查到相应科目，如图3-122所示。

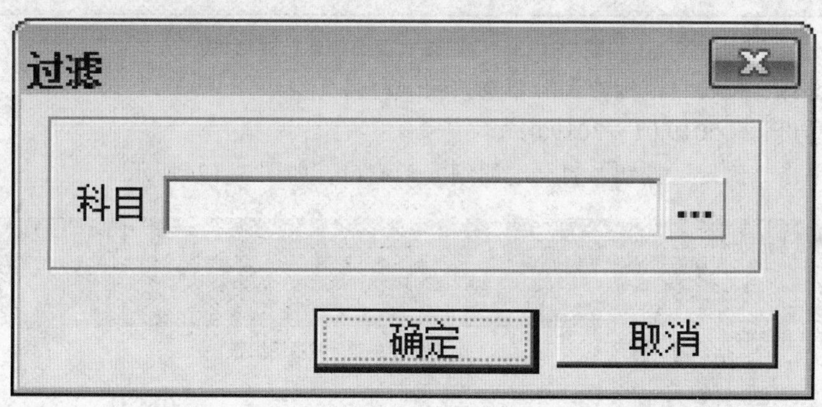

图3-122　“过滤”界面

（13）单击“退出”按钮，退出。

注意事项：

（1）转账生成之前，注意转账月份为当前会计月份，如“20××年12月”。

（2）生成的转账凭证仍须审核才能记账。

（3）转账凭证每月只生成一次。

（4）对应结转凭证生成的操作与自定义转账凭证生成的操作基本相同。

3.查询明细账

（1）单击“账表”菜单下的“科目账”—“明细账”，打开“明细账查询条件”对话框，如图3-123所示。

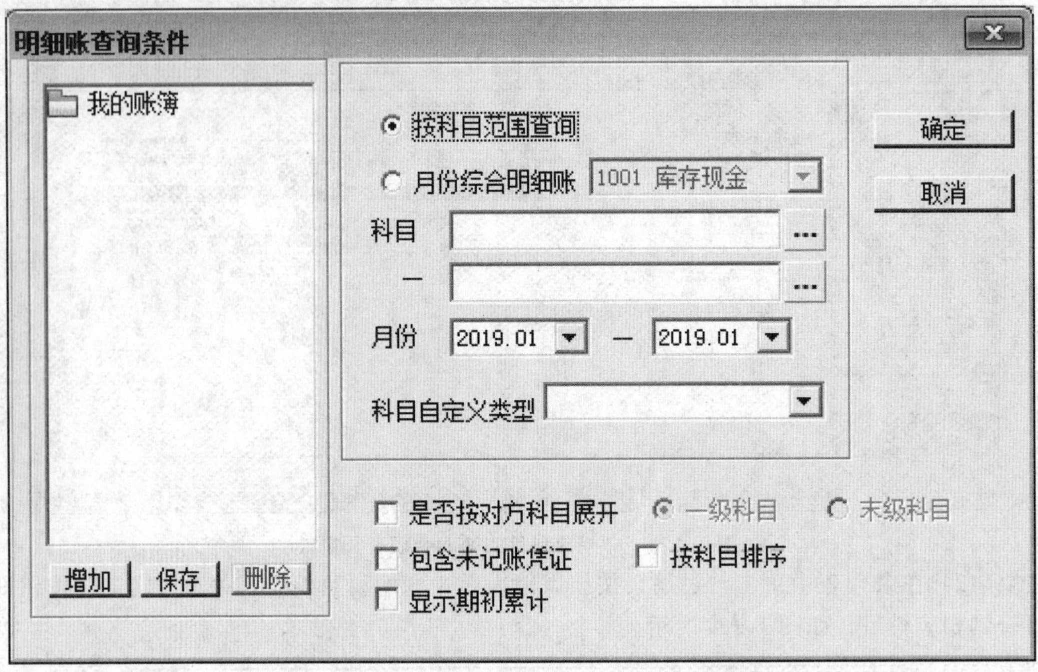

图3-123 “明细账查询条件”对话框

（2）选择“按科目范围查询”单选按钮，科目为空。

（3）月份为“2019.01—2019.01”。

（4）单击“确定”按钮，打开“明细账”窗口，如图3-124所示。

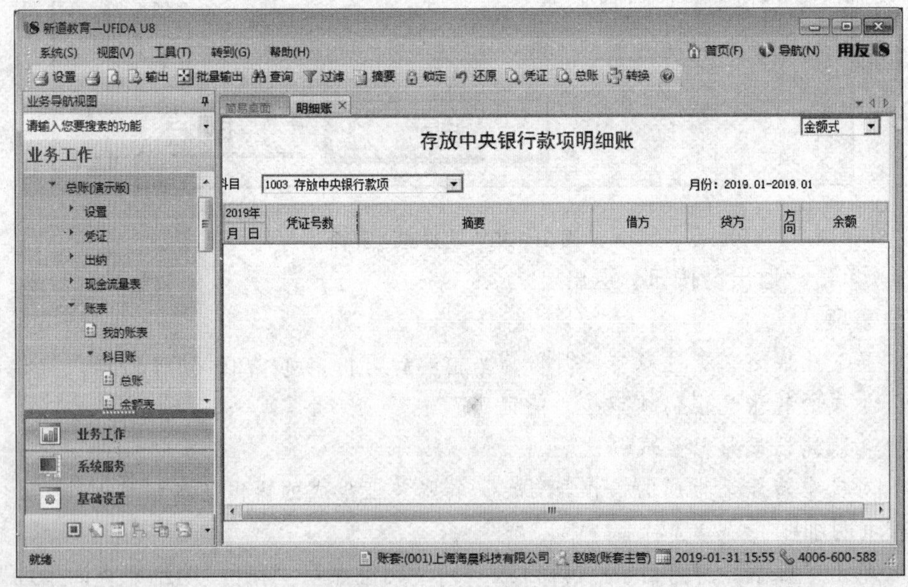

图3-124 “明细账”窗口

（5）在“科目”下拉列表中选择“6602管理费用”科目，可显示“管理费用”明细账，如图3-125所示。

2019年 月	日	凭证号数	摘要	借方	贷方	方向	余额
01	15	转-0016	确定职工工资	210,000.00		借	210,000.00
01	17	付-0013	列支福利费	29,400.00		借	239,400.00
01	19	转-0018	计提折旧	4,500.00		借	243,900.00
01	28	收-0010	报销差旅费_采购部	2,460.00		借	246,360.00
01	29	付-0020	支付津贴及咨询费	10,000.00		借	256,360.00
01	30	付-0022	支付办公费_销售部	21,000.00		借	277,360.00
01	30	付-0023	办公费_财务部	20,000.00		借	297,360.00
01	31	转-0030	期间损益结转		210,000.00	借	87,360.00
01	31	转-0030	期间损益结转		29,400.00	借	57,960.00
01	31	转-0030	期间损益结转_财务部		20,000.00	借	37,960.00
01	31	转-0030	期间损益结转_销售部		21,000.00	借	16,960.00
01	31	转-0030	期间损益结转		4,500.00	借	12,460.00
01	31	转-0030	期间损益结转_采购部		2,460.00	借	10,000.00
01	31	转-0030	期间损益结转		10,000.00	平	
01			当前合计	297,360.00	297,360.00	平	
01			当前累计	297,360.00	297,360.00	平	

图3-125 “管理费用明细账”对话框

(6) 单击“退出”按钮，退出。

注意事项：

(1) 损益类科目结转表中将列出所有损益类科目。若某损益类科目参与期间损益的结转，则应填写相应的“本年利润”科目。

(2) 损益类科目结转表中的“本年利润”必须为末级科目，且为“本年利润”入账科目的下级科目。

4.查询“应交增值税”多栏账

(1) 单击“账表”下的“科目账”—“多栏账”，进入“多栏账”窗口，如图3-126所示。

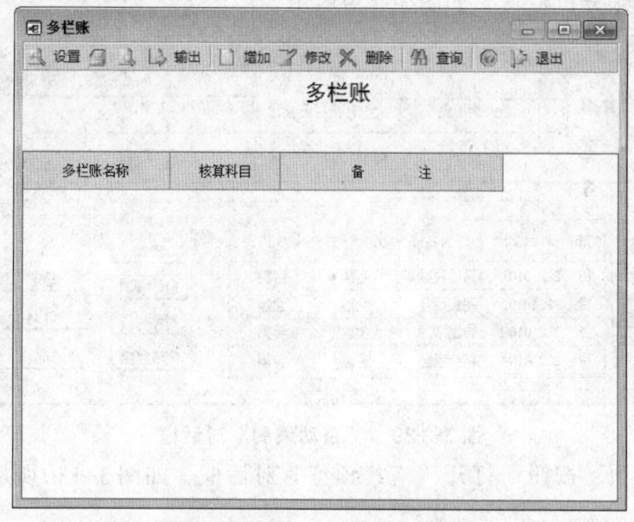

图3-126 “多栏账”窗口

（2）单击“增加”按钮，打开“多栏账定义”窗口，如图3-127所示。

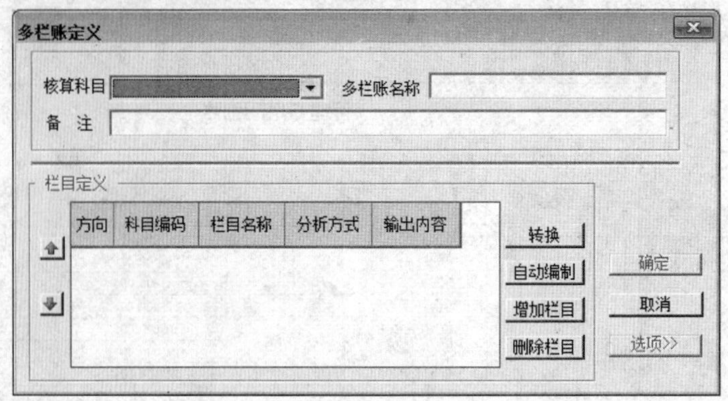

图3-127 “多栏账定义”窗口

（3）单击“核算科目”下拉框，选择多栏账核算科目，如选择“222101 应交增值税”，如图3-128所示。

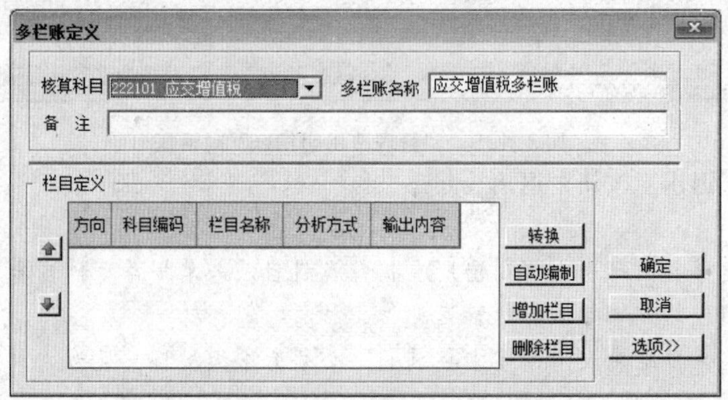

图3-128 “核算科目”对话框

（4）在“栏目定义”选项区域，单击“自动编制”按钮，将根据所选核算科目的下级科目自动编制多栏账分析栏目，如图3-129所示。

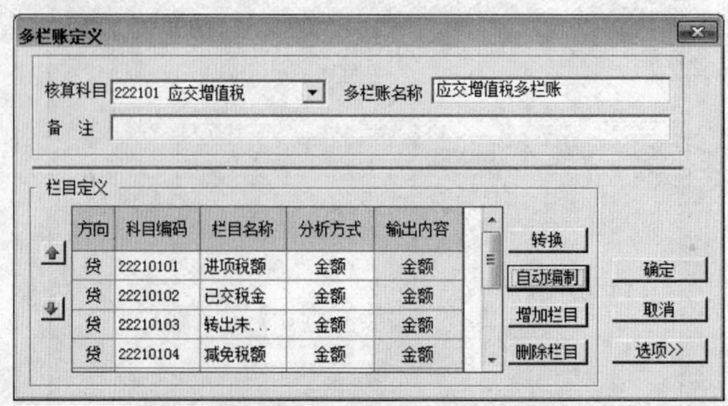

图3-129 “自动编制”对话框

（5）单击“选项”按钮，打开“格式预览”对话框，如图3-130所示。

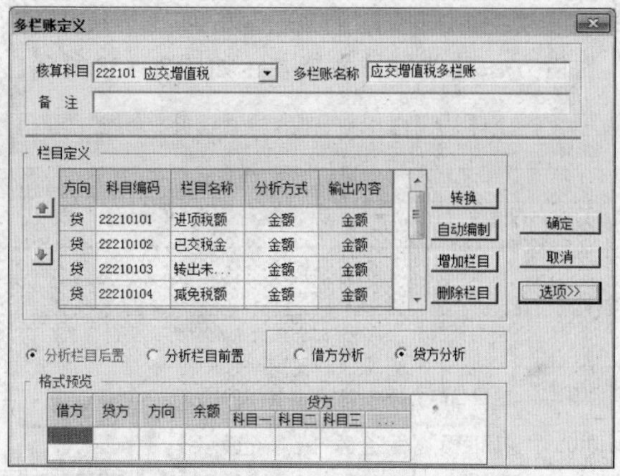

图 3-130 “格式预览”对话框

（6）选择“分析方式”“输出内容”均为：金额，如图 3-131 所示。

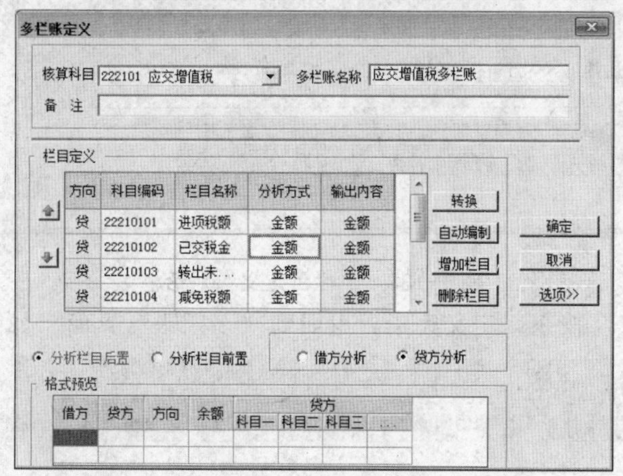

图 3-131 “分析方式、输出内容”对话框

（7）单击“分析栏目前置”单选按钮，如图 3-132 所示。

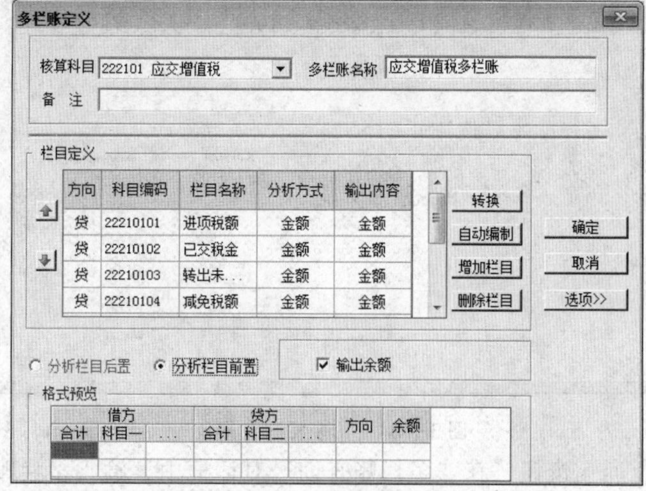

图 3-132 “分析栏目前置”对话框

（8）在“栏目定义”选项区域，确定“方向”，其中“22210101、22210102、22210103、22210104”为借方，其他科目为贷方，如图3-133所示。

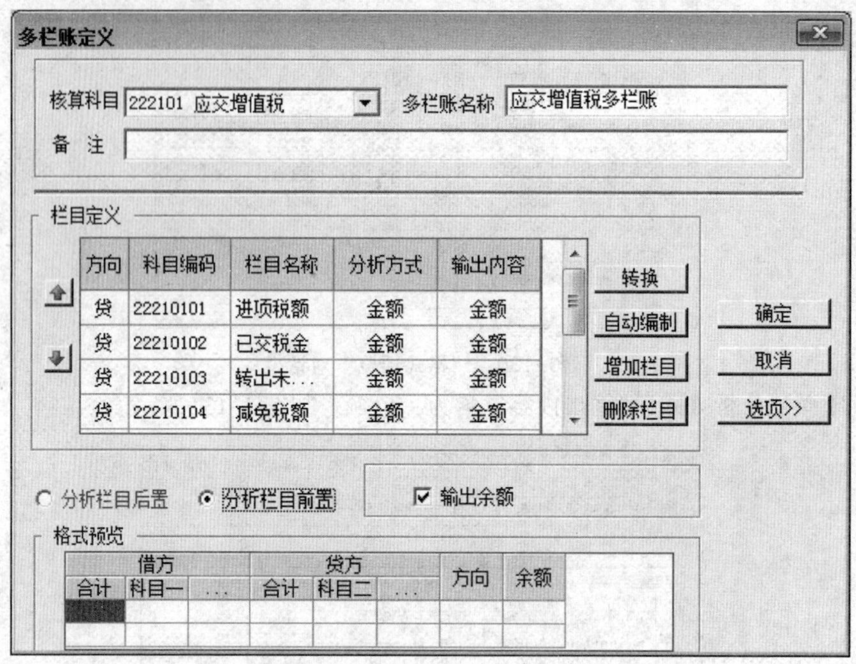

图3-133 “栏目定义”对话框

（9）单击“确定”按钮，定义完毕，返回到“多栏账”界面，如图3-134所示。

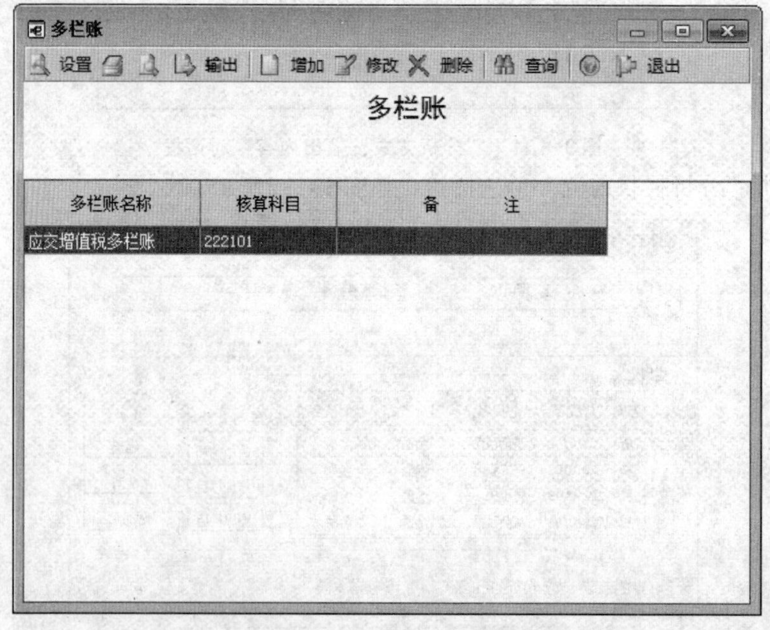

图3-134 “多栏账”界面

（10）单击“查询”按钮，在“多栏账查询”对话框中，输入多栏账查询条件，如图3-135所示。

图3-135 “多栏账查询”对话框

(11) 单击“确定”按钮，即可查到“应交增值税”多栏账，如图3-136所示。

图3-136 “应交增值税多栏账”对话框

注意事项：

(1) 结账前，要进行数据备份。

(2) 进入“结账向导四——完成结账”时，如果提示“未通过检查不能结账”，可单击“上一步”按钮，查看月度工作报告，仔细查找原因。

(3) 已结账月份不能再填制凭证。

(4) 结账只能由有结账权的人进行。

报表管理

第一节 报表格式设计

一、实验要求

1.设计利润表的格式

2.按新会计准则设置利润表的计算公式

3.保存报表格式

二、实验资料

1.表样内容（见表4-1）

表4-1　　**利润表**　　会企02表

编制单位：　　年　月　　单位：元

项目	本期金额	上期金额
一、营业收入		
减：营业成本		
税金及附加		
销售费用		
管理费用		
研发费用		
财务费用		
其中：利息费用		
利息收入		
加：其他收益		
投资收益（损失以“-”号填列）		
其中：对联营企业和合营企业的投资收益		
以摊余成本计量的金融资产终止确认收益（损失以“-”号填列）		
净敞口套期收益（损失以“-”号填列）		
公允价值变动收益（损失以“-”号填列）		
信用减值损失（损失以“-”号填列）		

续表

项目	本期金额	上期金额
资产减值损失（损失以“-”号填列）		
资产处置收益（损失以“-”号填列）		
二、营业利润（亏损以“-”号填列）		
加：营业外收入		
减：营业外支出		
三、利润总额（亏损以“-”号填列）		
减：所得税费用		
四、净利润（净亏损以“-”号填列）		
（一）持续经营净利润（净亏损以“-”号填列）		
（二）终止经营净利润（净亏损以“-”号填列）		
五、其他综合收益的税后净额		
（一）不能重分类进损益的其他综合收益		
1.重新计量设定受益计划变动额		
2.权益法下不能转损益的其他综合收益		
3.其他权益工具投资公允价值变动		
4. 企业自身信用风险公允价值变动		
⋮		
（二）将重分类进损益的其他综合收益		
1.权益法下可转损益的其他综合收益		
2.其他债权投资公允价值变动		
3.金融资产重分类计入其他综合收益的金额		
4.其他债权投资信用减值准备		
5.现金流量套期储备		
6.外币财务报表折算差额		
⋮		
六、综合收益总额		
七、每股收益		
（一）基本每股收益		
（二）稀释每股收益		

2.报表公式编辑方法简介

表达式一般由目标单元、取数单元、函数和运算符组成。

表内取数公式：

A.数据合计：TOTAL（）

B.平均值：AVG（）

C.计数：COUNT（）

D.最大值：MAX（）

E.最小值：MIN（）

F.方差：VAR（）

G.偏方差：STD（）

注意事项：

（1）以上公式的基本表达式为：函数名（区域）。

（2）固定区域的固定表在公式前加P。

①若是可变区域的可变表，则公式前加G。

②总账取数的账务取数公式如下：

［表达式］函数名（“科目名称”，会计期间，“方向”，“账套号”，“会计年度”，编码1，编码2）

【例4-1】资产负债表中的货币资金年初数来自001号账套“库存现金”“银行存款”“其他货币资金”3个科目当年年初借方余额之和。取数公式为：

QC（1001，年，“借”，“001”）+QC（1002，年，“借”，“001”）+QC（1012，年，“借”，“001”）

③本表他页取数公式如下：

［表达式］SELECT（〈区域〉，〈页面筛选条件〉）

【例4-2】将单位编号为“001”表页中的C6单元值取到D16单元。取数公式为：

D16=SELECT（C6，单位编号=“001”）

本页B列单元数值取上月表页B列的数值。取数公式为：

B=SELECT（B，月@=月+1）

将本年表页中的B2:C5区域数值取到上年表页的B3:C6区域。取数公式为：

B3:C6=SELECT（B2:C5，年@=年-1）

注：公式中如用到“年”“月”“单位编号”“单位名称”等筛选条件，必须将其设置为关键字。

④他表取数公式（报表之间取数公式）如下：

［表达式］〈目标区域〉=“〈他表表名〉”［REP］—〉〈数据源区域〉［@〈页号〉］

【例4-3】当前表页的D5单元等于“X”报表第2页中D3单元数值与“Y”报表第3页中的C4单元数值之和。取数公式为：

D5=“X”->D3@2+“Y”->C4@3

（1）审核公式

在会计报表中，某些报表数据之间存在着勾稽关系，如借方合计等于贷方合计，小计数等于有关的小项之和等，审核公式就是用来检验报表内或报表之间的勾稽关系是否正确的表达式。

<审核关系式>MESSAGE “提示信息”

（2）舍位平衡格式

在进行报表汇总时，可能存在各个报表计量单位不一致的问题，需对部分报表数据进行进位处理，或进行小数点数据取整，可能会打破原有数据平衡关系。这时，通过设置舍位平衡公式，对进位后的数据按设置的公式进行微调，可以使经过进位处理的数据自动恢复平衡关系。

注意事项：

（1）输入平衡公式时，每个公式一行，公式之间用半角英文标点状态下的“,”分隔，最后一行公式不用写逗号。

（2）一个单元只允出现一次且在等号右边。

三、实验指导

1.设置表尺寸

（1）在UFO报表系统中单击“文件”—“新建”，打开报表“格式”状态窗口，窗口左下角状态栏显示“格式”，如图4-1所示。

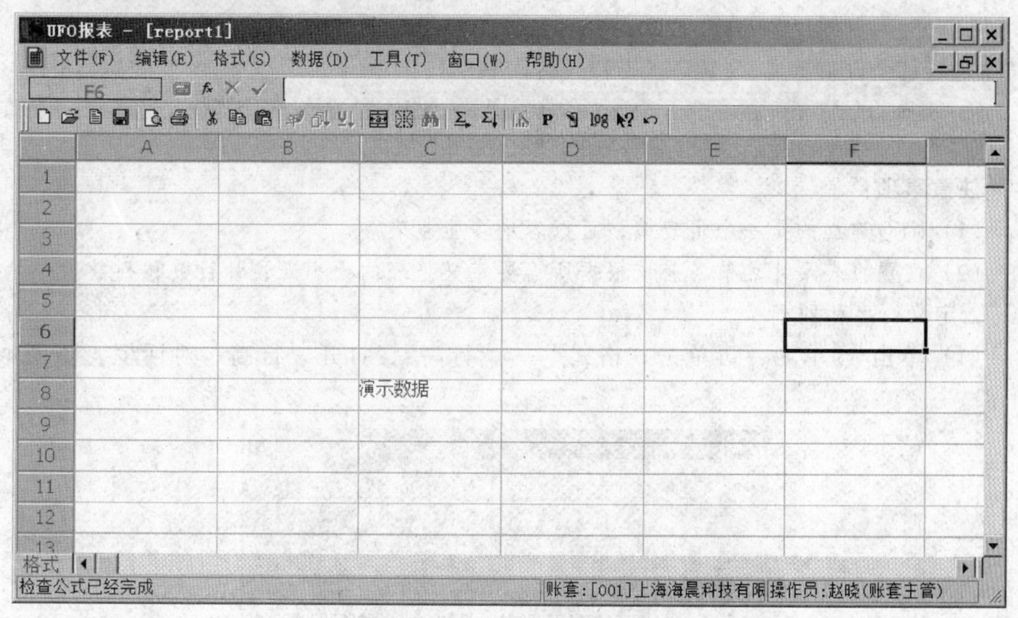

图4-1 “UFO报表”窗口

（2）单击“格式”—“表尺寸”，打开“表尺寸”对话框，录入行数“31”，列数“3”，如图4-2所示。

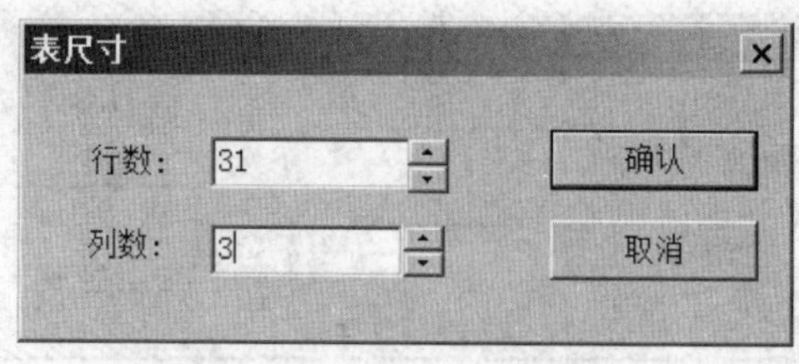

图4-2 “表尺寸”对话框

（3）单击“确认”按钮，出现31行3列表格，如图4-3所示。

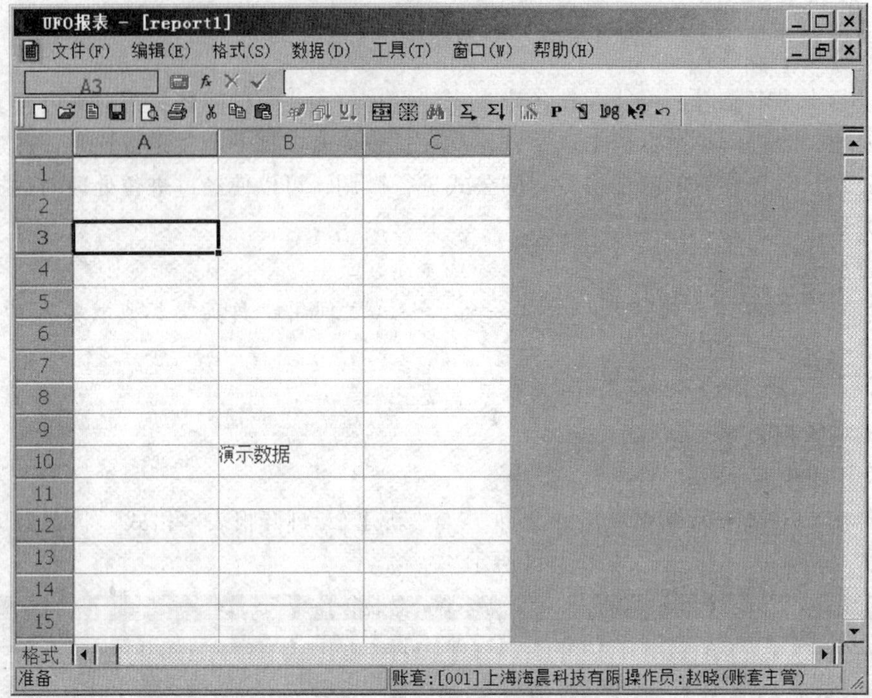

图4-3　“设计表格”窗口

注意事项：

（1）UFO建立的是一个报表簿，可以容纳多张报表。

（2）设置报表尺寸之前，应该根据所需要定义报表的大小来预计行数和列数。

2.定义行高和列宽

（1）单击A1单元，再单击“格式”—“行高”，打开“行高”对话框，如图4-4所示。

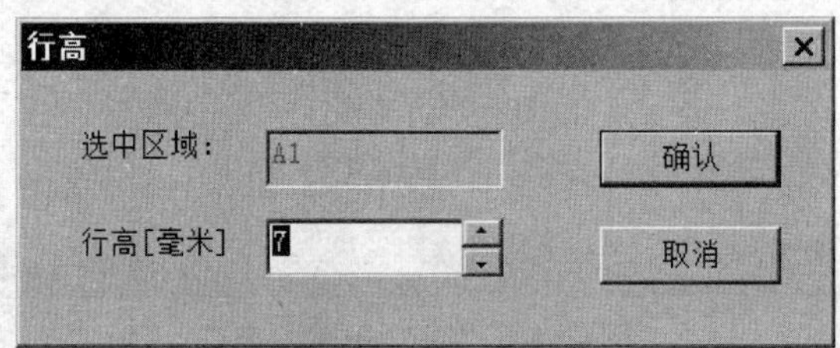

图4-4　“行高”对话框

（2）在“行高”对话框中，录入A1单元所在行高“12”，如图4-5所示。

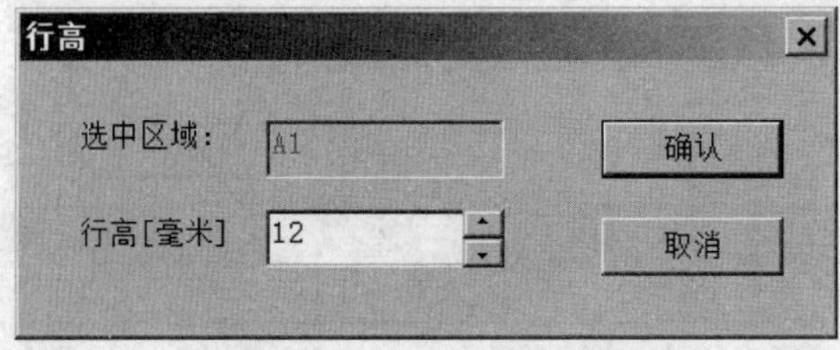

图4-5　“设置行高”对话框

（3）单击”确认“按钮，如图4-6所示。

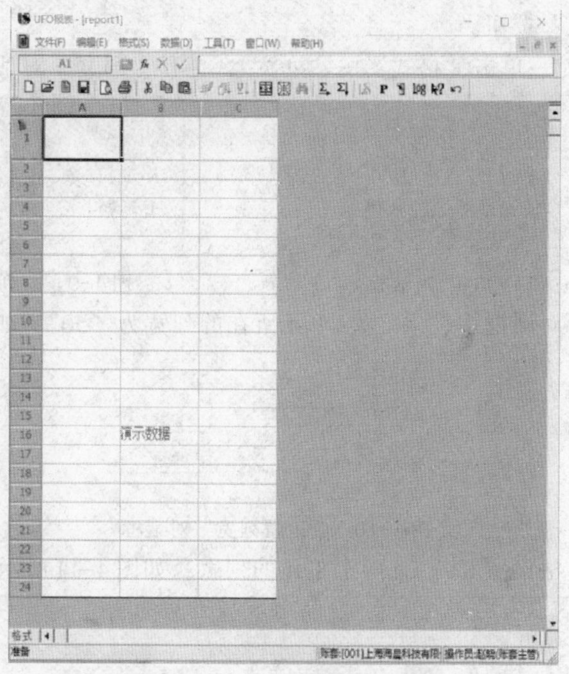

图4-6 “设置行高-效果”窗口

（4）选中A3单元后拖动鼠标到C31，再单击“格式”—“行高”，打开“行高”对话框，如图4-7所示。

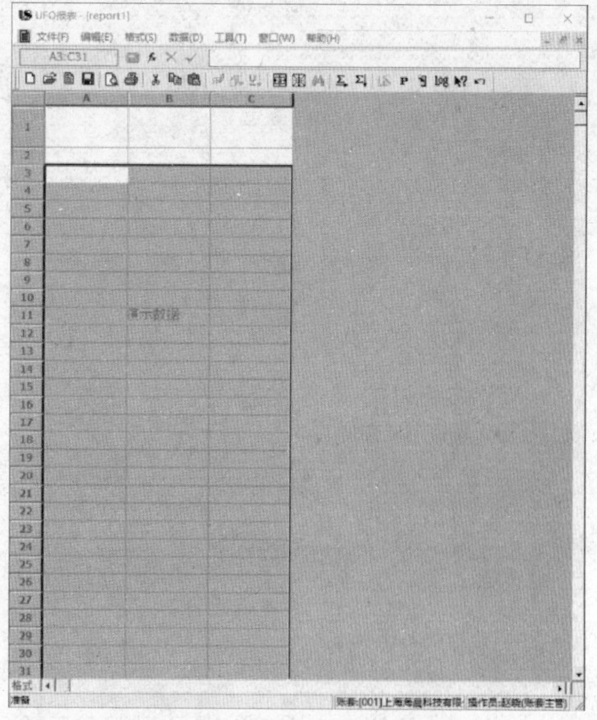

图4-7 “选中单元格”窗口

（5）在“行高”对话框中，录入A3:C31区域的行高为“6”，如图4-8所示。

（6）单击“确认”按钮。

（7）选中A1单元，单击“格式”—“列宽”，打开“列宽”对话框，如图4-9所示。

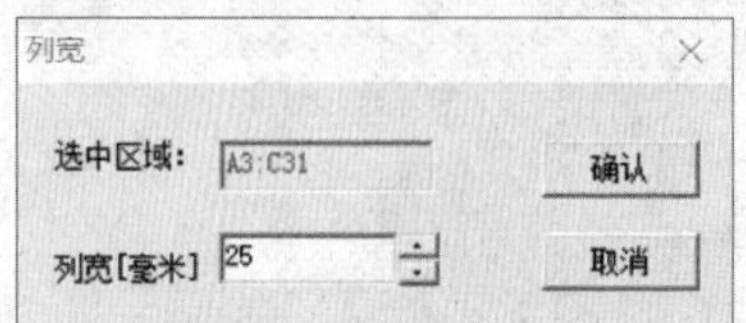

图4-8　“行高-A3：C31”对话框

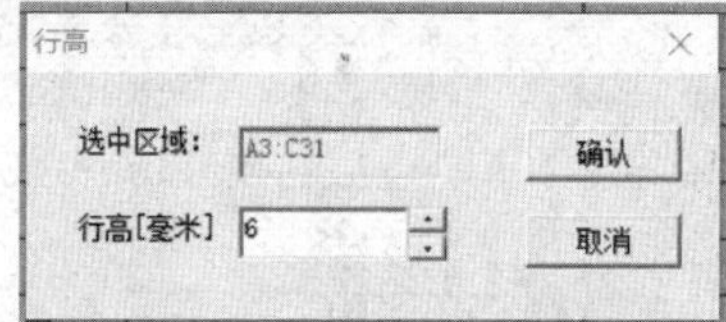

图4-9　“列宽”对话框

（8）在“列宽”对话框中，录入A1单元所在的列宽为“50”，如图4-10所示。

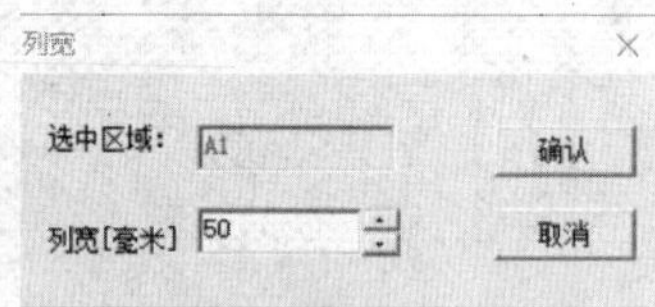

图4-10　“设置列宽”对话框

（9）用同样的方法设置B1、C1两个单元的列宽，如图4-11所示。

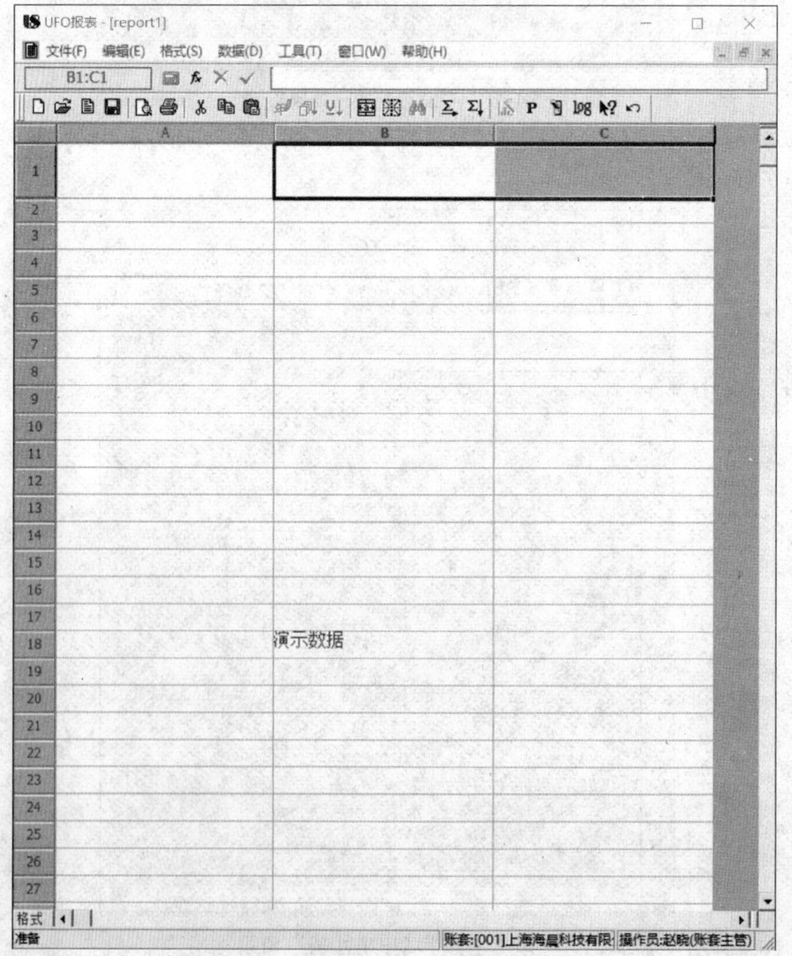

图4-11　“设置列宽-效果”窗口

注意事项：

（1）设置列宽应以能够放下本栏最宽数据为原则，否则生成报表时会产生数据溢出的错误。

（2）在设置了行高及列宽后，如果觉得不合适，可以直接用鼠标拖动行线及列线改变行高及列宽。

3.画表格线

（1）单击选中A4单元格后拖动鼠标到C31单元，再单击“格式”—“区域画线”，打开“区域画线”对话框，如图4-12所示。

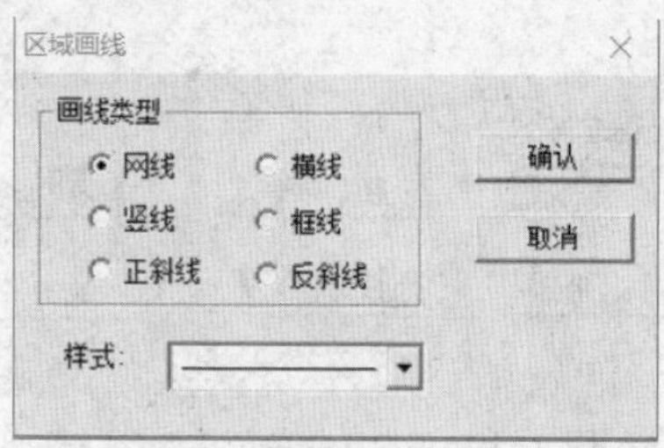

图4-12 “区域画线”对话框

（2）单击“确认”，如图4-13所示。

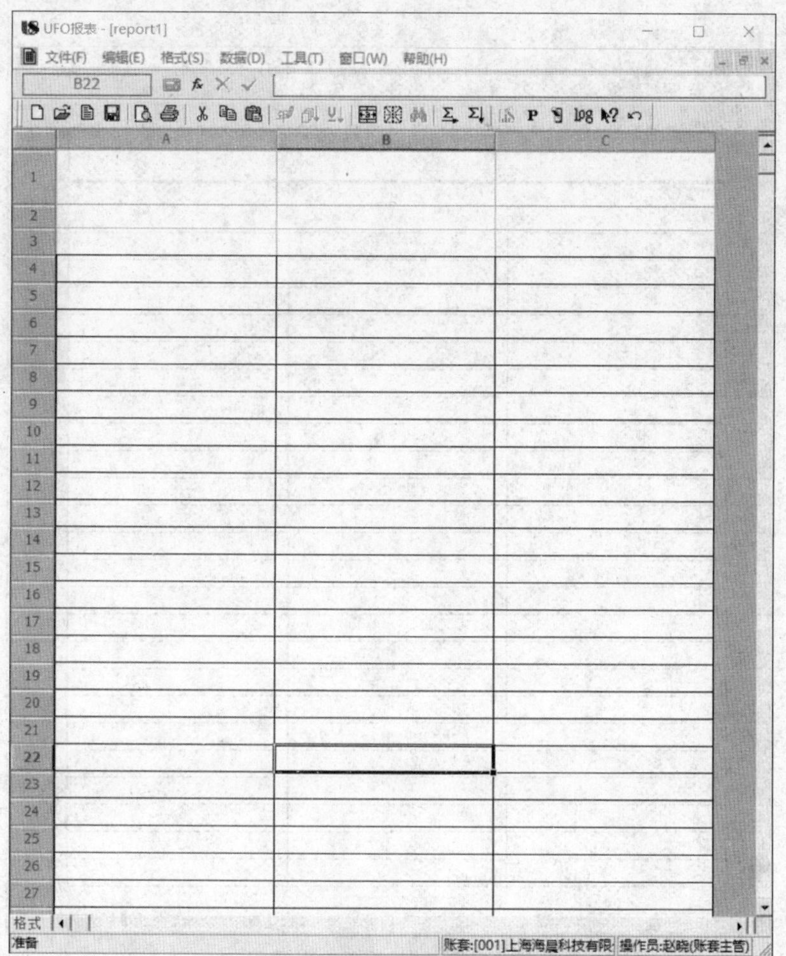

图4-13 “确认后的区域画线”窗口

注意事项：

(1) 报表的尺寸设置完之后，在报表输出时，该报表是没有任何表格线的。为了满足查询和打印的需要，还应在适当的位置上画表格线。

(2) 画表格线时可以根据需要选择不同的画线类型及样式画线。

4.定义组合单元

(1) 单击选中A1单元后拖动鼠标到C1单元，单击“格式”—“组合单元”，打开“组合单元”对话框，如图4-14所示。

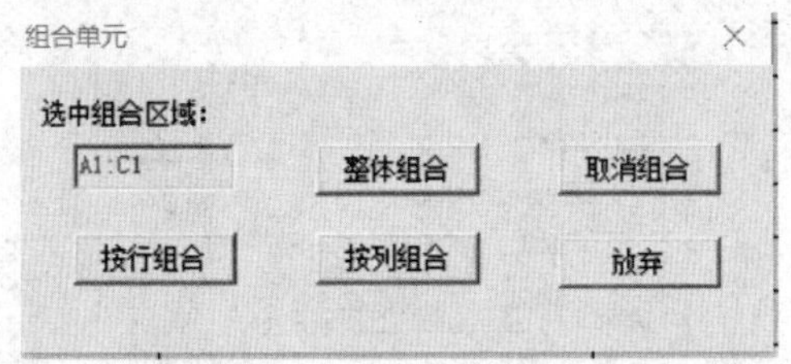

图4-14 “组合单元”对话框

(2) 单击“按行组合”按钮，将第1行组成一个单元，如图4-15所示。

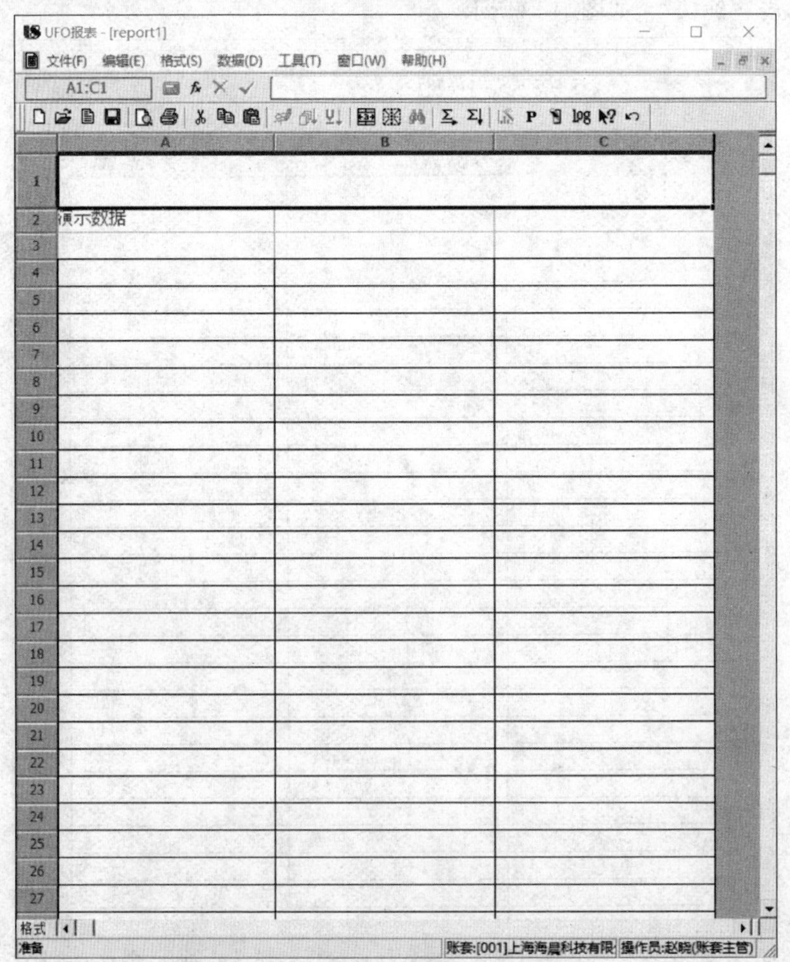

图4-15 “按行组合”窗口

注意事项：

（1）组合单元实际上是把几个单元当成一个单元来使用。组合单元是一个大单元。所有针对单元的操作对组合单元均无效。

（2）组合单元既可以按行组合，也可以整体组合，即将选中的单元合并为一个整体。

5.输入项目内容

根据所给资料直接在对应单元输入所有项目内容，如图4-16所示。

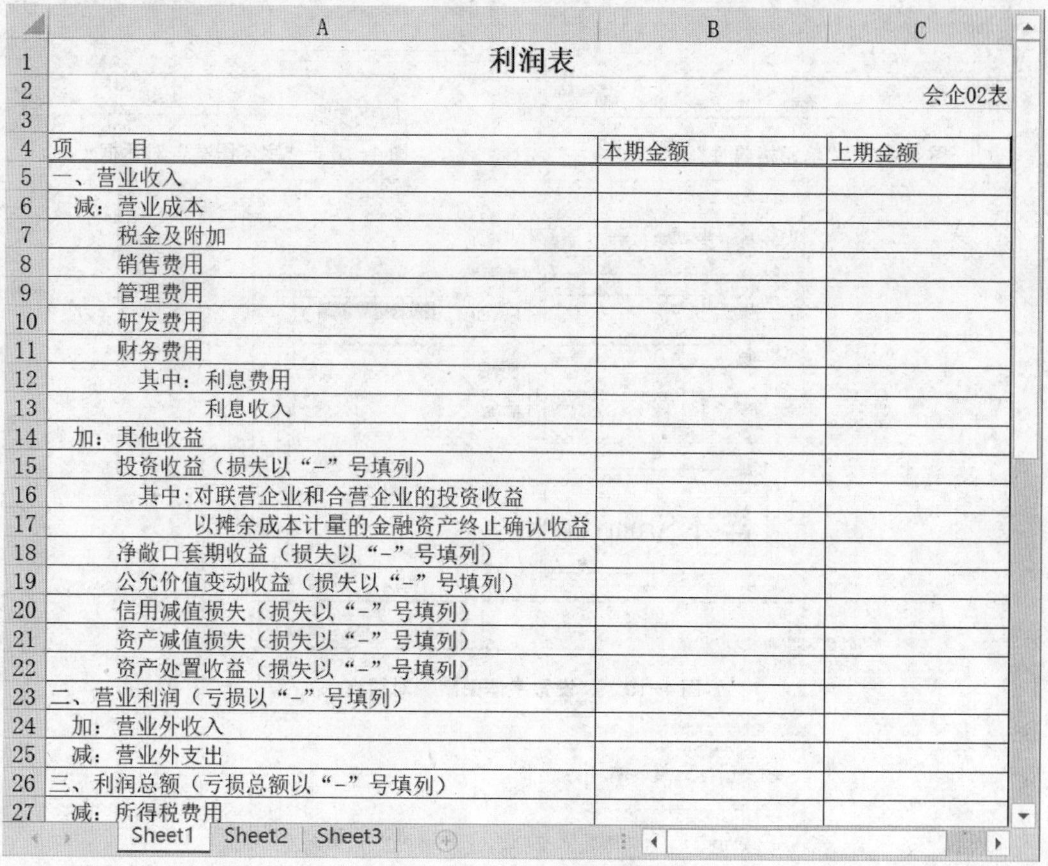

	A	B	C
1	利润表		
2			会企02表
3			
4	项　　目	本期金额	上期金额
5	一、营业收入		
6	减：营业成本		
7	税金及附加		
8	销售费用		
9	管理费用		
10	研发费用		
11	财务费用		
12	其中：利息费用		
13	利息收入		
14	加：其他收益		
15	投资收益（损失以"-"号填列）		
16	其中:对联营企业和合营企业的投资收益		
17	以摊余成本计量的金融资产终止确认收益		
18	净敞口套期收益（损失以"-"号填列）		
19	公允价值变动收益（损失以"-"号填列）		
20	信用减值损失（损失以"-"号填列）		
21	资产减值损失（损失以"-"号填列）		
22	资产处置收益（损失以"-"号填列）		
23	二、营业利润（亏损以"-"号填列）		
24	加：营业外收入		
25	减：营业外支出		
26	三、利润总额（亏损总额以"-"号填列）		
27	减：所得税费用		

Sheet1　Sheet2　Sheet3

图4-16　"利润表"窗口

注意事项：

在录入报表内容时，单位名称及日期不需要手工输入。UFO报表一般将其设置为关键字，用设置关键字的方法设置。

6.设置单元格属性

（1）选中A1单元，单击"格式"—"单元属性"，打开"单元格属性"窗口，如图4-17所示。

（2）单击"字体图案"页签，打开"字体图案"页签，如图4-18所示。

（3）单击字体栏下三角按钮，选择相应的字体，单击字号栏下三角按钮，选择相应的字号，如图4-19所示。

（4）单击"对齐"页签，打开"对齐"页签，如图4-20所示。

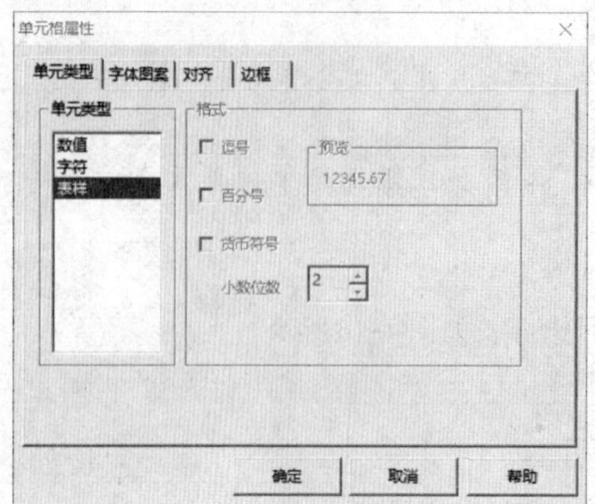

图 4-17　“单元格属性”窗口

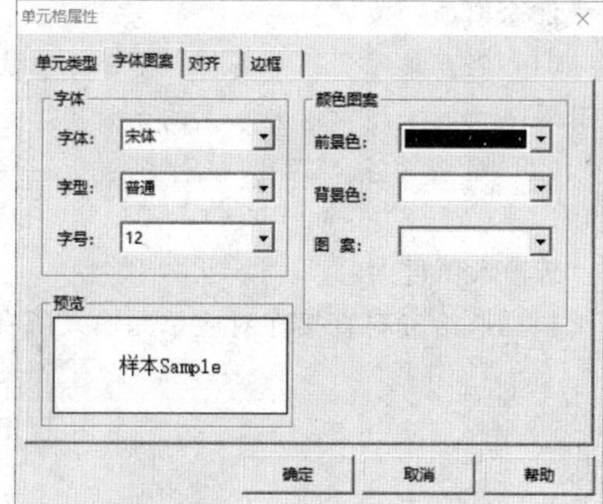

图 4-18　“字体图案”对话框

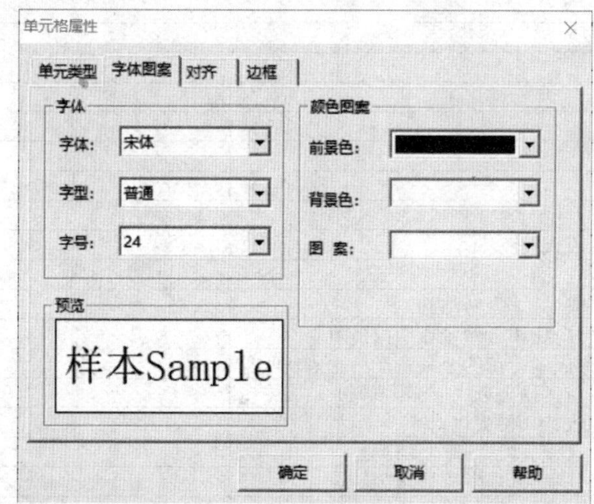

图 4-19　“设置字体图案”对话框

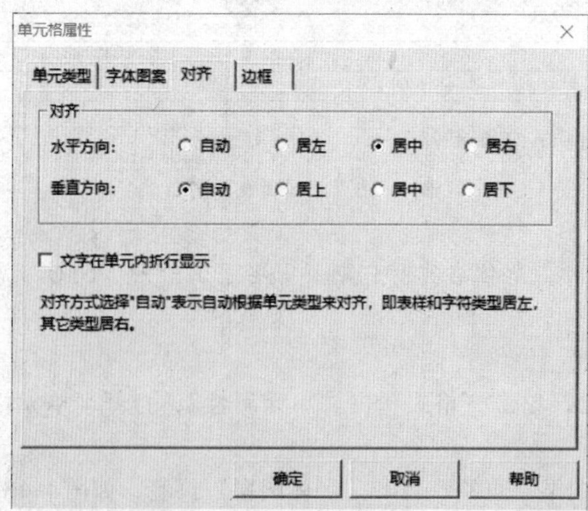

图 4-20　“对齐”对话框

（5）单击水平方向“居中”以及垂直方向“居中”前的单选按钮，如图 4-21 所示。

（6）单击“确定”按钮，如图 4-22 所示。

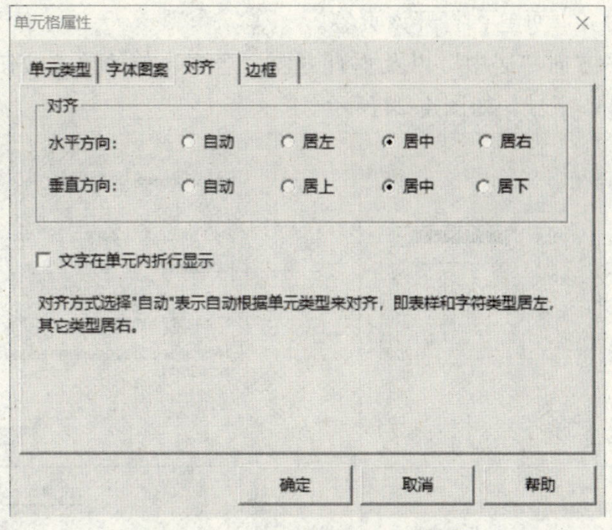

图4-21 “设置对齐”对话框

	A	B	C
1	利润表		
2			会企02表
3			
4	项 目	本期金额	上期金额
5	一、营业收入		
6	减：营业成本		
7	税金及附加		
8	销售费用		
9	管理费用		
10	研发费用		
11	财务费用		
12	其中：利息费用		
13	利息收入		
14	加：其他收益		
15	投资收益（损失以“-”号填列）		
16	其中:对联营企业和合营企业的投资收益		
17	以摊余成本计量的金融资产终止确认收益		
18	净敞口套期收益（损失以“-”号填列）		
19	公允价值变动收益（损失以“-”号填列）		
20	信用减值损失（损失以“-”号填列）		
21	资产减值损失（损失以“-”号填列）		
22	资产处置收益（损失以“-”号填列）		
23	二、营业利润（亏损以“-”号填列）		
24	加：营业外收入		
25	减：营业外支出		
26	三、利润总额（亏损总额以“-”号填列）		
27	减：所得税费用		

Sheet1 Sheet2 Sheet3

图4-22 “设置对齐-效果”窗口

（7）单击选中A4单元后拖动鼠标到C4单元，再单击“格式”—“单元属性”，打开“单元格属性”窗口。

（8）单击“字体图案”页签，打开“字体图案”页签。

（9）单击字体字体栏下三角按钮，选择“黑体”，单击字号栏下三角按钮，选择相应的字号，如图4-23所示。

（10）单击“对齐”页签，打开该页签。

（11）单击水平方向“居中”以及垂直方向“居中”前的单选按钮。以此方法再设置A5:C31区域的字体、字号，如图4-24所示。

图4-23　“字体图案-14号字”对话框

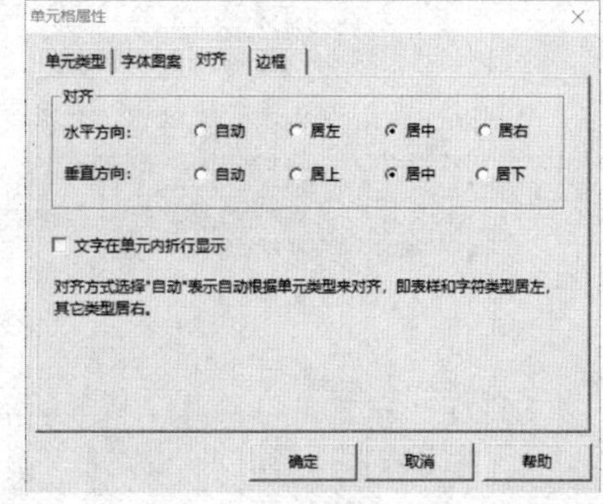

图4-24　“对齐-居中”对话框

（12）单击“确定”按钮，如图4-25所示。

	A	B	C
1	利润表		
2			会企02表
3			
4	项　　目	本期金额	上期金额
5	一、营业收入		
6	减：营业成本		
7	税金及附加		
8	销售费用		
9	管理费用		
10	研发费用		
11	财务费用		
12	其中：利息费用		
13	利息收入		
14	加：其他收益		
15	投资收益（损失以“-”号填列）		
16	其中:对联营企业和合营企业的投资收益		
17	以摊余成本计量的金融资产终止确认收益		
18	净敞口套期收益（损失以“-”号填列）		
19	公允价值变动收益（损失以“-”号填列）		
20	信用减值损失（损失以“-”号填列）		
21	资产减值损失（损失以“-”号填列）		
22	资产处置收益（损失以“-”号填列）		
23	二、营业利润（亏损以“-”号填列）		
24	加：营业外收入		
25	减：营业外支出		
26	三、利润总额（亏损总额以“-”号填列）		
27	减：所得税费用		

Sheet1　Sheet2　Sheet3

图4-25　“设置单元格”窗口

注意事项：

（1）在设置单元属性时可以分别设置单元类型、字体图案、对齐方式及边框样式。

（2）新建的报表，所有单元的类型均默认为数值型。

（3）格式状态下输入的内容均默认为表样单元。

（4）字符单元和数值单元只对本表页有效，表样单元输入后对所有的表页有效。

7.定义关键字

（1）单击A3单元，单击“数据”—“关键字”—“设置”，打开“设置关键字”窗口，如图4-26所示。

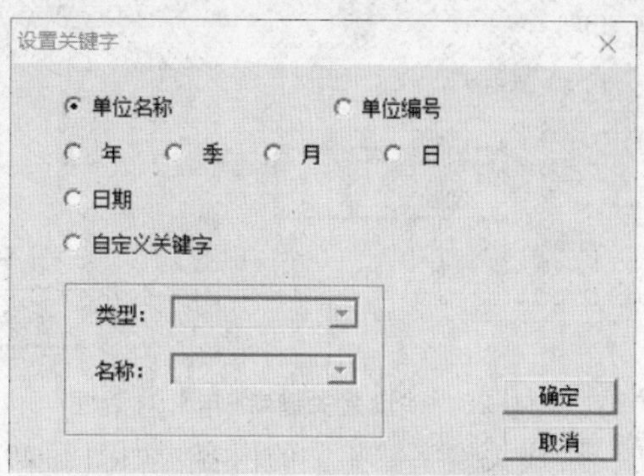

图4-26 “设置关键字”对话框

（2）单击“确定”按钮，生成关键字“单位名称”的内容，如图4-27所示。

	A	B	C
1	利润表		
2			会企02表
3	单位名称：×××××××××××××××××		
4	项　　目	本期金额	上期金额
5	一、营业收入		
6	减：营业成本		
7	税金及附加		
8	销售费用		
9	管理费用		
10	研发费用		
11	财务费用		
12	其中：利息费用		
13	利息收入		
14	加：其他收益		
15	投资收益（损失以“-”号填列）		
16	其中:对联营企业和合营企业的投资收益		
17	以摊余成本计量的金融资产终止确认收益		
18	净敞口套期收益（损失以“-”号填列）		
19	公允价值变动收益（损失以“-”号填列）		
20	信用减值损失（损失以“-”号填列）		
21	资产减值损失（损失以“-”号填列）		
22	资产处置收益（损失以“-”号填列）		
23	二、营业利润（亏损以“-”号填列）		
24	加：营业外收入		
25	减：营业外支出		
26	三、利润总额（亏损总额以“-”号填列）		
27	减：所得税费用		

Sheet1　Sheet2　Sheet3

图4-27 “单位名称”窗口

（3）单击B3单元，单击“数据”—“关键字”—“设置”，打开“设置关键字”窗口。

（4）单击“年”单选按钮，如图4-28所示。

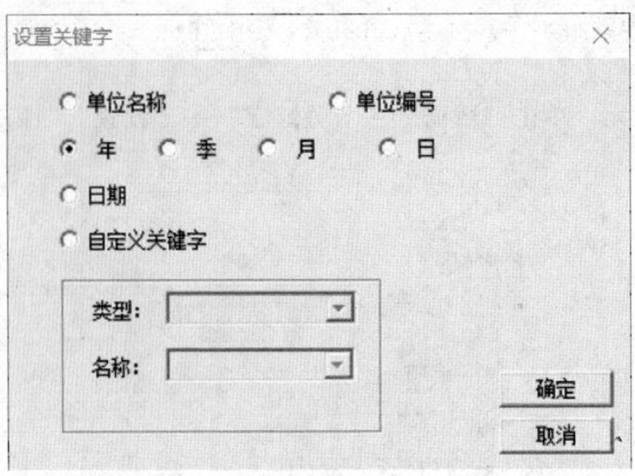

图 4-28 “设置关键字-年”对话框

再单击“确定”按钮，生成关键字“年”的内容，如图 4-29 所示。

	A	B	C
1	利润表		
2			会企02表
3	单位名称：××××××××××××××××	××××年	
4	项　　目	本期金额	上期金额
5	一、营业收入		
6	减：营业成本		
7	税金及附加		
8	销售费用		
9	管理费用		
10	研发费用		
11	财务费用		
12	其中：利息费用		
13	利息收入		
14	加：其他收益		
15	投资收益（损失以“-”号填列）		
16	其中:对联营企业和合营企业的投资收益		
17	以摊余成本计量的金融资产终止确认收益		
18	净敞口套期收益（损失以“-”号填列）		
19	公允价值变动收益（损失以“-”号填列）		
20	信用减值损失（损失以“-”号填列）		
21	资产减值损失（损失以“-”号填列）		
22	资产处置收益（损失以“-”号填列）		
23	二、营业利润（亏损以“-”号填列）		
24	加：营业外收入		
25	减：营业外支出		
26	三、利润总额（亏损总额以“-”号填列）		
27	减：所得税费用		

Sheet1 Sheet2 Sheet3

图 4-29 “设置年”窗口

（5）单击 C3 单元，单击“数据”—“关键字”—“设置”，打开“设置关键字”窗口。

（6）单击“月”单选按钮，再单击“确定”按钮，生成关键字“月”的内容，如图 4-30 所示。

	A	B	C
1	利润表		
2			会企02表
3	单位名称：××××××××××××××××	××××年	××月
4	项　　目	本期金额	上期金额
5	一、营业收入		
6	减：营业成本		
7	税金及附加		
8	销售费用		
9	管理费用		
10	研发费用		
11	财务费用		
12	其中：利息费用		
13	利息收入		
14	加：其他收益		
15	投资收益（损失以“-”号填列）		
16	其中：对联营企业和合营企业的投资收益		
17	以摊余成本计量的金融资产终止确认收益		
18	净敞口套期收益（损失以“-”号填列）		
19	公允价值变动收益（损失以“-”号填列）		
20	信用减值损失（损失以“-”号填列）		
21	资产减值损失（损失以“-”号填列）		
22	资产处置收益（损失以“-”号填列）		
23	二、营业利润（亏损以“-”号填列）		
24	加：营业外收入		
25	减：营业外支出		
26	三、利润总额（亏损总额以“-”号填列）		
27	减：所得税费用		

Sheet1 | Sheet2 | Sheet3

图4-30　“设置月”窗口

注意事项：

（1）定义关键字主要包括设置关键字和调整关键字在表页上的位置。

（2）关键字主要有六种，即单位名称、单位编号、年、季、月、日，另外还包括一个自定义关键字。可以根据实际需要任意设置相应的关键字。

（3）一个关键字在一个表中只能定义一次，即同一个表中不能有重复的关键字。

（4）关键字在格式状态下设置，如果设置错误可以取消。

（5）关键字的值在数据状态下录入。

（6）同一个单元或组合单元的关键字定义完以后，可能会重叠在一起，如果造成重叠，可以在设置关键字时输入关键字的相对偏移量。偏移量为负值时表示向左移，正值时表示向右移。

8.录入单元公式

（1）单击B5单元，单击“数据”—“编辑公式”—“单元公式”，打开“定义公式”对话框，如图4-31所示。

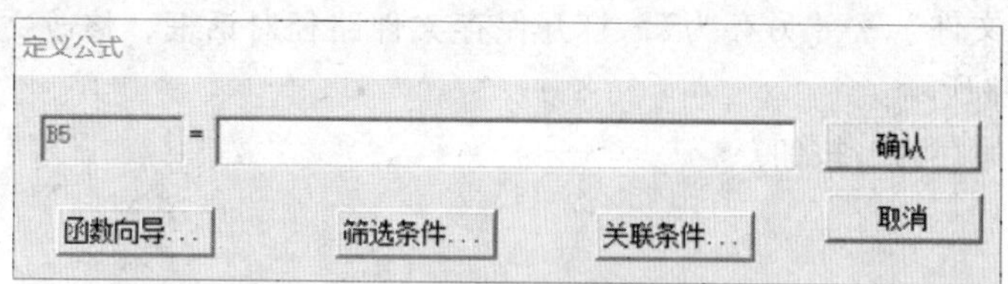

图4-31　“定义公式”对话框

（2）在“定义公式”对话框中，录入B5单元公式，单击“确认”按钮，其结果如图4-32所示。

	A	B	C
1	利润表		
2			会企02表
3	单位名称：××××××××××××××××	××××年	××月
4	项　　目	本期金额	上期金额
5	一、营业收入	公式单元	
6	减：营业成本		
7	税金及附加		
8	销售费用		
9	管理费用		
10	研发费用		
11	财务费用		
12	其中：利息费用		
13	利息收入		
14	加：其他收益		
15	投资收益（损失以“-”号填列）		
16	其中:对联营企业和合营企业的投资收益		
17	以摊余成本计量的金融资产终止确认收益		
18	净敞口套期收益（损失以“-”号填列）		
19	公允价值变动收益（损失以“-”号填列）		
20	信用减值损失（损失以“-”号填列）		
21	资产减值损失（损失以“-”号填列）		
22	资产处置收益（损失以“-”号填列）		
23	二、营业利润（亏损以“-”号填列）		
24	加：营业外收入		
25	减：营业外支出		
26	三、利润总额（亏损总额以“-”号填列）		
27	减：所得税费用		

Sheet1　Sheet2　Sheet3

图4-32　“确认后的定义公式”窗口

（3）以此方法录入其他单元的计算公式。

注意事项：

（1）单元公式是指为报表数据单元进行赋值的公式，单元公式的作用是从账簿、凭证、本表或其他报表等处调用、运算所需的数据，并填入相应的报表单元中。它既可以将数据单元赋值为数值，也可以赋值为字符。

（2）必须在英文状态下录入计算公式。

（3）计算公式可以直接录入，也可以利用函数向导参照录入。

（4）所录入的公式必须符合公式的模式，否则会被系统判定为公式错误。

9.保存报表格式

（1）单击“文件”—“另存为”，打开保存文件路径对话框，修改文件名为“自制利润表”，如图4-33所示。

（2）单击“另存为”按钮。

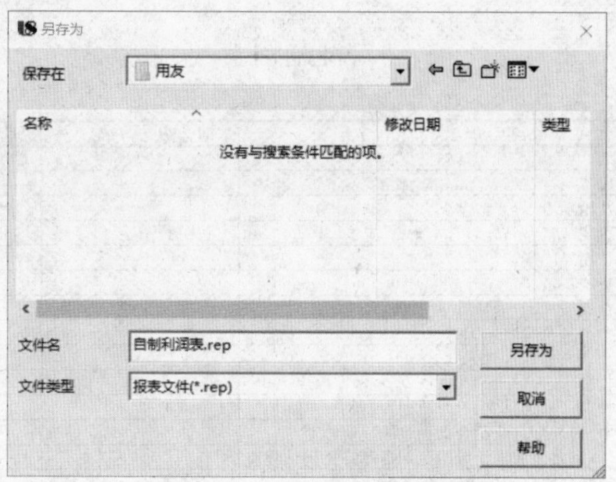

图4-33 “另存为”对话框

第二节 报表数据处理

一、实验要求

1.生成自制利润表的数据

2.存储已生成数据的自制利润表

二、实验资料

1.单位名称：上海海晨科技有限公司

2.编制日期：2019年1月

三、实验指导

1.打开自制利润表

（1）在UFO报表系统中，单击“文件”—“打开”，进入“打开”对话框，如图4-34所示。

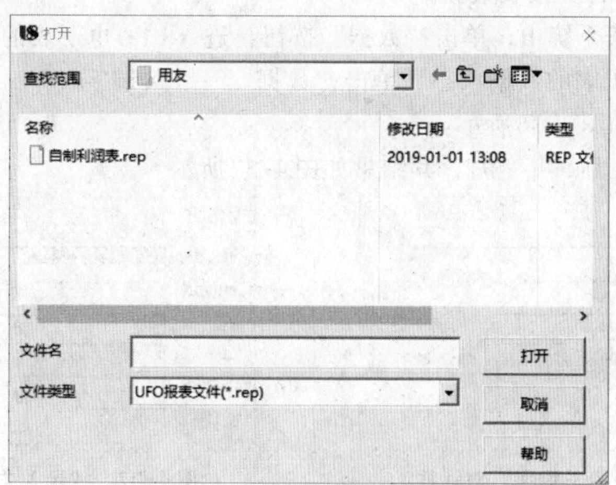

图4-34 “打开报表”对话框

（2）在“打开”对话框中，找到所存的“自制利润表”报表文件。

（3）单击“打开”按钮，打开“自制利润表”，如图4-35所示。

	A	B	C
1	利润表		
2			会企02表
3	单位名称：×××××××××××××××××	××××年	××月
4	项　目	本期金额	上期金额
5	一、营业收入		
6	减：营业成本		
7	税金及附加		
8	销售费用		
9	管理费用		
10	研发费用		
11	财务费用		
12	其中：利息费用		
13	利息收入		
14	加：其他收益		
15	投资收益（损失以"-"号填列）		
16	其中：对联营企业和合营企业的投资收益		
17	以摊余成本计量的金融资产终止确认收益		
18	净敞口套期收益（损失以"-"号填列）		
19	公允价值变动收益（损失以"-"号填列）		
20	信用减值损失（损失以"-"号填列）		
21	资产减值损失（损失以"-"号填列）		
22	资产处置收益（损失以"-"号填列）		
23	二、营业利润（亏损以"-"号填列）		
24	加：营业外收入		
25	减：营业外支出		
26	三、利润总额（亏损总额以"-"号填列）		
27	减：所得税费用		

Sheet1 Sheet2 Sheet3

图4-35　"自制利润表"窗口

注意事项：

（1）打开UFO表，既可以在进入UFO表后打开，也可以直接在打开报表文件后直接打开UFO表。

（2）可以在编制报表时反复使用已经设置的报表公式，并且在不同的会计期间可以生成不同的报表。

（3）在报表的数据状态下可以插入表页或追加表页。

2.录入关键字并计算报表数据

（1）在UFO报表系统中，单击"数据"按钮，进入UFO电子表的数据状态。

（2）在UFO电子表的数据状态下单击"数据"—"关键字"—"录入"，打开"录入关键字"对话框，如图4-36所示。

（3）录入单位名称、年、月，其结果如图4-37所示。

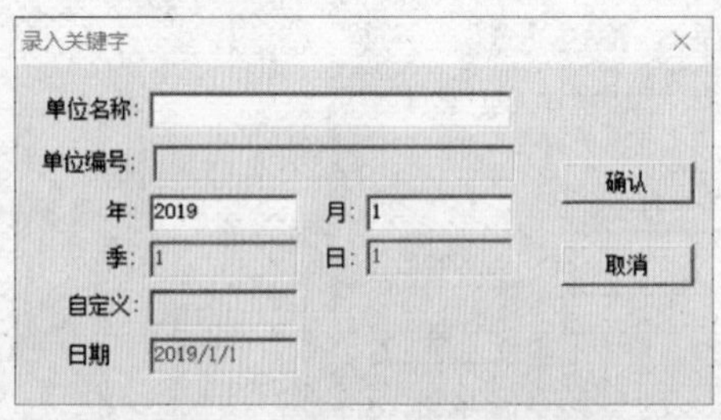

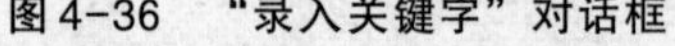
图4-36　"录入关键字"对话框

图4-37　"录入关键字后"界面

（4）单击"确认"按钮，系统提示"是否重算第1页？"，如图4-38所示。

（5）单击"是"按钮，系统自动计算报表数据，重新计算结果。

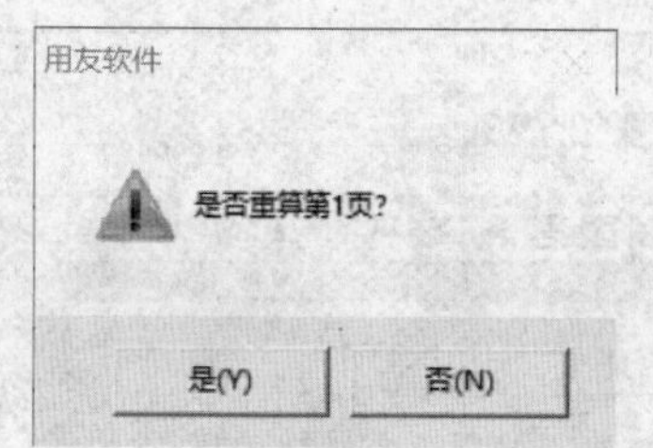

图 4-38 “是否重算第 1 页?”对话框

注意事项：

在编制报表时可以选择整表计算。整表计算计算的是该表的所有表页，而表页计算仅计算表页的数据。

3.将已生成的利润表另存为“1月份利润表”

（1）单击“文件”—“另存为”，打开另存为文件的路径，录入文件名“1月份利润表”，如图4-39所示。

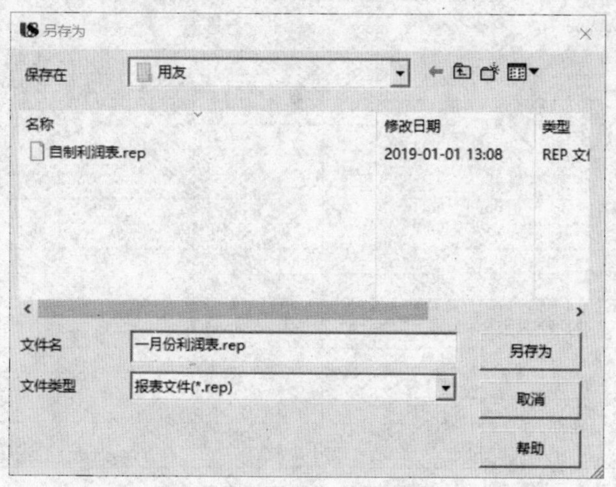

图 4-39 “另存为”对话框

（2）单击“另存为”按钮。

第三节 报表模板处理

一、实验要求

1.利用报表模板生成“资产负债表”

2.利用报表模板生成“现金流量表”主表

二、实验资料

“资产负债表”的格式如图4-44所示，“现金流量表”资料见第三章涉及现金流量科目的业务。

三、实验指导

1.建立资产负债表

（1）在UFO报表系统中，单击“文件”—“新建”，打开报表格式状态窗口，如图4-40所示。

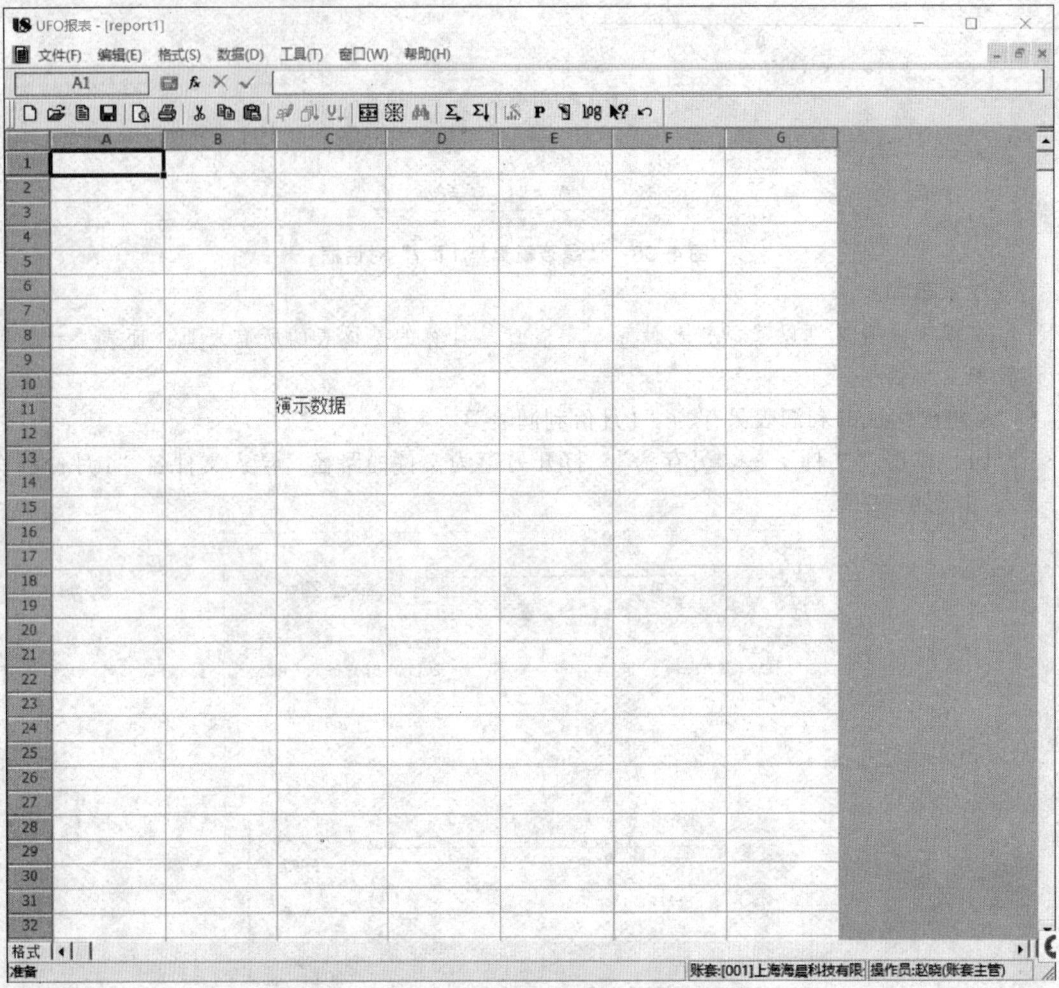

图 4-40　“打开报表”窗口

（2）在报表格式状态窗口中，单击“格式”—“报表模板”，打开“报表模板”对话框，如图 4-41 所示。

（3）单击企业所在行业栏下的下拉列表，选择“2007 年新会计制度科目”，再单击财务报表栏，选择“资产负债表”，如图 4-42 所示。

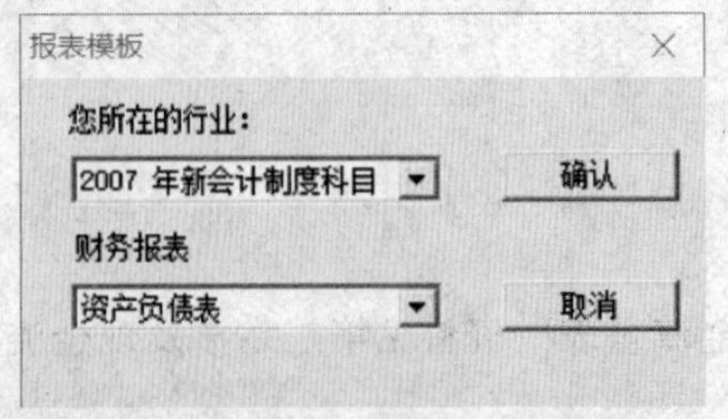

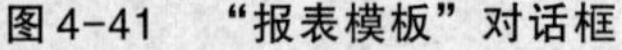
图 4-41　“报表模板”对话框

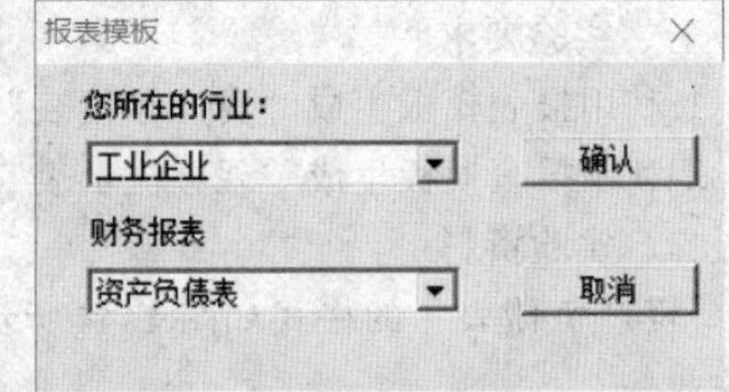

图 4-42　“选择报表模板”对话框

（4）单击“确认”按钮，系统提示“模板格式将覆盖本表格式！是否继续？”，如图 4-43 所示。

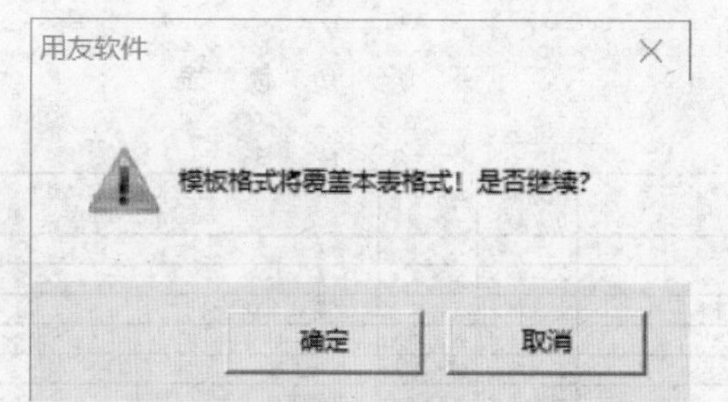

图4-43 “模板格式将覆盖本表格式！是否继续?”对话框

（5）单击“确定”按钮，打开“新会计制度科目”设置的“资产负债表”模板，如图4-44所示。

	A	B C	D	E	F G	H
1	资 产 负 债 表					
2					会企01表	
3	编制单位： ××××××		×× 年×× 月×× 日		单位：元	
4	资产	期末	上年年末	负债和所有者权益（或股东权益）	期末	上年年末
5		余额	余额		余额	余额
6	流动资产：			流动负债：		
7	货币资金	公式单元	公式单元	短期借款	公式单元	公式单元
8	交易性金融资产	公式单元	公式单元	交易性金融负债	公式单元	公式单元
9	衍生金融资产	公式单元	公式单元	衍生金融负债	公式单元	公式单元
10	应收票据	公式单元	公式单元	应付票据	公式单元	公式单元
11	应收账款	公式单元	公式单元	应付账款	公式单元	公式单元
12	应收款项融资	公式单元	公式单元	预收款项	公式单元	公式单元
13	预付款项	公式单元	公式单元	合同负债	公式单元	公式单元
14	其他应收款	公式单元	公式单元	应付职工薪酬	公式单元	公式单元
15	存货	公式单元	公式单元	应交税费	公式单元	公式单元
16	合同资产	公式单元	公式单元	其他应付款	公式单元	公式单元
17	持有待售资产	公式单元	公式单元	持有待售负债	公式单元	公式单元
18	一年内到期的非流动资产	公式单元	公式单元	一年内到期的非流动负债	公式单元	公式单元
19	其他流动资产	公式单元	公式单元	其他流动负债	公式单元	公式单元
20	流动资产合计	公式单元	公式单元	流动负债合计	公式单元	公式单元
21	非流动资产：			非流动负债：		
22	债权投资	公式单元	公式单元	长期借款	公式单元	公式单元
23	其他债权投资	公式单元	公式单元	应付债券	公式单元	公式单元

Sheet1 Sheet2 Sheet3

图4-44 “资产负债表”窗口

注意事项：

（1）在调用模板时，一定要注意选择正确的所在行业的相应的会计报表，否则，不同行业的会计报表内容不同。

（2）如果被调用的报表的模板与实际需要的报表格式或公式不完全一致，可以在此基础上进行修改。

（3）用户可以根据本单位的实际需要定制模板，并可以将自定义的报表模板加入系统提供的模板库中，也可以对其进行修改、删除操作。

2.设置关键字

（1）在报表格式状态窗口中，单击选择A3单元，将“编制单位”删除，如图4-45所示。

（2）仍选择A3单元，单击“数据”—“关键字”—“设置”。打开“设置关键字”窗口，如图4-46所示。

（3）单击“确定”按钮，其结果如图4-47所示。

	A	B C	D	E	F G	H
1				资　产　负　债　表		
2					会企01表	
3	编制单位：		____年	____月____日	单位：元	
4 5	资产	期末余额	上年年末余额	负债和所有者权益（或股东权益）	期末余额	上年年末余额
6	流动资产：			流动负债：		
7	货币资金	公式单元	公式单元	短期借款	公式单元	公式单元
8	交易性金融资产	公式单元	公式单元	交易性金融负债	公式单元	公式单元
9	衍生金融资产	公式单元	公式单元	衍生金融负债	公式单元	公式单元
10	应收票据	公式单元	公式单元	应付票据	公式单元	公式单元
11	应收账款	公式单元	公式单元	应付账款	公式单元	公式单元
12	应收款项融资	公式单元	公式单元	预收款项	公式单元	公式单元
13	预付款项	公式单元	公式单元	合同负债	公式单元	公式单元
14	其他应收款	公式单元	公式单元	应付职工薪酬	公式单元	公式单元
15	存货	公式单元	公式单元	应交税费	公式单元	公式单元
16	合同资产	公式单元	公式单元	其他应付款	公式单元	公式单元
17	持有待售资产	公式单元	公式单元	持有待售负债	公式单元	公式单元
18	一年内到期的非流动资产	公式单元	公式单元	一年内到期的非流动负债	公式单元	公式单元
19	其他流动资产	公式单元	公式单元	其他流动负债	公式单元	公式单元
20	流动资产合计	公式单元	公式单元	流动负债合计	公式单元	公式单元
21	非流动资产：			非流动负债：		
22	债权投资	公式单元	公式单元	长期借款	公式单元	公式单元

Sheet1　Sheet2　Sheet3

图 4-45　“选择编制单位”窗口

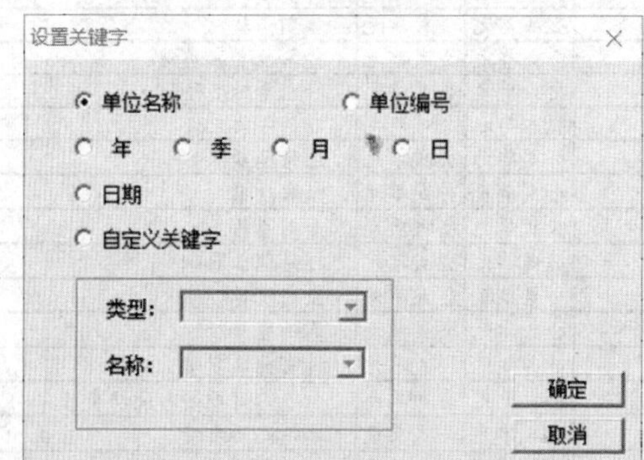

图 4-46　“设置关键字”窗口

	A	B C	D	E	F G	H
1				资　产　负　债　表		
2					会企01表	
3	编制单位：　××××××		××　年	××　月××　日		单位：元
4 5	资产	期末余额	上年年末余额	负债和所有者权益（或股东权益）	期末余额	上年年末余额
6	流动资产：			流动负债：		
7	货币资金	公式单元	公式单元	短期借款	公式单元	公式单元
8	交易性金融资产	公式单元	公式单元	交易性金融负债	公式单元	公式单元
9	衍生金融资产	公式单元	公式单元	衍生金融负债	公式单元	公式单元
10	应收票据	公式单元	公式单元	应付票据	公式单元	公式单元
11	应收账款	公式单元	公式单元	应付账款	公式单元	公式单元
12	应收款项融资	公式单元	公式单元	预收款项	公式单元	公式单元
13	预付款项	公式单元	公式单元	合同负债	公式单元	公式单元
14	其他应收款	公式单元	公式单元	应付职工薪酬	公式单元	公式单元
15	存货	公式单元	公式单元	应交税费	公式单元	公式单元
16	合同资产	公式单元	公式单元	其他应付款	公式单元	公式单元
17	持有待售资产	公式单元	公式单元	持有待售负债	公式单元	公式单元
18	一年内到期的非流动资产	公式单元	公式单元	一年内到期的非流动负债	公式单元	公式单元
19	其他流动资产	公式单元	公式单元	其他流动负债	公式单元	公式单元
20	流动资产合计	公式单元	公式单元	流动负债合计	公式单元	公式单元
21	非流动资产：			非流动负债：		
22	债权投资	公式单元	公式单元	长期借款	公式单元	公式单元

Sheet1　Sheet2　Sheet3

图 4-47　“确认后的设置关键字”窗口

3.录入关键字

录入关键字并计算报表数据，单击报表左下角状态栏，将报表切换到“数据”状态，再单击“关键字”—“录入”，如图4-48所示。

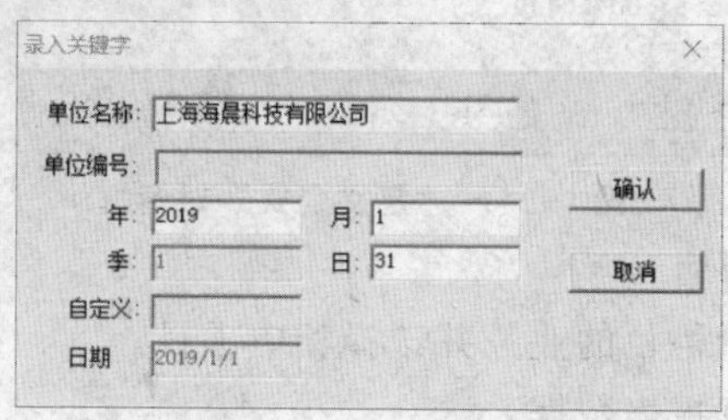

图4-48 “录入关键字”对话框

4.保存资产负债表（如图4-49所示）

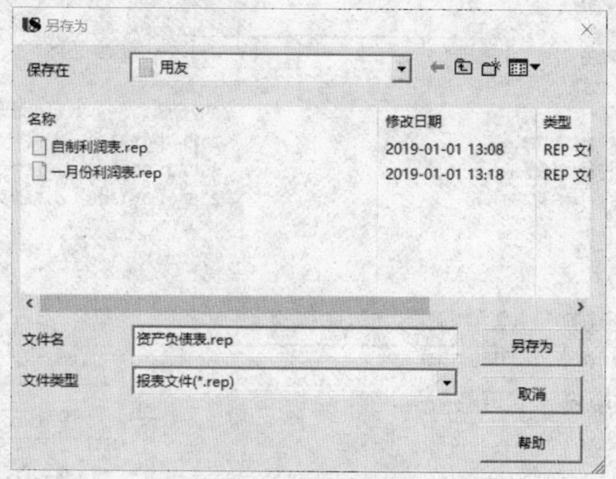

图4-49 “另存为”对话框

5.依次按照下面步骤进行操作

（1）修改“现金流量表”主表模板格式，如图4-50所示。

	A	B	C
1	现金流量表		
2			会企03表
3	编制单位： xxxx年xx月		
4	项 目	本期金额	上期金额
5	一、经营活动产生的现金流量：		
6	销售商品、提供劳务收到的现金		
7	收到的税费返还		
8	收到其他与经营活动有关的现金		
9	经营活动现金流入小计		
10	购买商品、接受劳务支付的现金		
11	支付给职工以及为职工支付的现金		
12	支付的各项税费		
13	支付其他与经营活动有关的现金		
14	经营活动现金流出小计		
15	经营活动产生的现金流量净额		
16	二、投资活动产生的现金流量：		
17	收回投资收到的现金		
18	取得投资收益收到的现金		
19	处置固定资产、无形资产和其他长期资产收回的现金净额		
20	处置子公司及其他营业单位收到的现金净额		
21	收到其他与投资活动有关的现金		
22	投资活动现金流入小计		
23	购建固定资产、无形资产和其他长期资产支付的现金		
24	投资支付的现金		
25	取得子公司及其他营业单位支付的现金净额		
26	支付其他与投资活动有关的现金		

图4-50 “现金流量表”窗口

(2) 定义“现金流量表”主表公式，如图4-51所示。

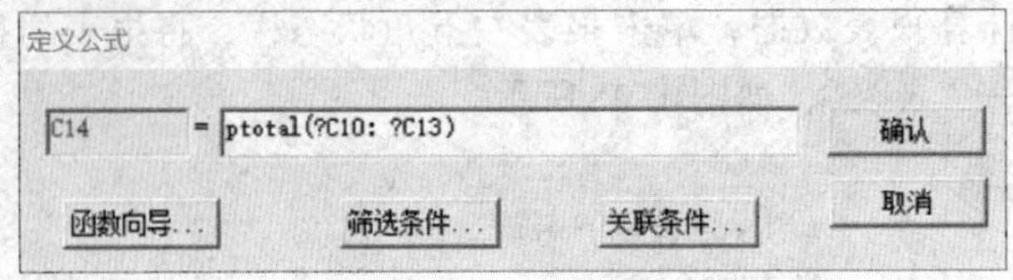

图4-51 “定义公式”对话框

(3) 制定“现金流量科目”。

(4) 输入涉及现金流量科目的业务并选择相应项目。

(5) 输入关键字并计算报表数据。

(6) 保存“现金流量表”主表，如图4-52所示。

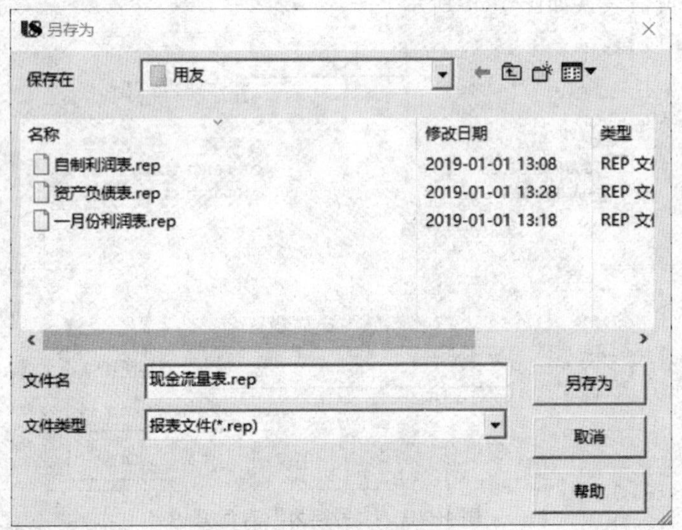

图4-52 “另存为”对话框

注意事项：

(1) 如果报表的编制单位是固定的，则可以在格式状态下直接录入编制单位的有关内容，不用设置关键字。

(2) 通过设置关键字，可以在每次生成报表数据时以录入关键字的形式录入单位名称等信息。

(3) 录入关键字并计算报表数据。

(4) 保存资产负债表。

(5) 依次按照下面步骤进行操作：

①修改“现金流量表”主表模板格式；

②定义“现金流量表”主表公式；

③指定“现金流量科目”；

④输入涉及现金流量科目的业务并选择相应项目；

⑤输入关键字并计算报表数据；

⑥保存“现金流量表”主表。

第五章

工资管理

第一节 工资管理系统初始化

一、实验要求

1.建立工资账套

2.工资类别管理

3.基础设置

4.设置在岗人员工资账套的工资项目

5.设置在岗人员档案

6.设置计算公式

二、实验资料

1.工资账套的参数

工资类别个数有多个，工资核算本位币为人民币，不核算计件工资，扣税设置为“从工资中代扣个人所得税”；口令设置为“不进行扣零设置”；人员编码长度设置为“5”位。

2.工资类别

工资类别为“正式职工”和“临时职工”。其中，“正式职工”所在的部门包括各个部门及其下级部门；“临时职工”所在的部门只包括“生产部”。

3.人员类别

企业的人员类别设置为“管理人员”“开发人员”“营销人员”“生产人员”。

4.工资项目（见表5-1）

表5-1 工资项目

名称	类型	长度	小数	增减项
基本工资	数字	8	2	增项
岗位工资	数字	8	2	增项
交通补助	数字	8	2	增项
奖金	数字	8	2	增项
住房公积金	数字	8	2	减项
养老保险金	数字	8	2	减项
失业保险金	数字	8	2	减项
医疗保险金	数字	8	2	减项
卫生费	数字	8	2	减项
缺勤天数	数字	3	1	其他
缺勤扣款	数字	8	2	减项
应付工资	数字	10	2	其他
应纳个人所得税	数字	10	2	其他

5.银行名称

银行名称为“建设银行”，账号长度为20位，录入时需要自动带出的账号长度为15位。

6.在岗人员档案（见表5-2）

表5-2 在岗人员档案

职员编号	人员姓名	所属部门	性别	学历	人员类别	银行代发账号
10101	吴晗	总经理办公室	男	大学	管理人员	62270005921900005601
10102	张轩	总经理办公室	男	大学	管理人员	62270005921900005602
10103	徐若琳	总经理办公室	女	大学	管理人员	62270005921900005603
10201	赵晓	财务部	女	大学	管理人员	62270005921900005604
10202	张彤	财务部	女	大学	管理人员	62270005921900005605
10203	孙静	财务部	女	大学	管理人员	62270005921900005606
10204	陈盛瑞	财务部	男	大学	管理人员	62270005921900005607
10301	张天佑	企划部	男	大学	管理人员	62270005921900005608
10302	李潇潇	企划部	女	大学	管理人员	62270005921900005609
10401	马浩宇	后勤部	男	大学	管理人员	62270005921900005611
20101	吴雨泽	销售部	男	大学	营销人员	62270005921900005612
20102	张旭	销售部	男	大学	营销人员	62270005921900005613
20201	陈梦白	采购部	女	大学	管理人员	62270005921900005614
20202	刘尧	采购部	男	大学	管理人员	62270005921900005615
30101	周浩强	创新中心	男	大学	开发人员	62270005921900005616
40101	胡英杰	加工车间	男	大学	管理人员	62270005921900005617
40102	吕少辉	加工车间	男	大专	生产人员	62270005921900005618
40103	李慕容	加工车间	女	大专	生产人员	62270005921900005619
40201	刘诚	动力车间	男	大学	管理人员	62270005921900005620
40202	吴诗涵	动力车间	女	大学	生产人员	62270005921900005621
40301	陆美妍	设备部	女	大学	管理人员	62270005921900005622
50101	白雪	原材料库	女	大专	管理人员	62270005921900005623
50102	郭雪寒	原材料库	女	大专	管理人员	62270005921900005624
50201	管双双	产成品库	女	大专	管理人员	62270005921900005625

7.有关工资项目的计算公式或规定

（1）缺勤扣款=基本工资/21.5*缺勤天数。

（2）“奖金=iff（人员类别=“营销人员”，900，700）”。该公式的意思是销售人员的奖金是900元，其余人员是700元。

（3）营销人员的交通补助为400元，其他人员的交通补助为200元。

（4）住房公积金=（基本工资+岗位工资+交通补助+奖金）*0.1。

（5）自定义“应付工资”和“应纳个税所得额”两个项目的计算公式。

三、实验指导（注：引入总账期初数据录入后试算平衡账套进行工资操作）

1.建立工资套并建立工资类别

（1）单击“开始”—“程序”—“用友财务软件”—“人力资源”—“薪资管理”，出现“建立工资套”对话框，如图5-1所示。

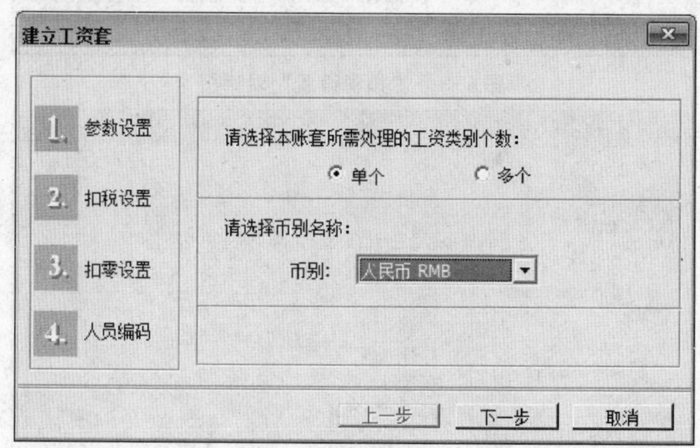

图5-1 “建立工资套”对话框

（2）在“建立工资套”—“参数设置”窗口中，单击“多个”前的按钮，如图5-2所示。

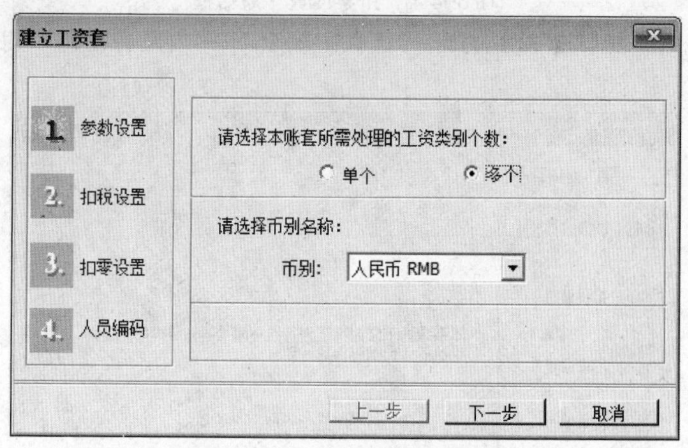

图5-2 “参数设置”对话框

（3）选择币别“人民币RMB”，单击“下一步”按钮。打开“建立工资套”—“扣税设置”对话框，单击“是否从工资中代扣个人所得税”前的复选框按钮，如图5-3所示。

（4）单击“下一步”按钮。打开“建立工资套”—“扣零设置”对话框，如图5-4所示。

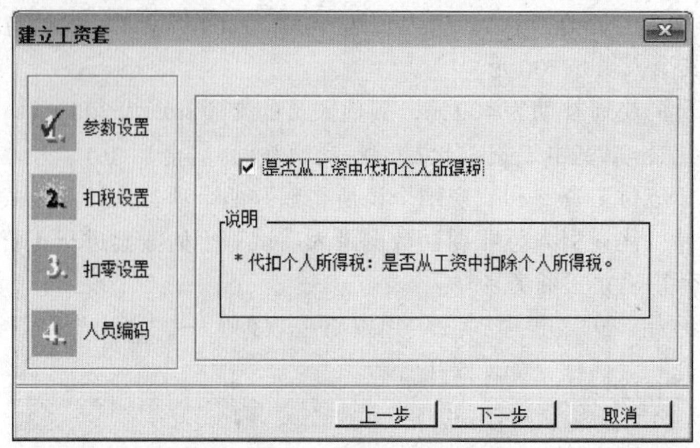

图 5-3 “扣税设置”对话框

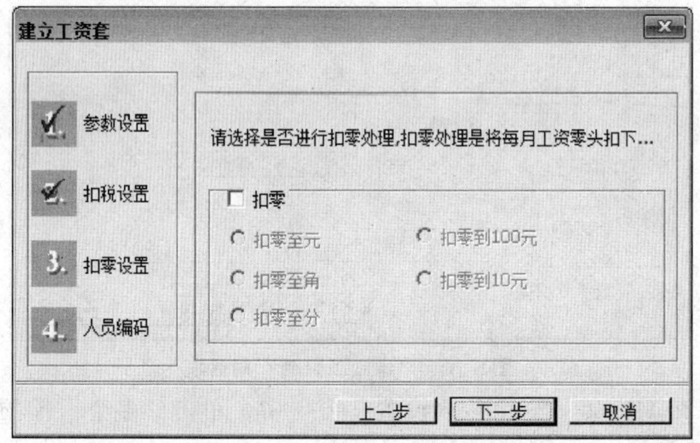

图 5-4 “扣零设置”对话框

（5）单击“下一步”按钮。打开“建立工资套”—“人员编码”对话框，如图 5-5 所示。

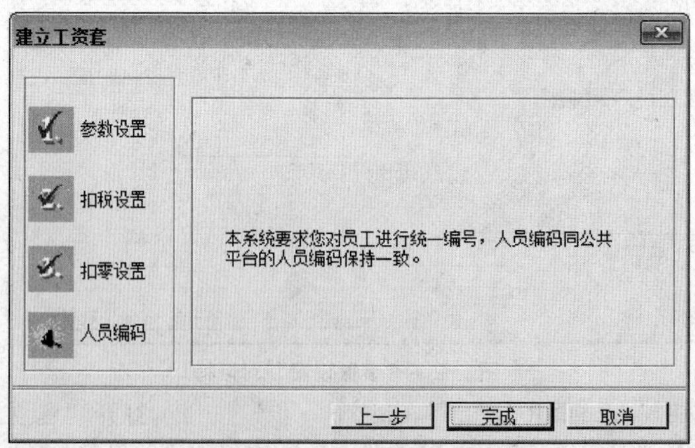

图 5-5 “人员编码”对话框

（6）单击“完成”按钮。系统提示“未建立工资类别!”。单击“确定”按钮。打开“新建工资类别”对话框，如图 5-6 所示。

（7）在“新建工资类别”对话框输入工资类别名称为“正式职工”，如图 5-7 所示。

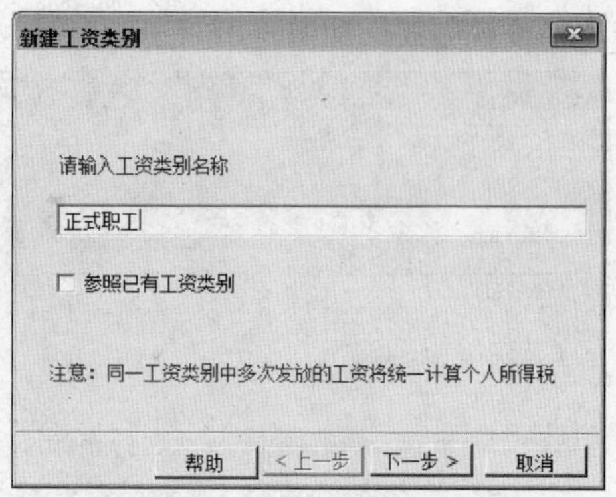

图5-6 “新建工资类别”对话框

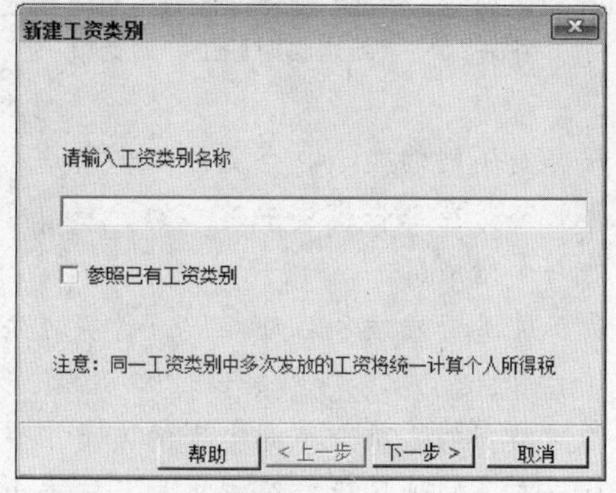

图5-7 “新建正式职工”对话框

（8）单击“下一步”按钮，打开“请选择部门”对话框，分别单击选中各个部门，如图5-8所示。

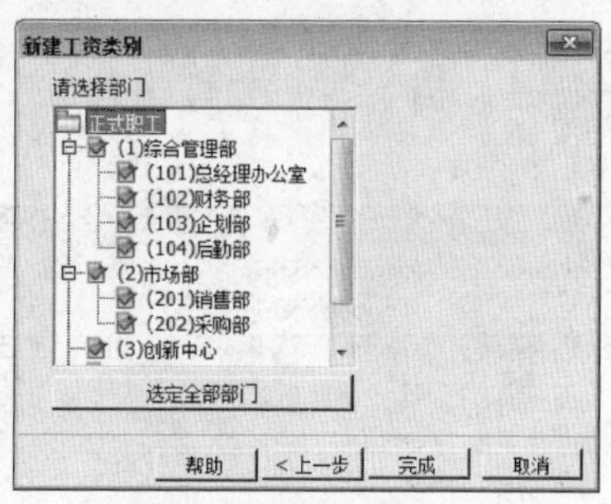

图5-8 “选择部门”对话框

（9）单击“完成”按钮。系统提示“是否以2019-01-01为当前工资类别的启用日期?”，单击“是”按钮，如图5-9所示。

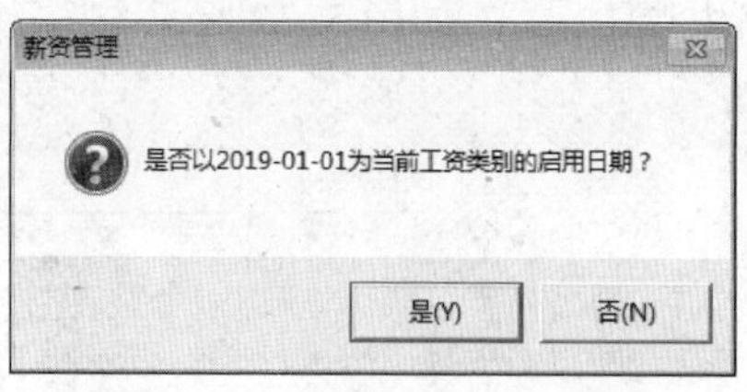

图5-9 “薪资管理”对话框

（10）单击“工资类别”—“关闭工资类别”，之后按照上述方法继续设置工资类别

“临时职工”，至此，工资类别设置完成，如图5-10所示。

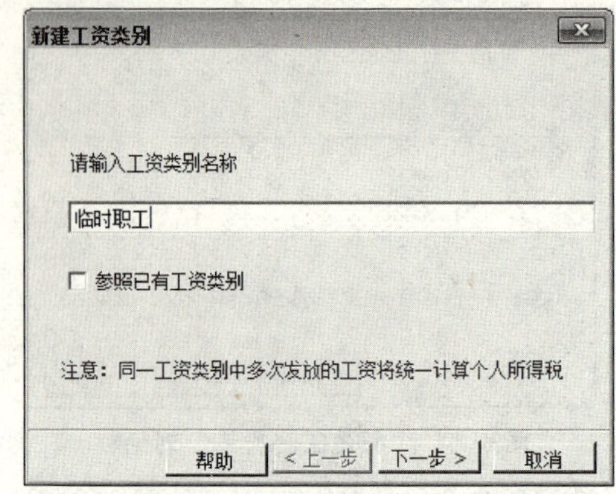

图5-10 “新建临时职工”对话框

注意事项：

（1）工资账套与企业账套是不同的概念。企业核算套账是在系统管理中建立的，是针对整个系统的，而工资核算账套是在工资模块中建立的，专门用来进行工资核算，即工资核算账套是企业核算账套的一个组成部分。

（2）如果单位中所有员工的工资发放项目都相同，计算方法也相同，则应选择单个工资类别应用方案。

（3）如果单位中存在不同类别的人员，不同类别的人员工资项目不同，计算方法也不同，每月进行多次工资发放，在不同地区设有分支机构且工资由总部统一发放，工资发放使用多种货币，则应选择多个工资类别应用方案。

（4）扣税设置指的是是否在单位发放工资时由单位代扣个人所得税。

2.设置人员类别

（1）单击“基础设置”—“基础档案”—“机构人员”菜单中的“人员类别”，打开“人员类别”对话框，如图5-11所示。

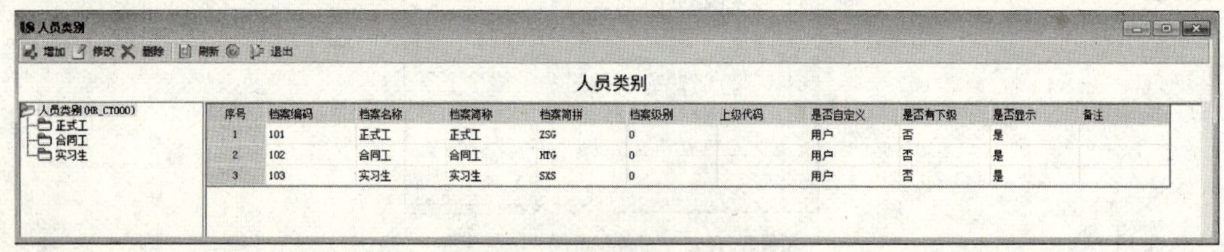

图5-11 “人员类别”对话框

（2）单击“增加”按钮，在类别栏录入“104管理人员”，依此方法，增加“105营销人员”“106开发人员”“107生产人员”，如图5-12所示。

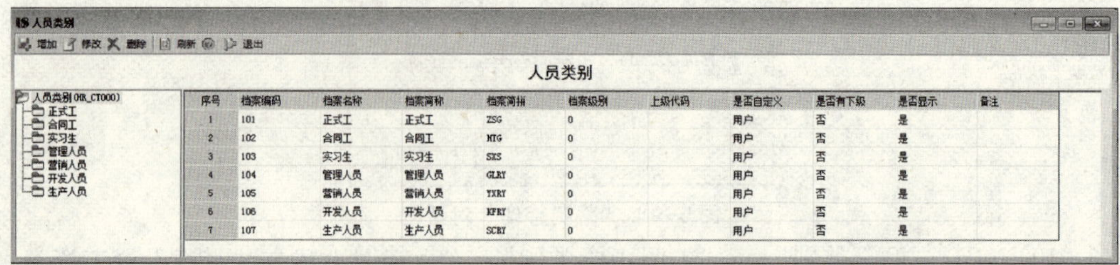

图5-12 “增加人员类别”对话框

（3）单击“退出”按钮，人员类别设置完成。

注意事项：

（1）人员类别的设置目的是为“工资分摊”设置入账科目时提供依据。

（2）人员类别名称可以随时修改，但已经使用的人员类别不允许删除。

（3）当人员类别只剩下一个时，系统不允许再删除。

3.设置工资系统工资项目

（1）在关闭工资类别的状态下，单击“设置”菜单中的“工资项目设置”，打开“工资项目设置”对话框，如图5-13所示。

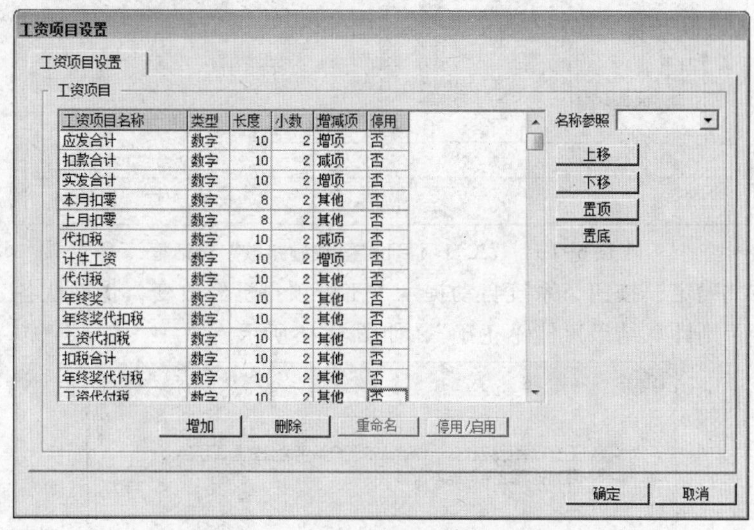

图5-13 “工资项目设置”对话框

（2）单击对话框中的“增加”按钮，录入工资项目名称“基本工资”，单击“基本工资”所在行的类型栏下的下三角形按钮，选择“数字”，选择小位数为“2”，选择增减项为“增项”。以此方法，继续增加其他的工资项目，如图5-14所示。

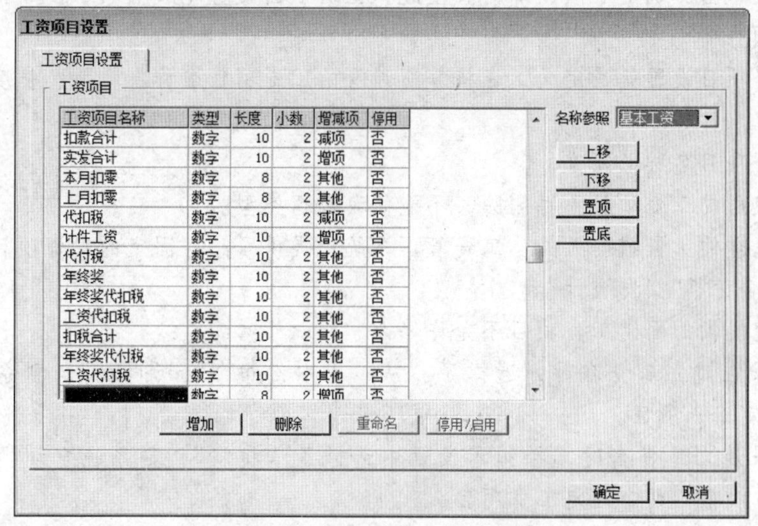

图5-14 “增加基本工资”对话框

（3）单击对话框中“移动”上下三角按钮，将每个工资项目移动到合适的位置，如图

5-15所示。

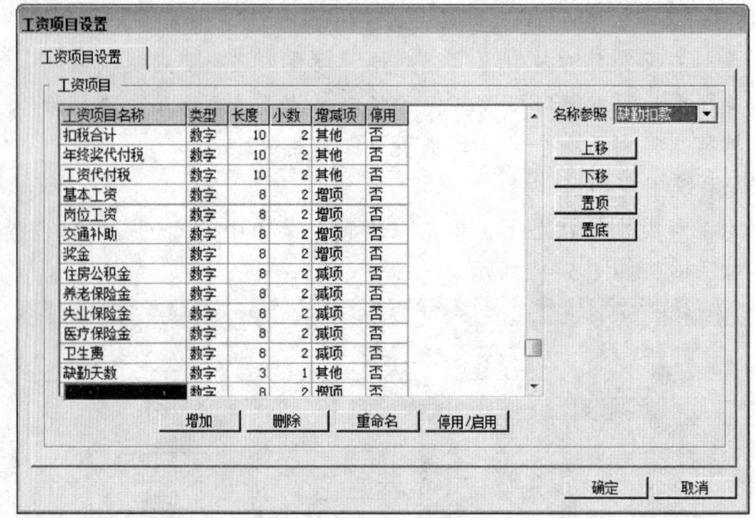

图5-15 “工资项目设置-缺勤扣款”对话框

(4) 单击“确定”按钮，系统自动提示“工资项目已经改变，请确认各工资类别的公式是否正确。否则计算结果可能不正确”，如图5-16所示。

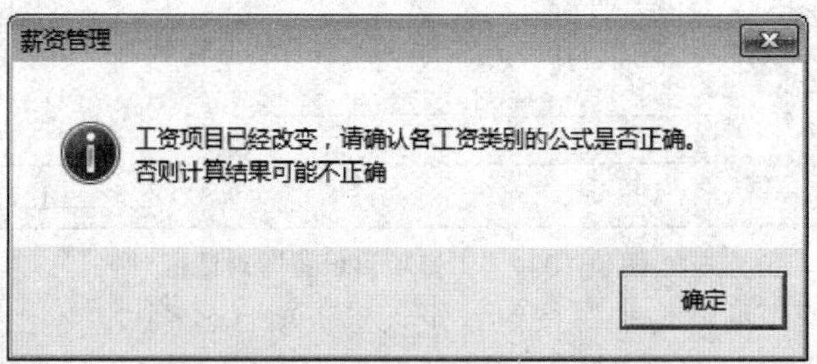

图5-16 “薪资管理”对话框

(5) 直接单击“确定”按钮即可。至此，工资项目设置完成。

注意事项:

(1) 工资项目设置就是定义工资核算所涉及的工资项目名称、类型、长度、小数、位数等。

(2) 工资项目名称必须唯一。

(3) 已使用的工资项目不可删除，不能修改数据类型。

(4) 与选择的工资账套无关，工资管理系统中提供了一些固定的工资项目，如“应发合计”“扣款合计”“实发合计”。

(5) 系统提供的固定工资项目不允许修改。

(6) 如果在建立工资套时，选择了“从工资中代扣个人所得税”，则系统自动提供“代扣税”固定工资项目。

(7) 如果建立工资套时，在扣零设置中选择了“扣零”，则系统自动提供“上月扣零”和“本月扣零”两个固定工资项目。

4.设置银行名称

(1) 在基础设置中，单击“基础档案”—“机构人员”菜单中的“人员档案”，打开其中一个人员的档案，如吴晗，如图5-17所示。

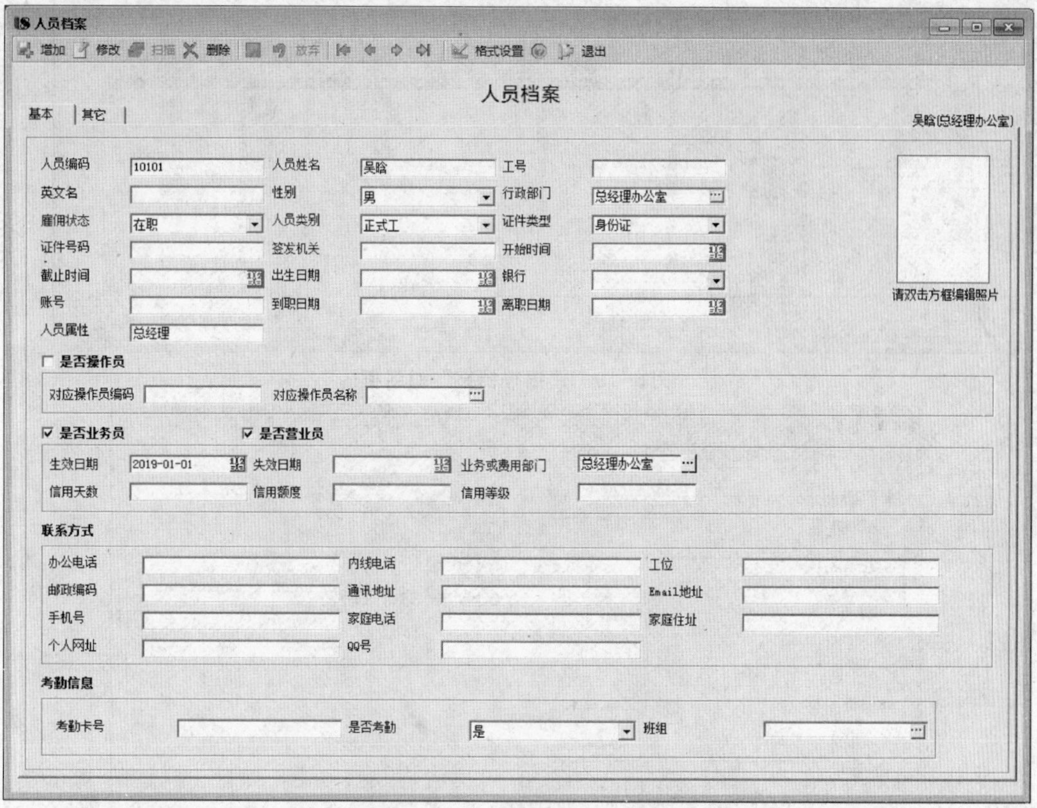

图5-17 “人员档案”窗口

（2）选择银行，进入“银行参照”对话框，如图5-18所示。

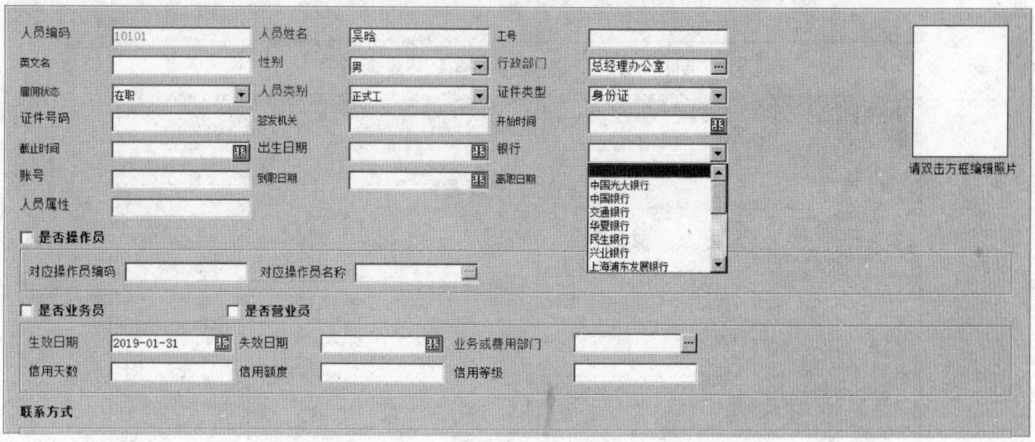

图5-18 “银行参照”对话框

（3）单击“编辑”，进入“银行档案”对话框，如图5-19所示。

（4）单击“增加”，进入“增加银行档案”对话框，如图5-20所示。

（5）“银行编码”为“05”，“银行名称”为“建设银行”，“账号长度”为“20”，“自动带出账号长度”为“15”，如图5-21所示。

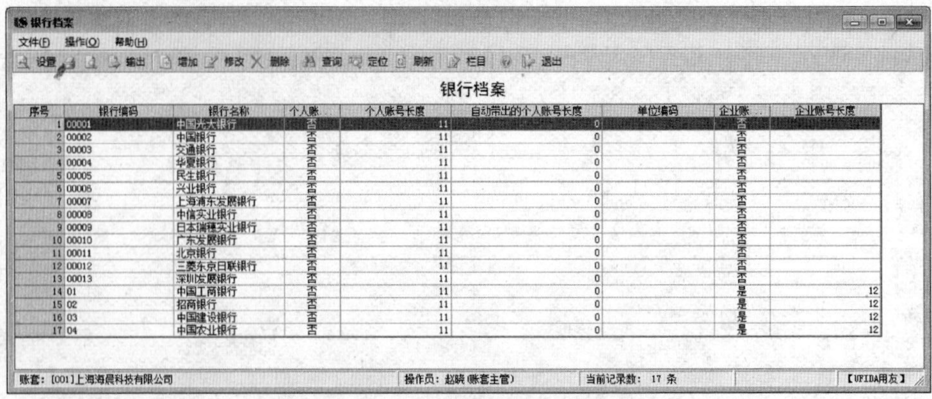

银行档案

序号	银行编码	银行名称	个人账…	个人账号长度	自动带出的个人账号长度	单位编码	企业账…	企业账号长度
1	00001	中国光大银行	否	11	0		否	
2	00002	中国银行	否	11	0		否	
3	00003	交通银行	否	11	0		否	
4	00004	华夏银行	否	11	0		否	
5	00005	民生银行	否	11	0		否	
6	00006	兴业银行	否	11	0		否	
7	00007	上海浦东发展银行	否	11	0		否	
8	00008	中信实业银行	否	11	0		否	
9	00009	日本瑞穗实业银行	否	11	0		否	
10	00010	广东发展银行	否	11	0		否	
11	00011	北京银行	否	11	0		否	
12	00012	三菱东京日联银行	否	11	0		否	
13	00013	深圳发展银行	否	11	0		否	
14	01	中国工商银行	否	11	0		是	12
15	02	招商银行	否	11	0		是	12
16	03	中国建设银行	否	11	0		是	12
17	04	中国农业银行	否	11	0		是	12

账套：[001]上海海晨科技有限公司　操作员：赵晓（账套主管）　当前记录数：17 条　【UFIDA用友】

图 5-19　“银行档案”对话框

图 5-20　“增加银行档案”对话框

图 5-21　“设置银行档案”对话框

（6）单击“保存”—“退出”，银行名称设置完成。

注意事项：

（1）银行账号长度不得为空，且不能超过30个字节。

（2）录入时需要自动带出的账号长度是指：为有效地提高录入速度，在录入“人员档案”的银行账号时，从第二个人开始，系统根据用户在此定义的长度自动带出的自第一位开始银行账号的对应长度。

（3）如果删除银行名称，则将删除所有与此银行名称有关的所有设置，包括银行的代发文件格式设置、磁盘输出格式设置。

（4）如果修改账号长度，则必须敲键盘的回车键确定。

5.设置正式职工工资套的工资项目

（1）在工资系统的“正式职工”工资类别中，单击“设置”菜单中的“工资项目设置”，打开“工资项目设置”对话框，如图5-22所示。

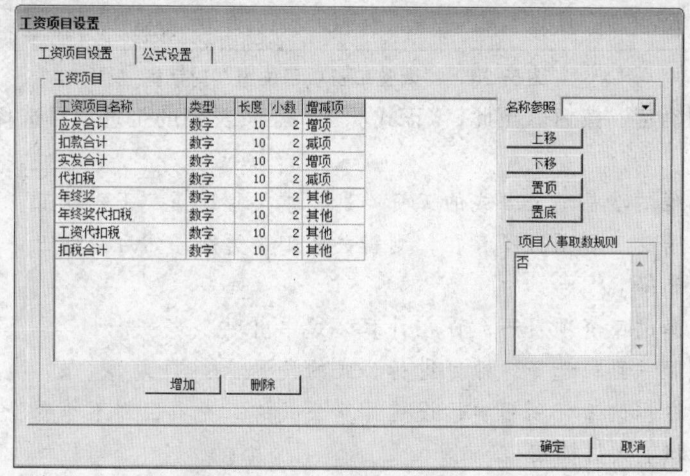

图5-22 “工资项目设置”对话框

（2）单击“增加”按钮，再单击“参照”按钮，选择“基本工资”，按此方法继续增加其他的工资项目，如图5-23所示。

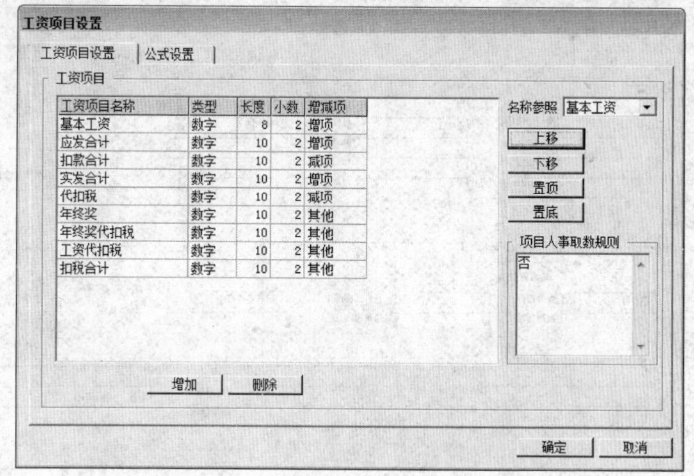

图5-23 “增加基本工资”对话框

（3）单击选中“基本工资”，再单击“移动”的上三角按钮，将其移动至第一行。依此方法将每一个工资项目移动至指定位置，如图5-24所示。

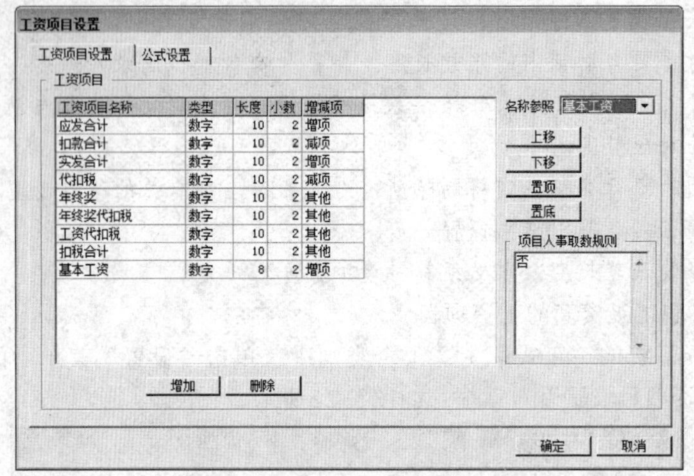

图5-24　“调整工资项目位置”对话框

(4) 单击“确定”按钮。至此，“正式职工”工资类别的工资项目选择已经完成。

注意事项：

(1) 选择正确的准备定义公式的工资类别，本实验选择“正式职工”工资类别。

(2) 如果所需的工资项目不存在，则需关闭工资类别，然后新增工资项目后，再打开此工资类别进行选择。

(3) 没有选择的工资项目不允许在计算公式中出现。

(4) 工资项目一旦被选择，即可进行公式的设置。

(5) 已输入数据的工资项目和已设置计算公式的工资项目都不能删除。

6.建立正式职工人员档案

(1) 单击“基础设置”—“基础档案”—“机构人员”中的“人员档案”，单击“人员类别”，根据实验资料添加所有人员的类别，例如吴晗，如图5-25所示。

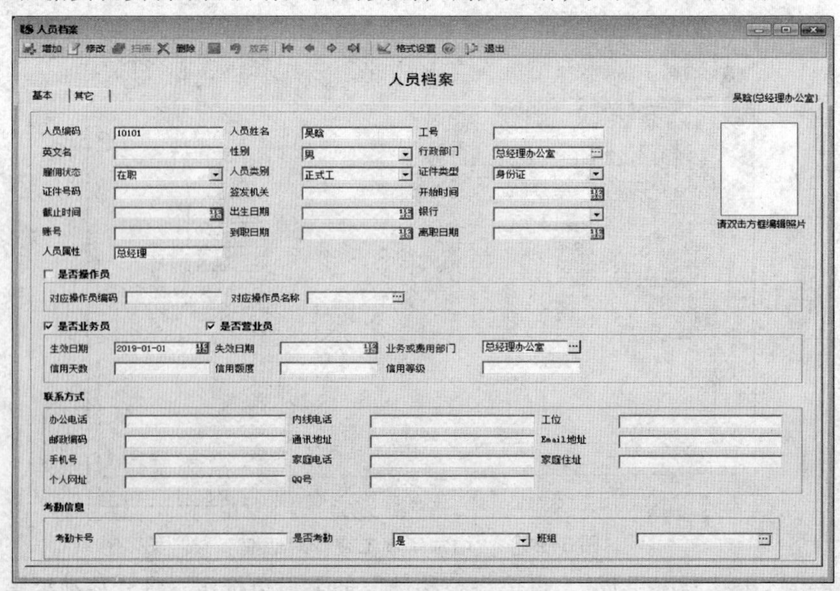

图5-25　“人员档案”窗口

（2）再单击“业务工作”—“人力资源”—“薪资管理”—“设置”中的“人员档案”，打开“人员档案”窗口，如图5-26所示。

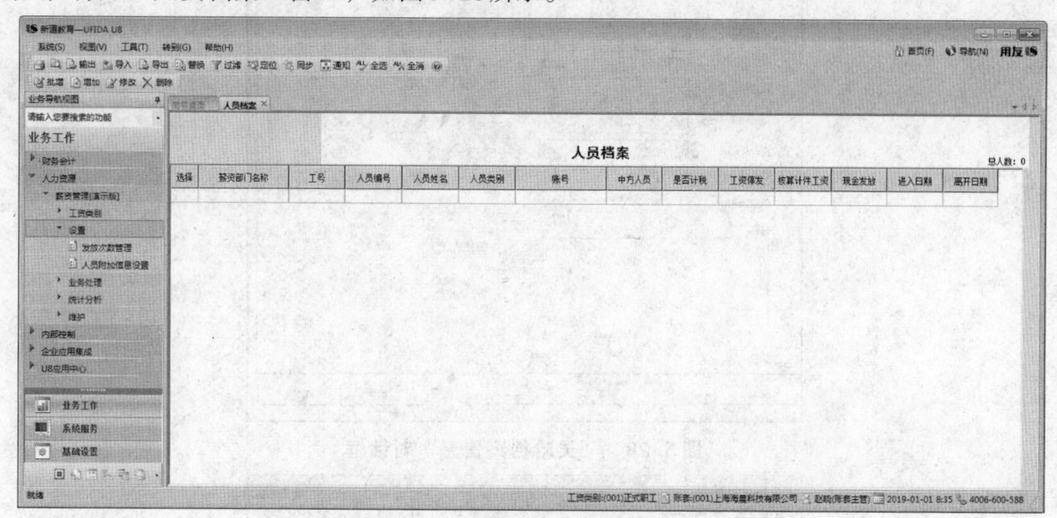

图5-26　“人员档案-准备增加”对话框

（3）在“人员档案”窗口中，单击“增加”图标，打开“人员档案明细”对话框，如图5-27所示。

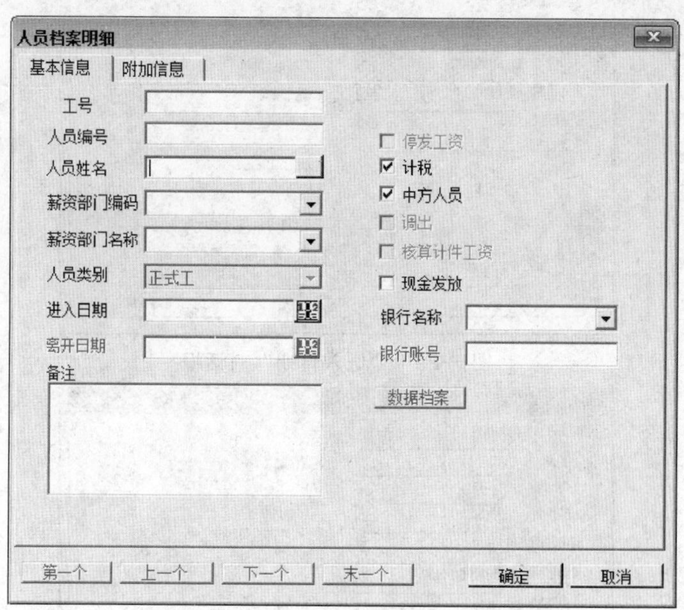

图5-27　“人员档案明细”对话框

（4）录入人员编码“10101”，人员姓名“吴晗”，也可以双击人员姓名栏放大镜参照按钮选择，如图5-28所示。

（5）进入日期，录入“2011-1-8”，指的是吴晗进入公司的日期，如图5-29所示。

（6）在属性栏中，选中“计税”和“中方人员”复选框，如图5-30所示。

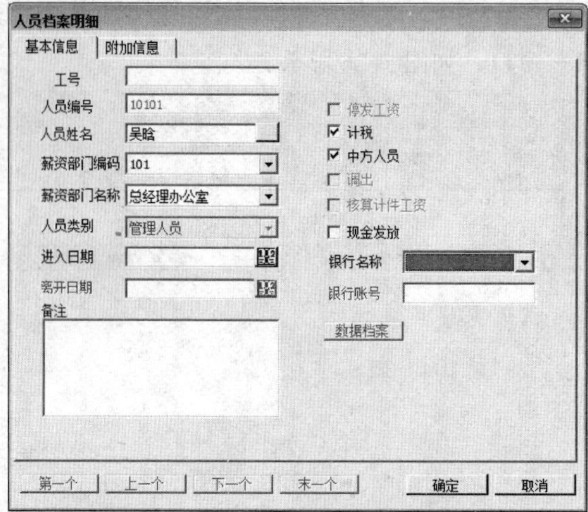

图 5-28 “吴晗档案信息”对话框

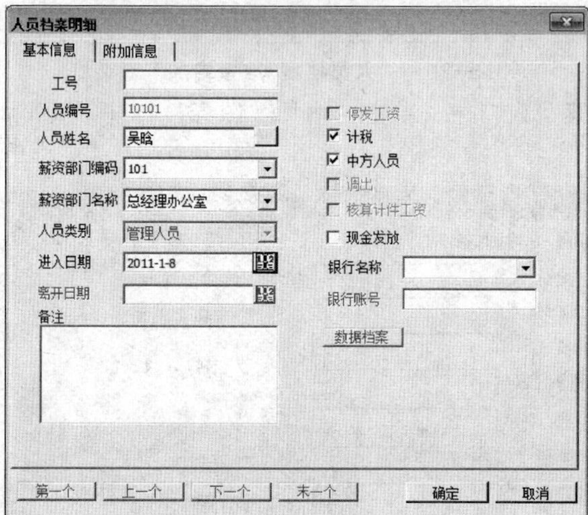

图 5-29 “进入日期”对话框

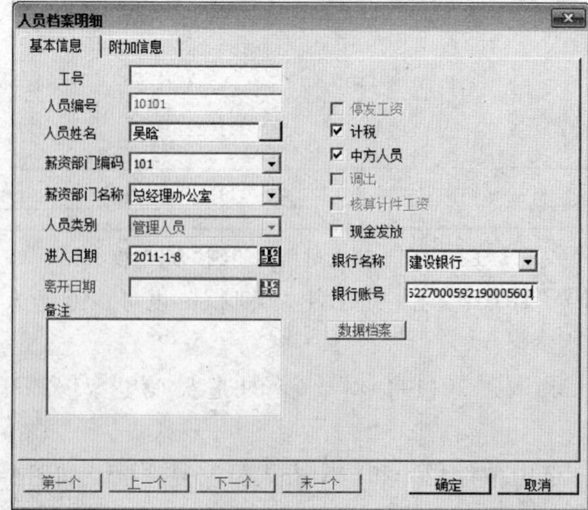

图 5-30 “选择计税、中方人员”对话框

（7）单击“银行名称”栏下的下三角按钮，选择“建设银行”，在银行账号栏录入“6227000592190000560l”，如图5-31所示。

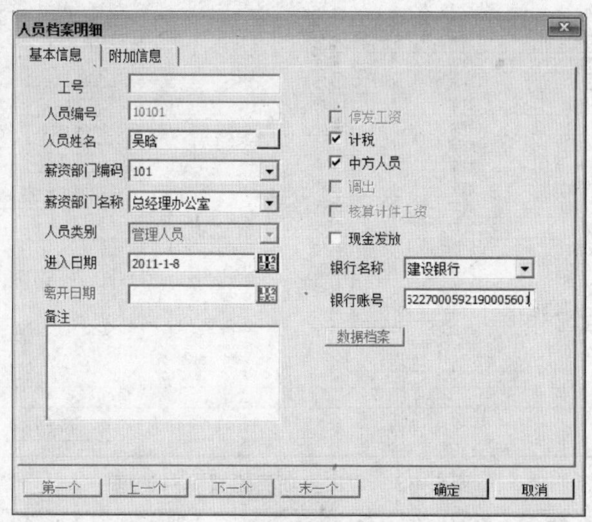

图5-31　“银行名称及账号”对话框

（8）单击“确定”按钮。依照此方法录入附加信息，完成其他正式职工的工资档案设置，如图5-32所示。

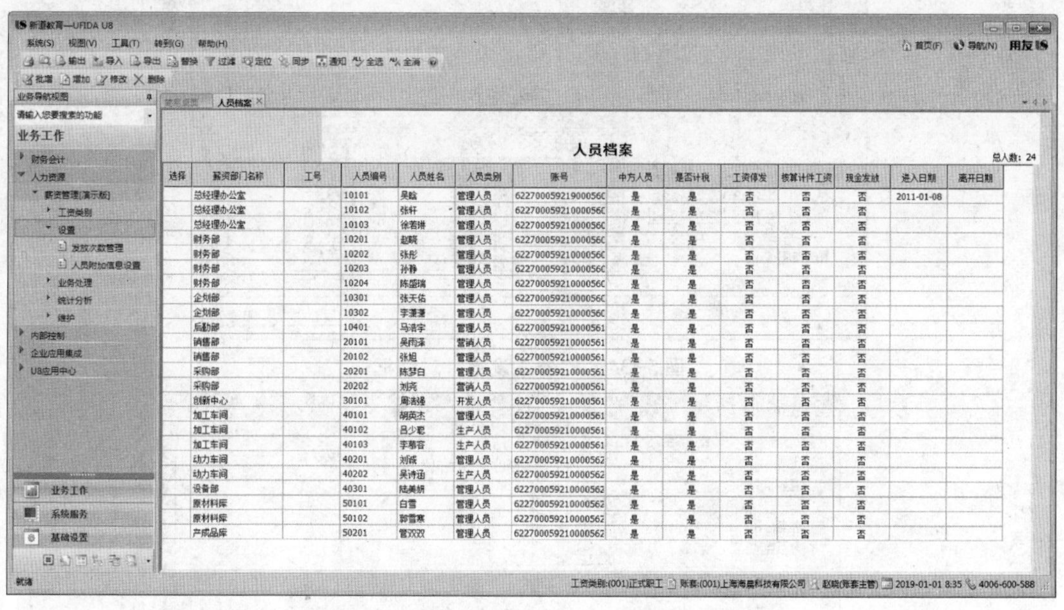

图5-32　“其他正式职工的工资档案”对话框

7.设置“缺勤扣款”计算公式

（1）单击“设置”中的“工资项目设置”，打开“工资项目设置”—“工资项目设置”对话框，如图5-33所示。

（2）单击“公式设置”页签，如图5-34所示。

（3）单击“增加”按钮，再单击“工资项目”栏下的三角按钮，选择“缺勤扣款”，如图5-35所示。

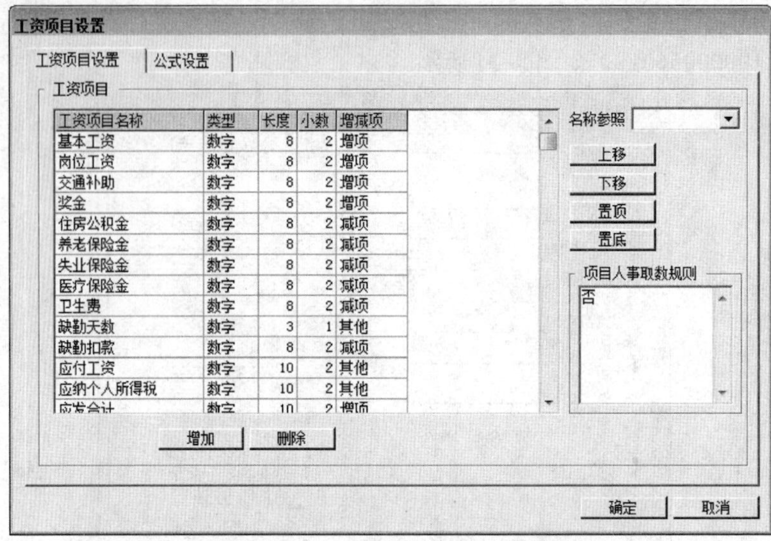

图5-33 “工资项目设置”对话框

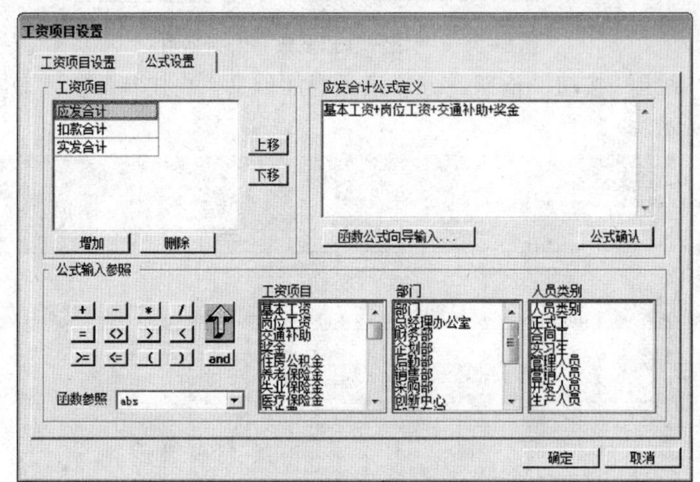

图5-34 “公式设置”对话框

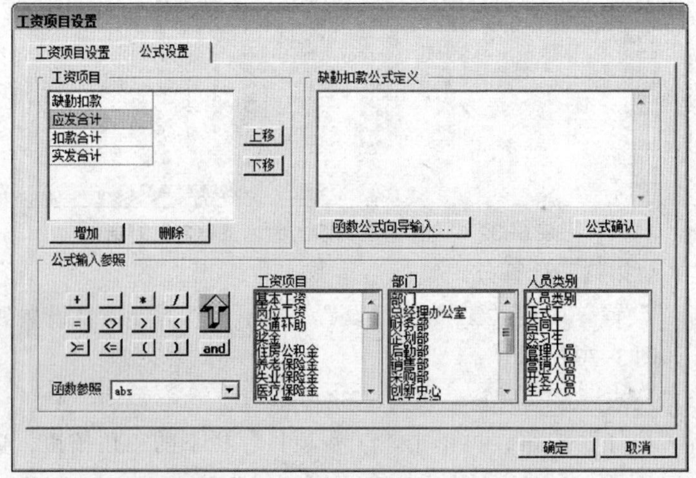

图5-35 “选择缺勤扣款”对话框

（4）在“缺勤扣款公式定义”栏利用公式输入参照录入“基本工资/21.5*缺勤天数”，如图5-36所示。

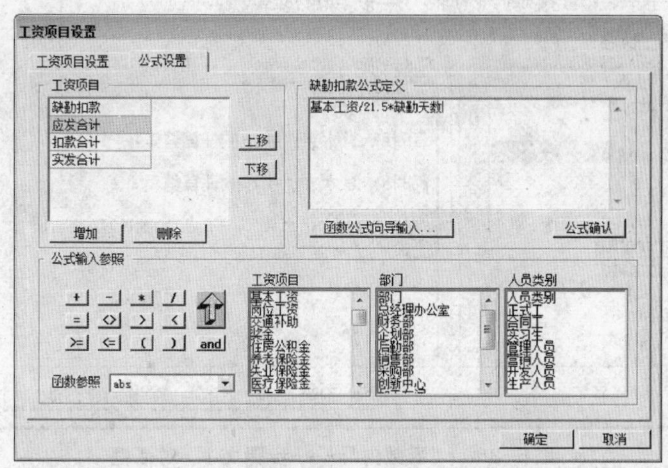

图5-36　“缺勤扣款公式定义”对话框

（5）单击“公式确认”按钮，“缺勤扣款”的计算公式设置完毕。

8.设置“奖金”的计算公式

（1）单击菜单中“设置”项下的“工资项目设置”，打开“工资项目设置”—“工资项目设置”对话框。

（2）单击“公式设置”页签。

（3）单击“增加”按钮，再单击“工资项目”栏下的下三角按钮，选择“奖金”项目，如图5-37所示。

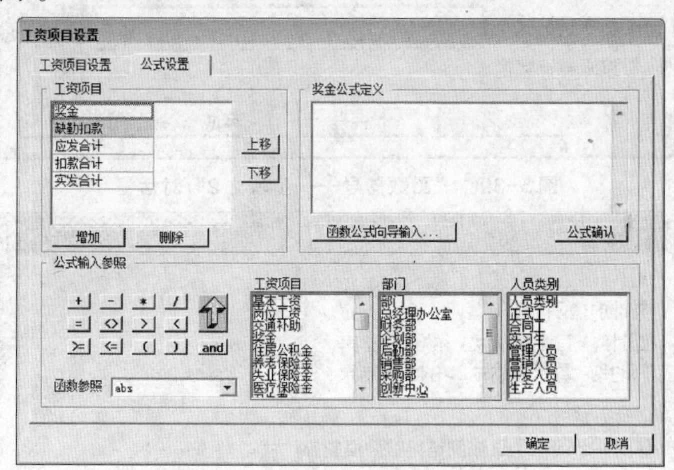

图5-37　“增加奖金”对话框

（4）单击“函数公式向导输入”按钮，打开“函数向导——步骤之1”对话框，如图5-38所示。

（5）选择函数名“iff”，单击“下一步”按钮，打开“函数向导——步骤之2”对话框，如图5-39所示。

（6）在对话框的“逻辑表达式”处输入：人员类别=“营销人员”；在“算术表达式1”处录入：900；在“算术表达式2”处录入：700，如图5-40所示。

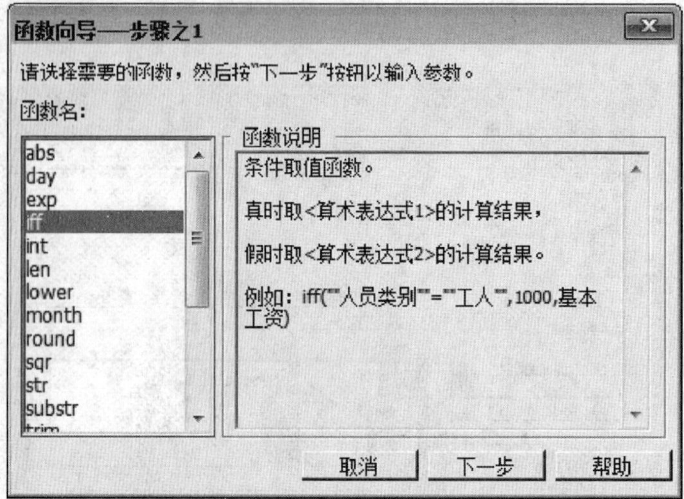

图5-38　“函数向导——步骤之1”对话框

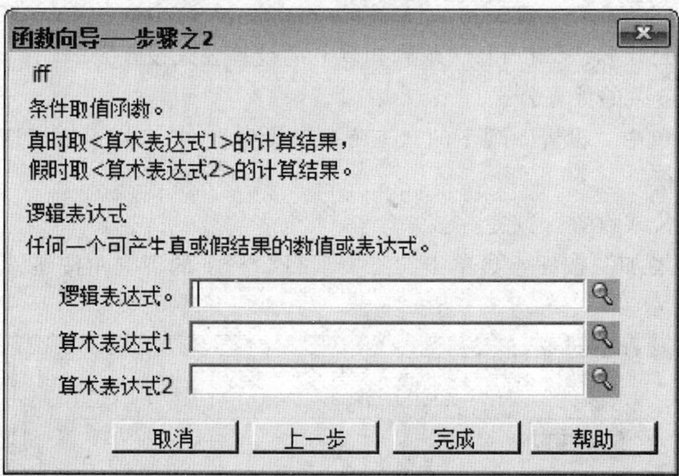

图5-39　“函数向导——步骤之2”对话框

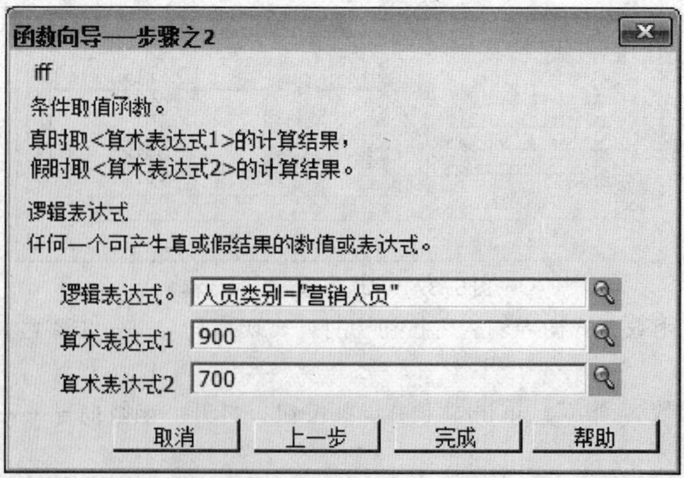

图5-40　“录入数据”对话框

（7）单击“完成”按钮，如图5-41所示。

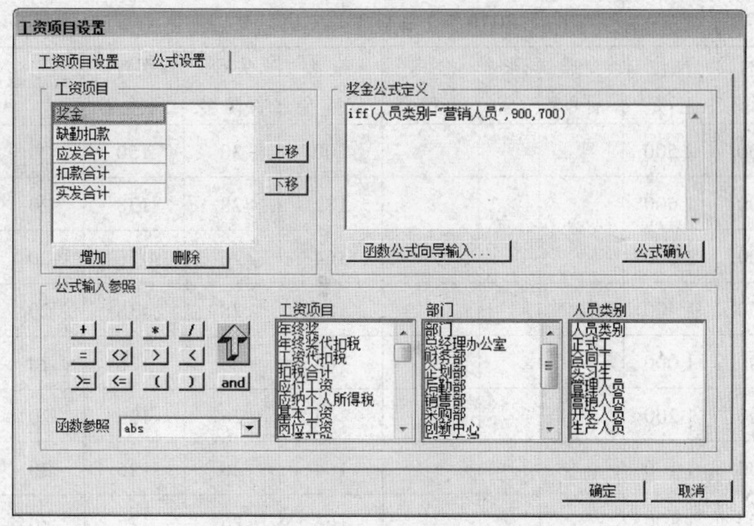

图5-41　“奖金公式定义”对话框

（8）先单击“公式确认”按钮，再单击“确定”按钮。至此，奖金的条件取值函数公式设置完成。

（9）“应付工资”就是“应发合计”，“应纳个税所得额”为默认，不需要设置。

注意事项：

（1）iff是系统提供的条件取值函数，利用函数公式向导输入。

（2）函数公式向导只支持系统提供的函数。

（3）选择正确的准备定义公式的工资类别，本实验选择“正式职工”工资类别。

（4）如果所需的工资项目不存在，则需关闭本工资类别，然后新增工资项目后，再打开此工资类别进行选择。

（5）没有选择的工资项目不允许在计算公式中出现。

（6）工资项目一旦被选择，即可进行公式的设置。

（7）已输入数据的工资项目和已设置计算公式的工资项目都不能删除。

第二节　工资管理日常业务

一、实验要求

1.分别对正式职工工资进行核算与管理

2.录入并计算1月份的工资数据

3.扣缴所得税

4.银行代发工资

5.分摊工资并生成转账凭证

6.月末处理

二、实验资料

1.个人所得税应在“应纳个税所得额”扣除现行扣税基数后计税

2.2019年1月有关的工资数据（见表5-3）

表5-3　**2019年1月有关的工资数据**　单位：元

人员姓名	基本工资	岗位工资	交通补助	奖金	住房公积金	养老保险金	失业保险金	医疗保险金	卫生费	缺勤天数	缺勤扣款
吴晗	1 200	2 500				200	30	150	20		
张轩	1 100	1 600				182	28	138	20		
徐若琳	1 000	1 000				164	26	126	20		
赵晓	1 200	1 400				182	28	138	20		
张彤	1 000	1 000				164	26	126	20		
孙静	1 100	1 200				164	26	126	20		
陈盛瑞	800	1 100				164	26	126	20		
张天佑	800	1 100				164	26	126	20		
李潇潇	1 200	1 500				182	28	138	20		
马浩宇	1 200	1 400				200	30	150	20		
吴雨泽	1 100	1 100				182	28	138	20		
张旭	1 000	1 300				164	26	126	20		
陈梦白	1 100	1 400				182	28	138	20		
刘尧	1 000	1 300				164	26	126	20		
周浩强	1 100	1 400				164	26	126	20		
胡英杰	1 100	1 400				164	26	126	20		
吕少辉	1 000	1 300				164	26	126	20		
李慕容	1 100	1 400				182	28	138	20		
刘诚	1 000	1 300				200	30	150	20		
吴诗涵	1 100	1 400				182	28	138	20		
陆美妍	1 000	1 300				164	26	126	20		
白雪	800	1 200				164	26	126	20		
郭雪寒	800	1 100				164	26	126	20		
管双双	800	1 100				182	28	138	20		

注："交通补助""奖金""住房公积金"按公司规定发放。

3.工资分摊的类型

工资分摊的类型为"应付工资""应付福利费""工会经费""职工教育经费"。

4.有关计提标准

按应发工资总额的2%计提工会经费，按应发工资总额的8%计提职工教育经费。

5.分摊构成设置（见表5-4至表5-6）

表5-4 “应付工资”设置内容

部门名称	人员类别	项目	借方科目	贷方科目
总经理办公室	管理人员	应发合计	管理费用——工资	应付职工薪酬——工资
财务部	管理人员	应发合计	管理费用——工资	
企划部	管理人员	应发合计	管理费用——工资	
后勤部	管理人员	应发合计	管理费用——工资	
销售部	营销人员	应发合计	销售费用——工资	
采购部	管理人员	应发合计	管理费用——工资	
创新中心	开发人员	应发合计	管理费用——工资	
加工车间	管理人员	应发合计	制造费用——工资	
加工车间	生产人员	应发合计	生产成本——工资	
动力车间	管理人员	应发合计	制造费用——工资	
动力车间	生产人员	应发合计	生产成本——工资	
设备部	管理人员	应发合计	管理费用——工资	
原材料库	管理人员	应发合计	管理费用——工资	
产成品库	管理人员	应发合计	管理费用——工资	

表5-5 “工会经费”设置内容

部门名称	人员类别	项目	借方科目	贷方科目
总经理办公室	管理人员	应发合计	管理费用——工会经费	应付职工薪酬——工会经费
财务部	管理人员	应发合计	管理费用——工会经费	
企划部	管理人员	应发合计	管理费用——工会经费	
后勤部	管理人员	应发合计	管理费用——工会经费	
销售部	营销人员	应发合计	销售费用——工会经费	
采购部	管理人员	应发合计	管理费用——工会经费	
创新中心	开发人员	应发合计	管理费用——工会经费	
加工车间	管理人员	应发合计	制造费用——工会经费	
加工车间	生产人员	应发合计	生产成本——工会经费	
动力车间	管理人员	应发合计	制造费用——工会经费	
动力车间	生产人员	应发合计	生产成本——工会经费	
设备部	管理人员	应发合计	管理费用——工会经费	
原材料库	管理人员	应发合计	管理费用——工会经费	
产成品库	管理人员	应发合计	管理费用——工会经费	

表5-6 “职工教育经费”设置内容

部门名称	人员类别	项目	借方科目	贷方科目
总经理办公室	管理人员	应发合计	管理费用——职工教育经费	应付职工薪酬——职工教育经费
财务部	管理人员	应发合计	管理费用——职工教育经费	
企划部	管理人员	应发合计	管理费用——职工教育经费	
后勤部	管理人员	应发合计	管理费用——职工教育经费	
销售部	营销人员	应发合计	销售费用——职工教育经费	
采购部	管理人员	应发合计	管理费用——职工教育经费	
创新中心	开发人员	应发合计	管理费用——职工教育经费	
加工车间	管理人员	应发合计	制造费用——职工教育经费	
加工车间	生产人员	应发合计	生产成本——职工教育经费	
动力车间	管理人员	应发合计	制造费用——职工教育经费	
动力车间	生产人员	应发合计	生产成本——职工教育经费	
设备部	管理人员	应发合计	管理费用——职工教育经费	
原材料库	管理人员	应发合计	管理费用——职工教育经费	
产成品库	管理人员	应发合计	管理费用——职工教育经费	

6.银行代发（见表5-7）

表5-7 银行代发

栏目名称	数据类型	总长度	小数位数
单位编号	字符型	10	0
人员编号	字符型	5	0
账号	字符型	20	0
姓名	字符型	8	0
金额	数字型	10	2
录入日期	字符型	8	0

三、实验指导

1.操作步骤

（1）进入工资系统中的“正式职工”工资类别，单击“业务处理”菜单下的“扣缴所得税”，会出现薪资管理提示，如图5-42所示。

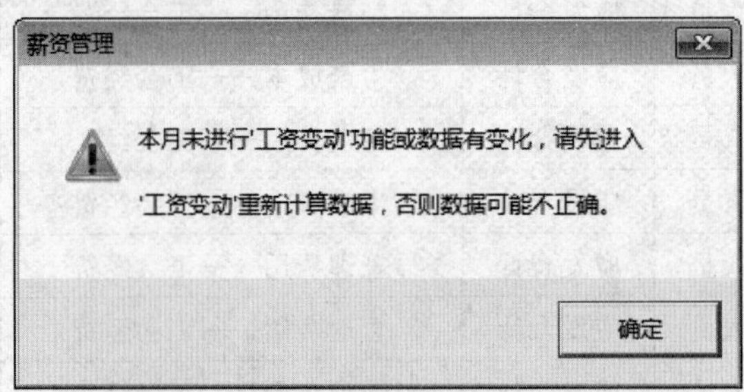

图5-42 “薪资管理提示”对话框

（2）单击“确定”按钮，系统弹出“个人所得税申报模板”对话框，如图5-43所示。

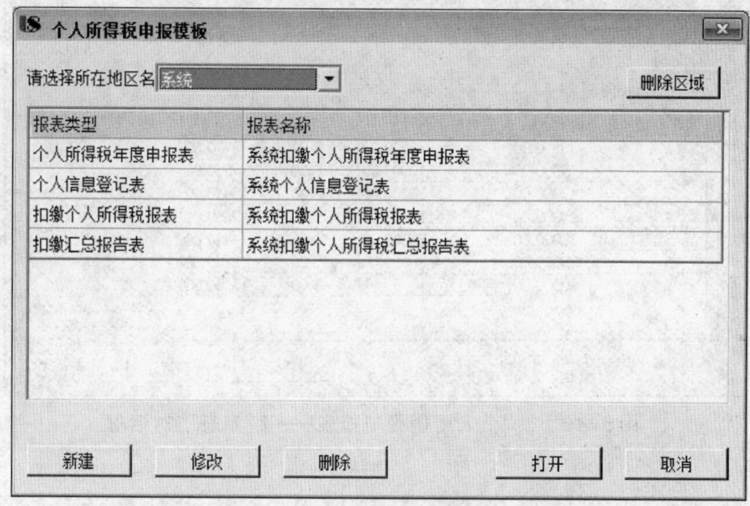

图5-43 “个人所得税申报模板”对话框

（3）点击“扣缴个人所得税报表”，单击“打开”，如图5-44所示。

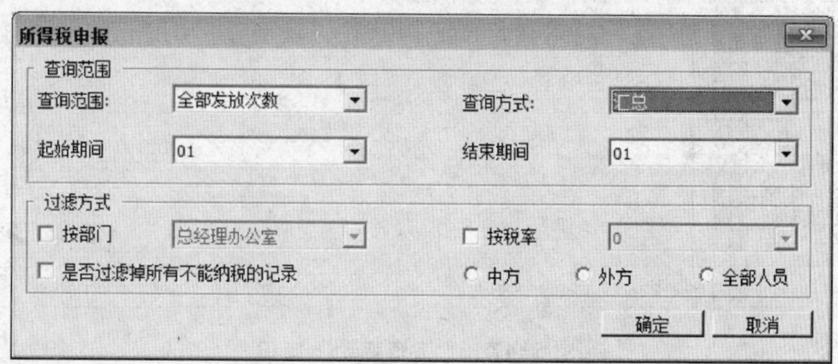

图5-44 “所得税申报”对话框

（4）单击“确定”，进入“系统扣缴个人所得税报表”，如图5-45所示。

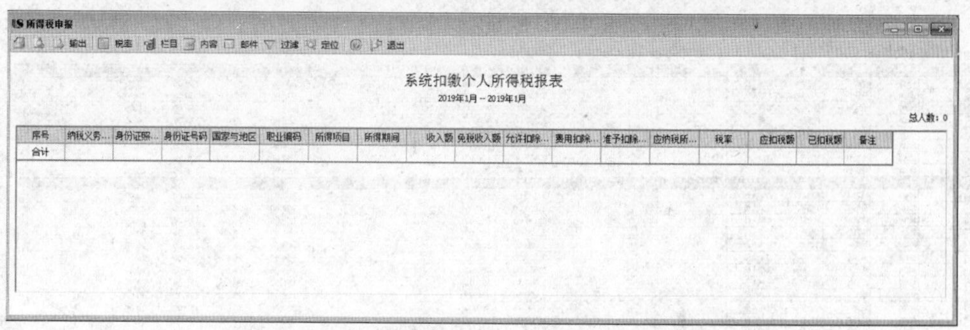

图5-45 “系统扣缴个人所得税报表”对话框

（5）单击“税率”按钮，进入“个人所得税申报表——税率表”，如图5-46所示。

（6）不需要更改，直接退出。

2.录入并计算1月份的工资数据

（1）单击“业务处理”菜单中的“工资变动”项，打开“工资变动”窗口，如图5-47所示。

个人所得税申报表——税率表

基数 5000　附加费用 2800　您如果修改了纳税的设置，请到工资变动中重新进行工资计算。

计算公式

代扣税　代付税

级次	应纳税所得额下限	应纳税所得额上限	税率(%)	速算扣除数
1	0.00	3000.00	3.00	0.00
2	3000.00	12000.00	10.00	210.00
3	12000.00	25000.00	20.00	1410.00
4	25000.00	35000.00	25.00	2660.00
5	35000.00	55000.00	30.00	4410.00
6	55000.00	80000.00	35.00	7160.00
7	80000.00		45.00	15160.00

增加　删除

打印　确定　取消

图 5-46[①]　“个人所得税申报表——税率表”对话框

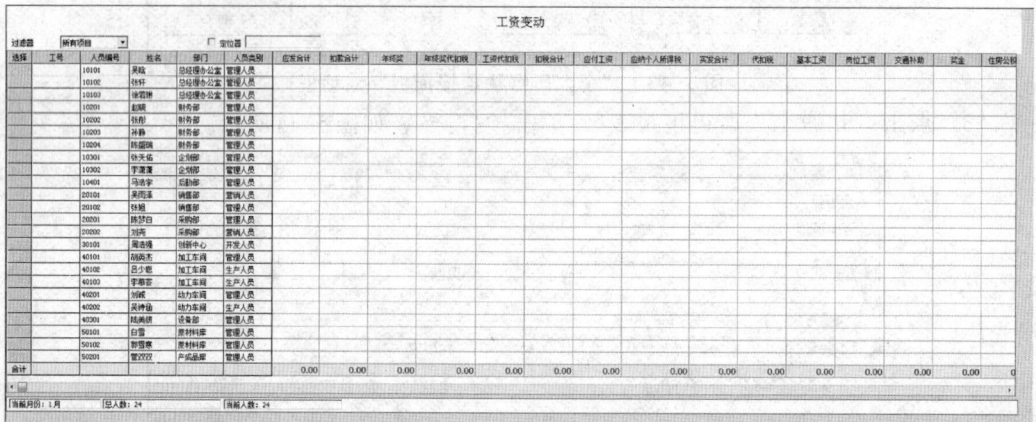

工资变动

过滤器 所有项目　□ 定位器

选择	工号	人员编号	姓名	部门	人员类别	应发合计	扣款合计	年终奖	年终奖代扣税	工资代扣税	扣税合计	应付工资	应纳个人所得税	实发合计	代扣税	基本工资	岗位工资	交通补助	奖金	住房公积
		10101	吴晗	总经理办公室	管理人员															
		10102	张轩	总经理办公室	管理人员															
		10103	徐若琳	总经理办公室	管理人员															
		10201	赵晓	财务部	管理人员															
		10202	张彤	财务部	管理人员															
		10203	孙静	财务部	管理人员															
		10204	陈璐璃	财务部	管理人员															
		10301	张天佑	企划部	管理人员															
		10302	李潇潇	企划部	管理人员															
		10401	马浩宇	后勤部	管理人员															
		20101	吴雨泽	销售部	营销人员															
		20102	张旭	销售部	管理人员															
		20201	陈梦白	采购部	管理人员															
		20202	刘亮	采购部	营销人员															
		30101	周浩强	创新中心	开发人员															
		40101	胡英杰	加工车间	管理人员															
		40102	吕少聪	加工车间	生产人员															
		40103	李馨蓉	加工车间	生产人员															
		40201	刘威	动力车间	管理人员															
		40202	吴诗涵	动力车间	生产人员															
		40301	陆美妍	设备部	管理人员															
		50101	白雪	原材料库	管理人员															
		50102	郭雪寒	原材料库	管理人员															
		50201	管双双	产成品库	管理人员															
合计						0.00	0.00	0.00	0.00	0.00	0.00	0.00	0.00	0.00	0.00	0.00	0.00	0.00	0.00	0

当前月份：1月　总人数：24　当前人数：24

图 5-47　“工资变动”窗口

（2）在“工资变动”窗口中，单击各个栏目，分别录入工资项目内容，如图 5-48 所示。

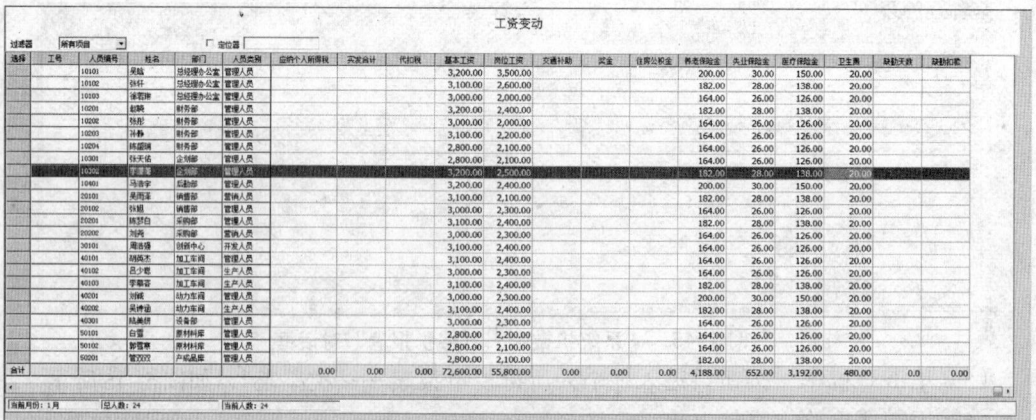

工资变动

过滤器 所有项目　□ 定位器

选择	工号	人员编号	姓名	部门	人员类别	应纳个人所得税	实发合计	代扣税	基本工资	岗位工资	交通补助	奖金	住房公积金	养老保险金	失业保险金	医疗保险金	卫生费	缺勤天数	缺勤扣款
		10101	吴晗	总经理办公室	管理人员				3,200.00	3,500.00				200.00	30.00	150.00	20.00		
		10102	张轩	总经理办公室	管理人员				3,100.00	2,600.00				182.00	28.00	138.00	20.00		
		10103	徐若琳	总经理办公室	管理人员				3,000.00	2,000.00				164.00	26.00	126.00	20.00		
		10201	赵晓	财务部	管理人员				3,200.00	2,400.00				182.00	28.00	138.00	20.00		
		10202	张彤	财务部	管理人员				3,000.00	2,000.00				164.00	26.00	126.00	20.00		
		10203	孙静	财务部	管理人员				3,100.00	2,200.00				164.00	26.00	126.00	20.00		
		10204	陈璐璃	财务部	管理人员				2,800.00	2,100.00				164.00	26.00	126.00	20.00		
		10301	张天佑	企划部	管理人员				2,800.00	2,100.00				164.00	26.00	126.00	20.00		
		10302	李潇潇	企划部	管理人员				3,200.00	2,500.00				182.00	28.00	138.00	20.00		
		10401	马浩宇	后勤部	管理人员				3,200.00	2,400.00				200.00	30.00	150.00	20.00		
		20101	吴雨泽	销售部	营销人员				3,100.00	2,100.00				182.00	28.00	138.00	20.00		
		20102	张旭	销售部	管理人员				3,000.00	2,300.00				164.00	26.00	126.00	20.00		
		20201	陈梦白	采购部	管理人员				3,100.00	2,400.00				182.00	28.00	138.00	20.00		
		20202	刘亮	采购部	营销人员				3,000.00	2,300.00				164.00	26.00	126.00	20.00		
		30101	周浩强	创新中心	开发人员				3,100.00	2,400.00				164.00	26.00	126.00	20.00		
		40101	胡英杰	加工车间	管理人员				3,100.00	2,400.00				164.00	26.00	126.00	20.00		
		40102	吕少聪	加工车间	生产人员				3,000.00	2,300.00				164.00	26.00	126.00	20.00		
		40103	李馨蓉	加工车间	生产人员				3,100.00	2,400.00				182.00	28.00	138.00	20.00		
		40201	刘威	动力车间	管理人员				3,000.00	2,300.00				200.00	30.00	150.00	20.00		
		40202	吴诗涵	动力车间	生产人员				3,100.00	2,400.00				182.00	28.00	138.00	20.00		
		40301	陆美妍	设备部	管理人员				3,000.00	2,300.00				164.00	26.00	126.00	20.00		
		50101	白雪	原材料库	管理人员				2,800.00	2,200.00				164.00	26.00	126.00	20.00		
		50102	郭雪寒	原材料库	管理人员				2,800.00	2,100.00				164.00	26.00	126.00	20.00		
		50201	管双双	产成品库	管理人员				2,800.00	2,100.00				182.00	28.00	138.00	20.00		
合计						0.00	0.00	0.00	72,600.00	55,800.00	0.00	0.00	0.00	4,188.00	652.00	3,192.00	480.00	0.0	0.00

当前月份：1月　总人数：24　当前人数：24

图 5-48　“录入工资”窗口

（3）单击工具栏中的“计算”按钮，计算全部工资项目内容，并“汇总”，如图 5-49

① 将税率由 3 500 改为 5 000 的方法：单击“设置”，选择“选项”，在“选项”窗口中单击“税率”，选择“编辑”，单击“税率设置”，在弹出的窗口中将基数由 3 500 改为 5 000。

所示。

工资变动

过滤器 所有项目　　定位器

选择	工号	人员编号	姓名	部门	人员类别	应发合计	扣款合计	年终奖	年终奖代扣税	工资代扣税	扣税合计	应付工资	应纳个人所得税	实发合计	代扣税	基本工资	岗位工资	交通补助	奖金	住房公积
		10101	吴晗	总经理办公室	管理人员	7,600.00	515.00			115.00	115.00			7,085.00	115.00	3,200.00	3,500.00		900.00	
		10102	张轩	总经理办公室	管理人员	6,600.00	404.96			36.96	36.96			6,195.04	36.96	3,100.00	2,600.00		900.00	
		10103	徐若琳	总经理办公室	管理人员	5,900.00	352.92			16.92	16.92			5,547.08	16.92	3,000.00	2,000.00		900.00	
		10201	赵晓	财务部	管理人员	6,500.00	401.96			33.96	33.96			6,098.04	33.96	3,200.00	2,400.00		900.00	
		10202	张彤	财务部	管理人员	5,900.00	352.92			16.92	16.92			5,547.08	16.92	3,000.00	2,000.00		900.00	
		10203	孙静	财务部	管理人员	6,200.00	361.92			25.92	25.92			5,838.08	25.92	3,100.00	2,200.00		900.00	
		10204	陈韬瑞	财务部	管理人员	5,800.00	349.92			13.92	13.92			5,450.08	13.92	2,800.00	2,100.00		900.00	
		10301	张天佑	企划部	管理人员	5,800.00	349.92			13.92	13.92			5,450.08	13.92	2,800.00	2,100.00		900.00	
		10302	[illegible]	企划部	管理人员	6,600.00	404.96			36.96	36.96			6,195.04	36.96	3,200.00	2,500.00		900.00	
		10401	马浩宇	后勤部	管理人员	6,500.00	433.00			33.00	33.00			6,067.00	33.00	3,200.00	2,400.00		900.00	
		20101	吴雨泽	销售部	营销人员	5,900.00	383.96			15.96	15.96			5,516.04	15.96	3,100.00	2,100.00		700.00	
		20102	张旭	销售部	管理人员	6,200.00	361.92			25.92	25.92			5,838.08	25.92	3,000.00	2,300.00		900.00	
		20201	陈梦白	采购部	管理人员	6,400.00	398.96			30.96	30.96			6,001.04	30.96	3,100.00	2,400.00		900.00	
		20202	刘亮	采购部	营销人员	6,000.00	355.92			19.92	19.92			5,644.08	19.92	3,000.00	2,300.00		700.00	
		30101	周浩缦	创新中心	开发人员	6,400.00	367.92			31.92	31.92			6,032.08	31.92	3,100.00	2,400.00		900.00	
		40101	胡英杰	加工车间	管理人员	6,400.00	367.92			31.92	31.92			6,032.08	31.92	3,100.00	2,400.00		900.00	
		40102	吕少聪	加工车间	生产人员	6,200.00	361.92			25.92	25.92			5,838.08	25.92	3,000.00	2,300.00		900.00	
		40103	李慕容	加工车间	生产人员	6,400.00	398.96			30.96	30.96			6,001.04	30.96	3,100.00	2,400.00		900.00	
		40201	刘威	动力车间	管理人员	6,200.00	424.00			24.00	24.00			5,776.00	24.00	3,000.00	2,300.00		900.00	
		40202	吴诗涵	动力车间	生产人员	6,400.00	398.96			30.96	30.96			6,001.04	30.96	3,100.00	2,400.00		900.00	
		40301	陆鹏	设备部	管理人员	6,200.00	361.92			25.92	25.92			5,838.08	25.92	3,000.00	2,300.00		900.00	
		50101	白雪	原材料库	管理人员	5,900.00	352.92			16.92	16.92			5,547.08	16.92	2,800.00	2,200.00		900.00	
		50102	郭雪寒	原材料库	管理人员	5,800.00	349.92			13.92	13.92			5,450.08	13.92	2,800.00	2,100.00		900.00	
		50201	管双双	产成品库	管理人员	5,800.00	380.96			12.96	12.96			5,419.04	12.96	2,800.00	2,100.00		900.00	
合计						149,600.00	9,193.64			681.64	681.64			140,406.36	681.64	72,600.00	55,800.00		21,200.00	

当前月份：1月　总人数：24　当前人数：24

图5-49 “计算、汇总工资”窗口

（4）单击工具栏中的“退出”按钮。

注意事项：

（1）第一次使用工资系统时，需将所有人员的工资数据录入，工资数据既可以在这一模块中录入，也可以在录人员档案时直接录入：每月发生的工资数据变动也在这一模块中处理。

（2）如果工资数据变化较大，使用替换功能有利于提高工作效率。

（3）在出现以下四种情况——修改了某些数据；重新设置了计算公式；进行了数据替换；在个人所得税中执行了自动扣税——之一时，必须调用“计算”和“汇总”功能，对个人工资数据重新进行计算，才能保证数据的正确性。

（4）如果对以上情况只进行了“计算”操作，没有进行“汇总”操作，则在退出系统时，系统会自动提示“数据发生变动后尚未进行汇总，是否进行汇总?”，单击“是”即可。

3.扣缴所得税

（1）单击“业务处理”—“扣缴所得税”，打开“个人所得税申报模板”窗口，如图5-50所示。

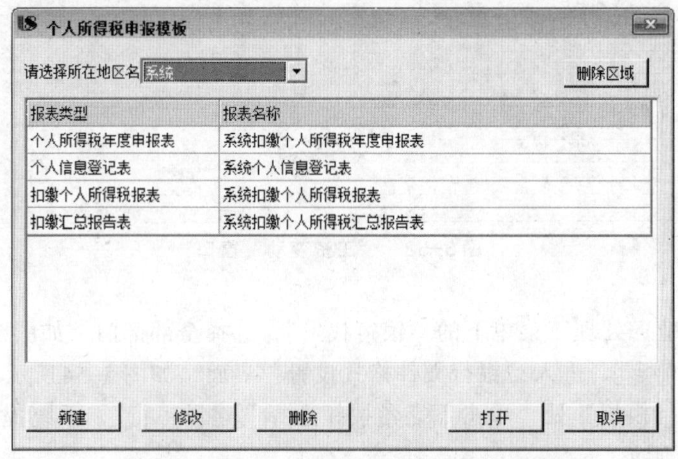

图5-50 “个人所得税申报模板”对话框

（2）点击“扣缴个人所得税报表”，单击“打开”，单击“确定”按钮，如图5-51所示。

所得税申报

系统扣缴个人所得税报表

2019年1月 -- 2019年1月

总人数：24

序号	纳税义务...	身份证照...	身份证号码	国家与地区	职业编码	所得项目	所得期间	收入额	免税收入额	允许扣除...	费用扣除...	准予扣除...	应纳税所...	税率	应扣税额	已扣税额	备注
1	吴晗	身份证					1	7400.00			5000.00		2000.00	10	95.00	95.00	
2	张轩	身份证					1	6400.00			5000.00		1032.00	3	30.96	30.96	
3	徐若likes	身份证					1	5700.00			5000.00		364.00	3	10.92	10.92	
4	赵晓	身份证					1	6300.00			5000.00		932.00	3	27.96	27.96	
5	张彤	身份证					1	5700.00			5000.00		364.00	3	10.92	10.92	
6	孙静	身份证					1	6000.00			5000.00		664.00	3	19.92	19.92	
7	陈盛瑞	身份证					1	5600.00			5000.00		264.00	3	7.92	7.92	
8	张天佑	身份证					1	5600.00			5000.00		264.00	3	7.92	7.92	
9	李潇潇	身份证					1	6400.00			5000.00		1032.00	3	30.96	30.96	
10	马浩宇	身份证					1	6300.00			5000.00		900.00	3	27.00	27.00	
11	吴雨泽	身份证					1	6100.00			5000.00		732.00	3	21.96	21.96	
12	张旭	身份证					1	6000.00			5000.00		664.00	3	19.92	19.92	
13	陈梦白	身份证					1	6200.00			5000.00		832.00	3	24.96	24.96	
14	刘尧	身份证					1	6000.00			5000.00		664.00	3	19.92	19.92	
15	周浩强	身份证					1	6200.00			5000.00		864.00	3	25.92	25.92	
16	胡英杰	身份证					1	6200.00			5000.00		864.00	3	25.92	25.92	
17	吕少聪	身份证					1	6000.00			5000.00		664.00	3	19.92	19.92	
18	李慕容	身份证					1	6200.00			5000.00		832.00	3	24.96	24.96	
19	刘斌	身份证					1	6000.00			5000.00		600.00	3	18.00	18.00	
20	吴诗涵	身份证					1	6200.00			5000.00		832.00	3	24.96	24.96	
21	陆美妍	身份证					1	6000.00			5000.00		664.00	3	19.92	19.92	
22	白雪	身份证					1	5700.00			5000.00		364.00	3	10.92	10.92	
23	郭雪寒	身份证					1	5600.00			5000.00		264.00	3	7.92	7.92	
24	管双双	身份证					1	5600.00			5000.00		234.00	3	7.02	7.02	
合计								145400.00			120000.00		16890.00		541.70	541.70	

图5-51 “系统扣缴个人所得税报表”窗口

（3）之后退出，再进入“工资变动”窗口，重新计算、汇总，如图5-52所示。

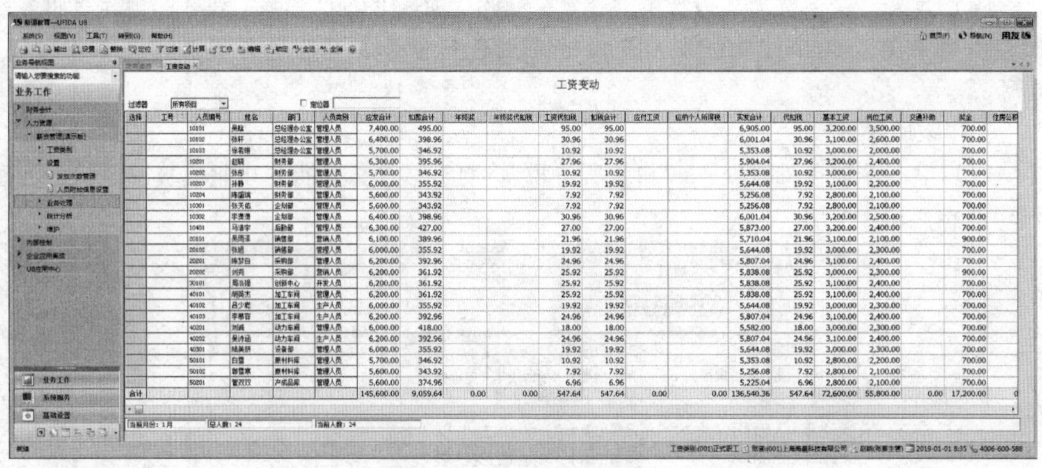

图5-52 “工资变动”窗口

4.银行代发

（1）单击“业务处理”菜单下的“银行代发”，选择全部部门，如图5-53所示。

（2）单击“确定”，进入“银行文件格式设置”界面，如图5-54所示。

（3）在“银行模板”处，单击下三角按钮选择“建设银行”，系统提供了银行的模板格式，如图5-55所示。

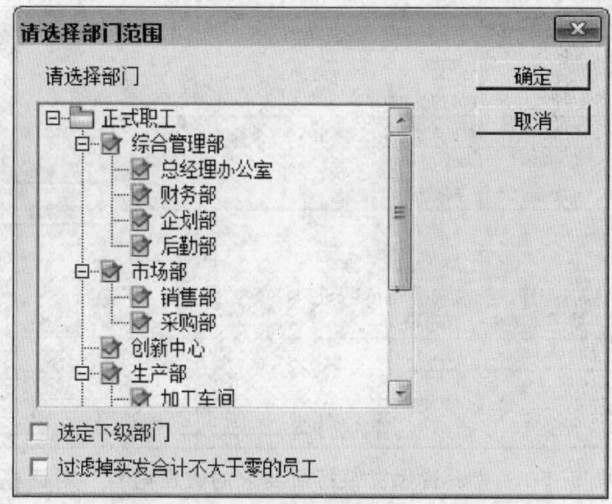

图5-53　“选择部门范围”对话框

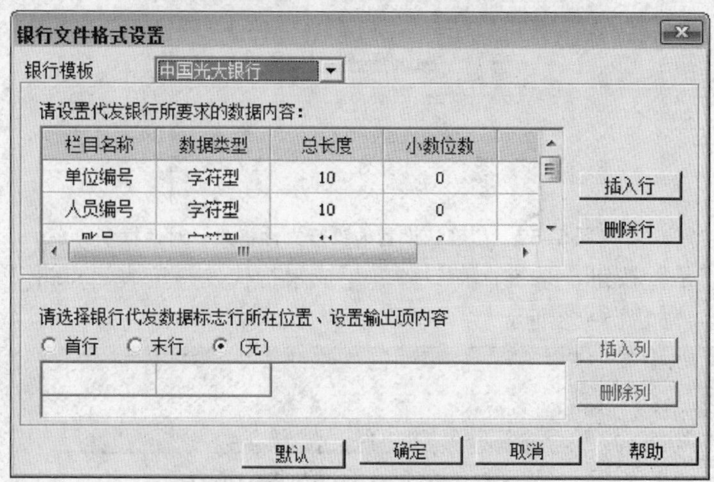

图5-54　“银行文件格式设置”对话框

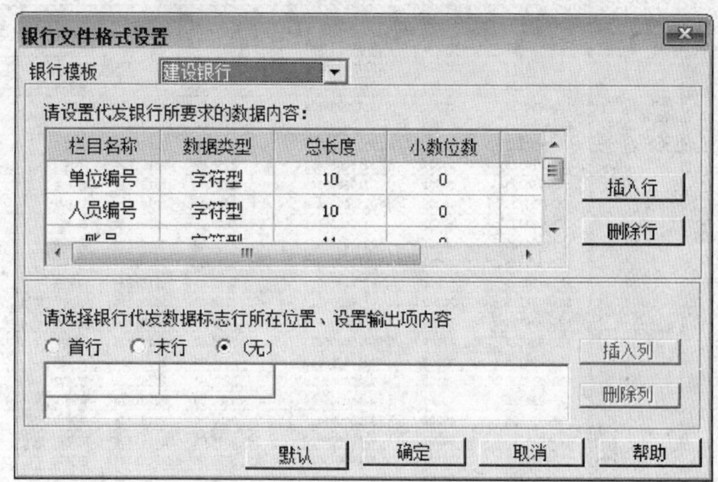

图5-55　“选择建设银行”对话框

(4) 单击“插入行”按钮，在栏目名称处手工输入内容，如图5-56所示。

(5) 单击“确定”按钮，系统提示“确认设置的银行文件格式?”，如图5-57所示。

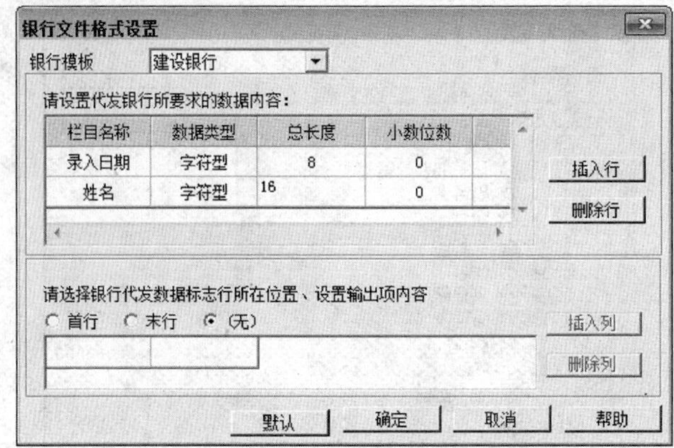

图 5-56 “设置代发银行所要求的数据内容”对话框

图 5-57 “确认设置的银行文件格式”对话框

（6）点击“是”按钮，系统保存设置，生成银行代发一览表。点击“否”，可以进一步修改相关内容，如图 5-58 所示。

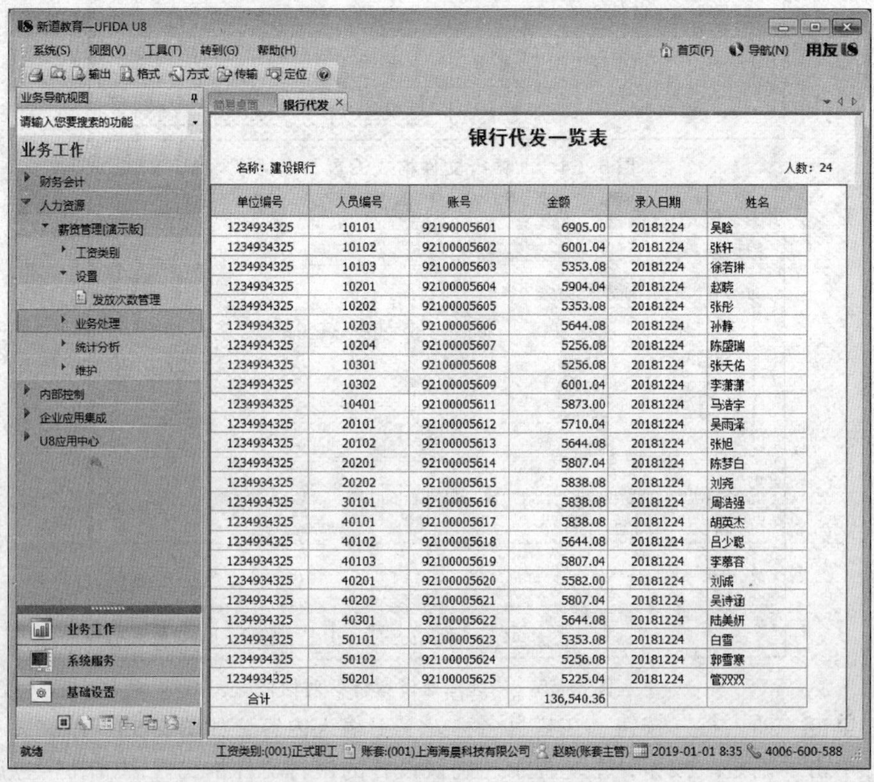

银行代发一览表

名称：建设银行　　人数：24

单位编号	人员编号	账号	金额	录入日期	姓名
1234934325	10101	92190005601	6905.00	20181224	吴晗
1234934325	10102	92100005602	6001.04	20181224	张轩
1234934325	10103	92100005603	5353.08	20181224	徐若琳
1234934325	10201	92100005604	5904.04	20181224	赵晓
1234934325	10202	92100005605	5353.08	20181224	张彤
1234934325	10203	92100005606	5644.08	20181224	孙静
1234934325	10204	92100005607	5256.08	20181224	陈盛瑞
1234934325	10301	92100005608	5256.08	20181224	张天佑
1234934325	10302	92100005609	6001.04	20181224	李潇潇
1234934325	10401	92100005611	5873.00	20181224	马浩宇
1234934325	20101	92100005612	5710.04	20181224	吴雨泽
1234934325	20102	92100005613	5644.08	20181224	张旭
1234934325	20201	92100005614	5807.04	20181224	陈梦白
1234934325	20202	92100005615	5838.08	20181224	刘尧
1234934325	30101	92100005616	5838.08	20181224	周浩强
1234934325	40101	92100005617	5838.08	20181224	胡英杰
1234934325	40102	92100005618	5644.08	20181224	吕少聪
1234934325	40103	92100005619	5807.04	20181224	李慕容
1234934325	40201	92100005620	5582.00	20181224	刘诚
1234934325	40202	92100005621	5807.04	20181224	吴诗涵
1234934325	40301	92100005622	5644.08	20181224	陆美妍
1234934325	50101	92100005623	5353.08	20181224	白雪
1234934325	50102	92100005624	5256.08	20181224	郭雪寒
1234934325	50201	92100005625	5225.04	20181224	管双双
合计			136,540.36		

图 5-58 “银行代发一览表”窗口

注意事项：

（1）设置代发工资的文件名称时，TXT定长文件和DAT不定长文件类型不能超过16位字符，DBF类型的文件名称不能超过8位。

（2）新增栏目的名称可以自己录入，但其数据来源只能选择录入，不可手动输入。

（3）你所输入的栏目的数据类型应与你选择的数据来源的数据类型一致，否则，系统会提示你是否转换字段类型。

（4）如果栏目顺序需调整，可直接用鼠标拖动到指定位置即可。

5.工资分摊

（1）单击"业务处理"菜单中的"工资分摊"，打开"工资分摊"对话框，如图5-59所示。

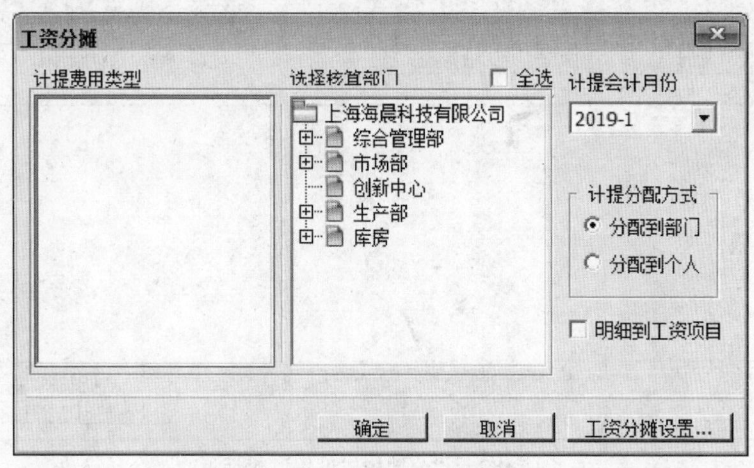

图5-59　"工资分摊"对话框

（2）单击窗口中的"工资分摊设置"按钮，打开"分摊类型设置"界面，如图5-60所示。

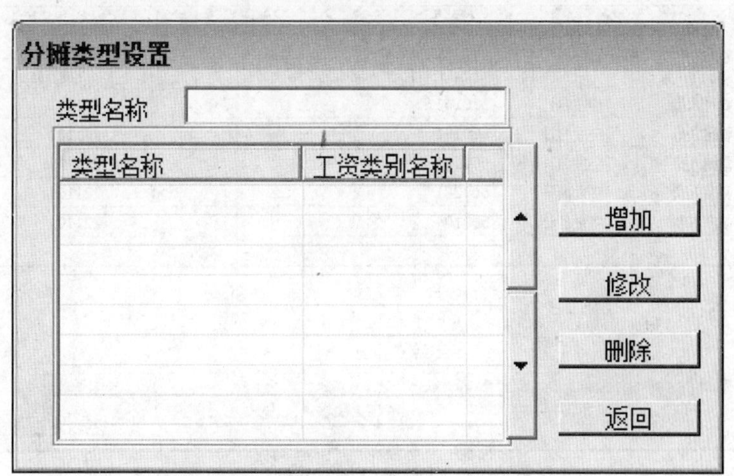

图5-60　"分摊类型设置"界面

（3）单击"分摊类型设置"对话框中的"增加"按钮，打开"分摊计提比例设置"对话框，如图5-61所示。

（4）在"计提类型名称"处录入"应付工资"，在"分摊计提比例"处选择"100%"，如图5-62所示。

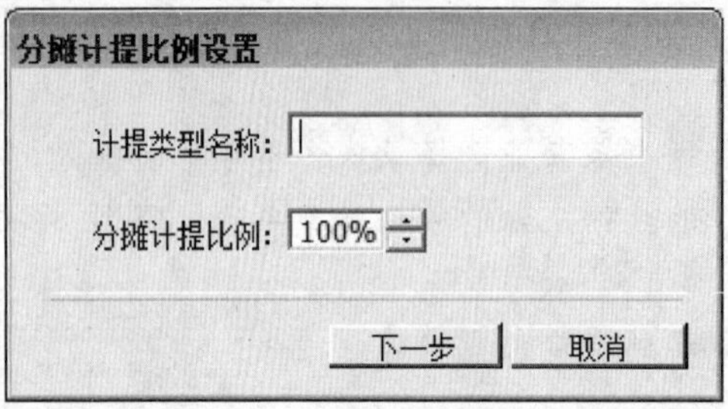

分摊计提比例设置

计提类型名称：

分摊计提比例：100%

下一步 取消

图5-61 “分摊计提比例设置”对话框

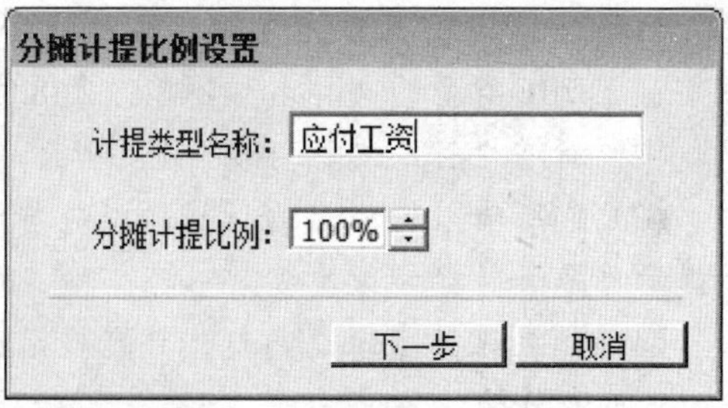

分摊计提比例设置

计提类型名称：应付工资

分摊计提比例：100%

下一步 取消

图5-62 “设置应付工资”对话框

（5）单击“下一步”按钮，打开“分摊构成设置”对话框，如图5-63所示。

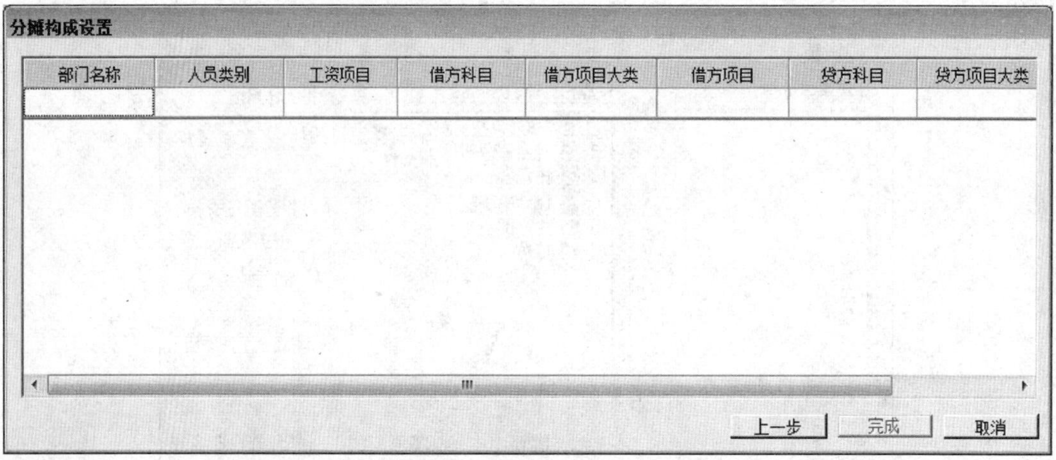

分摊构成设置

部门名称	人员类别	工资项目	借方科目	借方项目大类	借方项目	贷方科目	贷方项目大类

上一步 完成 取消

图5-63 “分摊构成设置”对话框

（6）在“分摊构成设置”对话框中，分别选择和录入应付工资设置的内容，如图5-64所示。

分摊构成设置

部门名称	人员类别	工资项目	借方科目	借方项目大类	借方项目	贷方科目	贷方项目大类
加工车间,动力…	管理人员	应发合计	510101			221101	
总经理办公室,…	管理人员	应发合计	660201			221101	
销售部	营销人员	应发合计	660101			221101	
创新中心	开发人员	应发合计	660201			221101	
加工车间,动力…	生产人员	应发合计	500104			221101	

上一步 完成 取消

图5-64 “分摊构成设置-应付工资”对话框

（7）单击“完成”按钮，返回到“分摊类型设置”对话框，如图5-65所示。

（8）重复以上操作，分别完成“工会经费”和“职工教育经费”的分摊设置，如图5-66所示。

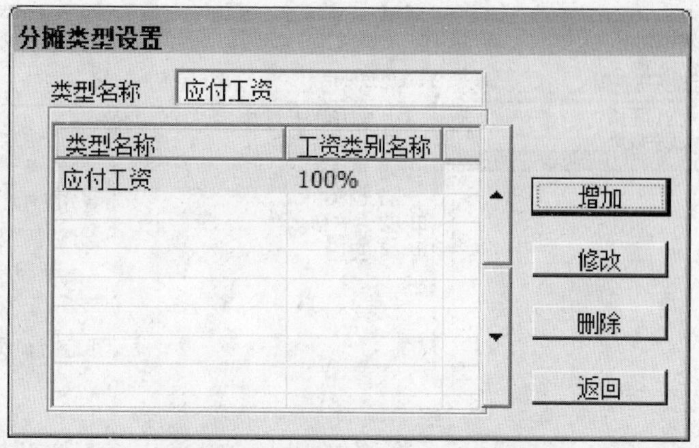

图 5-65 “分摊类型设置”对话框

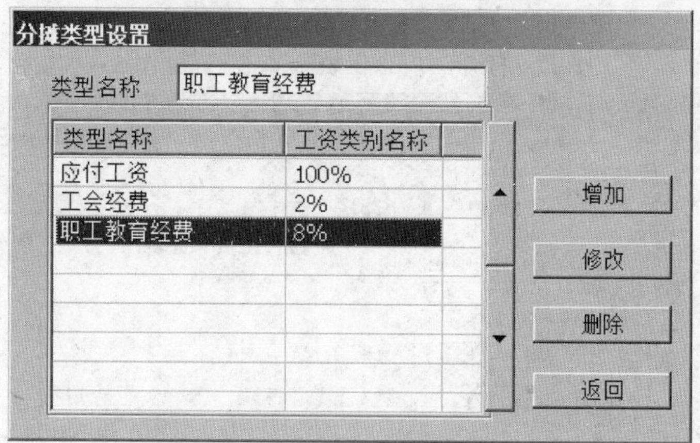

图 5-66 “分摊类型设置-工会经费、职工教育经费”对话框

（9）单击“返回”按钮，返回到“工资分摊”对话框，如图 5-67 所示。

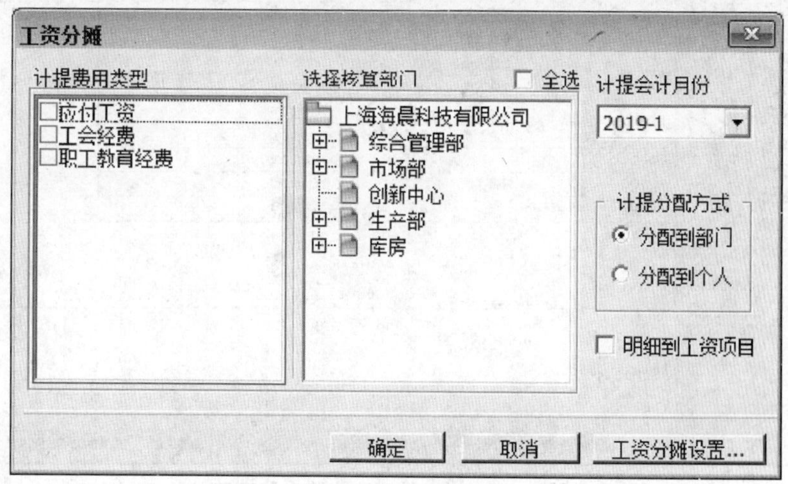

图 5-67 “工资分摊”对话框

（10）分别单击“应付工资”“工会经费”“职工教育经费”前的复选框，并单击选中各个部门，如图 5-68 所示。

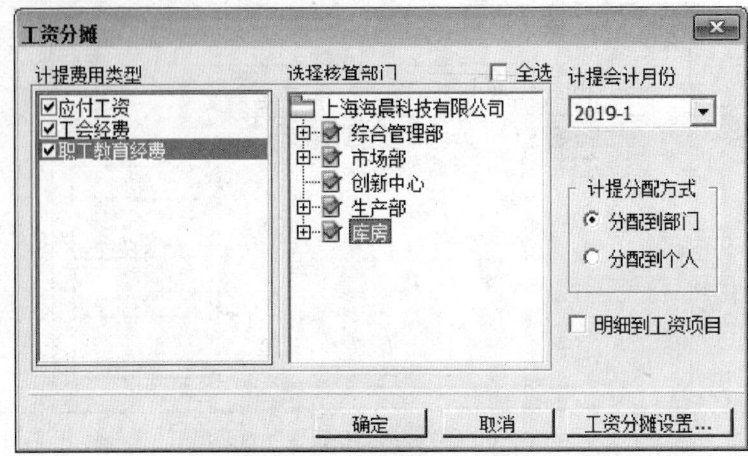

图5-68 “选择计提费用类型和核算部门”对话框

(11) 单击“确定”按钮，打开“应付工资一览表”，如图5-69所示。

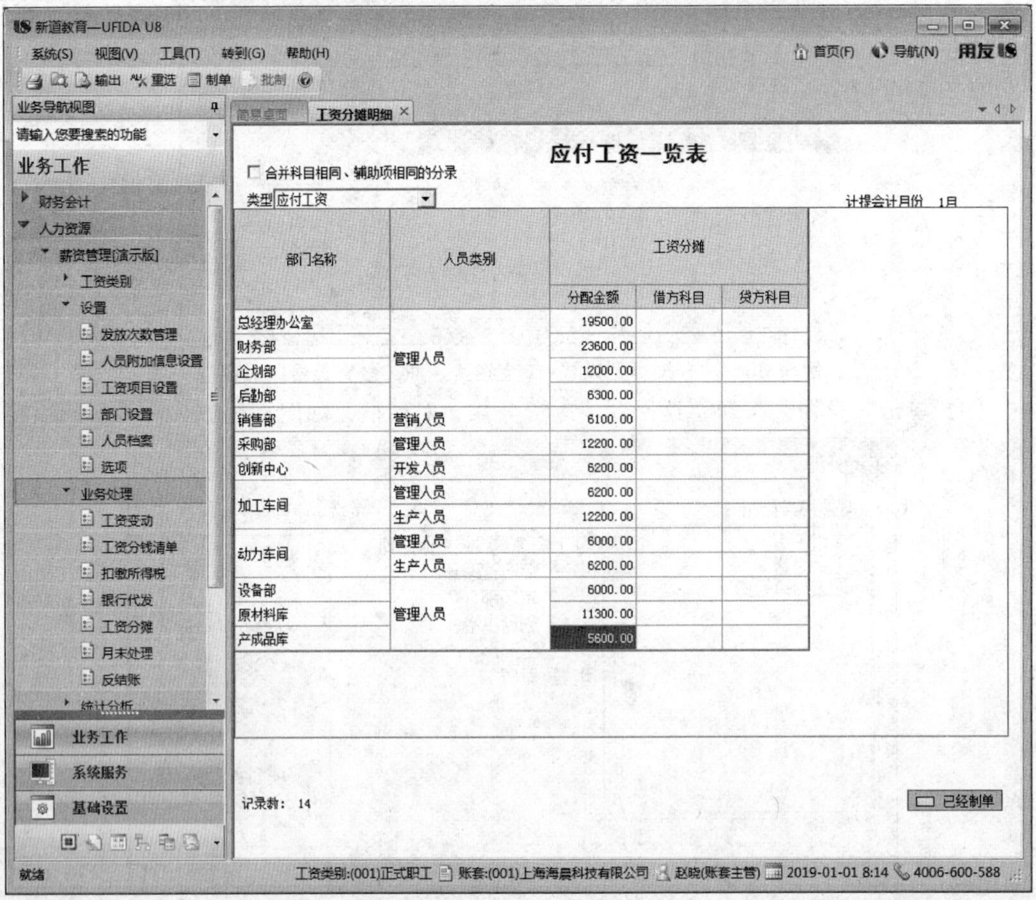

应付工资一览表

合并科目相同、辅助项相同的分录

类型 应付工资　　计提会计月份 1月

部门名称	人员类别	工资分摊 分配金额	借方科目	贷方科目
总经理办公室	管理人员	19500.00		
财务部		23600.00		
企划部		12000.00		
后勤部		6300.00		
销售部	营销人员	6100.00		
采购部	管理人员	12200.00		
创新中心	开发人员	6200.00		
加工车间	管理人员	6200.00		
	生产人员	12200.00		
动力车间	管理人员	6000.00		
	生产人员	6200.00		
设备部	管理人员	6000.00		
原材料库		11300.00		
产成品库		5600.00		

记录数：14

图5-69 “应付工资一览表”窗口

(12) 分别选择相应的借方科目和贷方科目，单击“合并科目相同、辅助项目相同的分录”复选框，如图5-70所示。

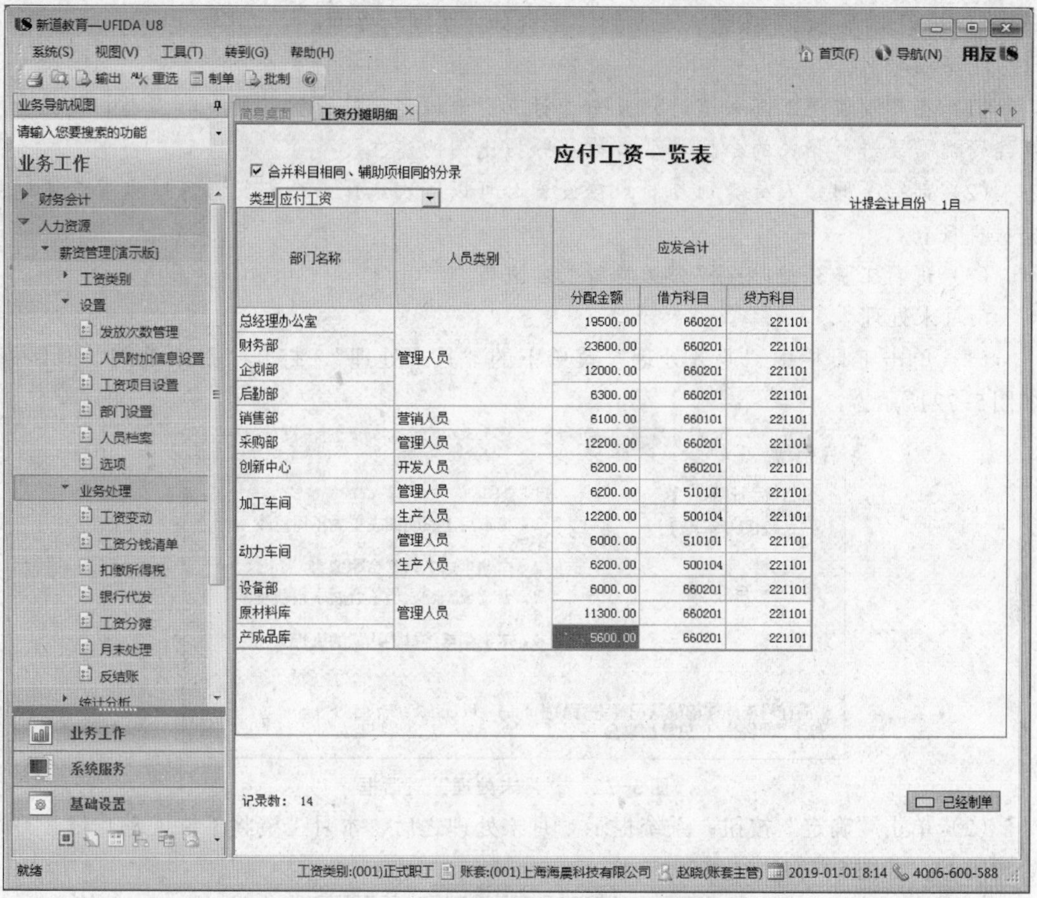

新道教育—UFIDA U8
应付工资一览表
合并科目相同、辅助项相同的分录
类型 应付工资
计提会计月份 1月
部门名称
人员类别
应发合计
分配金额
借方科目
贷方科目
总经理办公室 管理人员 19500.00 660201 221101
财务部 23600.00 660201 221101
企划部 12000.00 660201 221101
后勤部 6300.00 660201 221101
销售部 营销人员 6100.00 660101 221101
采购部 管理人员 12200.00 660201 221101
创新中心 开发人员 6200.00 660201 221101
加工车间 管理人员 6200.00 510101 221101
生产人员 12200.00 500104 221101
动力车间 管理人员 6000.00 510101 221101
生产人员 6200.00 500104 221101
设备部 管理人员 6000.00 660201 221101
原材料库 11300.00 660201 221101
产成品库 5600.00 660201 221101
记录数： 14
已经制单
工资类别:(001)正式职工 账套:(001)上海海晨科技有限公司 赵晓(账套主管) 2019-01-01 8:14 4006-600-588

图 5-70 “录入应付工资相关信息”对话框

（13）单击工具栏中的“制单”按钮，生成应付工资分摊的转账凭证，选择凭证类别为“转账凭证”选择制单日期，单击“保存”按钮，如图 5-71 所示。

UFIDA U8
已生成
转账凭证
转 字 0001
制单日期：2019.01.01
审核日期：
附单据数：0
摘要
科目名称
借方金额
贷方金额
应付工资 制造费用/工资 660000
应付工资 销售费用/工资 710000
应付工资 管理费用/工资 5510000
应付工资 生产成本/直接人工 1000000
应付工资 应付职工薪酬/工资 7880000
合... 7880000 7880000
记账
审核
出纳
制单 赵晓
工资类别:(001)正式职工 账套:(001)上海海晨科技有限公司 赵晓(账套主管) 2019-01-01 14:01 4006-600-588

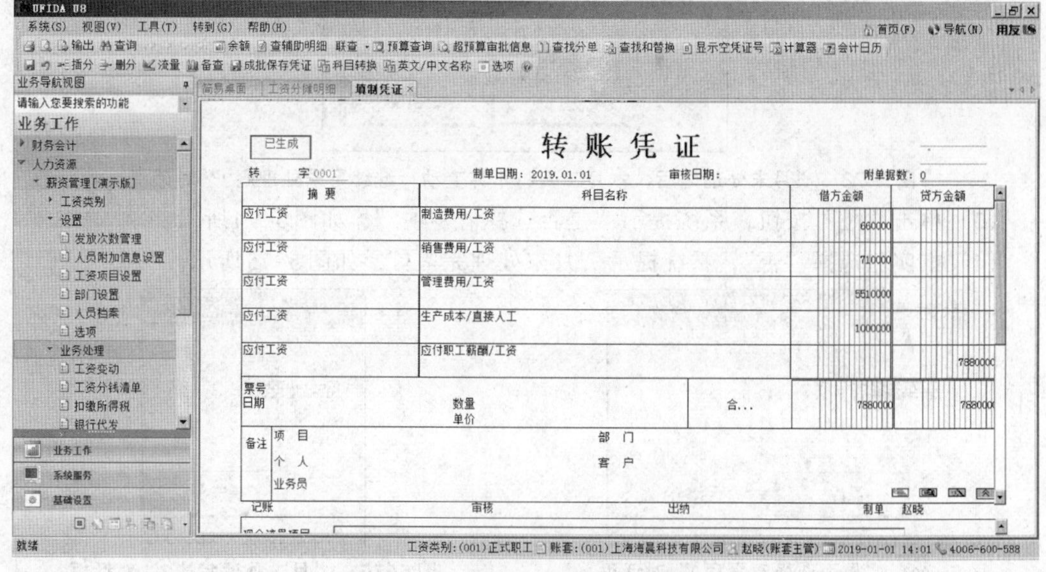

图 5-71 “生成转账凭证”对话框

（14）单击“退出”按钮，返回到“工资分摊明细”界面。

注意事项：

（1）在初次使用工资系统时，应先进行工资分摊类型的设置。所有与工资相关的费用及经费都需要进行相关的分摊类型名称及分摊比例的建立。

（2）部门不同、人员类别相同，在设置时可以一次选择多个部门，可以设置为不同的分摊科目。

（3）进行工资分摊时应按分摊类型依次进行。

6. 月末处理

（1）单击工具栏中“业务处理”菜单下的“月末处理”，打开“月末处理”对话框，如图5-72所示。

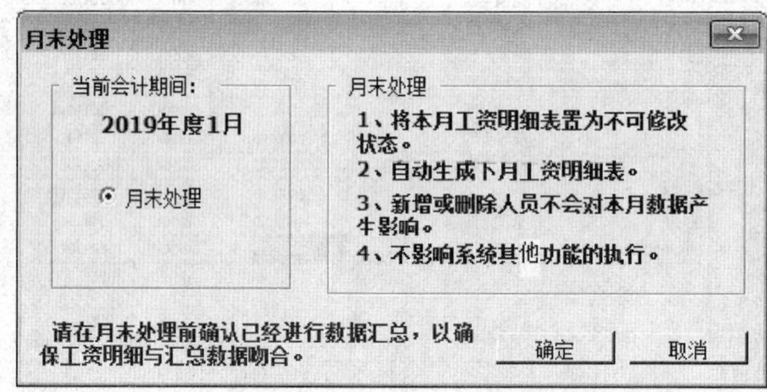

图5-72　“月末处理”对话框

（2）单击“确定”按钮，系统提示“月末处理之后，本月工资将不许变动！继续月末处理吗？”，如图5-73所示。

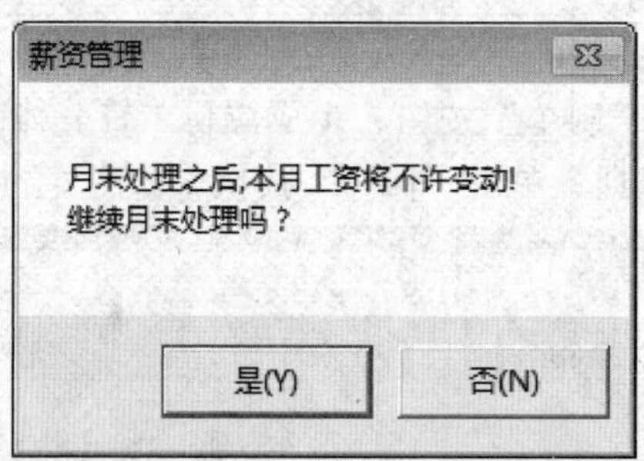

图5-73　“月末处理之后，本月工资将不许变动！继续月末处理吗？”对话框

（3）单击“是”按钮，系统提示“是否选择清零项？”，如图5-74所示。

（4）本实验选择“否”，系统提示“月末处理完毕！”，如图5-75所示。

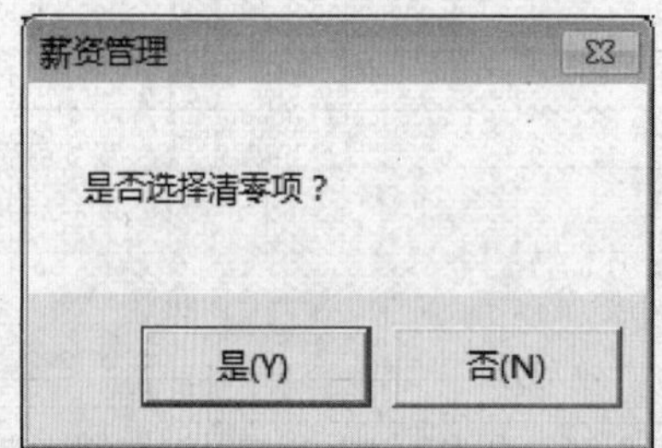

图5-74　“是否选择清零项?”对话框

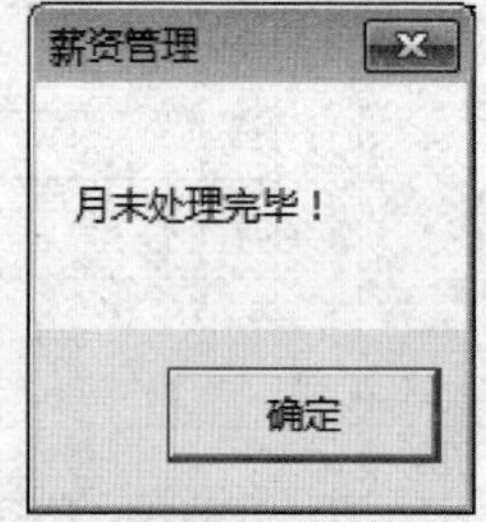

图5-75　“月末处理完毕?”对话框

(5) 单击“确定”按钮即可。

注意事项：

(1) 月末处理就是将当月数据经过处理后结账至下月。

(2) 月末处理功能只有套账主管才有权限执行，一旦进行月末数据处理后，当月数据将不再允许变动。

(3) 月末处理只能在1月至11月进行，并且在月末处理前，必须将本月工资进行汇总。

(4) 如果有多个工资类别，应分别进入相应的工资类别，分别进行月末处理。

第三节　工资数据统计与分析

一、实验要求

1.查看工资表和工资分析表

2.查询1月份工资核算的记账凭证

二、实验资料

1.查看工资表和工资分析表

(1) 单击“统计分析”菜单下的“账表”，双击“工资表”，打开“工资表”窗口，如图5-76所示。

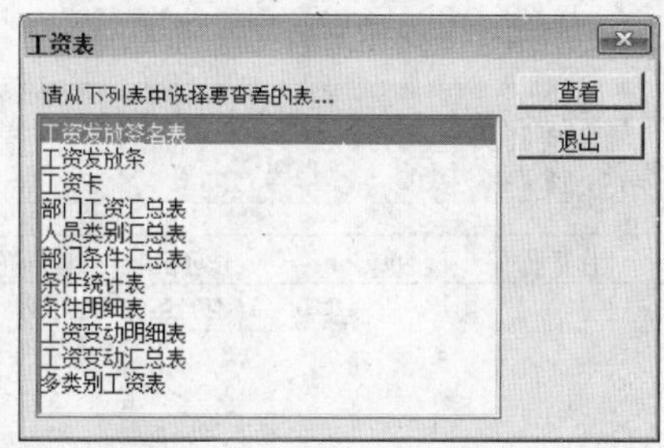

图5-76　“工资表”窗口

(2) 双击要查看的工资表，输入查询条件，即可得到相应的查询结果。例如，查询工资发放条：选中“工资发放条”，点击“查看”，选择部门，点击“确定”，即可以查询，如图5-77所示。

工资发放条

2019年01月

部门：全部　　会计月份：一月　　人数：

人员编号	姓名	应发合计	扣款合计	实发合计	代扣税	代付税	年终奖	年终奖代扣税	工资代扣税	扣税合计	年终奖代付税	工资代付税	基本工资	岗位工资	交通补助	奖金	住房公积金	养老保险金	失业保险金	医疗保险金	卫生费	缺勤天数	缺勤扣
10101	[illegible]	7,400.00	495.00	6,905.00	95.00				95.00	95.00			3,200.00	3,500.00		700.00		200.00	30.00	150.00	20.00		
10102	张轩	6,400.00	398.96	6,001.04	30.96				30.96	30.96			3,100.00	2,600.00		700.00		182.00	28.00	138.00	20.00		
10103	徐若琳	5,700.00	346.92	5,353.08	10.92				10.92	10.92			3,000.00	2,000.00		700.00		164.00	26.00	126.00	20.00		
10201	[illegible]	6,300.00	395.96	5,904.04	27.96				27.96	27.96			3,200.00	2,400.00		700.00		182.00	28.00	138.00	20.00		
10202	[illegible]	5,700.00	346.92	5,353.08	10.92				10.92	10.92			3,000.00	2,000.00		700.00		164.00	26.00	126.00	20.00		
10203	孙静	6,000.00	355.92	5,644.08	19.92				19.92	19.92			3,100.00	2,200.00		700.00		164.00	26.00	126.00	20.00		
10204	[illegible]	5,600.00	343.92	5,256.08	7.92				7.92	7.92			2,800.00	2,100.00		700.00		164.00	26.00	126.00	20.00		
10301	张天佑	5,600.00	343.92	5,256.08	7.92				7.92	7.92			2,800.00	2,100.00		700.00		164.00	26.00	126.00	20.00		
10302	[illegible]	6,400.00	398.96	6,001.04	30.96				30.96	30.96			3,200.00	2,500.00		700.00		182.00	28.00	138.00	20.00		
10401	马浩宇	6,300.00	427.00	5,873.00	27.00				27.00	27.00			3,200.00	2,400.00		700.00		200.00	30.00	150.00	20.00		
20101	[illegible]	6,100.00	389.96	5,710.04	21.96				21.96	21.96			3,100.00	2,100.00		900.00		182.00	28.00	138.00	20.00		
20102	[illegible]	6,000.00	355.92	5,644.08	19.92				19.92	19.92			3,000.00	2,300.00		700.00		164.00	26.00	126.00	20.00		
20201	[illegible]	6,200.00	392.96	5,807.04	24.96				24.96	24.96			3,100.00	2,400.00		700.00		182.00	28.00	138.00	20.00		
20202	[illegible]	6,000.00	355.92	5,644.08	19.92				19.92	19.92			3,000.00	2,300.00		700.00		164.00	26.00	126.00	20.00		
30101	[illegible]	6,200.00	361.92	5,838.08	25.92				25.92	25.92			3,100.00	2,400.00		700.00		164.00	26.00	126.00	20.00		
40101	[illegible]	6,200.00	361.92	5,838.08	25.92				25.92	25.92			3,100.00	2,400.00		700.00		164.00	26.00	126.00	20.00		
40102	[illegible]	6,000.00	355.92	5,644.08	19.92				19.92	19.92			3,000.00	2,300.00		700.00		164.00	26.00	126.00	20.00		
40103	[illegible]	6,200.00	392.96	5,807.04	24.96				24.96	24.96			3,100.00	2,400.00		700.00		182.00	28.00	138.00	20.00		
40201	[illegible]	6,000.00	418.00	5,582.00	18.00				18.00	18.00			3,000.00	2,300.00		700.00		200.00	30.00	150.00	20.00		
40202	吴诗涵	6,200.00	392.96	5,807.04	24.96				24.96	24.96			3,100.00	2,400.00		700.00		182.00	28.00	138.00	20.00		
40301	[illegible]	6,000.00	355.92	5,644.08	19.92				19.92	19.92			3,000.00	2,300.00		700.00		164.00	26.00	126.00	20.00		
50101	白雪	5,700.00	346.92	5,353.08	10.92				10.92	10.92			2,800.00	2,200.00		700.00		164.00	26.00	126.00	20.00		
50102	[illegible]	5,600.00	343.92	5,256.08	7.92				7.92	7.92			2,800.00	2,100.00		700.00		164.00	26.00	126.00	20.00		
50201	管双双	5,600.00	373.02	5,226.98	7.02				7.02	7.02			2,800.00	2,100.00		700.00		182.00	26.00	138.00	20.00		
合计		145,400.00	9,051.70	136,348.30	541.70	0.00	0.00	0.00	541.70	541.70	0.00	0.00	72,600.00	55,800.00	0.00	17,000.00	0.00	4,188.00	650.00	3,192.00	480.00	0.0	

制表：　　审核：

图5-77　“查询工资发放条”窗口

（3）双击“工资分析表”，打开“工资分析表”窗口，如图5-78所示。双击要查看的工资分析表，输入查询条件，即可得到相应的查询结果。

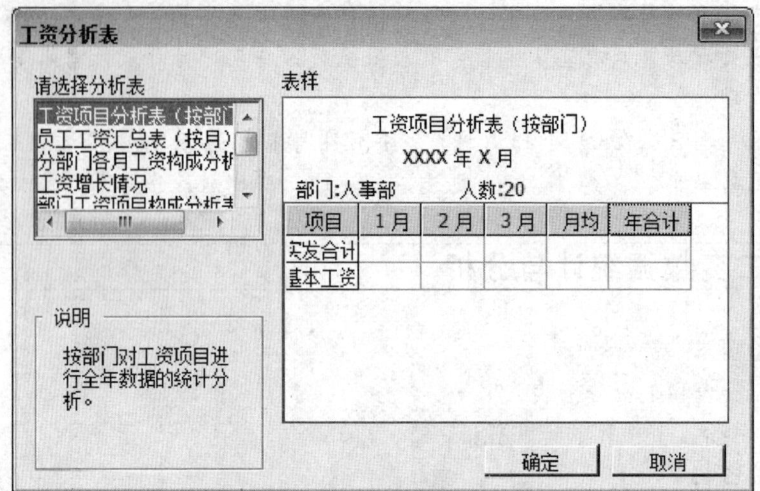

图5-78 “工资分析表”窗口

2.查询记账凭证

（1）单击“统计分析”菜单中的“凭证查询”，打开“凭证查询”窗口，如图5-79所示。

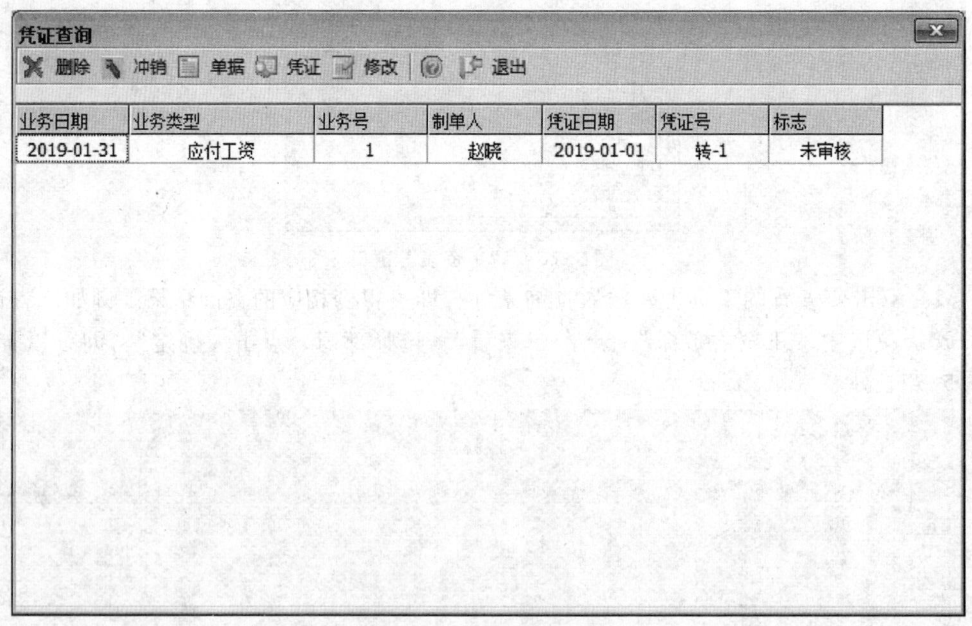

图5-79 “凭证查询”窗口

（2）在“凭证查询”窗口，单击要查询的业务类型的所在行，单击“凭证”按钮，打开要查询的转账凭证，如图5-80所示。

（3）单击“退出”按钮退出。

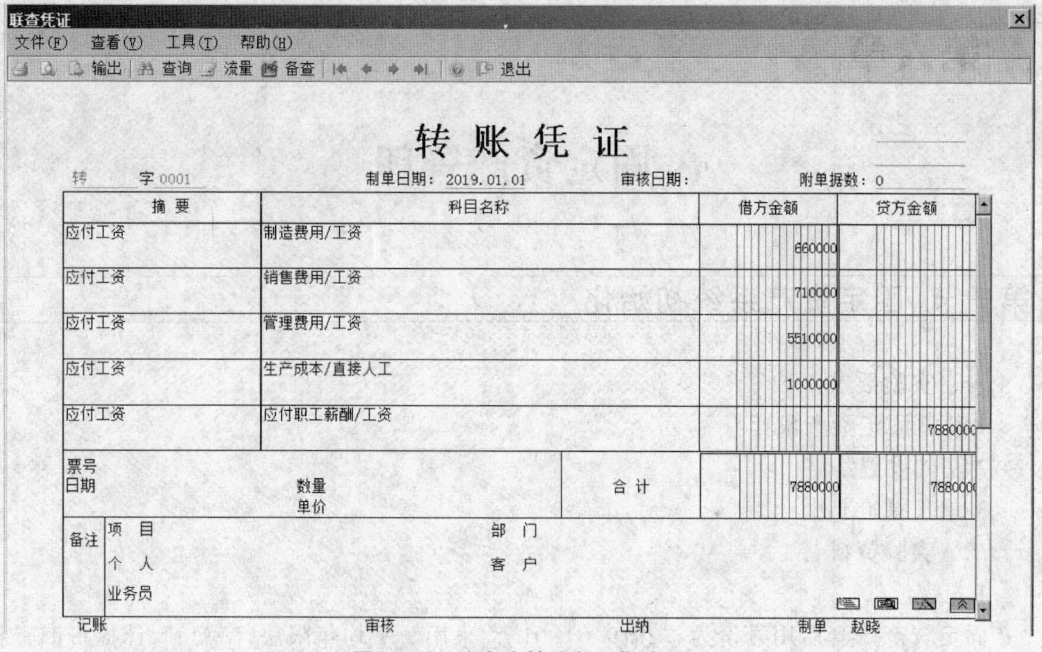

图5-80 “查询转账凭证”窗口

注意事项：

(1) 工资表用于本月工资的发放和统计，主要完成查询和打印各种工资表的工作。

(2) 工资分析表是以工资数据为依据，对部门、人员类别的工资数据进行分析和比较，生成分析人员使用的各种分析表。

(3) 在工资系统中生成的工资分摊转账凭证，在总账系统中可以进行查询、审核、记账等操作，但不能在总账系统中修改和删除此类凭证，需要在工资管理系统中的凭证查询功能里完成此操作。

①单击“删除”按钮可以删除“未审核”的凭证。

②单击“红字冲销”按钮，可以自动生成与原凭证相同的红字凭证，冲销“记账”的凭证。

③单击“单据”按钮，可以显示已生成凭证的原始凭证。

④单击“凭证”按钮，可以显示单张凭证界面。

第六章 固定资产管理

第一节 固定资产系统初始化

一、实验要求

1.建立固定资产账套

2.基础设置

3.录入原始卡片

二、实验资料

1.概况

固定资产账套启用月份为“2019-01-01”，采用“平均年限法（一）”计提折旧，折旧汇总分配周期为1个月；当“月初已计提月份=可使用年份-1”时将剩余折旧全部提足。固定资产编码方式为“2-1-1-2”；固定资产编码方式采用自动输入法，编码方式为“类别编码+序号”，序号长度为“5”。要求固定资产系统与总账进行对账；固定资产对账科目为“1601”，累计折旧对账科目为“1602”，对账不平衡的情况下允许固定资产月末结账。

2.部门对应折旧科目（见表6-1）

表6-1 部门对应折旧科目

部门名称	对应科目	部门名称	对应科目
综合部	管理费用——折旧费用	创新中心	管理费用——折旧费用
总经理办公室	管理费用——折旧费用	生产部	制造费用——折旧费用
财务部	管理费用——折旧费用	加工车间	制造费用——折旧费用
企划部	管理费用——折旧费用	动力车间	制造费用——折旧费用
后勤部	管理费用——折旧费用	设备部	制造费用——折旧费用
市场部	管理费用——折旧费用	库房	制造费用——折旧费用
销售部	销售费用——折旧费用	原材料库	制造费用——折旧费用
采购部	管理费用——折旧费用	产成品库	制造费用——折旧费用

注：表内的科目设置仅供参考，具体科目设置可以根据现行规定和企业实际情况进行调整。

3.固定资产类别（见表6-2）

表6-2 **固定资产类别**

类别编码	类别名称	使用年限（年）	净残值率	计提属性	折旧方法	卡片样式
01	房屋及建筑物					通用样式
011	办公楼	30	2%	正常计提	平均年限法（一）	通用样式
012	厂房	30	2%	正常计提	平均年限法（一）	通用样式
02	机器设备					通用样式
021	生产线	10	3%	正常计提	平均年限法（一）	通用样式
022	办公设备	5	3%	正常计提	平均年限法（一）	通用样式

4.固定资产增减方式（见表6-3）

表6-3 **固定资产增减方式**

增加方式	对应入账科目	减少方式	对应入账科目
直接购入	银行存款——建设银行	出售	固定资产清理
投资者投入	实收资本	投资转出	固定资产清理
捐赠	营业外收入——捐赠所得	捐赠转出	固定资产清理
盘盈	以前年度损益调整	盘亏	待处理财产损溢——待处理固定资产损溢
在建工程——生产线设备工程转入	在建工程——生产线设备工程 ——基建工程	报废	固定资产清理

注：表内的科目设置仅供参考，具体科目设置可以根据现行规定和企业实际情况进行调整。

5.固定资产卡片（见表6-4和表6-5）

表6-4 **固定资产卡片(一)**

卡片编号	00001	00002	0003
固定资产编号	01100001	01200001	02100001
固定资产名称	1号楼	甲厂房	甲生产线
类别编号	011	012	021
类别名称	办公楼	厂房	生产线
部门名称	总经理办公室	加工车间	加工车间
增加方式	在建工程——生产线设备工程转入	直接购入	在建工程——生产线设备工程转入
使用状况	在用	在用	在用
使用年限（年）	30	30	10
折旧方法	平均年限法（一）	平均年限法（一）	平均年限法（一）
开始使用日期	2016-11-06	2016-12-06	2017-03-06

续表

卡片编号	00001	00002	0003
币种	人民币	人民币	人民币
原值（元）	6 000 000.00	10 000 000.00	6 000 000.00
净残值率	2%	2%	3%
净残值（元）	120 000.00	200 000.00	180 000.00
累计折旧（元）	421 200.00	675 000.00	1 069 200.00
月折旧率	0.0027	0.0027	0.0081
月折旧额（元）	16 200.00	27 000.00	48 600.00
净值（元）	5 578 800	9 325 000.00	4 930 800.00
对应折旧科目	管理费用——折旧费用	制造费用——折旧费	制造费用——折旧费

表6-5 **固定资产卡片(二)**

卡片编号	00004	00005	00006
固定资产编号	02200004	02200001	02200002
固定资产名称	乙生产线	A办公设备	B办公设备
类别编号	021	022	022
类别名称	生产线	办公设备	办公设备
部门名称	加工车间	总经理办公室	总经理办公室
增加方式	直接购入	直接购入	直接购入
使用状况	在用	在用	在用
使用年限（年）	10	5	5
折旧方法	平均年限法（一）	平均年限法（一）	平均年限法（一）
开始使用日期	2015-06-06	2017-04-06	2017-04-06
币种	人民币	人民币	人民币
原值（元）	2 000 000.00	800 000.00	200 000.00
净残值率	3%	3%	3%
净残值（元）	60 000.00	24 000.00	6 000.00
累计折旧（元）	680 400.00	272 160.00	68 040.00
月折旧率	0.0081	0.0162	0.0162
月折旧额（元）	16 200.00	12 960.00	3 240.00
净值（元）	1 319 600.00	527 840.00	131 960.00
对应折旧科目	制造费用——折旧费用	管理费用——折旧费用	管理费用——折旧费用

三、实验指导

1.建立固定资产账套

（1）在“企业门户”中，双击“财务会计”下的“固定资产”，系统提示“这是第一次打开此账套，还未进行过初始化，是否进行初始化?”，如图6-1所示。

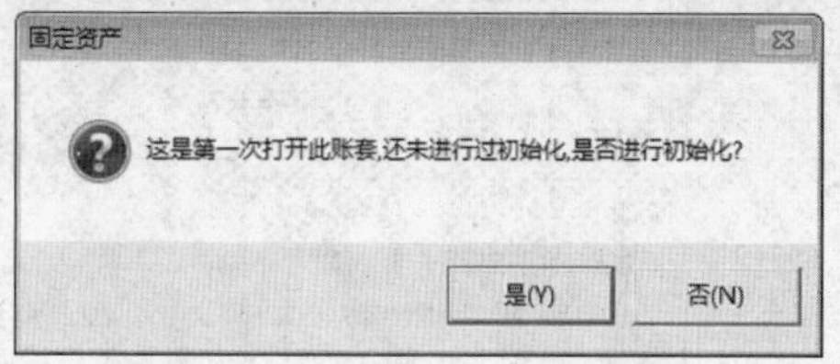

图6-1　“固定资产”对话框

（2）单击“是”按钮，就可以打开“固定资产初始化向导约定及说明”窗口。单击“下一步”按钮，打开“初始化账套向导”—“账套启用月份”窗口，如图6-2所示。

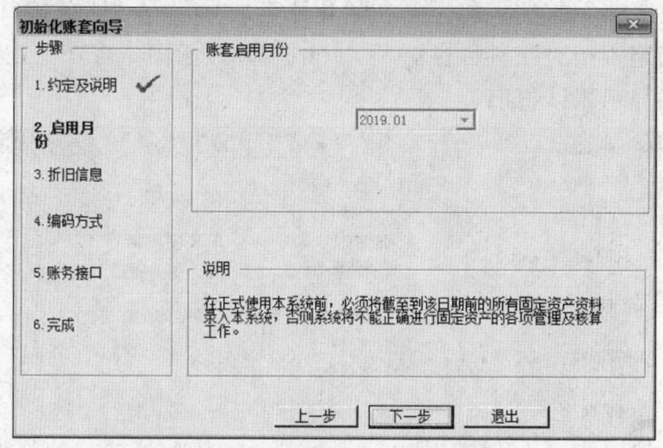

图6-2　“账套启用月份”对话框

（3）单击“下一步”按钮，打开“初始化账套向导”—“折旧信息”窗口，如图6-3所示（请注意：当月增加的固定资产当月不计提折扣，当月减少的固定资产当月照提折扣）。

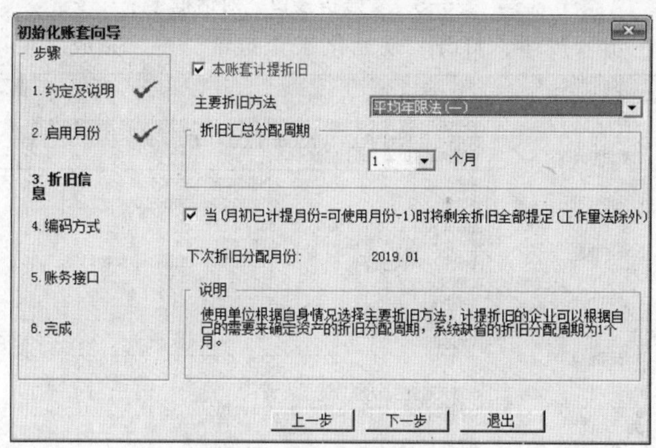

图6-3　“折旧信息”对话框

（4）单击“下一步”按钮，打开“初始化账套向导”—“编码方式”窗口，此时可选择手工输入或自动编码，如图6-4所示。

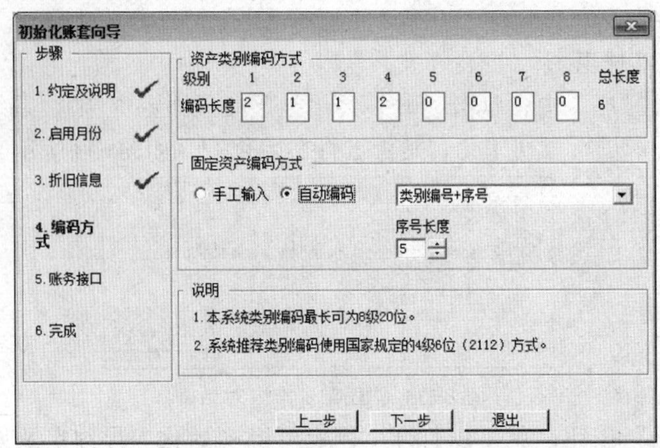

图6-4 “编码方式”对话框

（5）单击“下一步”按钮，打开“初始化账套向导”—“账务接口”窗口，如图6-5所示。此时，在固定资产对账科目栏输入“1601”并显示固定资产，在累计折旧对账科目栏输入“1602”并显示累计折旧。

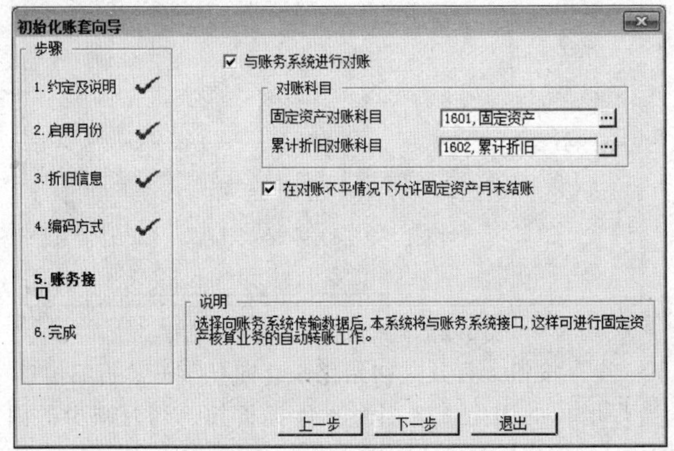

图6-5 “账务接口”对话框

（6）单击“下一步”按钮，打开“初始化账套向导”—“完成”窗口，如图6-6所示。

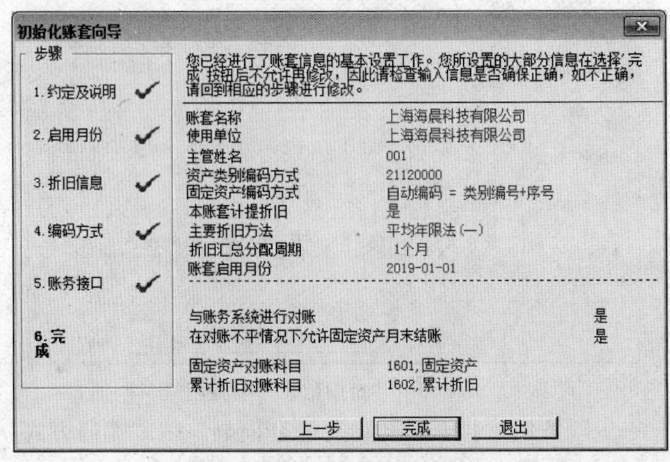

图6-6 “完成”对话框

（7）单击“完成”按钮，系统显示“已经完成了新账套的所有设置工作，是否确定所设置的信息完全正确并保存对新账套的所有设置？”，如图6-7所示。

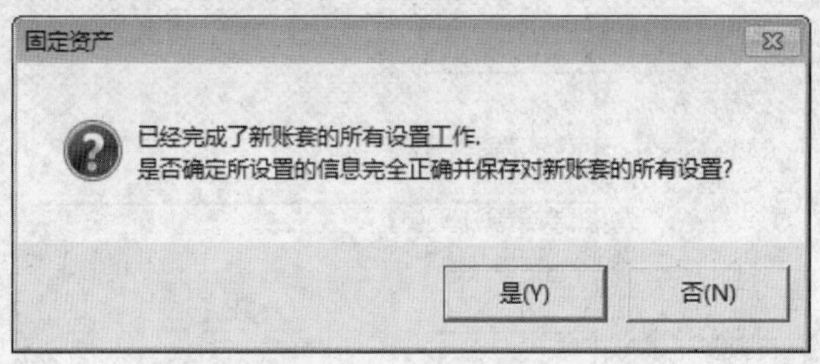

图6-7 “完成新账套设置”对话框

（8）单击“是”按钮，系统显示“已成功初始化本固定资产账套!”，再单击“确定”按钮，如图6-8所示。

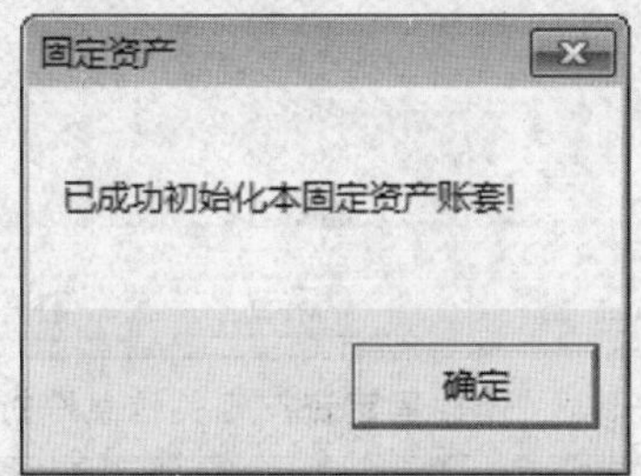

图6-8 “已成功初始化本固定资产账套”对话框

（9）此时进入“U8 V10.1-固定资产”进行相关设置。

注意事项：

（1）初始化设置完后，有些参数不能修改，在此一定要谨慎，在确认无误后，方可保存设置。

（2）在“固定资产初始化向导的账套启用月份”中所列示的启用月份只能查看，不能修改。启用日期确定后，在该日期的所有固定资产都将作为期初数据，在启用月份开始计提折旧。

（3）在“固定资产初始化向导的折旧信息”中，当“月初已计提月份=可使用月份-1”时，将剩余折旧全部提足（工作量法除外），只要上述条件满足，该月折旧额=净值-净残值，并且不能手工修改。如果不选择该项，则该月不提足折旧。

（4）固定资产对账科目和累计折旧对账科目应与账务系统内对应的科目一致。

2.部门对应折旧科目设置

（1）如果用户还想对固定资产的相关信息进行修改，则可以单击“固定资产”而出现“设置”。然后在“选项”里点击“编辑”进行修改，如图6-9所示。

（2）如果不进行修改，则直接在“设置”中的“机构设置”菜单里，单击“部门档案”，对部门进行设置。在系统弹出对话框里单击“增加”，注意保存。

（3）如果不需对部门进行设置，则在“固定资产”中的“设置”菜单里，单击“部门对应折旧科目”，系统弹出“部门编码表”对话框，如图6-10所示。

（4）双击“固定资产部门编码目录”下的“采购部”。然后，单击菜单栏中的“修改”，如图6-11所示。

选项

基本信息 | 折旧信息 | 与账务系统接口 | 编码方式 | 其它

账套号 001

账套名称 上海海晨科技有限公司

使用单位 上海海晨科技有限公司

本位币 人民币

主管姓名 001

本账套计提折旧 是

账套启用月份 2019.01

编辑 确定 取消 帮助

图 6-9 “修改固定资产相关信息”对话框

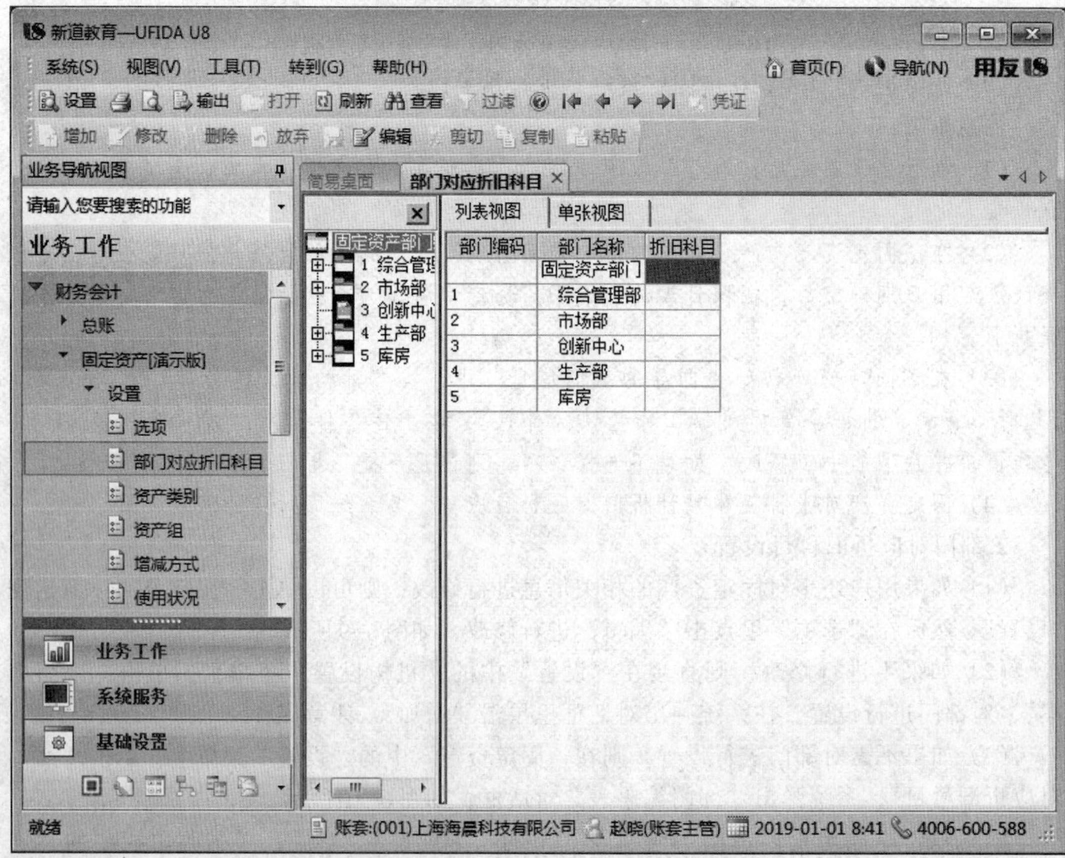

图 6-10 “部门编码表”对话框

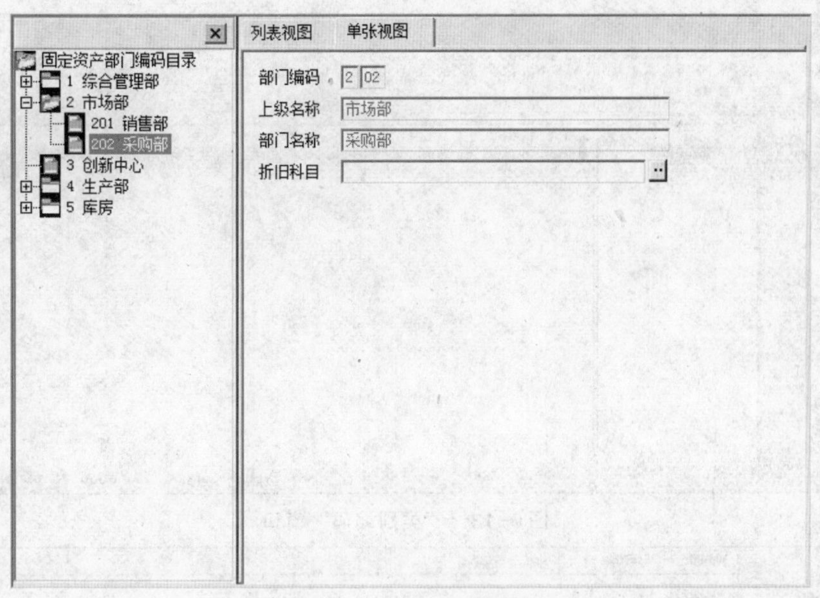

图6-11 “采购部”窗口

(5) 在“折旧科目”里，单击“…”，找到损益类的“管理费用——折旧”，再点击“确定”，并点击“保存”。如果“采购部”有下级，可以点击“刷新”按钮，进行“采购部”下级部门折旧科目的定义，如图6-12所示。

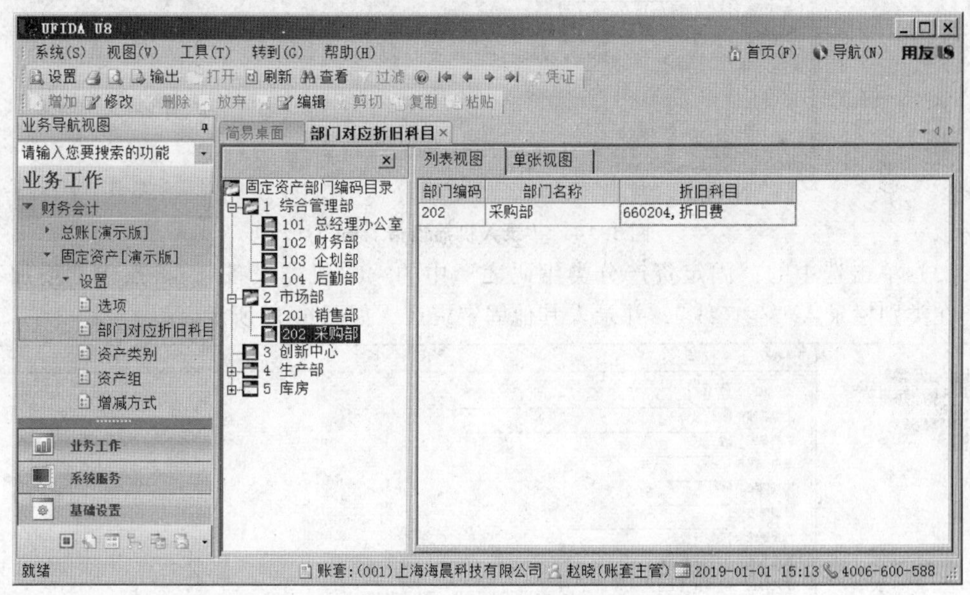

图6-12 “折旧科目”窗口

(6) 设置其他部门的折旧科目。

3.设置固定资产类别

(1) 单击“设置”下的“资产类别”，打开“类别编码”窗口，单击“增加”按钮，并进行设置，如图6-13所示。

(2) 输入相关信息后单击“保存”，继续录入02资产“机器设备”(如果机器设备下的资产的使用年限不一样，可以在下一级进行输入)，如图6-14所示。

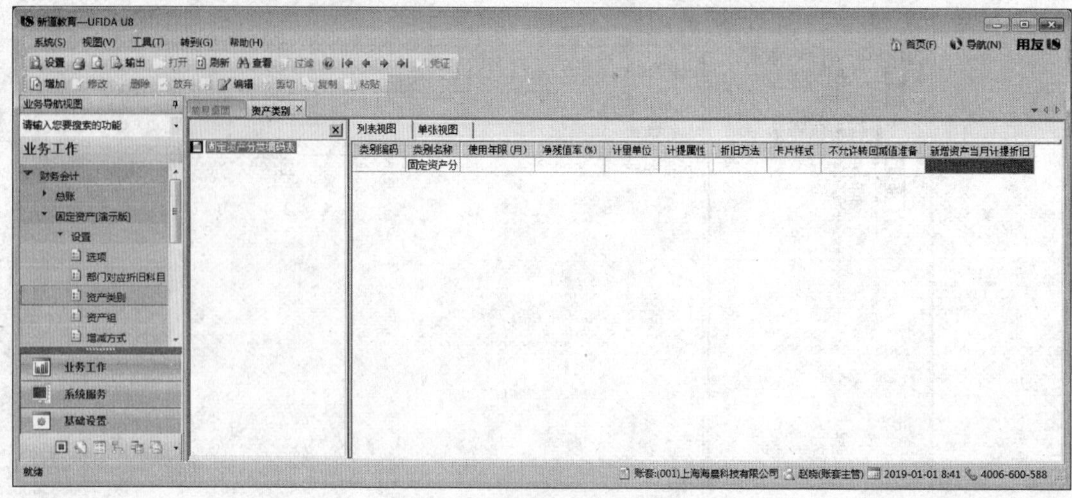

图6-13 “类别编码”窗口

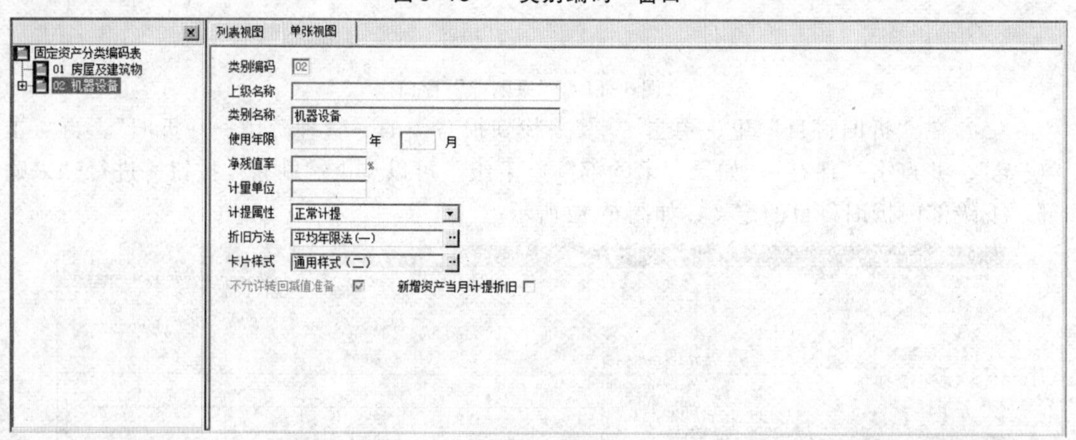

图6-14 “录入机器设备”窗口

（3）单击选中的“固定资产分类编码表”中的“02机器设备”，再点击“增加”按钮，在类别栏录入“生产线”，并录入其他固定资产，如图6-15所示。

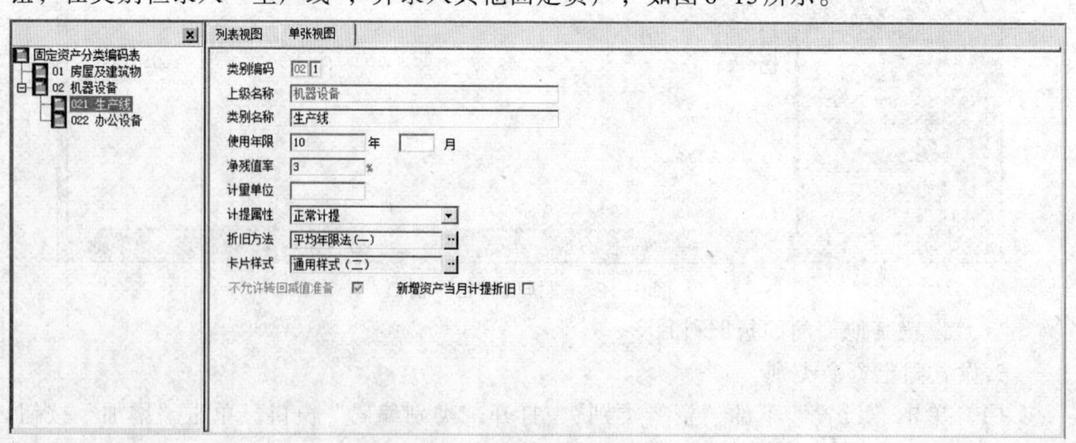

图6-15 “录入生产线”窗口

注意事项：

如果该类别在增加固定资产卡片时引用了，则在其类别下不能再增加新类别。

4.设置固定资产的增减方式

（1）单击“设置—增减方式”，打开“增减方式”窗口，如图6-16所示。

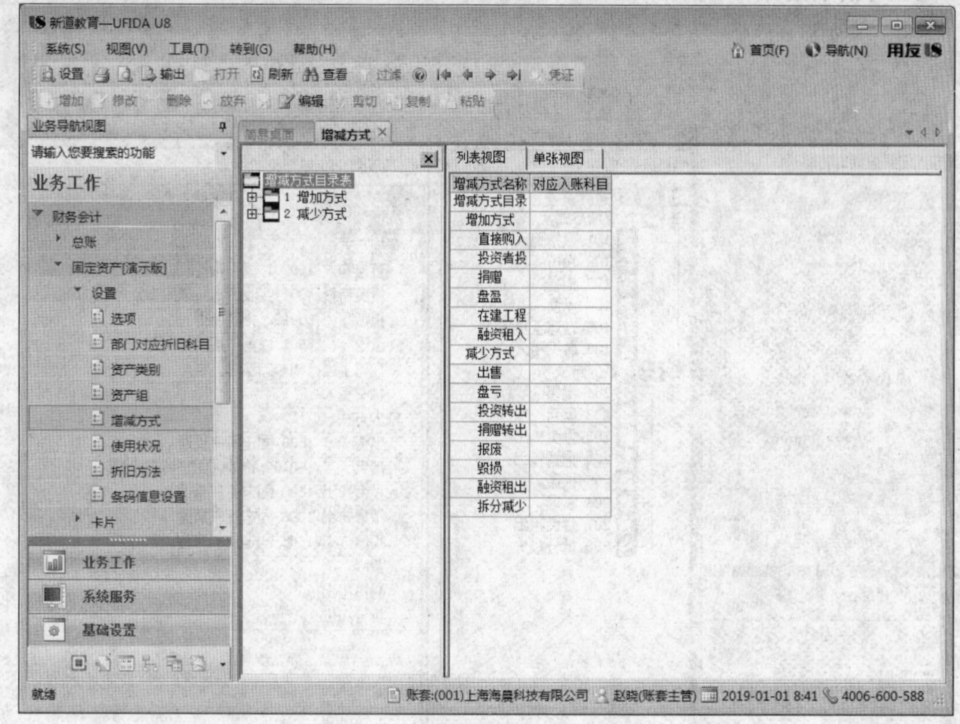

图6-16 “增减方式”窗口

（2）单击选中的“直接购入”所在行，再点击“修改”按钮，打开“增减方式”—“单张视图”窗口，在对应入账科目栏中录入“1002”（如果银行存款下还有明细科目，如××银行的编码为100201，则在对应入账科目栏中录入“100201”），如图6-17所示。

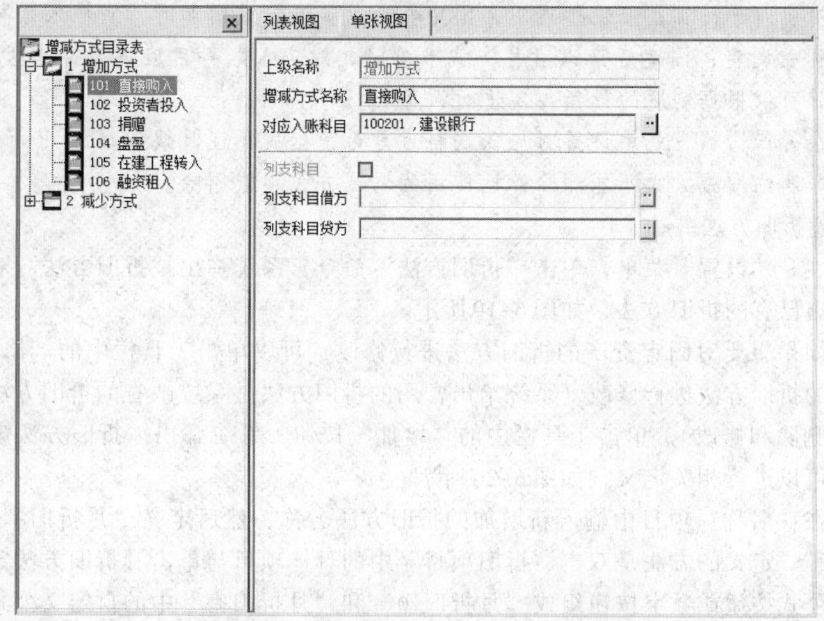

图6-17 “增减方式-单张视图”窗口

（3）单击“保存”按钮，依此方式继续设置其他入账科目，如图6-18所示。

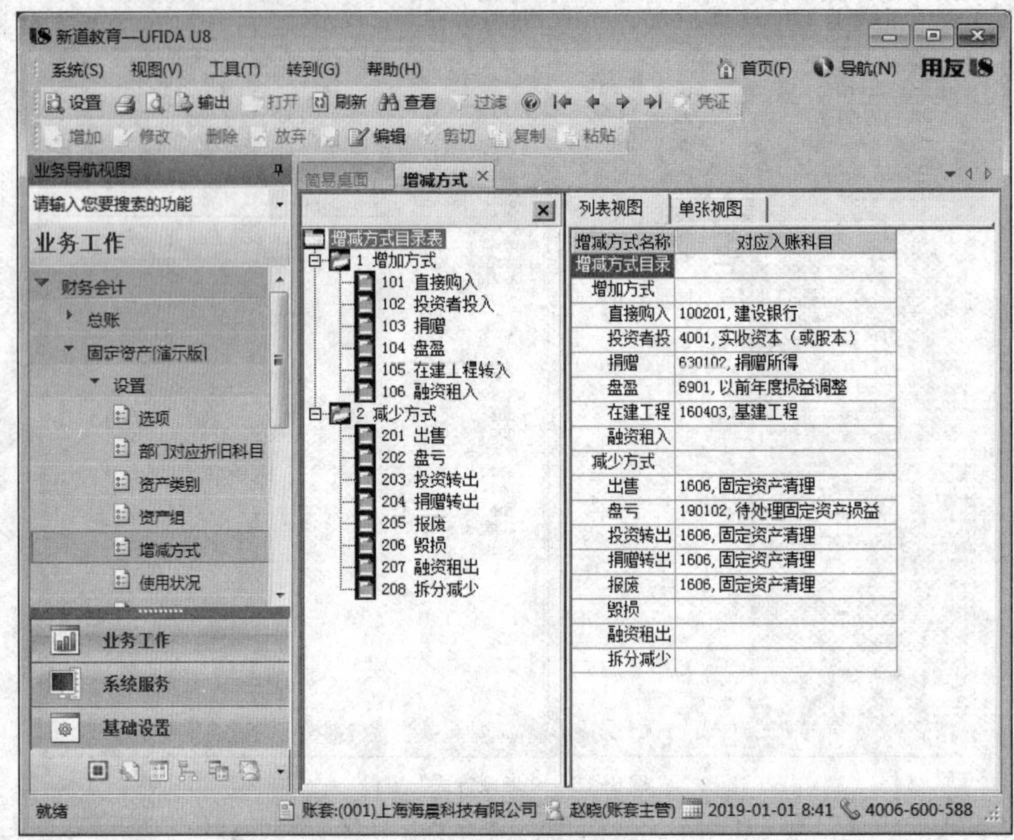

图6-18 “设置其他入账科目”窗口

注意事项：

（1）对应入账科目：按现行规定，固定资产以盘盈方式增加时，对应入账科目应设为以前年度损益调整；固定资产以盘亏方式减少时，对应入账科目应设为待处理财产损溢，学生实验时可以根据制度的最新规定进行调整。

（2）在资产增减方式中设置对应入账科目是为了生成凭证时缺省。

（3）非明细增减方式不能删除；已使用的增减方式不能删除。

5.设置折旧方法

（1）展开“设置”菜单，单击“折旧方法”命令，系统弹出“折旧方法”对话框，该对话框列出已有的折旧方法，如图6-19所示。

（2）如果想要对固定资产的折旧方法进行修改，可以单击工具栏中的“修改”按钮，对所选定的折旧方法进行修改（系统给出常用的折旧方法是系统缺省的折旧方法，只能选用，不能删除和修改）。单击工具栏中的“增加”按钮，系统弹出“折旧方法定义”对话框，在此可以进行相关定义，如图6-20所示。

（3）在“名称”项目中输入新增加的折旧方法名称，然后定义“月折旧率”，再定义“月折旧额”。定义的方法是双击“折旧项目”中的具体项目与单击“折旧方法定义”窗口上的计算公式按钮或数字按钮组成“月折旧额”和“月折旧率”中的自定义公式，最后单击“确定”按钮进行保存，完成新折旧方法定义。

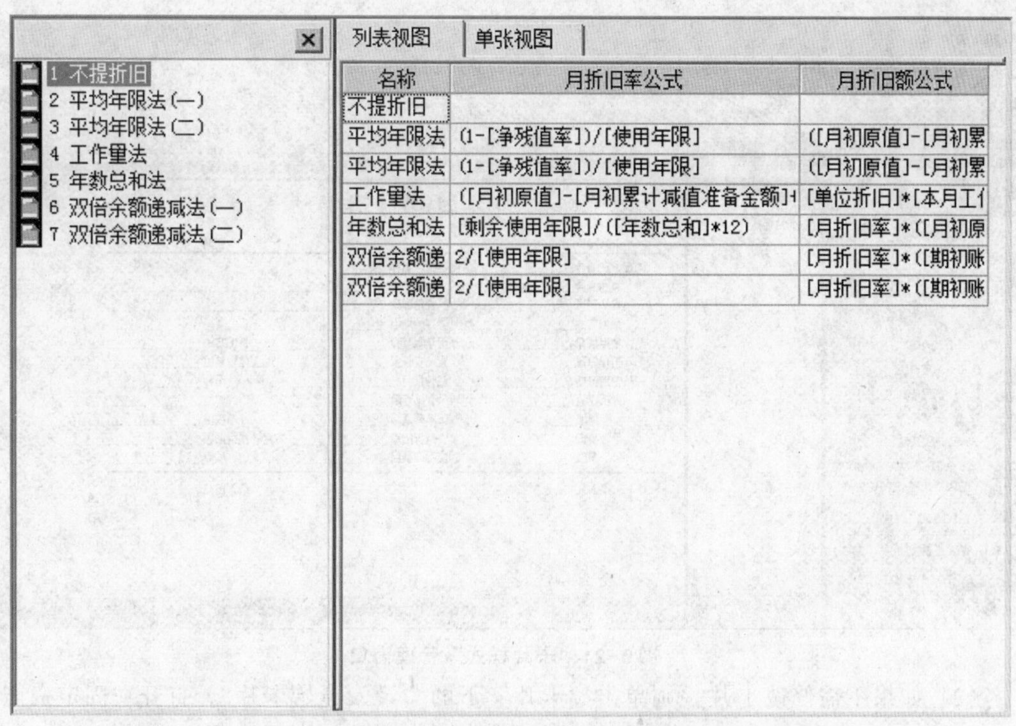

名称	月折旧率公式	月折旧额公式
不提折旧		
平均年限法	(1-[净残值率])/[使用年限]	([月初原值]-[月初累
平均年限法	(1-[净残值率])/[使用年限]	([月初原值]-[月初累
工作量法	([月初原值]-[月初累计减值准备金额]-I	[单位折旧]*[本月工1
年数总和法	[剩余使用年限]/([年数总和]*12)	[月折旧率]*([月初原
双倍余额递	2/[使用年限]	[月折旧率]*([期初账
双倍余额递	2/[使用年限]	[月折旧率]*([期初账

图6-19 “折旧方法”对话框

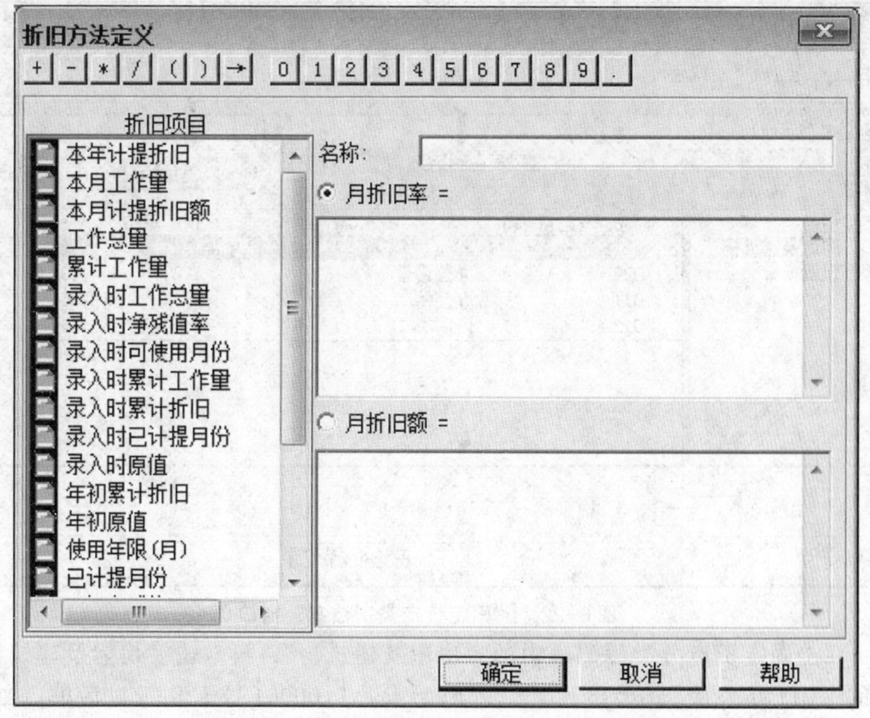

图6-20 “修改固定资产的折旧方法”对话框

6.录入固定资产卡片

(1) 如果要对固定资产的卡片样式进行修改，则展开“卡片”菜单，单击“卡片样式”命令，系统弹出“卡片样式”管理窗口，如图6-21所示。然后单击“修改”。

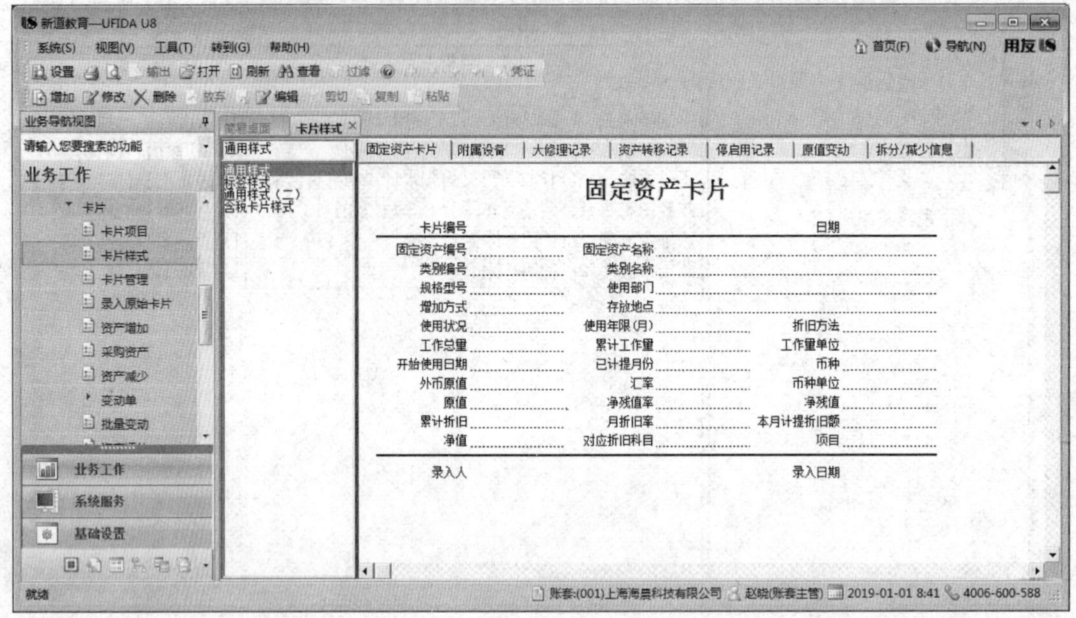

图6-21 “卡片样式”管理窗口

（2）如果不需修改卡片，则单击“卡片”下的“录入原始卡片”，打开“固定资产类别档案”窗口，如图6-22所示。

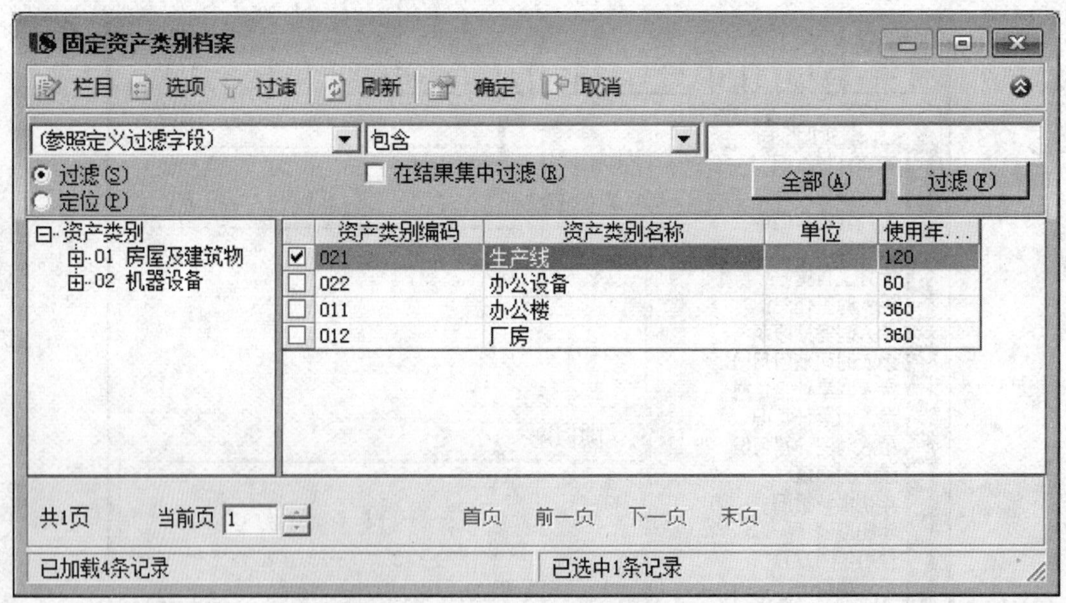

图6-22 “固定资产类别档案”窗口

（3）双击固定资产分类编码表中的“房屋及建筑物”，再双击“房屋及建筑物”下级类别中的“011办公楼”，会出现“录入原始卡片：00001号卡片”对话框，如图6-23所示。

（4）在固定资产编号栏录入“01100001”（011代表房屋及建筑物，00001代表1号楼），在固定资产名称栏录入“1号楼”，单击“部门名称”按钮，打开“固定资产”—“本资产部门使用方式”对话框，如图6-24所示。

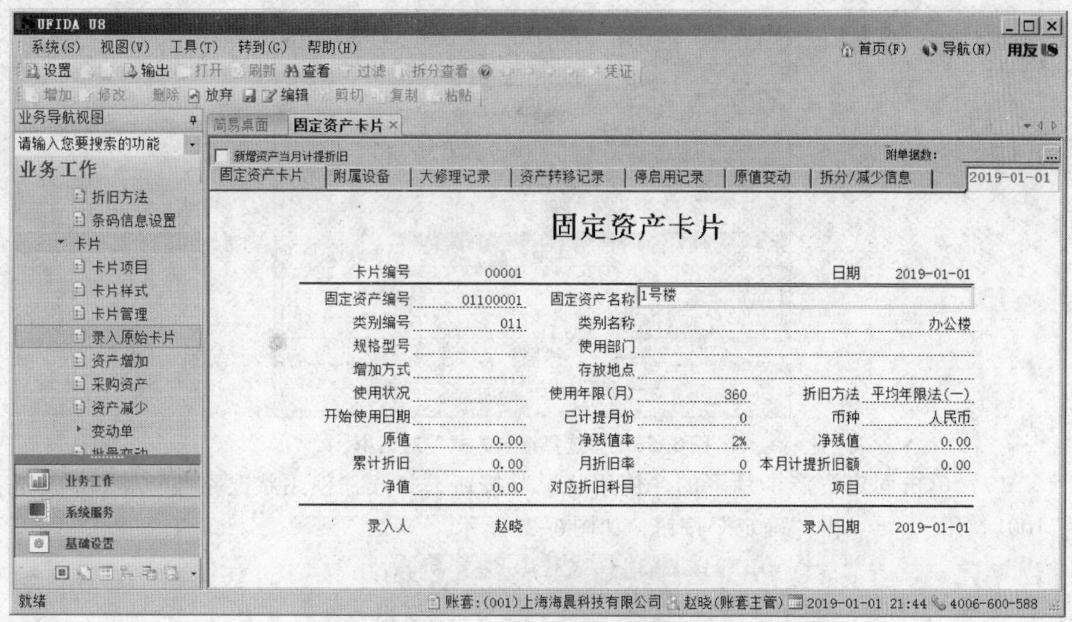

图 6-23 “办公楼固定资产卡片”窗口

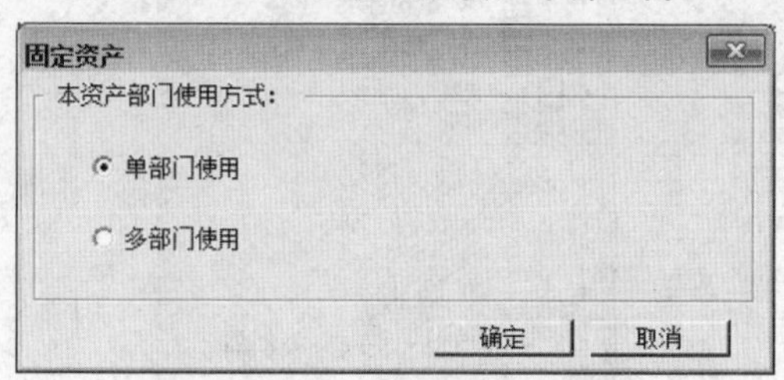

图 6-24 “部门名称”对话框

（5）单击“单部门使用”，再点击“确定”，出现“部门参照”窗口，选择相应部门，点击“确定”，如图 6-25 所示。

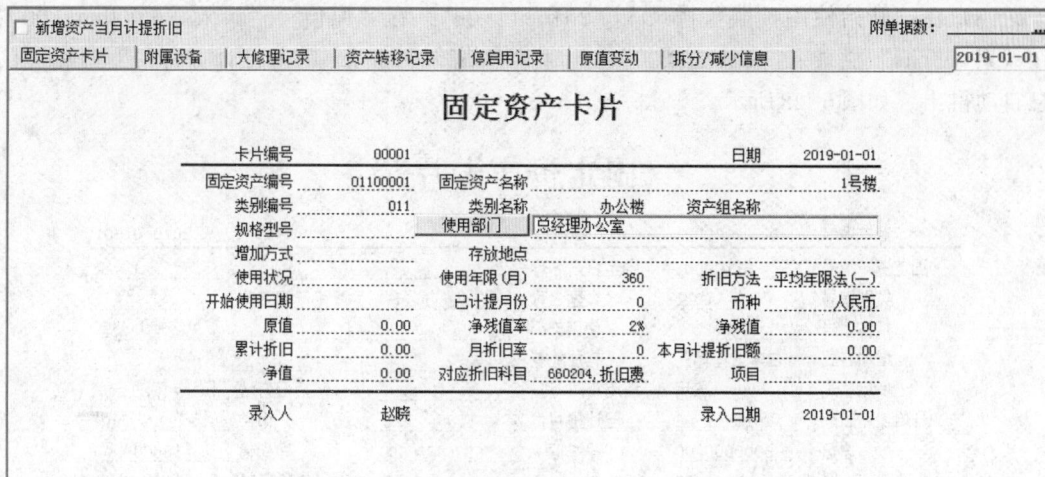

新增资产当月计提折旧 附单据数:

固定资产卡片 | 附属设备 | 大修理记录 | 资产转移记录 | 停启用记录 | 原值变动 | 拆分/减少信息 | 2019-01-01

固定资产卡片

卡片编号 00001 日期 2019-01-01

固定资产编号 01100001 固定资产名称 1号楼

类别编号 011 类别名称 办公楼 资产组名称

规格型号 使用部门 总经理办公室

增加方式 存放地点

使用状况 使用年限(月) 360 折旧方法 平均年限法(一)

开始使用日期 已计提月份 0 币种 人民币

原值 0.00 净残值率 2% 净残值 0.00

累计折旧 0.00 月折旧率 0 本月计提折旧额 0.00

净值 0.00 对应折旧科目 660204，折旧费 项目

录入人 赵晓 录入日期 2019-01-01

图 6-25 “使用部门”窗口

（6）单击固定资产卡片下的“增加方式”按钮，打开“增减方式参照”窗口，单击选中“105在建工程——生产线设备工程转入”，并点击“确定”按钮，如图 6-26 所示。

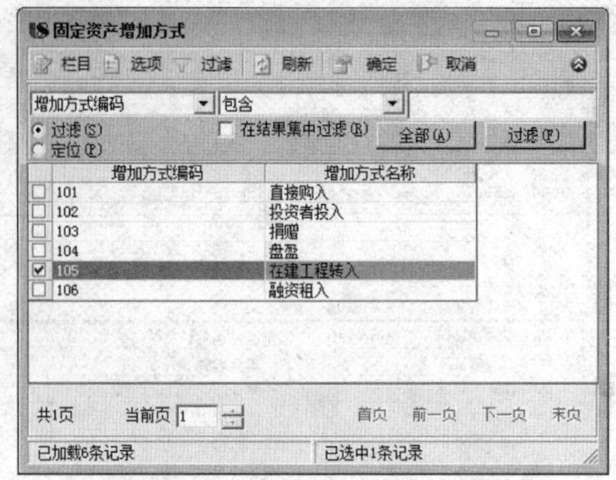

图6-26 “选择增加方式”对话框

（7）单击固定资产卡片下的“使用状况”按钮，打开“使用状况参照”窗口，点击“1001在用”，再点击“确定”按钮，如图6-27所示。

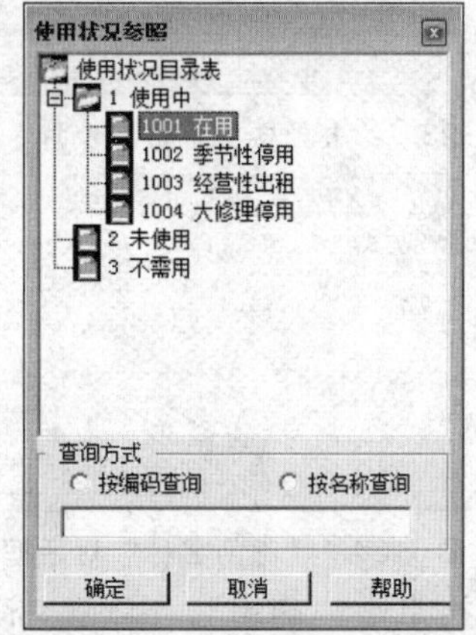

图6-27 “使用状况参照”对话框

（8）在“开始使用日期”栏录入“2016-11-06”，在“原值”栏录入“6 000 000.00”，在“累计折旧”栏录入“421 200.00”。此时“净值”“月折旧率”“已计提月份”等相关信息自动得出，如图6-28所示。

固定资产卡片

卡片编号	00001			日期	2019-01-01
固定资产编号	01100001	固定资产名称	1号楼		
类别编号	011	类别名称	办公楼	资产组名称	
规格型号		使用部门	总经理办公室		
增加方式	在建工程转入	存放地点			
使用状况	在用	使用年限(月)	360	折旧方法	平均年限法(一)
开始使用日期	2016-11-06	已计提月份	25	币种	人民币
原值	6000000.00	净残值率	2%	净残值	120000.00
累计折旧	421200.00	月折旧率	0.0027	本月计提折旧额	16200.00
净值	5578800.00	对应折旧科目	660204，折旧费	项目	
录入人	赵晓			录入日期	2019-01-01

图6-28 “录入相关信息”窗口

（9）单击“关闭”按钮，系统提示“是否保存数据”，单击“是”，再点击“确定”。依此方法继续录入其他的固定资产卡片，如图6-29所示。

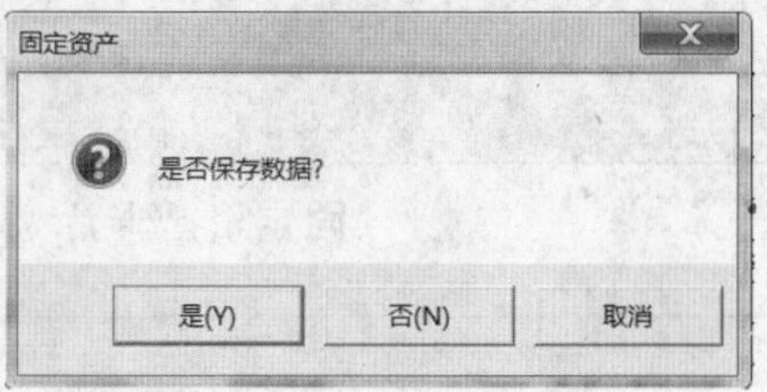

图6-29　“是否保存数据?”对话框

第二节 固定资产系统的日常业务处理

一、实验要求

1.增加固定资产

2.计提本月固定资产折旧并生成转账凭证

3.查询生成的转账凭证

二、实验资料

2019年1月15日在建工程——生产线设备工程转入2号楼，作为乙厂房，分配给生产部门使用，用作加工车间和动力车间，使用比例为1∶1，预计使用年限30年，原值5 000 000元，净残值2%，采用平均年限法（一）。

三、实验指导011

1.增加固定资产

（1）单击固定资产卡片下的“资产增加”，系统弹出“固定资产类别档案”对话框，如图6-30所示。

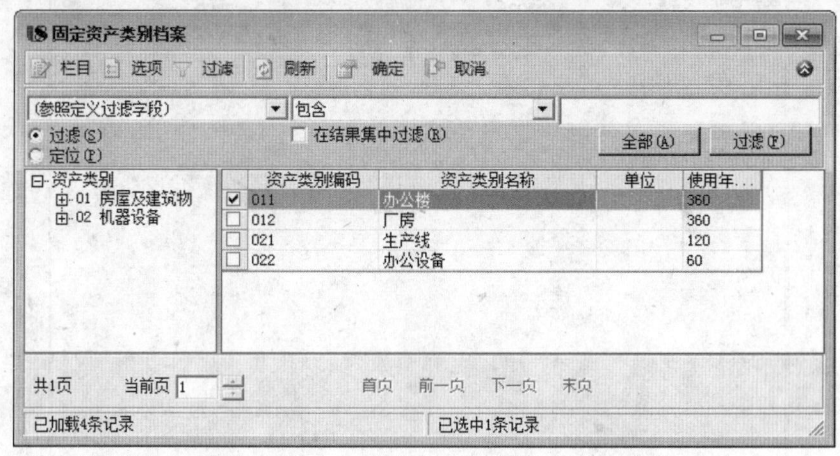

图6-30　“固定资产类别档案”对话框

（2）双击“01房屋及建筑物”，弹出“012厂房”，然后双击“012厂房”，此时和前面的“录入固定资产相关信息”一样输入相关信息，如图6-31所示。

（3）如果在“部门名称”里选择“多部门使用”，则累计折旧就按照比率来分配，如图6-32所示。

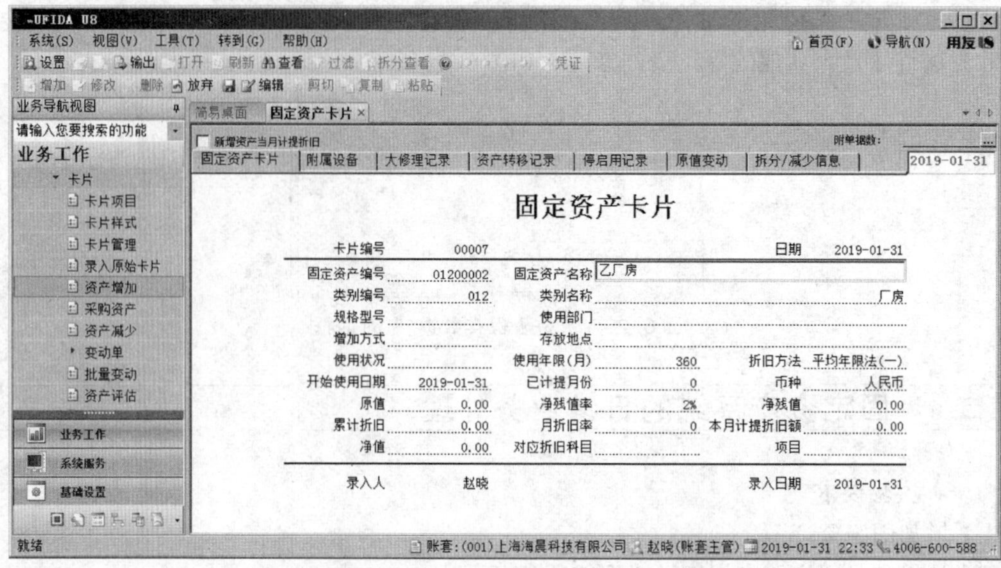

图6-31 “录入固定资产相关信息”窗口

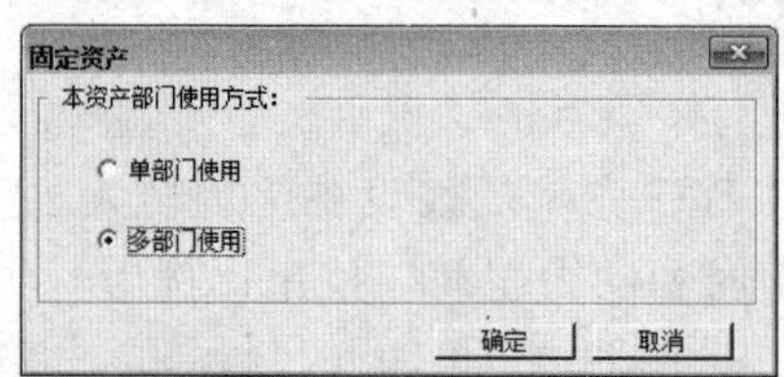

图6-32 “部门选择”对话框

（4）单击“增加”按钮，依次双击“使用部门”，再点击“ ”，查找相关使用部门，如图6-33所示。

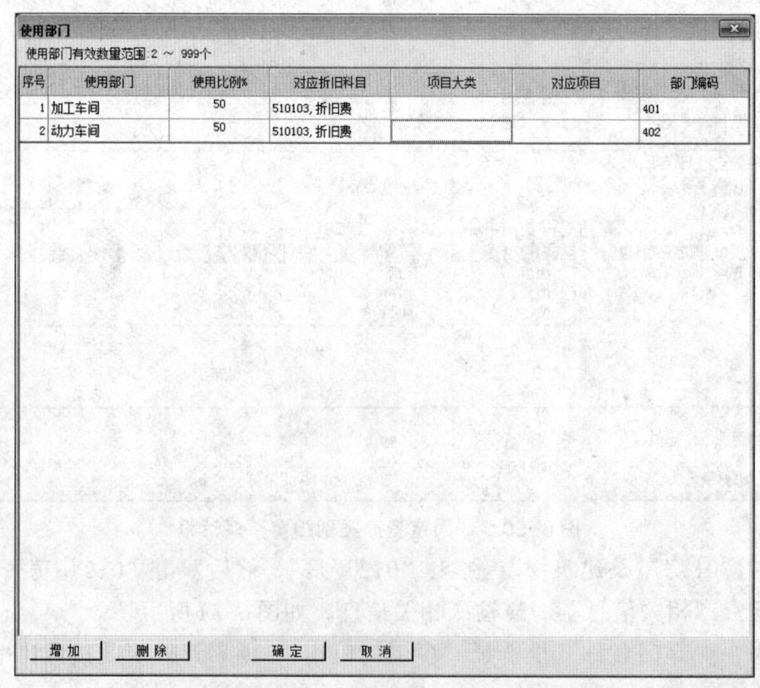

图6-33 “使用部门”对话框

(5) 调整比例和对应的折旧科目，然后单击“确定”，而固定资产卡片下的对应折旧科目也会发生相应的变化，如图6-34所示。

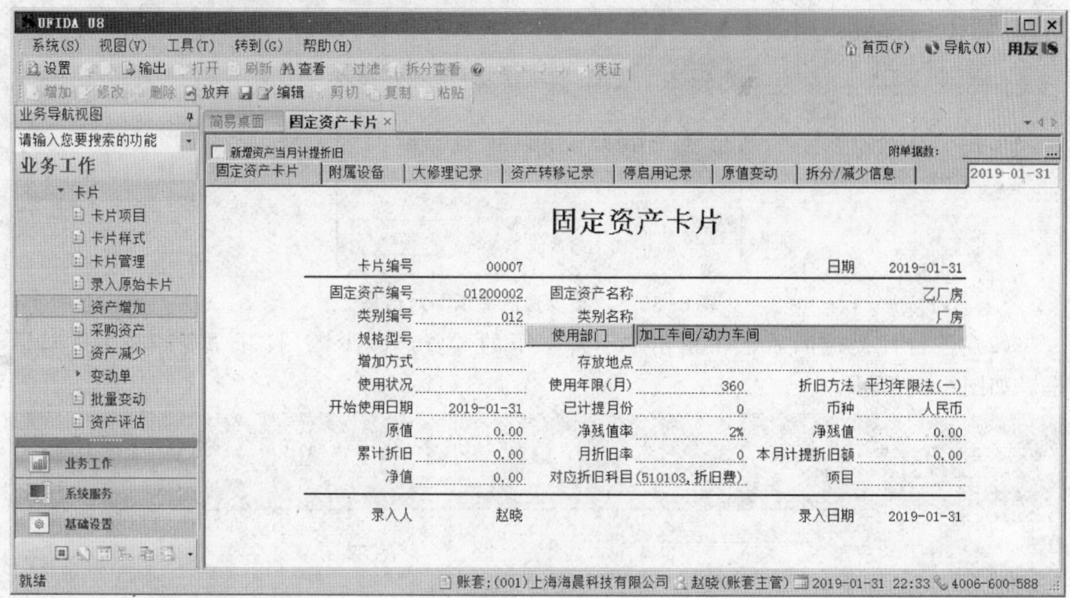

图6-34 “调整比例后固定资产卡片”窗口

(6) 最后点击“保存”，如图6-35所示

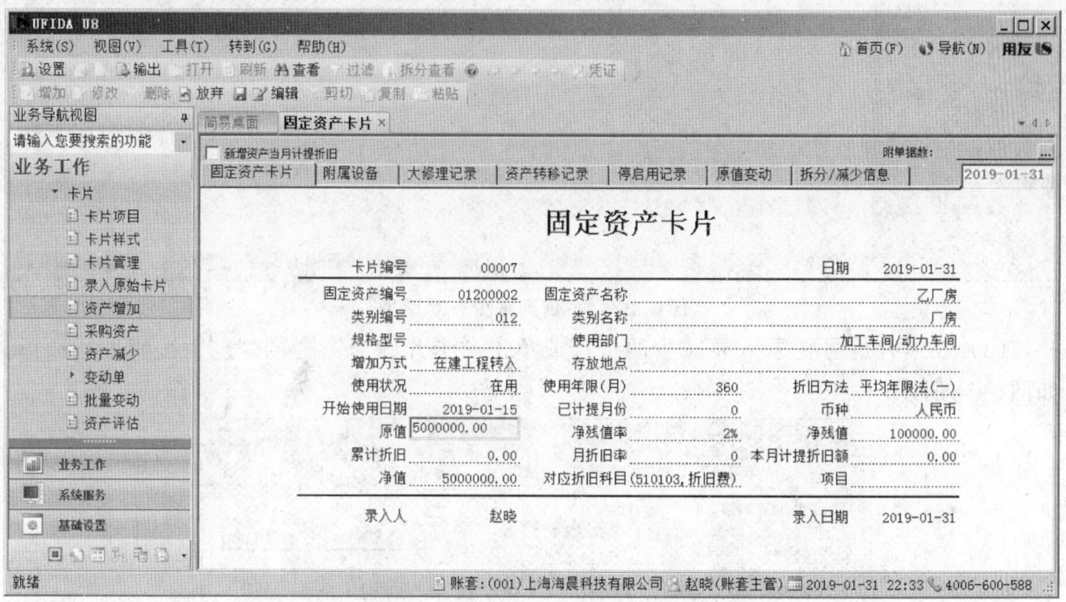

图6-35 “完整的固定资产卡片信息”窗口

注意事项：

(1) 新卡片录入的第一个月不计提折旧，折旧额为空或零。

(2) 原值录入的必须是卡片录入月初的价值，否则，将会出现计算错误。

(3) 已计提折旧的月份必须严格按照该资产在其他单位已经计提或估计已计提的月份数，不包括使用期间停用等不计提折旧的月份。

2.减少固定资产

（1）单击“卡片”中的“资产减少”会提示“本账套需要进行计提折旧后，才能减少资产！”，如图6-36所示。

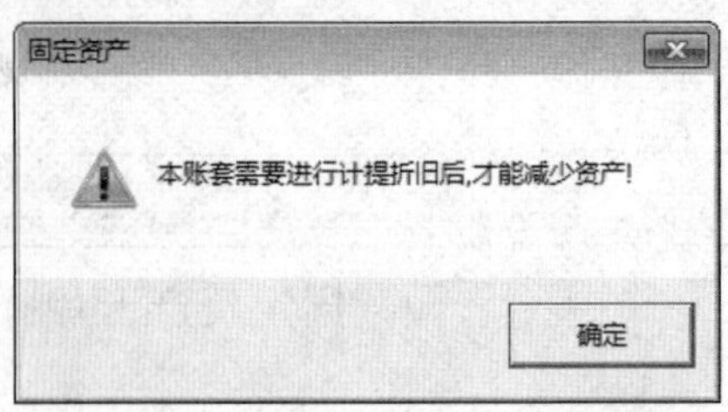

图6-36 “减少资产提示”对话框

（2）进行计提折旧后，再单击“卡片”下的“资产减少”，打开“资产减少”对话框，如图6-37所示。

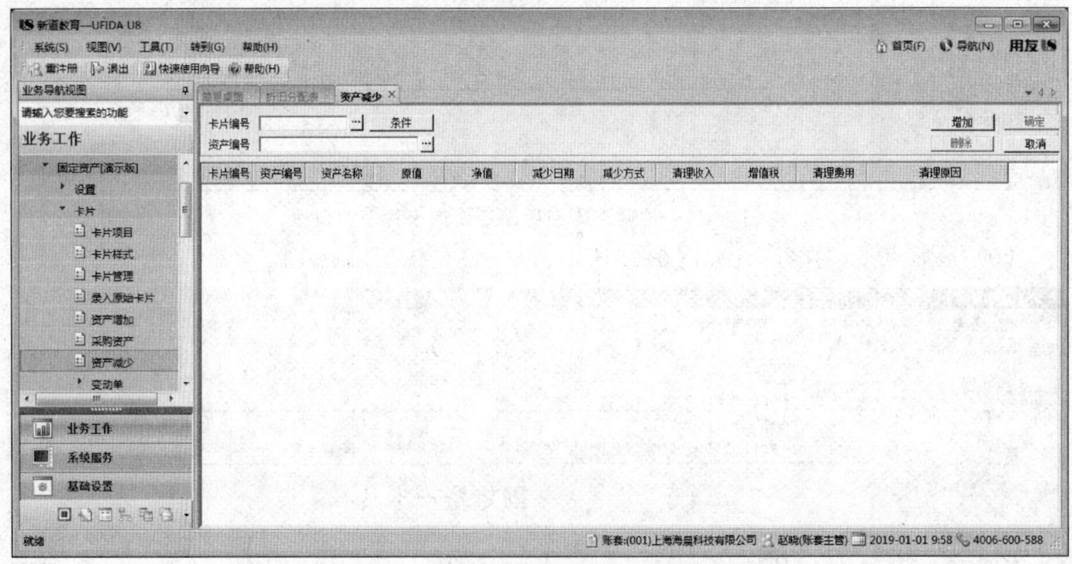

图6-37 “资产减少”对话框

（3）在卡片编号栏录入要减少的资产或单击“卡片编号”栏的“…”按钮进行选择，如图6-38所示。

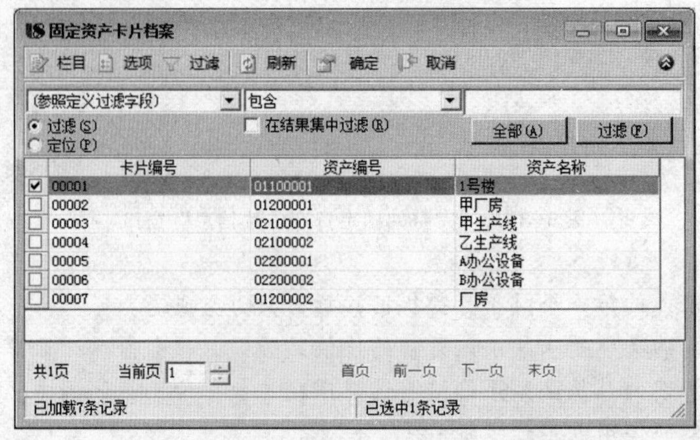

图6-38 “固定资产卡片档案”对话框

（4）单击“增加”按钮，再双击“减少方式”的空格栏，如图6-39所示。

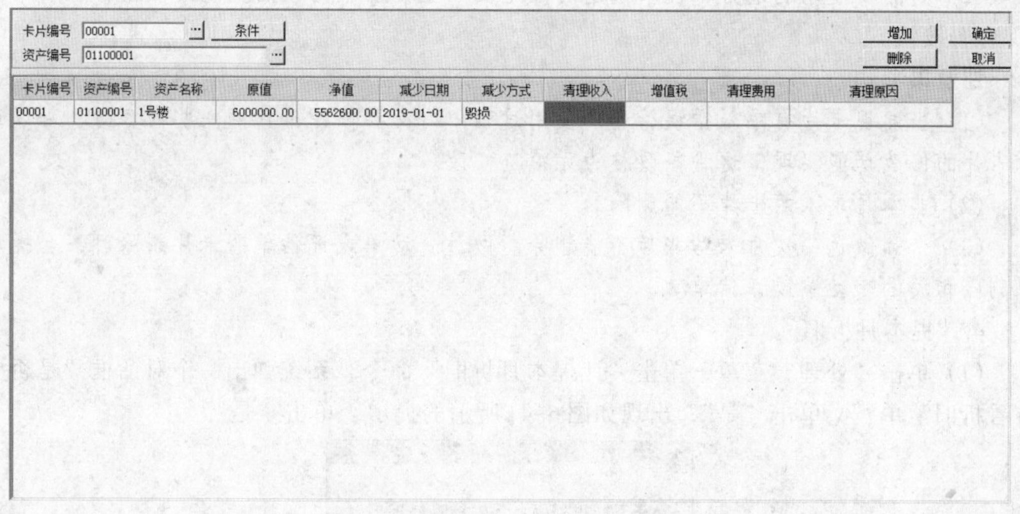

图6-39 “资产减少方式”对话框

（5）再单击“确定”按钮，进行保存。

注意事项：

只有当资产开始计提折旧后才可以使用资产减少功能，否则，减少资产只有通过删除卡片来完成。

3.固定资产变动

（1）单击“卡片”下的“变动单”下的菜单，在其中选择具体的变动方式，打开“固定资产变动单【新建变动单：00001号变动单】”，如图6-40所示。

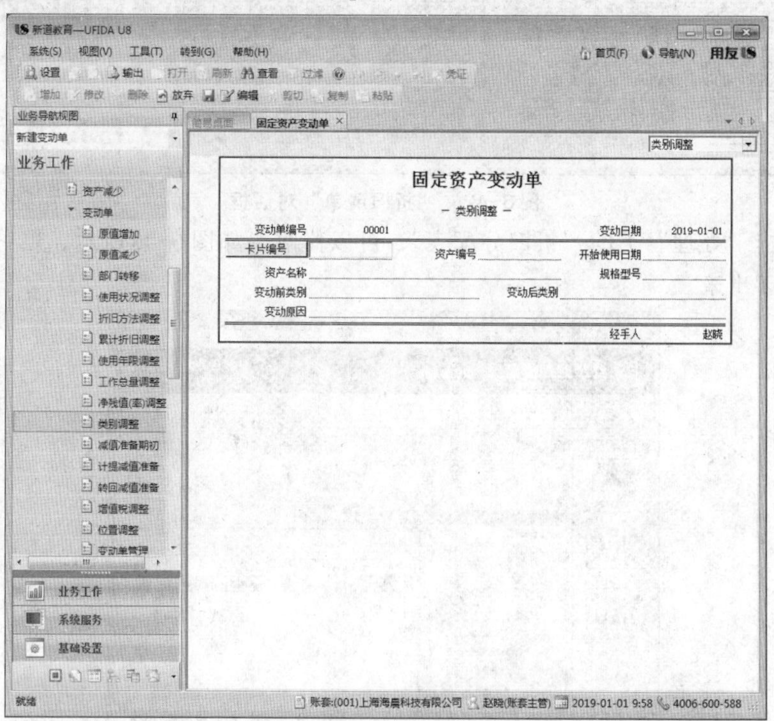

图6-40 “固定资产变动单”窗口

（2）有需要变动的地方，在所选定的固定资产变动单中修改需变动的项目，最后单击“保存”按钮。

注意事项：

（1）当发现卡片有录入错误，资产使用过程中有必要修改卡片的一些内容时，可以通过卡片的修改功能实现，这种修改称为无痕迹修改。

（2）非本月录入的卡片不能删除。

（3）卡片做过一次月末结账后不能删除。做过变动单或评估单的卡片删除时，会提示先删除相关的变动单或评估单。

4.计提本月折旧

（1）单击“处理”菜单，单击“计提本月折旧”命令，系统弹出一个对话框“是否要查看折旧清单?”，单击“是”，出现如图6-41所示的提示，单击“是”。

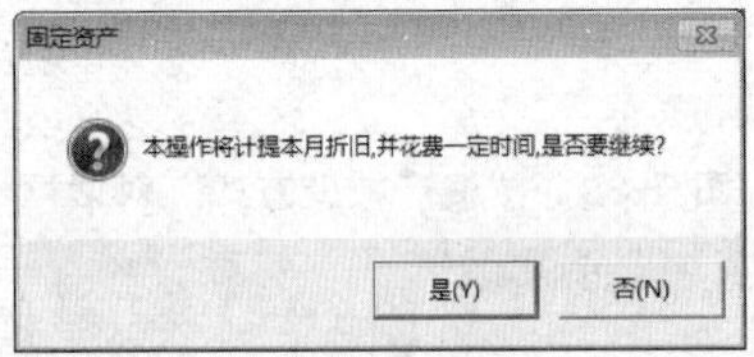

图6-41 “查看折旧清单”对话框

（2）此时弹出折旧清单，查看是否有什么问题。在此窗口可以按照部门和类别来具体查询折旧数据，如图6-42所示。

折旧清单 [2019.01]

输出 退出

2019.01（登录）（最新）

按部门查询：固定资产部门编码目录；1 综合管理部；2 市场部；3 创新中心；4 生产部；5 库房

卡片编号	资产编号	资产名称	原值	计提原值	本月计提折旧额	累计折旧	本年计提折旧	减值准备	净值	净残值	折旧率	单位折旧	本月工作量	累计工作量	规格型号
00001	01100001	1号楼	000.00	000,000.00	16,200.00	437,400.00	16,200.00	0.00	600.00	0,000.00	0.0027		0.000	0.000	
00002	01200001	甲厂房	000.00	000,000.00	27,000.00	702,000.00	27,000.00	0.00	000.00	0,000.00	0.0027		0.000	0.000	
00003	02100001	甲生产线	000.00	000,000.00	48,600.00	117,800.00	48,600.00	0.00	200.00	0,000.00	0.0081		0.000	0.000	
00004	02100002	乙生产线	000.00	000,000.00	16,200.00	696,600.00	16,200.00	0.00	400.00	0,000.00	0.0081		0.000	0.000	
00005	02200001	A办公设备	000.00	800,000.00	12,960.00	285,120.00	12,960.00	0.00	880.00	4,000.00	0.0162		0.000	0.000	
00006	02200002	B办公设备	000.00	200,000.00	3,240.00	71,280.00	3,240.00	0.00	720.00	6,000.00	0.0162		0.000	0.000	
合计			000.00	000,000.00	124,200.00	310,200.00	124,200.00	0.00	800.00	0,000.00			0.000	0.000	

图6-42 “折旧清单”对话框

（3）点击“处理”下的“折旧分配表”，可以修改，如图6-43所示，也可以单击“打印”将其打印出来。

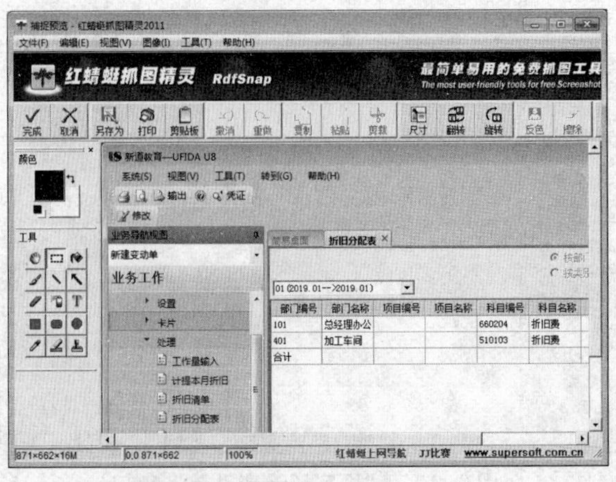

图6-43 “折旧分配表”对话框

（4）单击工具栏中的“凭证”按钮生成折旧分配凭证，如图6-44所示。

字　　制单日期：2019.01.01　　审核日期：　　附单据数：0

摘 要	科目名称	借方金额	贷方金额
计提第[1]期间折旧	管理费用/折旧费	3240000	
计提第[1]期间折旧	制造费用/折旧费	9180000	
计提第[1]期间折旧			12420000
票号 日期	数量 单价 合 计	12420000	12420000

备注　项 目　　部 门
个 人　　客 户
业务员

记账　　审核　　出纳　　制单　赵晓

图6-44　“生成凭证”窗口

（5）双击“……字”，则出现“转账凭证”，单击“附单据数：”上的横线，输入凭证号数，如果贷方科目没有设置好，则双击“科目名称”的第三栏，找到“累计折旧”，点击菜单上的“保存”按钮保存。系统显示“已生成”，如图6-45所示。

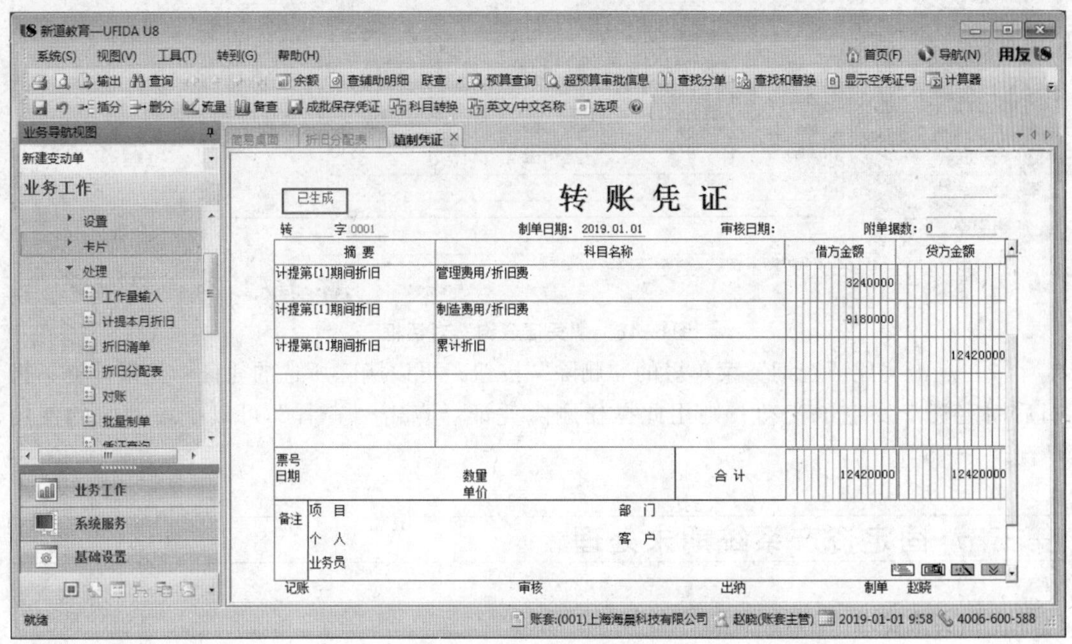

已生成

转 账 凭 证

转　字 0001　　制单日期：2019.01.01　　审核日期：　　附单据数：0

摘 要	科目名称	借方金额	贷方金额
计提第[1]期间折旧	管理费用/折旧费	3240000	
计提第[1]期间折旧	制造费用/折旧费	9180000	
计提第[1]期间折旧	累计折旧		12420000
票号 日期	数量 单价 合 计	12420000	12420000

备注　项 目　　部 门
个 人　　客 户
业务员

记账　　审核　　出纳　　制单　赵晓

图6-45　“保存凭证”窗口

注意事项：

（1）计提折旧功能对各项资产每期计提一次折旧，并自动生成折旧分配表，然后制作记账凭证，将本期的折旧费用自动登账。

(2) 在一个期间内可以多次计提折旧，每次计提折旧后，只是将计提的折旧累加到月初的累计折旧上，不会重复累计。

(3) 若上次计提折旧已制单并已传到总账系统，则必须删除该凭证才能重新计提折旧。

(4) 计提折旧后又对账套进行了影响折旧计算或分配的操作，必须重新计提折旧，否则，系统不允许结账。

(5) 在折旧费用分配表界面，可以单击“制单”按钮制单，也可以以后利用“批量制单”功能进行制单。

5.查询凭证

(1) 点击“处理”菜单下的“凭证查询”，系统弹出“凭证查询”对话框，再点击“凭证查询”菜单里的“查询”，如图6-46所示。

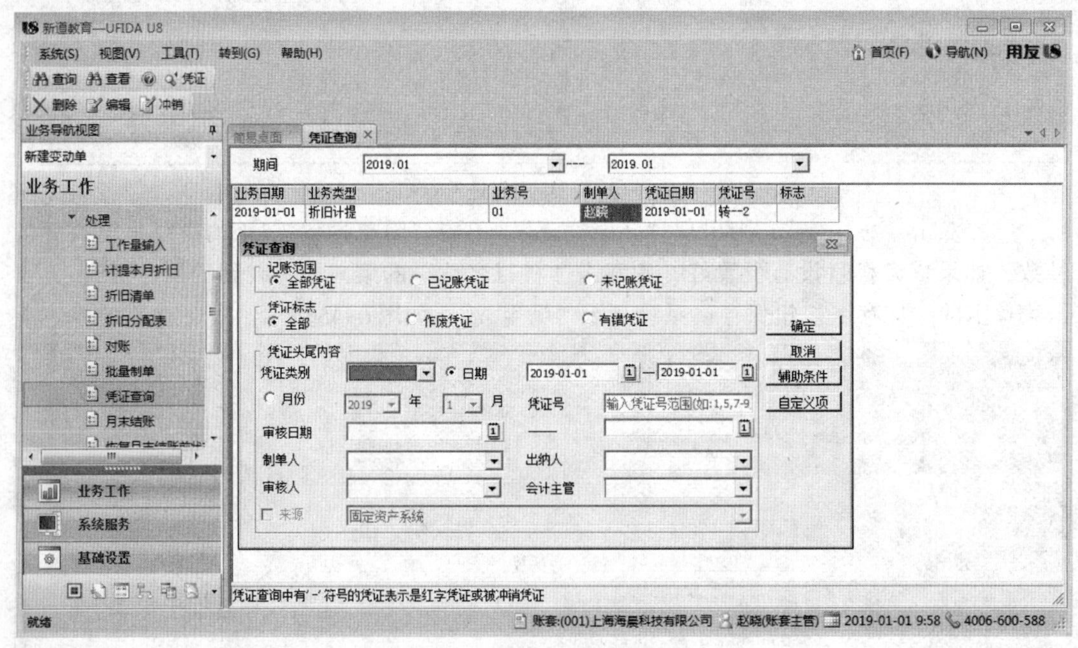

图6-46 “凭证查询”对话框

(2) 点击“凭证查询”菜单里的“删除”按钮，可以删除所选的凭证。如果计提了折旧后固定资产发生了变动，则用此操作删除凭证。点击“查看”可以了解部门的使用情况。

第三节 固定资产系统期末处理

一、实验要求

1.对账

2.审核凭证、记账并结账

3.账表查询

二、实验资料

以前面资料为基础。

三、实验指导

1.对账

（1）单击“处理”下的“对账”，出现“与账务对账结果”对话框，如图6-47所示。

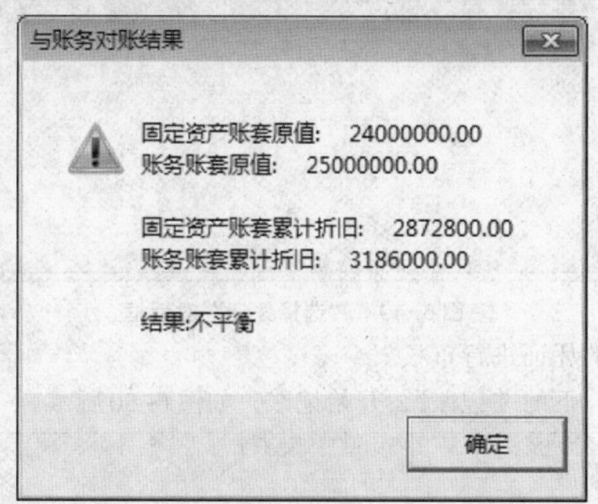

图6-47 “与账务对账结果”对话框

（2）单击“确定”按钮。

注意事项：

（1）只有设置账套参数时选择了“与账务系统进行对账”，本功能才能操作。

（2）如果对账不平，需要根据初始化是否选中“在对账不平的情况下允许固定资产月末结账”。

（3）在固定资产系统中已经计提了折旧，但尚未在总账系统中记账，因此出现了折旧的差额。

2.审核凭证、记账、结账

（1）由操作员“赵晓”打开“财务会计”下的“总账”，单击“凭证”下的“凭证审核”，如图6-48所示。

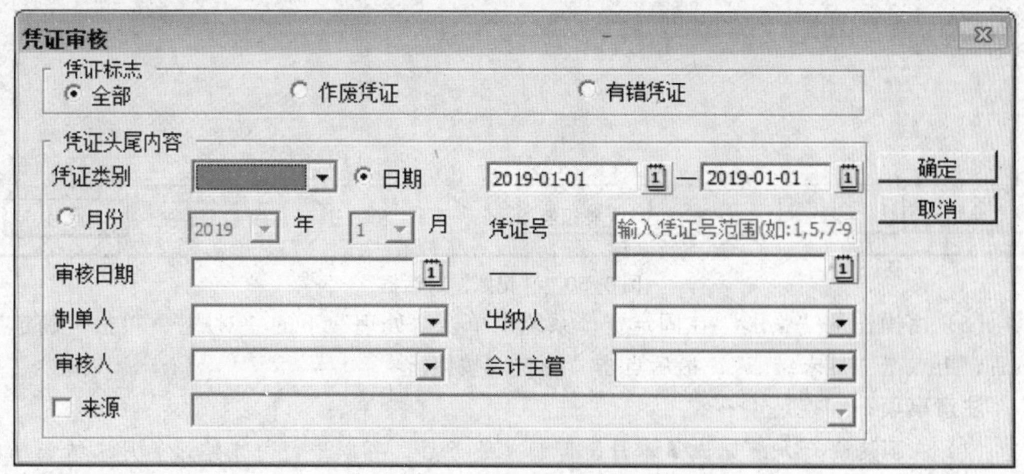

图6-48 “凭证审核”对话框

（2）在“凭证审核”窗口中输入相关范围的信息，单击“确定”按钮，如图6-49所示。

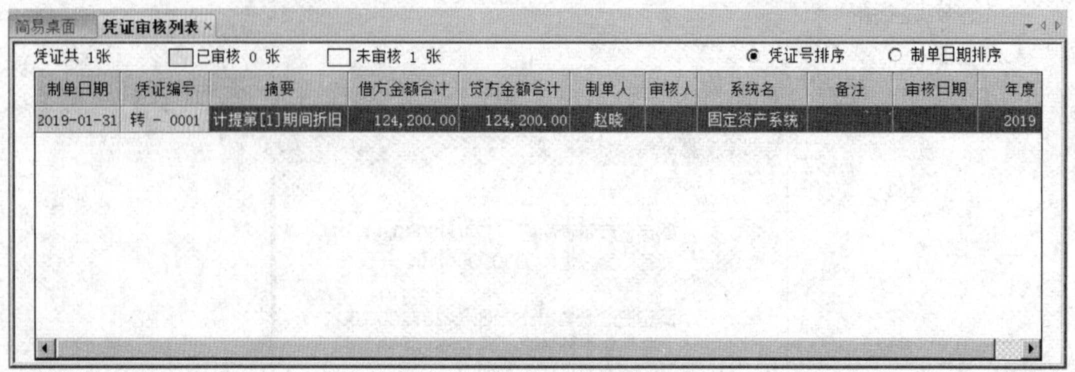

图 6-49 “选择凭证”对话框

（3）选择要审核的凭证进行审核。

（4）进入“凭证”下的“记账”，开始记账，如图 6-50 所示。

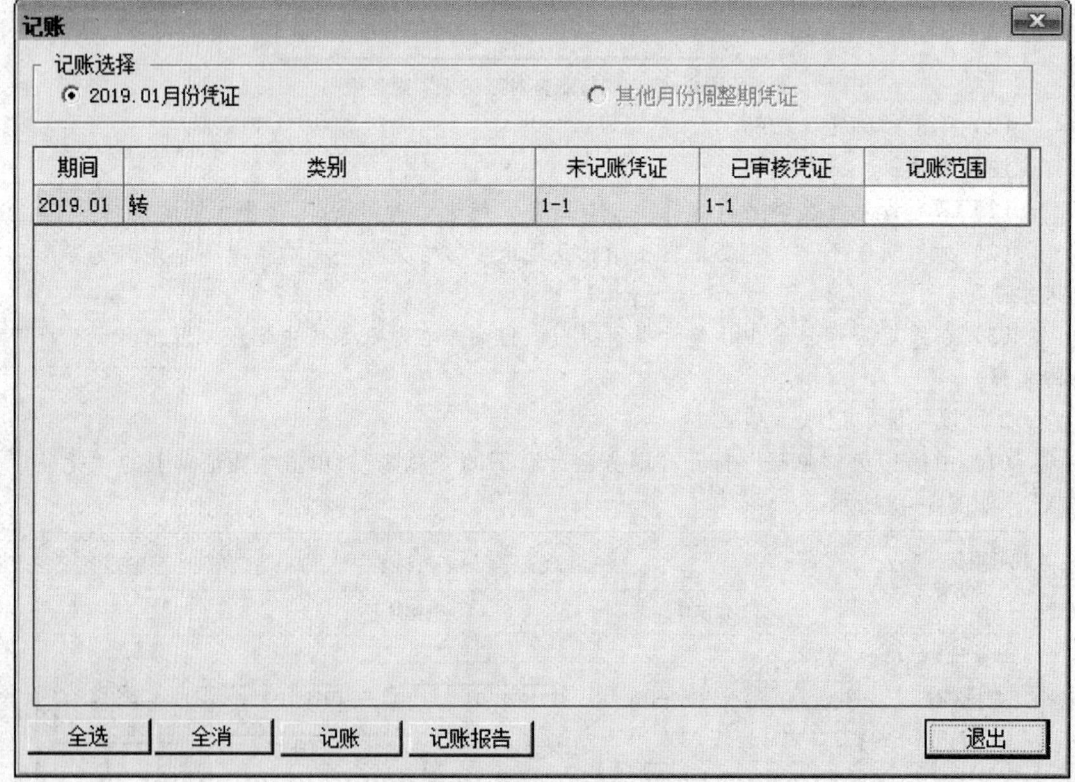

图 6-50 “记账”对话框

（5）由操作员“张彤”在固定资产系统中单击“处理”下的“对账”，单击“确定”，然后，再点击“月末结账”，最后点击“确定”按钮。

注意事项：

（1）在固定资产系统完成了本月全部制单业务后，可以进行月末结账。月末结账每月进行一次，结账后当期数据不能修改。

（2）本期不结账，将不能处理下期的数据，结账前一定要进行数据备份，否则，数据一旦丢失，将造成无法挽回的后果。

（3）恢复到某个月月末结账前状态后，本账套对该结账后所做的所有工作都可以无痕迹地删除。

（4）不能跨年度恢复数据，即本系统年末结转后，不能利用本功能恢复结转前的状态。

3.查询账表

（1）单击“账表”下的“我的账表”命令，系统弹出“报表”对话框，再双击“分析表”下的“使用状况分析表”，点击“确定”，如图6-51所示。

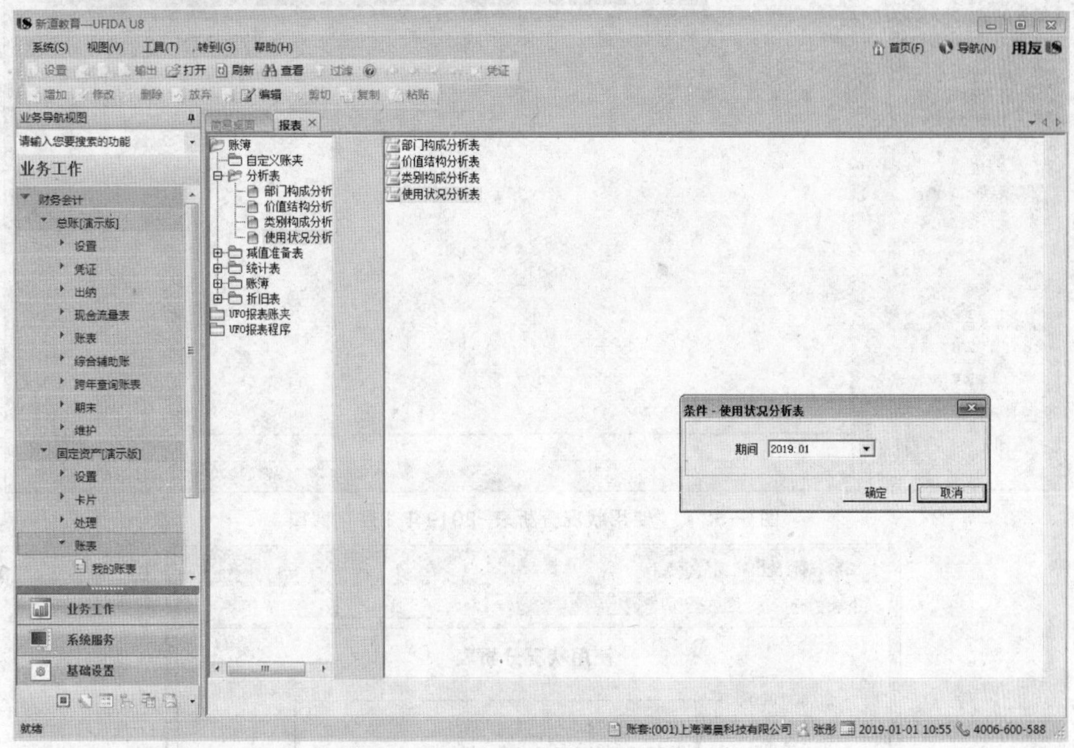

图6-51 “使用状况分析表”对话框

（2）此时出现“使用状况分析表”窗口，并点击“图形分析”，在此可用图形直观地进行分析，如图6-52和图6-53所示。

（3）点击“账簿”下的“统计表”，双击“固定资产统计表”命令，系统弹出“固定资产统计表查询条件”对话框，如图6-54所示。

（4）选择查询条件，然后单击“确定”按钮，系统将列出符合条件的“固定资产统计表”，如图6-55所示。

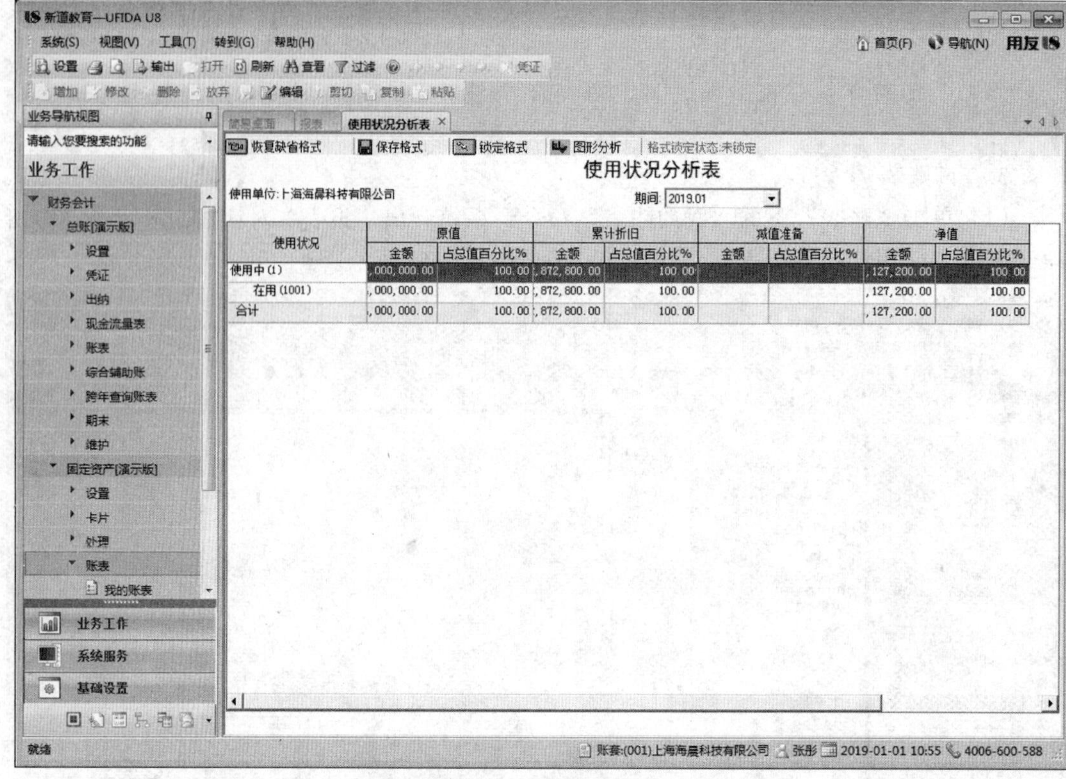

图 6-52 “使用状况分析表-2019 年 1 月”窗口

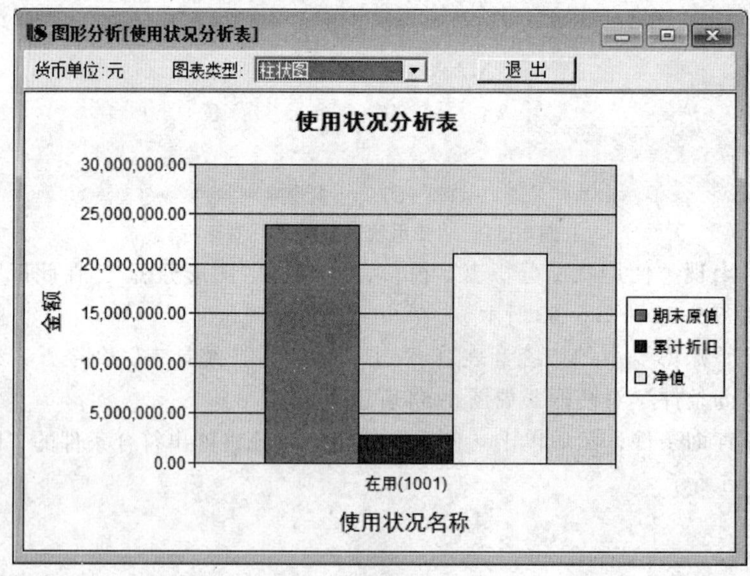

图 6-53 “图形分析”窗口

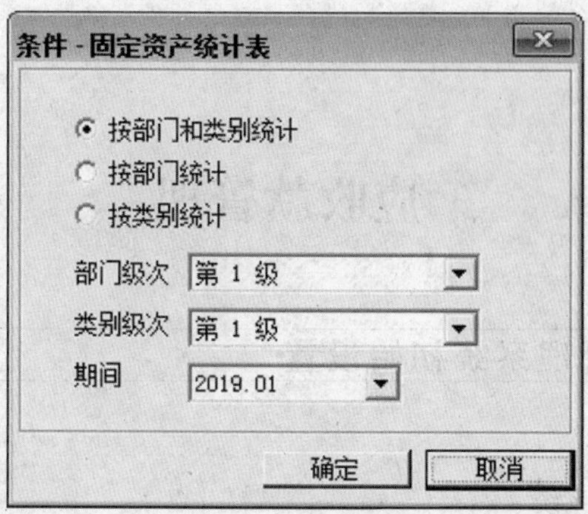

图 6-54 “固定资产统计表查询条件”对话框

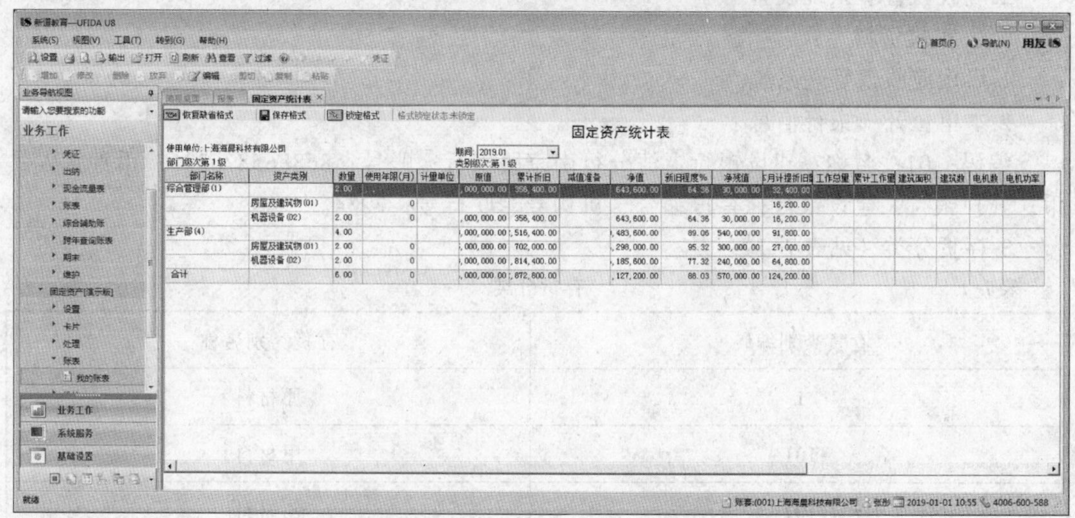

图 6-55 “固定资产统计表”窗口

注意事项：

(1) 在执行月末结账时，有可能因为外部原因而中断，因此之前最好对账套数据进行备份，以免数据丢失。

(2) 如果系统提供的报表不能满足要求，可以根据需要自定义用户自己的报表。

应收款管理

第一节 应收款管理系统初始设置

一、实验要求

1.启用应收款管理系统

2.应收款管理系统设置

二、实验资料

1.启用应收款管理系统

2.本单位开户银行信息

编码：01；名称：建设银行上海分行南京路支行；账号：868865876235；币种：人民币；开户银行：建设银行；客户编号、机构号、联行号：2234。

3.存货分类（见表7-1）

表7-1 **存货分类**

存货类别编码	存货类别名称
1	原材料
101	甲材料
102	乙材料
2	产成品
201	A产品
202	B产品

4.存货计量单位组及计量单位（见表7-2、表7-3）

表7-2 **计量单位组**

计量单位组编号	计量单位组名称	计量单位组类别
01	无换算关系组	无换算率

表7-3 **计量单位**

计量单位编号	计量单位名称	所属计量单位组名称
01	吨	无换算关系组
02	箱	无换算关系组

5.存货档案（见表7-4）

表7-4 **存货档案**

存货编码	存货名称	所属类别	主计量单位	税率	存货属性
01	无缝甲材料	甲材料	吨	16%	内销、外购、生产耗用
02	无缝乙材料	乙材料	吨	16%	内销、外购、生产耗用
03	特级A产品	A产品	箱	16%	内销、外购、自制
04	特级B产品	B产品	箱	16%	内销、外购、自制

6.应收款管理系统参数设置

应收款核销方式：按单据。

坏账处理方式：应收账款余额百分比法。其他参数为系统默认。

7.应收款管理系统初始设置

基本科目设置：应收科目为应收账款1122，预收科目为预收账款2203，税金科目为应交增值税——销项税额22210105，其他可暂时不设置。

产品科目设置：特级A产品科目为主营业务收入——A产品，特级B产品科目为主营业务收入——B产品。

8.结算方式科目设置

结算方式科目设置：现金结算对应科目为1001，转账支票结算对应科目为100201，现金支票结算对应科目为100201，币种都是人民币。

9.坏账准备设置

坏账准备设置：提取比例0.5%，期初余额1 250元，科目编号1231，对方科目6701资产减值损失。

10.账龄区间设置（见表7-5）

表7-5 **账龄区间设置**

序号	起止天数	总天数
01	1—30	30
02	31—60	60
03	61—90	90
04	91以上	

11.销售发票（专用发票）期初余额（见表7-6）

表7-6 **销售发票(专用发票)期初余额** 金额单位：元

日期	摘要	客户	产品	数量	价税合计	业务员
2018-08-25	销售产品	南里公司	特级A产品	16箱	134 000	吴雨泽
2018-11-04	销售产品	永兴公司	特级B产品	24箱	116 000	吴雨泽

12.预收账款期初余额（以收款单形式录入，见表7-7）

表7-7 预收账款期初余额(以收款单形式录入) 单位：元

日期	结算方式	摘要	客户	金额	业务员
2018-10-28	转账支票	预收	南里公司	77 950	吴雨泽
2018-11-07	转账支票	预收	天伦公司	52 650	吴雨泽

13.应收票据期初余额（以银行承兑汇票形式录入，见表7-8）

表7-8 应收票据期初余额(以银行承兑汇票形式录入) 单位：元

日期	票号	客户	金额	承兑银行	科目	到期日
2018-08-14	1352	华氏公司	30 000	建行	应收票据	2019-2-13
2018-10-27	2309	海昌公司	40 000	建行	应收票据	2019-2-2

三、实验指导

引入总账期初余额试算平衡的账套，引入后进行如下实验：

1.启用应收款管理系统

进入“基础设置”—“基本信息”—“系统启用”，启用应收款管理系统，启用日期为“2019-01-01”。

2.本单位开户银行信息

进入“设置”—“基础档案”—“收付结算”—“本单位开户银行”，打开“本单位开户银行”界面，如图7-1所示。

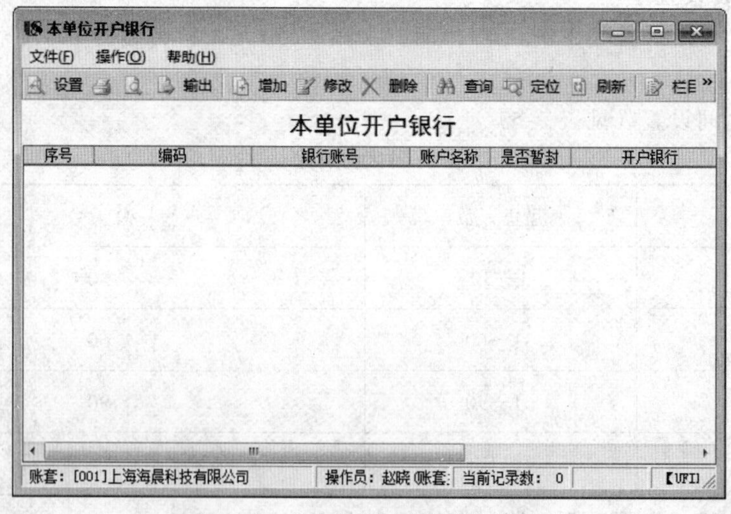

图7-1 “本单位开户银行”界面

点击“增加”，输入开户银行编码“01”，开户银行名称“建设银行上海分行南京路支行”，银行账号“868865876235”等信息，点击“保存”后退出，如图7-2所示。

3.存货分类

在企业应用平台中，进入“设置”—“基础档案”—“存货”，点击“存货分类”，进入“存货分类”界面，单击“增加”，按要求输入分类编码、分类名称等信息后，单击“保存”后退出，如图7-3所示。

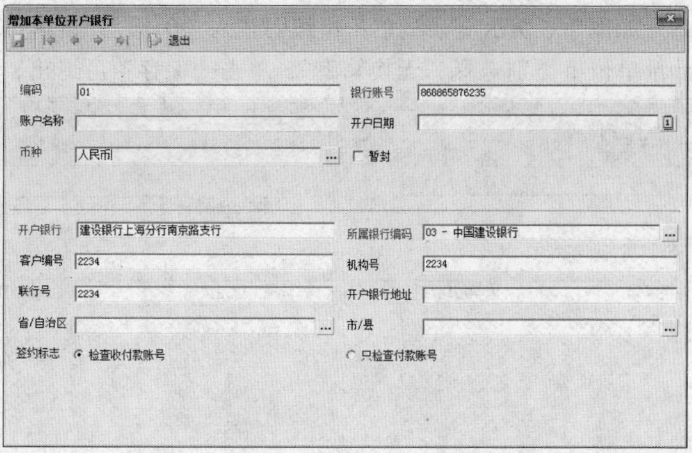

图7-2 “修改本单位开户银行”界面

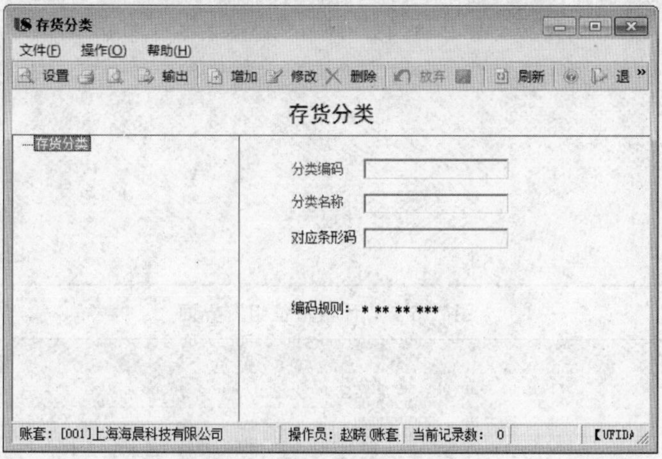

图7-3 “存货分类”界面

4.存货计量单位组及计量单位

选择“计量单位”，进入操作界面，点击菜单栏“分组”，进入“计量单位组”，如图7-4所示。

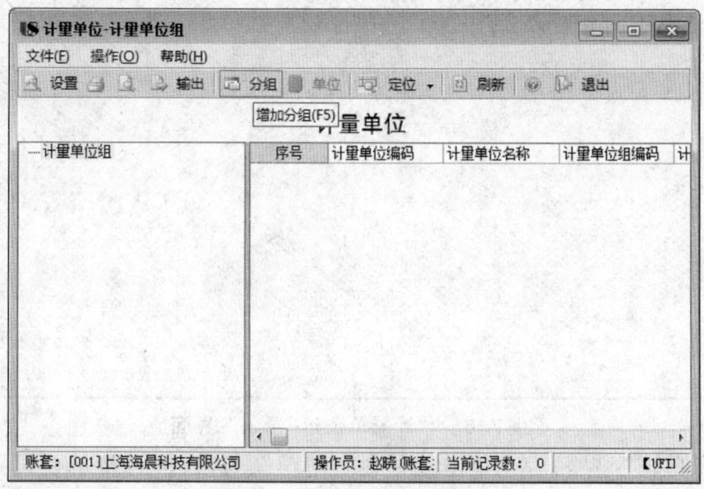

图7-4 “计量单位”界面

单击“增加”，如图7-5所示。计量单位组编码输入“01”，计量单位组名称输入“无换算关系组”，计量单位组类别选择“无换算率”，单击“保存”后退出，如图7-6所示。

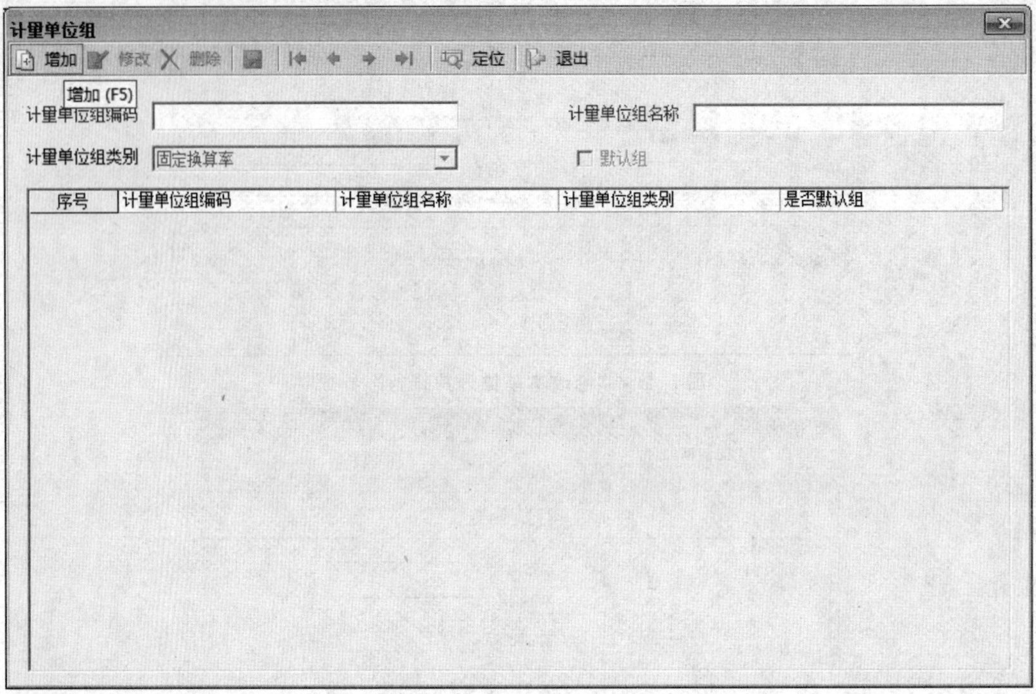

图7-5 “计量单位组”界面

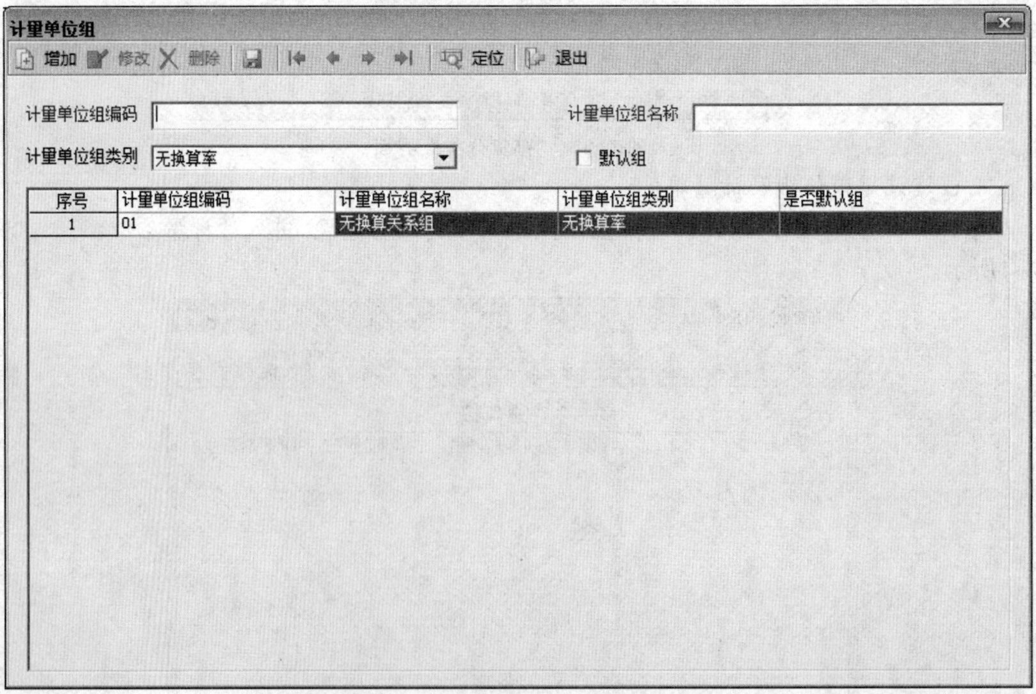

图7-6 “计量单位组-录入”界面

回到“计量单位”界面后，单击菜单栏“单位”，进入“计量单位设置”界面，单击“增加”，按要求输入“计量单位编码”“计量单位名称”，点击“保存”，然后退出，完成计量单位信息的录入，如图7-7、图7-8、图7-9所示。

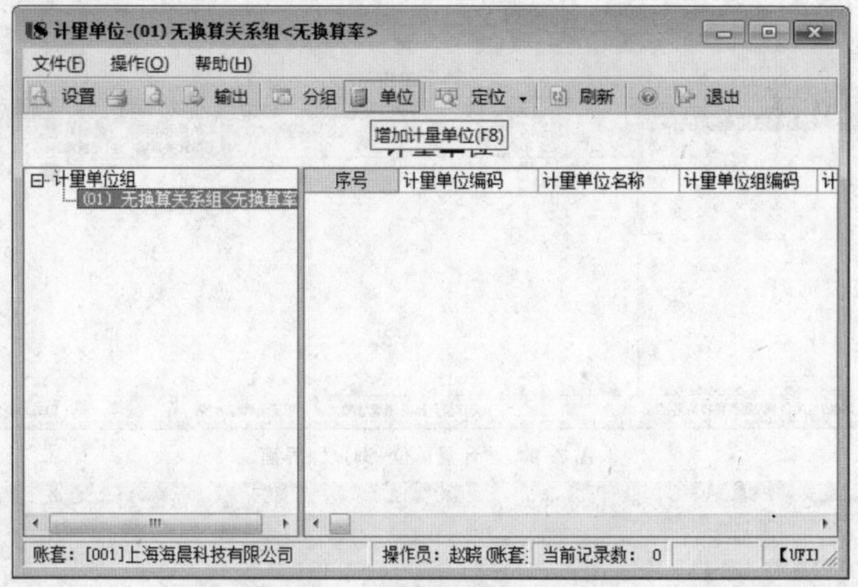

图7-7 “计量单位-增加”界面

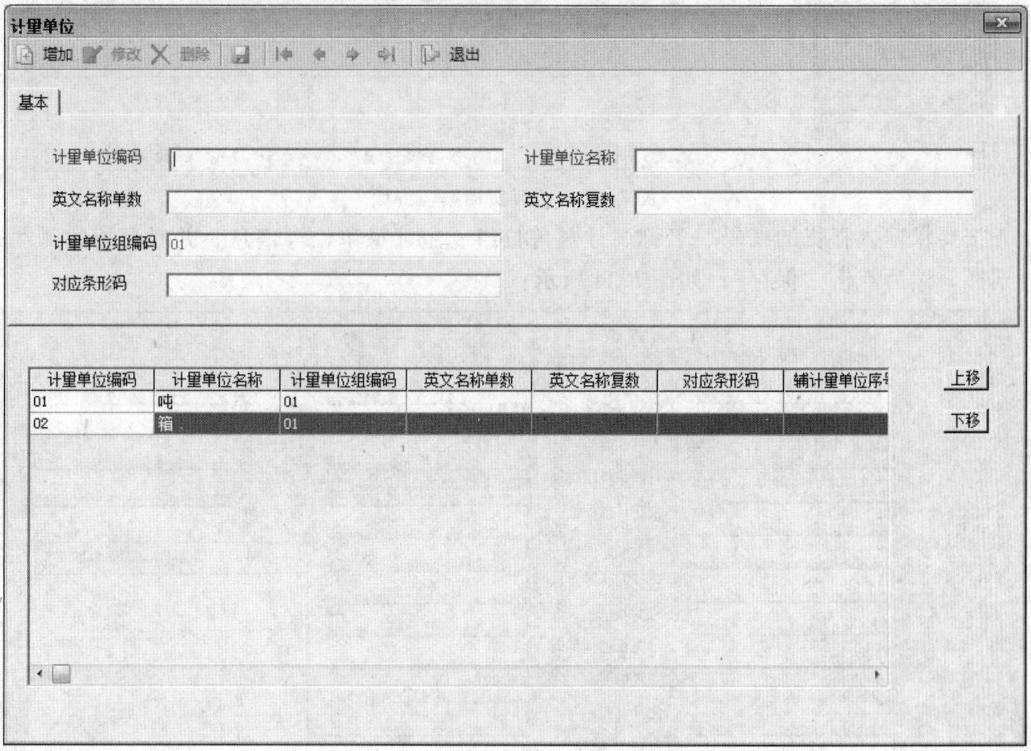

图7-8 “计量单位-保存”界面

5.存货档案

进入“企业应用平台”—“设置”—“基础档案”—“存货”后，选择“存货档案”，现在界面左边的树形结构图中是要增加的存货档案的类别，点击菜单栏“增加”进入“存货档案”界面，如图7-10所示。

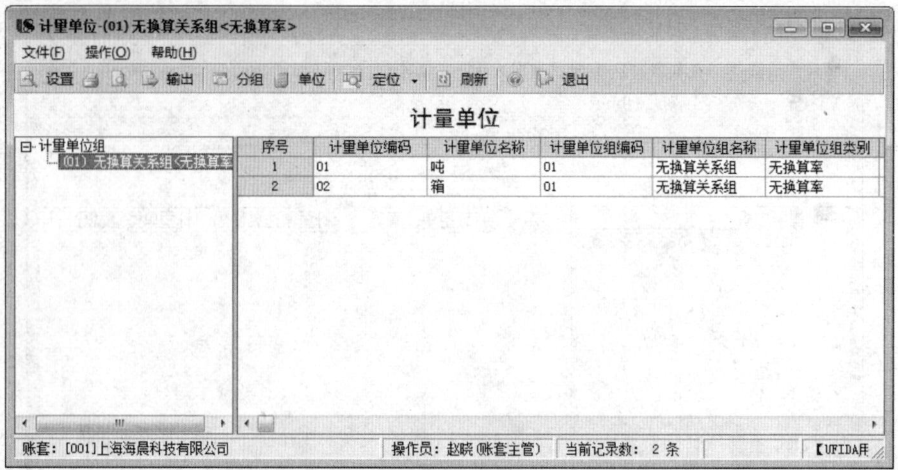

图 7-9　“计量单位-浏览”界面

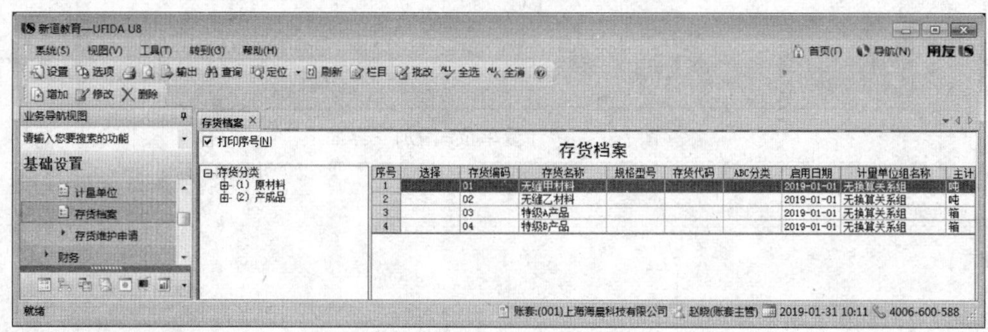

图 7-10　“存货档案”界面

按要求输入存货的编码、名称、计量单位组、主计量单位等信息，并对存货的属性进行选择，然后点击“保存”，如图 7-11 所示。

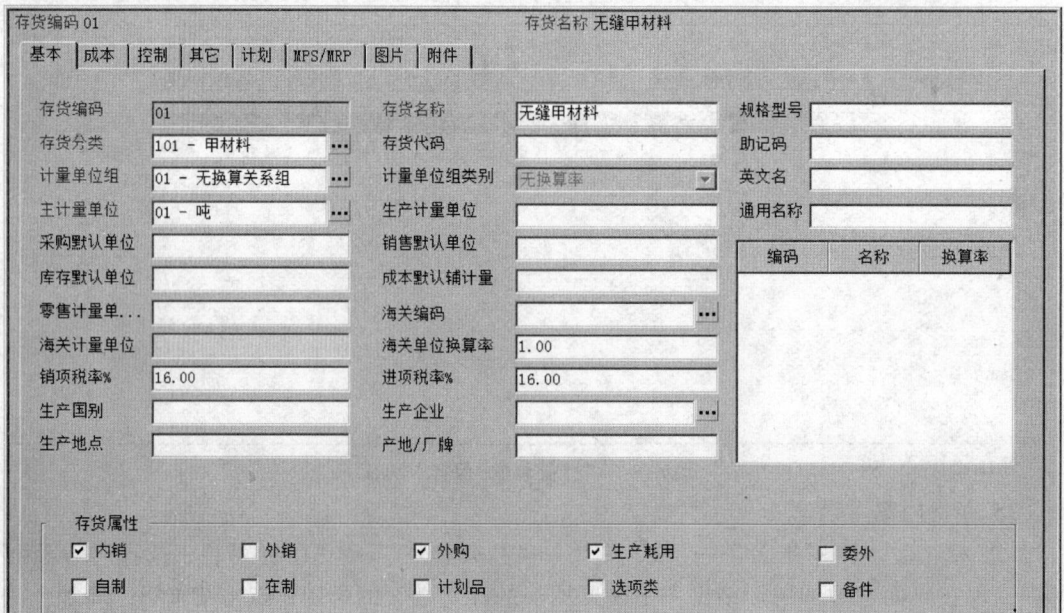

存货编码 01　　存货名称 无缝甲材料
基本 | 成本 | 控制 | 其它 | 计划 | MPS/MRP | 图片 | 附件
存货编码 01　存货名称 无缝甲材料　规格型号
存货分类 101 - 甲材料　存货代码　助记码
计量单位组 01 - 无换算关系组　计量单位组类别 无换算率　英文名
主计量单位 01 - 吨　生产计量单位　通用名称
采购默认单位　销售默认单位
库存默认单位　成本默认辅计量　编码 名称 换算率
零售计量单...　海关编码
海关计量单位　海关单位换算率 1.00
销项税率% 16.00　进项税率% 16.00
生产国别　生产企业
生产地点　产地/厂牌
存货属性
☑ 内销　☐ 外销　☑ 外购　☑ 生产耗用　☐ 委外
☐ 自制　☐ 在制　☐ 计划品　☐ 选项类　☐ 备件

图 7-11　“增加存货档案”界面

重复以上操作，直到完成所有存货档案的录入后退出，完成存货档案的增加，如图7-12所示。

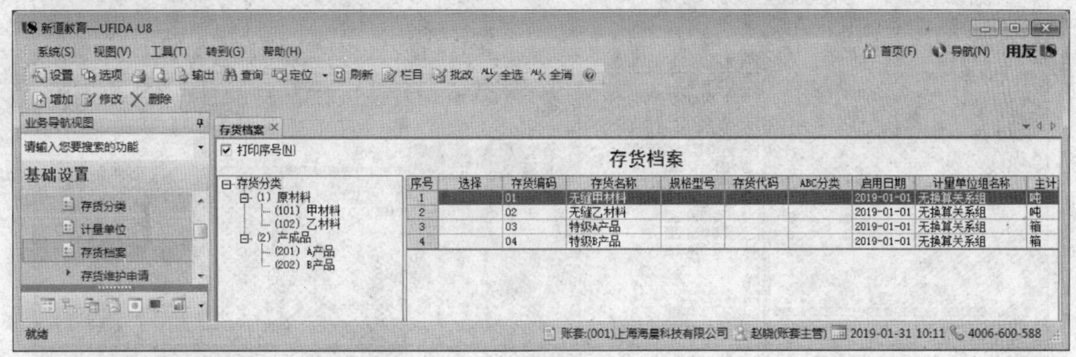

图7-12　“存货档案分类”界面

6.应收款管理系统参数设置

进入企业应用平台，进入“业务”—“财务会计”—“应收款管理”—“设置”—“选项”，在参数设置界面的常规页面，单击“编辑”按钮，选择应收款核销方式为“按单据”，单据审核日期依据为“单据日期”，坏账处理方式为“应收余额百分比法”，单击“确定”按钮，完成账套参数设置，如图7-13所示。

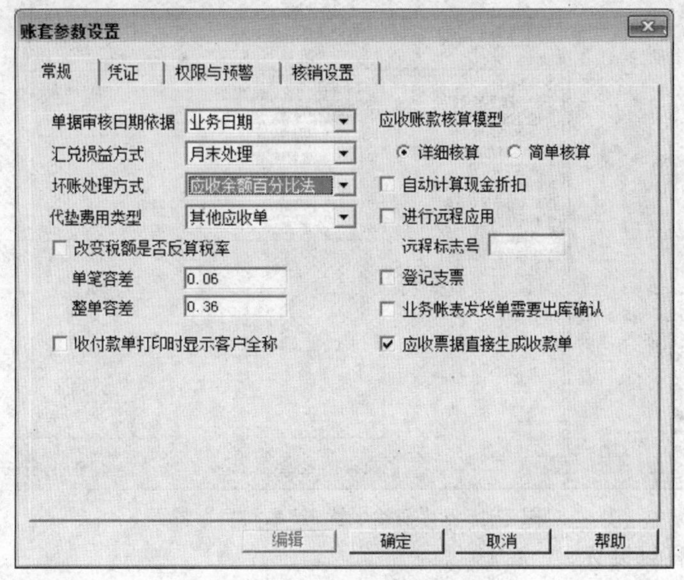

图7-13　“账套参数设置”界面

重新注册，使参数设置生效。

7.应收款管理系统初始设置

进入“应收款管理”—“设置”—“初设设置”，选择界面树形结构中的“基本科目设置”，在应收科目本币输入科目代码“1122”，预收科目本币输入科目代码“2203”，税金科目输入“22210105”，如图7-14所示。

产品科目设置操作方法是：在初始设置界面，选中“产品科目设置”，对库存商品A和B分别输入销售收入科目编码“600101”和“600102”，税金科目均输入“22210105”，如图7-15所示。

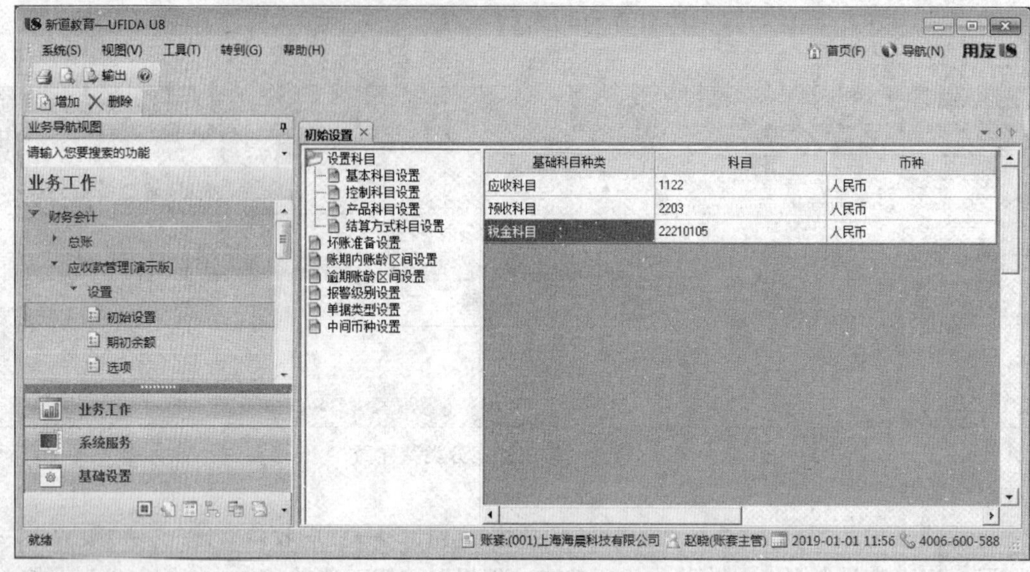

图 7-14 “初始设置”界面

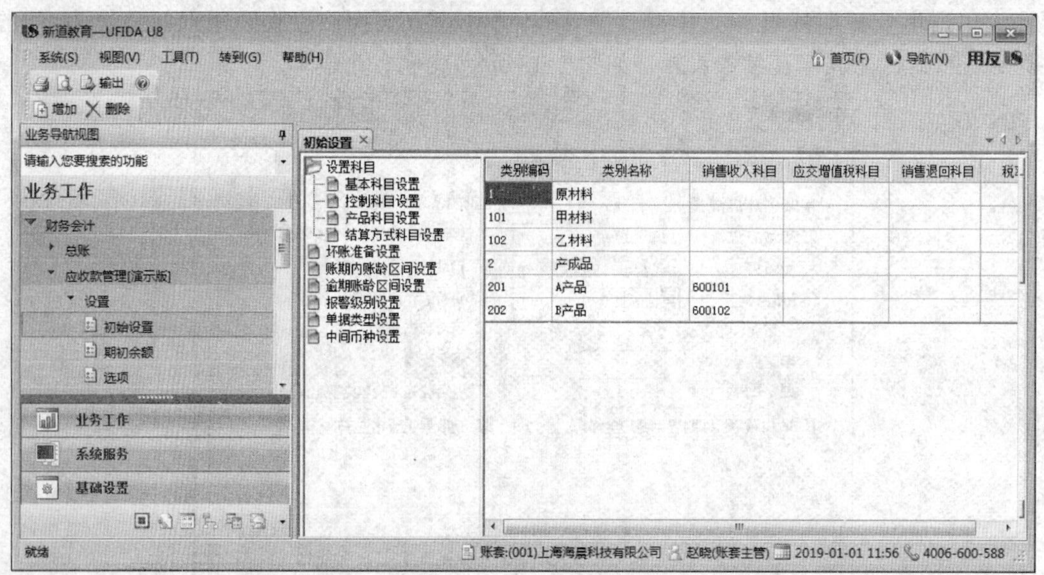

图 7-15 “初始设置-产品科目”界面

8.结算方式科目设置

设置科目中结算方式科目设置的具体操作步骤如下：在设置科目树形结构图中选中“结算方式科目设置”，点击“结算方式”空白栏处，在下拉选择框中依次选中“现金结算”“转账结算”等结算方式，币种选择“人民币”，科目对应选择“1001”“100201”等，如图 7-16 所示。

9.坏账准备设置

坏账准备设置的具体操作步骤如下：进入“应收款管理”—“设置”—“初始设置”，选择界面树形结构中的“坏账准备设置”，“提取比率”栏输入“0.500”，“坏账准备期初余额”输入“1 250.00”，“坏账准备科目”输入“1231”，“对方科目”选择“6701”，单击“确定”按钮，完成坏账准备设置，如图 7-17 所示。

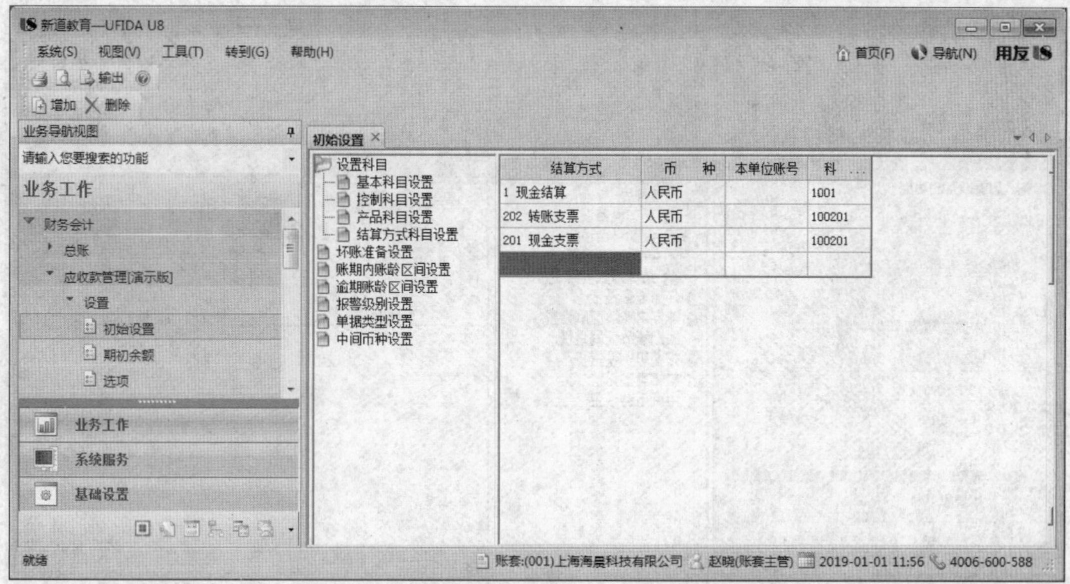

图7-16　“初始设置-结算方式科目设置”界面

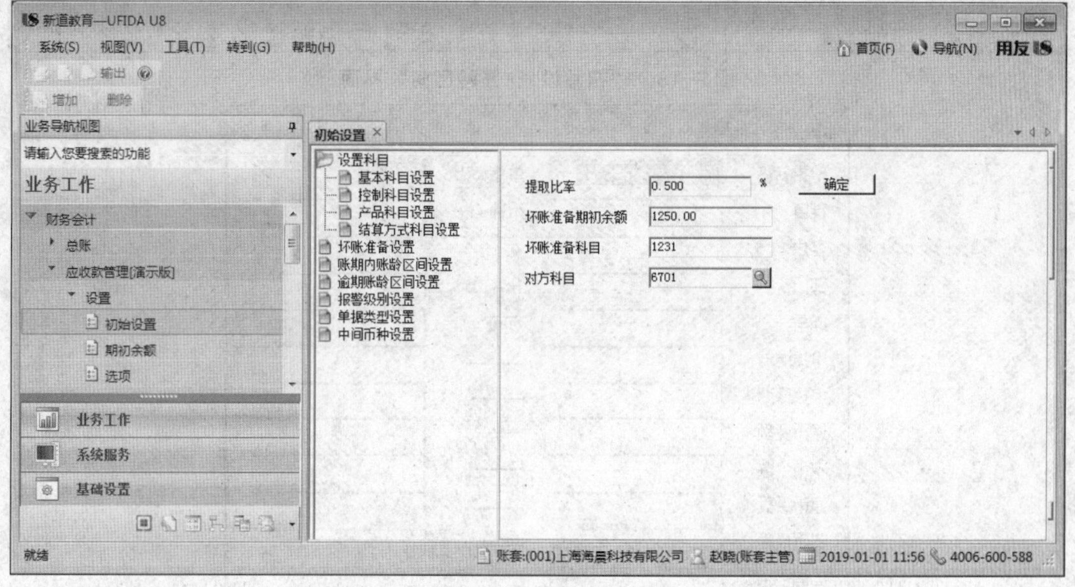

图7-17　“初始设置-坏账准备设置”界面

10.账龄区间设置

账期内账龄区间设置的具体操作步骤如下：进入“应收款管理”—“设置”—“初始设置”，选择界面树形结构中的“账期内账龄区间设置”，在总天数第一行位置中输入“30”，按Enter键，依次输入后面的“60”“90”，退出，如图7-18所示。逾期账龄区间设置与账期内账龄区间设置相同。

11.销售发票（专用发票）期初余额

销售发票—应收账款期初余额录入的具体操作步骤如下：进入“应收款管理”—“设置”—“期初余额”，进入“期初余额-查询”界面，如图7-19所示。

点击“确定”按钮后，进入“期初余额明细表”界面，如图7-20所示。

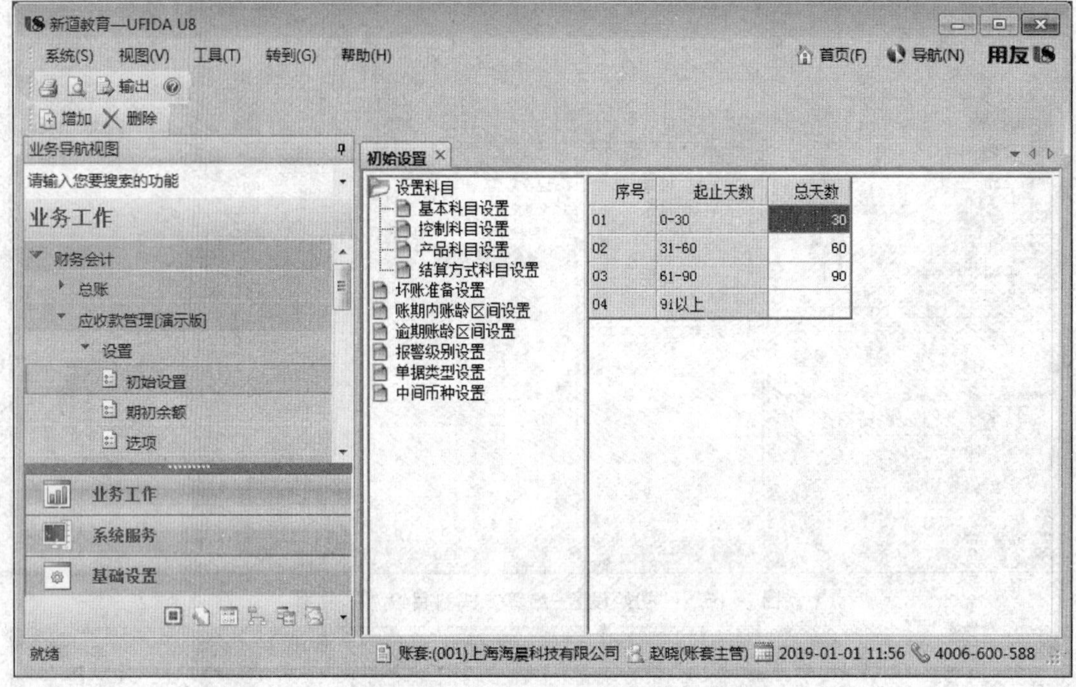

图 7-18 “初始设置-账龄区间”界面

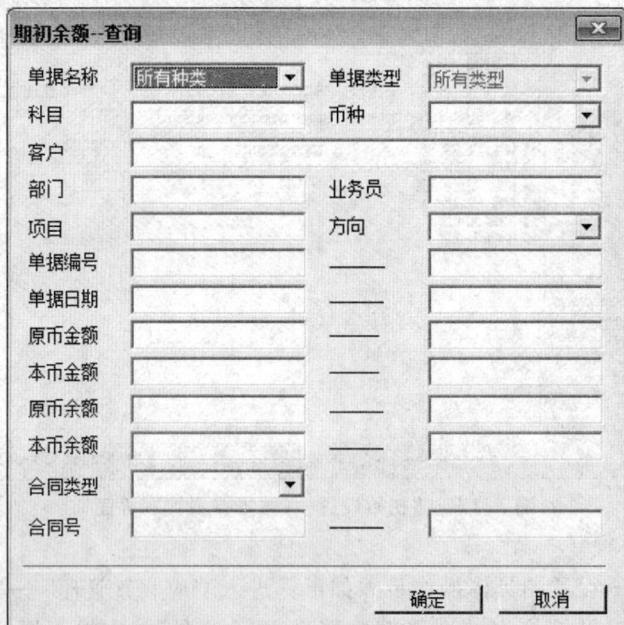

期初余额--查询

单据名称	所有种类	单据类型	所有类型
科目		币种	
客户			
部门		业务员	
项目		方向	
单据编号		——	
单据日期		——	
原币金额		——	
本币金额		——	
原币余额		——	
本币余额		——	
合同类型			
合同号		——	

确定 取消

图 7-19 “期初余额-查询”界面

点击菜单栏“增加”，进入“单据类别”界面，选择单据名称为“销售发票”，单据类型为“销售专用发票”，方向为“正向”，如图 7-21 所示。

点击“确定”按钮，进入销售专用发票信息录入界面，按照业务内容录入具体的发票信息，录入价税合计金额“134 000”后，其他金额自动计算并显示出来，录入完毕之后点击菜单栏“保存”，如图 7-22 所示。

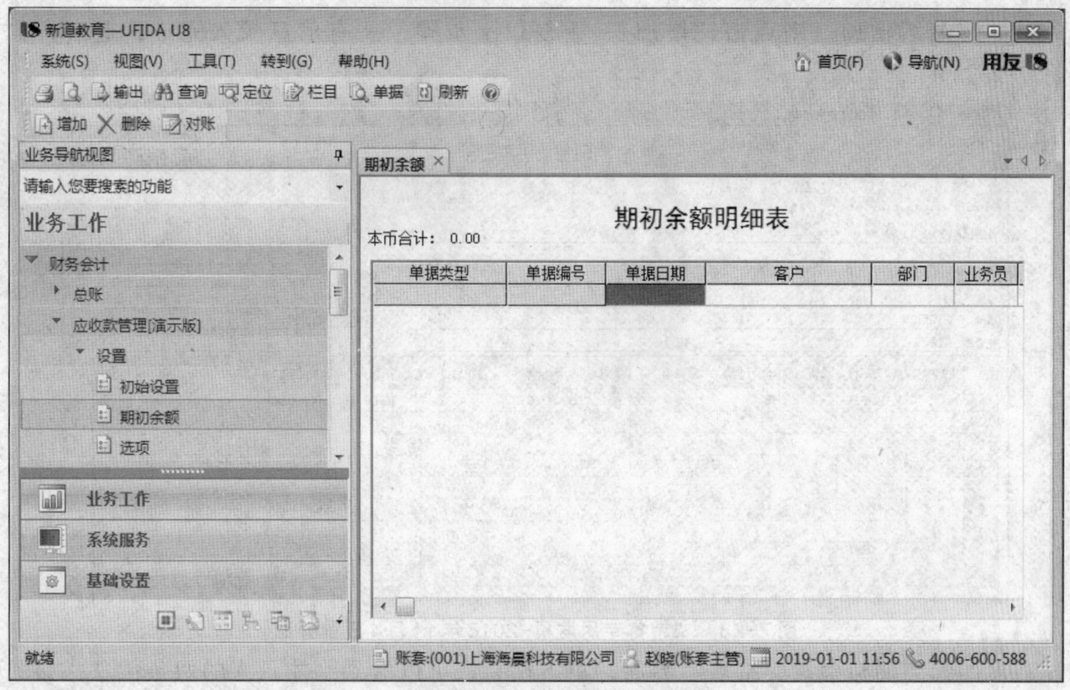

图 7-20 “期初余额明细表”界面

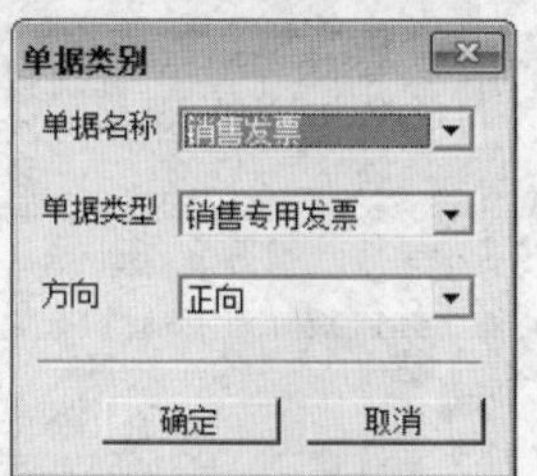

图 7-21 “单据类别”界面

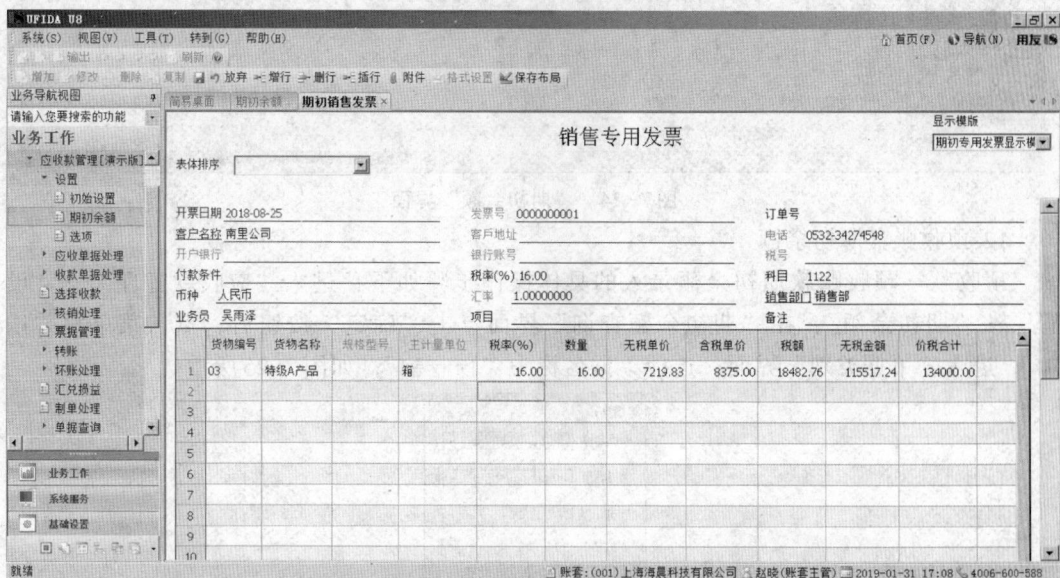

销售专用发票

开票日期 2018-08-25　发票号 0000000001　订单号
客户名称 南里公司　客户地址　电话 0532-34274548
开户银行　银行账号　税号
付款条件　税率(%) 16.00　科目 1122
币种 人民币　汇率 1.00000000　销售部门 销售部
业务员 吴雨泽　项目　备注

	货物编号	货物名称	规格型号	主计量单位	税率(%)	数量	无税单价	含税单价	税额	无税金额	价税合计
1	03	特级A产品		箱	16.00	16.00	7219.83	8375.00	18482.76	115517.24	134000.00

图 7-22 “销售专用发票”界面

如需继续增加，则点击“增加”，重复以上步骤，所有信息录入完毕，退出，如图 7-23 所示。

简易桌面　期初余额　期初销售发票

销售专用发票

打印模版　期初专用发票打印模

表体排序

开票日期 2018-11-04　发票号 0000000002　订单号
客户名称 永兴公司　客户地址　电话 021-63429637
开户银行　银行账号　税号
付款条件　税率(%) 16.00　科目 1122
币种 人民币　汇率 1　销售部门 销售部
业务员 吴雨泽　项目　备注

	货物编号	货物名称	规格型号	主计量单位	税率(%)	数量	无税单价	含税单价	税额	无税金额	价税合计
1	04	特级B产品		箱	16.00	24.00	4166.67	4833.33	16000.00	100000.00	116000.00
2											
3											
4											
5											
6											
7											
8											
9											
10											

图 7-23　“销售专用发票-2018年11月4日”界面

返回到“期初余额明细表”界面，单击刷新，可以看到刚才录入的两条信息，如图 7-24 所示。

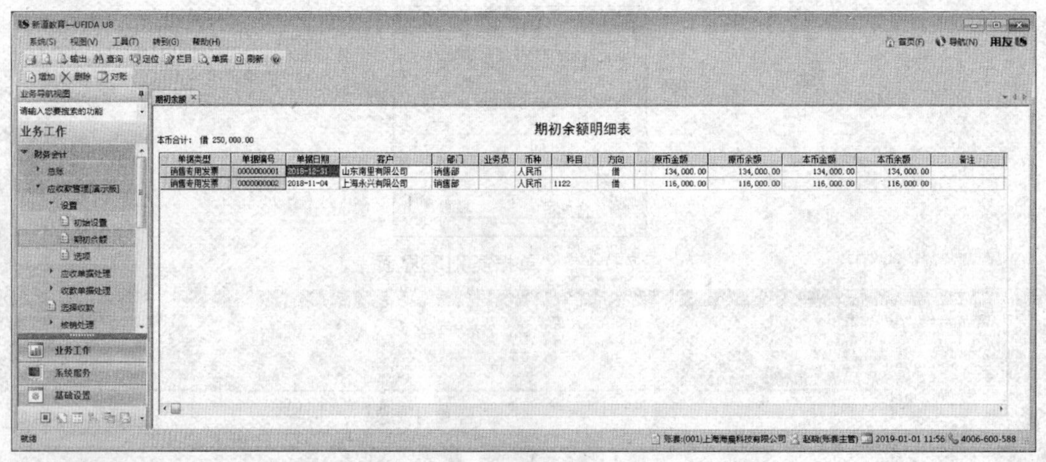

图 7-24　“期初余额”界面

12. 预收账款期初余额

预收款—预收账款期初余额录入的具体操作步骤如下：进入“应收款管理”—“设置”—“期初余额”，在“期初余额查询”界面点击“确定”按钮后，点击菜单栏“增加”，进入“单据类别”界面，选择单据名称为“预收款”，如图 7-25 所示。

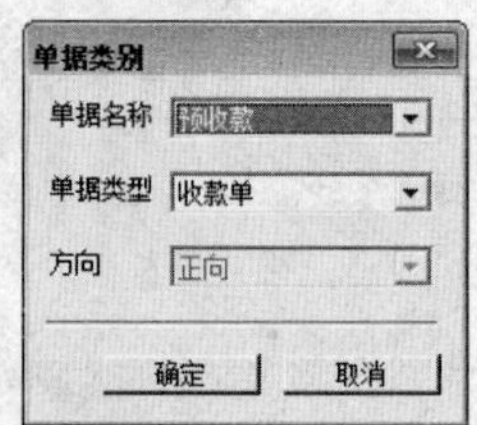

图 7-25　“单据类别”界面

单击确定，进入“收款单”界面，按照业务内容输入相关信息，点击“保存”，如图7-26所示。

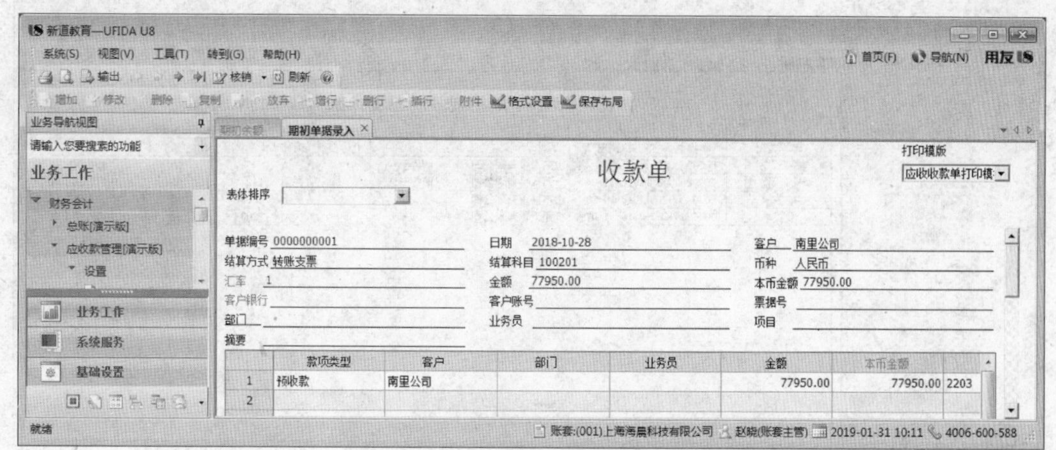

图7-26 “期初单据录入”界面

如需输入多条记录，点击“增加”菜单，重复以上步骤，待所有信息输入完毕后退出，如图7-27所示。

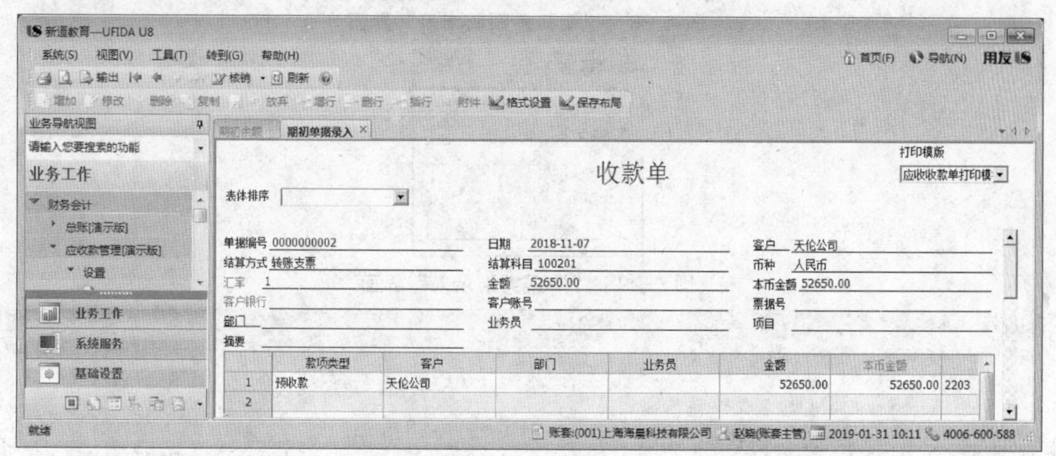

图7-27 “收款单”界面

返回到“期初余额明细表”界面，单击“刷新”，可以看到刚才录入的两条预收款信息，如图7-28所示。

13.应收票据期初余额

应收票据期初余额录入的具体操作步骤如下：进入“应收款管理”—“设置”—“期初余额查询”界面，点击“确定”按钮后，点击菜单栏“增加”，进入“单据类别”界面，选择单据名称为“应收票据”，单据类型选择“银行承兑汇票”，如图7-29所示。

单击“确定”，按照业务内容输入相关信息，点击“保存”，如图7-30所示。

如需输入多条记录，点击“增加”菜单，重复以上步骤，待所有信息输入完毕后退出，如图7-31所示。

14.期初对账

期初对账的具体操作步骤如下：进入“应收款管理”—“设置”—“期初余额”界面，点击菜单栏“对账”，完成应收款管理系统与总账子系统期初余额的对账，如图7-32所示。

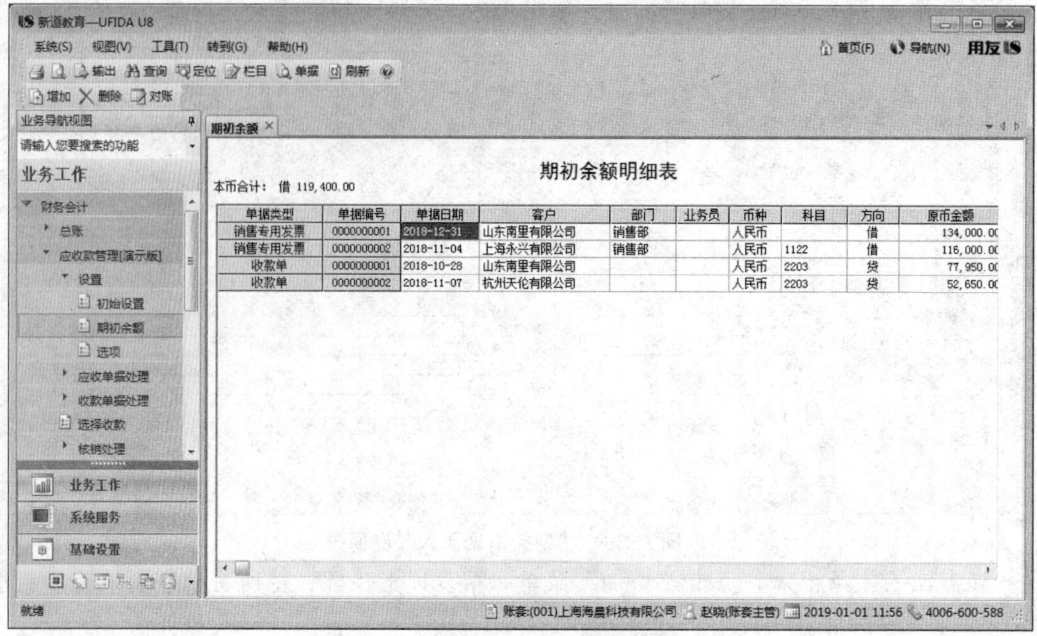

图 7-28 “期初余额明细表”界面

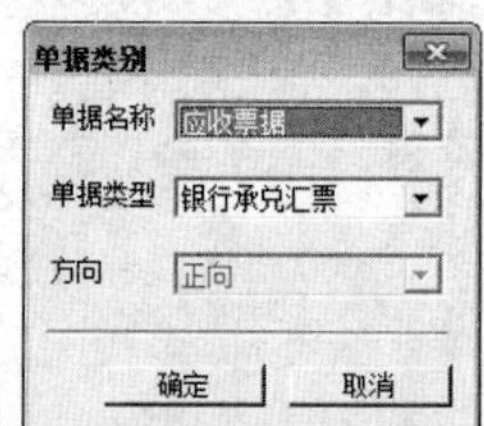

图 7-29 “票据类别录入”界面

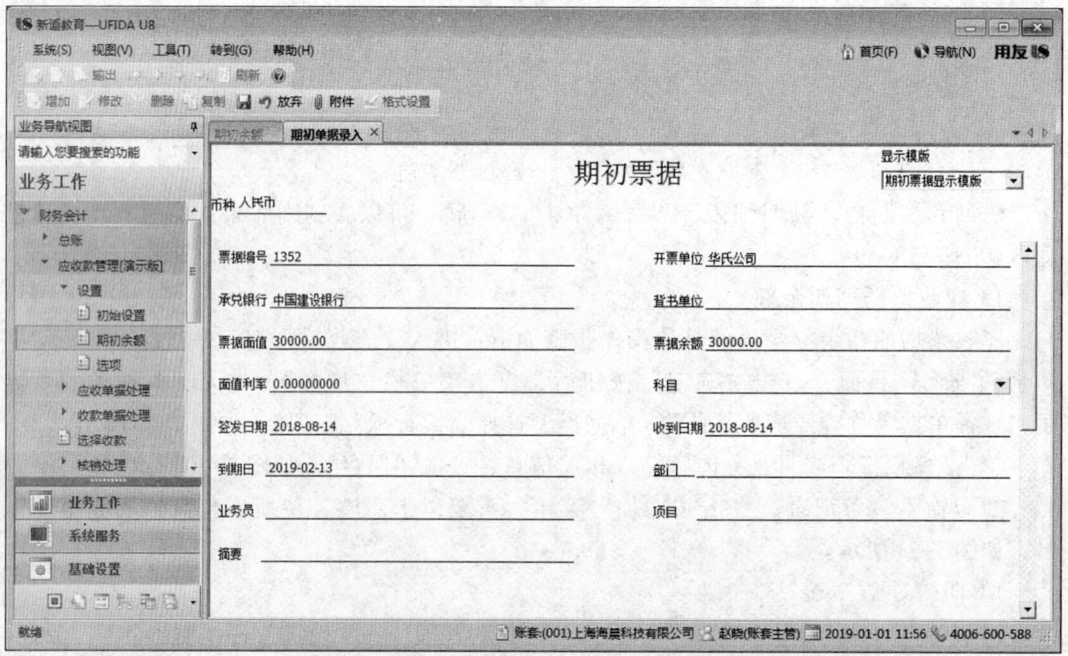

图 7-30 “期初单据录入”界面

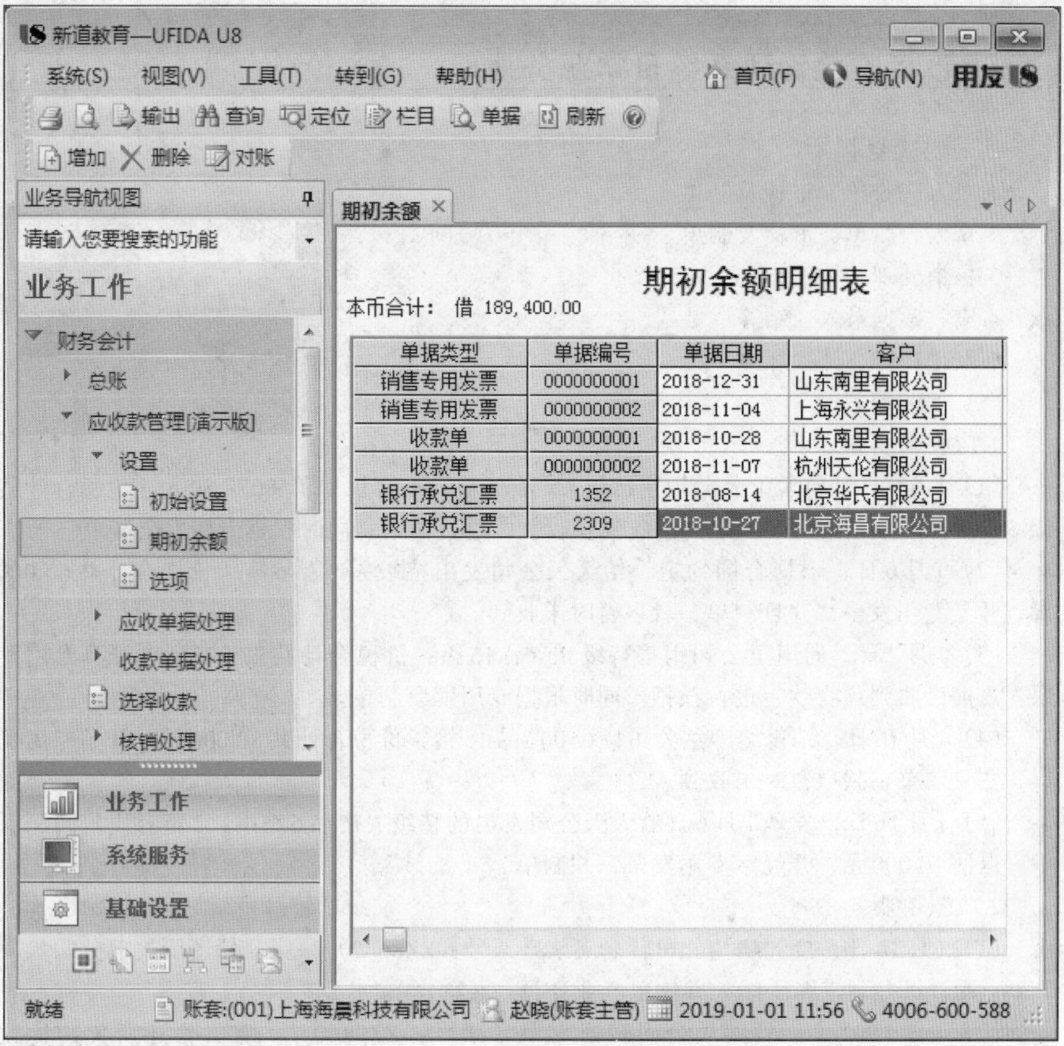

新道教育—UFIDA U8
系统(S) 视图(V) 工具(T) 转到(G) 帮助(H)
首页(F) 导航(N) 用友U8
输出 查询 定位 栏目 单据 刷新
增加 删除 对账
业务导航视图
请输入您要搜索的功能
业务工作
财务会计
总账
应收款管理[演示版]
设置
初始设置
期初余额
选项
应收单据处理
收款单据处理
选择收款
核销处理
业务工作
系统服务
基础设置
期初余额
期初余额明细表
本币合计： 借 189,400.00
单据类型 单据编号 单据日期 客户
销售专用发票 0000000001 2018-12-31 山东南里有限公司
销售专用发票 0000000002 2018-11-04 上海永兴有限公司
收款单 0000000001 2018-10-28 山东南里有限公司
收款单 0000000002 2018-11-07 杭州天伦有限公司
银行承兑汇票 1352 2018-08-14 北京华氏有限公司
银行承兑汇票 2309 2018-10-27 北京海昌有限公司
就绪 账套:(001)上海海晨科技有限公司 赵晓(账套主管) 2019-01-01 11:56 4006-600-588

图7-31 “期初余额-录入”界面

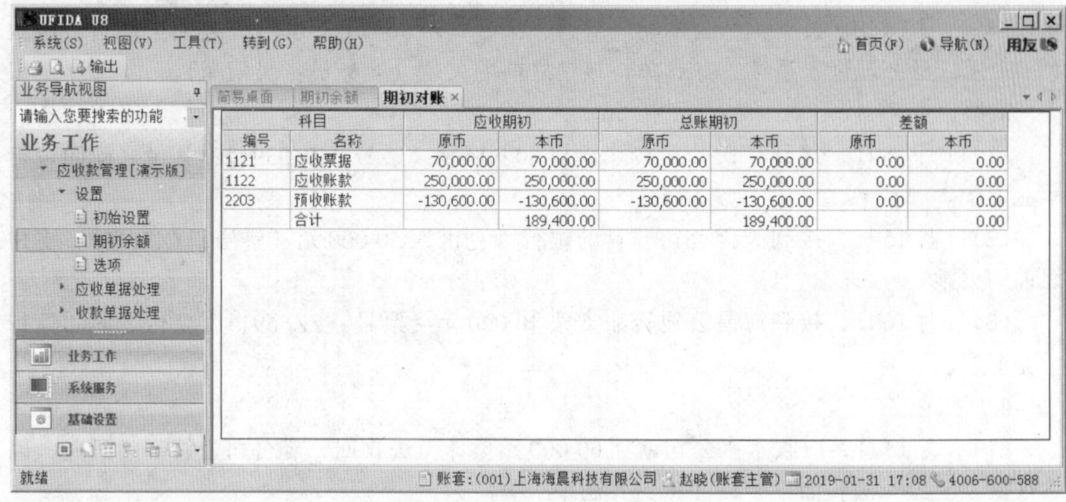

UFIDA U8
系统(S) 视图(V) 工具(T) 转到(G) 帮助(H)
首页(F) 导航(N) 用友U8
输出
业务导航视图
请输入您要搜索的功能
业务工作
应收款管理[演示版]
设置
初始设置
期初余额
选项
应收单据处理
收款单据处理
业务工作
系统服务
基础设置
简易桌面 期初余额 期初对账
科目 应收期初 总账期初 差额
编号 名称 原币 本币 原币 本币 原币 本币
1121 应收票据 70,000.00 70,000.00 70,000.00 70,000.00 0.00 0.00
1122 应收账款 250,000.00 250,000.00 250,000.00 250,000.00 0.00 0.00
2203 预收账款 -130,600.00 -130,600.00 -130,600.00 -130,600.00 0.00 0.00
合计 189,400.00 189,400.00 0.00
就绪 账套:(001)上海海晨科技有限公司 赵晓(账套主管) 2019-01-31 17:08 4006-600-588

图7-32 “期初对账单”界面

第二节 应收款管理系统日常业务处理

一、实验要求

1.录入应收单、审核及制单

2.录入收款单、审核及制单

3.核销处理

4.应收票据录入、结算

5.发生坏账、计提坏账

二、实验资料

1.应收单业务

（1）1月4日，向天伦公司销售特级A产品5箱，不含税单价9 077.59元，价税合计共52 650元，开具专用发票。之前已收到预收款，进行核销，同时根据专用发票制单。

（2）1月6日，根据合同约定，给天天公司发出特级A产品6箱，价格合计共60 000元，开具专用发票，并且制单，款项暂时未收到。

（3）1月7日，向南里公司销售特级B产品15箱，价税合计共77 950元，开具专用发票。之前已收到预收款，进行核销。同时根据专用发票制单。

（4）1月10日，销售给幽兰公司特级B产品15箱，价税合计共80 000元，开具专用发票，并且制单，款项暂时未收到。

（5）1月16日，发现1月6日给天天公司发出的特级A产品6箱中，1箱有质量问题退货，退回10 000元，开红字专用发票，并制单。

2.收款单业务

（1）1月14日，接到幽兰公司转账支票（票号：ZZ8642）一张，偿还所欠部分购货款35 000元，已办理进账手续，并制单（业务员：吴雨泽）。

（2）1月15日，接到南里公司转账支票（票号：ZZ9800）一张，偿还所欠购货款134 000元，已办理进账手续，并制单（业务员：吴雨泽），同时核销之前欠款。

（3）1月18日，接到幽兰公司转账支票（票号：ZZ8642）一张，偿还所欠购货款尾款45 000元，已办理进账手续，并制单，核销之前的欠款（业务员：吴雨泽）。

3.票据业务

（1）1月15日，接到华氏公司转账支票30 000元（票号：ZZ0391），兑付之前的银行承兑汇票。

（2）1月15日，接到天天公司开具的银行承兑汇票50 000元（票号：ZZ7212），支付之前的欠款。

（3）1月16日，接到海昌公司转账支票40 000元（票号：ZZ6691），兑付之前的银行承兑汇票。

4.坏账业务

（1）1月15日，应收永兴公司款项60 000元预计无法收回，经公司主管部门研究，确认该款项已经无法收回，予以注销，并制单。

（2）本月末按照要求计提坏账准备，并且制单。

三、实验指导

1.应收单据处理

登录企业应用平台，日期2019年1月31日，进入应收款管理系统，进行如下操作。

(1) 单击“应收单据处理”—“应收单据录入”，弹出单据类型窗口，选择“销售专用发票”，单击“确定”，如图7-33所示。

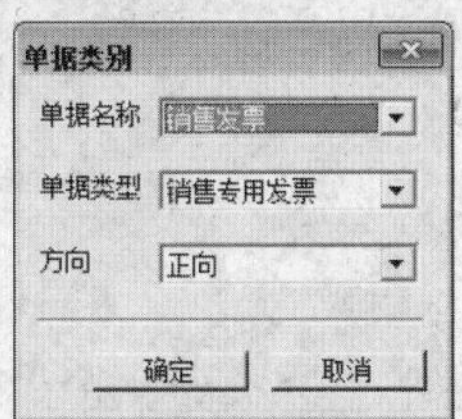

图7-33　“单据类别”界面

进入发票录入界面，录入发票信息。录入“销售类型”时，销售类型基本参照栏里没有内容可选，需自行增加，单击“编辑”，如图7-34所示。

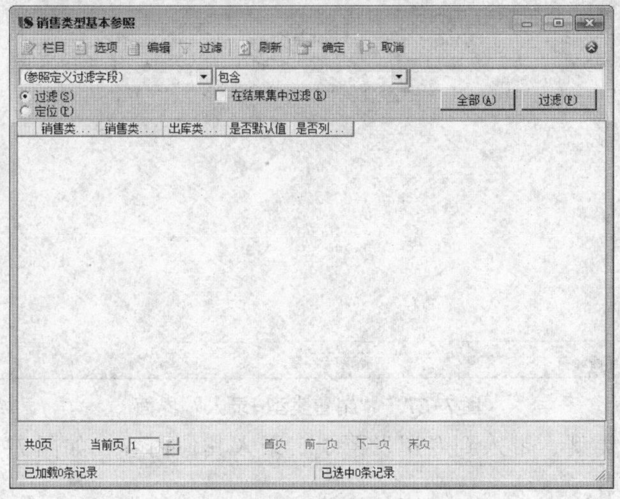

图7-34　“销售类型基本参照”界面

进入“销售类型”窗口，增加一个销售类型，如图7-35所示。

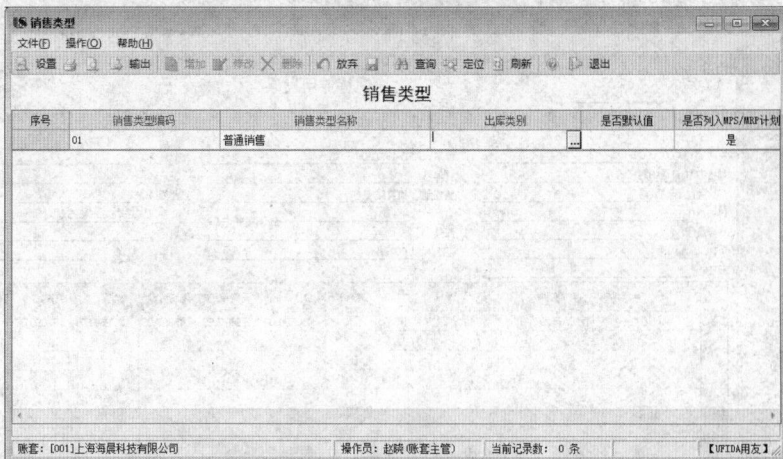

销售类型

文件(F)　操作(O)　帮助(H)

设置　输出　增加　修改　删除　放弃　查询　定位　刷新　退出

序号	销售类型编码	销售类型名称	出库类别	是否默认值	是否列入MPS/MRP计划
	01	普通销售			是

账套：[001]上海海晨科技有限公司　操作员：赵晓(账套主管)　当前记录数：0 条　【UFIDA用友】

图7-35　“销售类型”界面

同理，增加一个收发类别，如图 7-36 所示。

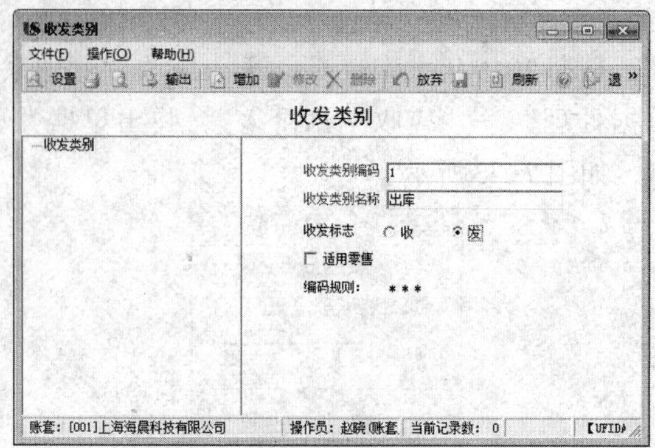

图 7-36 “收发类别”界面

保存，返回到“销售类型”窗口，可以看到已经有了一个销售类型，如图 7-37 所示。

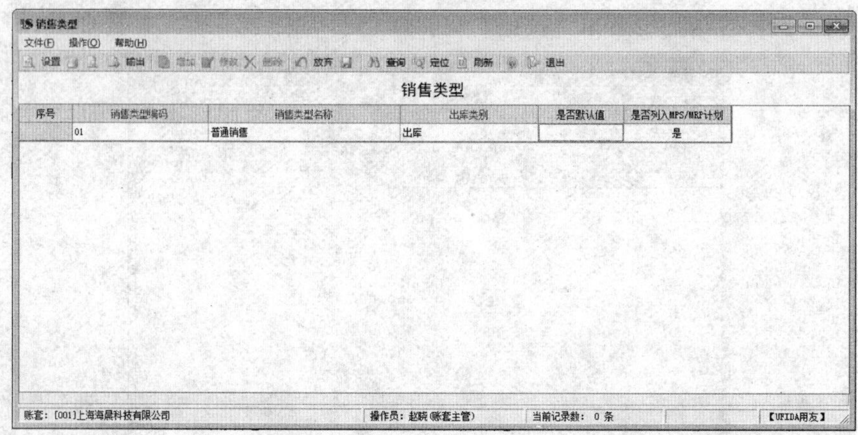

图 7-37 “销售类型-录入”界面

选择这个销售类型，带入到专用发票中，录入其他内容，如图 7-38 所示，保存，生成一张销售专用发票。

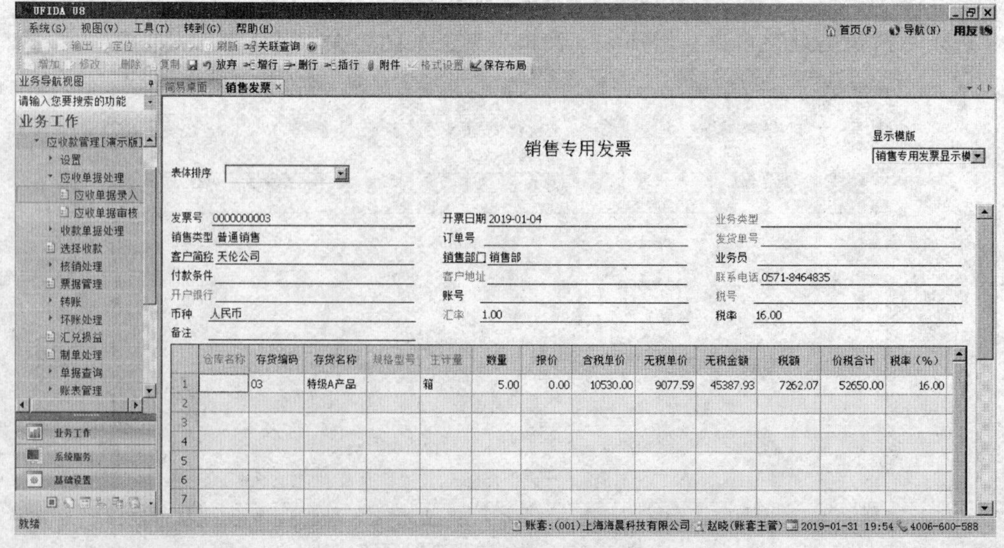

图 7-38 “销售类型-选择”界面

销售专用发票审核有两种方式，自动审核和手工审核。现介绍手工审核。

单击“应收单据处理”—“应收单据审核”，打开“应收单查询条件”窗口，如图7-39所示。

应收单查询条件

单据名称 单据类型 全部
客户
部门 业务员
单据编号
单据日期 2019-01-01
审核日期
币种 方向
原币金额
本币金额
业务类型
销售类型 制单人
存货分类 存货
存货规格 合同类型
合同号
发货单
☑ 未审核 ☐ 已审核 复核人
批审
确定 取消
☐ 已制单 ☑ 未制单

图7-39 “应收单查询条件”窗口

直接单击“确定”，进入“应收单据列表”窗口，找到要审核的销售专用发票，选中，单击工具栏“审核”，如图7-40所示。

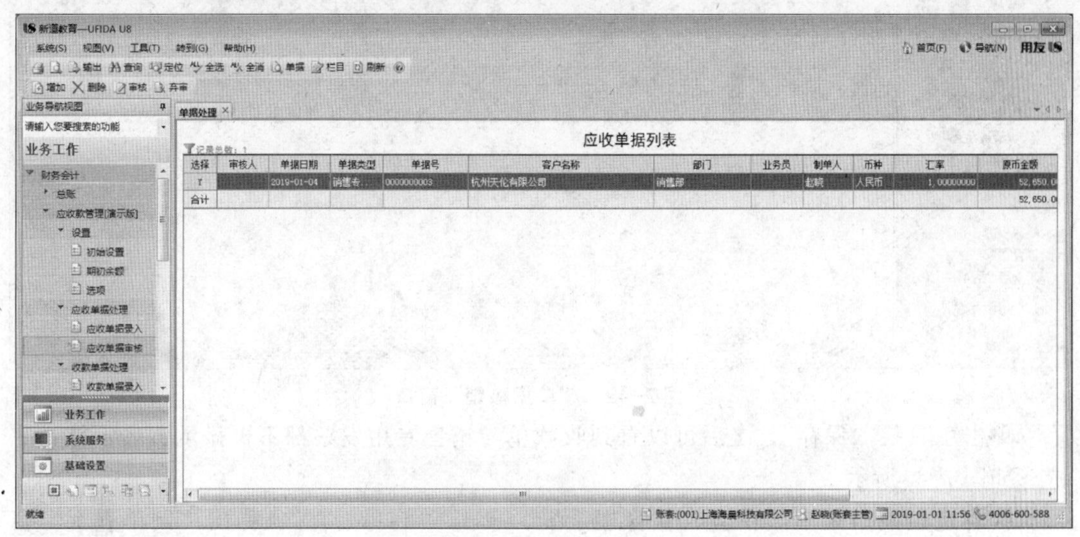

图7-40 “应收单据列表”窗口

接着进行核销处理。该笔应收单据之前已经收到款项（预收账款），所以现在可以进行核销处理，在应收款管理系统，单击“核销处理”—“手工核销”，打开“核销条件”窗口，客户选择天伦公司，清空计算日期一栏，如图7-41所示。

核销条件

通用 | 收付款单 | 单据

客户 HZTL - 杭州天伦有限公司

部门

业务员

币种 人民币 计算日期 2019-01-14

现款结算 否

自定义项 确定 取消

图7-41 “核销条件”窗口

然后单击“确定”，进入“单据核销”窗口，在收款单的本次结算金额一栏录入“52 650.00”，在销售专用发票的本次结算金额一栏也录入“52 650.00”，如图7-42所示。

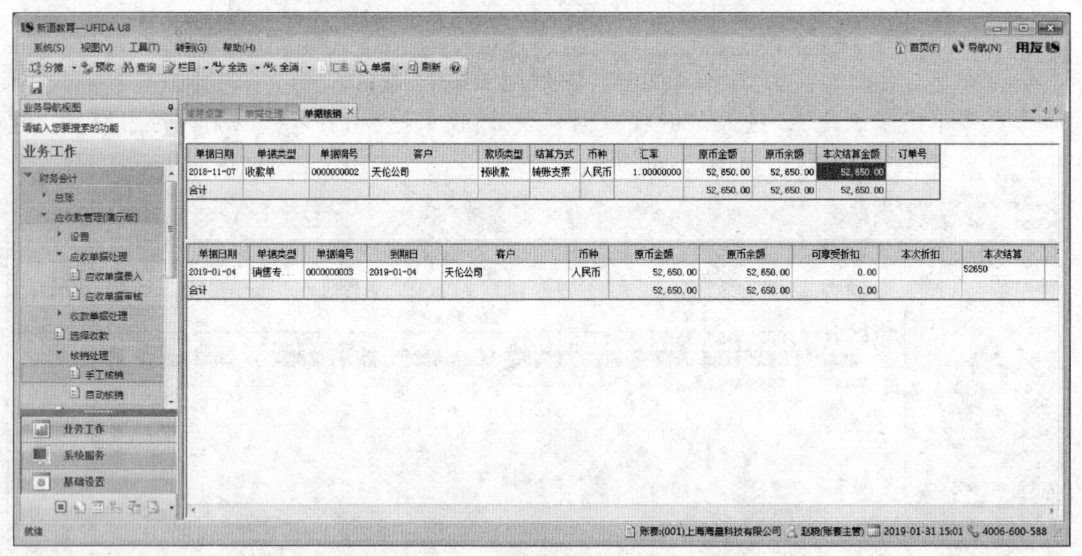

图7-42 “单据核销”窗口

单击工具栏“保存”，之后可以看到收款单与销售专用发票都不再显示，表示核销完成，如图7-43所示。

接着进行制单处理。在应收款管理系统，单击“制单处理”，弹出“制单查询”窗口，如图7-44所示。选中发票制单，清空日期一栏，单击“确定”，进入“销售发票制单”窗口，选择要制单的发票，凭证类别选“转账凭证”，制单日期默认，如图7-45所示。

单击工具栏“制单”，弹出凭证，单击“保存”，显示“已生成”，如图7-46所示。

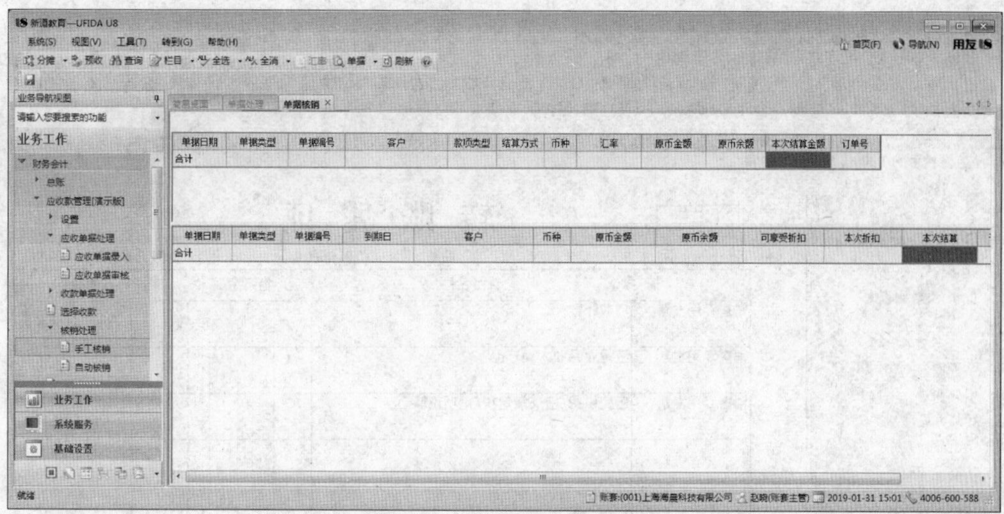

图 7-43 “单据核销-已核销”窗口

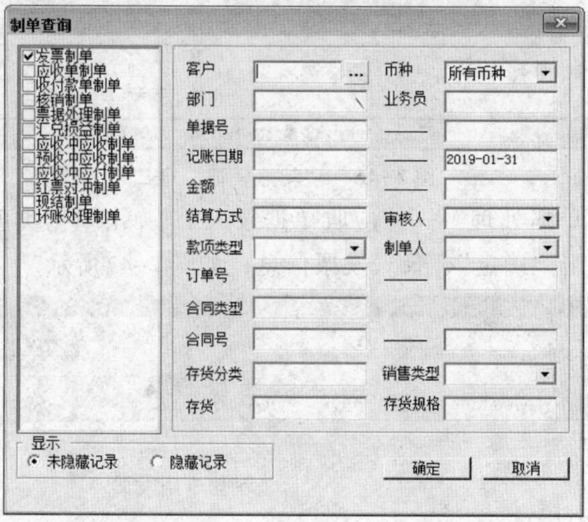

制单查询

☑发票制单
☐应收单制单
☐收付款单制单
☐核销制单
☐票据处理制单
☐汇兑损益制单
☐应收冲应收制单
☐预收冲应收制单
☐应收冲应付制单
☐红票对冲制单
☐现结制单
☐坏账处理制单

客户 币种 所有币种
部门 业务员
单据号
记账日期 2019-01-31
金额
结算方式 审核人
款项类型 制单人
订单号
合同类型
合同号
存货分类 销售类型
存货 存货规格

显示
◉ 未隐藏记录 ○ 隐藏记录

确定 取消

图 7-44 “制单查询”窗口

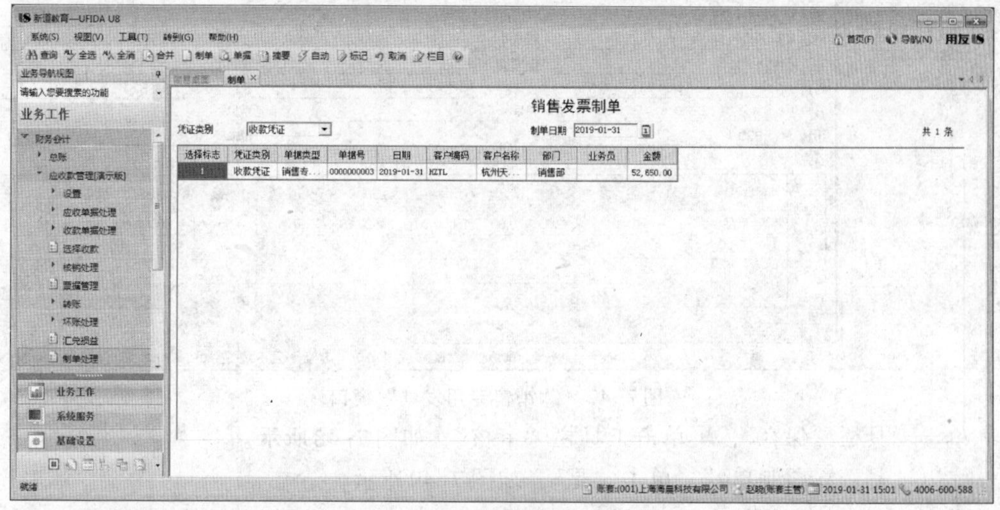

图 7-45 “销售发票制单”窗口

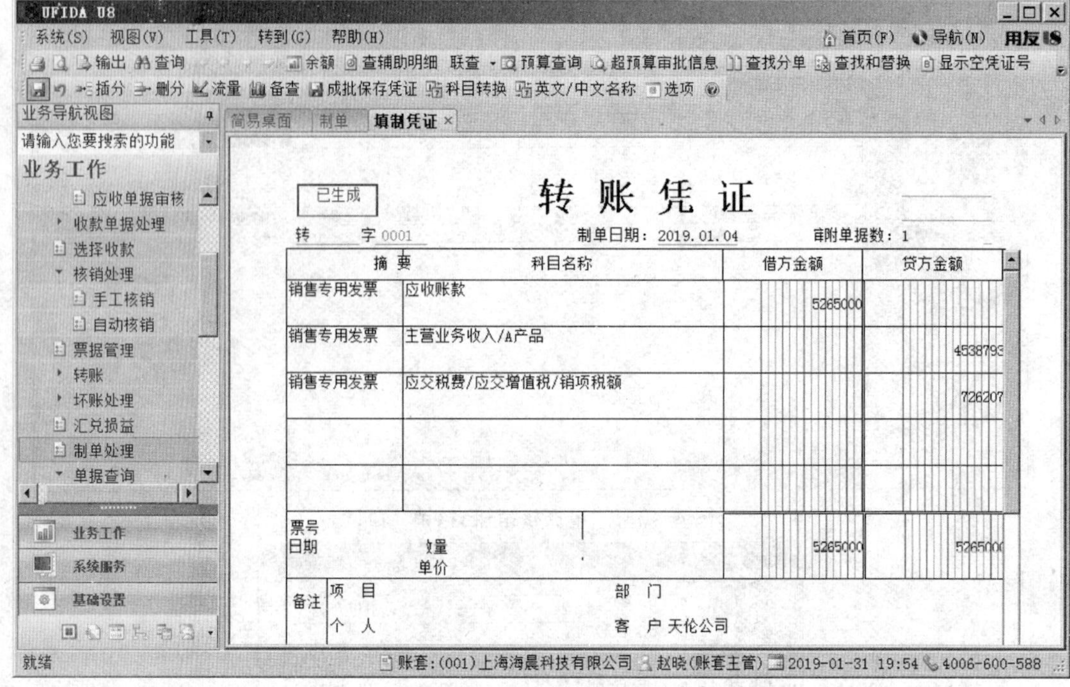

图7-46 “转账凭证”窗口

（2）单击“应收单据处理”—“应收单据录入”，弹出单据类型窗口，单据类型选择“销售专用发票”，单击“确定”，录入发票信息，如图7-47所示。

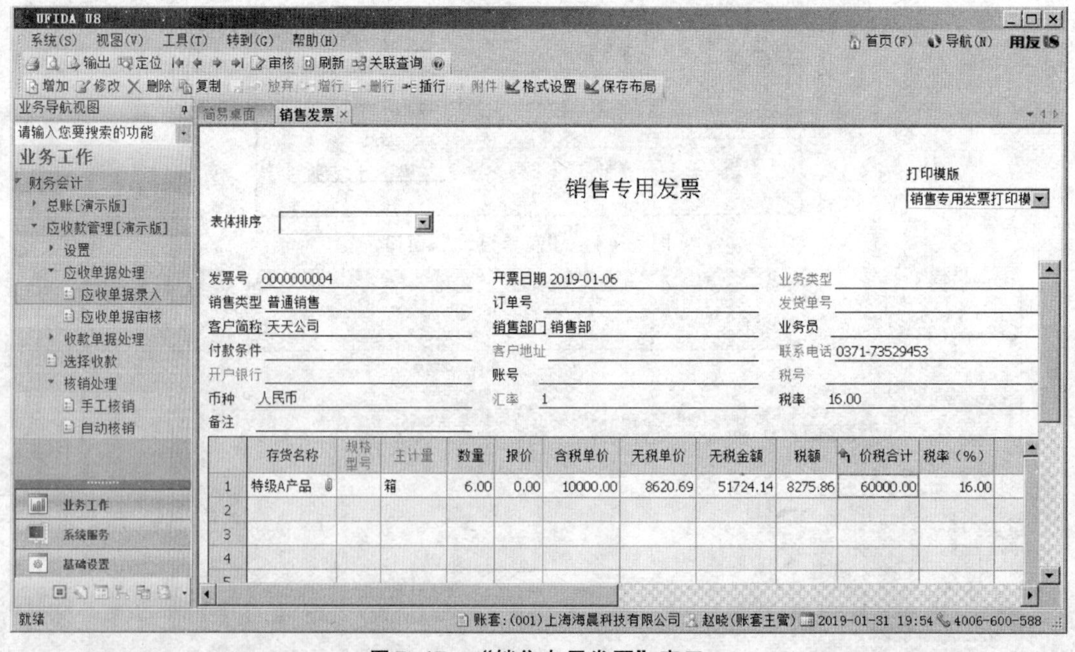

图7-47 “销售专用发票”窗口

单击工具栏“保存”，再单击工具栏“审核”，如图7-48所示。

弹出“是否立即制单?”，单击“是”，如图7-49所示。

弹出凭证，单击“保存”，显示“已生成”，如图7-50所示。

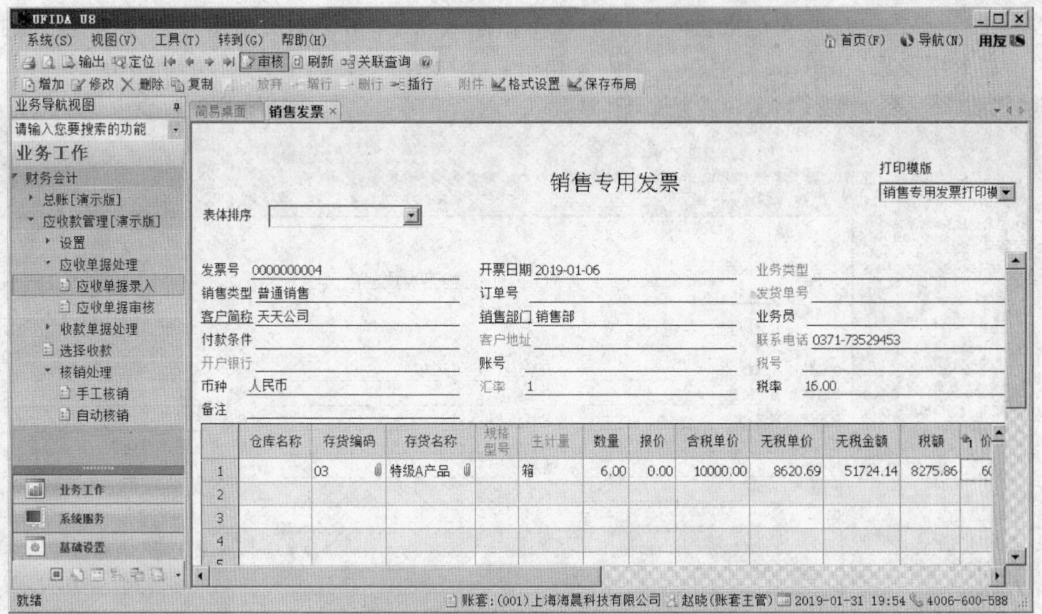

图 7-48　“销售专用发票-审核”窗口

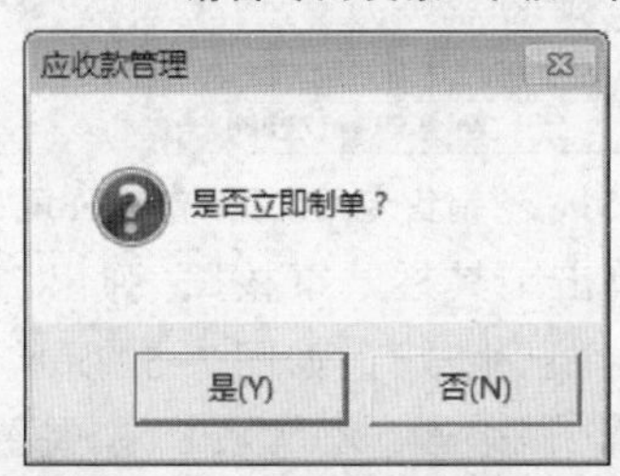

图 7-49　“应收款管理”窗口

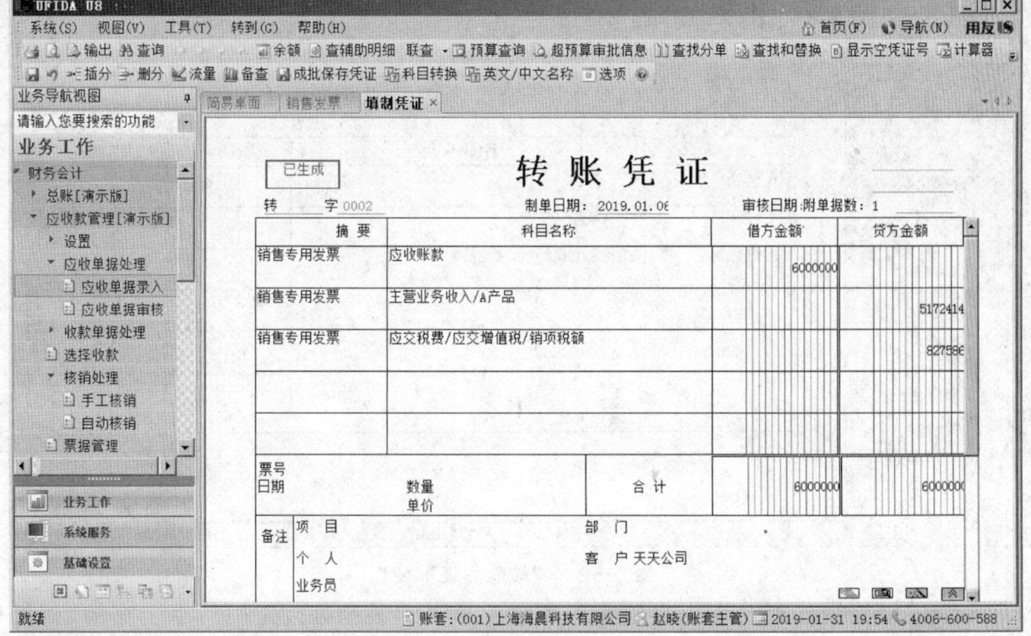

图 7-50　“转账凭证”窗口

(3)单击“应收单据处理”—“应收单据录入”，弹出单据类型窗口，单据类型选择“销售专用发票”，单击“确定”，录入发票信息，如图7-51所示。

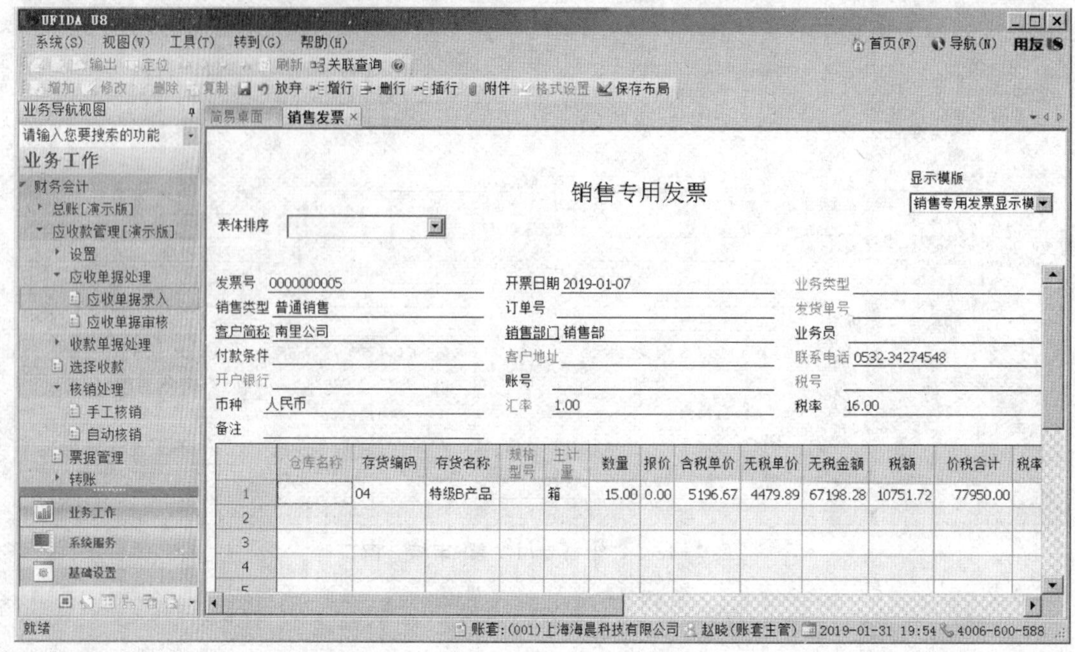

图7-51 “销售专用发票-南里公司”窗口

单击工具栏“保存”，再单击工具栏“审核”，弹出“是否立即制单?”，单击“是”，弹出凭证，单击“保存”，显示“已生成”，如图7-52所示。

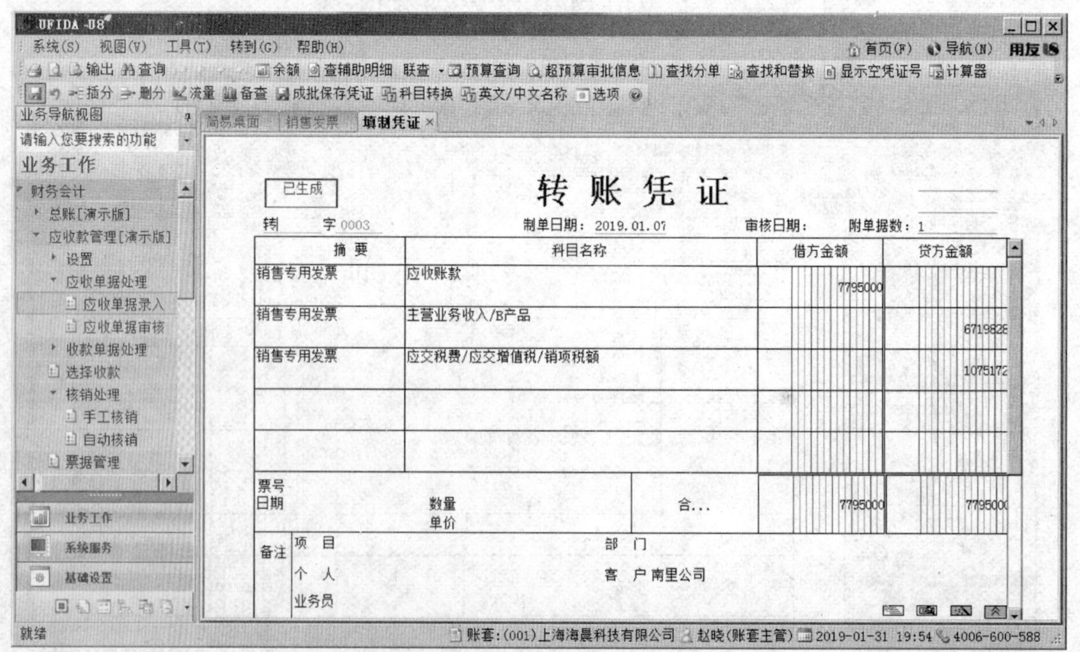

图7-52 “转账凭证”窗口

接着进行核销处理。在应收款管理系统，单击“核销处理”—“手工核销”，打开“核销条件”窗口，客户选择南里公司，清空计算日期一栏，如图7-53所示。

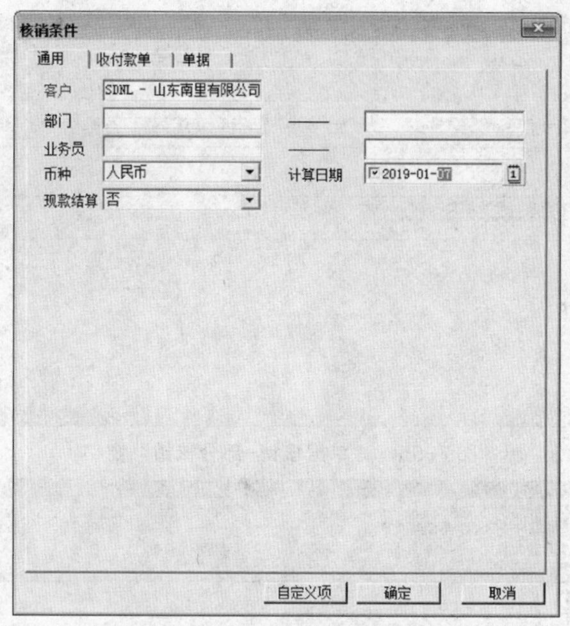

图7-53　“核销条件-南里公司”窗口

然后单击“确定”，进入“单据核销”窗口，在收款单的本次结算金额一栏录入“77 950.00”，在销售专用发票的本次结算金额一栏也录入“77 950.00”，单击工具栏“保存”，如图7-54所示。

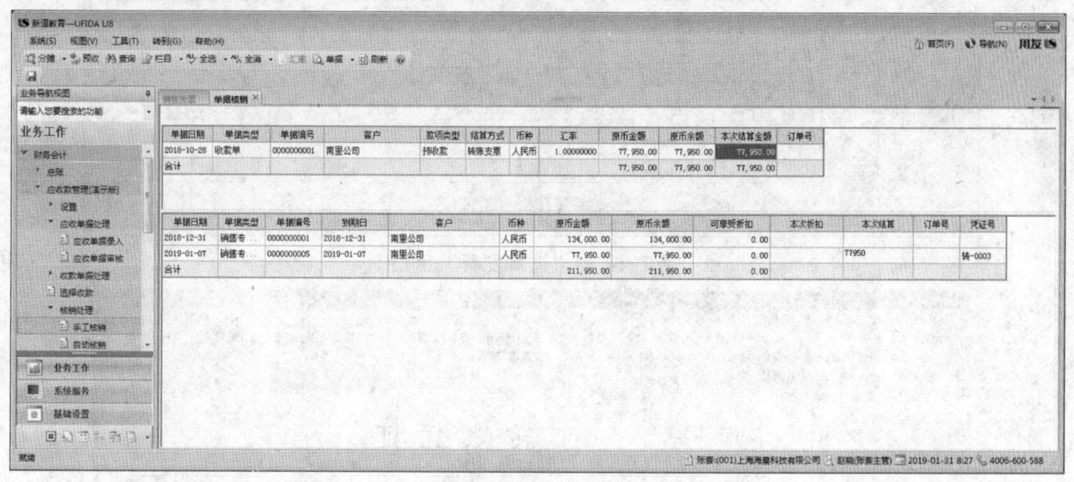

图7-54　“单据核销-南里公司”窗口

之后可以看到收款单与销售专用发票都不再显示，表示核销完成，如图7-55所示。

（4）单击“应收单据处理”—“应收单据录入”，弹出单据类型窗口，单据类型选择“销售专用发票”，单击“确定”，录入发票信息，如图7-56所示。

单击工具栏“保存”，再单击工具栏“审核”，弹出“是否立即制单？”，单击“是”，弹出凭证，单击“保存”，显示“已生成”，如图7-57所示。

（5）单击“应收单据处理”—“应收单据录入”，弹出“单据类别”窗口。单据类型选择“销售专用发票”，方向选择“负向”，单击“确定”，录入发票信息，如图7-58所示。

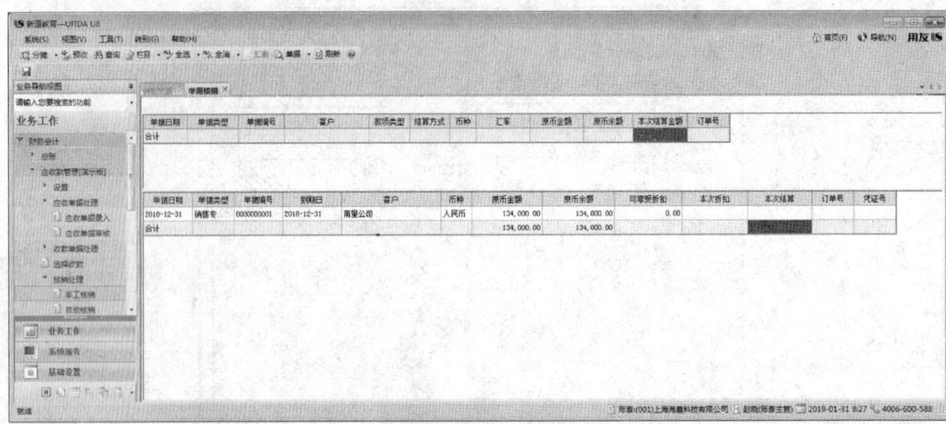

图 7-55 “单据核销-部分核销”窗口

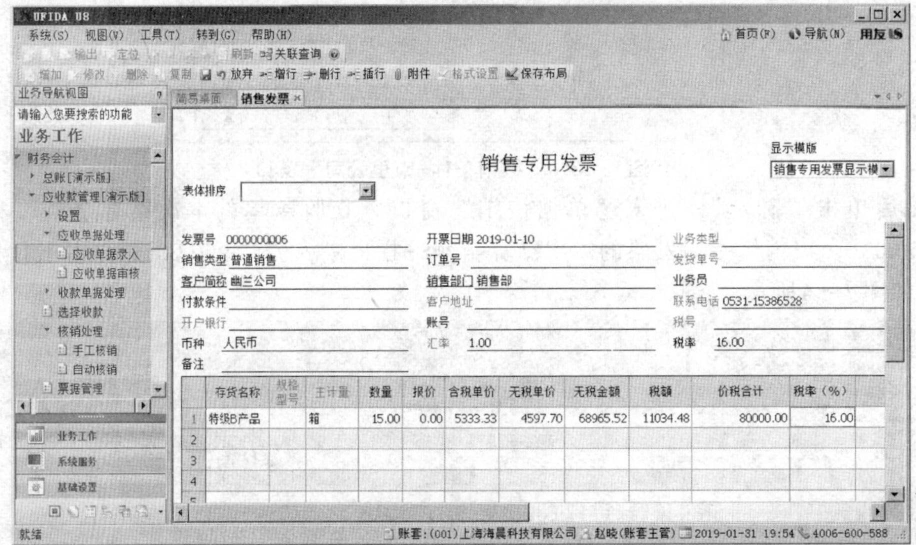

图 7-56 “销售发票”窗口

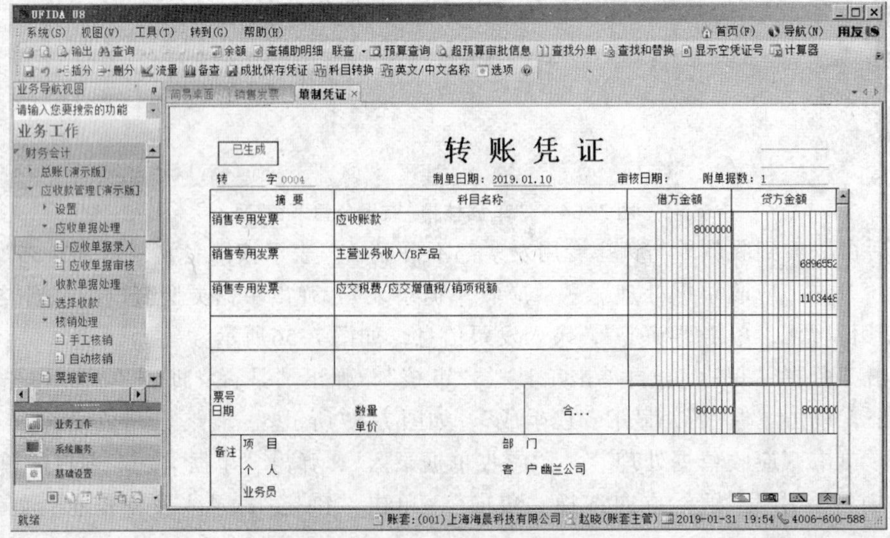

图 7-57 “转账凭证”窗口

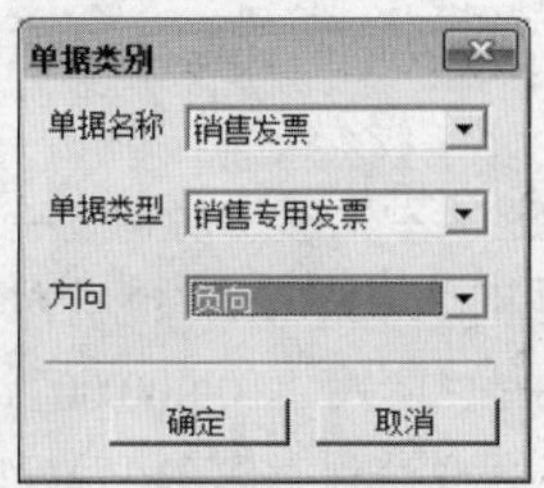

图 7-58 “单据类别”窗口

数量录入“-1.00”，价税合计录入“-10 000.00”，如图 7-59 所示。

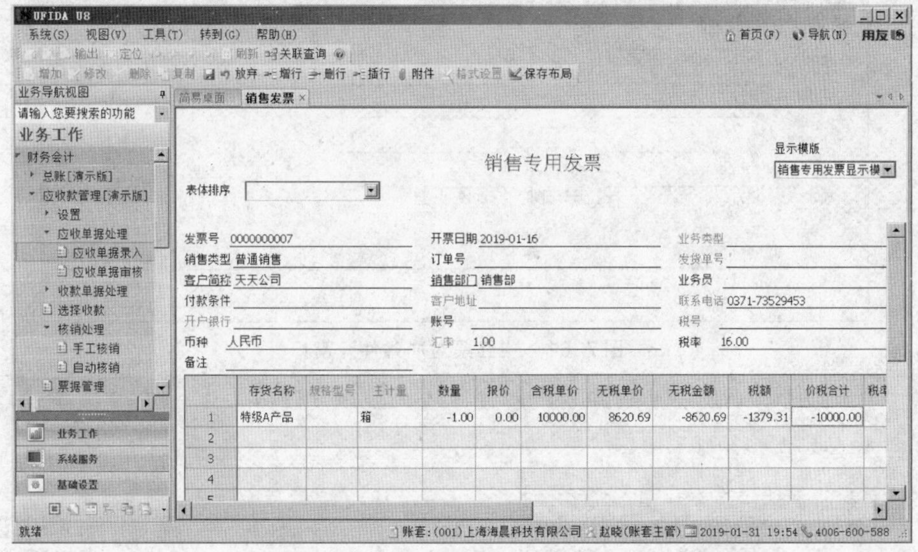

图 7-59 “销售发票-红字”窗口

录入借方科目“主营业务收入/A 产品”，单击工具栏“保存”，再单击工具栏“审核”。弹出“是否立即制单?”，单击“是”，弹出凭证，单击“保存”，显示“已生成”，如图 7-60 所示。

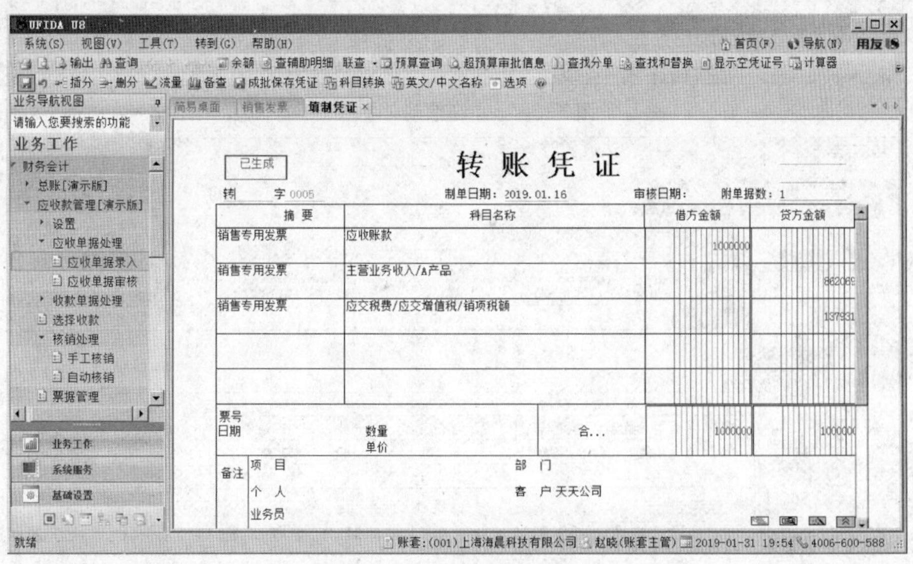

图 7-60 “转账凭证”窗口

红票对冲可实现某客户的红字应收单与其蓝字应收单、收款单与付款单中间进行冲抵的操作。

单击“应收款管理”—“转账”—“红票对冲”—“手工对冲”，客户选择“天天公司”，清空“计算日期”一栏，如图7-61所示。之后单击“确定”，进入“红票对冲”窗口，在红字专用发票的对冲金额一栏录入“10 000.00”，在销售专用发票的本次结算金额一栏也录入“10 000.00”，单击工具栏“保存”，之后可以看到收款单与销售专用发票都不再显示，表示核销完成，如图7-62、图7-63所示。

红票对冲条件

通用 | 红票 | 蓝票

客户 HNTT - 河南天天有限公司

部门 ——

业务员 ——

币种 人民币 汇率 1

方向 借方 计算日期 2019-01-16

自定义项 确定 取消

图7-61 “红票对冲条件”窗口

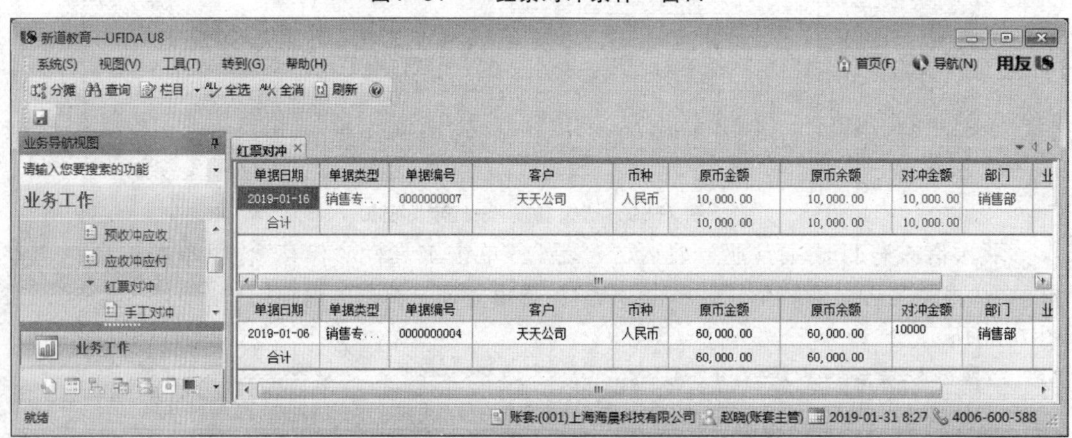

图7-62 “红票对冲”窗口

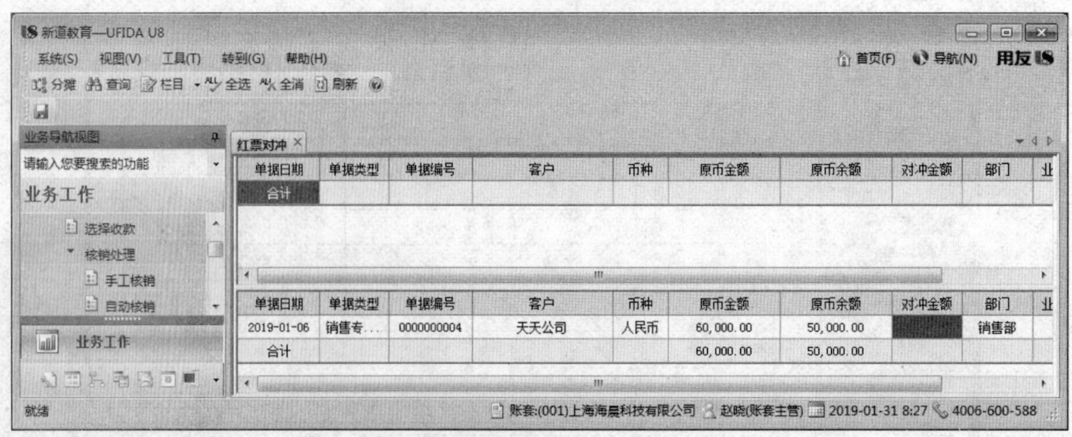

图7-63 “红票对冲-完成”窗口

2.收款单业务

（1）单击“收款单据处理”下的“收款单据录入”，进入“收付款单录入”窗口，如图7-64所示，单击“增加”，录入收款单信息。

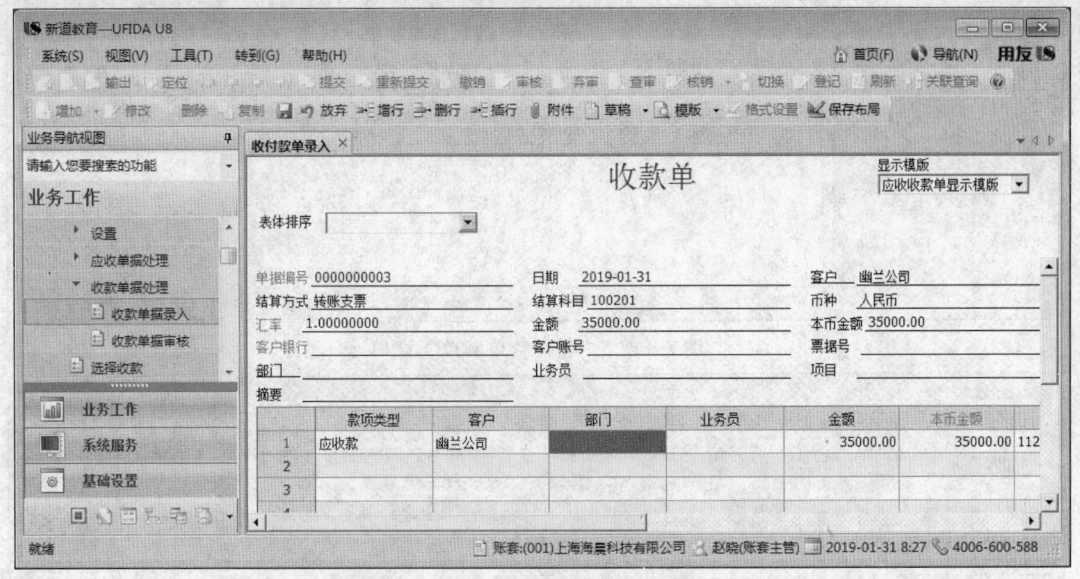

图7-64 “收付款单录入”窗口

单击工具栏“保存”，再单击工具栏“审核”，暂时不自动制单，需用手工制单。

手工制单的操作是：在应收款管理系统，单击“日常处理”下的“制单处理”，弹出“制单查询”窗口，取消发票制单，选中“收付款单制单”，如图7-65所示。

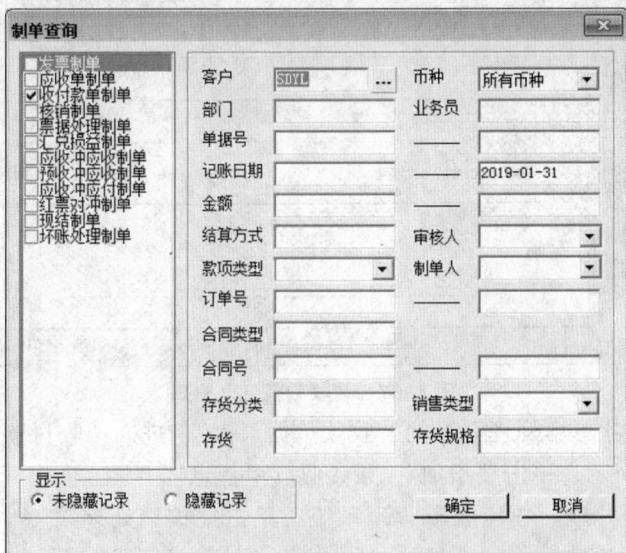

制单查询

发票制单
应收单制单
收付款单制单
核销制单
票据处理制单
汇兑损益制单
应收冲应收制单
预收冲应收制单
应收冲应付制单
红票对冲制单
现结制单
坏账处理制单

客户 SDYL　币种 所有币种
部门　业务员
单据号
记账日期　2019-01-31
金额
结算方式　审核人
款项类型　制单人
订单号
合同类型
合同号
存货分类　销售类型
存货　存货规格

显示
未隐藏记录　隐藏记录

确定　取消

图7-65 “制单查询”窗口

客户选择“幽兰公司”，清空记账日期一栏，单击“确定”，进入制单窗口，如图7-66所示。

选中要制单的收款单，单击工具栏“制单”，弹出一张收款凭证，如图7-67所示，单击“保存”，显示“已生成”。

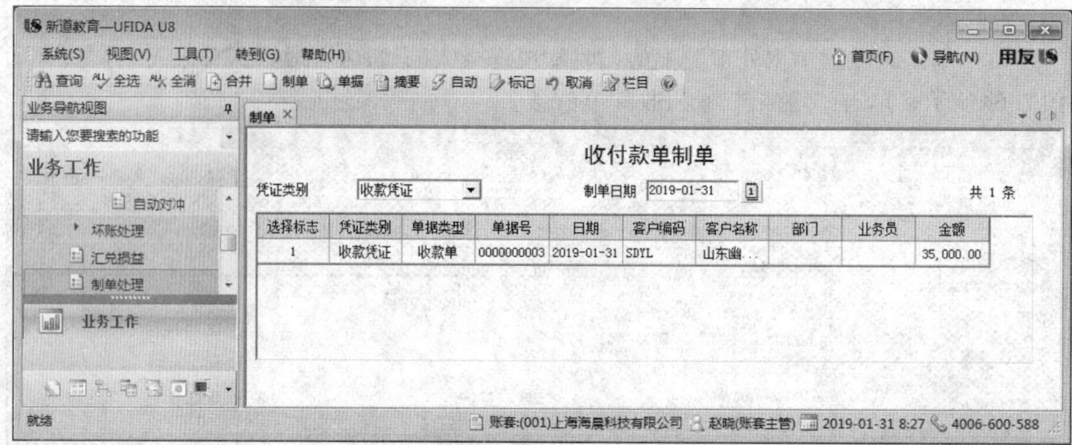

图 7-66 “收付款单制单”窗口

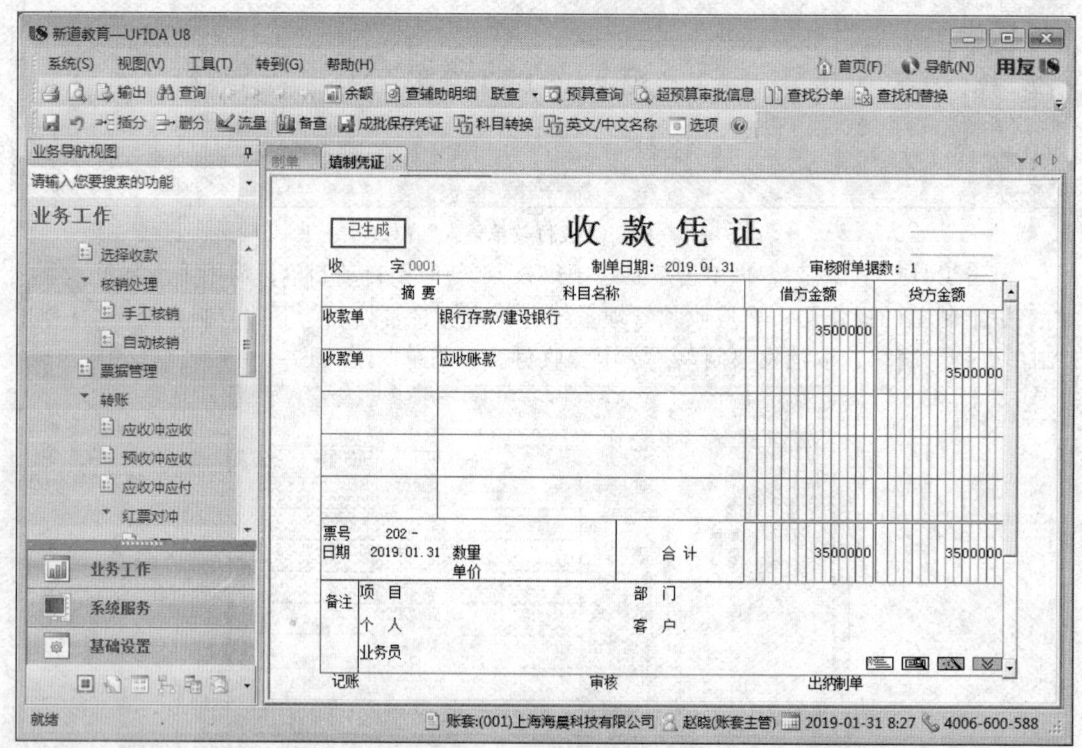

图 7-67 “收款凭证”窗口

（2）单击“收款单据处理”下的“收款单据录入”，进入“收付款单录入”窗口，如图 7-68 和图 7-69 所示，单击“增加”，录入收款单信息。

接着进行核销处理。在应收款管理系统，单击“核销处理”—“手工核销”，打开“核销条件”窗口，客户选择“南里公司”，清空“计算日期”一栏，如图 7-70 所示。

之后单击“确定”，进入“单据核销”窗口，在收款单的本次结算金额一栏录入“134 000.00”，在销售专用发票的本次结算金额一栏也录入“134 000.00”，单击工具栏“保存”，之后可以看到收款单与销售专用发票都不再显示，表示核销完成，如图 7-71 所示。

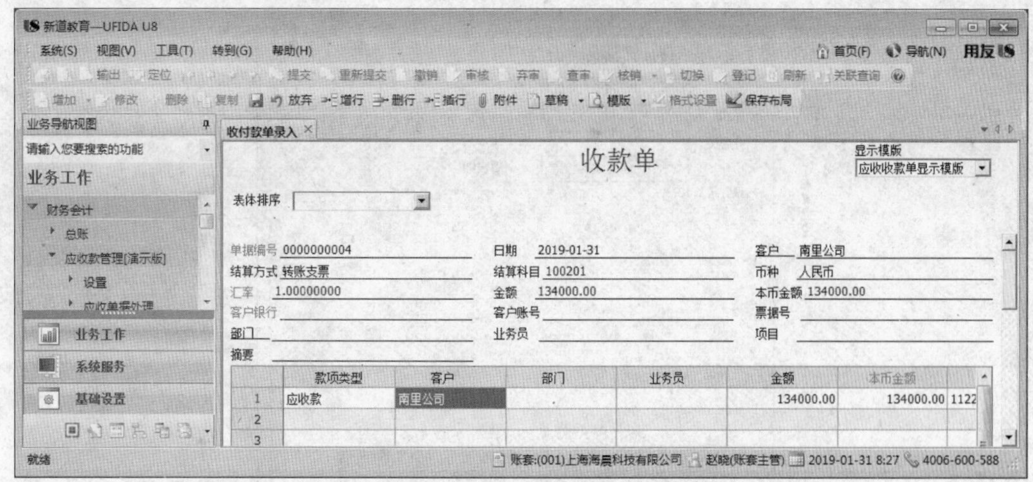

图7-68 “收付款单录入”窗口

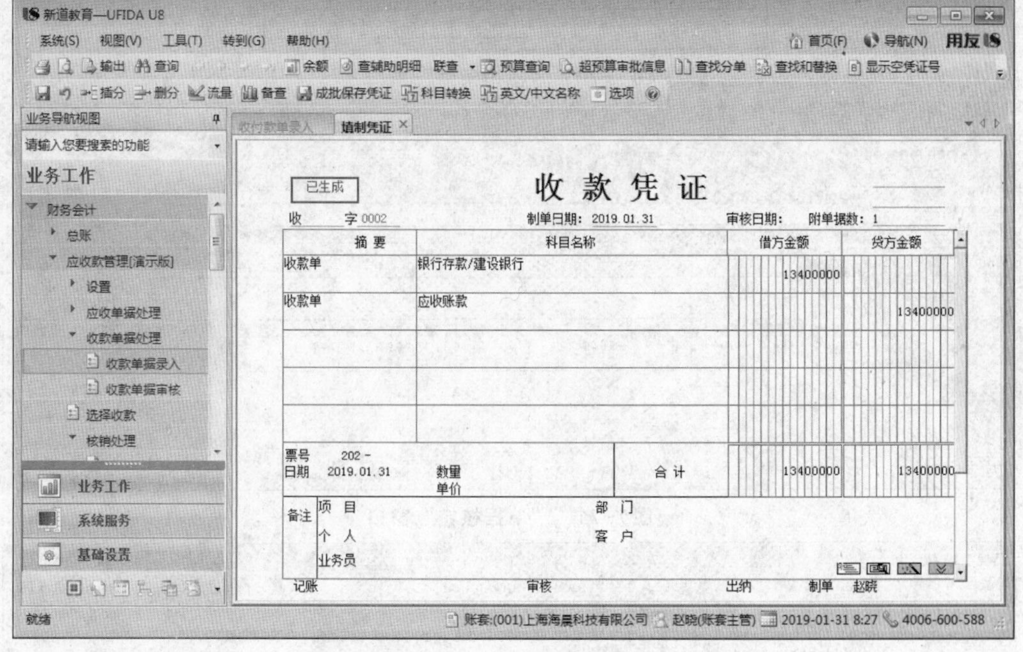

图7-69 “收款凭证”窗口

（3）单击“收款单据处理”下的“收款单据录入”，进入收付款单录入界面，如图7-72所示，单击增加，录入收款单信息。

单击“保存”，然后单击审核，接着制单，会弹出凭证，单击“保存”，显示“已生成”，如图7-73所示。

接着进行核销处理。在应收款管理系统，单击“核销处理”—“手工核销”，打开“核销条件”窗口，客户选择“幽兰公司”，清空计算日期一栏，如图7-74所示。

之后单击“确定”，进入“单据核销”窗口，在第一张收款单的本次结算金额一栏录入“35 000.00”，第二张收款单的本次结算金额一栏录入“45 000.00”，在销售专用发票的本次结算金额一栏录入“80 000.00”，单击工具栏“保存”，之后可以看到收款单与销售专用发票都不再显示，表示核销完成，如图7-75所示。

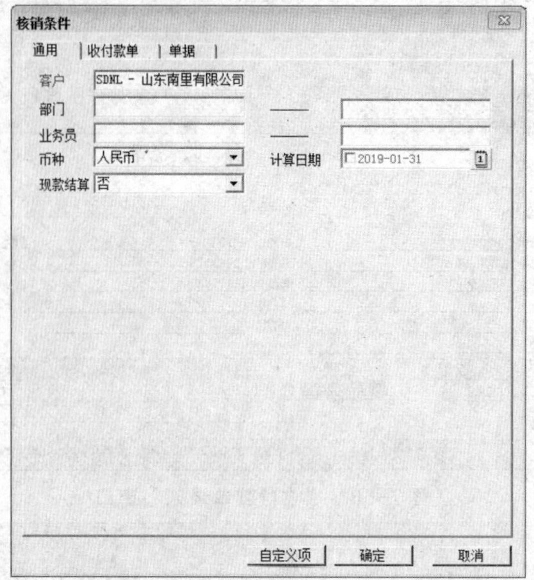

图 7-70 “核销条件”窗口

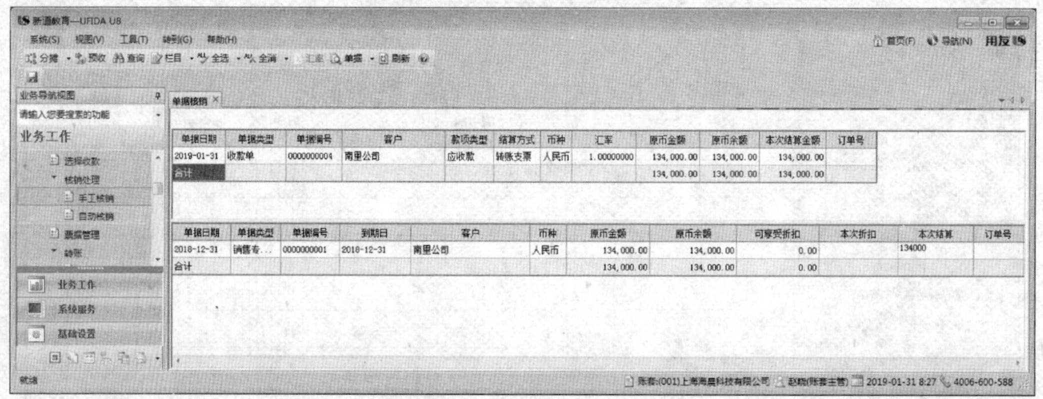

图 7-71 “单据核销”窗口

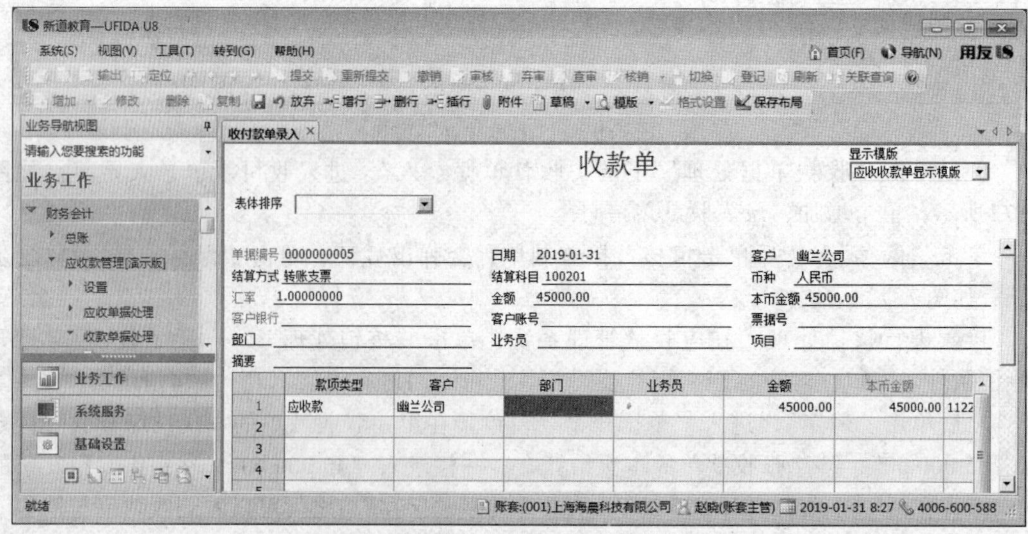

图 7-72 “收款单”窗口

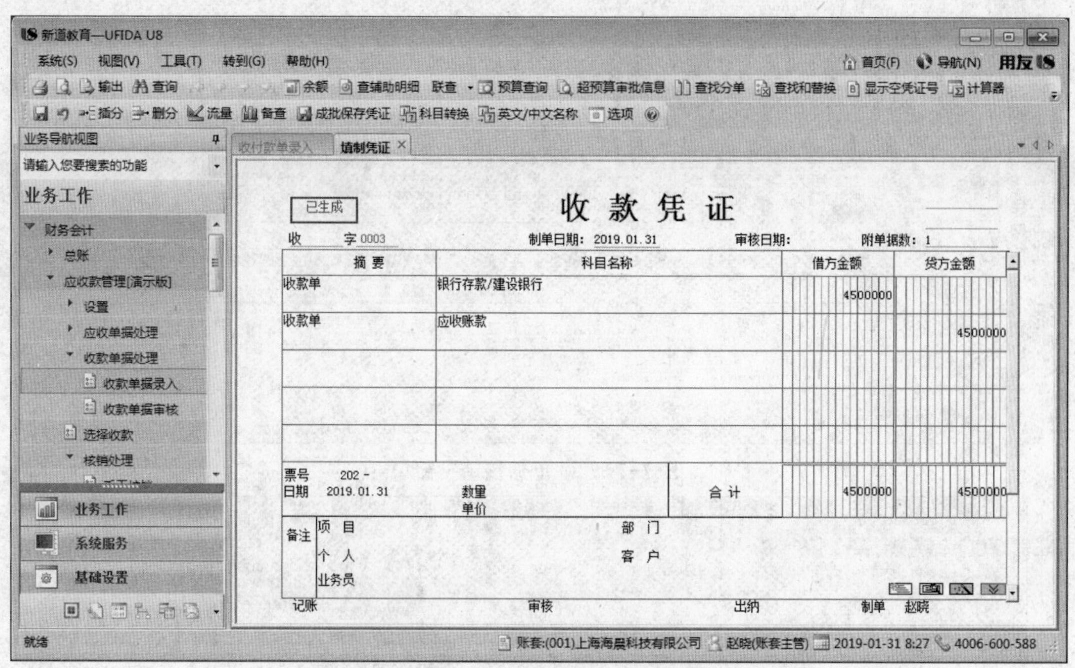

图7-73 “收款凭证”窗口

核销条件
通用 | 收付款单 | 单据
客户 SDYL - 山东幽兰有限公司
部门
业务员
币种 人民币
计算日期 2019-01-31
现款结算 否
自定义项 确定 取消

图7-74 “核销条件”窗口

3.票据业务

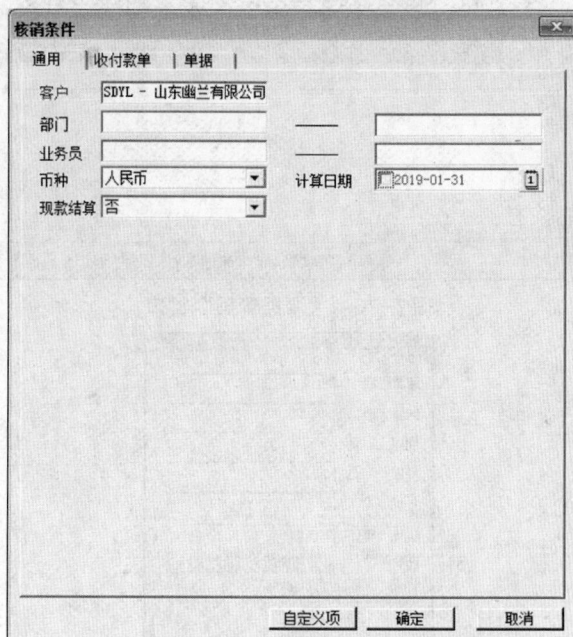

（1）进行票据结算处理。在应收款管理系统，单击“票据管理”，弹出“票据查询”窗口，单击“确定”，进入“票据管理”窗口，单击选中华氏公司的汇票，单击工具栏上“结算”，弹出“票据结算”窗口，如图7-76所示。录入结算日期“2019-01-15”，结算金额“30 000.00”，结算科目“100201”，单击“确定”，结算完成，同时弹出提示“是否立即制单?”，如图7-77所示。

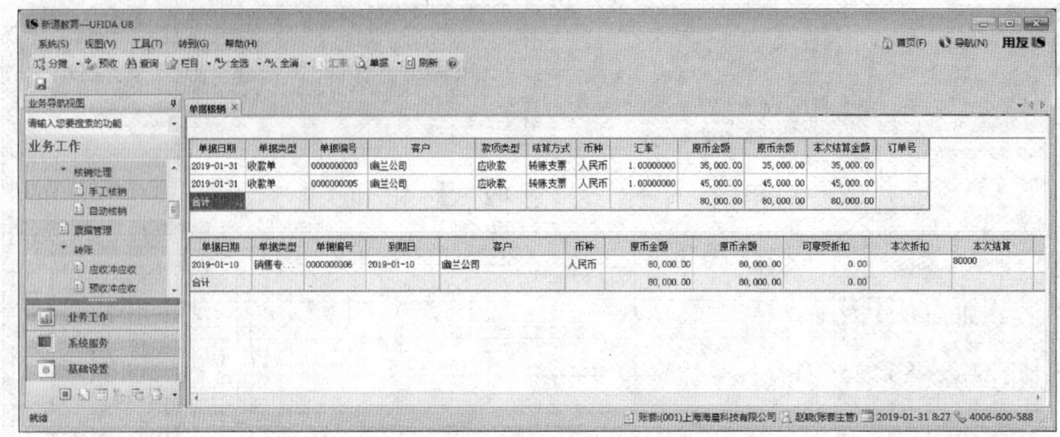

图7-75 “单据核销”窗口

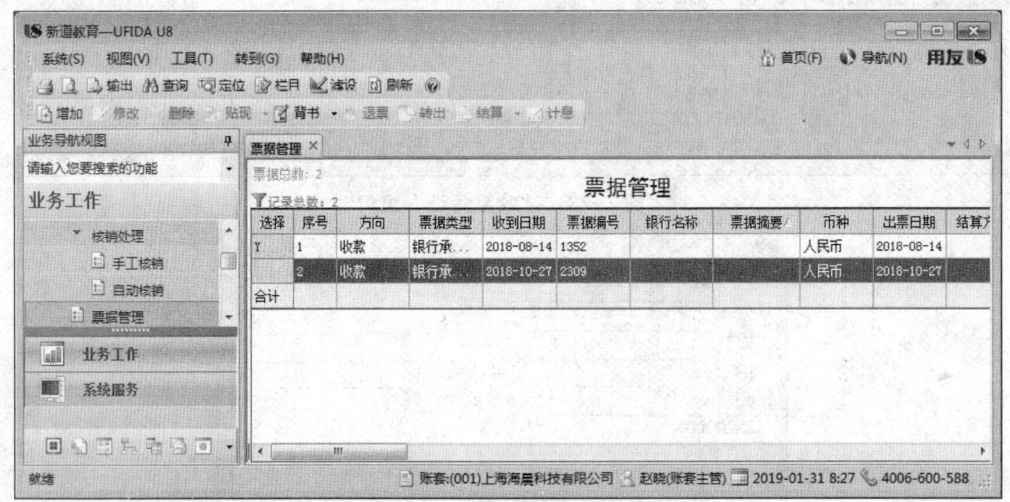

图7-76 “票据管理”窗口

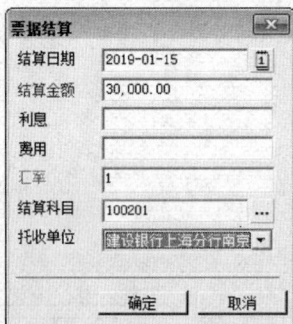

票据结算	
结算日期	2019-01-15
结算金额	30,000.00
利息	
费用	
汇率	1
结算科目	100201
托收单位	建设银行上海分行南京

确定 取消

图7-77 “票据结算”窗口

直接制单，单击“是”，进入凭证界面，单击“保存”，生成凭证，如图7-78所示。

（2）录入一张商业汇票。在应收款管理系统，单击“票据管理”，弹出“票据查询”窗口，单击“过滤”，进入“票据管理”窗口，单击工具栏“增加”，弹出“票据增加”窗口，录入收到日期“2019-01-15”，结算方式“银行承兑汇票”，票据类型“银行承兑汇票”，面值“50 000.00”，签发日期“2019-01-15”，到期日期“2019-02-23”，票据编号“ZZ7212”，出票人“天天公司”，单击“确定”，如图7-79所示。

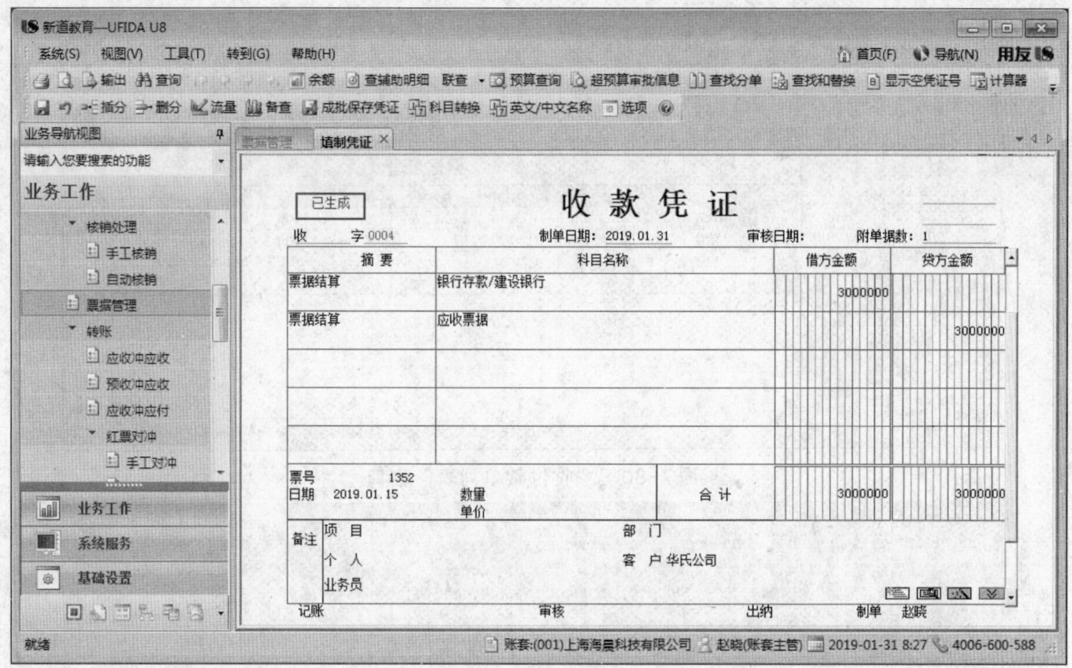

图7-78 “收款凭证”窗口

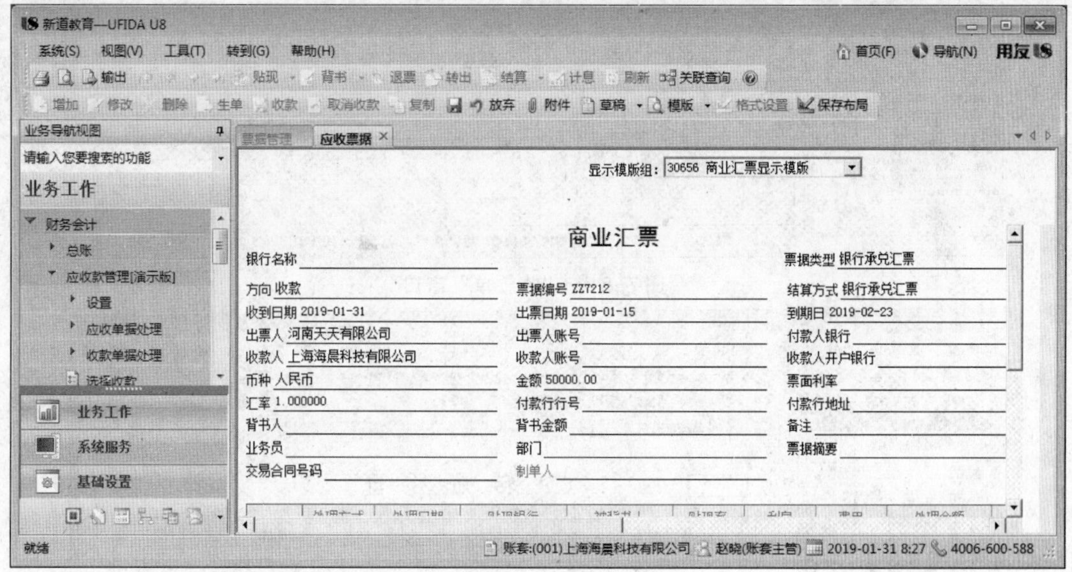

图7-79 “商业汇票”窗口

返回“票据管理”窗口，如图7-80所示，录入完毕。

录入商业汇票后，系统自动生成一张收款单，打开这张收款单，如图7-81所示。

单击工具栏“审核”，接着对这张收款单制单，凭证类型为“转账凭证”，单击“保存”，凭证显示“已生成”，如图7-82所示。

接着进行核销处理，办法同前。在应收款管理系统，单击“核销处理”—“手工核销”，打开“核销条件”窗口，客户选择“天天公司”，清空“计算日期”一栏，如图7-83所示。

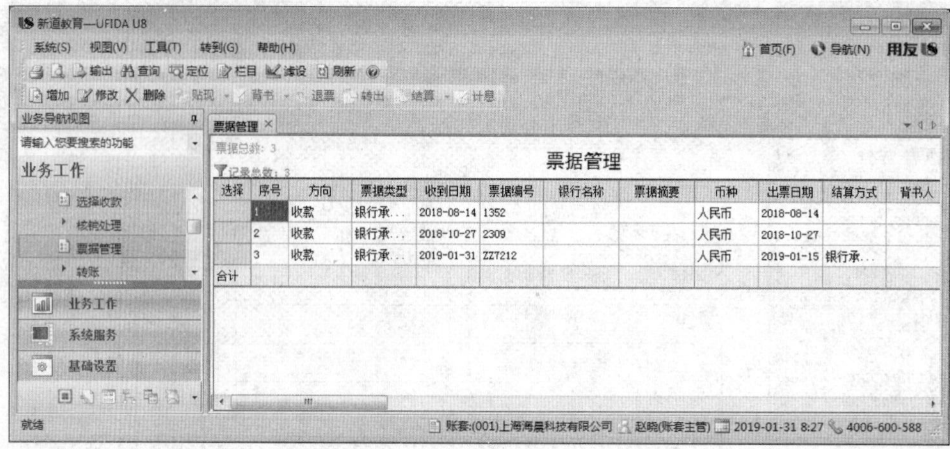

图 7-80　“收付款单列表”窗口

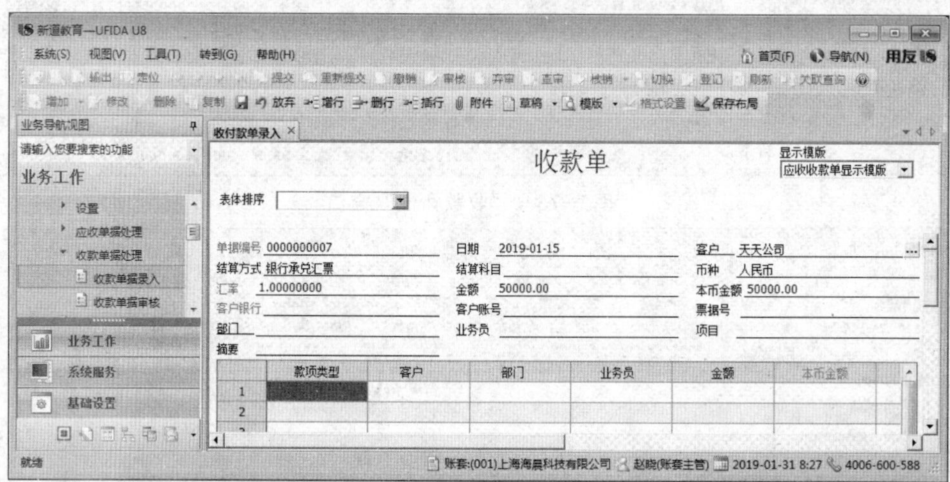

图 7-81　“收款单”窗口

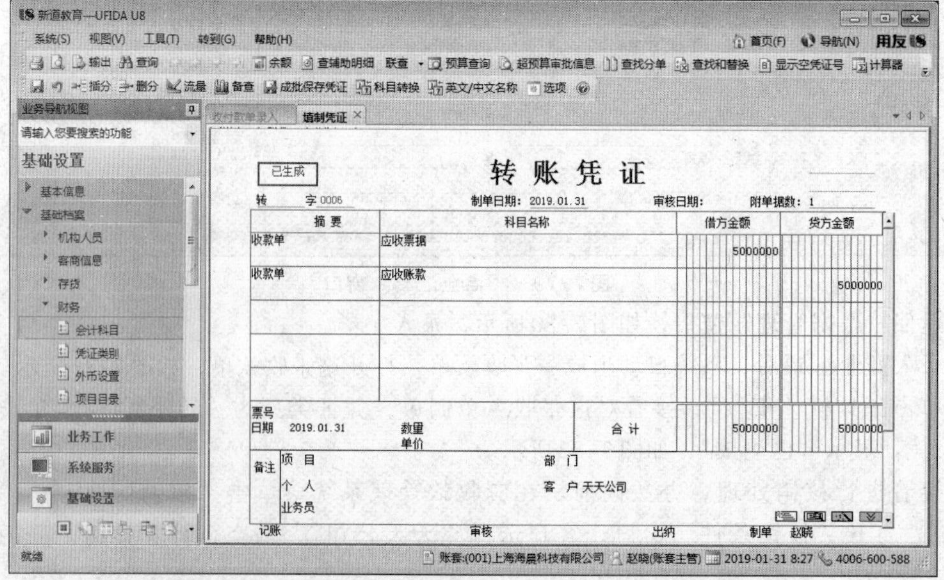

图 7-82　“转账凭证”窗口

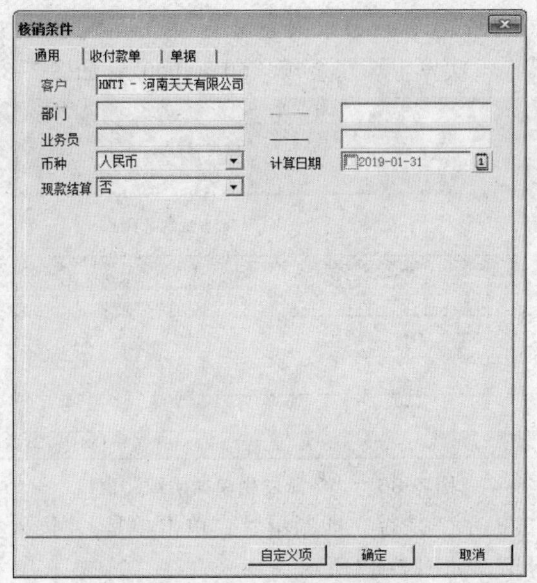

图7-83 “核销条件”窗口

然后单击“确定”，进入“单据核销”窗口，在收款单的本次结算金额一栏录入“50 000.00”，在销售专用发票的本次结算金额一栏录入“50 000.00”，单击工具栏“保存”，之后可以看到收款单与销售专用发票都不再显示，表示核销完成，如图7-84所示。

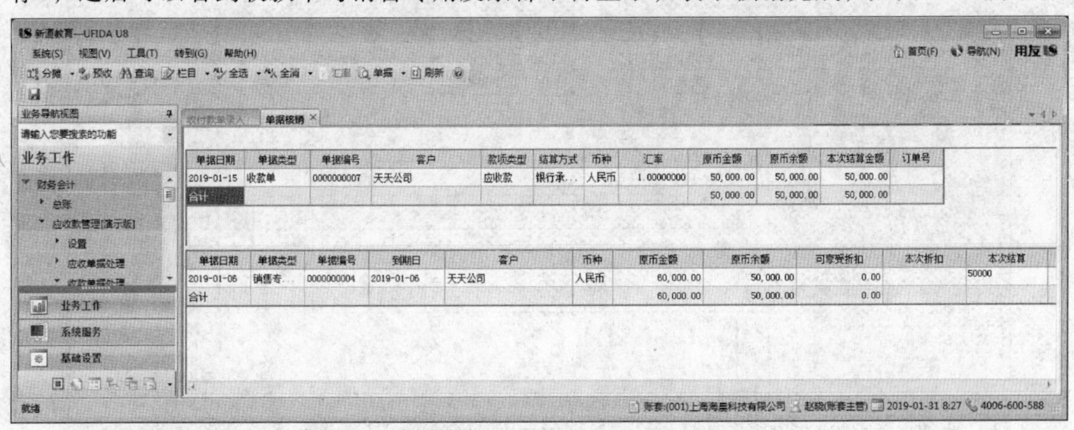

图7-84 “单据核销”窗口

（3）海昌公司的票据结算，操作过程同上。

4.坏账业务

（1）在应收款管理系统，双击“坏账处理”—“坏账发生”，打开“坏账发生”窗口，如图7-85所示。

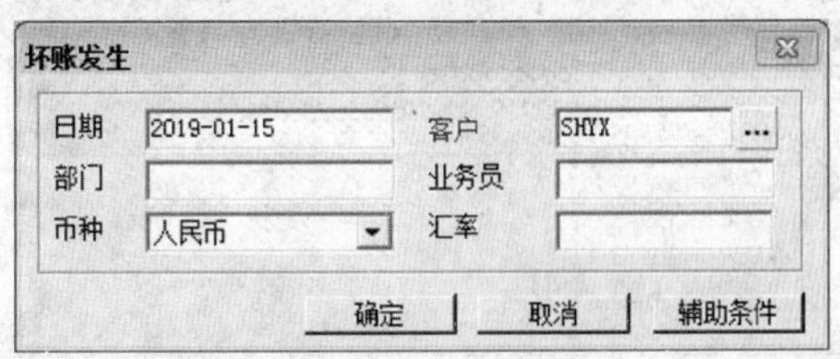

图7-85 “坏账发生”窗口

录入日期“2019-01-15”，客户“永兴公司”，单击“确定”，进入“坏账发生单据明细”窗口，在应收单录入本次发生坏账金额“60 000.00”，如图7-86所示。

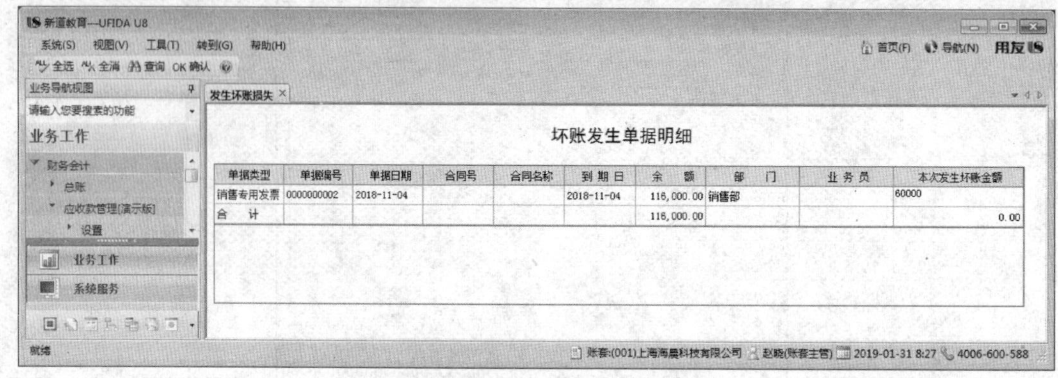

图7-86 “坏账发生单据明细”窗口

单击“确定”，弹出提示“是否立即制单?”，单击“是”，进入凭证窗口，类型设置为“转账凭证”，保存，退出，如图7-87所示。

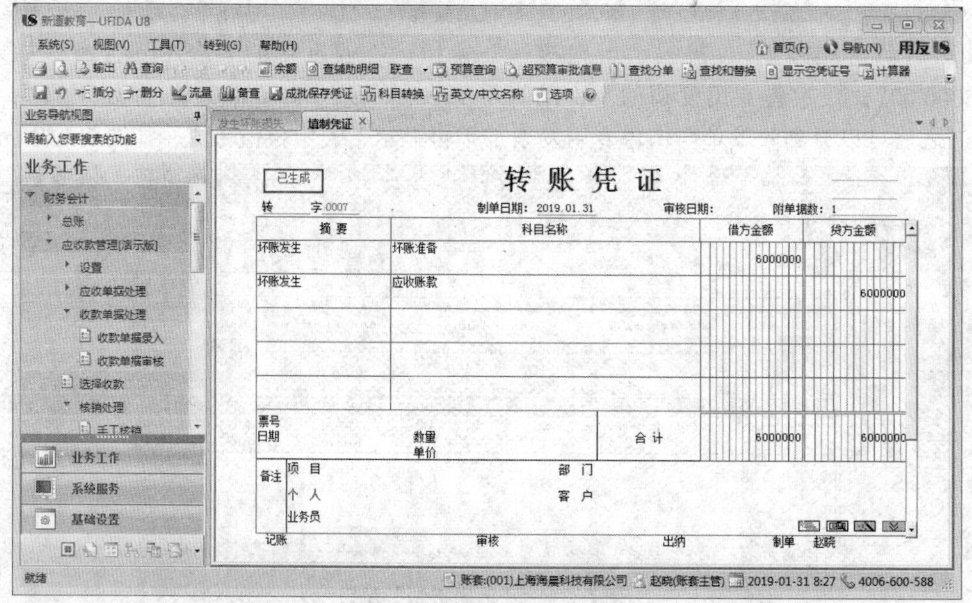

图7-87 “转账凭证”窗口

(2) 在应收款管理系统，单击“日常处理”下的“坏账处理”，单击“计提坏账准备”，打开“应收账款百分比法”窗口，如图7-88所示。

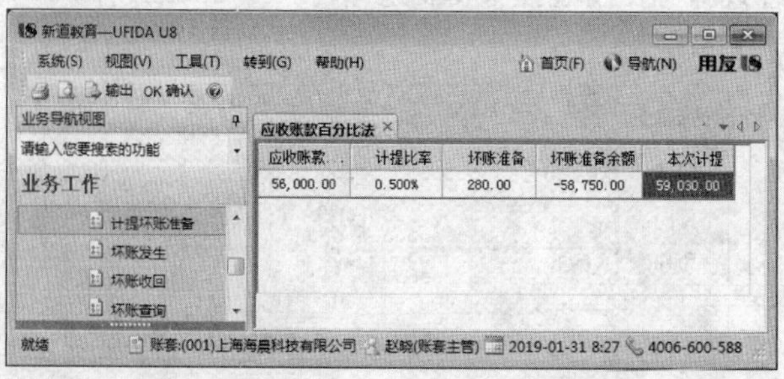

图7-88 “应收账款百分比法”窗口

查看本期坏账准备计提情况，单击“OK确认”，单击“是”，生成凭证，如图7-89所示。

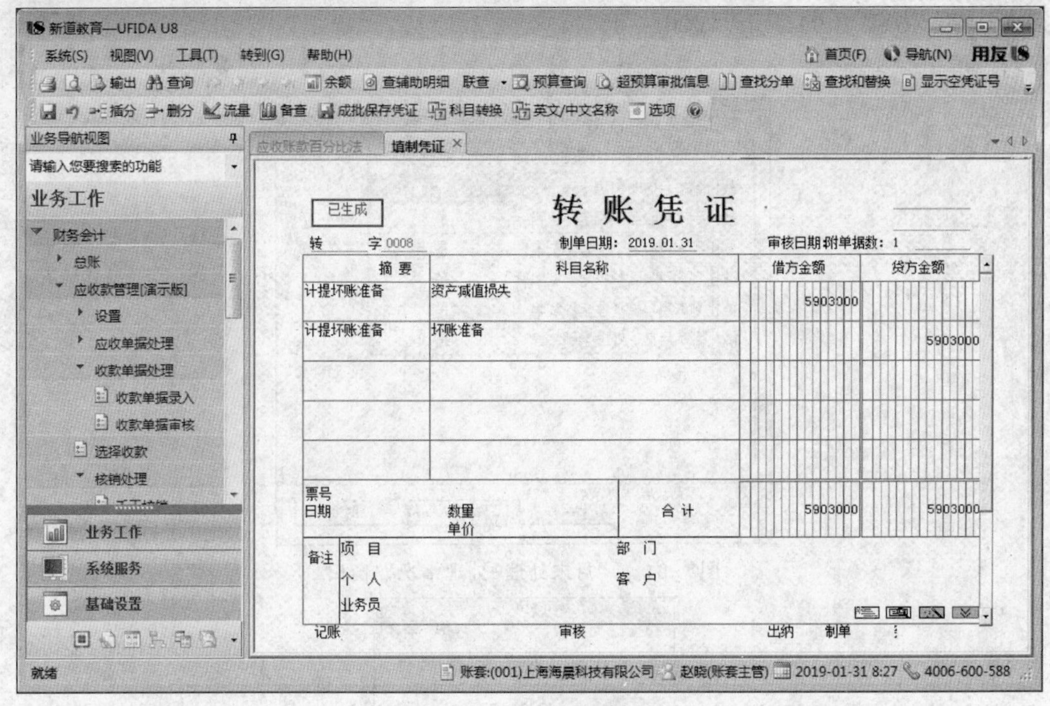

图7-89　“转账凭证”窗口

第三节　应收款管理期末处理

在应收款管理系统，单击“其他处理”下的“期末处理”，单击“月末结账”，打开“月末处理”窗口，如图7-90所示。

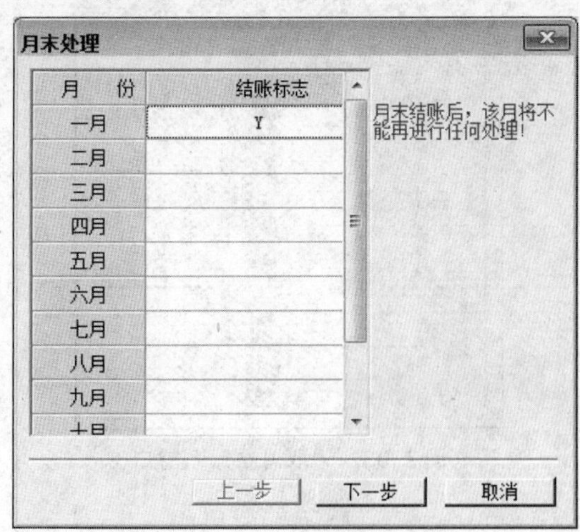

图7-90　“月末处理”窗口

选中“一月”，结账标志显示“Y”，单击下一步，可以看到结账提示，如图7-91所示。业务是否全部处理，只有全部处理后，才能结账，单击“确认”，提示“1月份结账成功”，如图7-92所示。单击“确定”，完成1月应收款管理系统结账。如果需要取消结账，操作方法是，单击“期末处理”下的“取消月结”，弹出“取消结账”窗口，显示一月已结账，如图7-93所示。选中一月“已结账”，单击“确定”，弹出提示“取消结账”成功，单击“确定”。

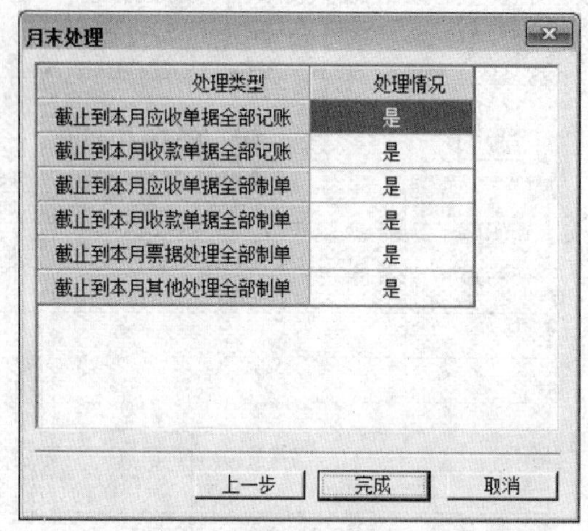

图7-91 “月末处理-处理情况”窗口

图7-92 “应收款管理”窗口

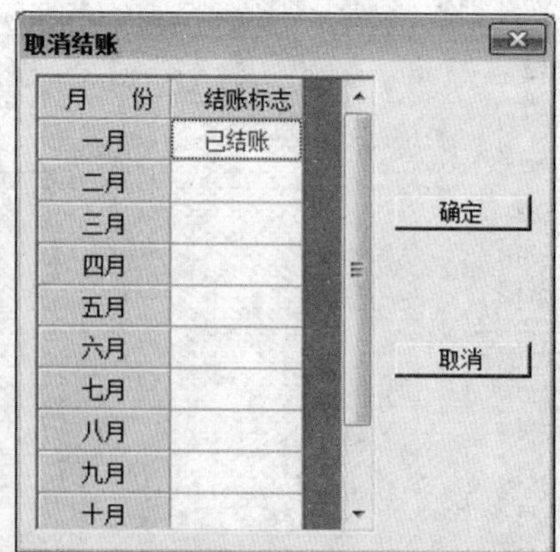

图7-93 “取消结账”窗口

应付款管理

第一节 应付账款系统初始化

一、实验要求

1.设置系统参数

2.基础设置

3.设置科目

4.账龄区间设置

5.报警级别设置

6.设置允许修改“采购专用发票”的编号

7.录入期初余额并与总账系统进行对账

二、实验资料

1.设置应付款系统的参数

应付款核销方式为“按单据”，单据审核日期依据为“业务日期”，应付款核算类型为“详细核算”，受控科目制单依据为“明细到供应商”，非受控科目制单方式为“汇总方式”；启用供应商权限，并且按信用方式根据单据提前7天自动报警。

2.基本科目

应付科目为“2202应付账款”，预付科目为“1123预付账款”，采购科目为“1402在途物资”，采购税金科目为“22210101应交税费——应交增值税（进项税额）”，银行承兑科目为“2201应付票据”，商业承兑科目为“2201”，现金折扣科目为“660302”，票据利息科目为“660302”，票据费用科目为“660301”，收支费用科目为“660107”。

3.结算方式科目

现金结算方式科目为“1001库存现金”；现金支票结算方式科目为“100201建设银行”；转账支票结算方式科目为“100201建设银行”；银行汇票结算方式科目为“101201银行汇票”；信汇结算方式科目为“100201建设银行”；电汇结算方式科目为“100201建设银行”。

4.账龄区间

总天数分别为30天、60天、90天。

5.单据编号

单据编号允许完全手工修改。

6.期初余额（见表8-1A、表8-1B、表8-1C，存货税率均为16%）

表 8-1A　　**应付账款**　　金额单位：元

日期	供应商	存货	数量	价税合计	票号
2018-09-29	桦莱公司	无缝甲材料	55吨	60 000	0849
2018-11-18	九宫公司	无缝乙材料	10吨	30 000	2090

表 8-1B　　**应付票据(银行承兑汇票)**　　单位：元

日期	到期日	供应商	金额	承兑银行	票号
2018-10-13	2019-01-12	物美公司	74 000	建行	C456
2018-12-02	2019-01-21	科元公司	69 000	建行	C684

表 8-1C　　**预付账款(转账支票结算)**　　单位：元

日期	供应商	金额
2018-11-12	九宫公司	58 000
2018-12-09	天阳公司	36 000

三、实验指导

接着上一章的账套，启用应付款管理系统，进行如下操作：

1.设置系统参数

（1）在“用友ERP-U8企业应用平台”中，双击“财务会计”中的“应付款管理”，打开应付款管理系统。

（2）在应付款管理系统中，双击“设置”—“选项”，打开“账套参数设置”窗口。

（3）在“账套参数设置”窗口中，单击“编辑”按钮，分别在“常规”“凭证”“权限与预警”三项页签中按实验资料逐项进行设置，如图8-1所示。

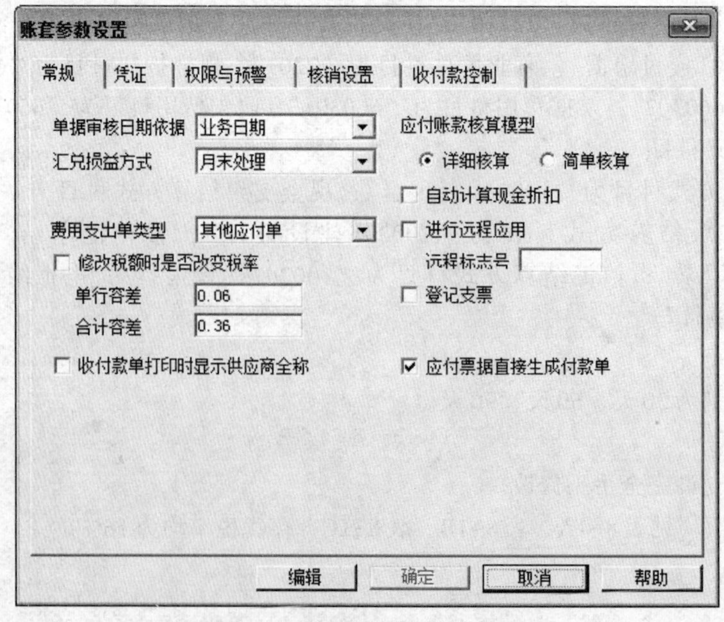

图8-1　“账套参数设置”窗口

(4) 单击“权限与预警”页签。单击“是否启用供应商权限”前的复选框，单击“是否根据单据自动报警”复选框，在提前天数栏选择提前天数“7”，点击“确定”。

2.设置基本科目

(1) 在应付款管理系统中，双击“设置”—“初始设置”，打开“初始设置”窗口，如图8-2所示。

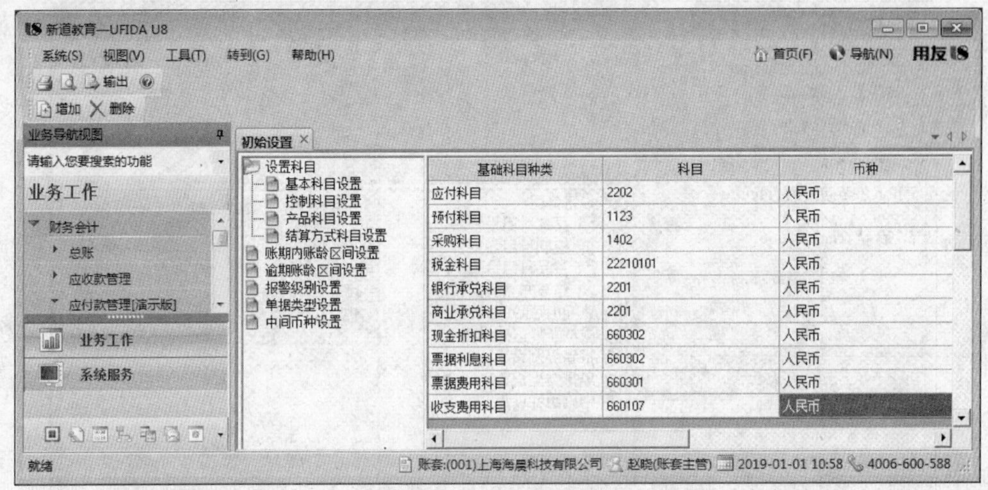

图8-2　“初始设置”窗口

(2) 在“初始设置”窗口中，单击“设置科目”—“基本科目设置”，录入或选择应付科目“2202”及其他的基本科目（请根据系统注意事项，将“2202应付账款”、“1123预付账款”及“2201应付票据”，在总账系统中设置其辅助核算内容为“供应商往来”，并且其受控系统为“应付系统”），点击“退出”。

3.结算方式科目

(1) 在应付款管理系统中，单击“设置”—“初始设置”，打开“初始设置”窗口。

(2) 单击“结算方式科目设置”，打开“结算方式科目设置”窗口，如图8-3所示。

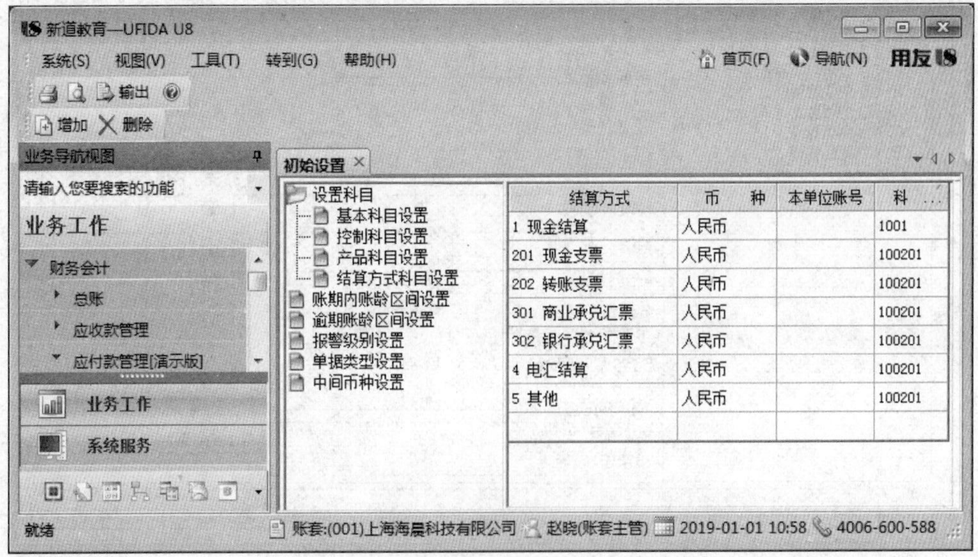

图8-3　“初始设置-结算方式”窗口

（3）单击结算方式栏下三角按钮，选择“现金结算”，单击币种栏，选择“人民币”，在科目栏录入或选择“1001”，回车。依此方法继续录入其他的结算方式科目后，点击“退出”。

4.设置账龄区间

（1）在应付款管理系统中，单击“设置”—“初始设置”，在“初始设置”窗口，单击“账期内账龄区间设置”，如图8-4所示。

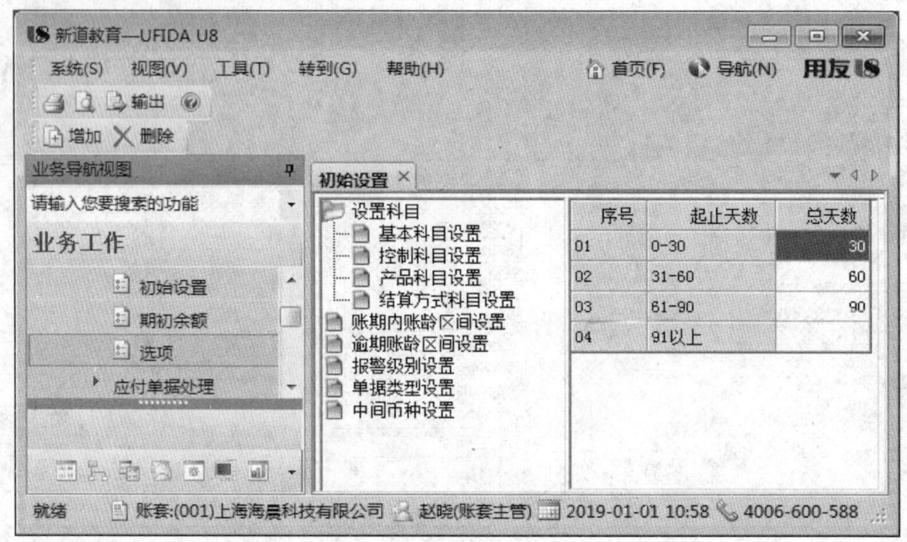

图8-4 “初始设置-账龄”窗口

（2）在第一行总天数栏录入“30”，回车，下一行录入“60”后回车。依此方法继续录入其他的总天数，点击“退出”。逾期账龄同理。

5.单据编号设置

（1）在“用友ERP-U8企业应用平台”中，在“基础设置”页签下，单击“单据设置”，打开“单据编号设置”窗口，如图8-5所示。

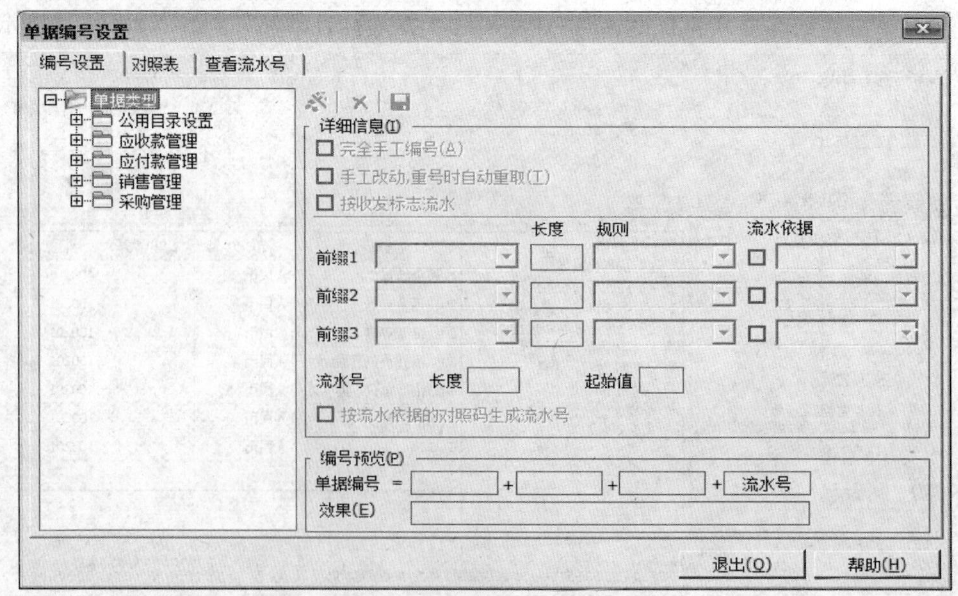

图8-5 “单据编号设置”窗口

（2）单击左侧“单据类型”窗口中“采购管理”—“采购专用发票”，打开“单据编号设置—采购专用发票”窗口，如图8-6所示。

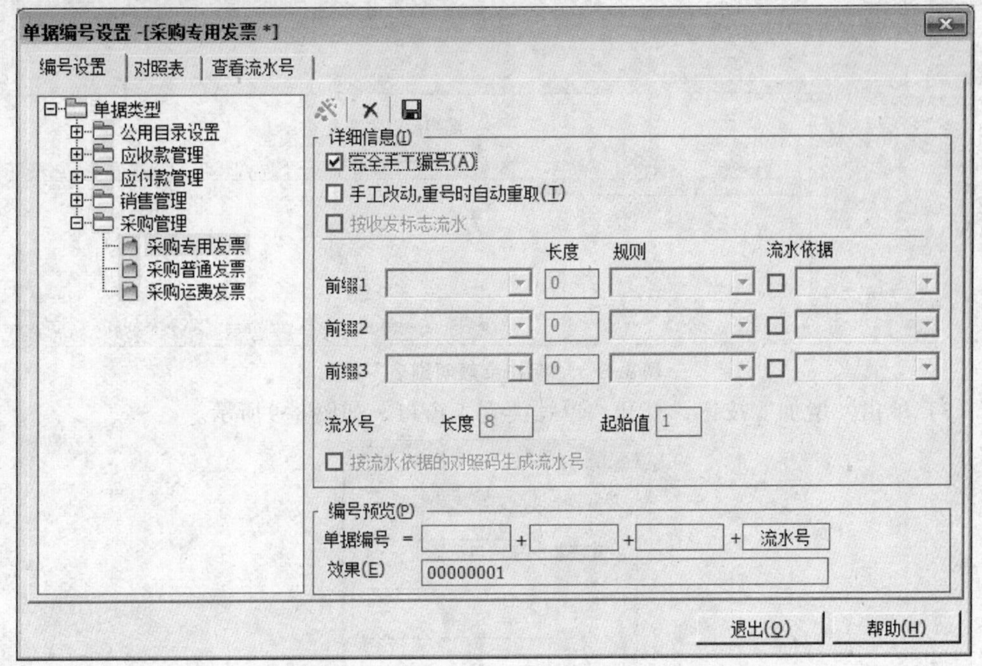

图8-6 “初始设置-完全手工编号”窗口

（3）在“单据编号设置-采购专用发票”窗口中，单击“修改”按钮，单击“允许完全手工编号”前的复选框。

（4）单击“保存”按钮后，单击“退出”按钮。

6.录入期初采购发票

（1）在应付款管理系统中，双击“设置”—“期初余额”，打开“期初余额-查询”窗口，如图8-7所示。

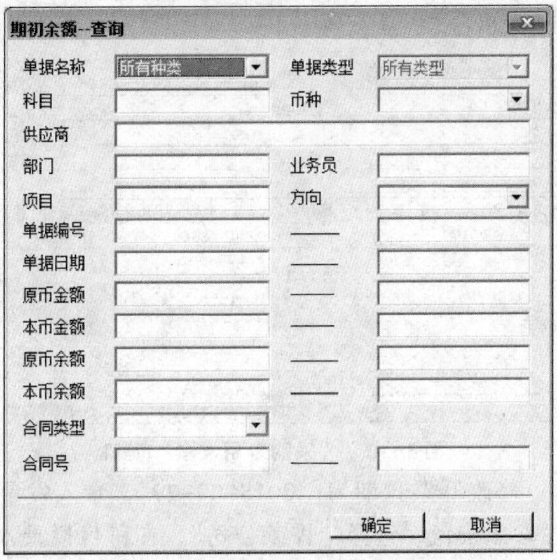

图8-7 “期初余额-查询”窗口

（2）直接单击“确定”按钮，打开“期初余额明细表”窗口，如图8-8所示。

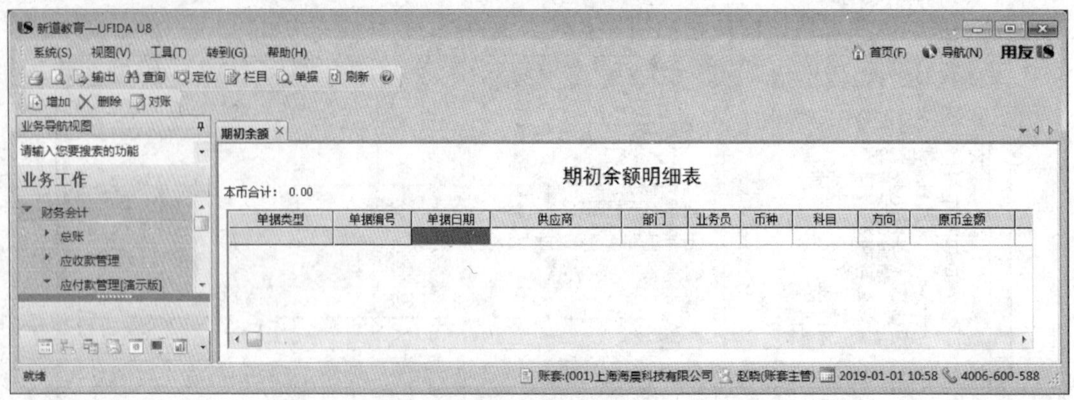

图8-8 “期初余额明细表”窗口

（3）单击“增加”按钮，打开“单据类别”窗口，如图8-9所示。

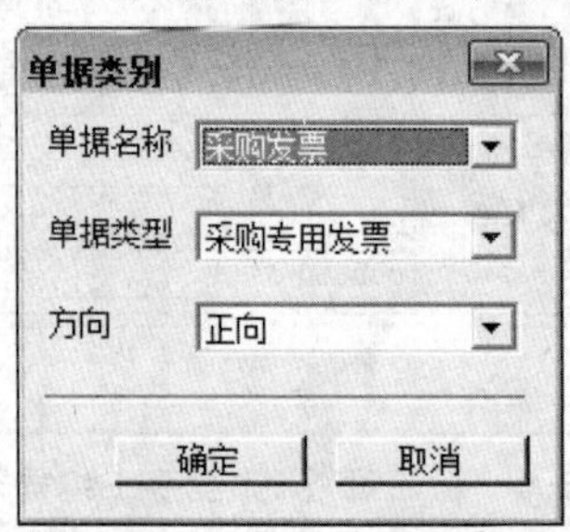

图8-9 “单据类别”窗口

（4）单击“确定”按钮，打开“采购专用发票”窗口，如图8-10所示。

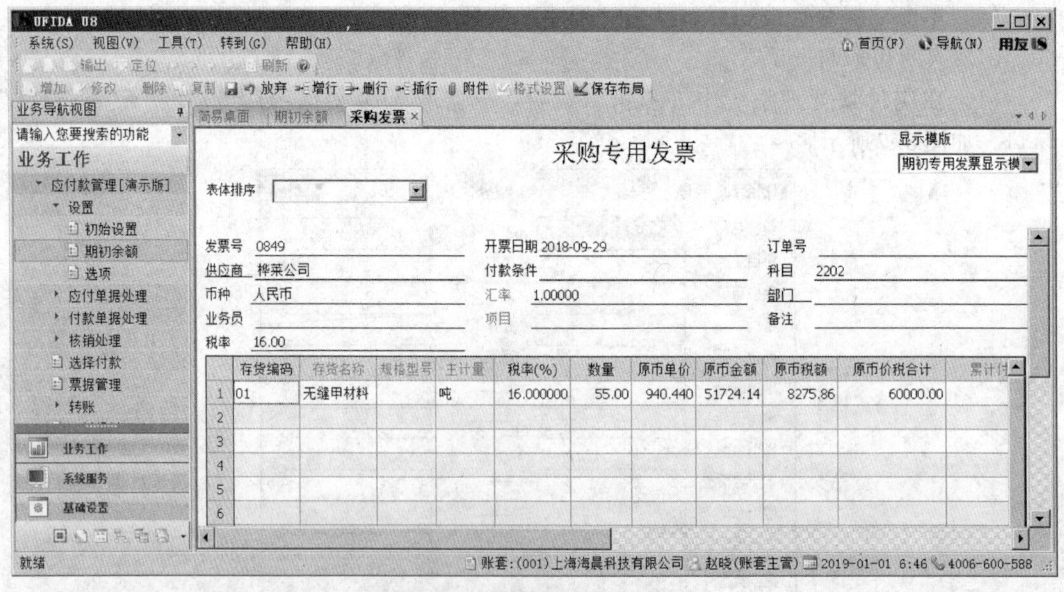

图8-10 “采购专用发票”窗口

（5）单击“增加”，修改开票日期为“2018-09-29”，录入发票号“0849”，在供应商栏录入或单击供应商栏参照按钮，选择“桦莱公司”，在科目栏录入“2202”，在货物编号栏录入“无缝甲材料”，在“数量栏”录入“55.00”，在原币价税合计栏录入“60 000.00”，单击“保存”按钮。

依此方法继续录入第2张采购专用发票，如图8-11所示。

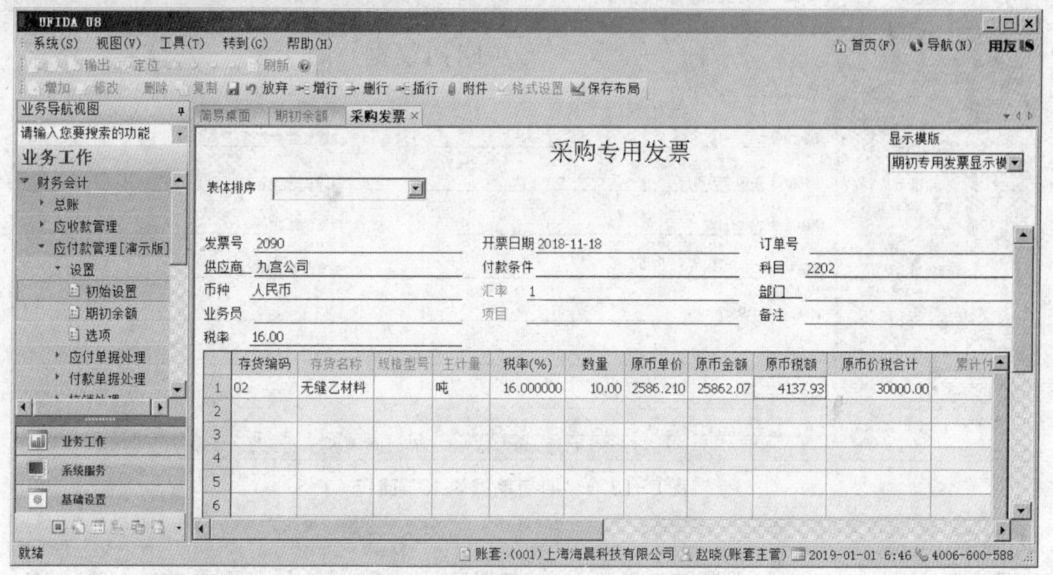

图8-11 “采购专用发票-九宫公司”窗口

7.录入应付票据

（1）在应付款管理系统中，双击“设置”—“期初余额”，打开“期初余额-查询”窗口。

（2）单击“确定”按钮，打开“期初余额明细表”窗口。

（3）单击“增加”按钮，打开“单据类别-应付票据”窗口，如图8-12所示。

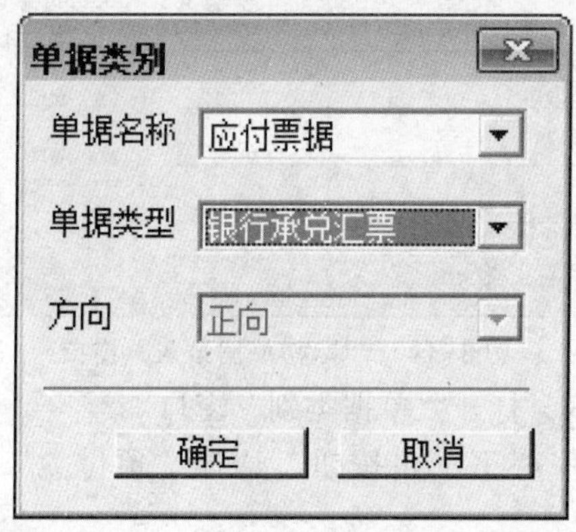

图8-12 “单据类别-应付票据”窗口

（4）单据名称选择“应付票据”，单据类型选择“银行承兑汇票”，单击“确定”。进入票据录入窗口，单击“增加”，录入票据信息，科目选择“2201”，如图8-13所示。

继续录入下一张应付票据，科目选择“2201”，如图8-14所示。

8.录入预付款单

（1）在应付款管理系统中，双击“设置”—“期初余额”，打开“期初余额-查询”窗口。

（2）单击“确定”按钮，打开“期初余额明细表”窗口。

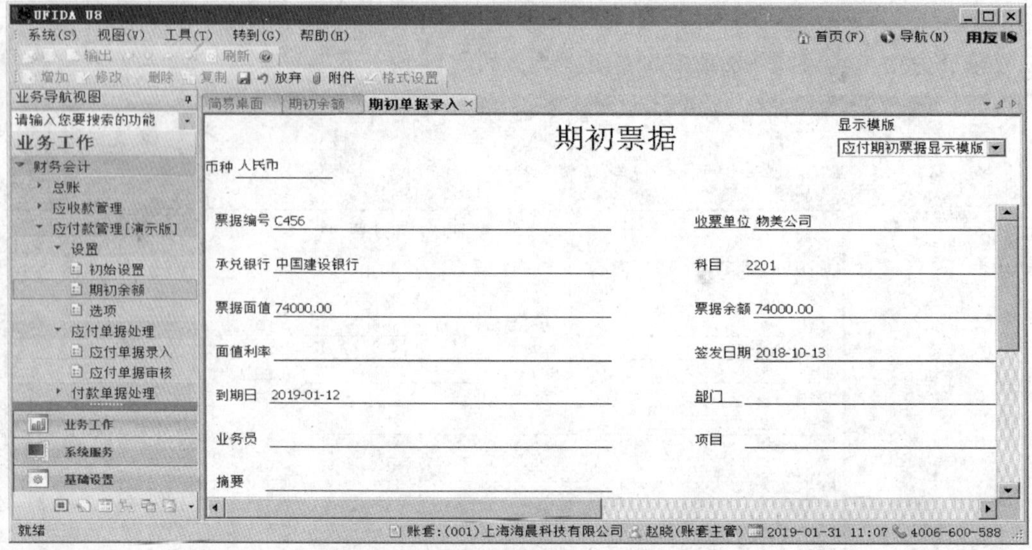

图 8-13 “期初单据录入”窗口

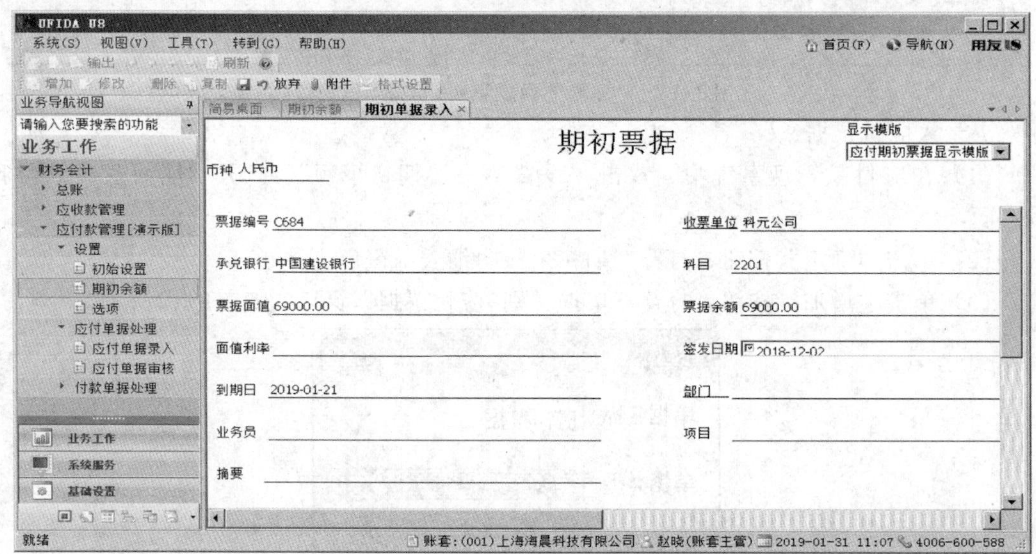

图 8-14 “期初单据录入”窗口

（3）单击“增加”按钮，打开“单据类别”窗口。

（4）单击“单据名称”栏下三角按钮，选择“预付款”，“单据类型”选择“付款单”，如图 8-15 所示。

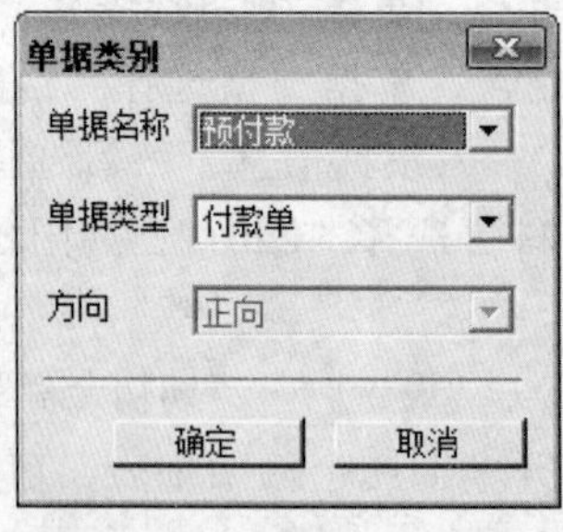

图 8-15 “单据类别”窗口

（5）单击“确定”按钮，打开“付款单”窗口，如图8-16所示。

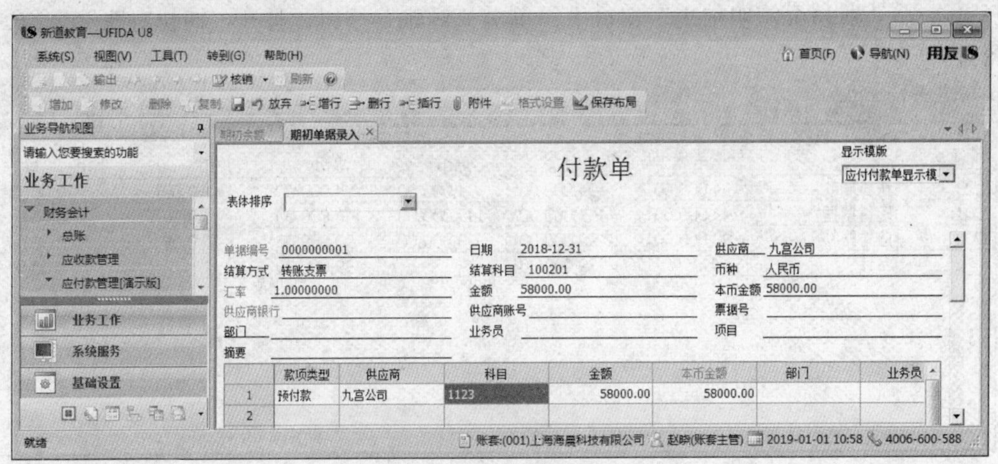

图8-16 “期初单据录入”窗口

（6）修改日期为“2018-11-12”，在供应商名称栏录入“九宫公司”，在结算方式栏选择“转账支票”，在金额栏录入“58 000.00”。

（7）单击“保存”按钮，依此方法继续录入第2张预付款单，如图8-17所示。

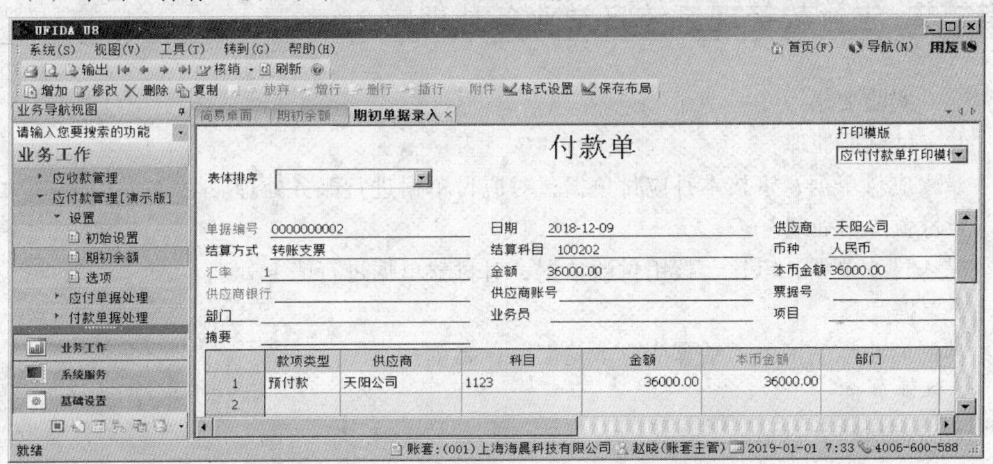

图8-17 “期初单据录入-付款单”窗口

返回到“期初余额明细表”窗口，单击工具栏“刷新”，如图8-18所示。

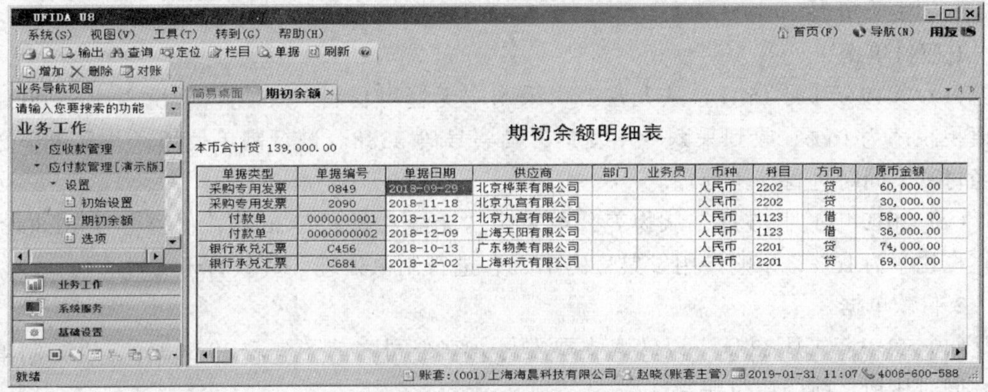

期初余额明细表

本币合计贷 139,000.00

单据类型	单据编号	单据日期	供应商	部门	业务员	币种	科目	方向	原币金额
采购专用发票	0849	2018-09-29	北京桦莱有限公司			人民币	2202	贷	60,000.00
采购专用发票	2090	2018-11-18	北京九宫有限公司			人民币	2202	贷	30,000.00
付款单	0000000001	2018-11-12	北京九宫有限公司			人民币	1123	借	58,000.00
付款单	0000000002	2018-12-09	上海天阳有限公司			人民币	1123	借	36,000.00
银行承兑汇票	C456	2018-10-13	广东物美有限公司			人民币	2201	贷	74,000.00
银行承兑汇票	C684	2018-12-02	上海科元有限公司			人民币	2201	贷	69,000.00

图8-18 “期初余额”窗口

9.应付款系统与总账系统对账

（1）在“期初余额明细表”窗口中，单击“对账”按钮，打开“期初对账”窗口，如图8-19所示。

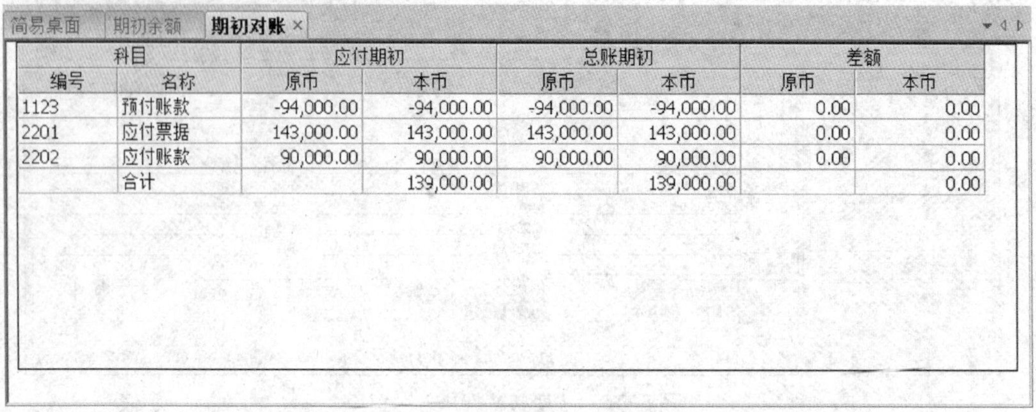

简易桌面 | 期初余额 | 期初对账 ×

科目		应付期初		总账期初		差额	
编号	名称	原币	本币	原币	本币	原币	本币
1123	预付账款	-94,000.00	-94,000.00	-94,000.00	-94,000.00	0.00	0.00
2201	应付票据	143,000.00	143,000.00	143,000.00	143,000.00	0.00	0.00
2202	应付账款	90,000.00	90,000.00	90,000.00	90,000.00	0.00	0.00
	合计		139,000.00		139,000.00		0.00

图8-19　“期初对账-平衡”窗口

（2）单击“退出”按钮，退出。

第二节　应付款管理系统日常业务处理

一、实验要求

1.应付单据处理

录入应付单据；审核本月应付单据；对应付单据进行账务处理。

2.付款单据处理

录入付款单据；审核、核销付款单据；对付款单据进行账务处理。

3.票据管理

填制商业承兑汇票；结算商业承兑汇票；制单。

4.转账处理

应付冲应付并制单。

5.单据查询

查询发票、结算单以及查询并删除凭证。

二、实验资料

1.应付单据

（1）2019年1月15日，从九宫公司采购“无缝甲材料”45吨，价税合计58 000元，增值税税率为16%，收到采购专用发票，发票号码3388。进行制单处理，并且由于之前已经付款，同时进行核销处理。

（2）2019年1月15日，从物美公司采购“无缝乙材料”20吨，价税合计46 800元，增值税税率为16%，采购专用发票号码0725，进行制单处理。货款暂未支付。

2.付款单据

（1）2019年1月22日，以转账支票支付九宫公司之前的欠款30 000元，进行制单处理，同时核销之前的应付账款。

（2）2019年1月26日，以转账支票支付物美公司购买乙材料的全部价款46 800元，进行制单处理，同时核销之前的应付账款。

3.商业票据

（1）2019年1月12日，向物美公司签发并承兑的商业承兑汇票到期，我公司付款结算，并制单。

（2）2019年1月21日，向科元公司签发并承兑的商业承兑汇票到期，我公司付款结算，并制单。

4.转账单据：应付冲应付

2019年1月21日，经三方同意，将去年发生的应向桦莱公司支付的货款60 000元转为向九宫公司的应付账款，并且制单。

三、实验指导

1.应付单据处理

（1）填制第1笔业务的采购专用发票。

①在应付款管理系统中，双击“应付单据处理”—“应付单据录入”。打开“单据类别”窗口，“单据名称”选择“采购发票”，“单据类型”选择“采购专用发票”，如图8-20所示。

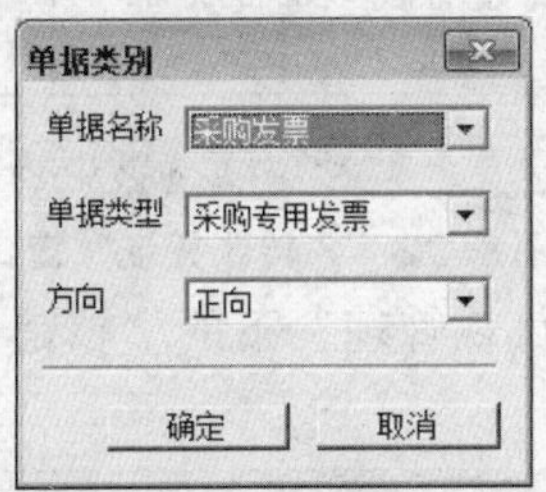

图8-20 “单据类别”窗口

②单击“确定”按钮，打开“采购专用发票”窗口。

③修改开票日期为“2019-01-15”，录入发票号“3388”，在供应商栏录入或选择“九宫公司”，存货编码栏录入或选择“01”，数量栏录入“45”，原币价税合计栏录入“58 000.00”，如图8-21所示。

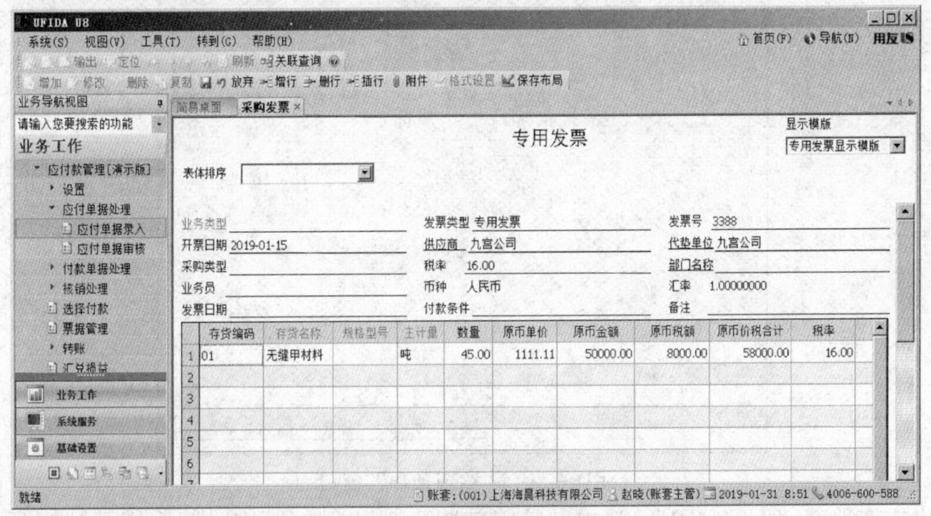

图8-21 “采购发票”窗口

④单击“保存”按钮，再单击“审核”按钮，弹出提示“是否立即制单？”，单击“是”，进入制单界面，修改凭证日期，单击“保存”，如图8-22所示。

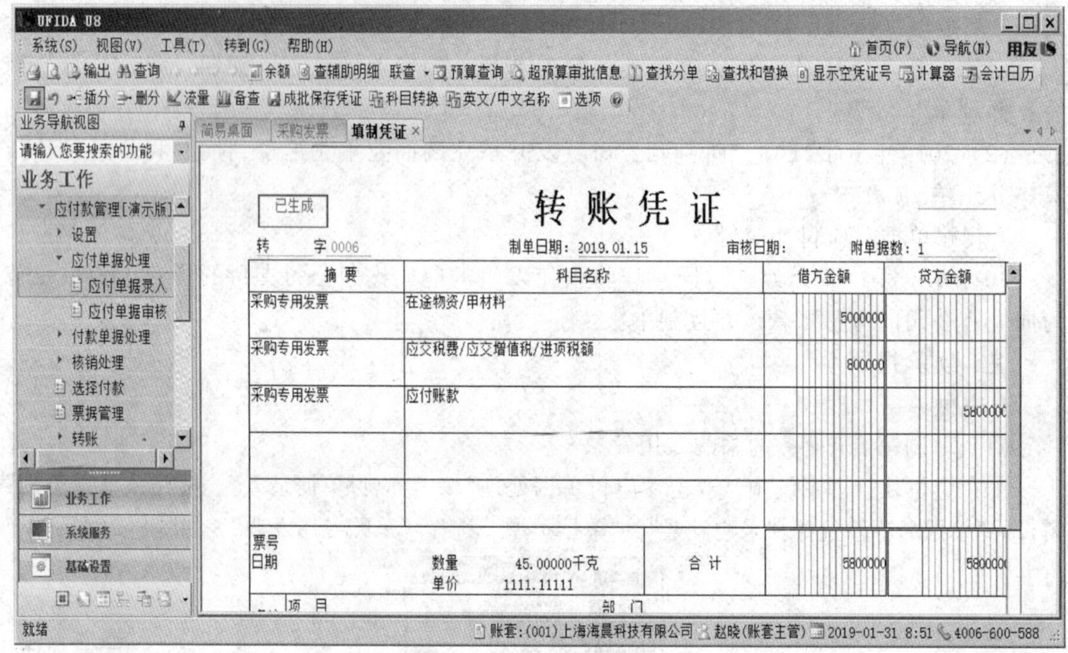

图8-22 “转账凭证”窗口

⑤核销的操作是，双击“应付款管理”下的“核销处理”—“手工核销”，如图8-23所示。

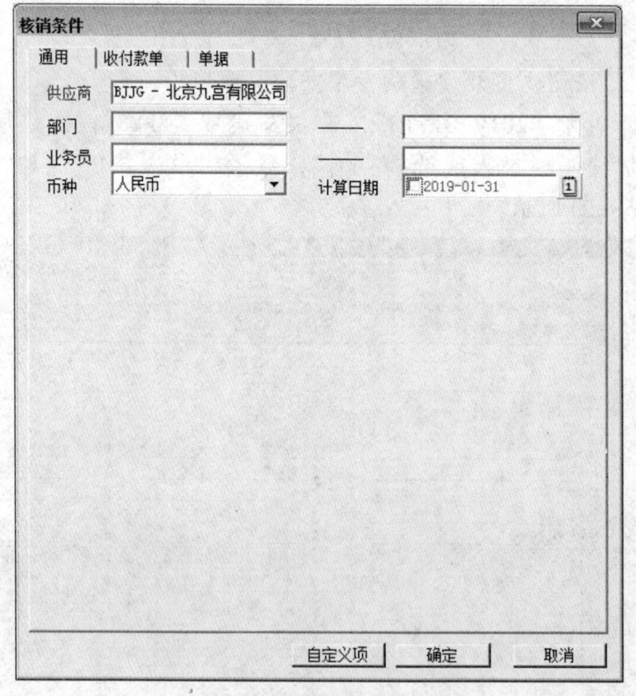

图8-23 “核销条件”窗口

供应商选择“九宫公司”，清空“计算日期”一栏，单击“确定”，如图8-24所示。

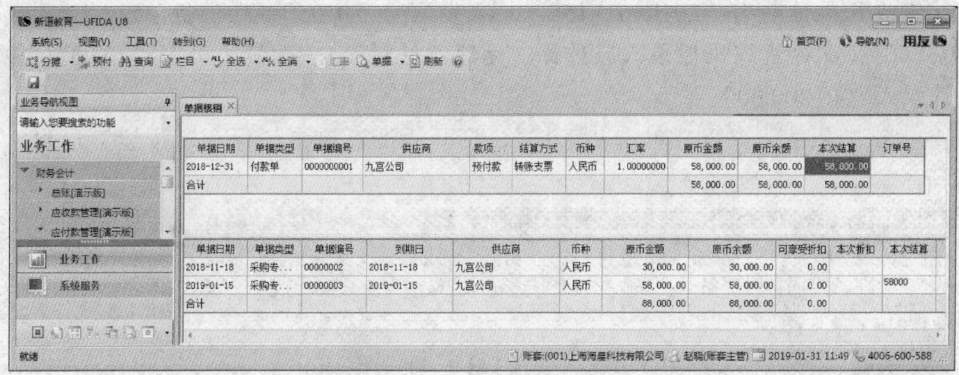

图 8-24　“单据核销”窗口

在付款单本次结算栏录入“58 000.00”，在1月份的采购发票本次结算栏录入“58 000.00”，单击“保存”，可以看到这两张单据不再显示，表示核销完，如图8-25所示。

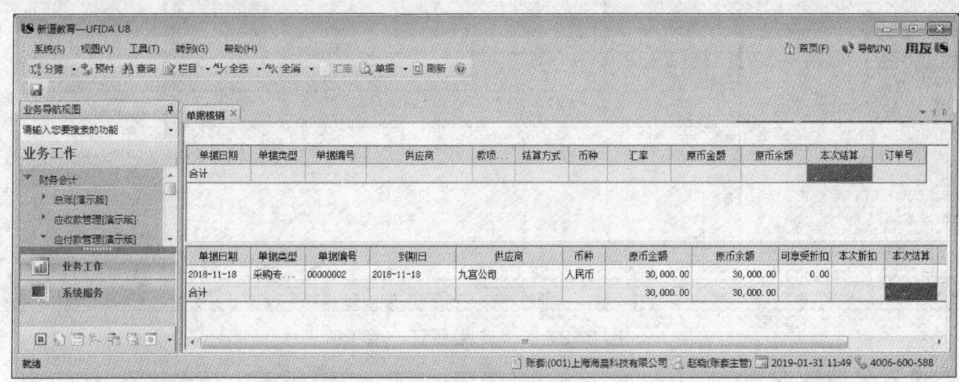

图 8-25　“单据核销-完成”窗口

（2）填制第2笔业务的采购专用发票。

①在应付款管理系统中，双击“应付单据处理”—“应付单据录入”，打开“单据类别”窗口。

②单击“确定”按钮，打开“专用发票”窗口，如图8-26所示。

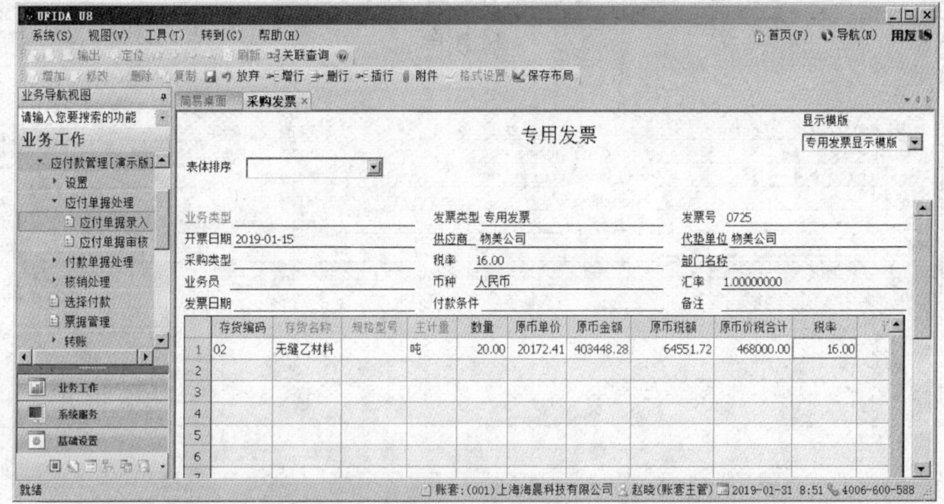

图 8-26　“专用发票”窗口

③修改开票日期为“2019-01-15”，录入发票号“0725”，在供货单位栏录入或选择“物美公司”，在存货编码栏录入或选择“无缝乙材料”，在数量栏录入“20.00”，原币价税合计录入“46 800.00”。

④单击“保存”按钮，单击“审核”，打开凭证，单击“保存”按钮，退出，如图8-27所示。

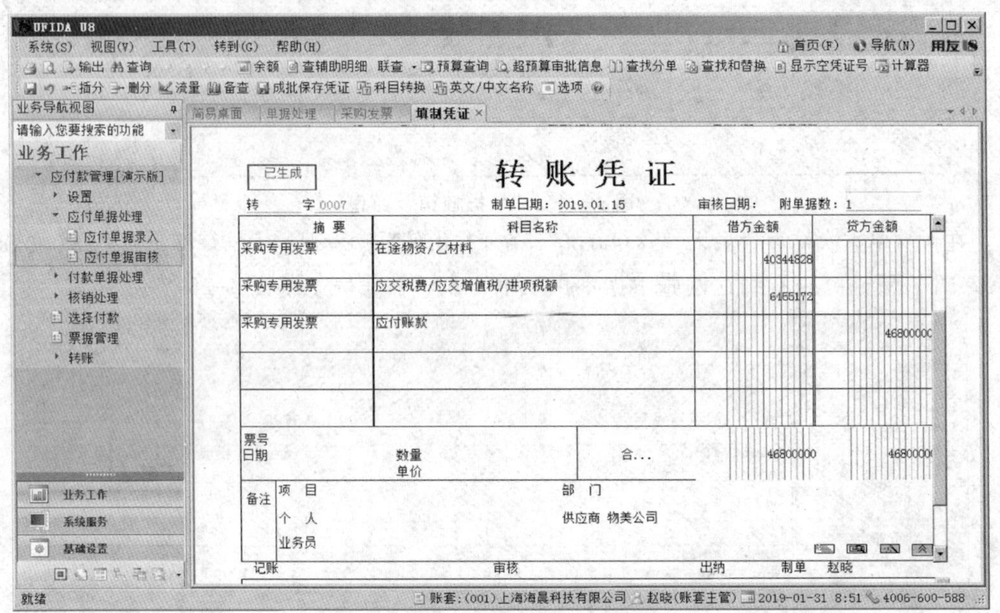

图8-27 “转账凭证”窗口

2.付款单据处理

(1) 填制付款单。

①在应付款管理系统中，双击“付款单据处理”—“付款单据录入”，打开“付款单”窗口。

②单击“增加”按钮。修改开票日期为“2019-01-22”，在供应商栏录入或单击选择“九宫公司”，在结算方式栏录入或选择“转账支票结算”，在金额栏录入“30 000.00”，在部门栏录入或选择“采购部”，款项类型选择“应付款”，如图8-28所示。

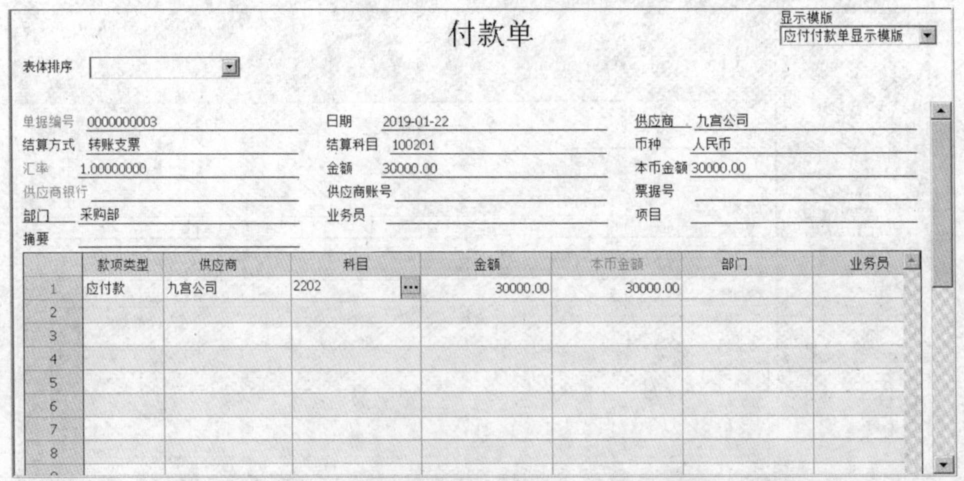

图8-28 “收付款单录入”窗口

③单击“保存”按钮，再单击“审核”按钮，弹出提示“是否立即制单？”，单击“是”，进入制单界面，修改凭证日期，单击“保存”，如图8-29所示。

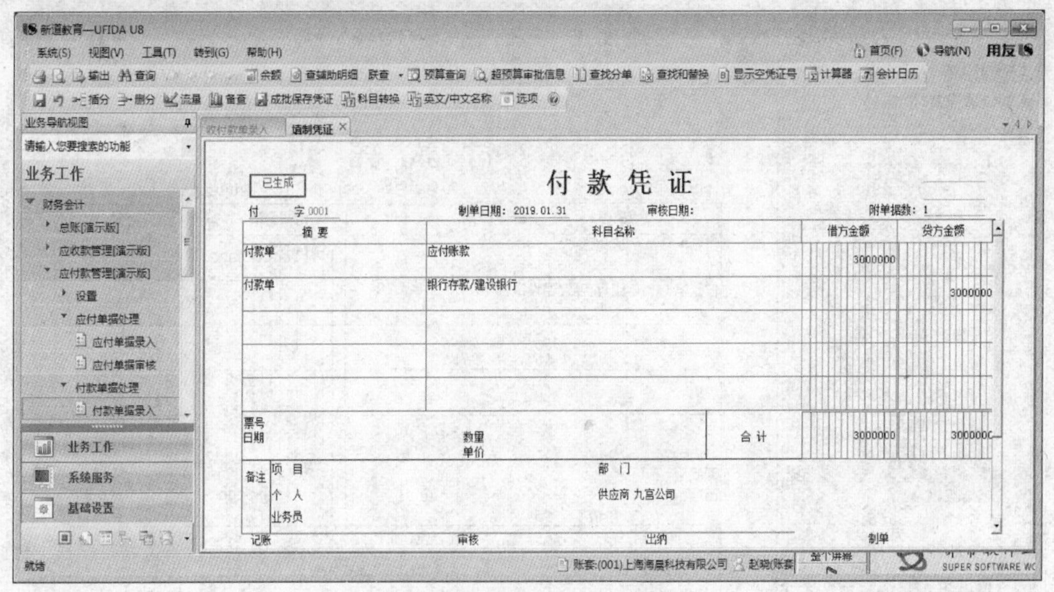

图8-29 “付款凭证”窗口

（2）核销处理。核销的操作是，双击应付款管理下的“核销处理”—“手工核销”，供应商选择“九宫公司”，清空“计算日期”一栏，单击“确定”，在付款单本次结算栏录入“30 000”，在采购发票本次结算栏录入“30 000”，单击保存，可以看到这两张单据不再显示，表示核销完成。

（3）继续录入下一张付款单，制单并且核销。

单击“增加”按钮。修改开票日期为“2019-01-26”，在供应商栏录入或单击选择“物美公司”，在结算方式栏录入或选择“转账支票”，在金额栏录入“46 800”，款项类型选择“应付款”，如图8-30所示。

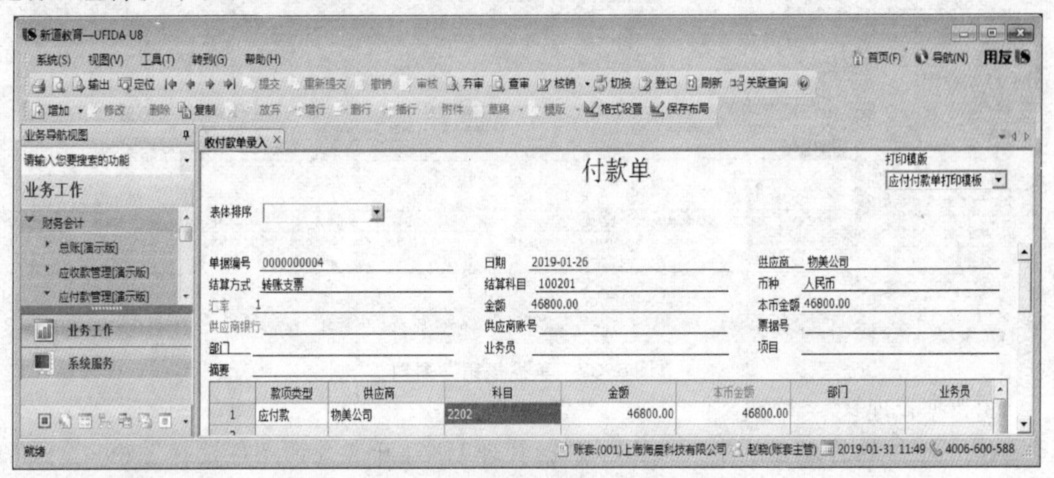

图8-30 “收付款单录入”窗口

单击“保存”按钮，再单击“审核”按钮，弹出提示“是否立即制单？”，单击“是”，进入制单界面，修改凭证日期，单击“保存”，如图8-31所示。

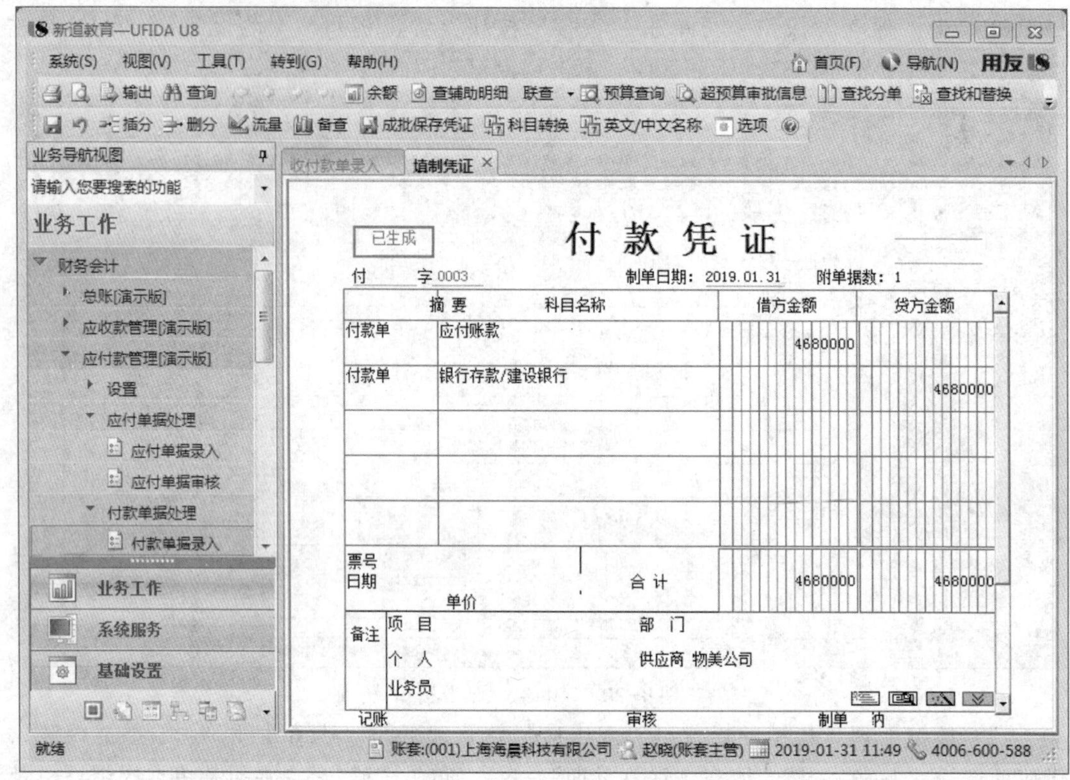

图 8-31 “付款凭证”窗口

核销处理。核销的操作是，双击应付款管理下的“核销处理”—“手工核销”，供应商选择“九宫公司”，清空“计算日期”一栏，单击“确定”，在付款单本次结算栏录入“30 000.00”，在采购发票本次结算栏录入“30 000.00”，单击“保存”，可以看到这两张单据不再显示，表示核销完成，如图 8-32 所示。

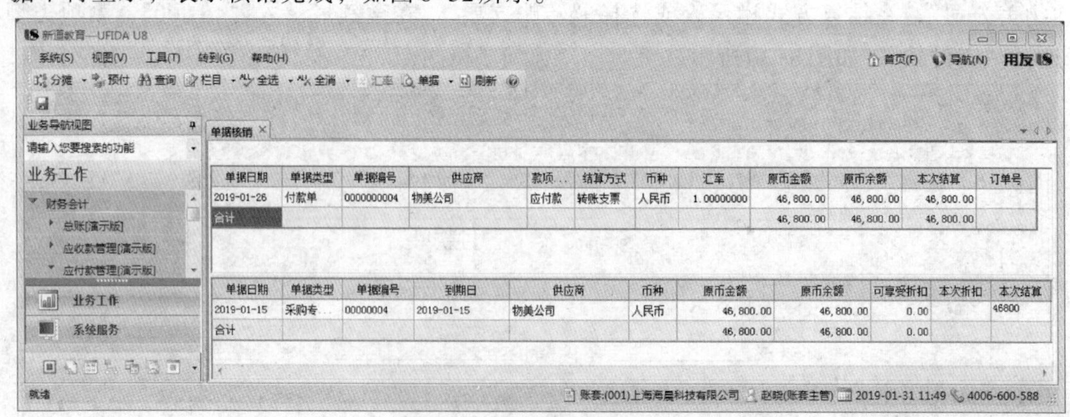

图 8-32 单据核销”窗口

3. 票据管理

①在应付款管理系统中，双击“票据管理”，打开“查询条件选择”窗口，如图 8-33 所示。

单击“过滤”按钮，打开“票据管理”窗口。

查询条件选择

保存常用条件　保存高级条件　过滤方案

常用条件　高级条件

方向	付款	票据类型	
银行名称		币种	
部门		业务员	
背书人		出票人	
收款人银行		到	
收款人账号		到	
付款人银行		到	
票据编号		到	
票据面值		到	
背书金额		到	
出票日期		到	
收到日期		到	
到期日		到	
处理日期		到	
状态		是否生成凭证	
报警提前期		显示类型	明细

确定(F)　取消(C)

图 8-33　“查询条件选择”窗口

②单击选中向物美公司签发并承兑的银行承兑汇票（编号 C456），如图 8-34 所示。

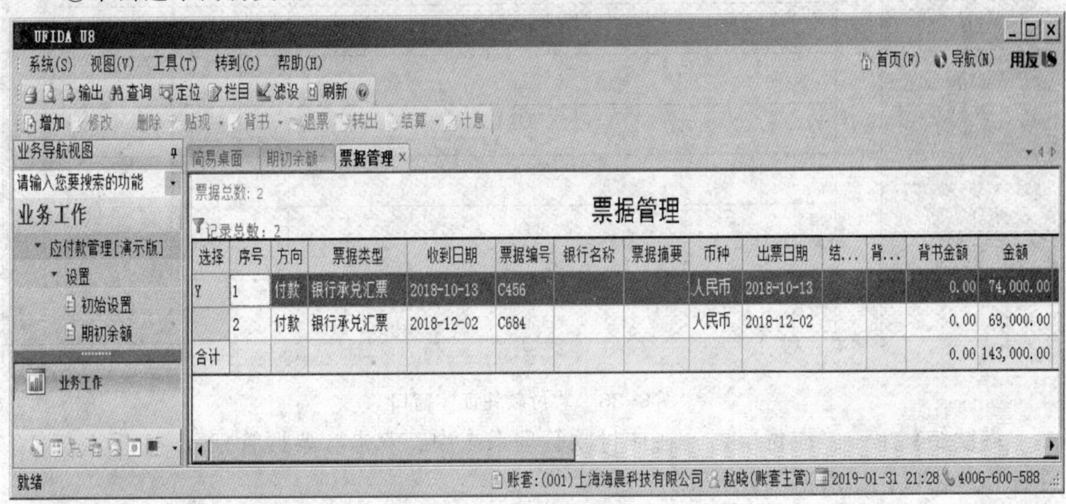

选择	序号	方向	票据类型	收到日期	票据编号	银行名称	票据摘要	币种	出票日期	结…	背…	背书金额	金额
Y	1	付款	银行承兑汇票	2018-10-13	C456			人民币	2018-10-13			0.00	74,000.00
	2	付款	银行承兑汇票	2018-12-02	C684			人民币	2018-12-02			0.00	69,000.00
合计												0.00	143,000.00

图 8-34　“票据管理”窗口

③单击“结算”按钮，打开“票据结算”窗口。

④修改结算日期为“2019-01-12”，录入结算金额“74 000.00”，在结算科目栏录入

"100201"，或单击结算科目栏参照按钮，选择"100201"，如图8-35所示。

票据结算

结算日期	2019-01-12
结算金额	74,000.00
利息	
费用	
汇率	1
结算科目	100201

确定 取消

图8-35 "票据结算"窗口

⑤单击"确定"按钮，出现"是否立即制单？"提示。

⑥单击"是"按钮，生成结算的记账凭证，在修改凭证类别为"付款凭证"后，修改凭证日期，单击"保存"按钮，退出，如图8-36所示。

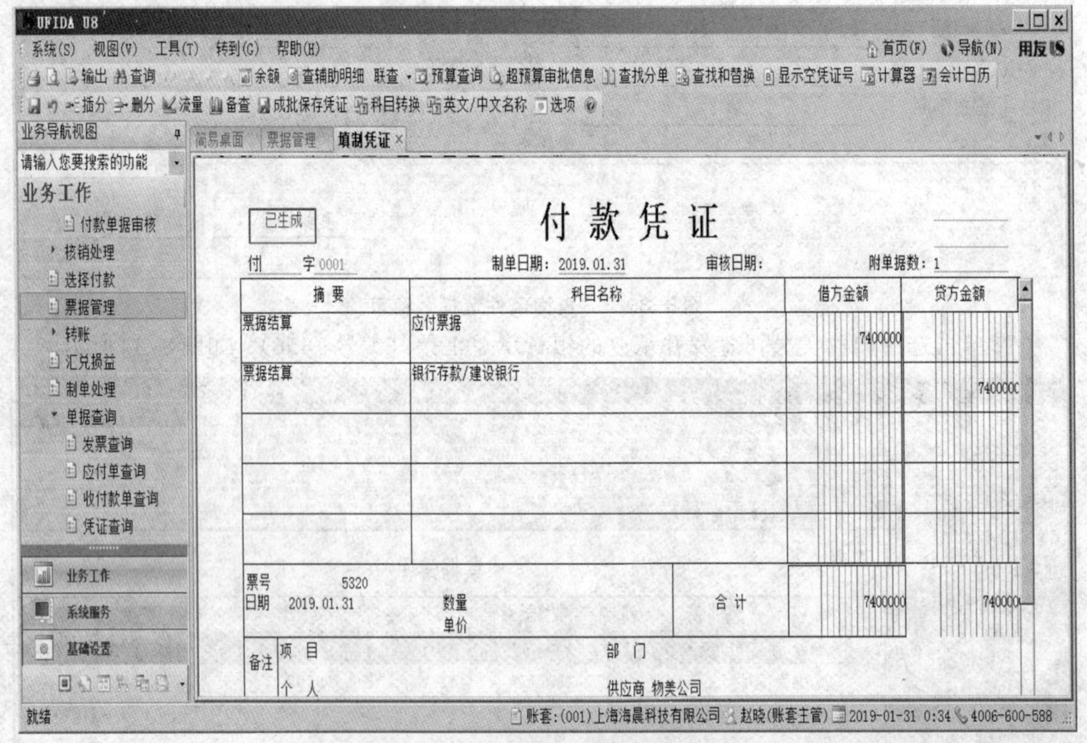

图8-36 "付款凭证"窗口

继续结算下一张应付票据，在应付款管理系统中，双击"票据管理"，打开"查询条件选择"窗口，如图8-37所示。

单击"过滤"按钮，打开"票据管理"窗口。单击选中向科元签发并承兑的银行承兑汇票（编号C684），如图8-38所示。

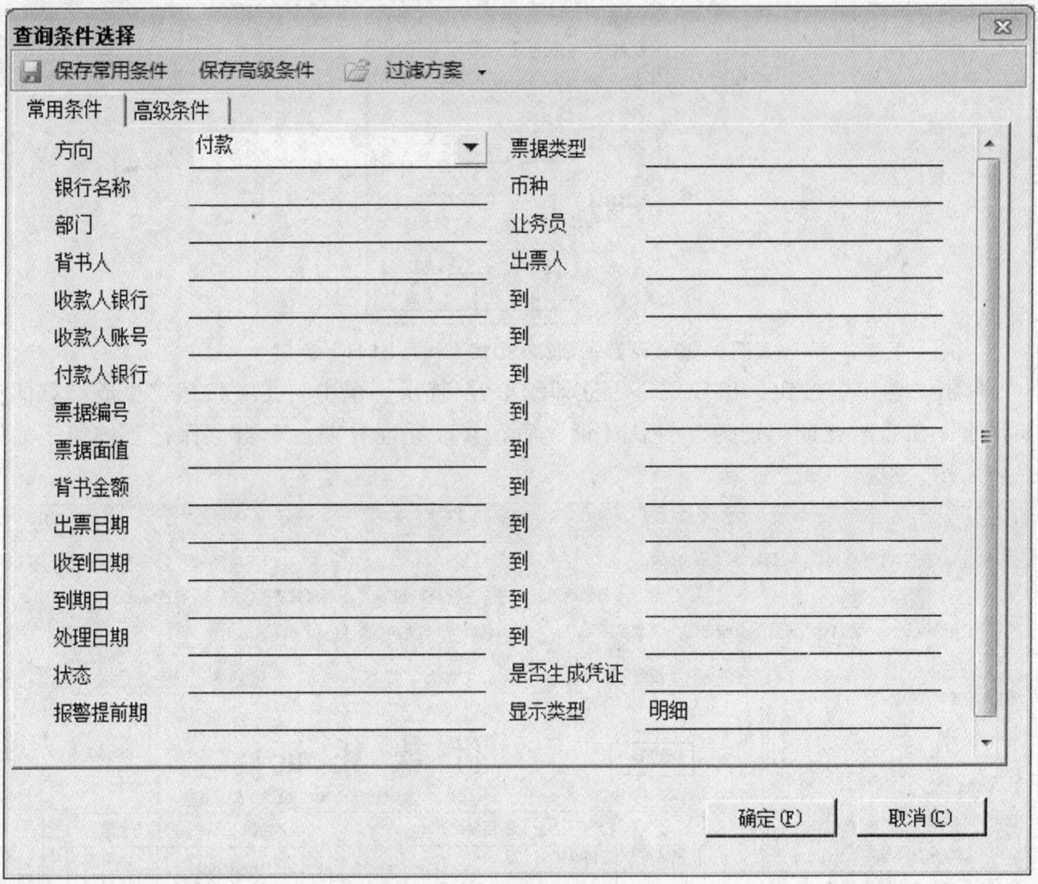
查询条件选择
保存常用条件
保存高级条件
过滤方案
常用条件
高级条件
方向
付款
票据类型
银行名称
币种
部门
业务员
背书人
出票人
收款人银行
到
收款人账号
到
付款人银行
到
票据编号
到
票据面值
到
背书金额
到
出票日期
到
收到日期
到
到期日
到
处理日期
到
状态
是否生成凭证
报警提前期
显示类型
明细
确定(F)
取消(C)

图8-37 “查询条件选择”窗口

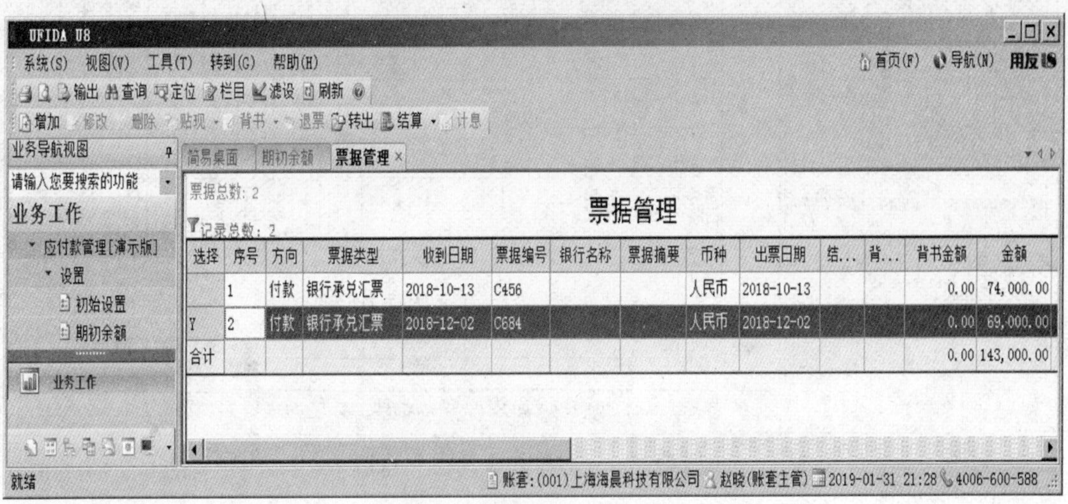
UFIDA U8
系统(S) 视图(V) 工具(T) 转到(G) 帮助(H)
首页(F) 导航(N) 用友
输出 查询 定位 栏目 滤设 刷新
增加 修改 删除 贴现 背书 退票 转出 结算 计息
业务导航视图
请输入您要搜索的功能
业务工作
应付款管理[演示版]
设置
初始设置
期初余额
业务工作
简易桌面 期初余额 票据管理
票据总数: 2
票据管理
记录总数: 2
选择 序号 方向 票据类型 收到日期 票据编号 银行名称 票据摘要 币种 出票日期 结... 背... 背书金额 金额
1 付款 银行承兑汇票 2018-10-13 C456 人民币 2018-10-13 0.00 74,000.00
Y 2 付款 银行承兑汇票 2018-12-02 C684 人民币 2018-12-02 0.00 69,000.00
合计 0.00 143,000.00
就绪
账套:(001)上海海晨科技有限公司 赵晓(账套主管) 2019-01-31 21:28 4006-600-588

图8-38 “票据管理-科元”窗口

单击“结算”按钮，打开“票据结算”窗口。

修改结算日期为“2019-01-21”，录入结算金额“69 000.00”，在结算科目栏录入“100201”，或单击结算科目栏参照按钮，选择“100201”，如图8-39所示。

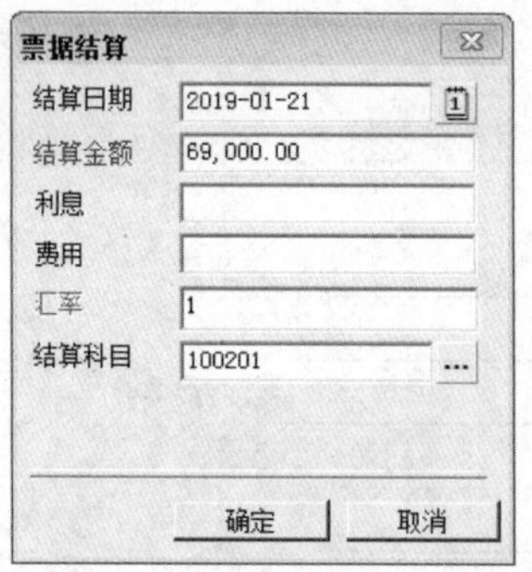

图 8-39　“票据结算-2019年1月21日”窗口

单击“确定”按钮，出现“是否立即制单?”提示。单击“是”按钮，生成结算的记账凭证，在修改凭证类别为“付款凭证”后，修改凭证日期，单击“保存”按钮，如图8-40所示，退出。

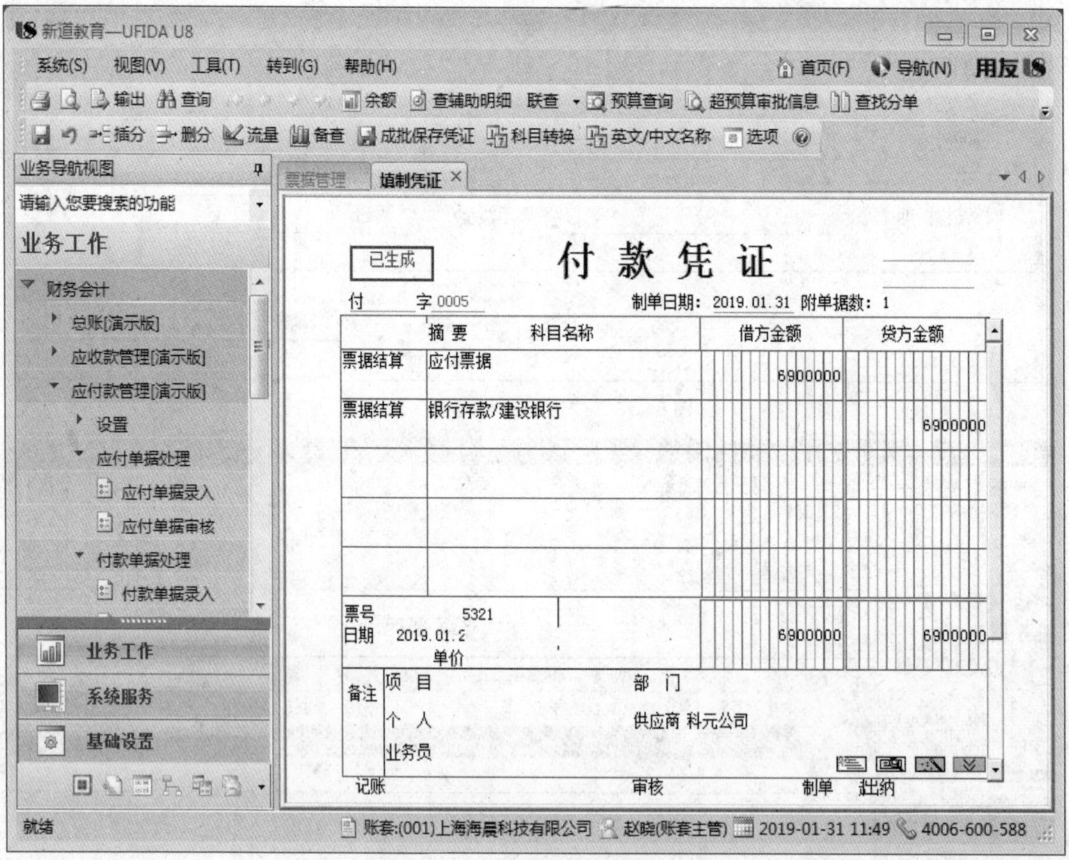

图 8-40　“付款凭证-科元”窗口

4.转账处理

以应付账款冲抵应付账款的处理步骤如下：

①在应付款管理系统中，双击“转账”—“应付冲应付”，打开“应付冲应付窗口”。

②在转出户栏录入“桦莱公司”，转入户栏录入“九宫公司”。

③单击“过滤”按钮。在第1行并账金额栏录入“60 000.00”，如图8-41所示。

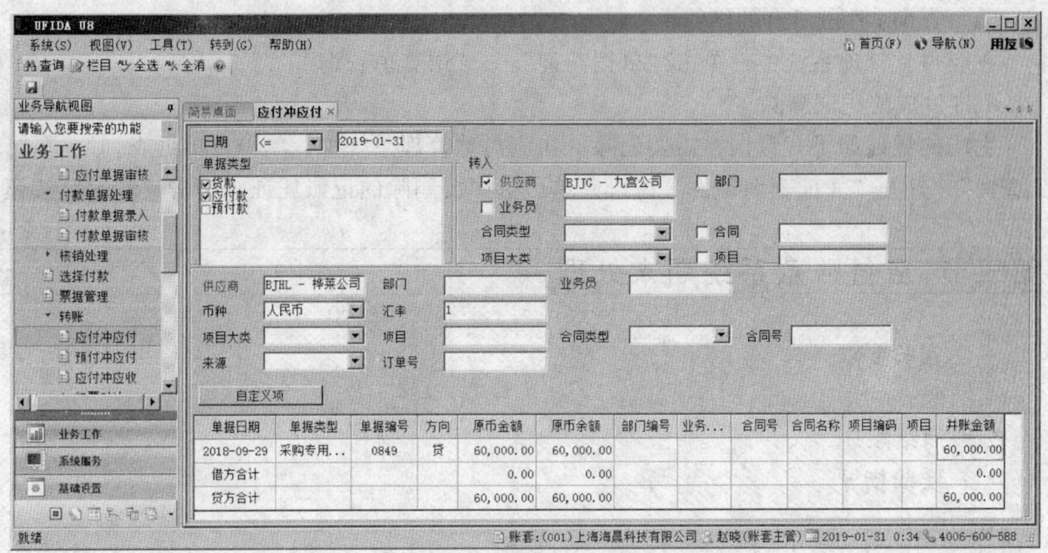

图 8-41　“应付冲应付”窗口

④单击“确定”按钮，出现“是否立即制单?”，单击“否”按钮，单击“取消”按钮退出，如图 8-42 所示。

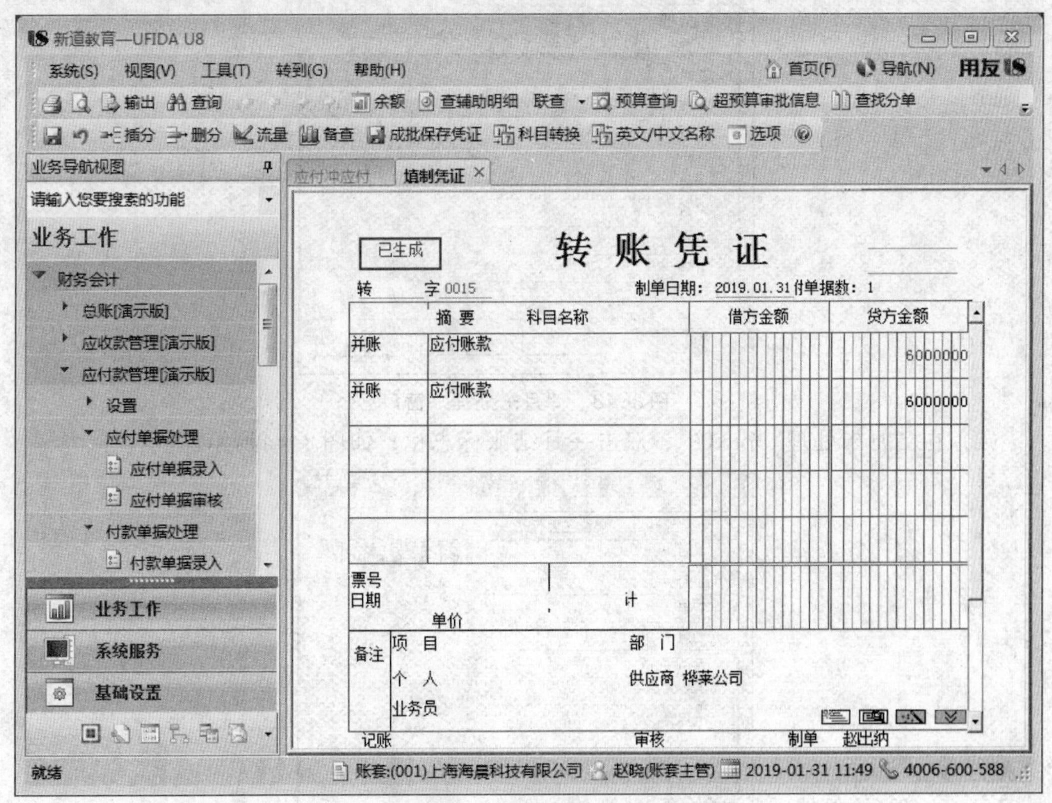

图 8-42　“转账凭证”窗口

5.单据查询

(1) 查询1月份填制的所有采购专用发票。

在应付款管理系统中，单击“单据查询”—“发票查询”。

（2）查询1月份所有的结算单。

在应付款管理系统中，单击“单据查询”—“结算单查询”。

6.将生成的凭证删除

生成的凭证如果有错误，需要删除。在应付款管理系统中，单击“单据查询”—“凭证查询”，打开“凭证查询条件”窗口，单击选中要删除的记账凭证，单击“删除”按钮。

第三节 应付账款系统期末处理

一、实验要求

1.结账

2.取消结账

二、实验指导

1.结账

（1）在应付款管理系统中，双击“期末处理”下的“月末结账”，打开“月末处理”窗口，如图8-43所示。

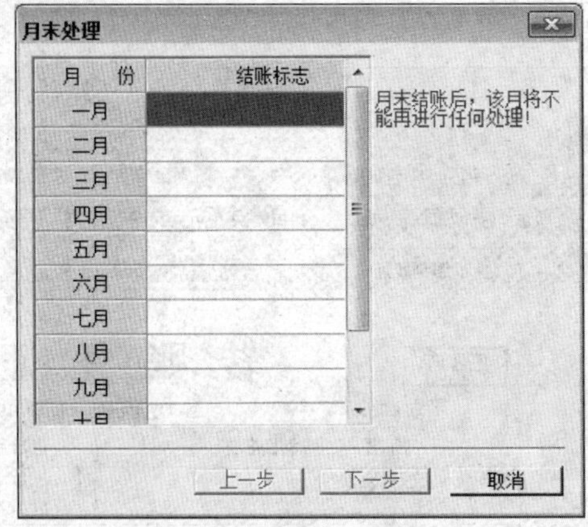

图8-43 “月末处理”窗口

（2）在“月末处理”窗口中，双击一月结账标志栏，如图8-44所示。

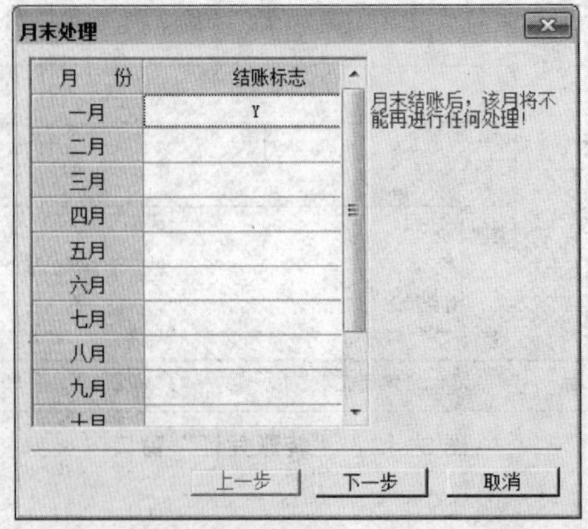

图8-44 “月末处理-已结账”窗口

（3）单击“下一步”按钮，出现月末处理情况表，系统提示业务是否全部处理，只有业务全部处理后，才能结账，如图8-45所示。

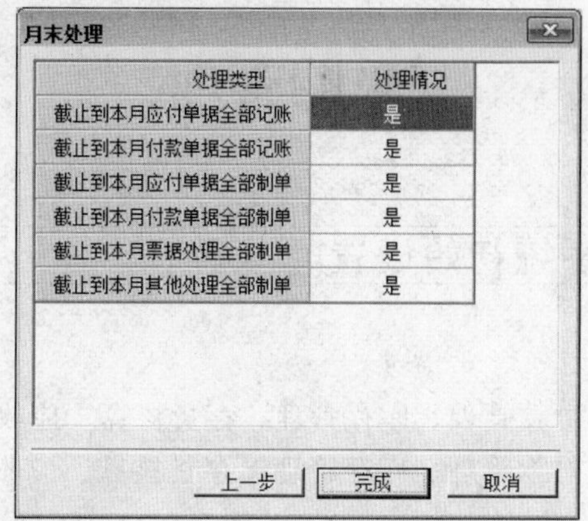

图8-45 “月末处理-应付系统”窗口

（4）单击“完成”按钮，出现“1月份结账成功”提示，单击“确定”按钮。

2.取消结账

如果需要取消结账，操作方法是，双击“期末处理”下的“取消月结”，弹出“取消结账”，窗口，显示一月已结账，如图8-46所示。

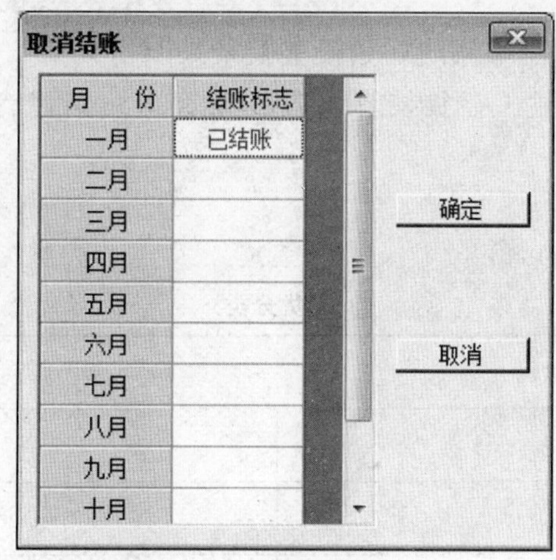

图8-46 “取消结账”窗口

选中一月“已结账”，单击“确定”。弹出提示“取消结账”成功，单击“确定”。

第九章

采购管理

第一节 采购管理系统初始设置

一、实验要求

1.启用采购管理、应付款管理、库存管理、存货核算、应收款管理、销售管理系统

2.设置采购管理、应付款管理、库存管理、存货核算、应收款管理、销售管理系统基本信息

3.录入采购管理、应付款管理、库存管理、存货核算、应收款管理、销售管理系统初始数据

4.本部分也是销售管理系统的初始设置

二、实验资料

1.启用系统

引入第三章第一节“总账系统初始设置及录入期初数据”账套备份，启用应付款管理、采购管理、库存管理、存货核算、应收款管理、销售管理子系统，启用日期为2019-01-01。

2.基础信息

（1）存货分类（见表9-1）

表9-1 **存货分类**

存货类别编码	存货类别名称
1	原材料
101	甲材料
102	乙材料
2	产成品
201	A产品
202	B产品

（2）计量单位组（见表9-2）

表9-2 **计量单位组**

计量单位组编号	计量单位组名称	计量单位组类别
01	无换算关系组	无换算率

（3）计量单位（见表9-3）

表9-3 **计量单位**

计量单位编号	计量单位名称	所属计量单位组名称
01	吨	无换算关系组
02	箱	无换算关系组

（4）存货档案（见表9-4）

表9-4 **存货档案**

存货编码	存货名称	所属类别	主计量单位	税率	存货属性
01	无缝甲材料	甲材料	吨	16%	内销、外购、生产耗用
02	无缝乙材料	乙材料	吨	16%	内销、外购、生产耗用
03	特级A产品	A产品	箱	16%	内销、外购、自制
04	特级B产品	B产品	箱	16%	内销、外购、自制

（5）仓库档案（见表9-5）

表9-5 **仓库档案**

仓库编码	仓库名称	计价方式
1	原材料库	先进先出
2	产成品库	先进先出

（6）收发类别（见表9-6）

表9-6 **收发类别**

收发类别编码	收发类别名称	收发标志	收发类别编码	收发类别名称	收发标志
1	正常入库	收	3	正常出库	发
11	采购入库	收	31	领料出库	发
12	产成品入库	收	32	销售出库	发
13	移送入库	收	33	移送出库	发
2	非正常入库	收	4	非正常出库	发
21	盘盈入库	收	41	盘亏出库	发
22	其他入库	收	42	其他出库	发

（7）采购类型（见表9-7）

表9-7 **采购类型**

采购类型编码	采购类型名称	入库类别	是否默认值
1	普通采购	采购入库	是

（8）销售类型（见表9-8）

表9-8 销售类型

销售类别编码	销售类别名称	出库类别	是否默认值
1	普通销售	销售出库	是
2	代销	销售出库	否

（9）开户银行

编码：01；名称：建设银行上海分行南京路支行；账号：868865876235；币种：人民币；开户银行：建设银行；客户编号、机构号、联行号：2234。

3.基础科目

（1）存货核算系统

存货科目：按照存货分类设置存货科目。

存货科目设置见表9-9。

表9-9 存货科目设置

仓库	存货分类编码及名称	存货科目
原材料库	101 甲材料	140301 甲材料
原材料库	102 乙材料	140302 乙材料
产成品库	201 A产品	140501 A产品
产成品库	202 B产品	140502 B产品

（2）启动应付款管理系统

应付款核销方式：按单据；其他参数为系统默认。

科目设置：应付科目 2202，预付科目 1123，税金科目 22210101，其他可暂时不设置。

结算方式科目设置：现金结算对应科目 1001，转账支票对应科目 100201，现金支票对应科目 100201，币种都是人民币。

账期内账龄区间和报警级别参照应付款管理系统。

（3）启动应收款管理系统

坏账处理方式：应收账款余额百分比法。其他参数为系统默认。

科目设置：应收科目 1122，预收科目 2203，税金科目 22210105，其他可暂时不设置。

结算方式科目设置：现金结算对应科目 1001，转账支票对应科目 100201，现金支票对应科目 100201，币种都是人民币。

坏账准备设置：提取比例 0.5%，期初余额 1 250 元，科目 1231，对方科目 6701 资产减值损失。

账期内账龄区间和报警级别参照应收款管理系统。

4.期初数据

（1）应付款管理系统期初数据

①应付账款科目的期初数据资料见表9-10，以应付单形式录入。

表9-10　　**应付账款科目的期初数据**　　单位：元

日期	摘要	供应商	金额	业务员
2018-09-29	采购材料	桦莱公司	60 000	陈梦白
2018-11-18	采购材料	九宫公司	30 000	陈梦白

②预付账款的期初数据资料见表9-11，以付款单形式录入。

表9-11　　**预付账款的期初数据**　　单位：元

日期	凭证号	供应商	金额	业务员	结算方式
2018-11-12	转-34	九宫公司	58 000	陈梦白	转账支票
2018-12-09	转-76	天阳公司	36 000	陈梦白	转账支票

③应付票据的期初数据资料见表9-12，以银行承兑汇票形式录入。

表9-12　　**应付票据的期初数据**　　单位：元

日期	供应商	金额	承兑银行	到期日	科目	票号
2018-10-13	物美公司	74 000	建行	2019-02-12	应付票据	C456
2018-12-02	科元公司	69 000	建行	2019-03-01	应付票据	C684

（2）采购管理系统期初数据

无期初数据，直接进行采购期初记账。

（3）库存和存货核算系统期初数据（见表9-13）

表9-13　　**库存和存货核算系统期初数据**　　金额单位：元

仓库名称	存货名称	数量	结存总价
原材料库	无缝甲材料	220吨	220 000
原材料库	无缝乙材料	100吨	200 000
产成品库	特等A产品	65箱	292 500
产成品库	特等B产品	55箱	140 300

（4）应收款管理系统期初数据

①应收账款期初数据见表9-14，以应收单形式录入。

表9-14　　**应收账款期初数据**　　单位：元

日期	摘要	客户	金额	业务员
2018-08-25	销售产品	南里公司	134 000	吴雨泽
2018-11-04	销售产品	永兴公司	116 000	吴雨泽

②预收账款期初数据见表9-15，以收款单形式录入。

表9-15　　预收账款期初数据　　单位：元

日期	结算方式	摘要	客户	金额	业务员
2018-10-28	转账支票	预收	南里公司	77 950	吴雨泽
2018-11-07	转账支票	预收	天伦公司	52 650	吴雨泽

③应收票据期初数据见表9-16，以银行承兑汇票形式录入。

表9-16　　应收票据期初数据　　单位：元

日期	票号	客户	金额	承兑银行	科目	到期日
2018-08-14	1352	华氏公司	30 000	建行	应收票据	2019-02-13
2018-10-27	2309	海昌公司	40 000	建行	应收票据	2019-02-26

三、实验指导

1. 系统启用

以账套主管赵晓的身份注册登录企业应用平台，启用应付款管理、采购管理、库存管理、存货核算子系统，应收款管理、销售管理系统，启用日期为2019-01-01。启用应付款系统如图9-1所示。其他系统类似。

系统启用

全启　刷新　退出

[001]上海海晨科技有限公司账套启用会计期间2019年1月

系统编码	系统名称	启用会计期间	启用自然日期	启用人
☑GL	总账	2019-01	2019-01-01	赵晓
☐AR	应收款管理			
☑AP	应付款管理	2019-01	2019-01-01	赵晓
☐FA	固定资产			
☐NE	网上报销			
☐NB	网上银行			
☐WH	报账中心			
☐SC	出纳管理			
☐CA	成本管理			
☐PM	项目成本			
☐FM	资金管理			
☐BM	预算管理			
☐CM	合同管理			
☐PA	售前分析			
☐SA	销售管理			
☐PU	采购管理			
☐ST	库存管理			
☐IA	存货核算			

图9-1　“启用应付款管理系统”窗口

2. 基础信息设置

打开企业应用平台窗口的“基础设置”选项卡，单击“基础档案”，根据实验资料设置信息：存货分类、计量单位组及计量单位、存货档案、仓库档案、采购类型、销售类型、收发类别、开户银行等基本信息。具体操作如下：

(1) 录入存货分类。单击基础档案下的“存货”前面的加号，展开存货下的业务按钮，如图9-2所示；双击“存货分类”，打开“存货分类”窗口，如图9-3所示，单击菜单栏“增加”，录入分类编码、分类名称，单击“保存”。

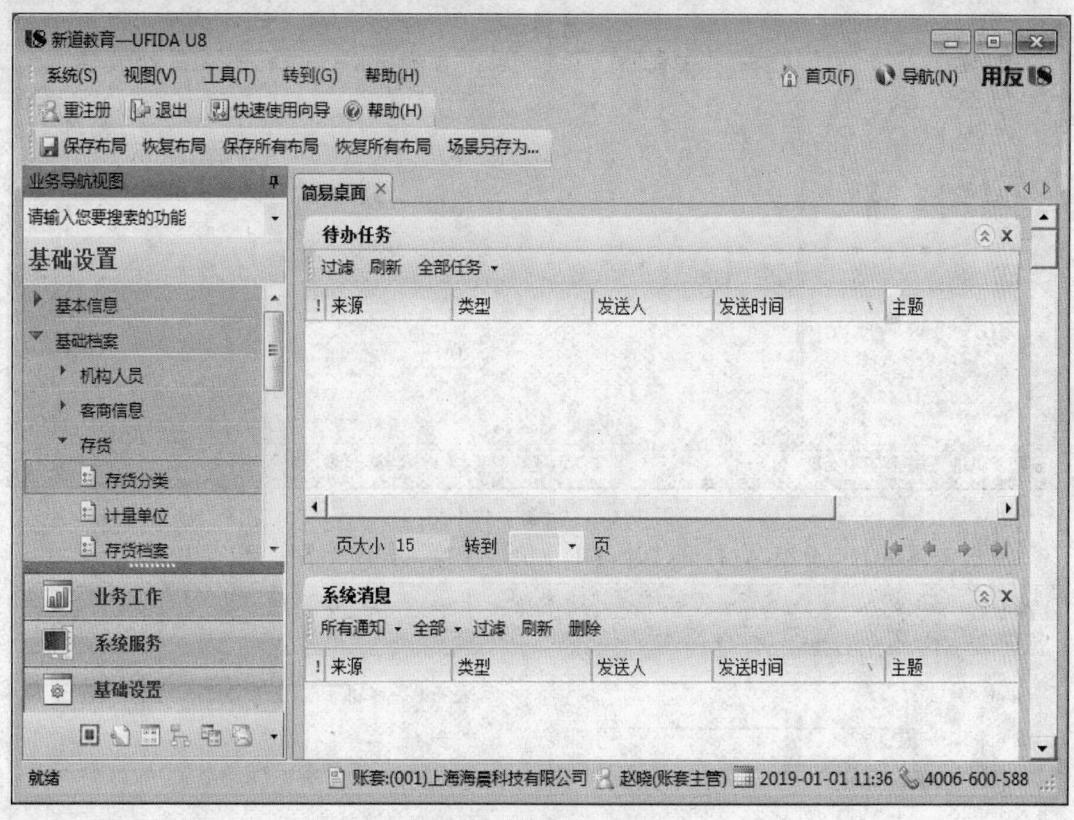

图9-2 “基础设置”窗口

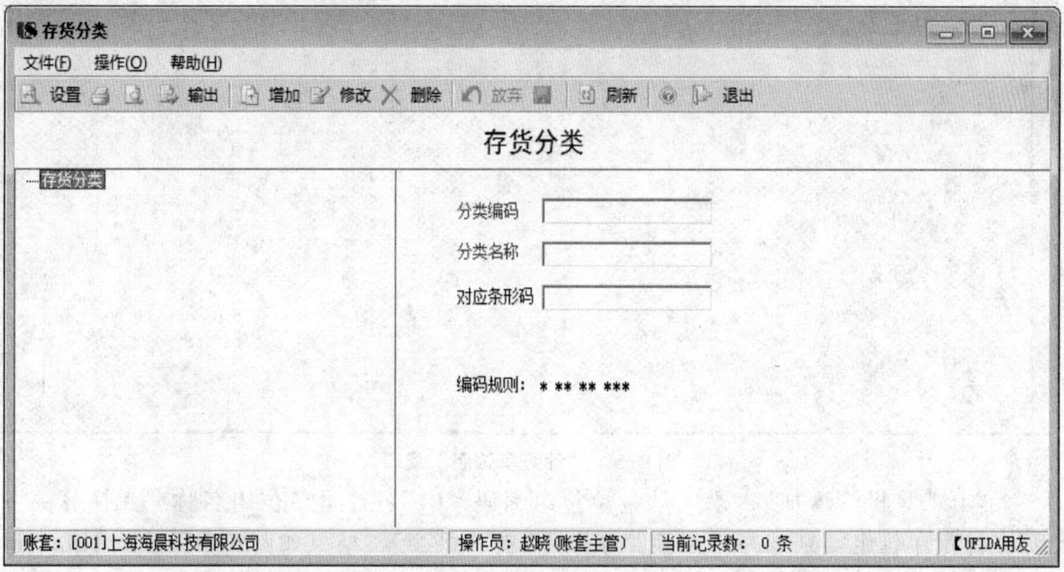

存货分类
文件(F) 操作(O) 帮助(H)
设置 输出 增加 修改 删除 放弃 刷新 退出
存货分类
存货分类
分类编码
分类名称
对应条形码
编码规则： * ** ** ***
账套：[001]上海海晨科技有限公司 操作员：赵晓（账套主管） 当前记录数： 0 条 【UFIDA用友

图9-3 “存货分类”窗口

（2）录入计量单位组。双击“计量单位”，打开“计量单位”窗口，如图9-4所示。

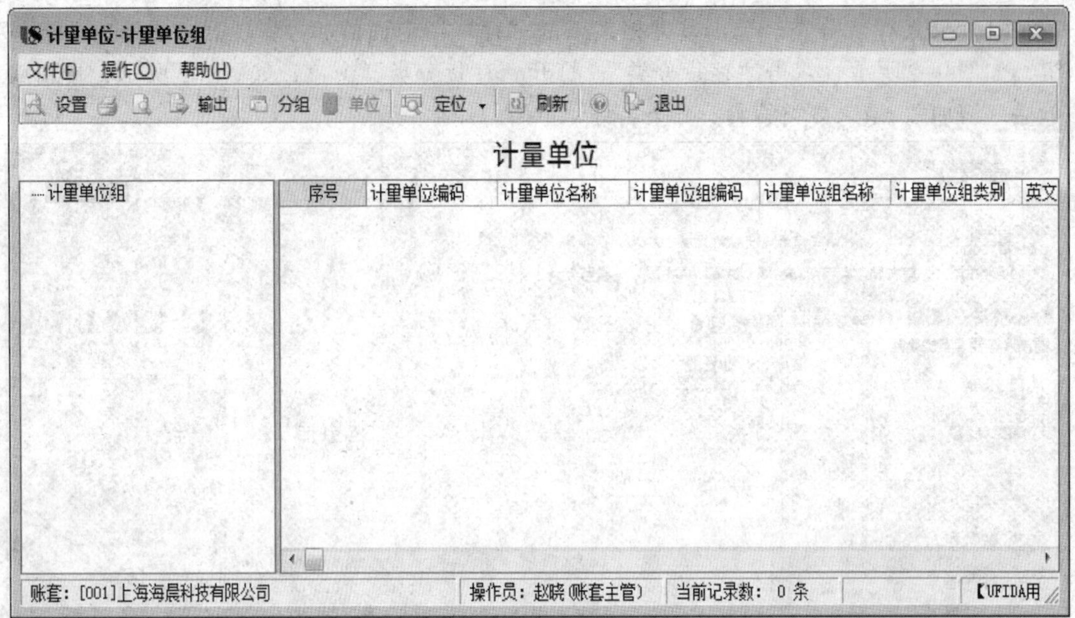

图9-4 “计量单位”窗口

单击工具栏上“分组”，打开“计量单位组”窗口，如图9-5所示。

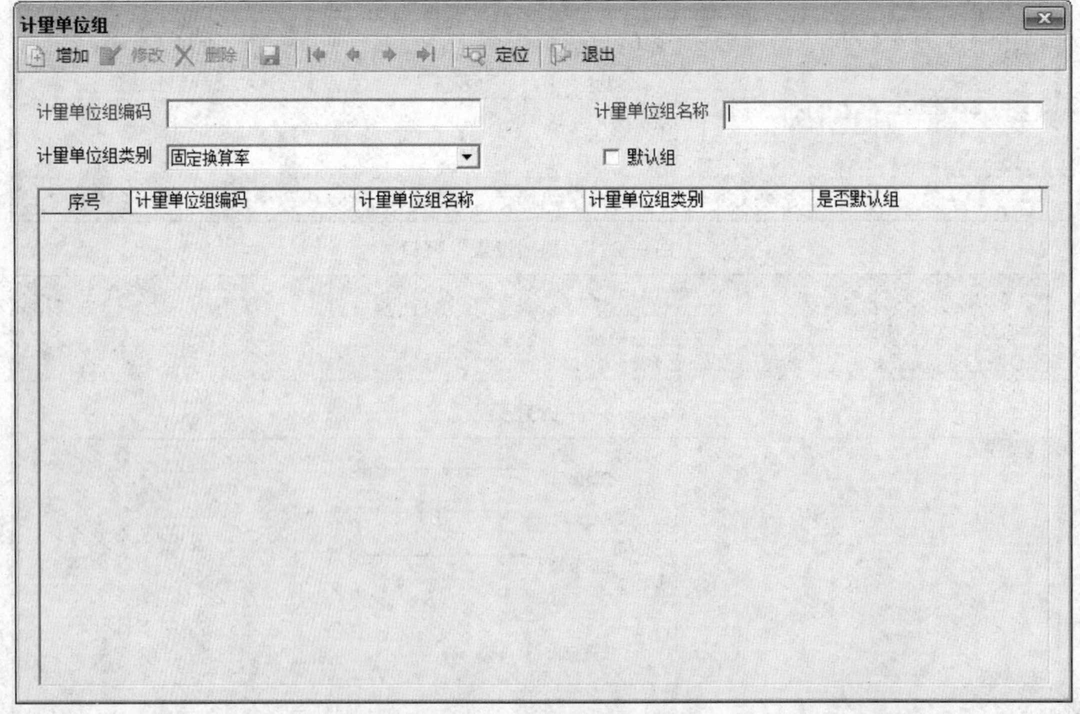

图9-5 “计量单位组”窗口

单击工具栏“增加”，录入计量单位组编码“01”、计量单位组名称“无换算关系组”，计量单位组类别选择“无换算率”，单击“保存”，结果如图9-6所示。单击“退出”，返回“计量单位”界面。

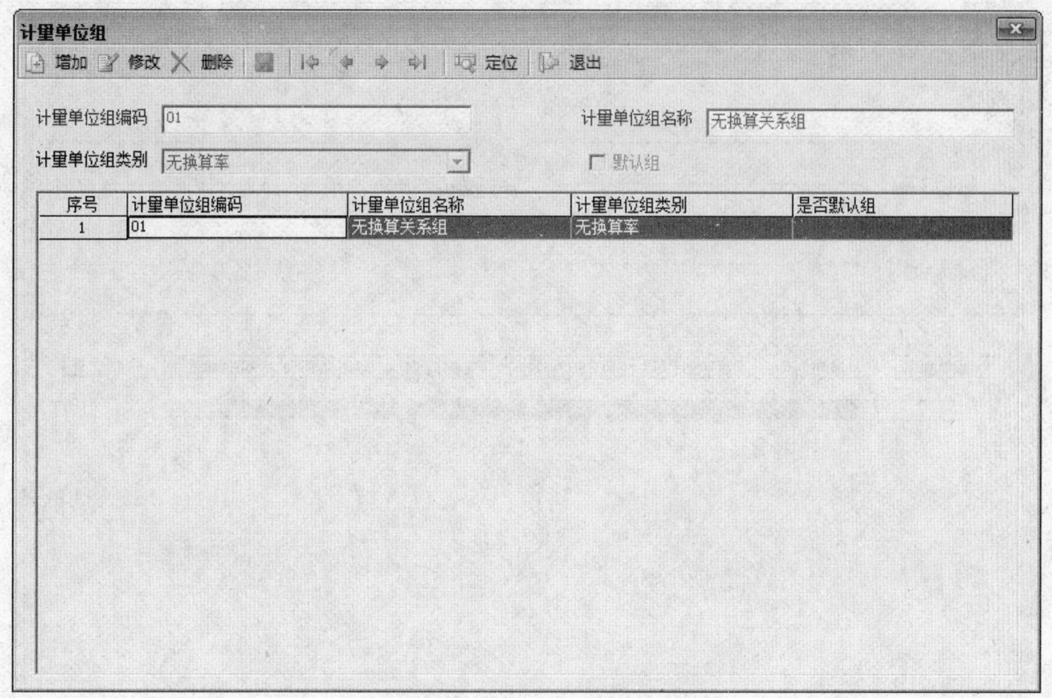

图 9-6 “计量单位组-增加”窗口

（3）录入计量单位。在“计量单位”界面，单击左侧“无换算关系组”，如图 9-7 所示。

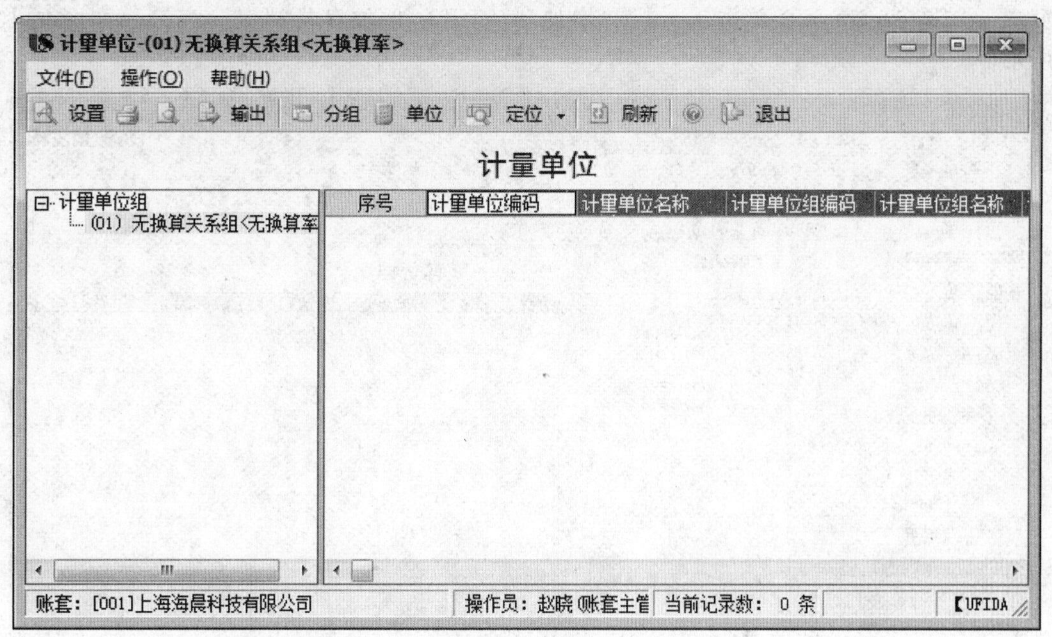

图 9-7 “计量单位-无换算关系组”窗口

单击工具栏“单位”，打开“计量单位”录入窗口，在计量单位编码栏录入“01”，在计量单位名称栏录入“吨”等，结果如图 9-8 所示。

计量单位

增加 修改 删除 退出

基本

计量单位编码 02 计量单位名称 箱

英文名称单数 英文名称复数

计量单位组编码 01

对应条形码

计量单位编码	计量单位名称	计量单位组编码	英文名称单数	英文名称复数	对应条形码	辅计量单位序号
01	吨	01				
02	箱	01				

上移 下移

图9-8 “计量单位-箱”窗口

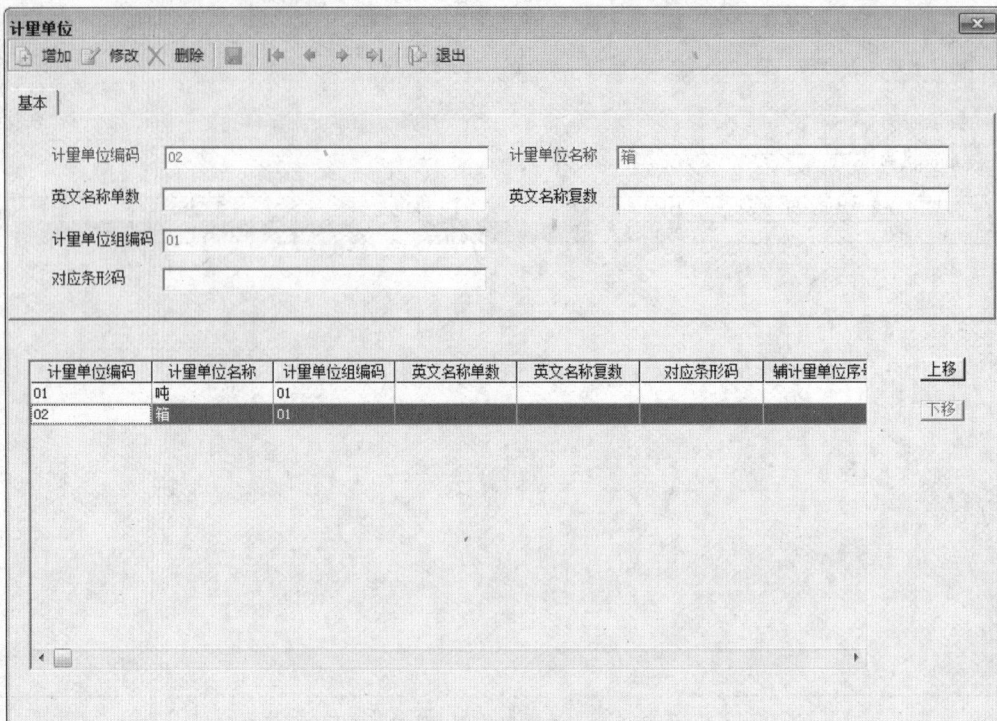

（4）录入存货档案。展开存货下的业务按钮，双击“存货档案”，打开“存货档案”窗口，如图9-9所示。单击工具栏“增加”，打开“增加存货档案”窗口，如图9-10所示。

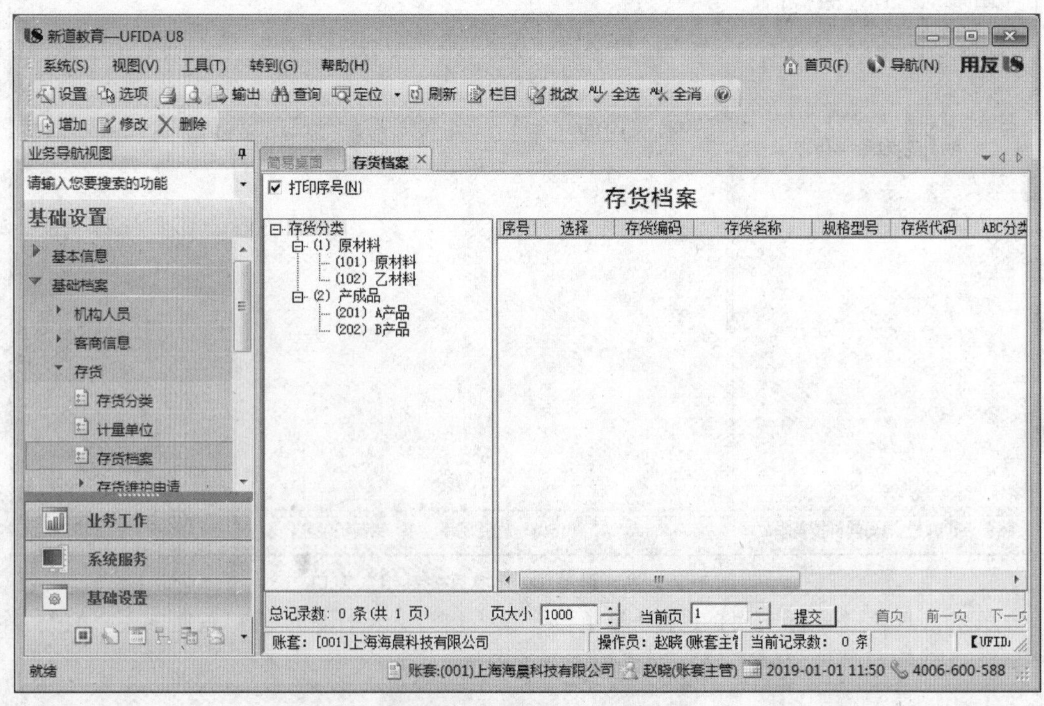

图9-9 “存货档案”窗口

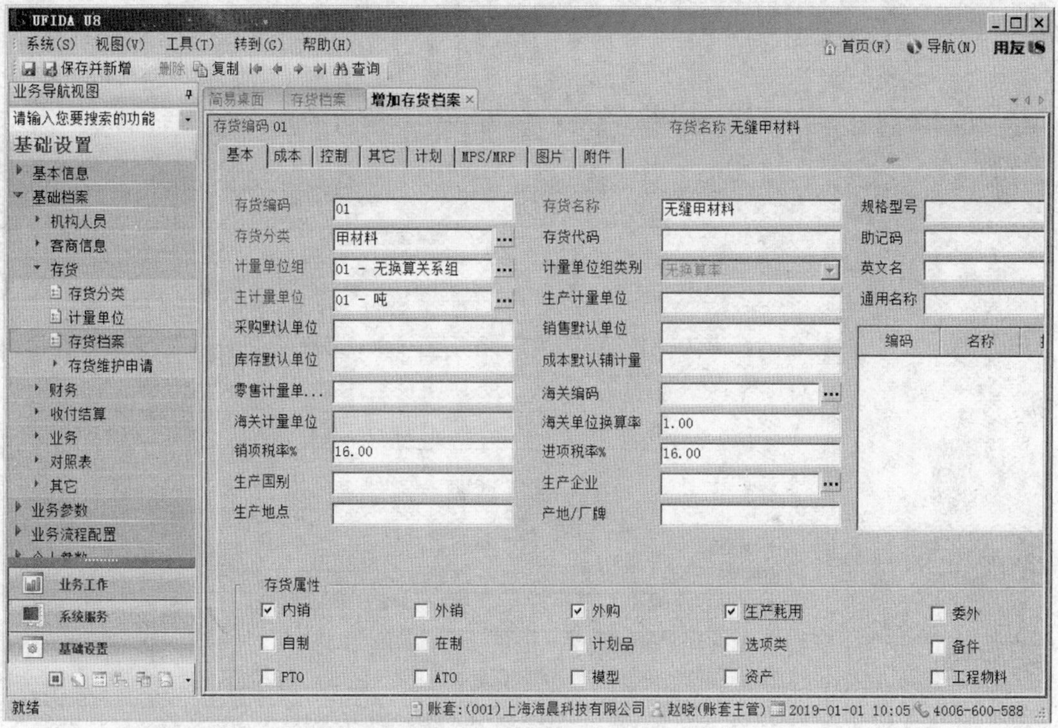

图9-10 “增加存货档案”窗口

录入“无缝甲材料”的相关资料，注意存货属性中选择“内销”、“外购”和“生产耗用”。存货档案录入完毕，如图9-11所示。

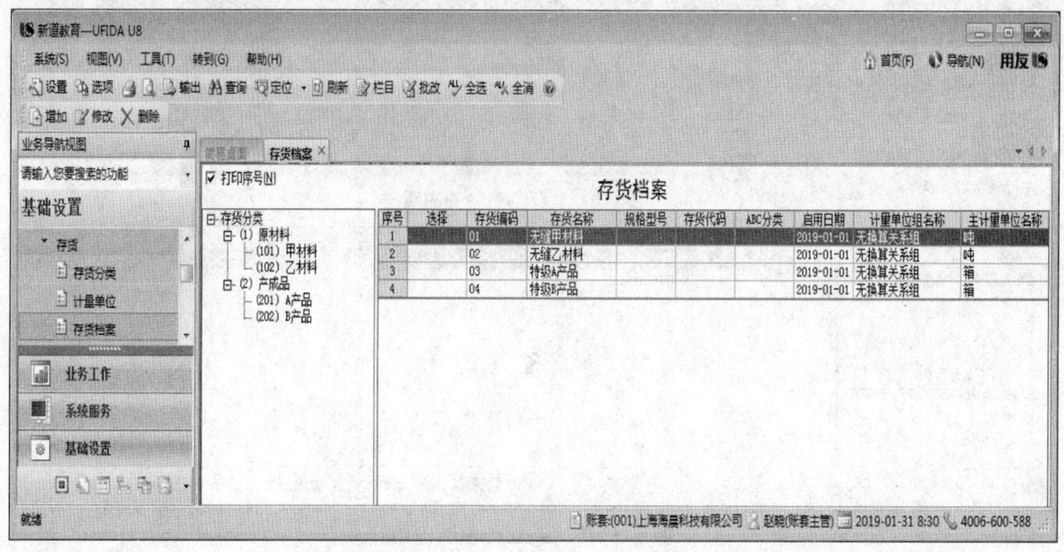

图9-11 “存货档案-录入”窗口

（5）录入仓库档案。打开基础档案，展开“业务”下的业务按钮，双击“仓库档案”，打开“仓库档案”窗口，单击工具栏“增加”，打开“修改仓库档案”窗口，录入仓库编码“01”，仓库名称“原材料库”，计价方式选择“先进先出法”，如图9-12所示。

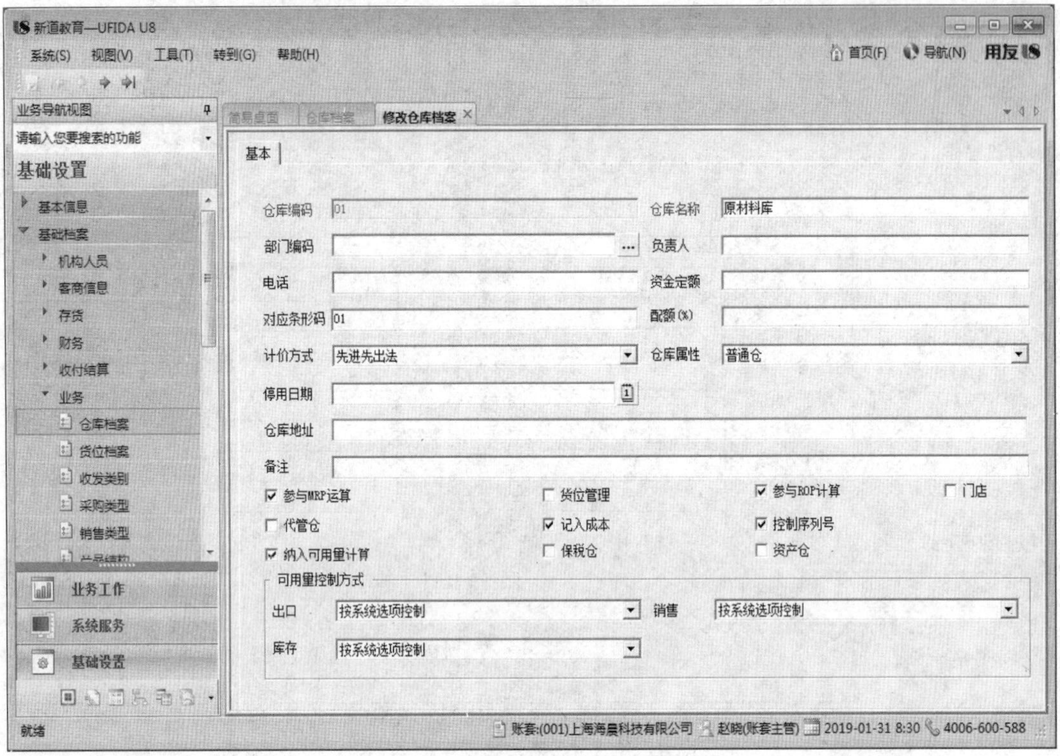

图 9-12 “修改仓库档案”窗口

单击“保存”。继续录入其他仓库，如图 9-13 所示。

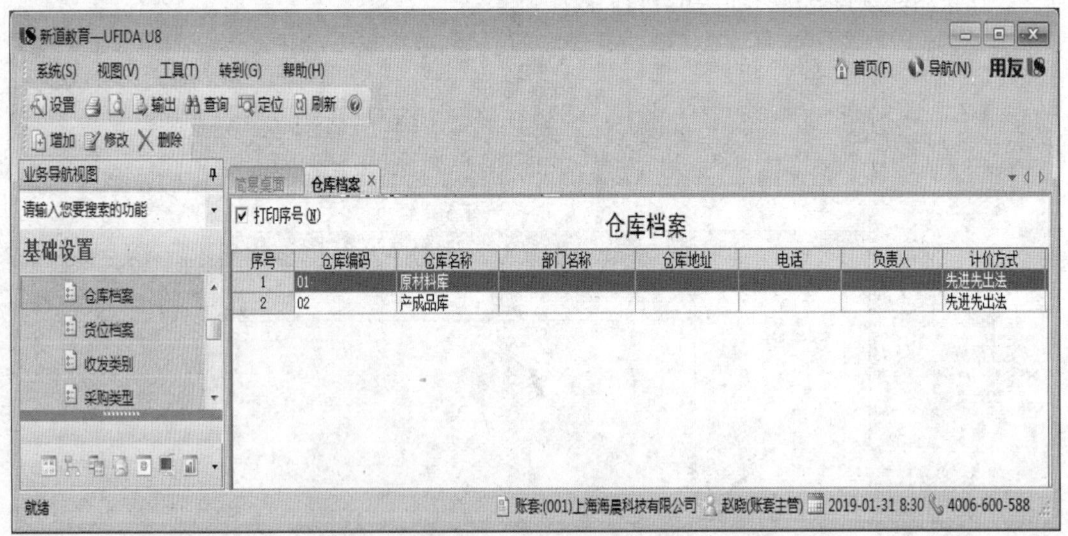

图 9-13 “仓库档案”窗口

(6) 录入收发类别。打开基础档案，展开“业务”下的业务按钮，双击“收发类别”，打开“收发类别”窗口，单击工具栏“增加”，在收发类别编码栏录入“1”，如图 9-14 所示。

在收发类别名称栏录入“正常入库”，收发标志选择“收”，单击“保存”。继续录入其他收发类别，全部录完，如图 9-15 所示。

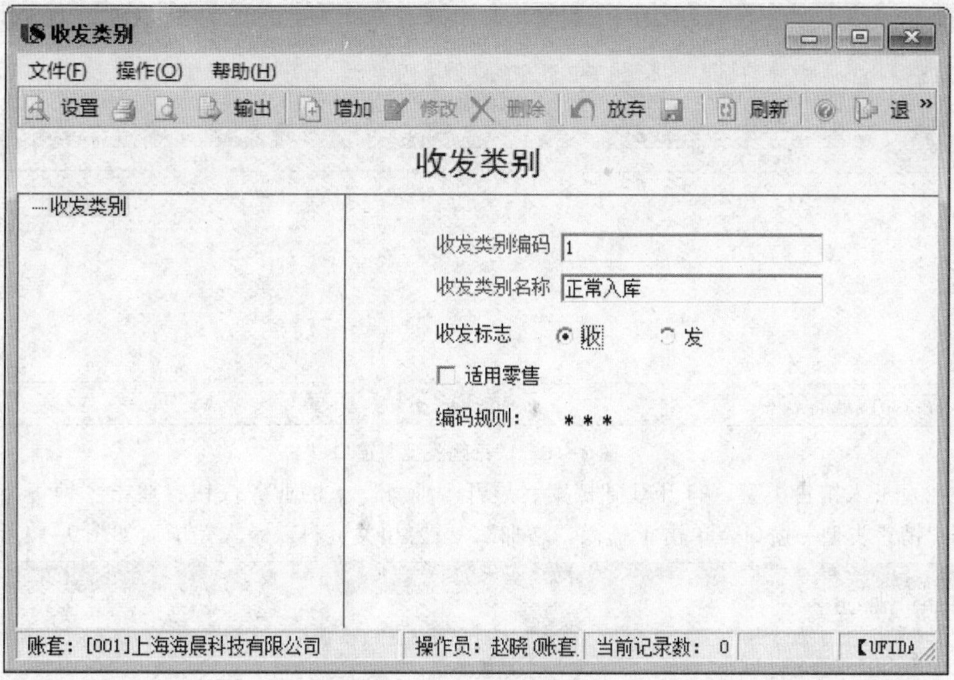

图9-14 “收发类别”窗口

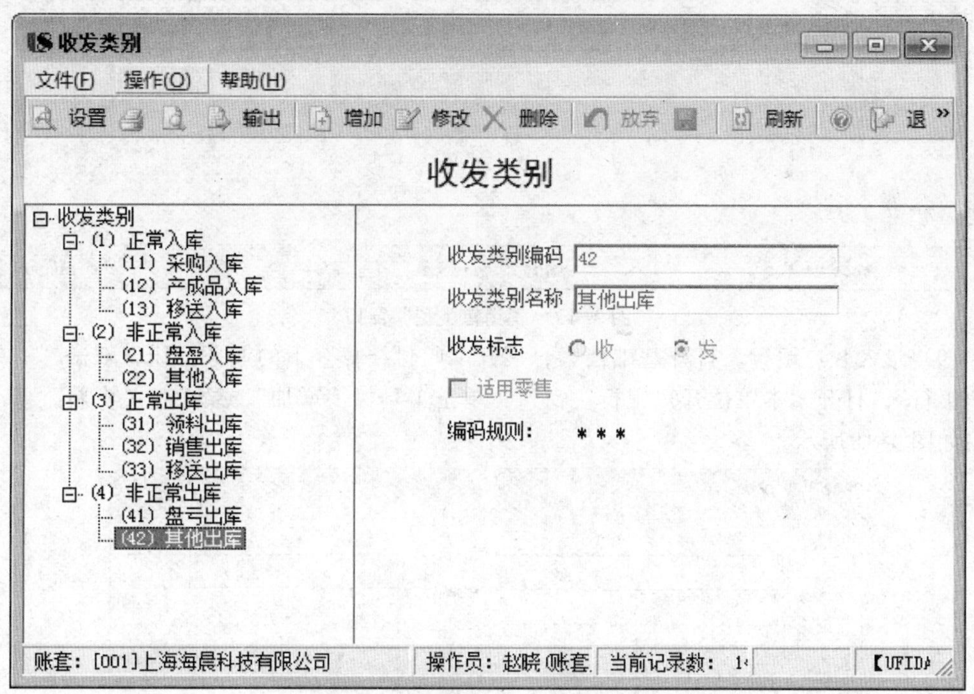

图9-15 “收发类别-其他出库”窗口

（7）录入采购类型。打开基础档案，展开“业务”下的业务按钮，双击“采购类型”，打开“采购类型”窗口，如图9-16所示。单击工具栏“增加”，在采购类型编码栏录入“1”，在采购类型名称栏录入“普通采购”，单击入库类别栏“参照”按钮，在参照窗口中选择“采购入库”，单击是否默认值栏下拉选框，选择“是”，单击“保存”。

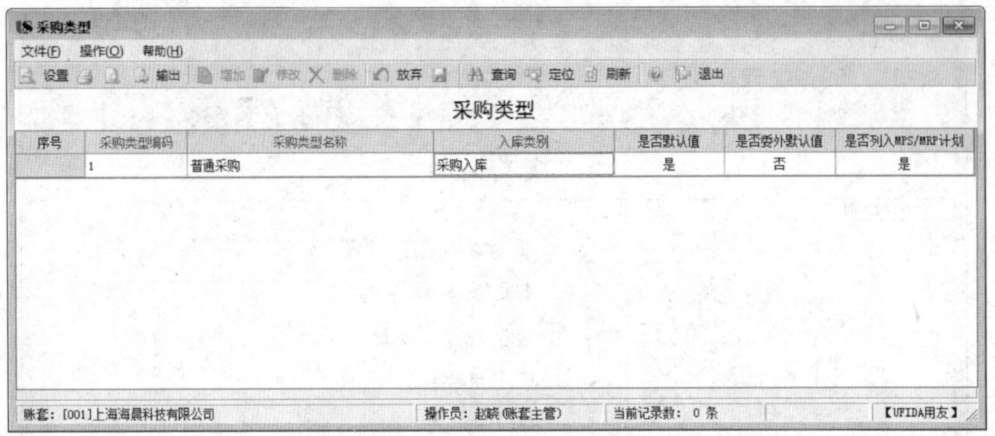

图 9-16 “采购类型”窗口

（8）录入销售类型。打开基础档案，展开“业务”下的业务按钮，双击“销售类型”，打开“销售类型”窗口，单击工具栏“增加”，录入相关资料，录入完毕后如图 9-17 所示。

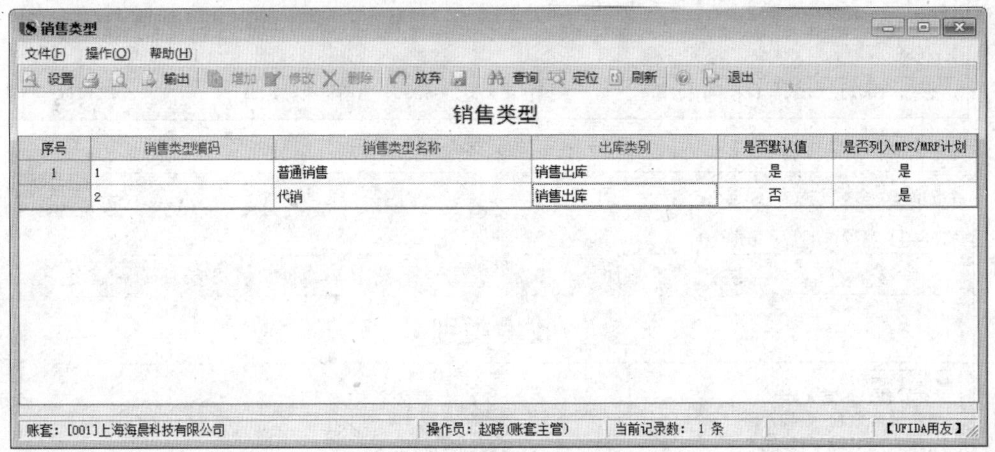

图 9-17 “销售类型”窗口

（9）录入开户银行。打开基础档案，展开“收付结算”下的业务按钮，双击“本单位开户银行”，打开“本单位开户银行”窗口，单击工具栏“增加”，录入相关资料，录入完成后如图 9-18 所示。

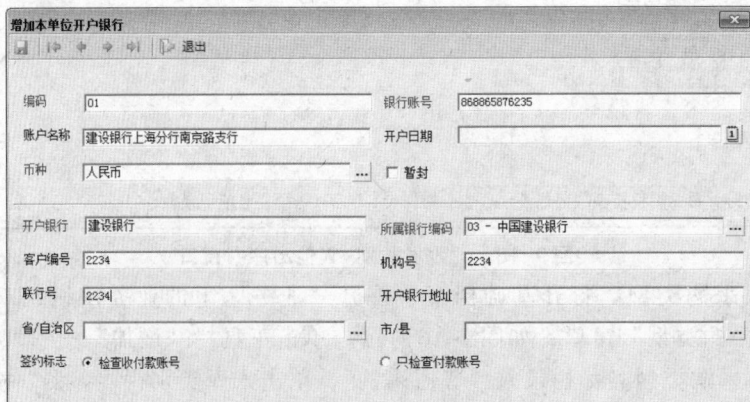

增加本单位开户银行
退出
编码 01 银行账号 868865876235
账户名称 建设银行上海分行南京路支行 开户日期
币种 人民币 暂封
开户银行 建设银行 所属银行编码 03 - 中国建设银行
客户编号 2234 机构号 2234
联行号 2234 开户银行地址
省/自治区 市/县
签约标志 ⊙ 检查收付款账号 ○ 只检查付款账号

图 9-18 “增加本单位开户银行”窗口

3.基础科目设置

（1）存货核算系统

录入存货核算科目，从企业应用平台进入存货核算系统，双击“业务工作”—“供应链”—“存货核算”—“初始设置”—“科目设置”—“存货科目”，如图9-19所示。

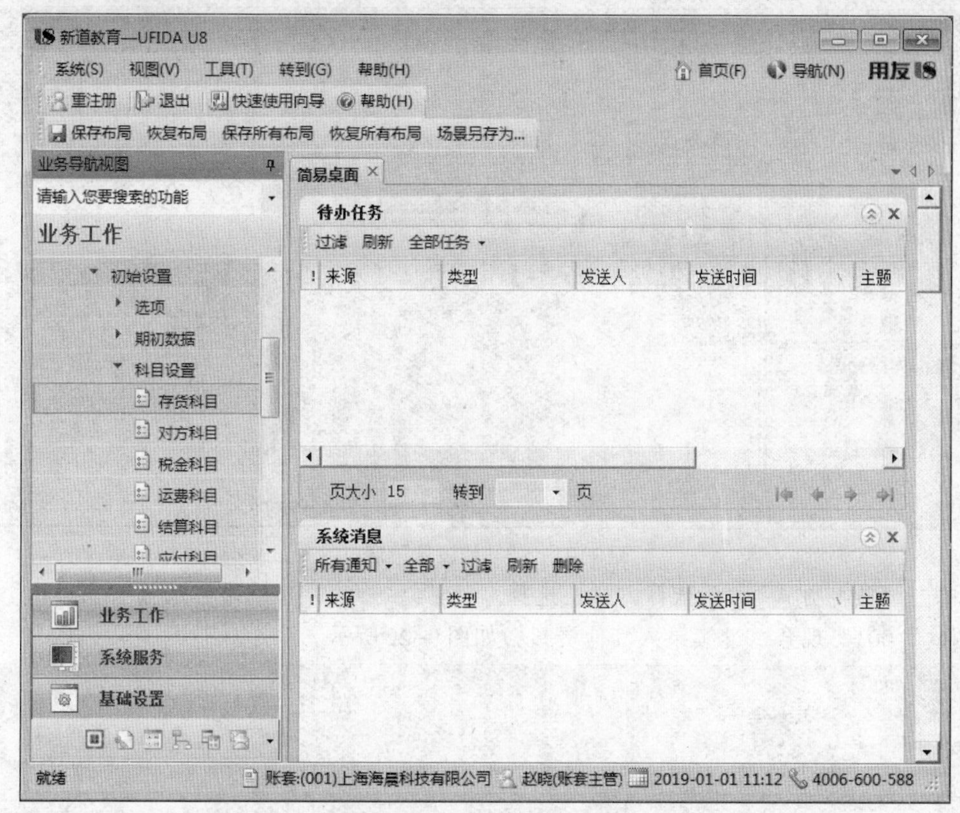

图9-19　“业务工作”窗口

进入“存货科目”窗口，单击工具栏“增加”，在仓库编码栏选择“01”，则仓库名称栏自动显示“原材料库”，在存货分类编码栏选择“101 甲材料”，在存货科目栏选择“原材料——甲材料”，单击“保存”。继续录入其他资料，结果如图9-20所示。

存货科目

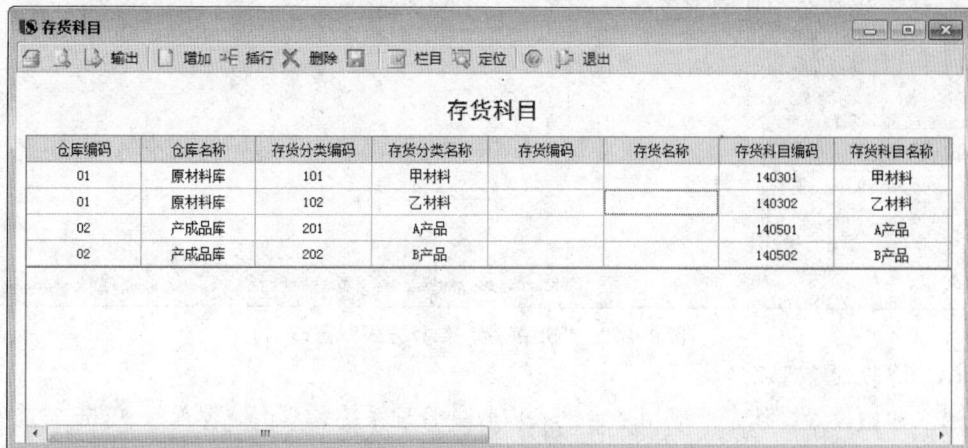

输出　增加　插行　删除　栏目　定位　退出

存货科目

仓库编码	仓库名称	存货分类编码	存货分类名称	存货编码	存货名称	存货科目编码	存货科目名称
01	原材料库	101	甲材料			140301	甲材料
01	原材料库	102	乙材料			140302	乙材料
02	产成品库	201	A产品			140501	A产品
02	产成品库	202	B产品			140502	B产品

图9-20　“存货科目”窗口

（2）应付款管理系统

录入初始设置，从企业应用平台进入应付款管理系统，双击“设置”，单击“初始设置”，在应付科目栏选择“2202”应付账款，预付科目栏选择“1123”预付账款，采购税金科目栏选择“22210101”进项税额，如图9-21所示。

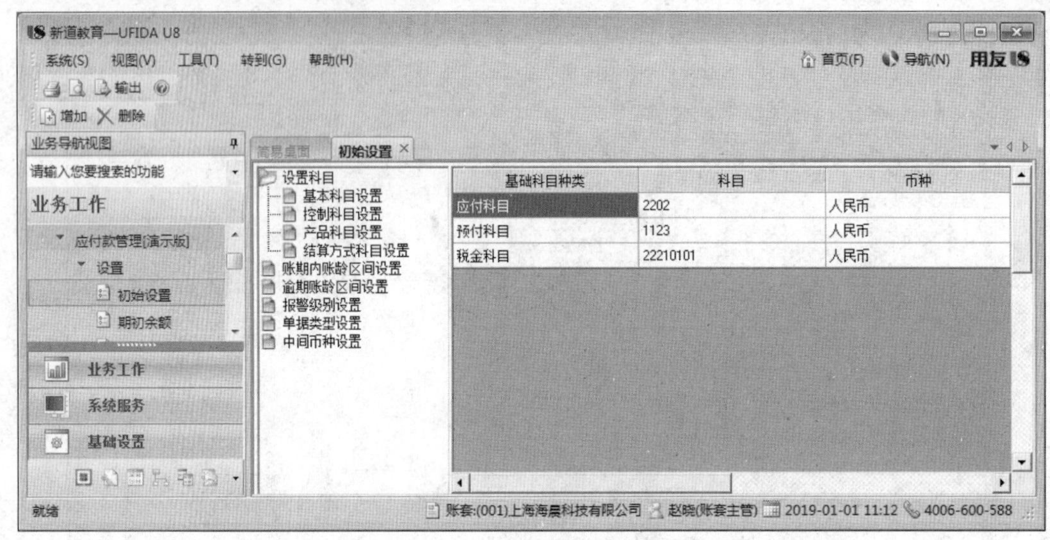

图9-21　“初始设置”窗口

单击“结算方式”，在结算方式栏选择“1 现金结算”，人民币栏选择“人民币”，科目选择“1001”现金，继续录入其他资料，如图9-22所示。

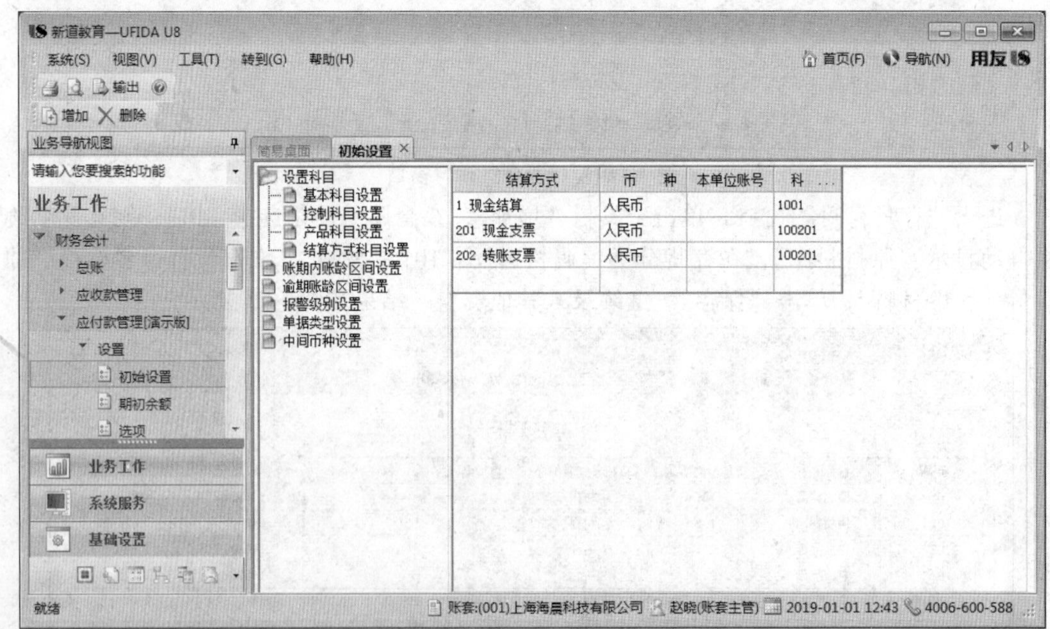

图9-22　“初始设置-结算方式”窗口

（3）应收款管理系统

录入初始设置，从企业应用平台进入应收款管理系统，双击“设置”，单击“选项”，打开“账套参数设置”窗口，如图9-23所示。单击“编辑”，坏账处理方式选择“应收余额百分比法”，单击“确定”，重新登录才能使设置生效。

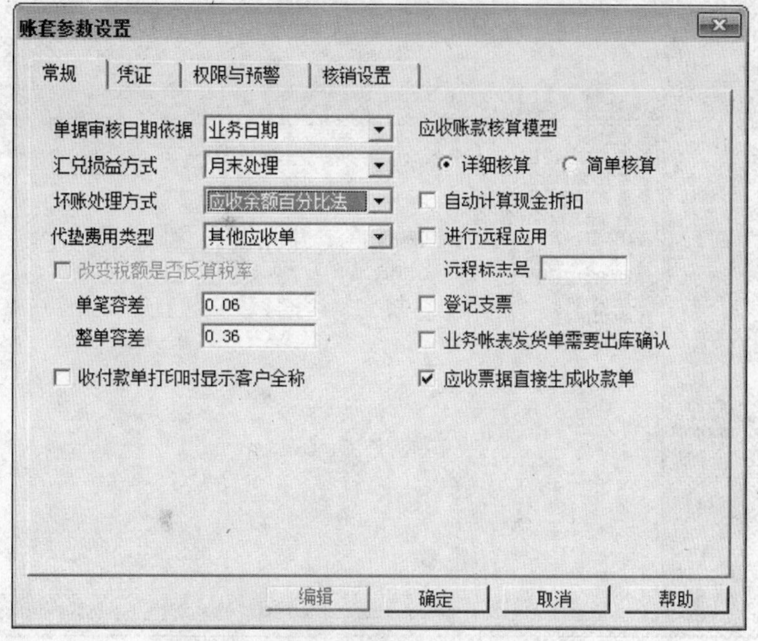

图9-23　“账套参数设置”窗口

①科目设置：双击“设置”，单击“初始设置”，进入“初始设置”窗口，如图9-24所示。

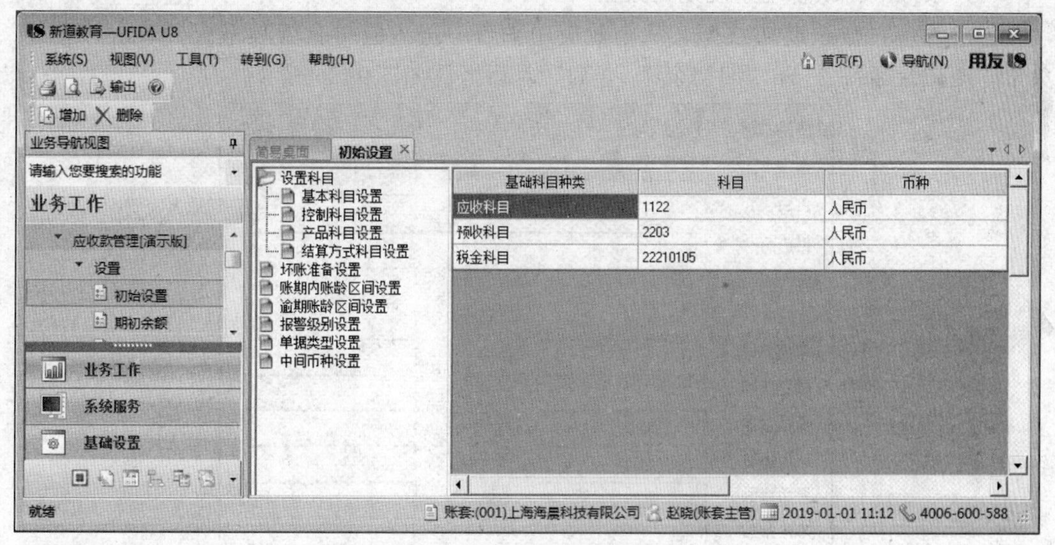

图9-24　“初始设置-应收科目”窗口

在应收科目栏选择“1122”应收账款，预收科目栏选择“2203”预收账款，税金科目选择“ 22210105”，其他可暂时不设置。

②结算方式科目设置：单击结算方式，在结算方式栏选择“1 现金结算”，币种栏选择“人民币”，科目选择“1001 现金”，继续录入其他资料。

③坏账准备设置：提取比率为0.5%，期初余额录入“1 250”，科目录入“1231”，对方科目录入“6701”资产减值损失，单击“确定”，如图9-25所示。

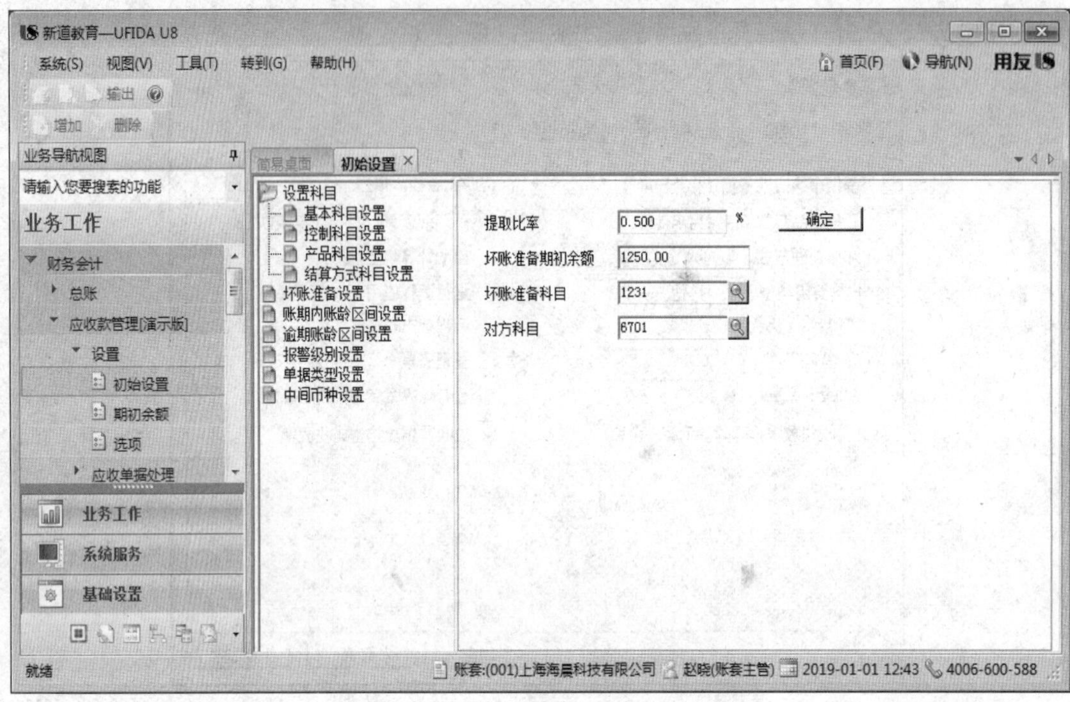

图9-25 “初始设置-坏账准备”窗口

4.录入期初余额

（1）录入应付款管理系统期初数据

①录入应付账款期初数据，从企业应用平台中进入应付款管理系统，双击“设置”，单击“期初余额”，打开“期初余额-查询”对话框，如图9-26所示。

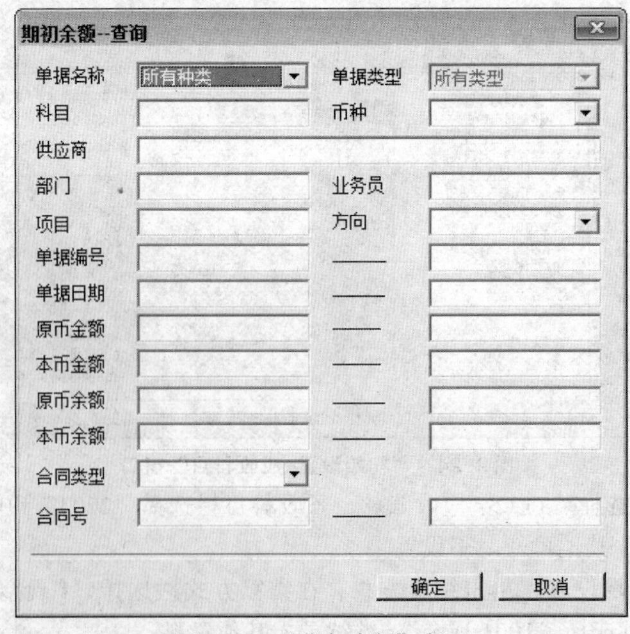

图9-26 “期初余额”窗口

单击“确定”按钮，进入“期初余额明细表”窗口，如图9-27所示。

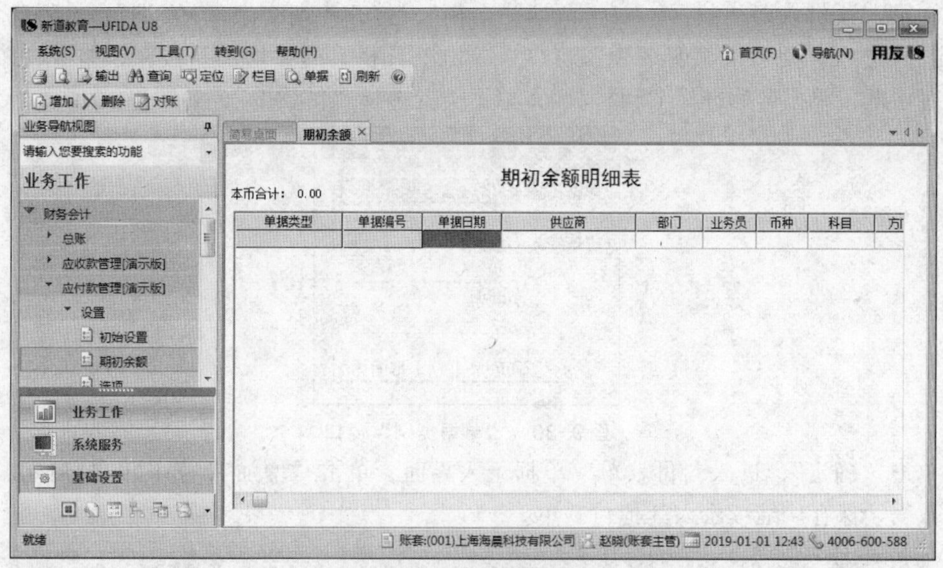

图 9-27 “期初余额明细表”窗口

单击工具栏上的“增加”按钮，打开“单据类别”对话框，单据名称选择“应付单”，单击“确定”按钮，如图9-28所示。进入“应付单”单据录入界面，单击“增加”，如图9-29所示。在单据日期栏录入“2018-09-29”，供应商栏选择“桦莱公司”，金额栏输入“60 000.00”，业务员选择“陈梦白”，保存，继续录入其他应付单。

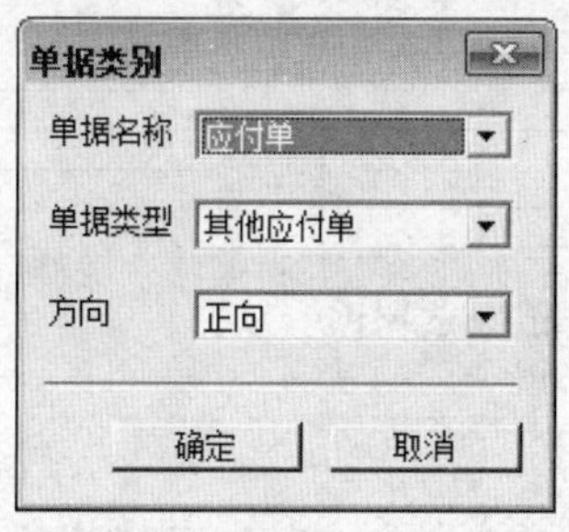

图 9-28 “单据类别”窗口

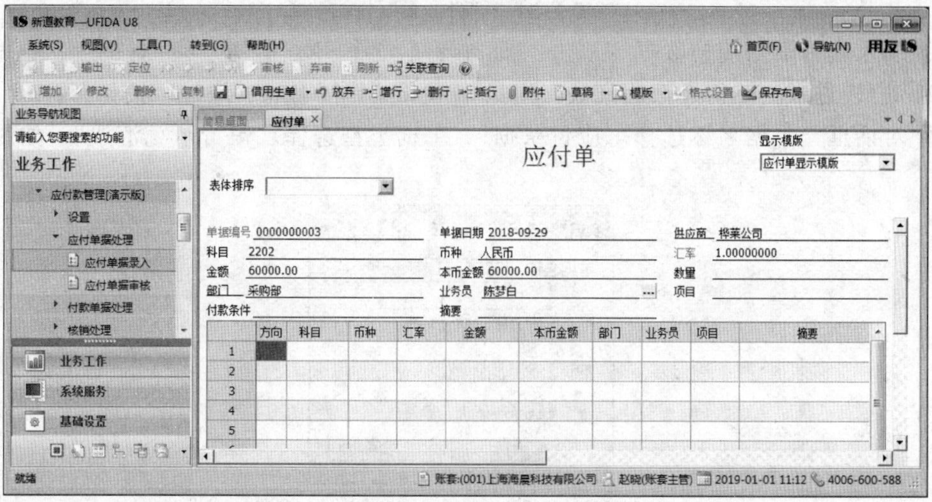

图 9-29 “应付单”窗口

②录入预付款期初数据，双击“期初余额”，打开“期初余额-查询”对话框，单击“确定”，进入“期初余额明细表”窗口，单击工具栏上的“增加”按钮，打开“单据类别”对话框，单据名称选择“预付款”，单据类型选择“付款单”，如图9-30所示。

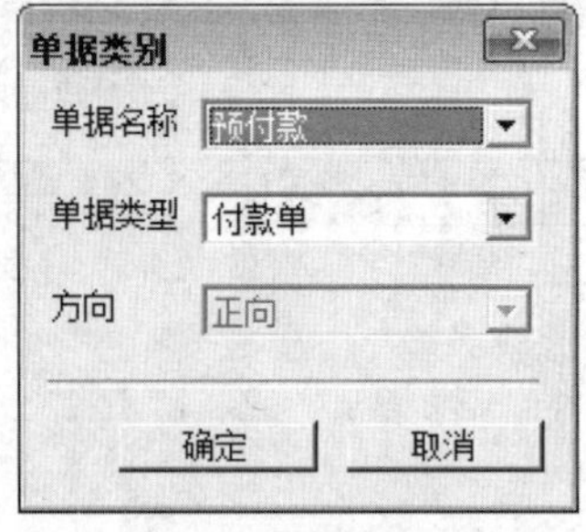

图9-30 “单据类别”窗口

单击“确定”，进入“付款单”单据录入界面，单击“增加”，如图9-31所示，录入相关数据，保存。继续录入其他付款单。

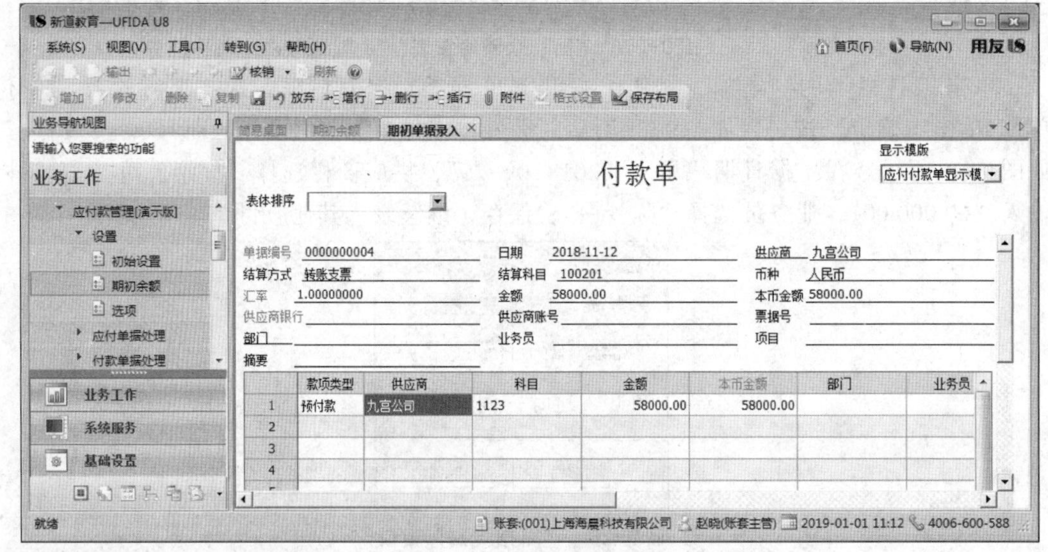

图9-31 “付款单”窗口

③录入应付票据期初数据，双击“期初余额”，打开“期初余额-查询”对话框，单击“确定”，进入“期初余额明细表”窗口，单击工具栏上的“增加”按钮，打开“单据类别”对话框，单据名称选择“应付票据”，单据类型选择“银行承兑汇票”，如图9-32所示。

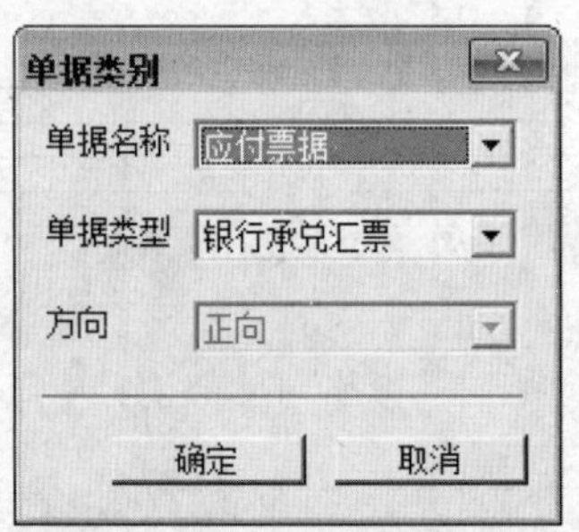

图9-32 “单据类别”窗口

单击“确定”，进入“期初票据”单据录入界面，如图9-33所示，单击“增加”，录入相关数据，保存。

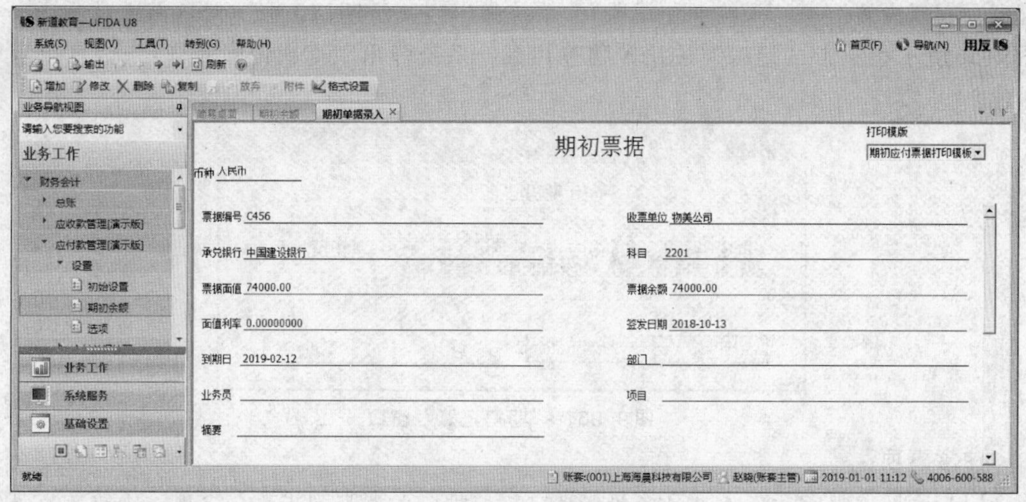

图9-33 “期初票据”窗口

继续录入其他票据数据。应付款管理系统所有初始数据录入完毕后，返回期初余额明细表，如图9-34所示。

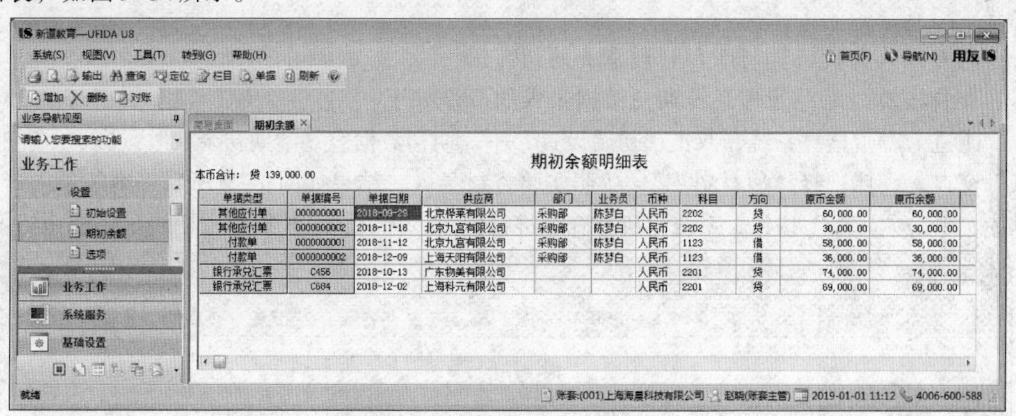

图9-34 “期初余额明细表”窗口

单击“对账”按钮，与总账管理系统进行对账，如图9-35所示。

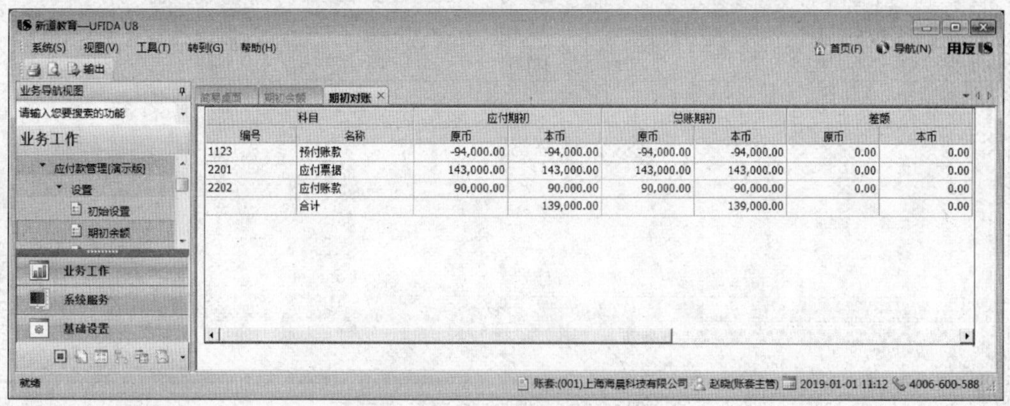

图9-35 “期初对账”窗口

（2）采购管理系统初始数据

采购管理系统没有初始数据，直接进行“采购期初记账”，双击“供应链”—“采购管理”—“设置”—“采购期初记账”，系统弹出“关于期初记账”信息提示对话框，如图9-36所示。单击“记账”按钮，稍等片刻，系统弹出“期初记账完毕！”信息提示对话框。

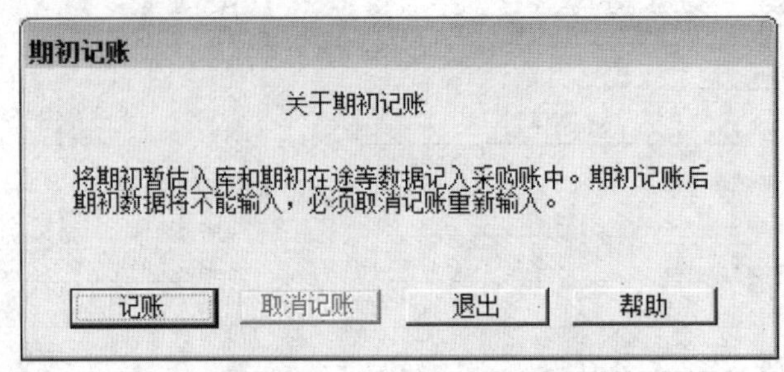

图9-36 “期初记账”窗口

注意事项：

（1）采购管理系统如果没有期初数据，也要进行采购期初记账；否则，不能录入日常业务。

（2）如果想取消采购期初记账，只需双击“设置”—“采购期初记账”，单击“取消记账”即可。

（3）录入存货核算与库存管理系统期初数据

存货核算与库存管理系统期初数据录入的操作如下：

①进入存货核算系统，双击“初始设置”—“期初数据”—“期初余额”，进入“期初余额”窗口，仓库选择“原材料库”，按照实验资料录入，结果如图9-37所示。继续录入产成品库，单击“记账”按钮，系统对所有仓库进行记账，稍后，系统提示“期初记账成功!”。

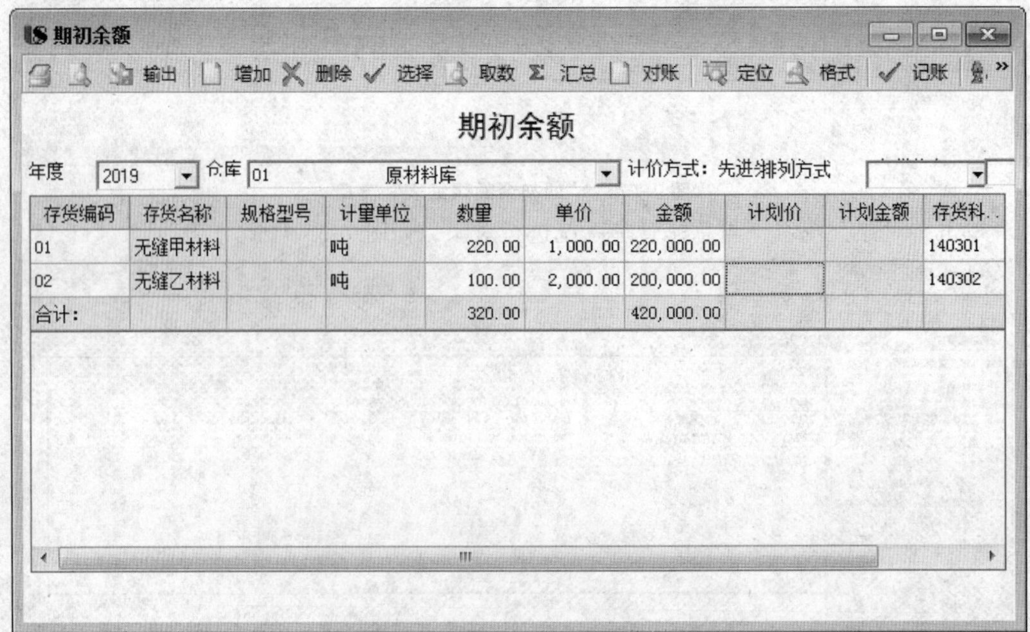

存货编码	存货名称	规格型号	计量单位	数量	单价	金额	计划价	计划金额	存货科...
01	无缝甲材料		吨	220.00	1,000.00	220,000.00			140301
02	无缝乙材料		吨	100.00	2,000.00	200,000.00			140302
合计:				320.00		420,000.00			

图9-37 “期初余额”窗口

②启用库存管理系统，双击“初始设置”—“期初结存”，进入“期初结存”窗口，选择“原材料库”，单击“修改”按钮，再单击“取数”，然后单击“保存”，如图9-38所示。

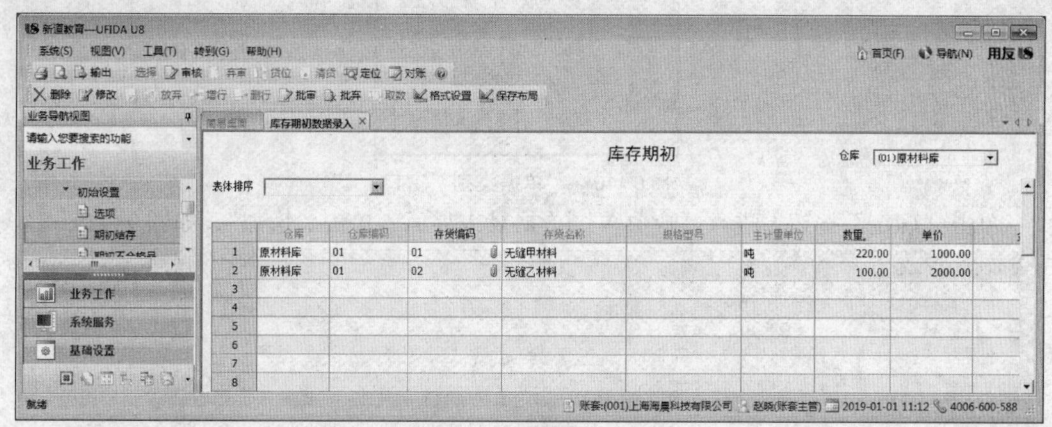

图9-38　“库存期初”窗口

录入完成后单击“审核”按钮，系统弹出“审核成功!”信息提示对话框，单击“确定”按钮，同理，通过取数方式录入产成品仓库存货期初数据。录入完成后，单击“对账”按钮，核对库存管理系统和存货核算系统的期初数据是否一致；若一致，系统弹出“对账成功!”信息提示对话框。

（4）录入应收款管理系统期初数据

①录入应收账款期初数据，从企业应用平台进入应收款管理系统，双击“设置”，双击“期初余额”，打开“期初余额-查询”窗口，如图9-39所示。

期初余额--查询

单据名称 所有种类　单据类型 所有类型
科目　币种
客户
部门　业务员
项目　方向
单据编号 ——
单据日期 ——
原币金额 ——
本币金额 ——
原币余额 ——
本币余额 ——
合同类型
合同号 ——
确定　取消

图9-39　“期初余额-查询”窗口

单击“确定”按钮，进入“期初余额明细表”窗口，单击工具栏上的“增加”按钮，打开“单据类别”对话框，单据名称选择“应收单”，如图9-40所示。

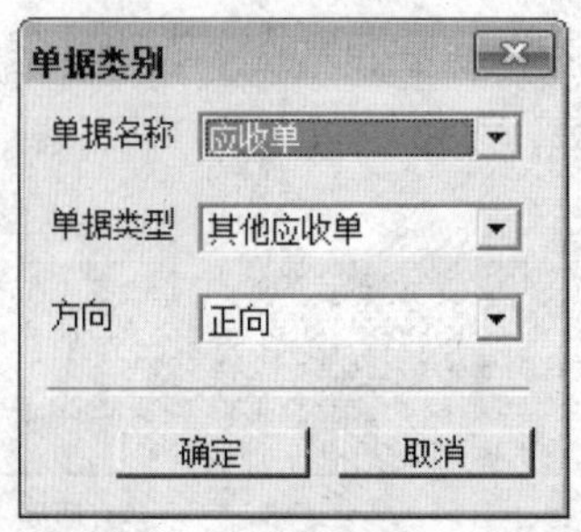

图 9-40 “单据类别”窗口

单击“确定”按钮，进入“应收单”单据录入界面，单击“增加”，如图 9-41 所示。

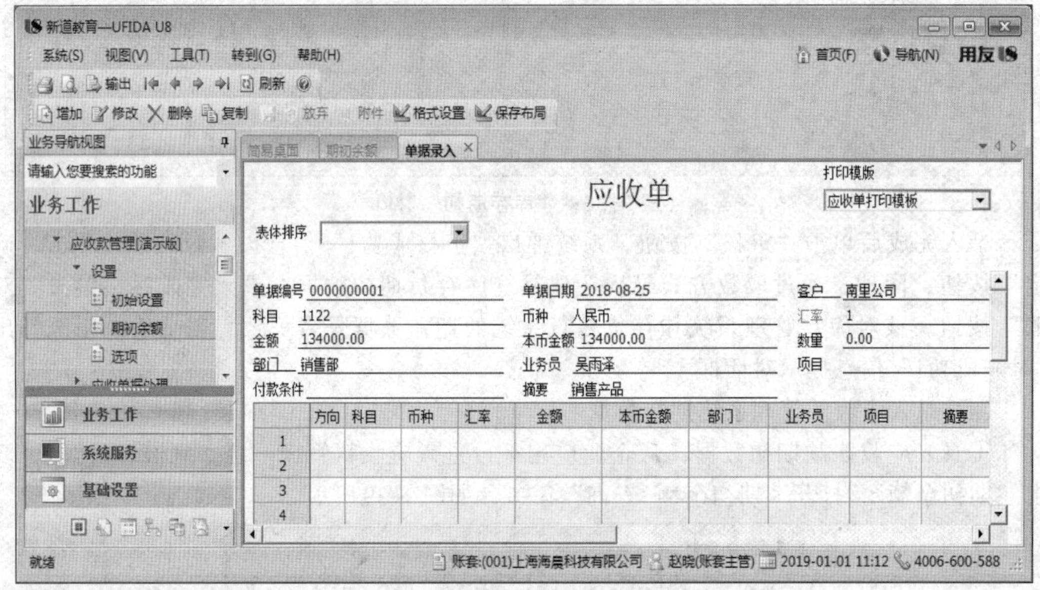

图 9-41 “应收单”窗口

在单据日期栏录入“2018-08-25”，供应商栏选择“南里公司”，金额栏输入“134 000”，业务员选择“吴雨泽”，保存，继续录入其他应付单。

②录入预收款期初数据，双击“期初余额”，打开“期初余额-查询”对话框，单击“确认”，进入“期初余额明细表”窗口，单击工具栏上的“增加”按钮，打开“单据类别”对话框，单据名称选择“预收款”，单据类型选择“收款单”，如图 9-42 所示。

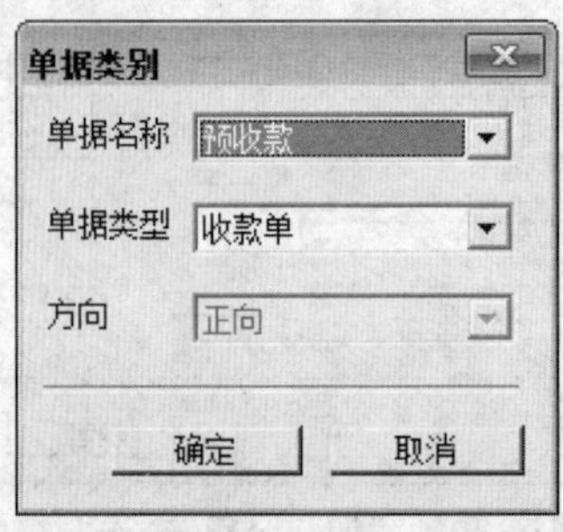

图 9-42 “单据类别”窗口

单击“确定”，进入“收款单”单据录入界面，单击“增加”，如图 9-43 所示，录入相关数据，保存。继续录入其他收款单。

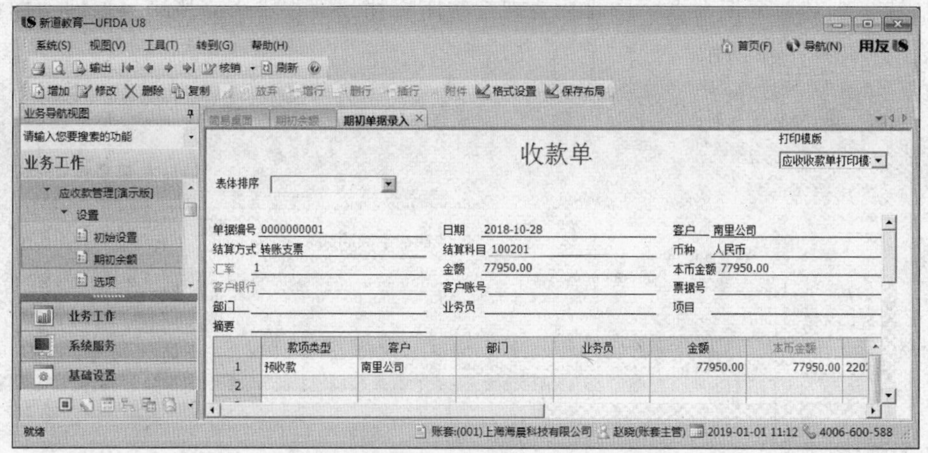

图 9-43 “收款单”窗口

③录入应收票据期初数据，双击“期初余额”，打开“期初余额-查询”对话框，单击“确定”，进入“期初余额明细表”窗口，单击工具栏上的“增加”按钮，打开“单据类别”窗口，单据名称选择“应收票据”，单据类型选择“银行承兑汇票”，如图9-44所示。

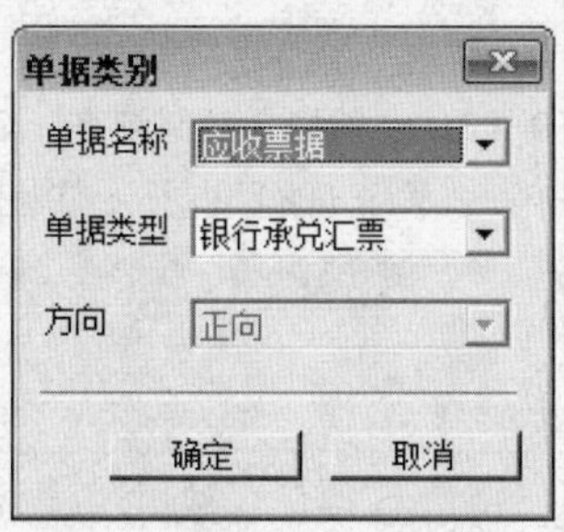

图 9-44 “单据类别”窗口

单击“确定”，进入“期初票据”单据录入界面，单击“增加”，录入相关数据，保存，如图9-45所示。

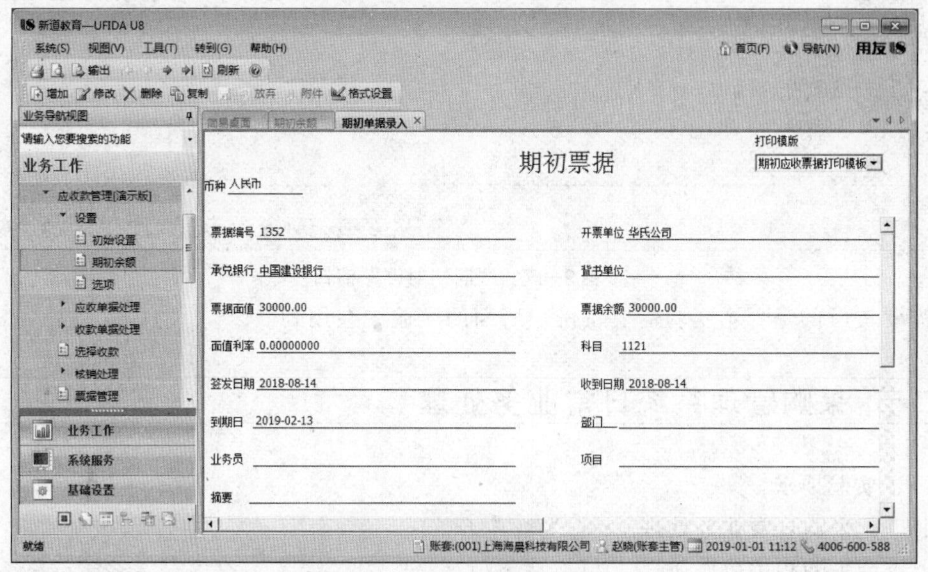

图 9-45 “期初票据”窗口

继续录入其他票据数据。应收款管理系统所有初始数据录入完毕后，返回“期初余额明细表”，如图9-46所示。

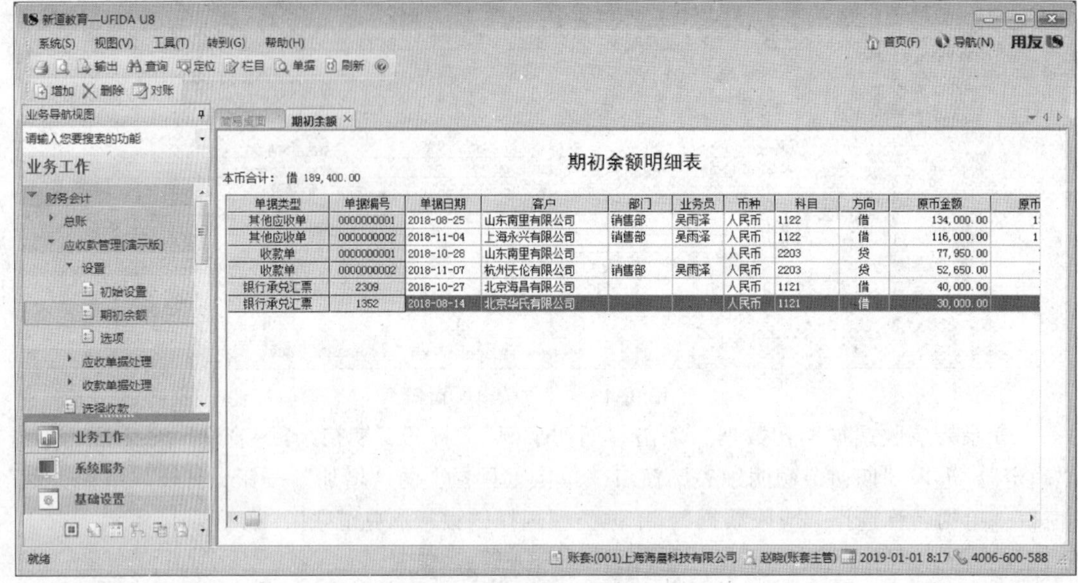

图9-46 “期初余额明细表”窗口

单击“对账”按钮，与总账管理系统进行对账，如图9-47所示。

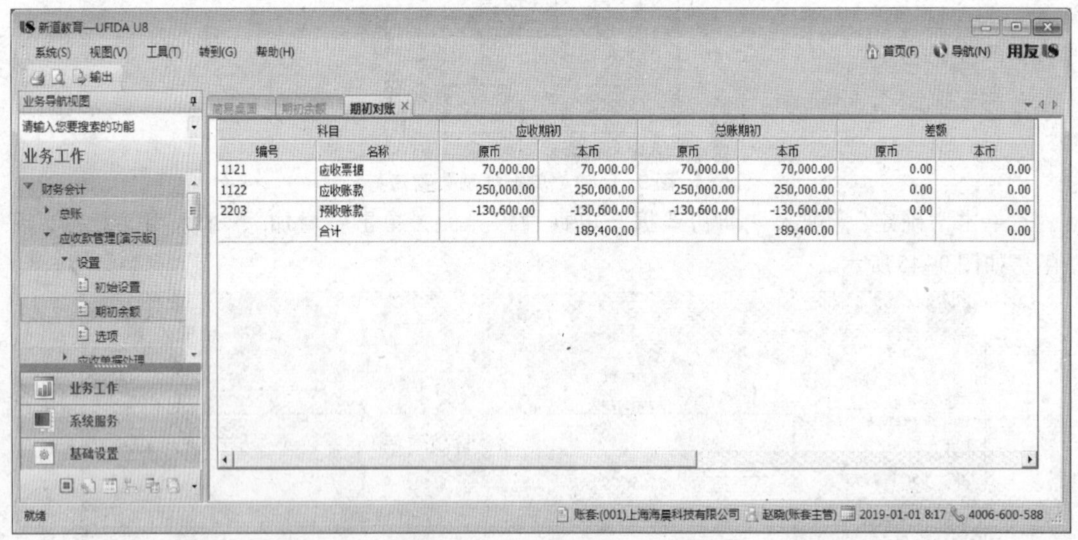

图9-47 “期初对账”窗口

需要提醒的是，本实验需要备份，后面的实验中会用到。

第二节 采购管理系统日常业务处理

一、实验要求

1.进行采购日常业务处理

2.查询采购相关数据

二、实验资料

1.票号设置

将采购专用发票、采购普通发票、采购运费发票的发票号设置为“完全手工编号”。

2.普通采购业务

（1）1月1日，业务员陈梦白向天阳公司询问无缝甲材料的价格，为每吨900元，业务员觉得价格合理，随即向公司上级主管提出购买申请，申请购买数量为20吨，业务员据此填制“采购请购单”。

（2）1月2日，上级主管同意向天阳公司订购无缝甲材料20吨，每吨900元，要求到货日期为1月3日，填制“采购订单”。

（3）1月3日，收到所订购无缝甲材料20吨，填制“到货单”。

（4）1月3日，将所收到的货物验收，入原材料库，填制采购“入库单”。

（5）当天收到该笔货物的专用发票一张，发票号2098，填制“采购发票”。

（6）业务部门将采购发票交给财务部门，财务部门确定此业务所涉及的采购成本，进行“采购结算”（根据“入库单”与“采购发票”）。

（7）财务部门确定应付账款，生成“应付凭证”（根据“采购发票”）。

（8）材料会计记材料明细账，生成“入库凭证”（根据“采购结算”）。

（9）1月4日，财务部门开出转账支票一张，支票号4112，支付采购货款，填制“付款单”，生成“付款凭证”。

三、实验指导

（一）设置“完全手工编号”

在企业中应用平台，双击“基础设置”—“单据设置”—“单据编码设置”，打开“单据编号设置”对话框，单击单据类型下的“采购管理”方式，选择“采购专用发票”选项，单击“修改”按钮，选中“完全手工编号”复选框，单击“保存”按钮，如图9-48所示。同理，设置采购普通发票和采购运费发票的发票号为完全手工编号。

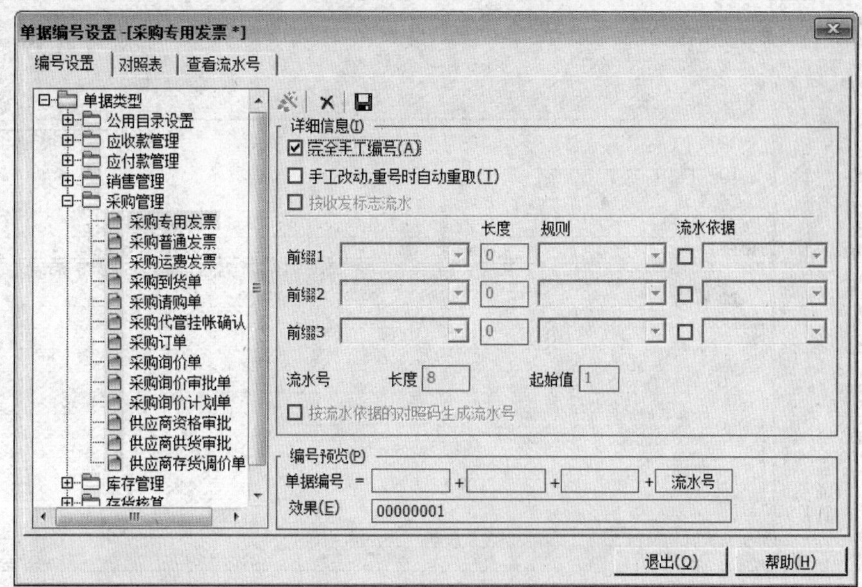

图9-48 “单据编号设置”窗口

（二）普通采购业务

1.在采购管理系统中填制并审核请购单

（1）启用采购管理系统，双击“请购”—“请购单”命令，进入“采购请购单”窗口。

（2）单击“增加”按钮，输入日期“2019-01-01”，选择部门“采购部”，业务员“陈梦白”。

（3）选择存货编号“01”无缝甲材料，数量“20.00”，无税单价“900.00”，需求日期“2019-01-03”，供应商“天阳公司”，如图9-49所示。

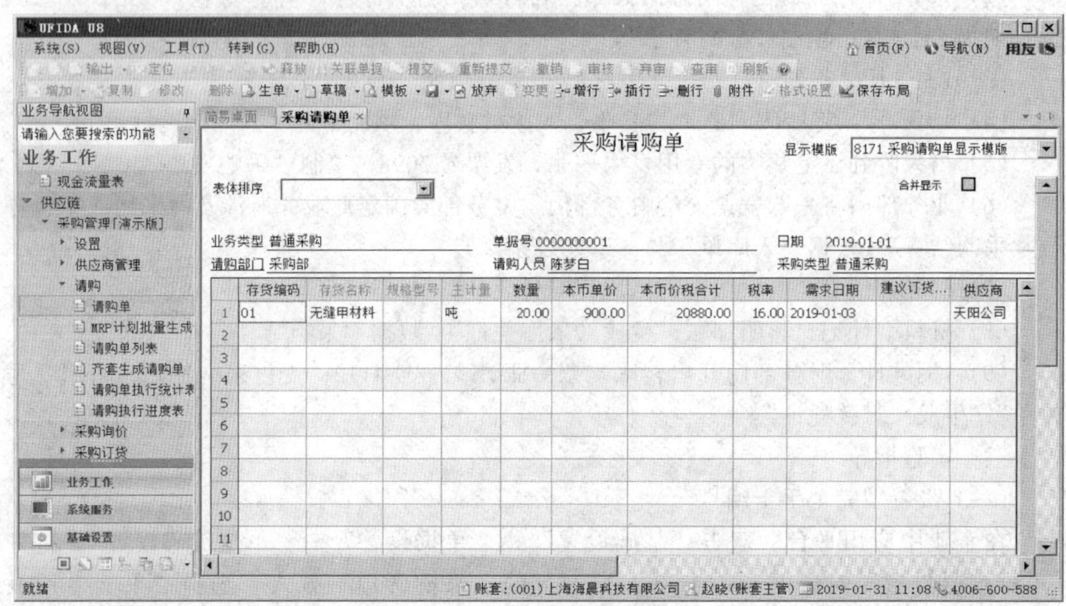

图9-49 “采购请购单”窗口

（4）单击“保存”按钮，然后单击“审核”，如图9-50所示。

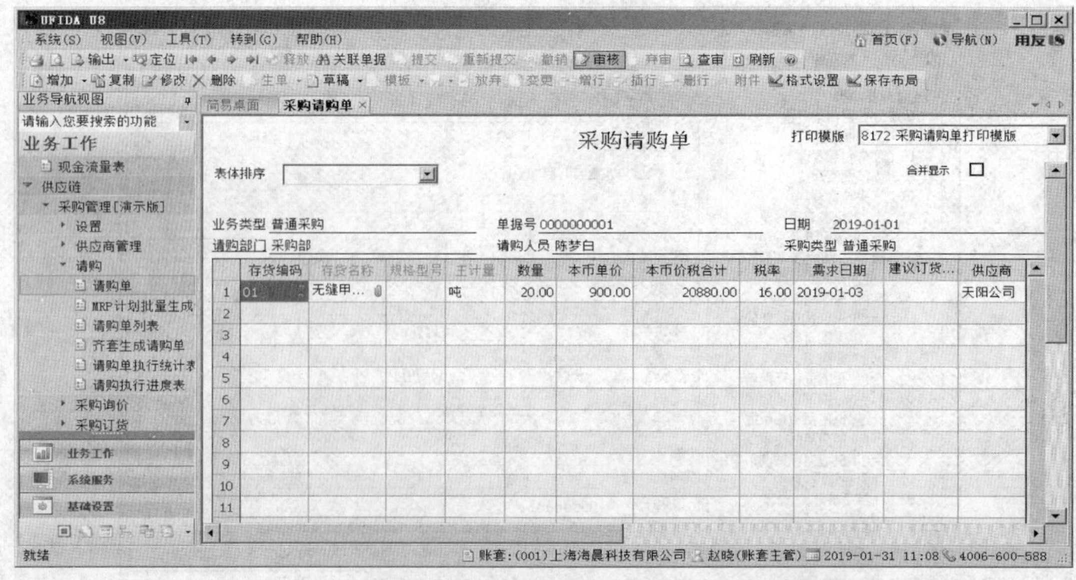

图9-50 “采购请购单-审核”窗口

（5）最后单击“退出”，退出“采购请购单”窗口。

2.在采购管理系统中填制并审核采购订单

（1）双击“采购订货”—“采购订单”命令，进入“采购订单”窗口。

（2）单击“增加”—“生单”按钮，如图9-51所示，选择“请购单”选项。

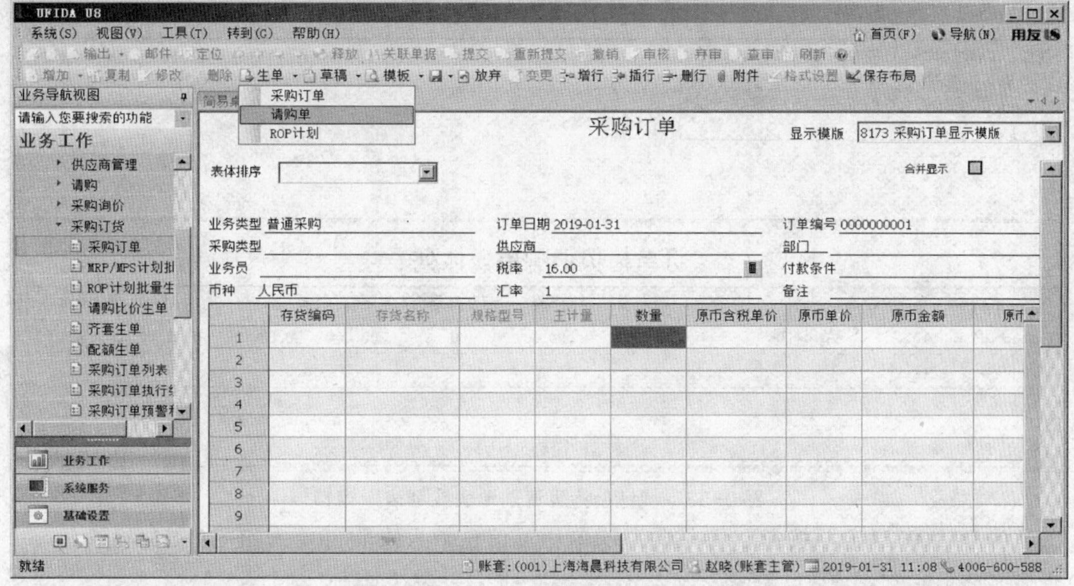

图9-51 “采购订单”窗口

打开“过滤条件窗口”对话框，单击“过滤”按钮，进入“查询条件选择-采购请购单列表过滤”窗口，如图9-52所示。

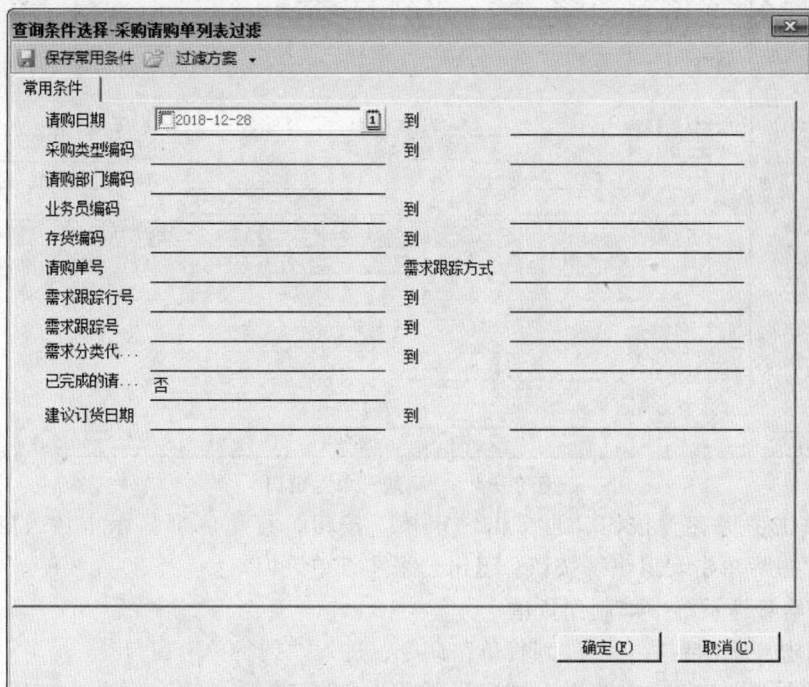

查询条件选择-采购请购单列表过滤
保存常用条件 过滤方案
常用条件
请购日期 2018-12-28 到
采购类型编码 到
请购部门编码
业务员编码 到
存货编码 到
请购单号 需求跟踪方式
需求跟踪行号 到
需求跟踪号 到
需求分类代... 到
已完成的请... 否
建议订货日期 到
确定(F) 取消(C)

图9-52 “查询条件选择-采购请购单列表过滤”窗口

（3）双击需要参照的采购请购单的“选择”栏，如图9-53所示。

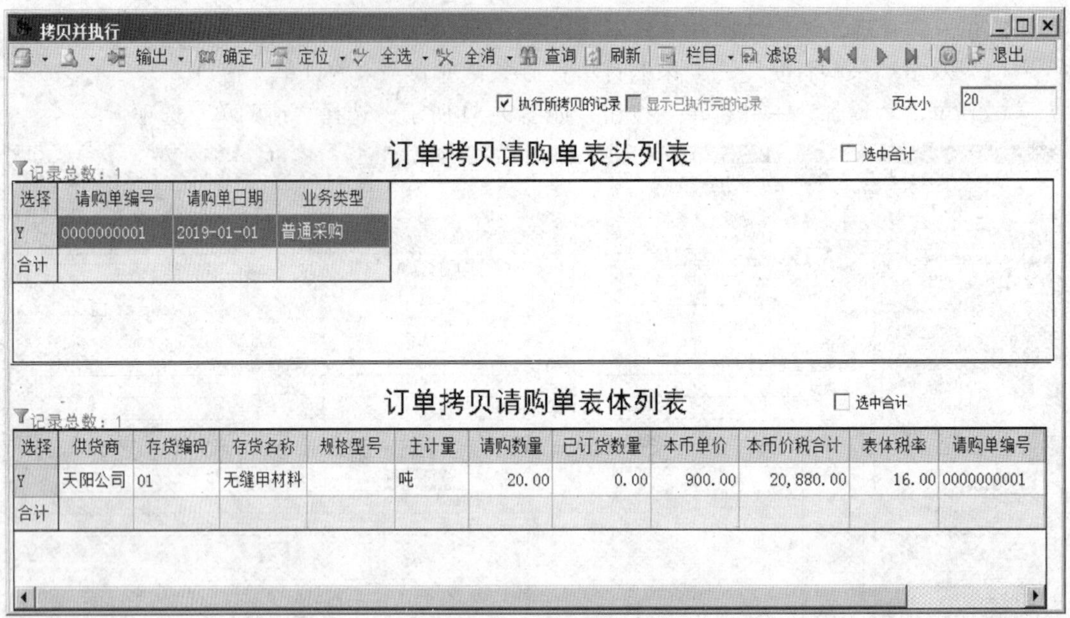

图9-53 “订单拷贝请购单表头列表”窗口

单击“OK确定”按钮，将采购请购单相关信息带入采购订单，如图9-54所示。

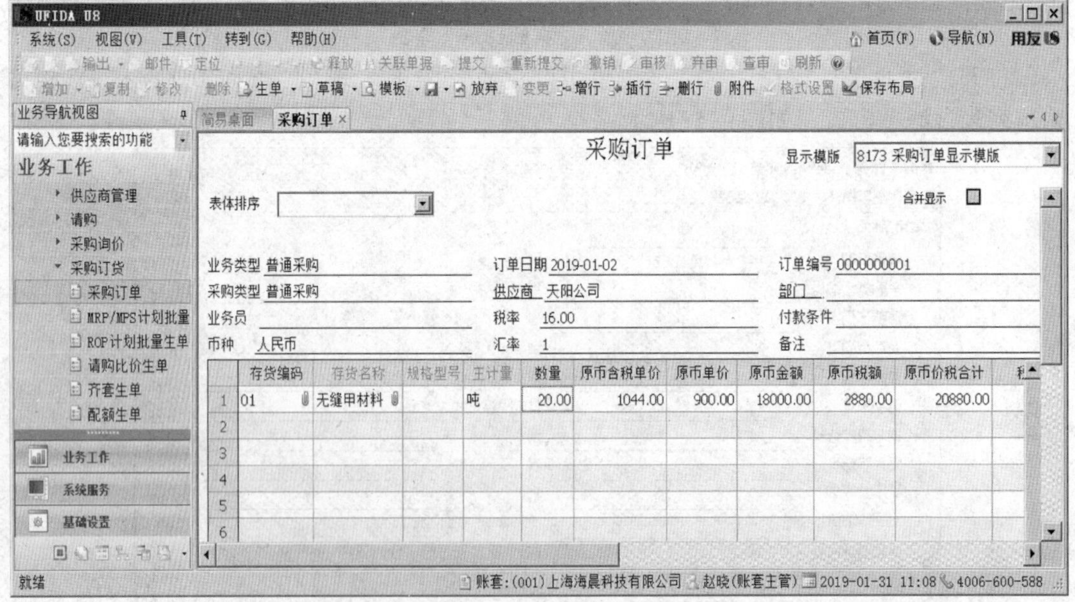

图9-54 “采购订单”窗口

（4）单击“保存”按钮，再单击“审核”按钮，订单底部显示审核人姓名，如图9-55所示。最后单击“退出”按钮，退出“采购订单”窗口。

3.在采购管理系统中填制到货单

（1）双击“采购到货”—“到货单”命令，进入“到货单”窗口。

（2）单击“增加”—“生单”按钮，选择“采购订单”选项，如图9-56所示。

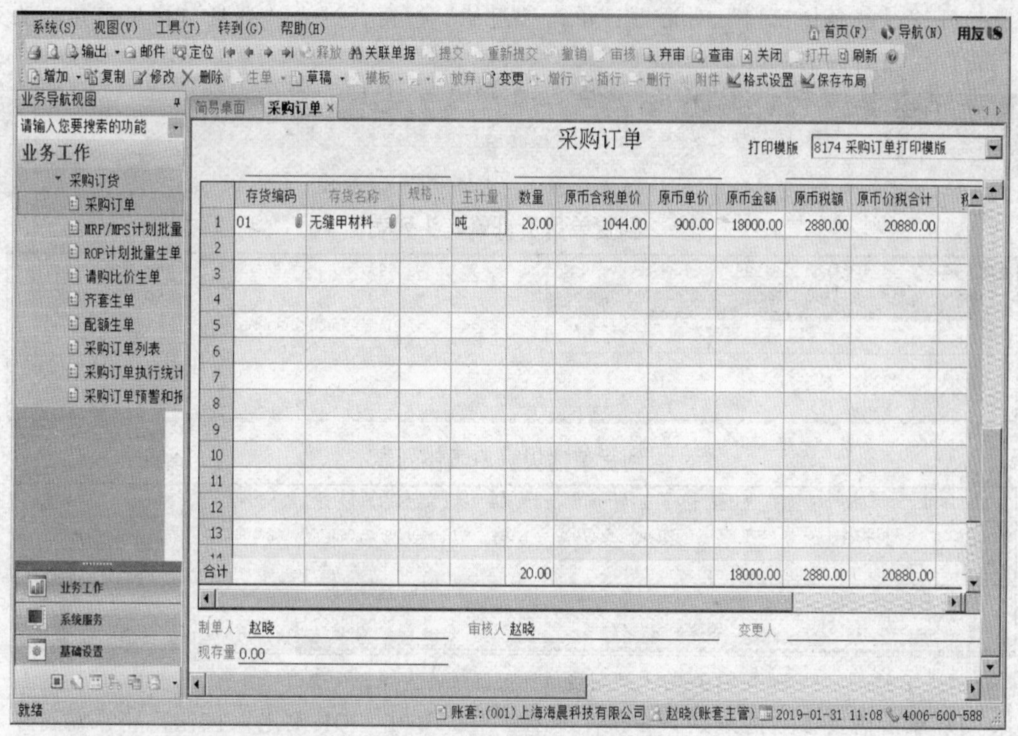

图 9-55　“采购订单”窗口

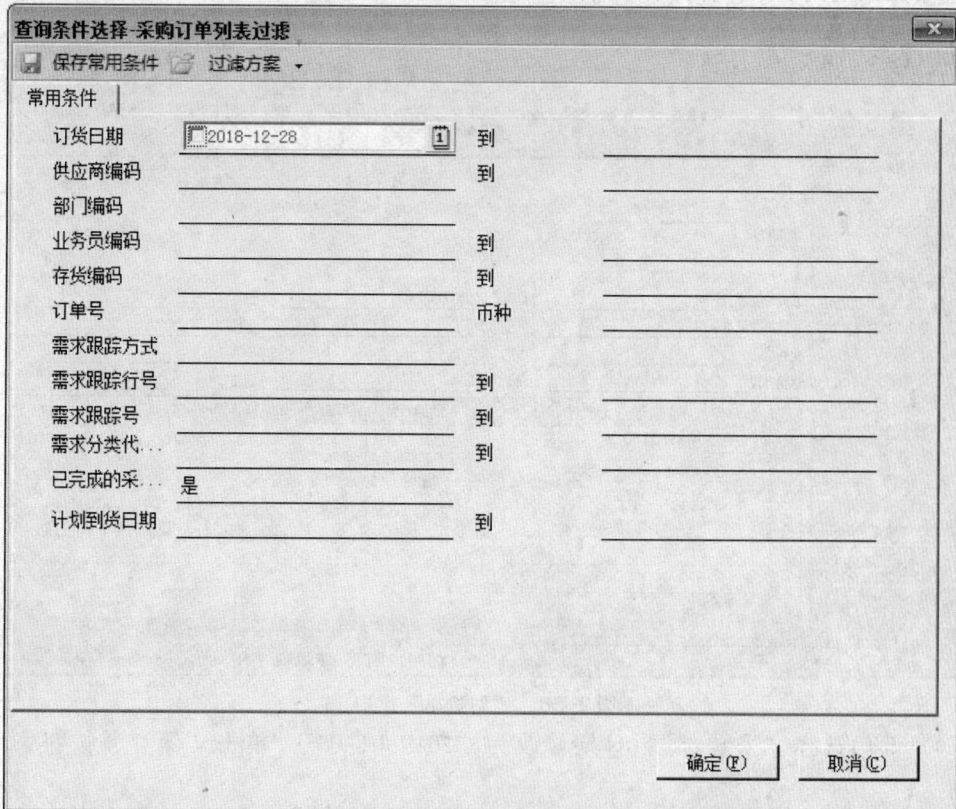

查询条件选择-采购订单列表过滤

保存常用条件　过滤方案

常用条件

订货日期	2018-12-28	到	
供应商编码		到	
部门编码			
业务员编码		到	
存货编码		到	
订单号		币种	
需求跟踪方式			
需求跟踪行号		到	
需求跟踪号		到	
需求分类代…		到	
已完成的采…	是		
计划到货日期		到	

确定(F)　取消(C)

图 9-56　“查询条件选择-采购订单列表过滤”窗口

打开“过滤条件窗口”对话框，单击“过滤”按钮，进入“到货单拷贝订单表头列表”窗口，如图9-57所示。

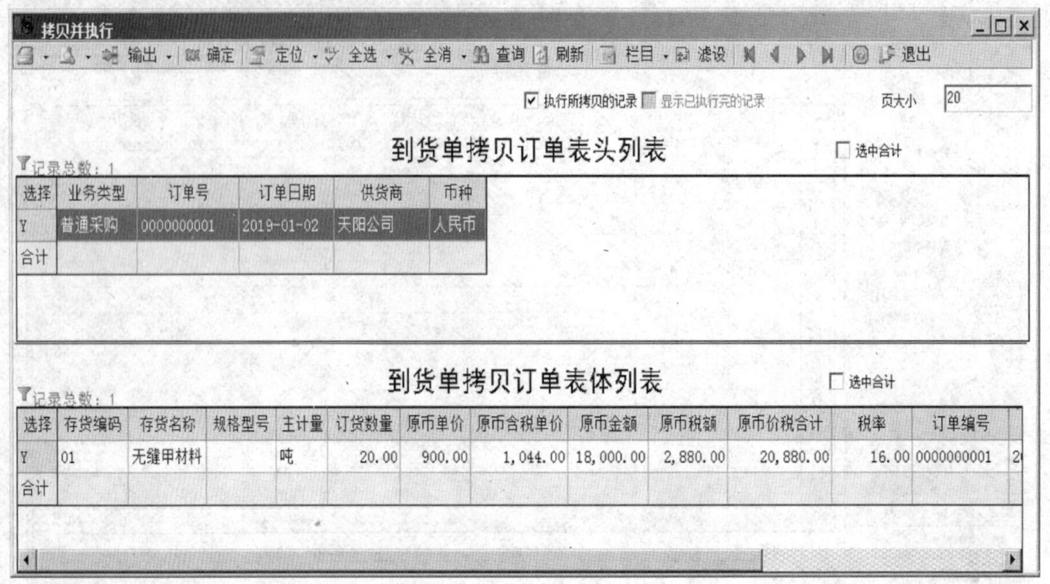

图9-57 “到货单拷贝订单表头列表”窗口

（3）双击需要参照的采购订单的“选择”栏，单击“OK确定”按钮，将采购订单相关信息带入采购到货单，如图9-58所示。

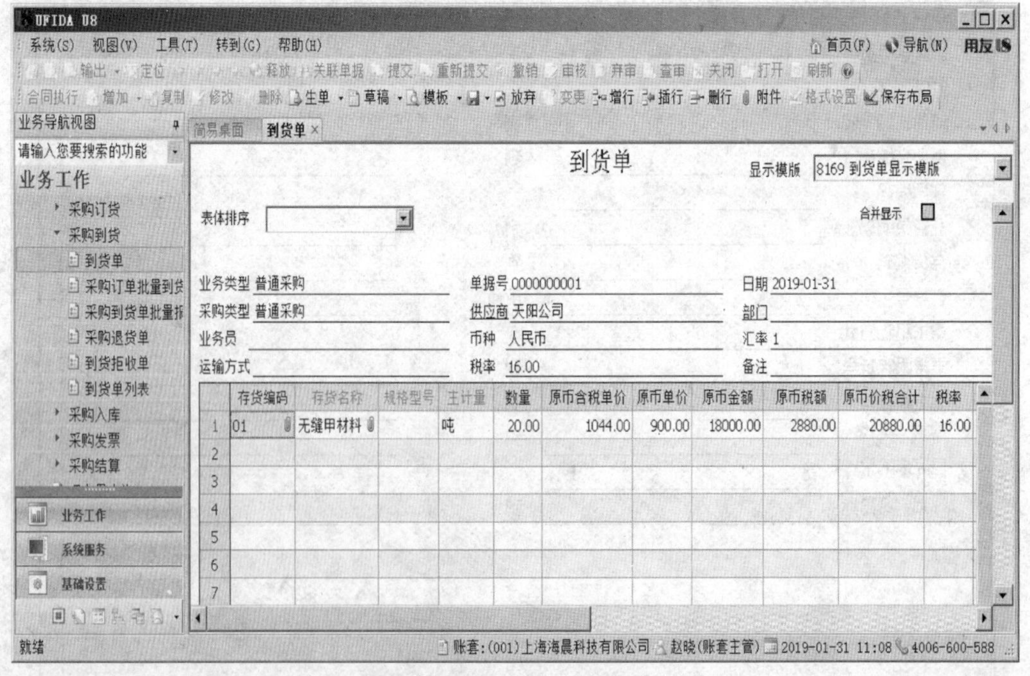

图9-58 “到货单”窗口

（4）部门选择“采购部”，日期修改为“2019-01-03”，单击“保存”按钮，单击“审核”。

（5）单击“退出”按钮，退出“采购到货单”窗口。

4.在库存管理系统中填制并审核采购入库单

（1）启用库存管理系统，双击“入库业务”—“采购入库单”命令，进入“采购入库单”窗口，如图9-59所示。

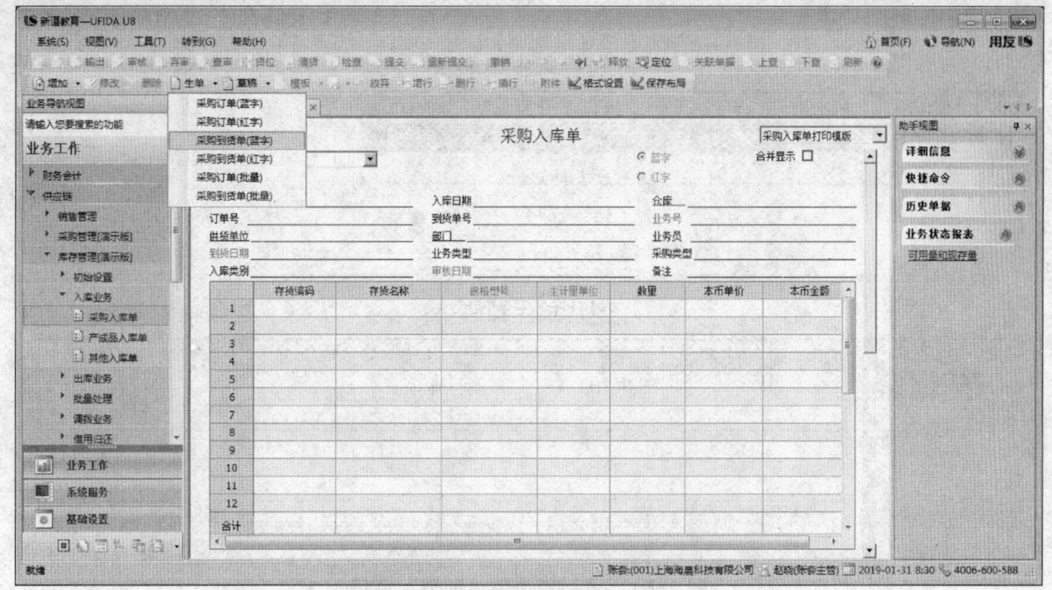

图9-59 “采购入库单”窗口

（2）单击“生单”按钮，选择采购到货单（蓝字）。

（3）打开“采购到货单”选项卡，单击“过滤”按钮，如图9-60所示。

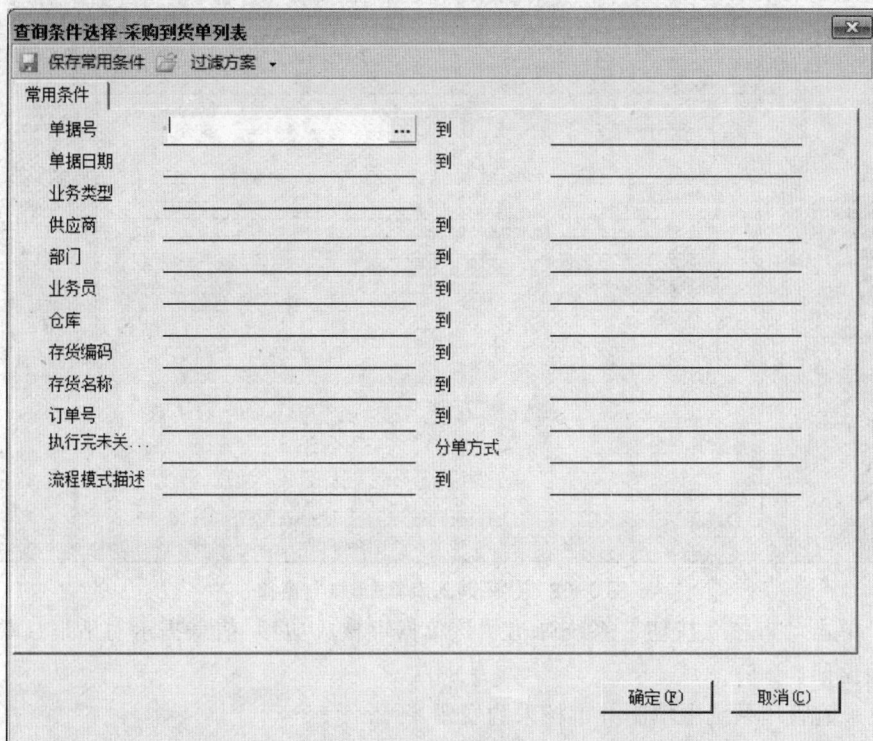

查询条件选择-采购到货单列表

保存常用条件 过滤方案

常用条件

单据号		到	
单据日期		到	
业务类型			
供应商		到	
部门		到	
业务员		到	
仓库		到	
存货编码		到	
存货名称		到	
订单号		到	
执行完未关...		分单方式	
流程模式描述		到	

确定(F) 取消(C)

图9-60 “查询条件选择-采购到货单列表”窗口

选择需要参照的采购到货单，单击“OK确定”，如图9-61所示。

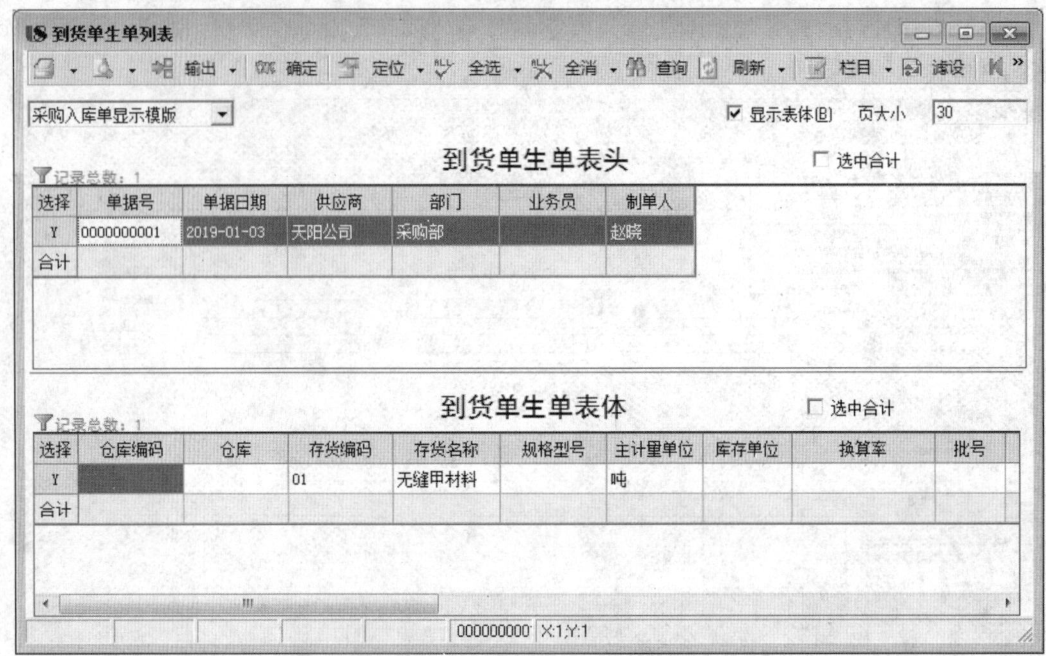

图9-61 “到货单生单列表”窗口

（4）将采购到货单相关信息带入采购入库单，如图9-62所示，仓库选择“原材料库”，单击“保存”。

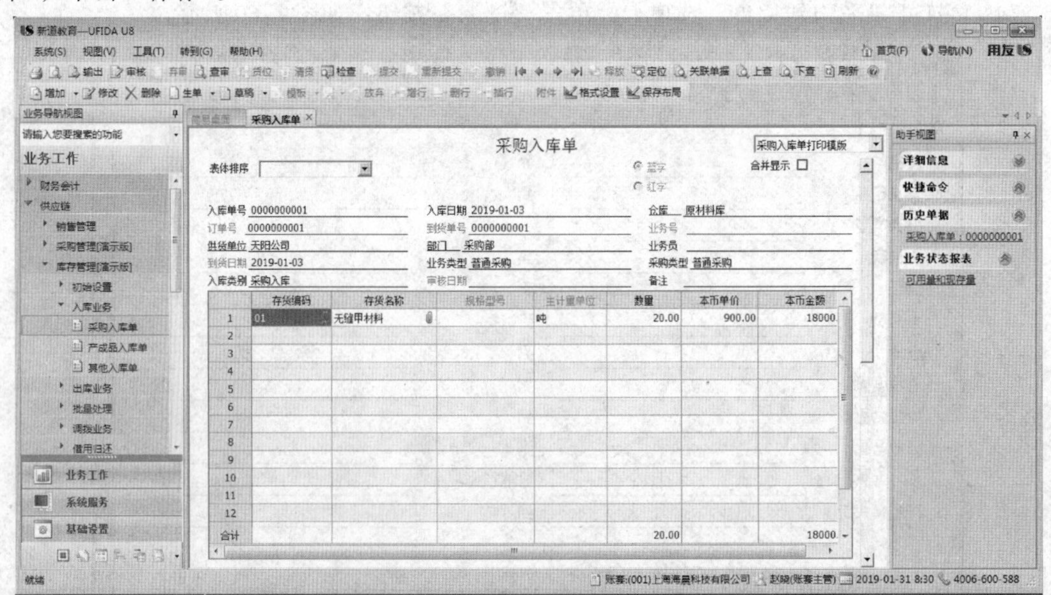

图9-62 “采购入库单-审核”窗口

（5）单击“审核”按钮，系统弹出“该单据审核成功！”信息提示对话框，单击“确定”按钮返回。

5.在采购管理系统中填制并审核采购发票

（1）启用采购管理系统，双击“采购发票”—“专用采购发票”命令，进入“专用发票”窗口，如图9-63所示。

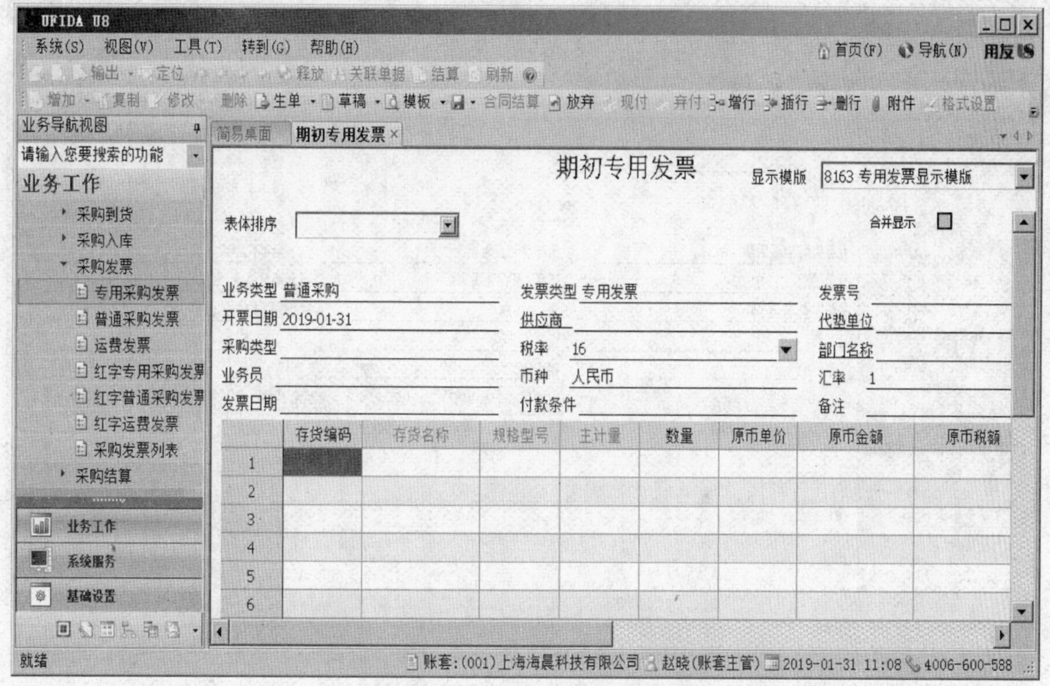

图9-63 “专用发票”窗口

（2）单击“生单”按钮，选择“入库单”选项，打开“过滤条件窗口”对话框。单击“过滤”按钮，进入“发票拷贝入库单列表”窗口，如图9-64所示。

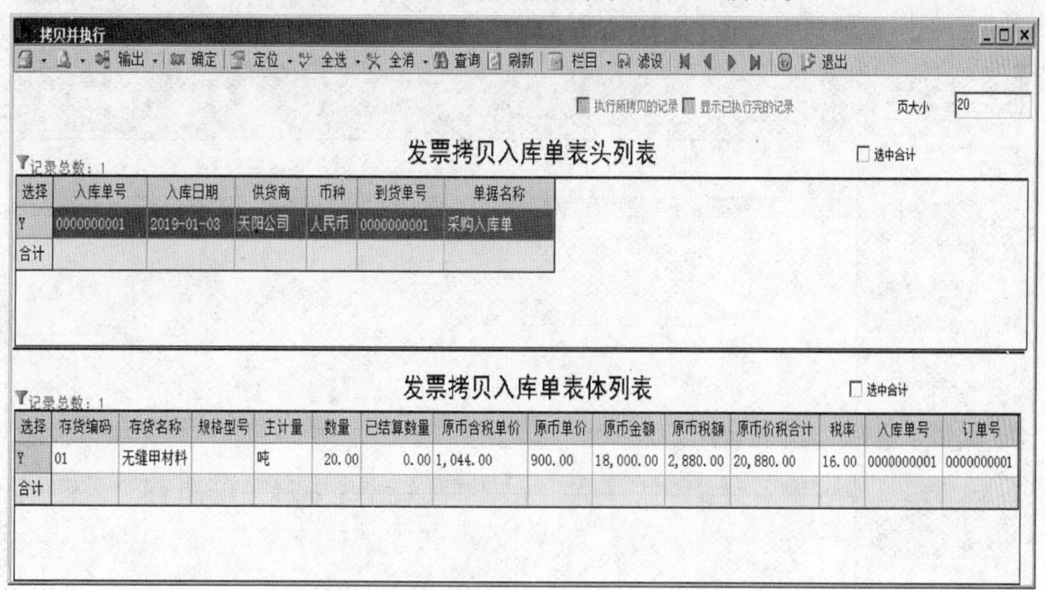

图9-64 “发票拷贝入库单列表”窗口

（3）选择需要参照的采购入库单，单击“确定”按钮，将采购入库单信息带入采购专用发票，如图9-65所示，录入发票号“2098”。

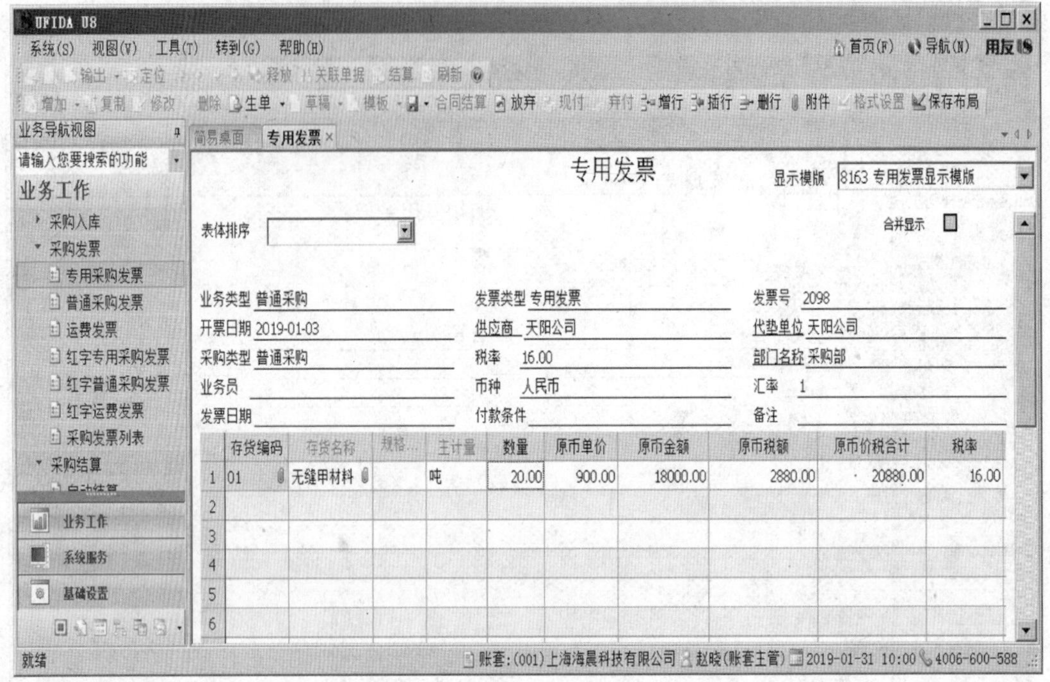

图 9-65　“专用发票-天阳公司”窗口

（4）单击“保存”按钮，再单击“退出”按钮。

6. 在采购管理系统中双击采购结算

（1）在采购管理系统中，双击“采购结算”—“自动结算”命令，打开“手工结算”对话框，如图 9-66 所示。

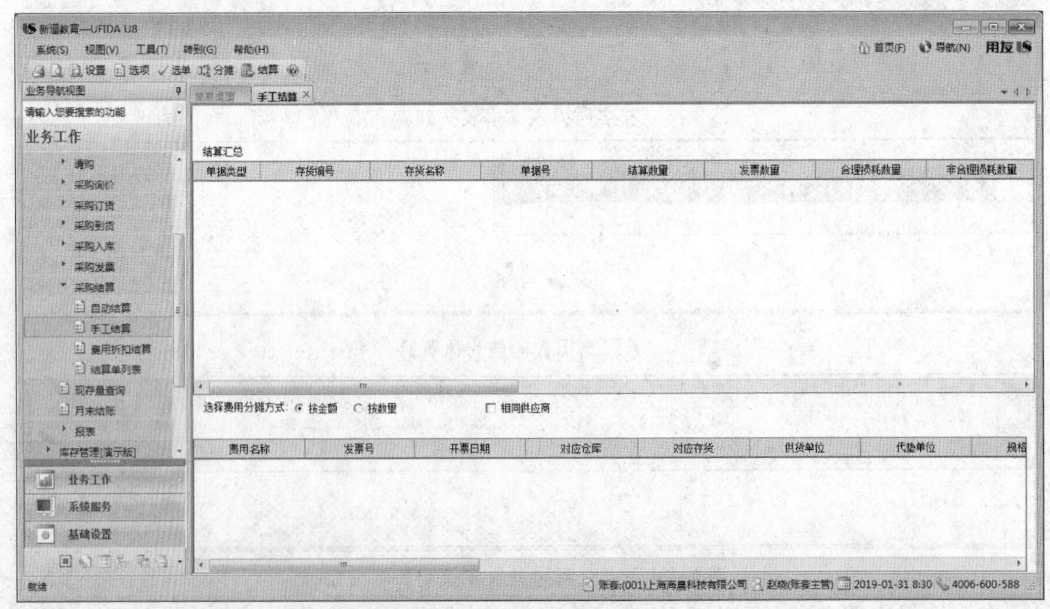

图 9-66　“结算汇总”窗口

（2）单击工具栏“选单”，进入“结算选单”窗口，单击“过滤”，弹出过滤条件查询窗口，单击“过滤”，系统自动显出尚未结算的发票和入库单，如图 9-67 所示。

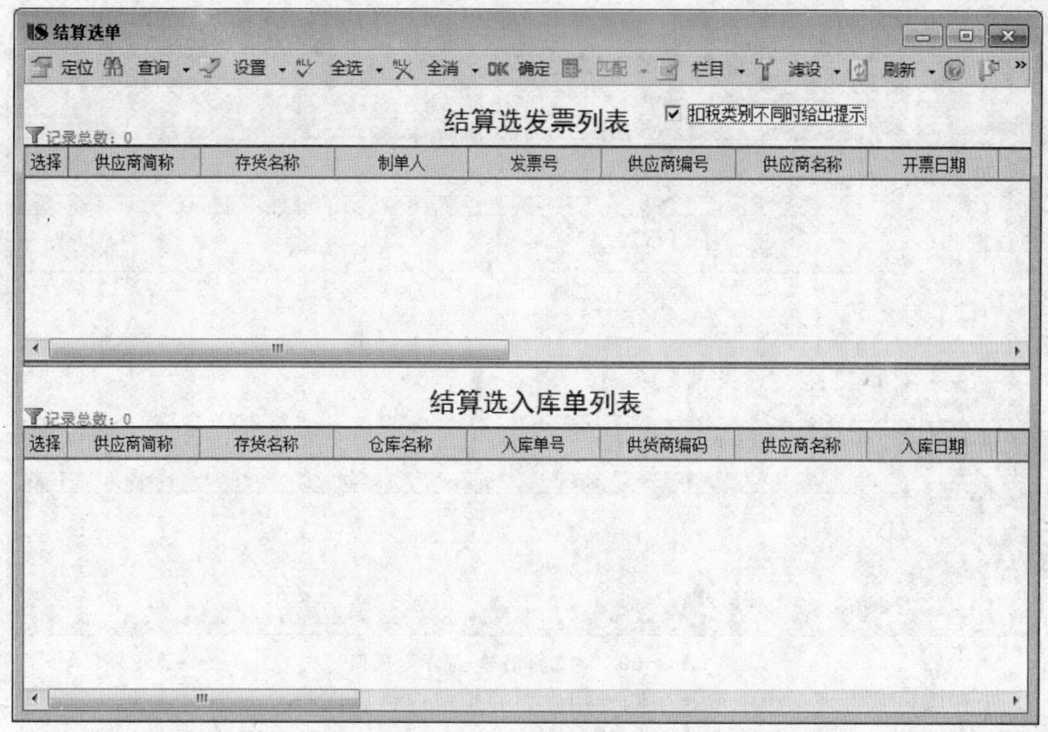

图9-67 “结算选单”窗口

将发票与对应的入库单都选中，如图9-68所示，单击“OK确定”，返回到手工结算窗口。

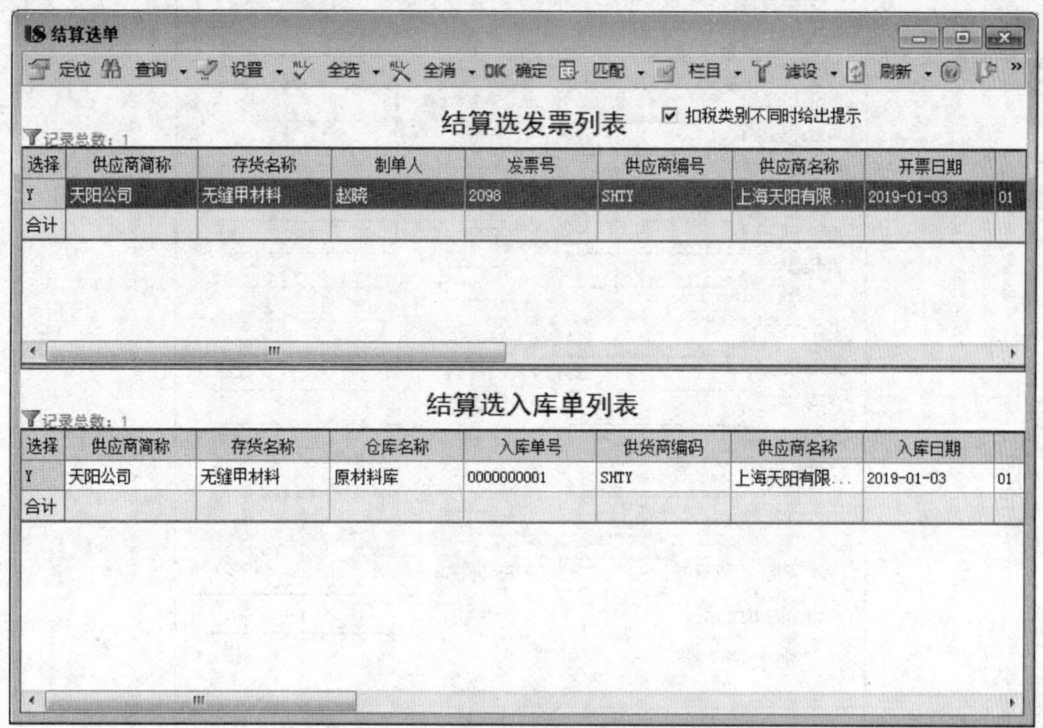

图9-68 “结算选单-单据显示”窗口

（3）单击工具栏“结算”按钮，系统弹出“完成结算!”信息提示对话框，如图9-69所示。

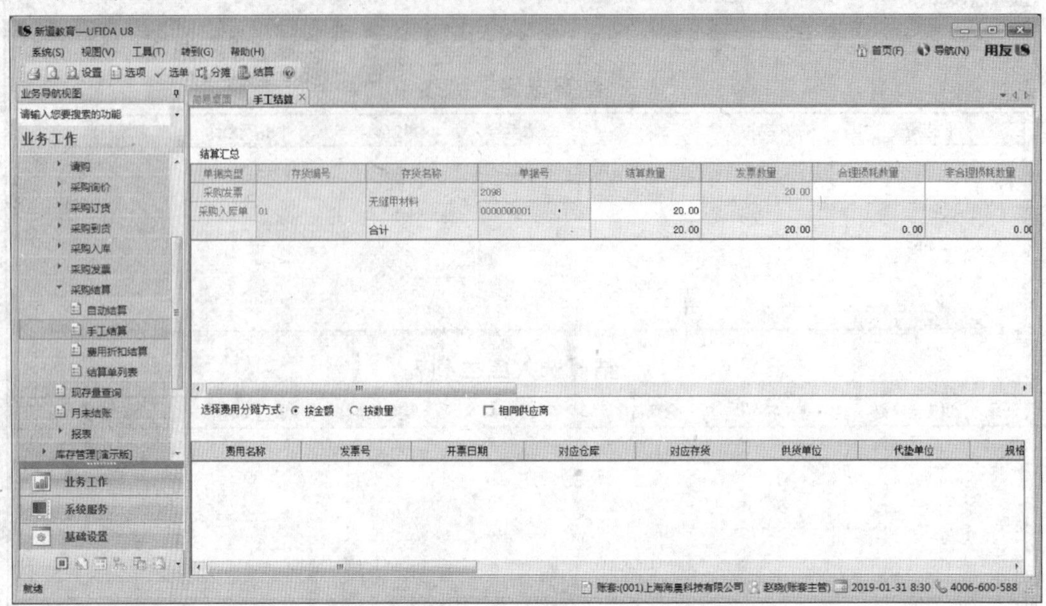

图9-69　“结算汇总-显示”窗口

7.在应付款管理系统中审核采购专用发票并生成应付凭证

（1）在应付款管理系统中，双击“应付单据处理”—“应付单据审核”命令，打开“应付单查询条件”对话框，如图9-70所示。

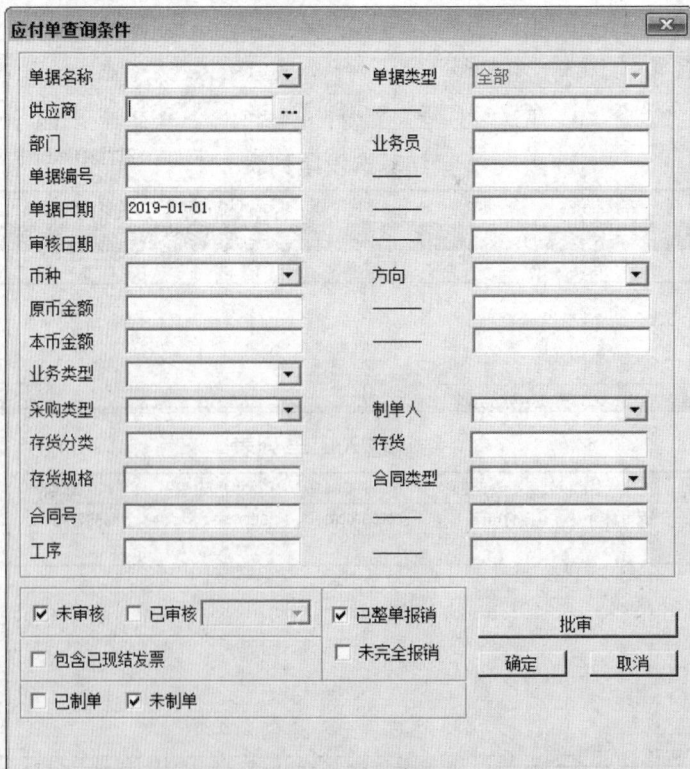

应付单查询条件

单据名称		单据类型	全部
供应商		——	
部门		业务员	
单据编号		——	
单据日期	2019-01-01	——	
审核日期		——	
币种		方向	
原币金额		——	
本币金额		——	
业务类型			
采购类型		制单人	
存货分类		存货	
存货规格		合同类型	
合同号		——	
工序		——	

☑ 未审核　☐ 已审核　☑ 已整单报销　批审

☐ 包含已现结发票　☐ 未完全报销　确定　取消

☐ 已制单　☑ 未制单

图9-70　“应付单查询条件”窗口

（2）取消单据日期，单击“确定”按钮，进入“单据处理”窗口，如图9-71所示。

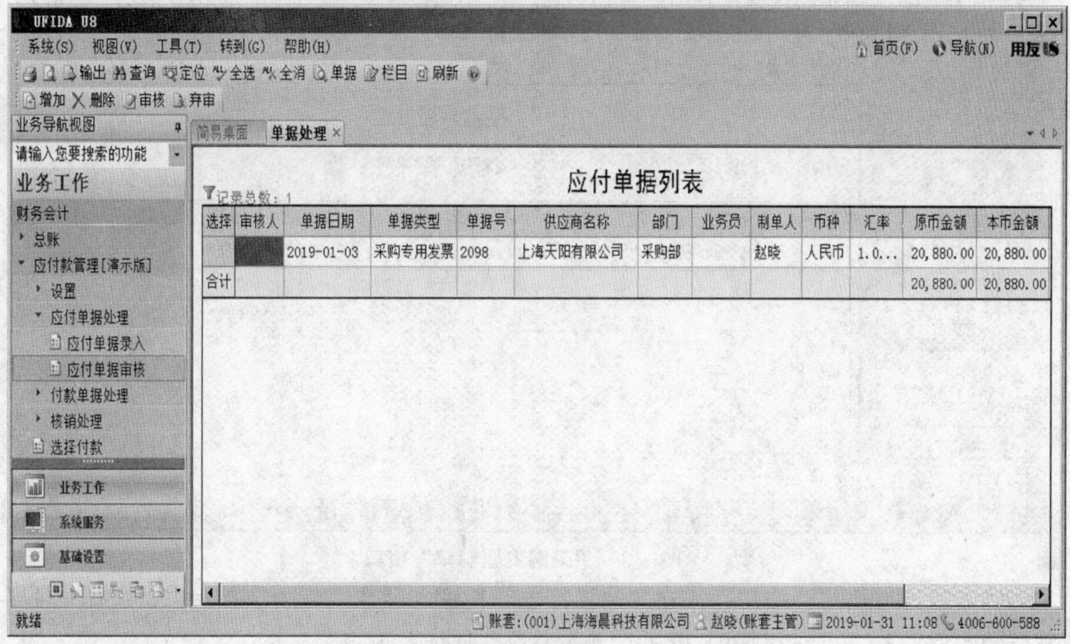

图9-71 “应付单据列表”窗口

（3）选择需要审核的单据，单击“审核”按钮，系统弹出“审核成功”信息提示对话框，单击“确定”按钮，返回后退出。

（4）双击“制单处理”命令，打开“制单查询”窗口，选择“发票制单”，如图9-72所示。

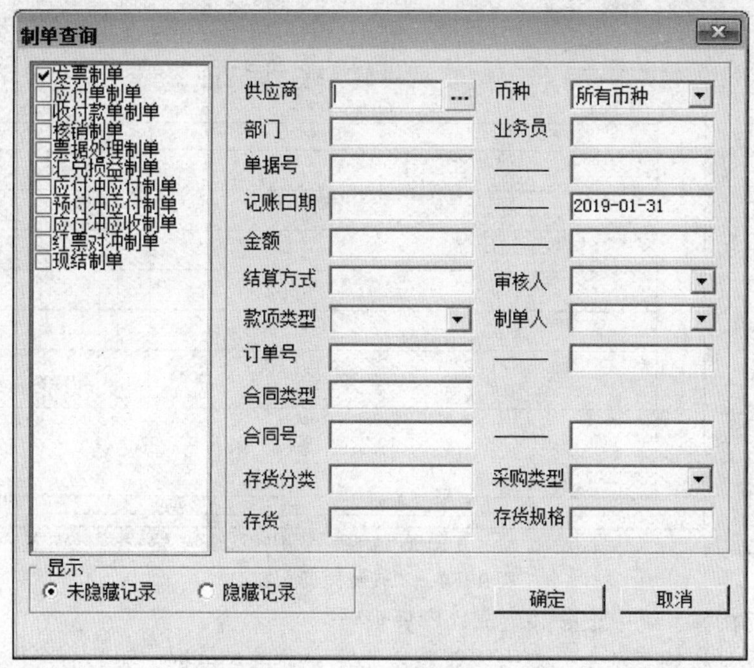

图9-72 “制单查询”窗口

取消单据日期，单击“确定”按钮，进入“采购发票制单”窗口，如图9-73所示。

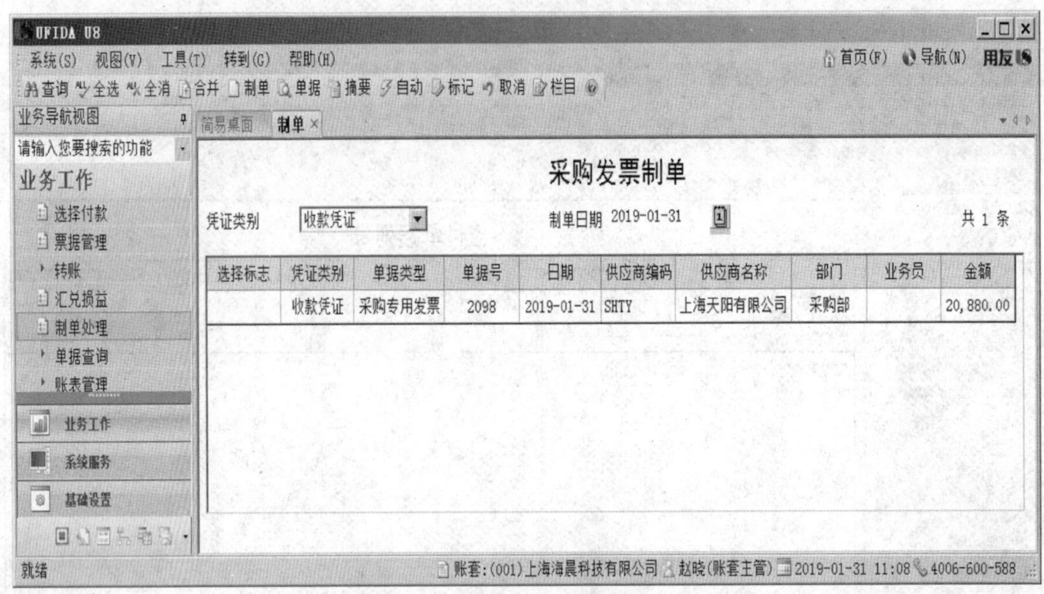

图 9-73 “采购发票制单”窗口

(5) 单击“全选”按钮，或在“选择标志”栏输入某数字作为选择标志，选择凭证类别“转账凭证”，单击“制单”按钮，进入“填制凭证”窗口。

(6) 选择科目“材料采购——甲材料”，日期“2019-01-03”，单击“保存”按钮，凭证左上角出现“已生成”标志，表示凭证已传达到总账。退出返回，如图9-74所示。

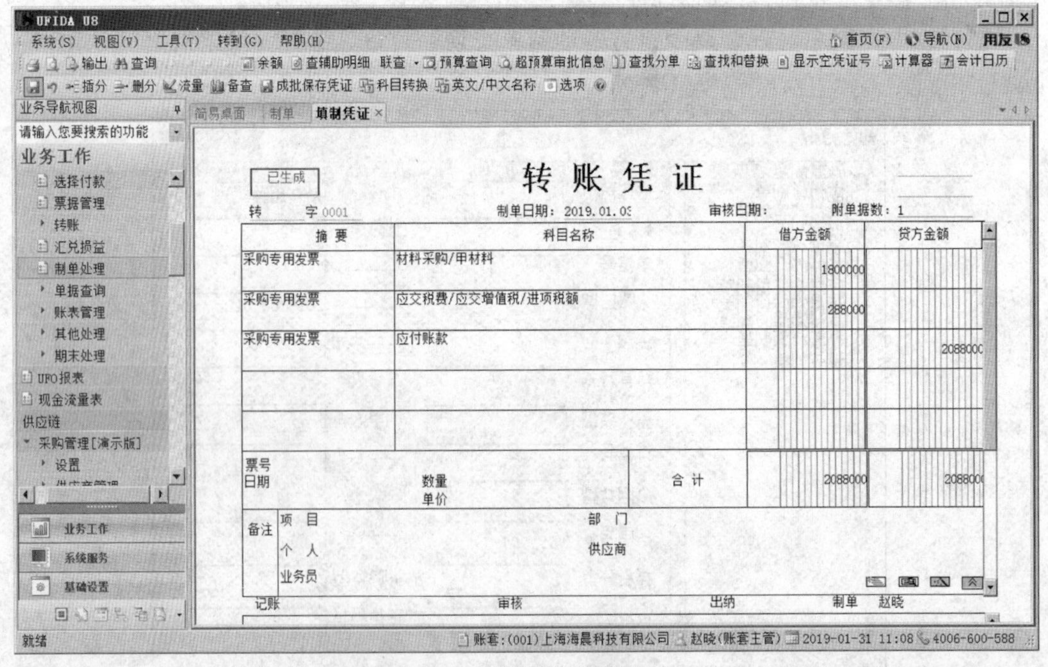

图 9-74 “转账凭证”窗口

8. 在存货核算系统中记账并生成入库凭证

(1) 在存货核算系统中，双击“业务核算”—“正常单据记账”命令，打开“查询条件选择”窗口，如图9-75所示。

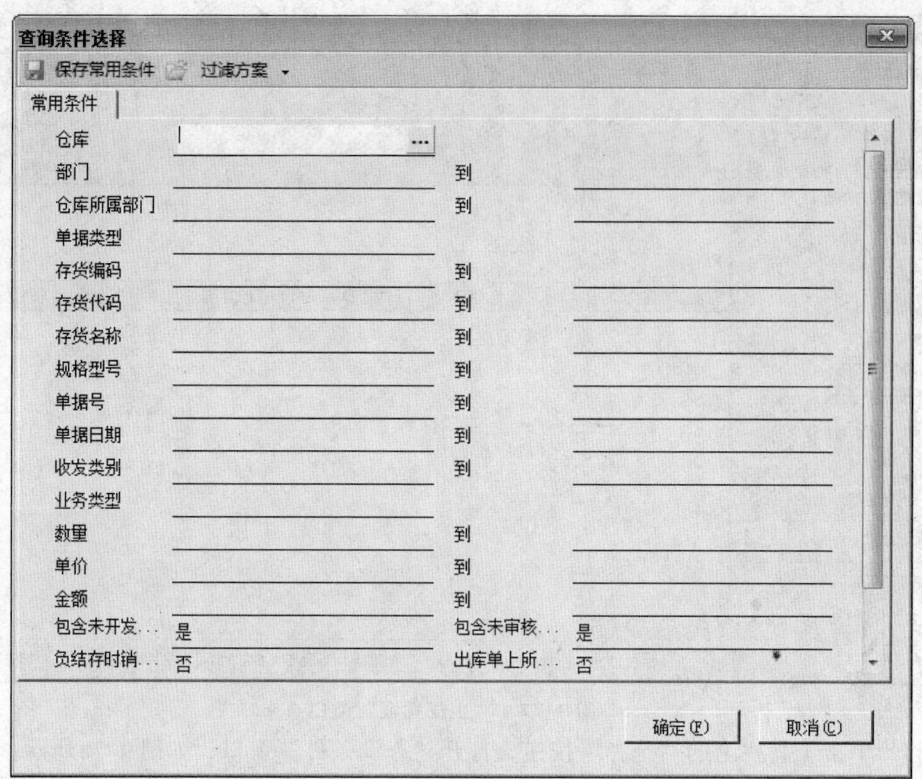

图 9-75　“查询条件选择”窗口

（2）选择查询条件，单击“过滤”按钮，进入“正常单据记账列表”窗口，如图9-76所示。

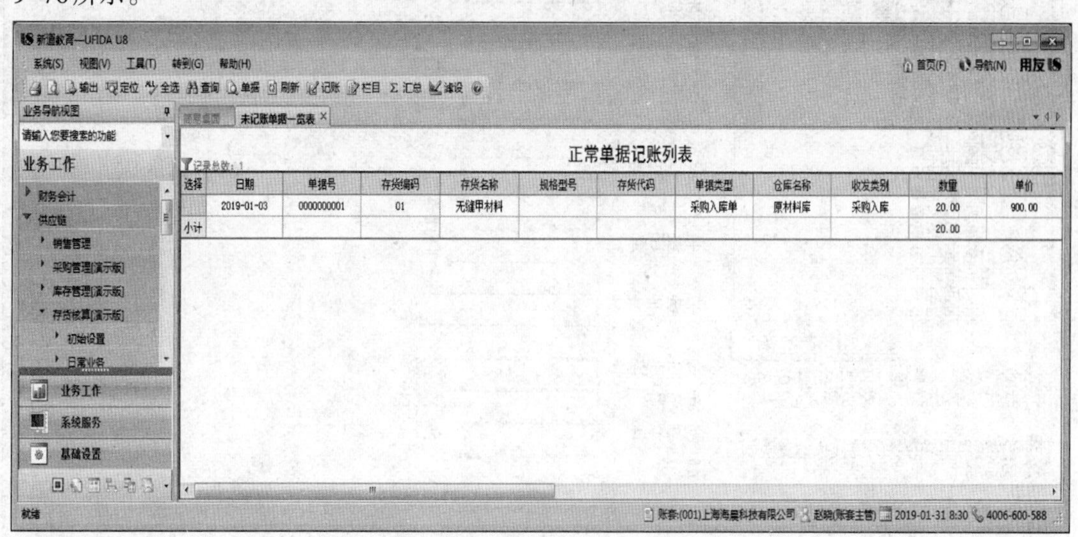

图 9-76　“正常单据记账列表”窗口

（3）选择要记账的单据，单击“记账”按钮，出现提示“记账成功”，退出“正常单据记账列表”窗口。

（4）双击“财务核算”—“生成凭证”命令，打开“生成凭证”窗口，如图9-77所示。

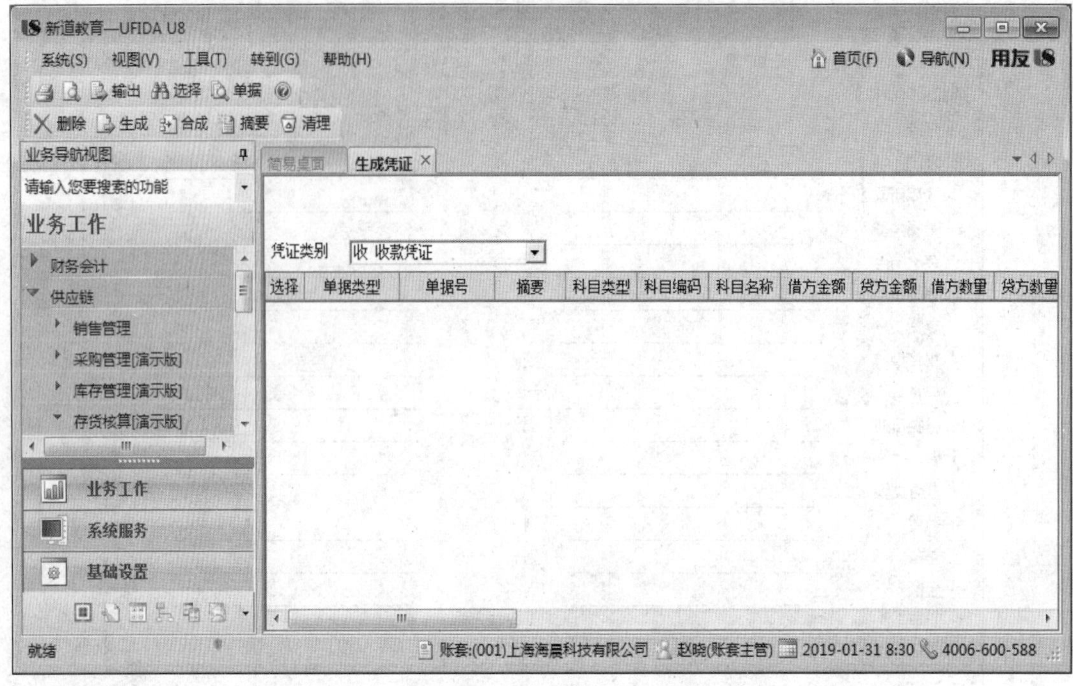

图 9-77　“生成凭证”窗口

（5）单击工具栏上的“选择”按钮，打开“查询条件”窗口，如图 9-78 所示。

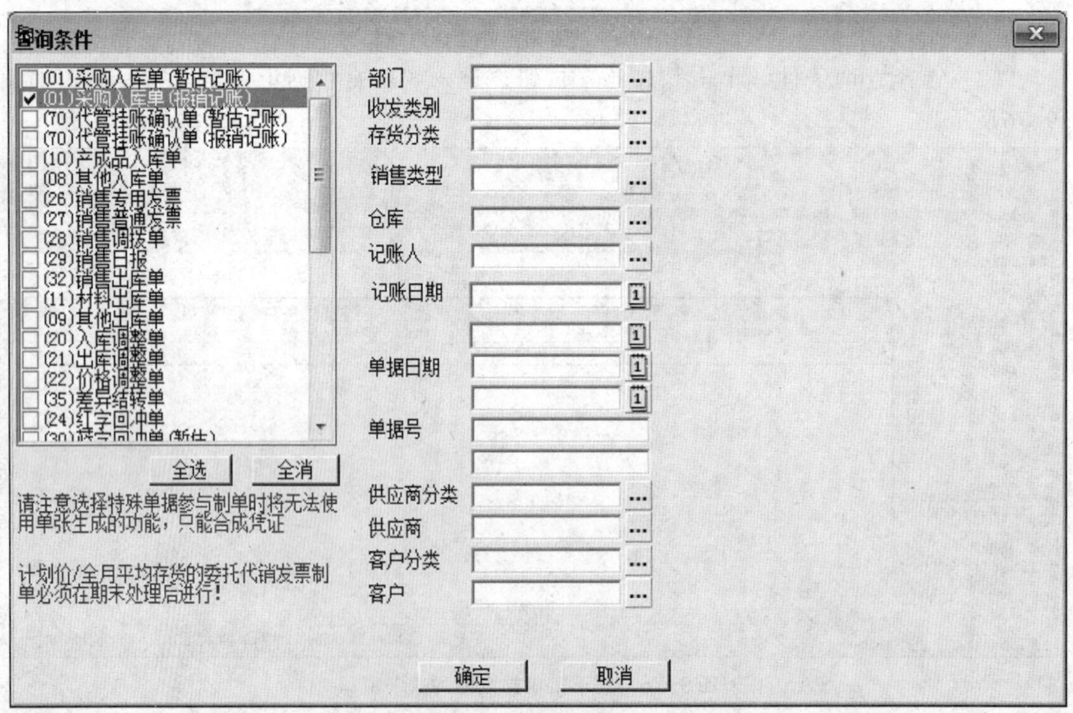

图 9-78　“查询条件”窗口

（6）选择“采购入库单（报销记账）”选项，单击“确定”按钮，进入“未生成凭证单据一览表”窗口，如图 9-79 所示。

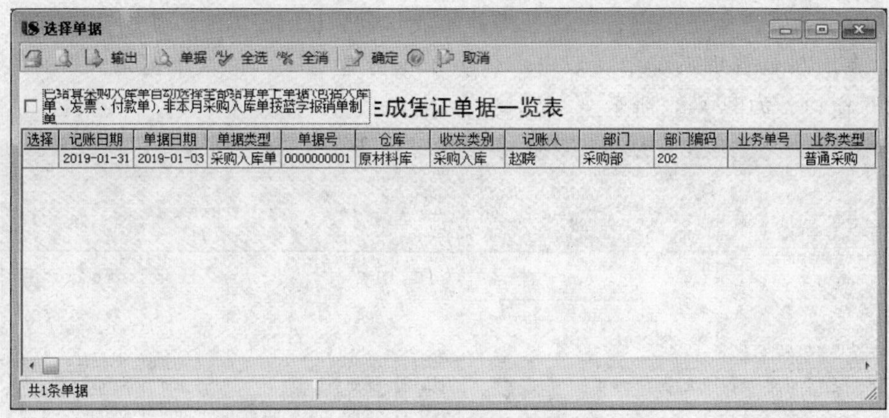

图9-79 “未生成凭证单据一览表”窗口

（7）选择要制单的记录行，单击“确定”按钮，进入“生成凭证”窗口，如图9-80所示。

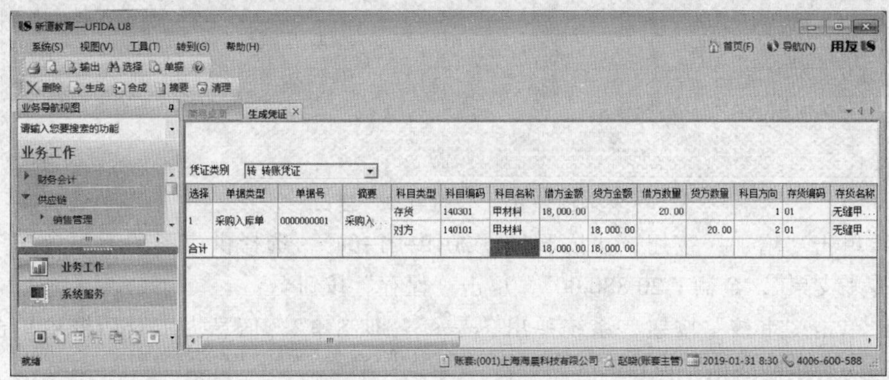

图9-80 “生成凭证”窗口

（8）选择凭证类别“转账凭证”，录入对方科目“材料采购——甲材料”，单击“生成”按钮，进入“填制凭证”窗口。

（9）录入制单日期“2019-01-03”，单击“保存”按钮，凭证左上角出现“已生成”标志，表示凭证已传递到总账，如图9-81所示。

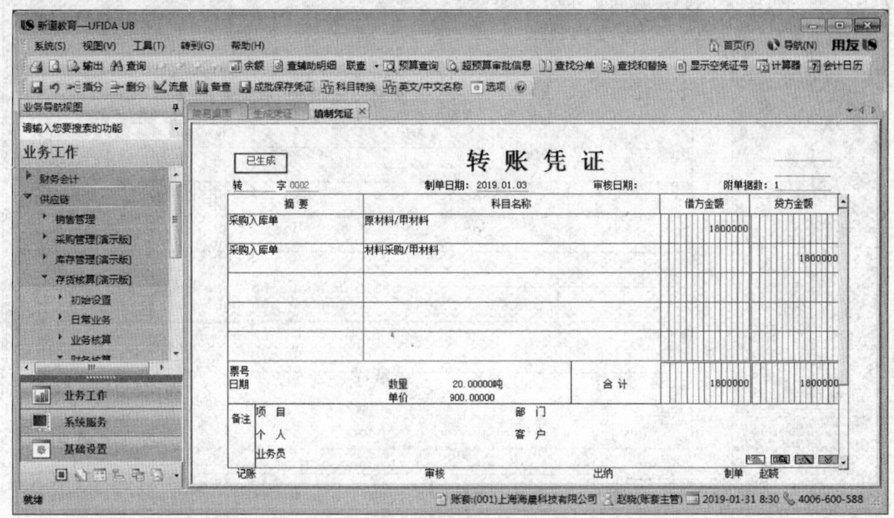

图9-81 “转账凭证”窗口

9.在应付款管理系统中进行付款处理并生成付款凭证

（1）在应付款管理系统中，双击“付款单据处理”—“付款单据录入”命令，进入“付款单”窗口，如图9-82所示。

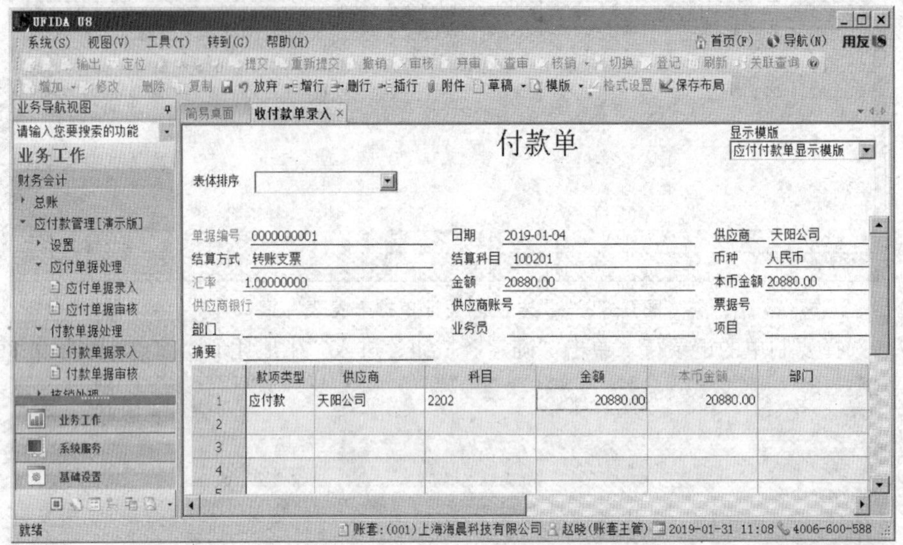

图9-82 “付款单”窗口

（2）单击“增加”按钮，录入日期“2019-01-04”，选择供应商“天阳公司”，结算方式“转账支票”，金额“20 880.00”，单击“保存”按钮。

（3）单击“审核”按钮，系统弹出“是否立即制单？”信息提示对话框，单击“是”按钮，进入“填制凭证”窗口。

（4）选择凭证类别“付款凭证”，录入制单日期“2019.01.04”，单击“保存”按钮，凭证左上角出现“已生成”标志，表示凭证已传递到总账。退出应付款管理系统，如图9-83所示。

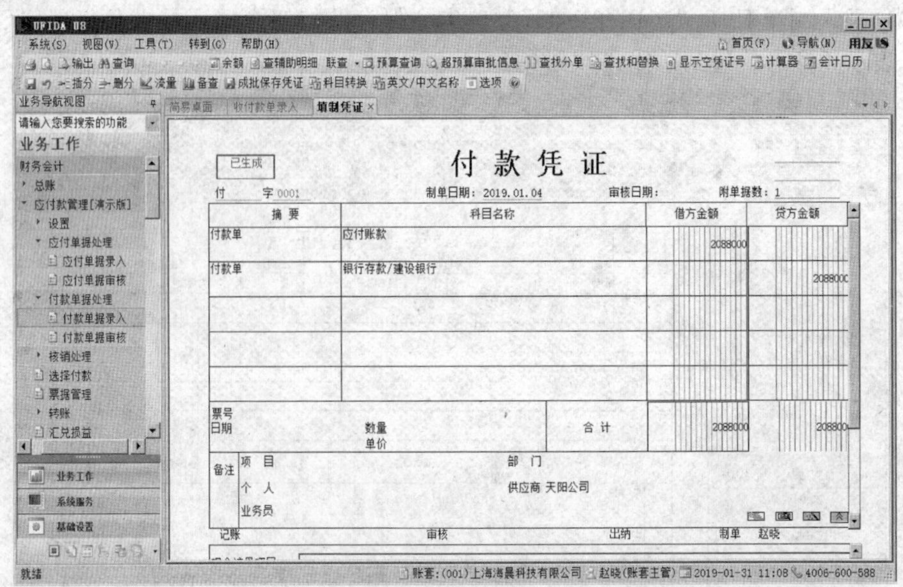

图9-83 “付款凭证”窗口

10.相关查询

（1）在采购管理系统中查询“到货明细表”“入库明细表”“采购明细表”等报表。

（2）在库存管理系统中，查询“库存台账”。

（3）在存货核算系统中，查询“收发存汇总表”。

第三节 采购管理系统月末结账

一、实验要求

1.凭证记账

2.采购管理系统月末结账

3.采购管理系统取消月末结账

二、实验资料

实验资料为上述账套资料。

三、实验指导

1.结账处理

（1）执行“月末结账”命令，打开“月末结账”对话框，如图9-84所示。

图9-84 “月末结账-未结账”窗口

（2）在1月份一栏，单击“选择标志”栏，出现“选中”标志。

（3）单击“结账”按钮，系统弹出“月末结账完毕！”信息提示对话框，单击“确定”按钮，“是否结账”一栏显示“已结账”字样，如图9-85所示。

（4）单击“退出”按钮。

2.取消结账

（1）执行“月末结账”命令，打开“月末结账”对话框。

结账

会计月份	起始日期	结束日期	是否结账
1	2019-01-01	2019-01-31	是
2	2019-02-01	2019-02-28	否
3	2019-03-01	2019-03-31	否
4	2019-04-01	2019-04-30	否
5	2019-05-01	2019-05-31	否
6	2019-06-01	2019-06-30	否
7	2019-07-01	2019-07-31	否
8	2019-08-01	2019-08-31	否
9	2019-09-01	2019-09-30	否
10	2019-10-01	2019-10-31	否
11	2019-11-01	2019-11-30	否
12	2019-12-01	2019-12-31	否

结账 取消结账 帮助 退出

为保证采购系统的暂估余额表和存货核算系统的暂估余额表数据一致，建议在月末结账前将未填单价、金额的采购入库单填上单价、金额

图 9-85 “月末结账-已结账”窗口

（2）在1月份一栏，单击“选择标志”栏，出现“选中”标志，如图9-86所示。

图 9-86 “月末结账-选中已结账”窗口

（3）单击“取消结账”按钮，系统弹出“取消月末结账完毕！”信息提示对话框，单击“确定”按钮，“是否结账”一栏显示“未结账”字样，如图9-87所示。

图9-87 “月末结账-取消结账”窗口

（4）单击“退出”按钮。

第十章

销售管理

第一节 销售管理系统日常业务处理

一、实验要求

1.进行销售日常业务处理

2.查询销售相关数据

二、实验资料

1.设置客户天伦公司的开户银行：工行西湖支行，银行账号：98732252

2.设置报价为不含税

3.普通销售业务

（1）1月1日，天伦公司欲购买特级A产品15箱，向销售部了解价格。销售部不含税报价为每箱7 000元，填制并审核报价单。

（2）该客户了解情况后，要求订购15箱，要求发货日期为1月2日，填制并审核销售订单。

（3）1月3日，销售部从成品仓库向天伦公司发出其所订货物，填制并审核发货单。

（4）当日，根据发货单开具专用销售发票一张。

（5）业务部开具销售专用发票，财务部门生成销售收入凭证。

（6）开具此业务的出库单。

（7）对出库单记账，生成出库凭证。

（8）1月4日，财务部收到天伦公司转账支票一张，金额121 800元，支票号1155，据此填制收款单并制单。

三、实验指导

在上一章采购管理中，已经做过的采购管理初始设置，不仅仅适用于采购管理，也适用于销售管理。所以，销售管理系统无须再进行初始设置，直接进入日常业务处理。

1.销售管理系统的初始设置

销售管理系统初始设置已经在采购管理系统初始设置中。

单击“基础设置”，双击“基础信息”—“客商信息”—“客户档案”，双击“天伦公司”记录，打开“修改客户档案”，如图10-1所示。

单击工具栏“银行”，打开“客户银行档案”，录入银行信息，如图10-2所示。

2.销售管理系统的启用

启用销售管理系统，双击“设置”—“销售选项”，打开“销售选项”窗口，不选择“报价是否含税”，单击“确定”，如图10-3所示。

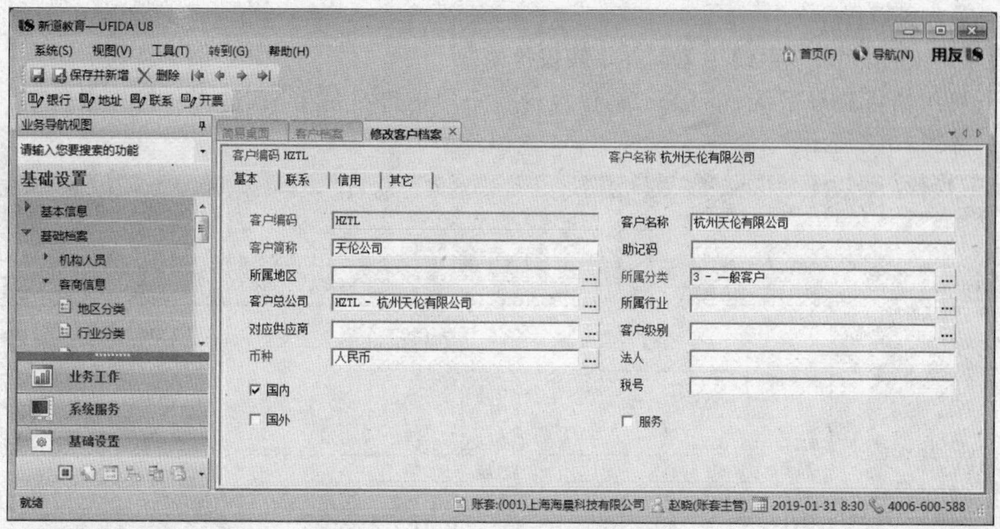

图 10-1 “修改客户档案”窗口

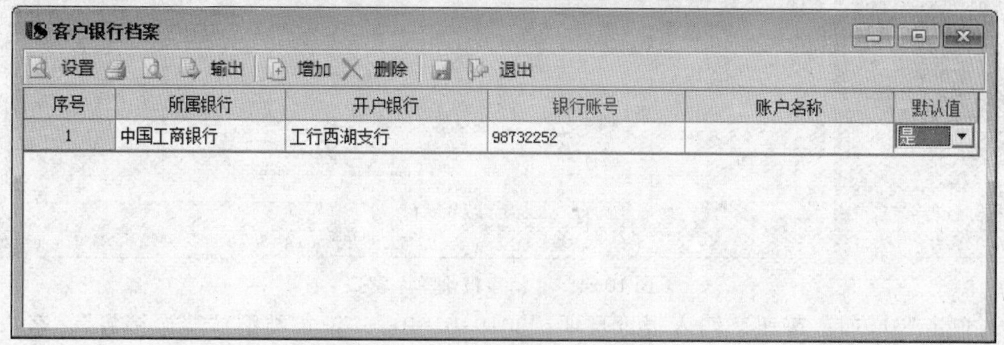

序号	所属银行	开户银行	银行账号	账户名称	默认值
1	中国工商银行	工行西湖支行	98732252		是

图 10-2 “客户银行档案”窗口

销售选项

业务控制 | 其他控制 | 信用控制 | 可用量控制 | 价格管理

- □ 有零售日报业务
- □ 有销售调拨业务
- □ 有委托代销业务
- □ 有分期收款业务
- □ 有直运销售业务
- □ 有远程销售部门
- ☑ 允许超订量发货
- ☑ 销售生成出库单
- ☑ 销售必填批号
- □ 允许超发货量开票

近效失效存货检查：不检查

远程标志号

- □ 报价含税
- □ 销售订单自由项必输
- □ 启用防伪税控自动保存发票功能
- □ 订单变更保存历史记录
- □ 发货单变更保存历史记录

扣率小数位数 2

- □ 红字单据允许红蓝混录
- □ 改变税额反算税率

单笔容差 0.06　整单容差 0.36

- □ 普通销售必有订单
- □ 分期收款必有订单
- □ 委托代销必有订单
- □ 直运销售必有订单
- □ 折扣存货受必有订单控制
- □ 退货必有订单

订单预警报警天数设置：

提前预警天数 10

逾期报警天数 10

- □ 控制客户权限
- □ 控制业务员权限
- □ 控制部门权限
- □ 控制操作员权限
- □ 控制存货权限
- □ 控制仓库权限
- □ 控制销售类型权限

启用于[2019]会计年[1]会计月第一天：2019-01-01

确定　取消　帮助

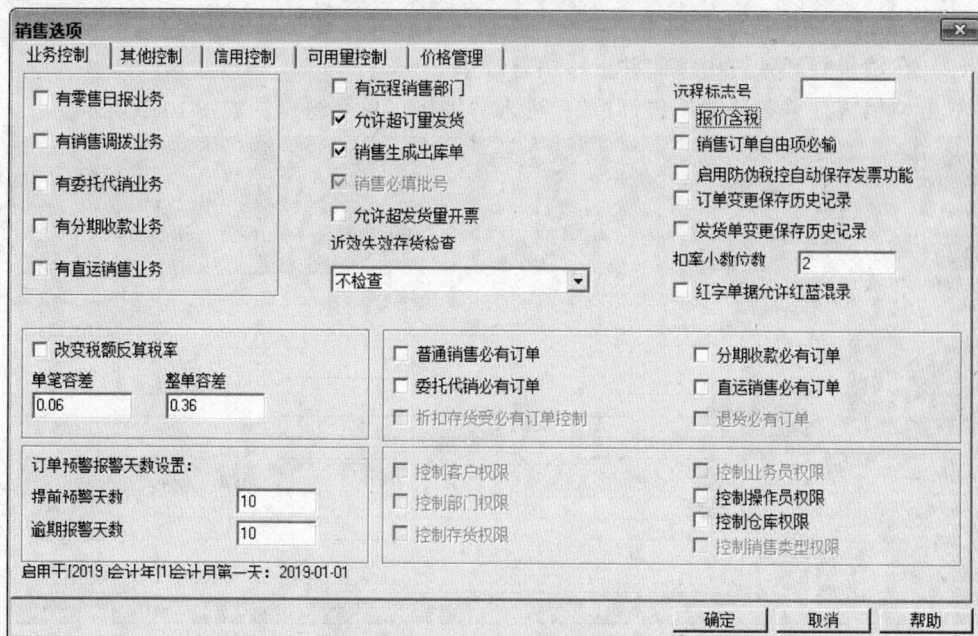

图 10-3 “销售选项”窗口

3.普通销售业务

（1）在销售管理系统中填制并审核报价单

启用销售管理系统，双击“销售报价”—“销售报价单”，进入“销售报价单”窗口，如图10-4所示。

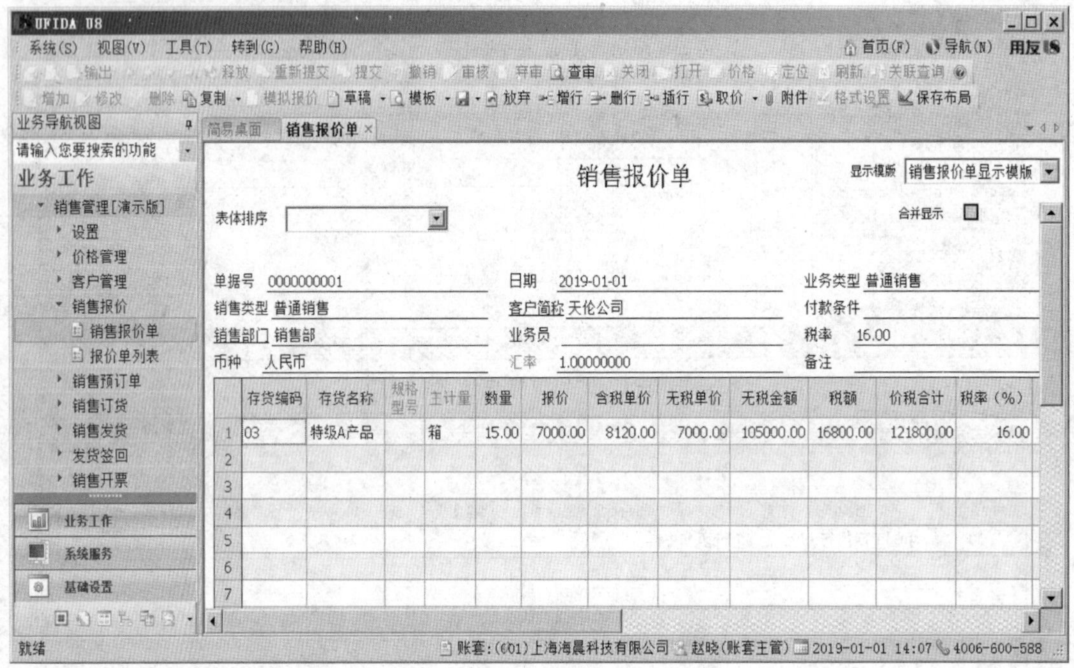

图10-4 “销售报价单”窗口

单击“增加”按钮，输入报价日期“2019-01-01”，销售类型“普通销售”，客户简称“天伦公司”，销售部门“销售部”，选择货物名称“特级A产品”，输入数量15、报价7 000。单击“保存”按钮，单击“审核”按钮，保存并审核报价单后退出。

（2）在销售管理系统中填制并审核销售订单

双击“销售订单”—“销售订单”，进入“销售订单”窗口，如图10-5所示。

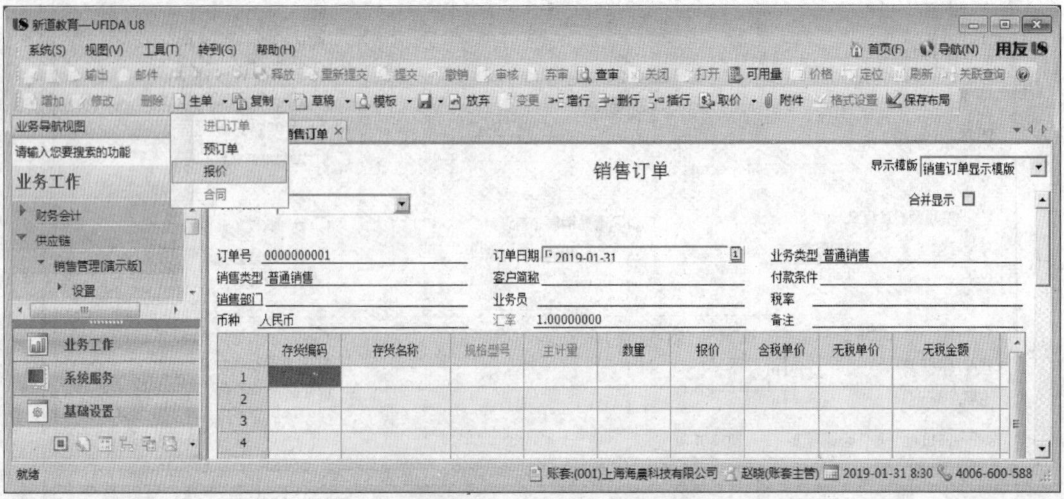

图10-5 “销售订单”窗口

单击“增加”—“生单”按钮，打开“查询条件选择-订单参照报价单”窗口，如图10-6所示。

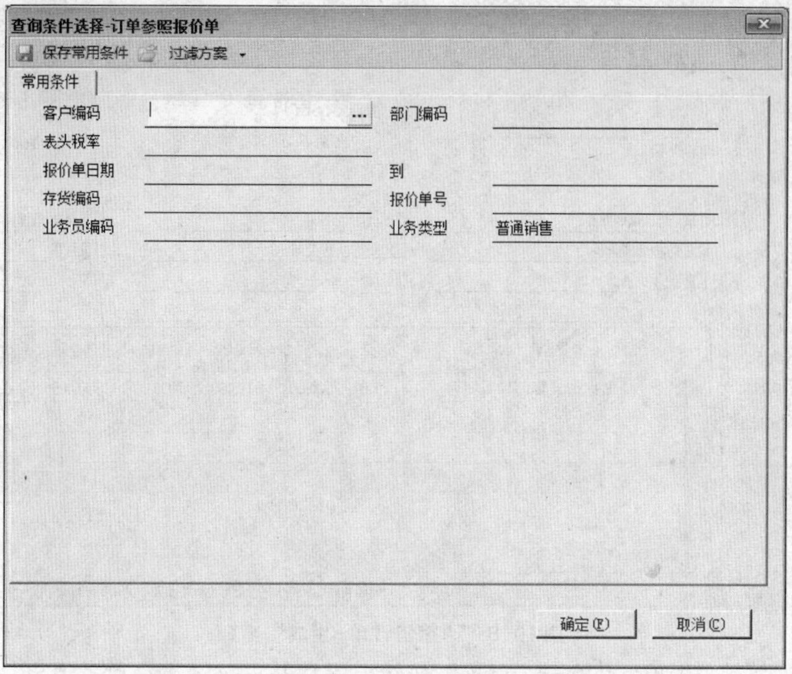
查询条件选择-订单参照报价单
保存常用条件
过滤方案
常用条件
客户编码
部门编码
表头税率
报价单日期
到
存货编码
报价单号
业务员编码
业务类型
普通销售
确定(E)
取消(C)

图10-6 “查询条件选择-订单参照报价单”窗口

单击“过滤”按钮，打开“参照生单”窗口，如图10-7所示。

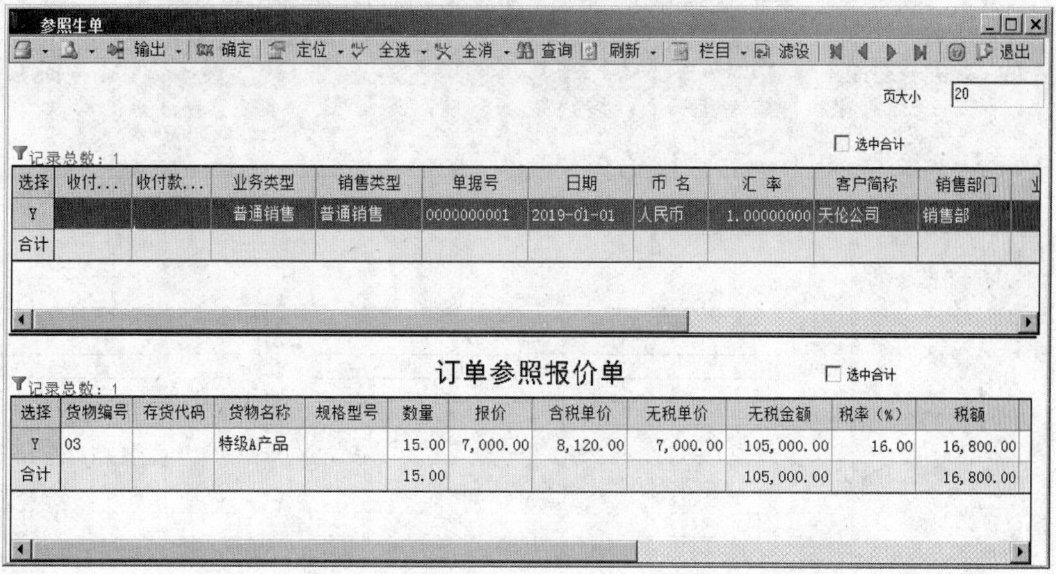
参照生单
输出
确定
定位
全选
全消
查询
刷新
栏目
滤设
退出
页大小 20
选中合计
记录总数：1
选择 收付... 收付款... 业务类型 销售类型 单据号 日期 币名 汇率 客户简称 销售部门
Y 普通销售 普通销售 0000000001 2019-01-01 人民币 1.00000000 天伦公司 销售部
合计
订单参照报价单
选中合计
记录总数：1
选择 货物编号 存货代码 货物名称 规格型号 数量 报价 含税单价 无税单价 无税金额 税率（%） 税额
Y 03 特级A产品 15.00 7,000.00 8,120.00 7,000.00 105,000.00 16.00 16,800.00
合计 15.00 105,000.00 16,800.00

图10-7 “参照生单”窗口

选中上边窗口中已录入的报价单，单击“确定”按钮，将报价单信息带入销售订单，如图10-8所示。

修改“订单日期”为“2019-01-02”。修改销售订单表体中第1行末“预发货日期”为“2019-01-03”（预发货日期必须大于操作日期）。

UFIDA U8

系统(S) 视图(V) 工具(T) 转到(G) 帮助(H) 首页(F) 导航(N) 用友U8

输出 邮件 释放 重新提交 提交 撤销 审核 弃审 查审 关闭 打开 可用量 价格 定位 刷新

增加 修改 删除 生单 复制 草稿 模板 放弃 变更 增行 删行 插行 取价 附件 格式设置 保存布局

业务导航视图 | 简易桌面 | 销售订单

请输入您要搜索的功能

业务工作：价格管理、客户管理、销售报价、销售预订单、销售订货（销售订单、订单列表、销售订货统计表、订单执行统计表、销售订单预警和报…、订单预留）

业务工作 系统服务 基础设置

销售订单　　打印模版 销售订单打印模版

表体排序　　合并显示 □

订单号 0000000001　订单日期 2019-01-02　业务类型 普通销售

销售类型 普通销售　客户简称 天伦公司　付款条件

销售部门 销售部　业务员　税率 16.00

币种 人民币　汇率 1　备注

	存货编码	存货名称	规格型号	主计量	数量	报价	含税单价	无税单价	无税金额	税额	价税合计
1	03	特级A产品		箱	15.00	7000.00	8120.00	7000.00	105000.00	16800.00	121800.00
2											
3											
4											
5											
6											

就绪　账套:(001)上海海晨科技有限公司　赵晓(账套主管)　2019-01-31 17:01　4006-600-588

图10-8　“销售订单-生成”窗口

单击“保存”按钮，再单击“审核”按钮，保存并审核销售订单后退出。

（3）在销售管理系统中填制并审核销售发货单

双击“销售发货”—“发货单”，进入“发货单”窗口，如图10-9所示。

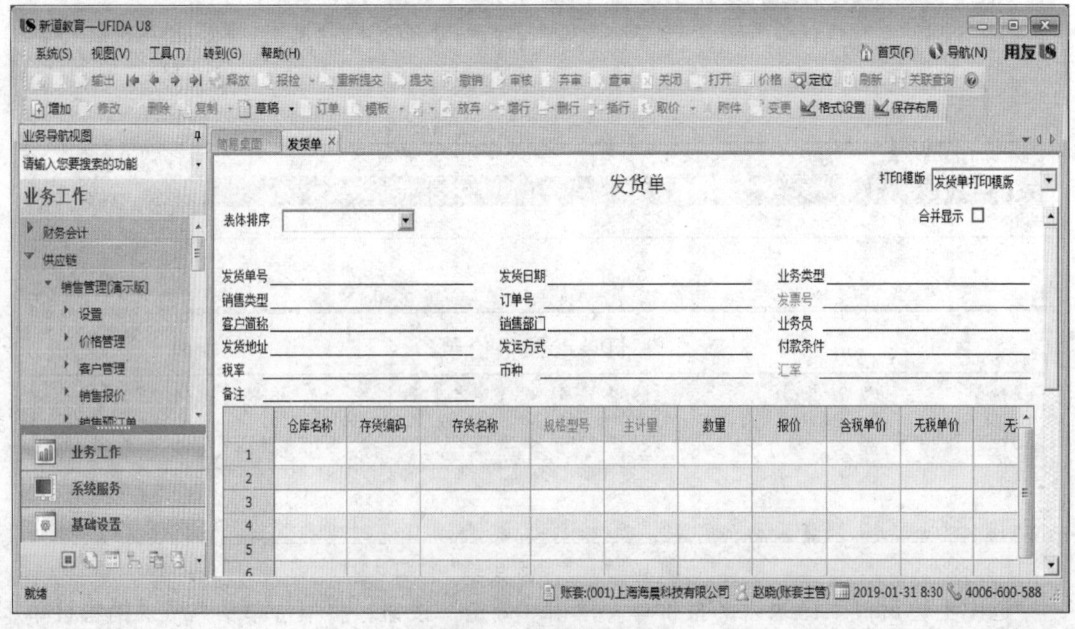

图10-9　“发货单”窗口

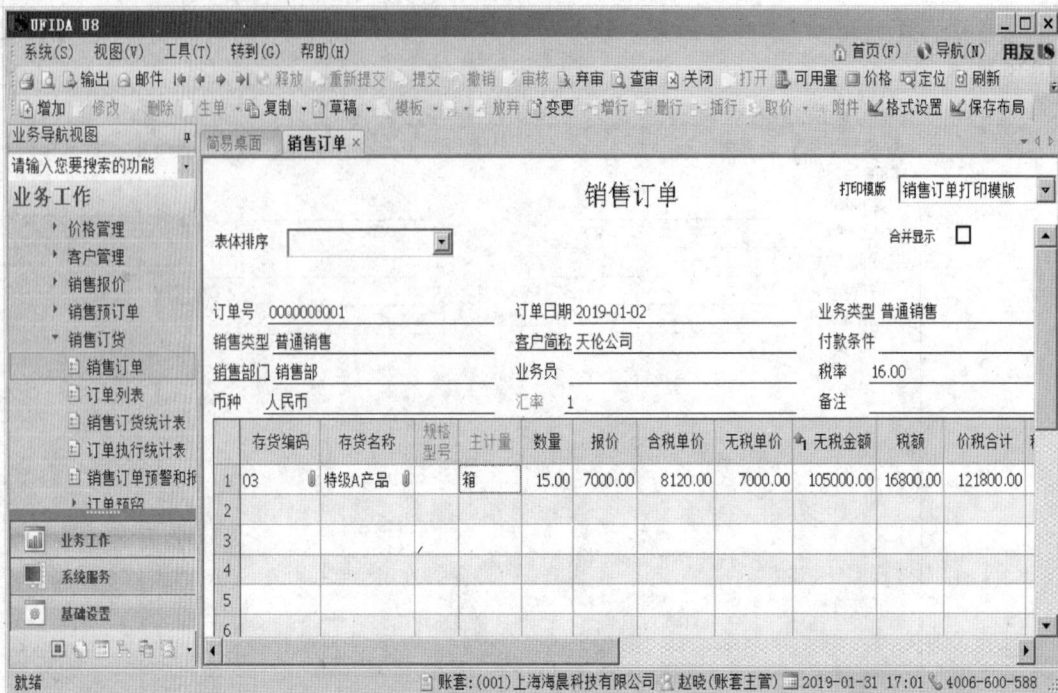

单击“增加”按钮，打开“查询条件选择-参照订单”对话框，单击“过滤”按钮，如图10-10所示。

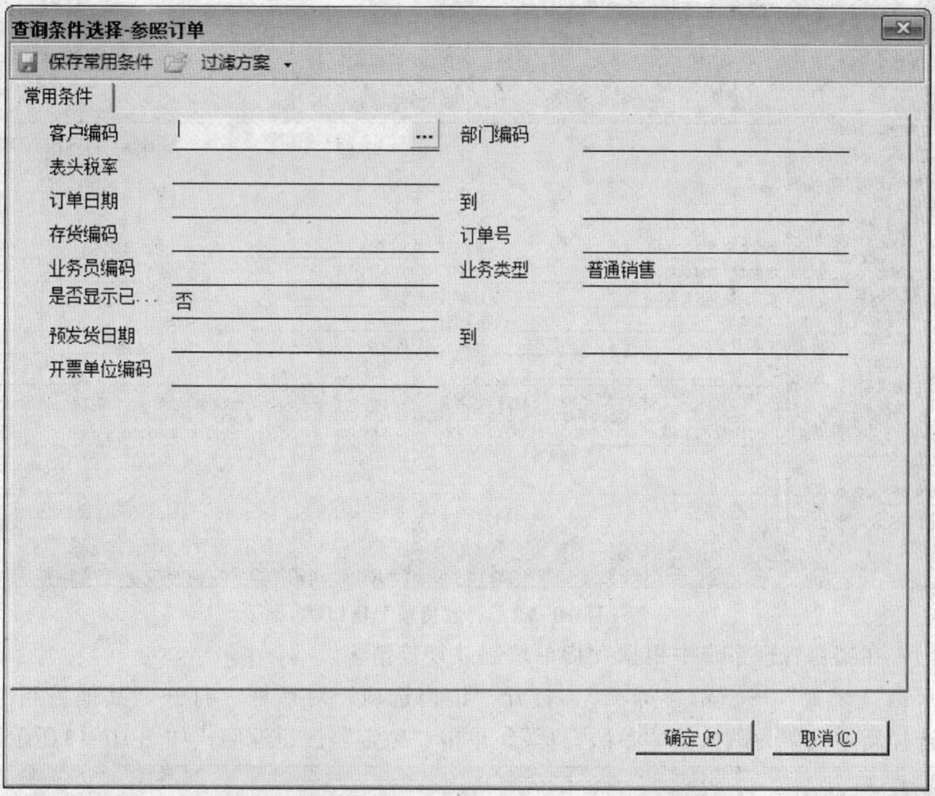

查询条件选择-参照订单

保存常用条件 过滤方案

常用条件

客户编码		部门编码	
表头税率			
订单日期		到	
存货编码		订单号	
业务员编码		业务类型	普通销售
是否显示已...	否		
预发货日期		到	
开票单位编码			

确定(F) 取消(C)

图 10-10 “查询条件选择-参照订单”窗口

选择上面已生成的销售订单，单击“OK 确定”按钮，将销售订单信息带入发货单，如图 10-11 所示。

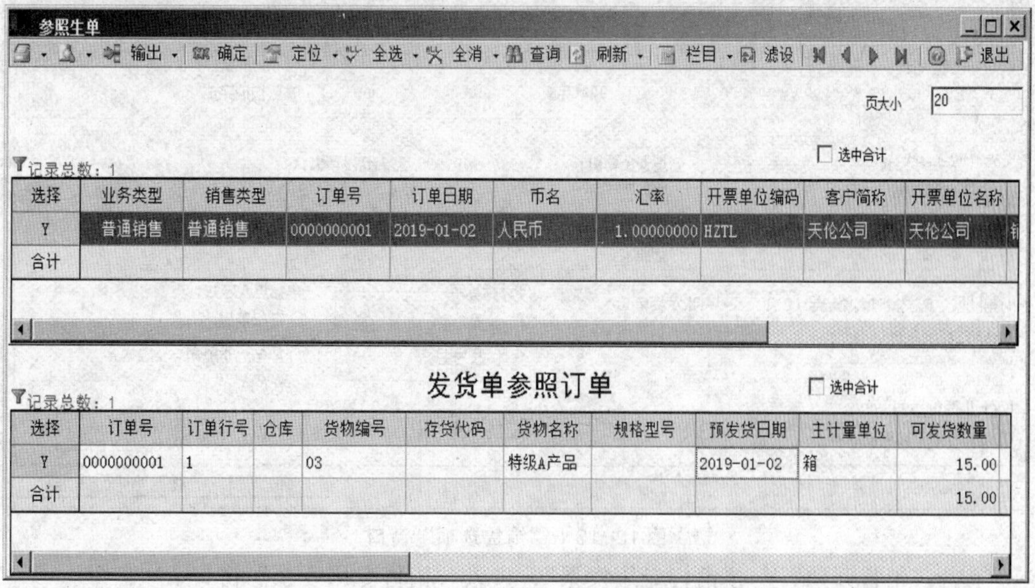

参照生单

输出 确定 定位 全选 全消 查询 刷新 栏目 滤设 退出

页大小 20

记录总数：1 选中合计

选择	业务类型	销售类型	订单号	订单日期	币名	汇率	开票单位编码	客户简称	开票单位名称
Y	普通销售	普通销售	0000000001	2019-01-02	人民币	1.00000000	HZTL	天伦公司	天伦公司
合计									

发货单参照订单

记录总数：1 选中合计

选择	订单号	订单行号	仓库	货物编号	存货代码	货物名称	规格型号	预发货日期	主计量单位	可发货数量
Y	0000000001	1		03		特级A产品		2019-01-02	箱	15.00
合计										15.00

图 10-11 “参照生单-选择”窗口

输入发货日期“2019-01-02，选择仓库“产成品库”，如图 10-12 所示。

单击“保存”按钮，再单击“审核”按钮，保存并审核发货单后退出。

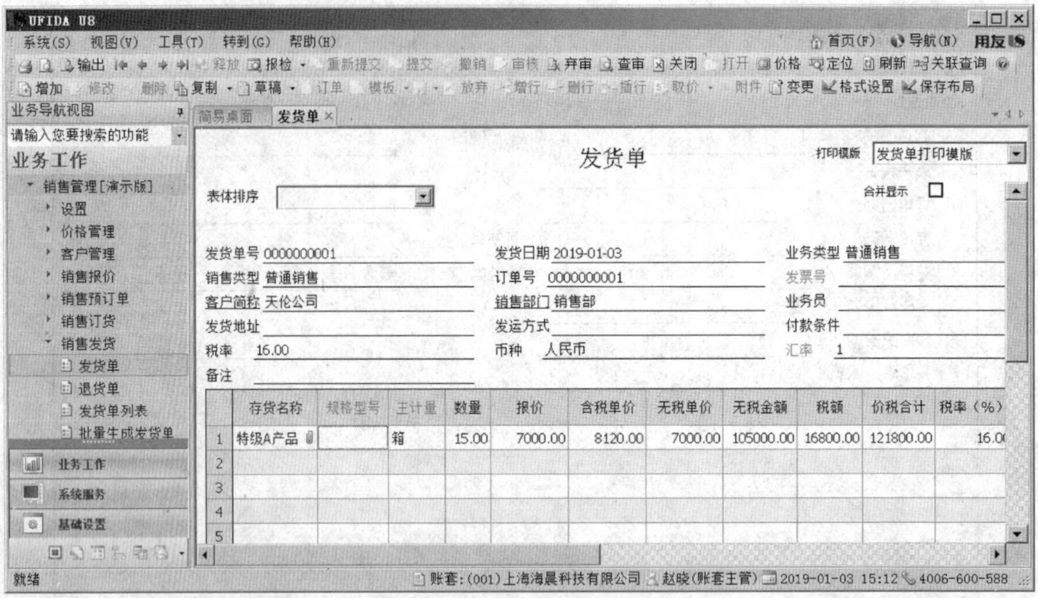

图 10-12 “发货单”窗口

（4）在销售管理系统中根据发货单填制并复核销售发票

双击“设置”—“销售选项”，打开“销售选项”对话框。打开“其他控制”选项卡，选择新增发票为默认的“参照发货”，单击“确定”按钮返回，如图 10-13 所示。

图 10-13 “销售选项”窗口

单击“销售开票”—“销售专用发票”，进入“销售专用发票”窗口。

单击“增加”按钮，打开“查询条件选择-发票参照发货单”对话框，如图 10-14 所示。

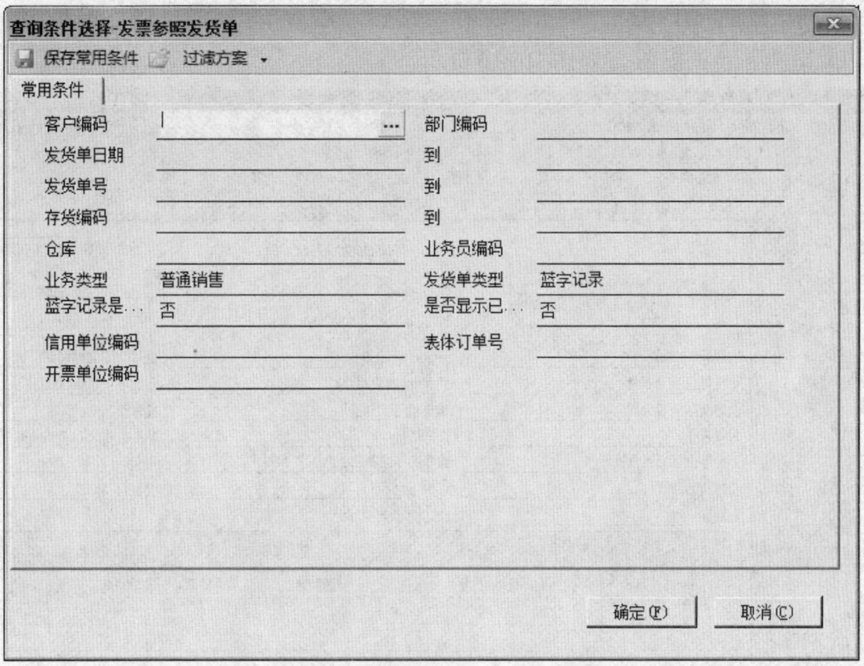

查询条件选择-发票参照发货单

保存常用条件 过滤方案

常用条件

客户编码		部门编码	
发货单日期		到	
发货单号		到	
存货编码		到	
仓库		业务员编码	
业务类型	普通销售	发货单类型	蓝字记录
蓝字记录是…	否	是否显示已…	否
信用单位编码		表体订单号	
开票单位编码			

确定(E) 取消(C)

图 10-14 “查询条件选择-发票参照发货单”窗口

单击“过滤”按钮，选择要参照的发货单，单击“OK 确定”按钮，将发货单信息带入销售专用发票，如图 10-15 所示。

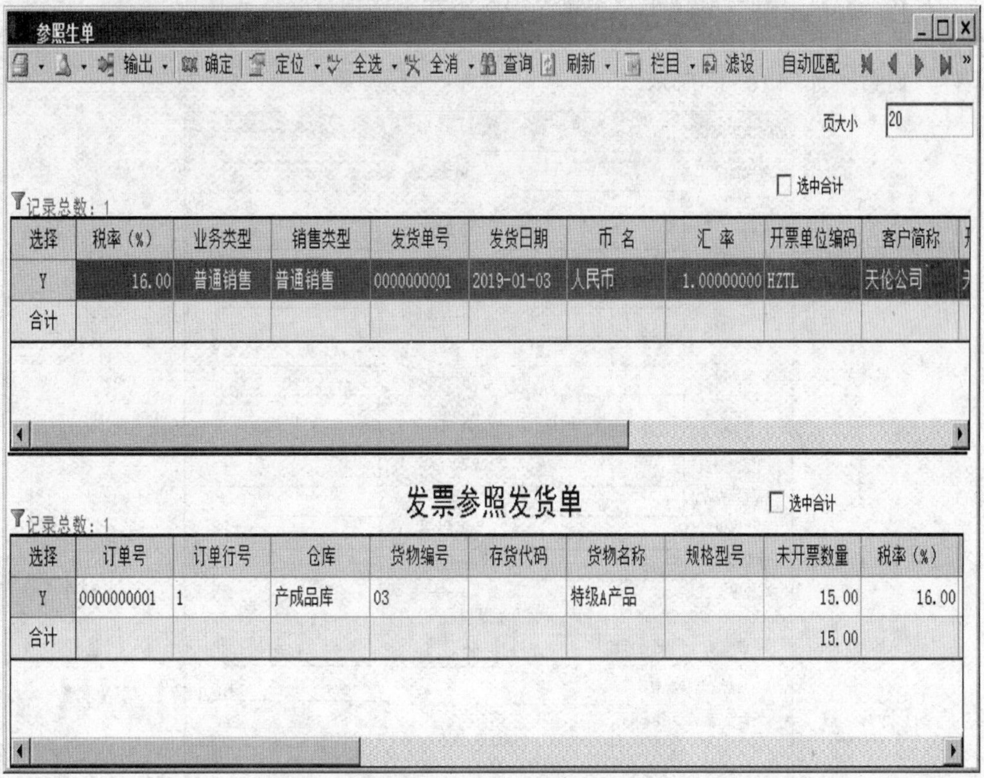

参照生单

输出 确定 定位 全选 全消 查询 刷新 栏目 滤设 自动匹配

页大小 20

选中合计

记录总数：1

选择	税率(%)	业务类型	销售类型	发货单号	发货日期	币名	汇率	开票单位编码	客户简称
Y	16.00	普通销售	普通销售	0000000001	2019-01-03	人民币	1.00000000	HZTL	天伦公司
合计									

发票参照发货单

选中合计

记录总数：1

选择	订单号	订单行号	仓库	货物编号	存货代码	货物名称	规格型号	未开票数量	税率(%)
Y	0000000001	1	产成品库	03		特级A产品		15.00	16.00
合计								15.00	

图 10-15 “参照生单”窗口

录入日期“2019-01-03”，单击“保存”按钮。然后单击“复核”按钮，复核销售专用发票，单击“退出”按钮，如图10-16所示。

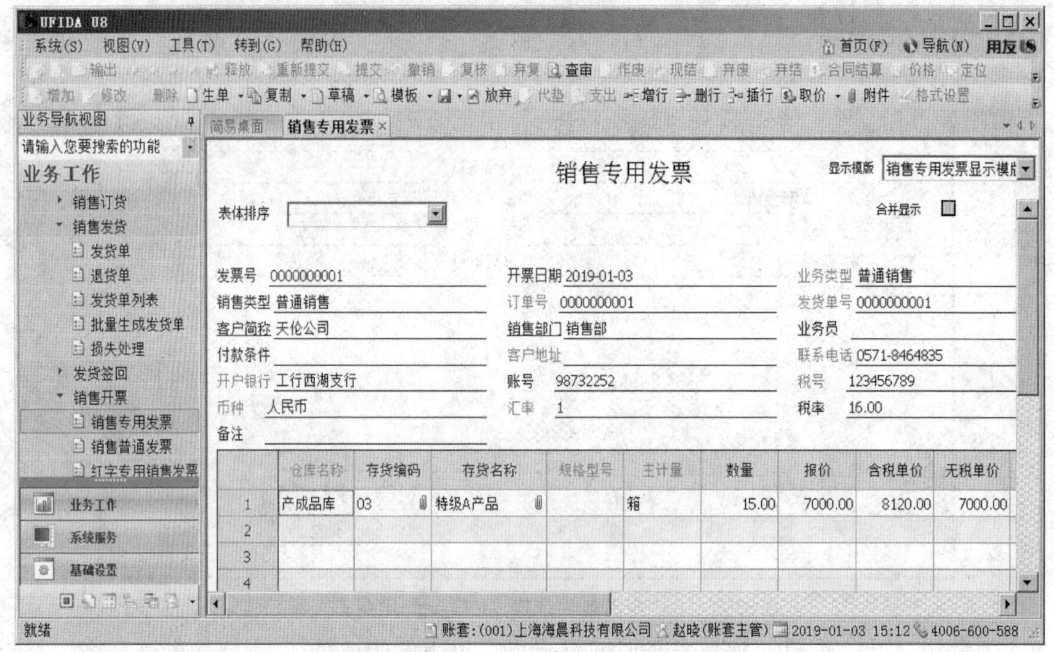

图10-16　“销售专用发票”窗口

（5）在应收款管理系统中审核销售专用发票并生成销售收入凭证

在应收款管理系统中，双击“应收单据处理”—“应收单据审核”，打开“应收单查询条件”窗口，如图10-17所示。

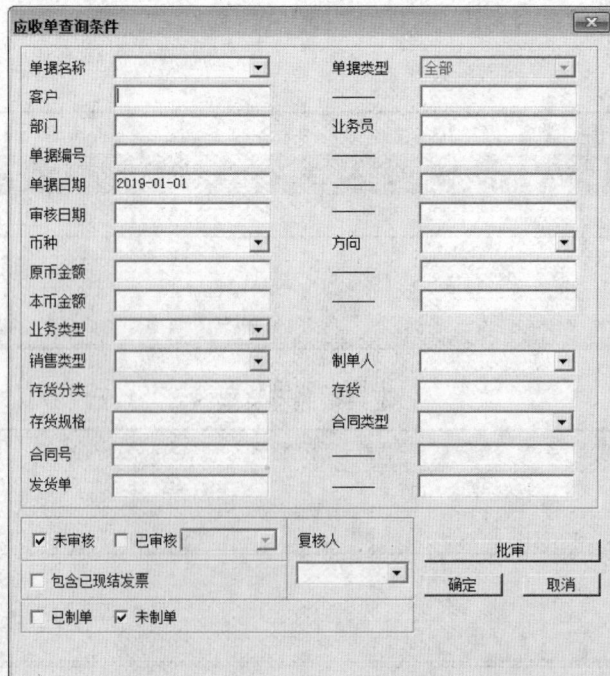

应收单查询条件

单据名称　　单据类型 全部
客户　　——
部门　　业务员
单据编号　　——
单据日期 2019-01-01　　——
审核日期　　——
币种　　方向
原币金额　　——
本币金额　　——
业务类型
销售类型　　制单人
存货分类　　存货
存货规格　　合同类型
合同号　　——
发货单　　——

☑ 未审核　☐ 已审核　　复核人　　批审
☐ 包含已现结发票　　确定　取消
☐ 已制单　☑ 未制单

图10-17　“应收单查询条件”窗口

清空“单据日期”，单击“确定”按钮，进入“应收单据列表”；双击要审核的单据，打开“销售专用发票”，单击“审核”按钮，系统弹出“审核成功!”信息提示对话框，单击“确定”按钮返回，然后退出，如图10-18所示。

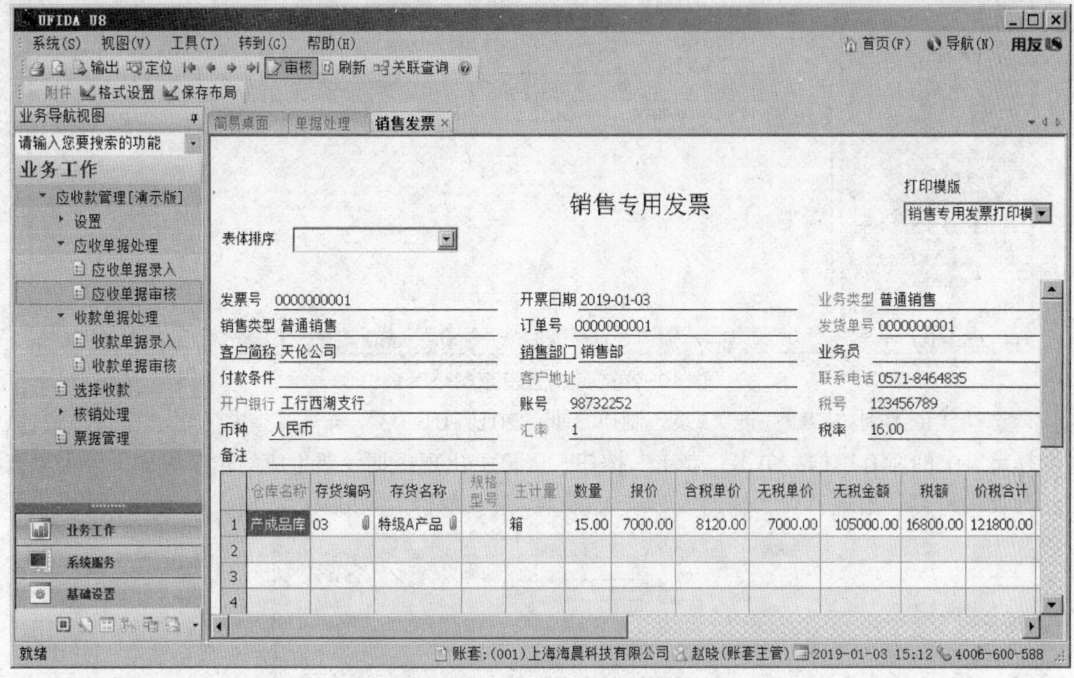

图10-18 “销售专用发票”窗口

双击“制单处理”，打开“制单查询”窗口，如图10-19所示。

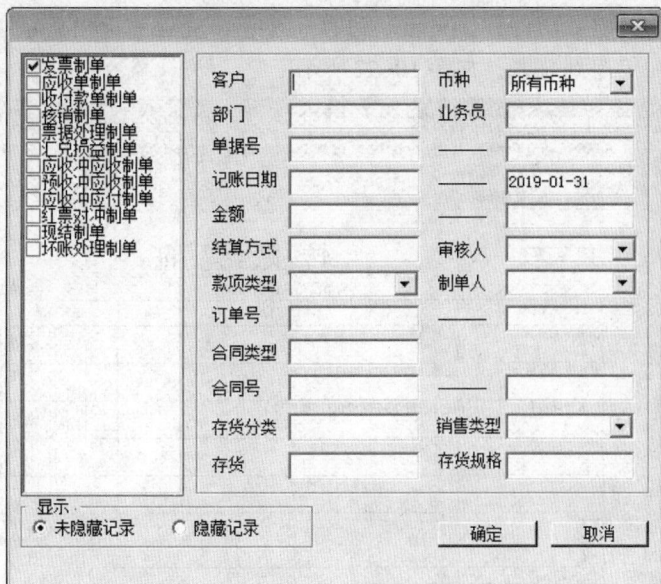

发票制单
应收单制单
收付款单制单
核销制单
票据处理制单
汇兑损益制单
应收冲应收制单
预收冲应收制单
应收冲应付制单
红票对冲制单
现结制单
坏账处理制单

客户 币种 所有币种
部门 业务员
单据号
记账日期 2019-01-31
金额
结算方式 审核人
款项类型 制单人
订单号
合同类型
合同号
存货分类 销售类型
存货 存货规格

显示
未隐藏记录 隐藏记录
确定 取消

图10-19 “制单查询”窗口

选中“发票制单”复选框，单击“确定”按钮，进入“销售发票制单”窗口，如图10-20所示。

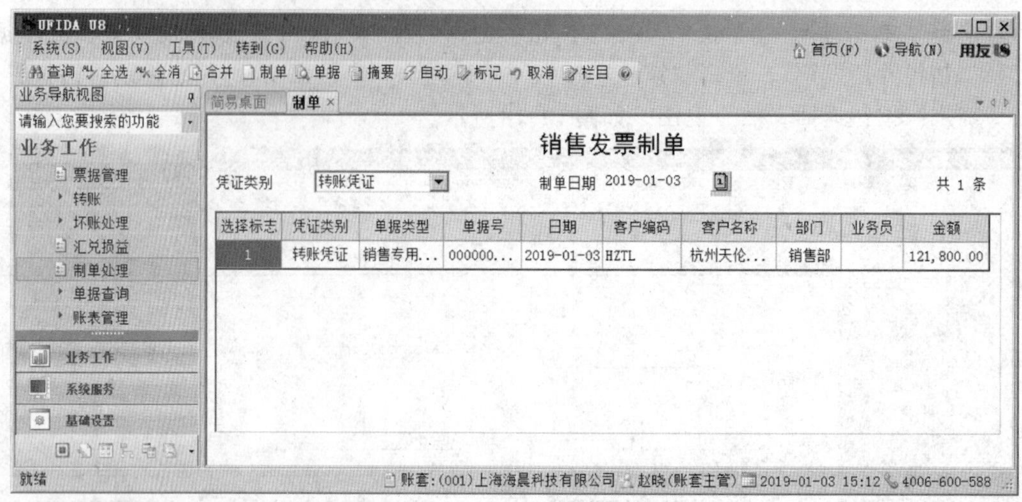

图10-20　“销售发票制单”窗口

选择凭证类别“转账凭证”，录入制单日期“2019-01-03”，单击工具栏上的“全选”按钮，选择窗口中的所有单据。单击“制单”按钮，屏幕上出现根据发票生成的转账凭证，录入主营业务收入科目，出现科目“辅助项”录入窗口，录入单价“7 000”，确定，如图10-21所示。

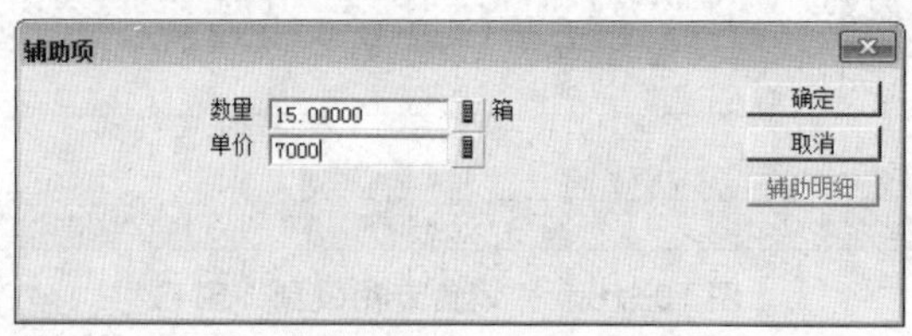

图10-21　“辅助项”窗口

修改制单日期，输入附件数，单击“保存”按钮，凭证左上角显示“已生成”红色字样，表示已将凭证传递到总账，如图10-22所示。

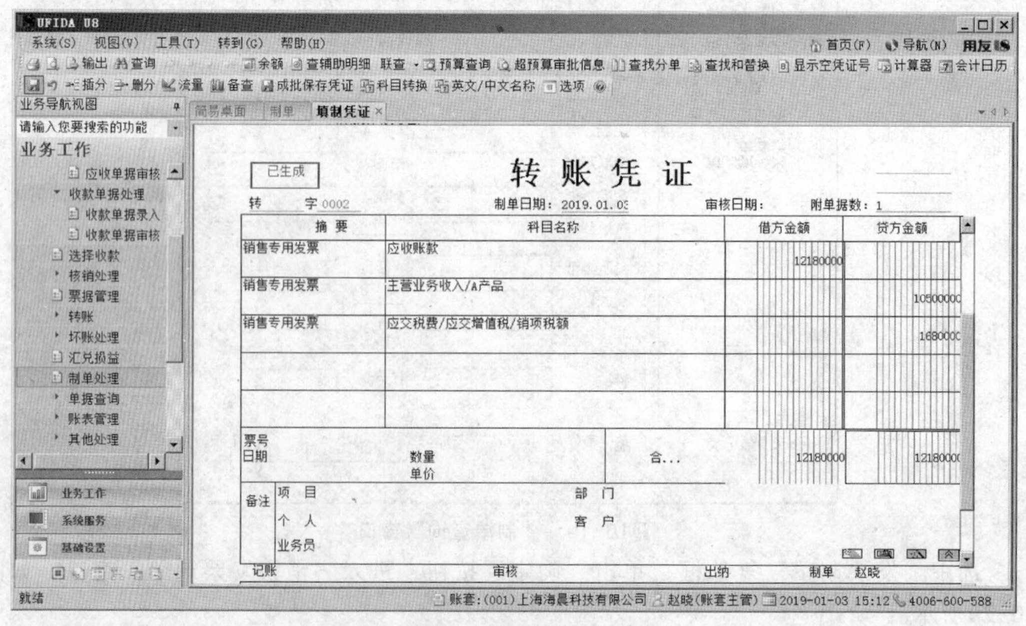

图10-22　“转账凭证”窗口

（6）在库存管理系统中审核销售出库单

启用库存管理系统，双击“出库业务”—“销售出库单”，进入“销售出库单”窗口，如图10-23所示。

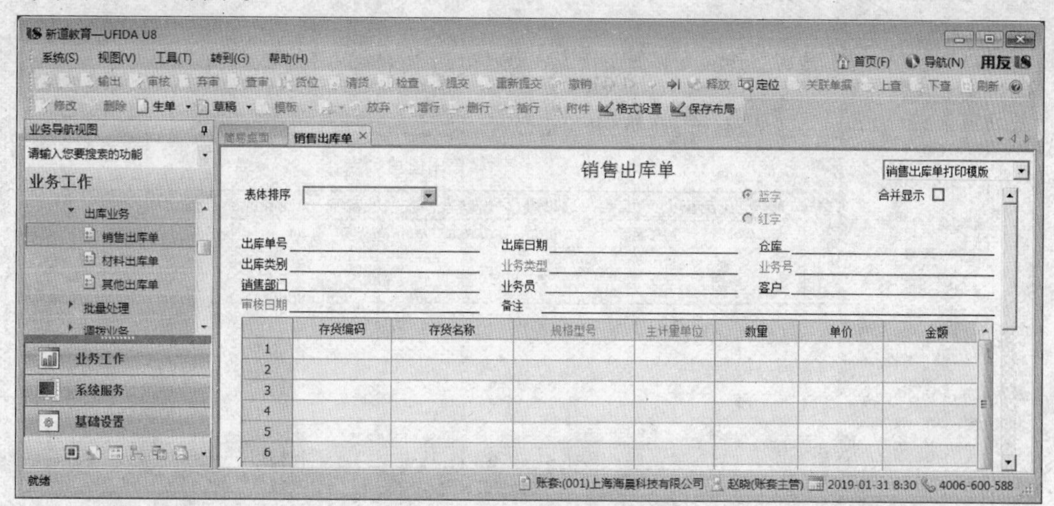

图10-23　“销售出库单”窗口

单击工具栏“定位”，打开“过滤条件选项”窗口，单击“过滤”，如图10-24所示。

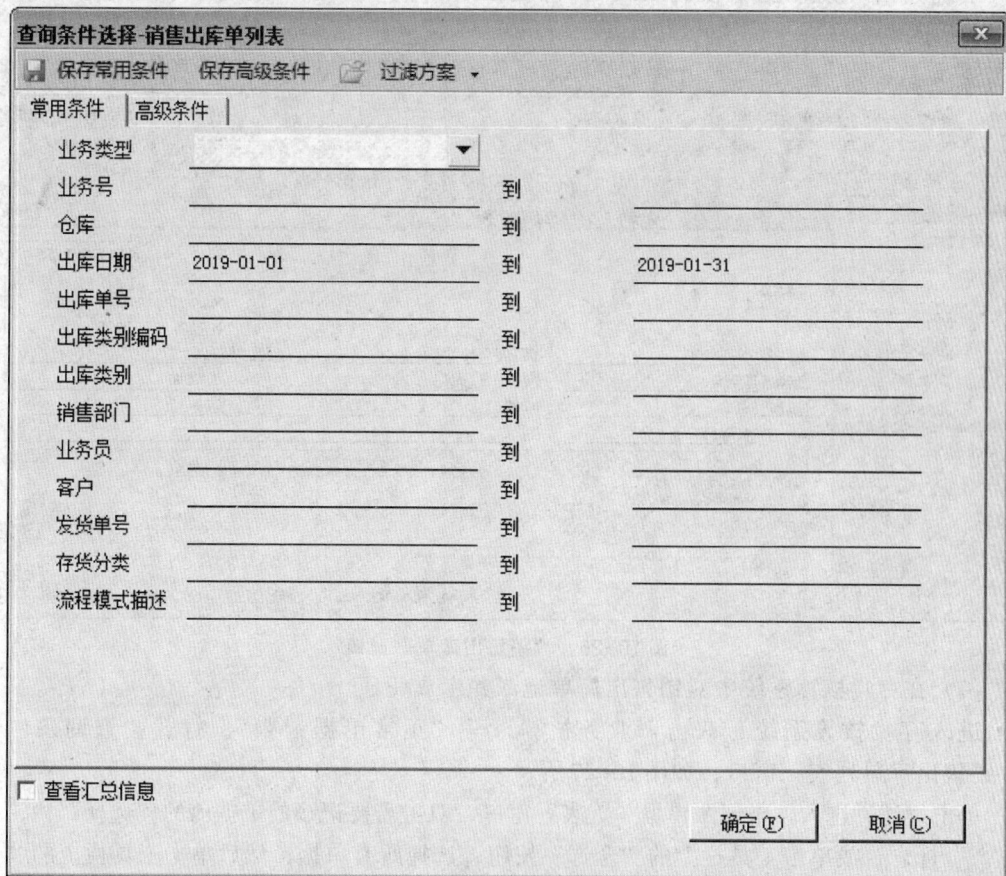

查询条件选择-销售出库单列表

保存常用条件　保存高级条件　过滤方案

常用条件　高级条件

业务类型			
业务号		到	
仓库		到	
出库日期	2019-01-01	到	2019-01-31
出库单号		到	
出库类别编码		到	
出库类别		到	
销售部门		到	
业务员		到	
客户		到	
发货单号		到	
存货分类		到	
流程模式描述		到	

☐ 查看汇总信息

确定(F)　取消(C)

图10-24　“查询条件选择-销售出库单列表”窗口

打开“销售出库单列表”，双击相应的出库单，单击“审核”按钮，如图10-25所示。

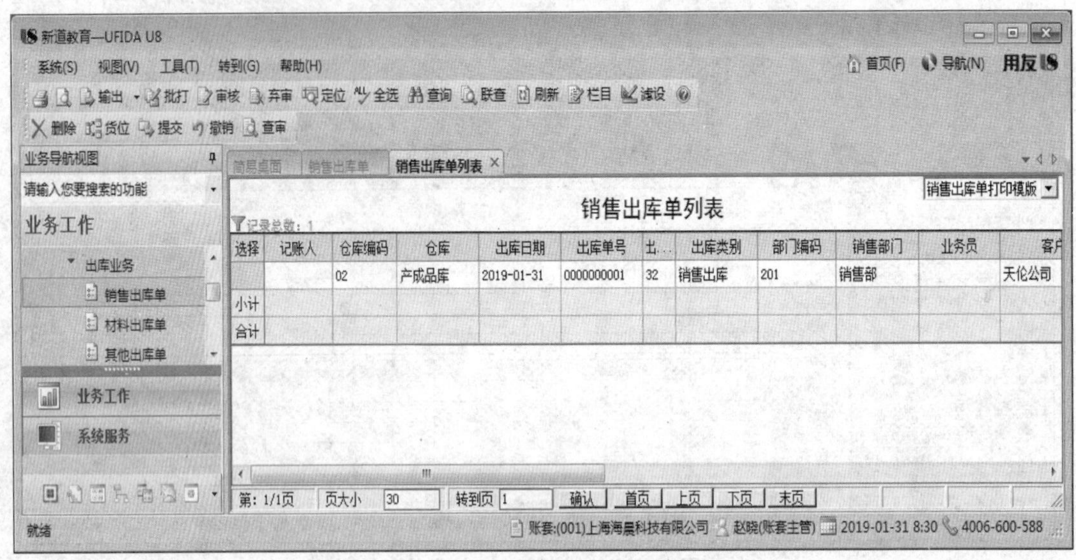

图10-25 “销售出库单列表-选择”窗口

系统弹出“该单据审核成功！”信息提示对话框，单击“确定”按钮返回，如图10-26所示。

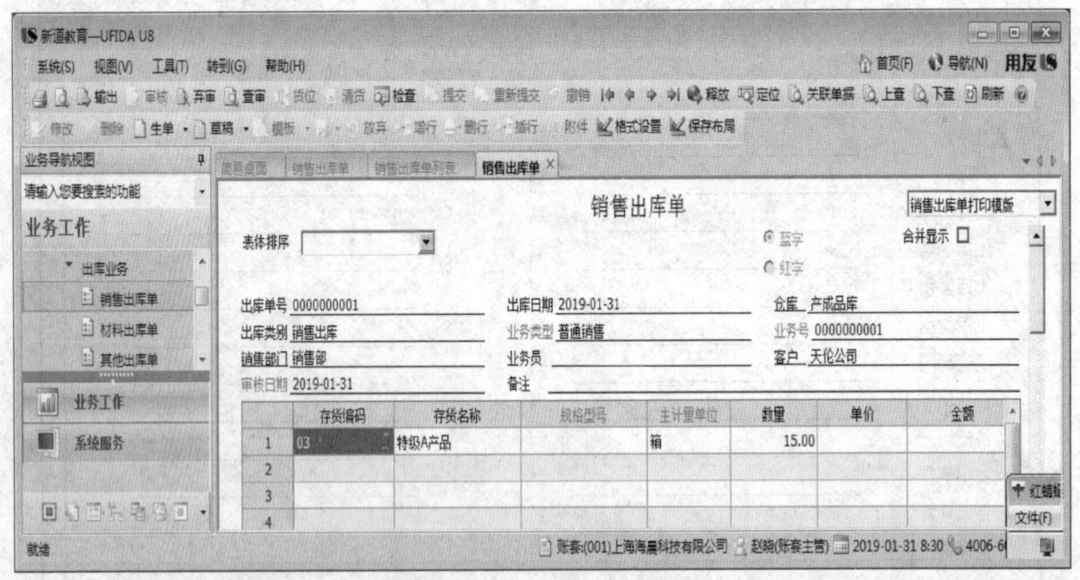

图10-26 “销售出库单”窗口

(7) 在存货核算系统中对销售出库单记账并生成凭证

进入存货核算系统，双击“业务核算”—“正常单据记账”，打开“查询条件选择-销售出库单列表”窗口，如图10-27所示。

单击过滤，进入“未记账单据一览表”窗口，双击需要记账的单据前的“选择”栏，出现“Y”标志，或单击工具栏上的“全选”按钮，选择所有单据，然后单击工具栏上的“记账”按钮。系统开始进行单据记账，记账完成后，单据不在窗口中显示，如图10-28所示。

查询条件选择-销售出库单列表

保存常用条件　保存高级条件　过滤方案

常用条件 | 高级条件

条件			
业务类型			
业务号		到	
仓库		到	
出库日期	2019-01-01	到	2019-01-31
出库单号		到	
出库类别编码		到	
出库类别		到	
销售部门		到	
业务员		到	
客户		到	
发货单号		到	
存货分类		到	
流程模式描述		到	

□ 查看汇总信息

确定(F)　取消(C)

图 10-27　“查询条件选择-销售出库单列表”窗口

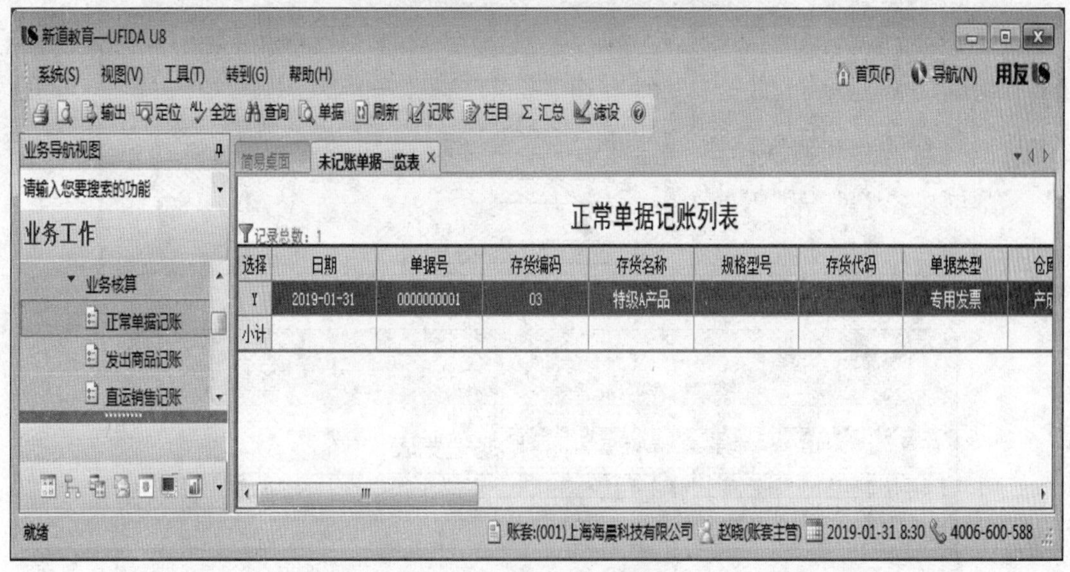

图 10-28　“未记账单据一览表”窗口

双击“财务核算”—“生成凭证”，进入“生成凭证”窗口，如图 10-29 所示。

单击“选择”按钮，打开“查询条件”窗口，如图 10-30 所示。

单击“确定”，单击需要生成凭证的单据前的“选择”栏，或单击工具栏上的“全选”按钮，如图 10-31 所示。

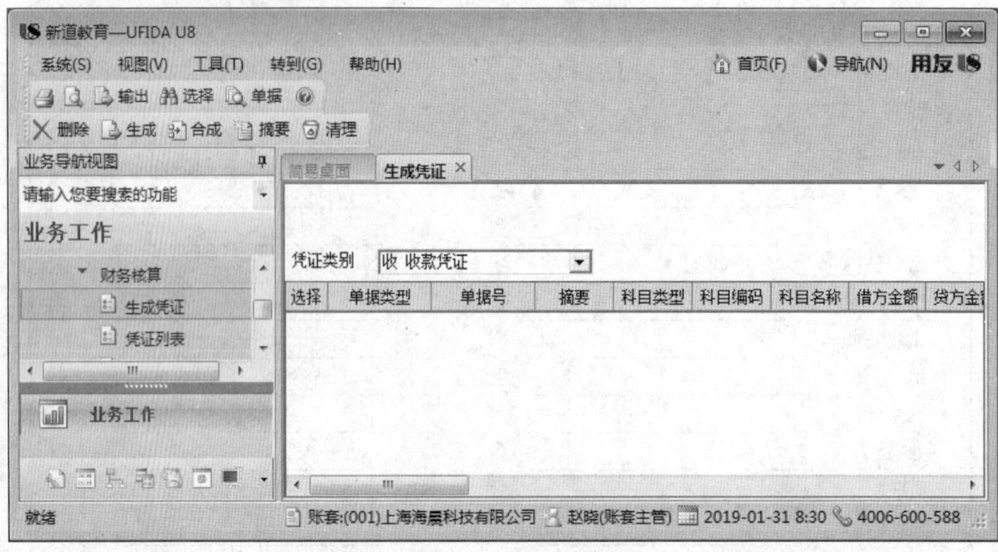

图 10-29 “生成凭证”窗口

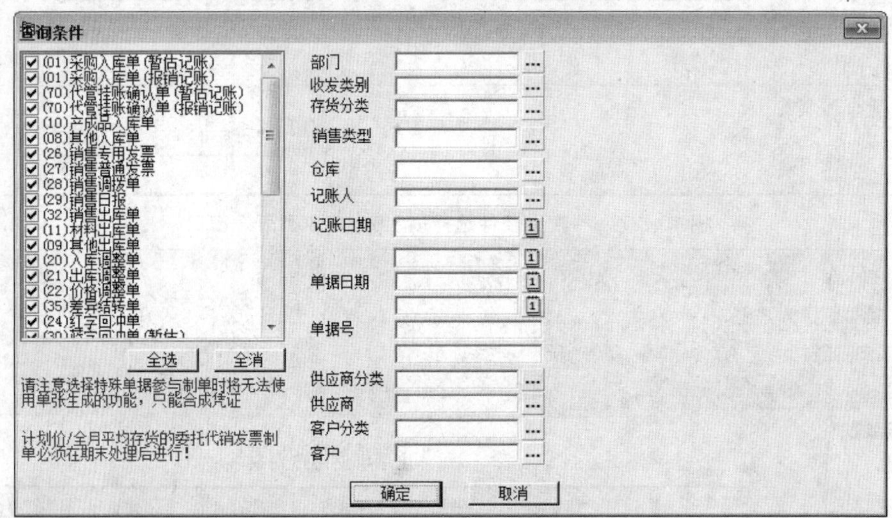

图 10-30 “查询条件”窗口

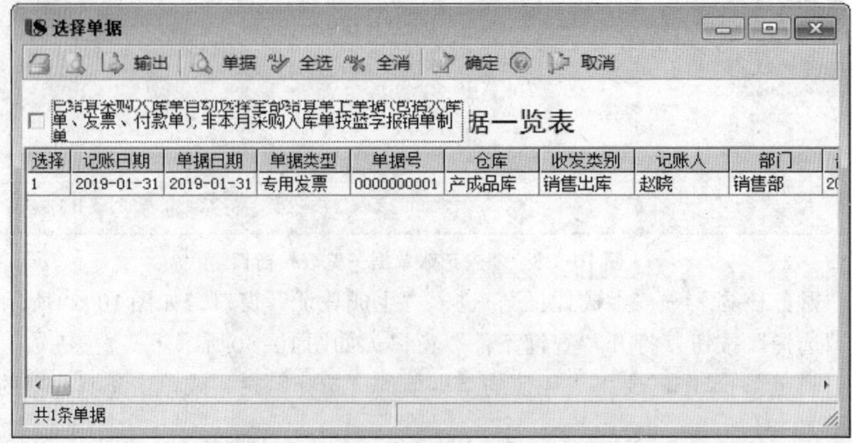

图 10-31 “凭证单据一览表”窗口

然后单击工具栏上的“确定”按钮，进入“生成凭证”窗口，如图10-32所示。

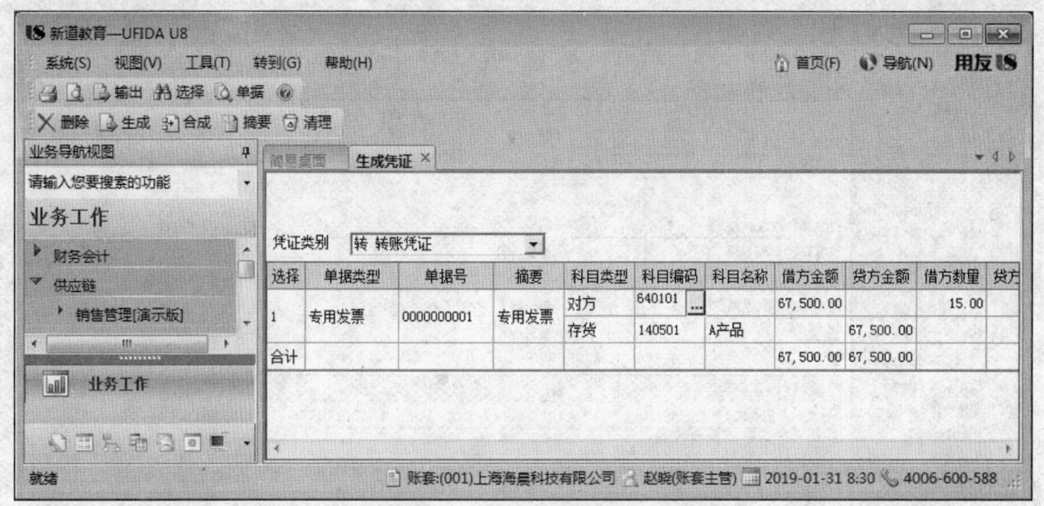

图10-32 “生成凭证-选择”窗口

选择凭证类别“转账凭证”，选择对方科目“主营业务成本”，单击“生成”按钮，系统显示生成的转账凭证，如图10-33所示。

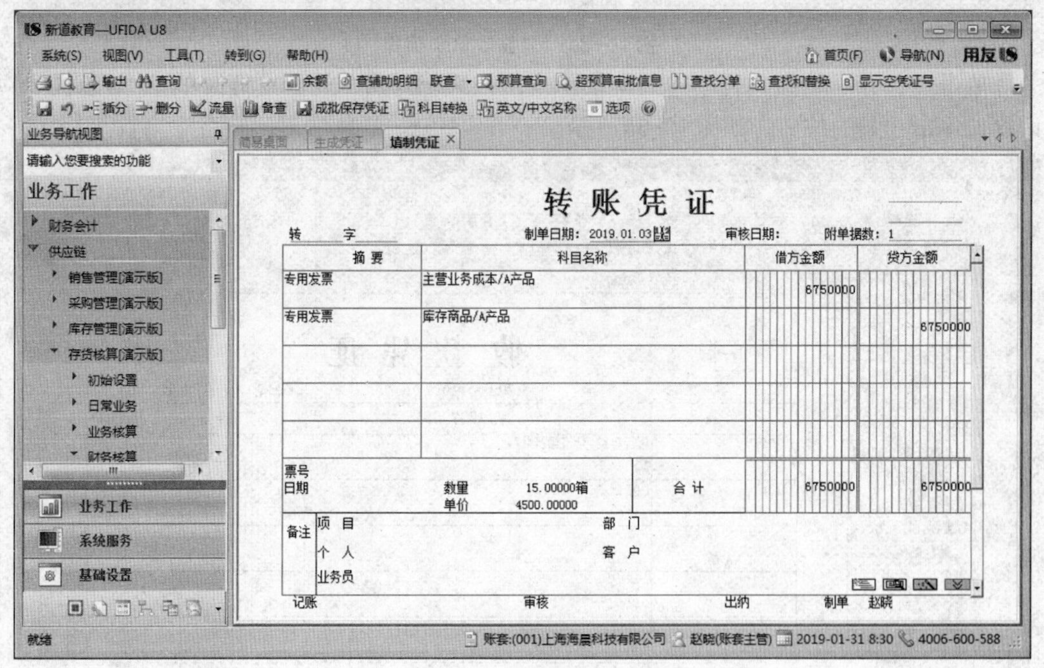

图10-33 “转账凭证”窗口

修改凭证日期，确定无误后，单击工具栏上的“保存”按钮，凭证左上角显示“已生成”红色字样，表示已将凭证传递到总账。

（8）在应收款管理系统中输入收款单并制单

启用应收款管理系统，双击“收款单据处理”—“收款单据录入”，进入收款单录入窗口。输入收款单信息，如图10-34所示。

收款单

显示模版 应收收款单显示模版

表体排序

单据编号 0000000001　日期 2019-01-03　客户 天伦公司

结算方式 转账支票　结算科目　币种 人民币

汇率 1.00000000　金额 121800.00　本币金额 121800.00

客户银行 工行西湖支行　客户账号 98732252　票据号

部门　业务员　项目

摘要

	款项类型	客户	部门	业务员	金额	本币金额	科目
1	应收款	天伦公司			121800.00	121800.00	1122
2							
3							
4							
5							
6							
7							

就绪　账套:(001)上海海晨科技有限公司　赵晓(账套主管)　2019-01-03 15:12　4006-600-588

图 10-34　“收款单”窗口

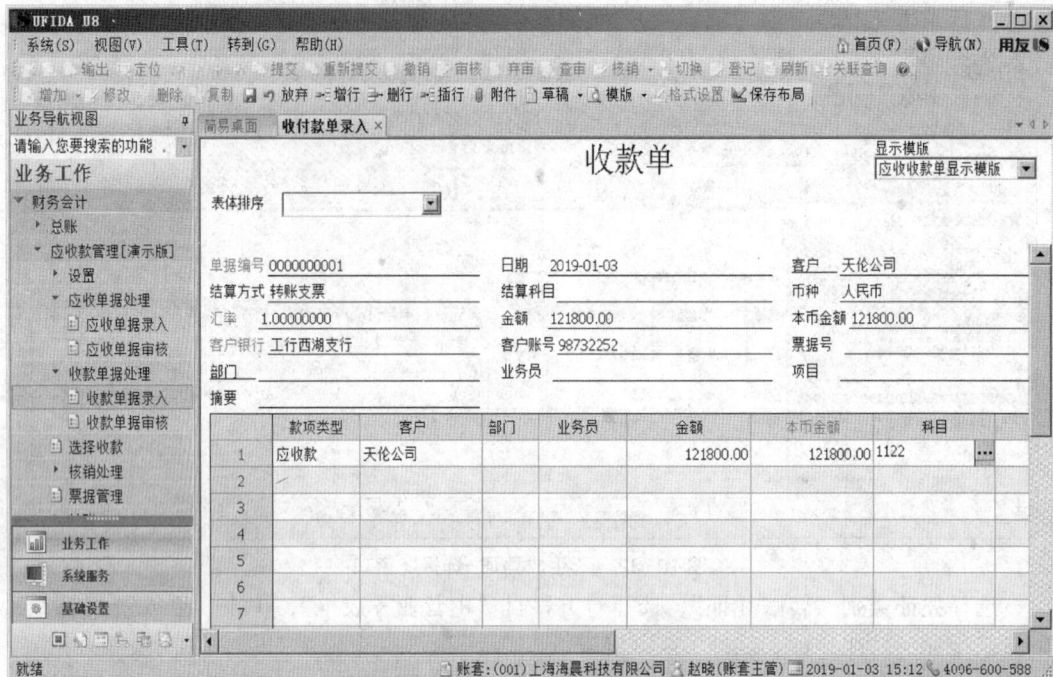

单击“保存”按钮，再单击“审核”按钮，系统弹出“是否立即制单?”信息提示对话框，单击“是”按钮，如图 10-35 所示。

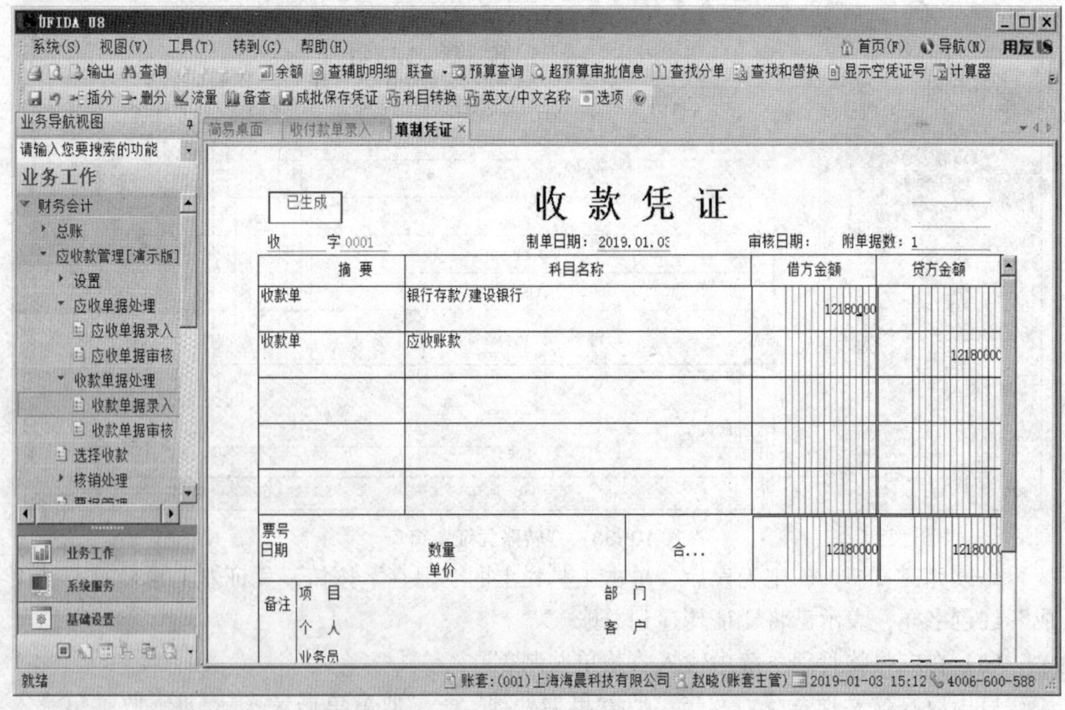

图 10-35　“收款凭证”窗口

在填制凭证窗口，单击“保存”按钮。

第二节 销售管理系统月末结账

一、实验要求

1.销售管理系统月末结账

2.销售管理系统取消月末结账

二、实验资料

实验资料为上述账套。

三、实验指导

1.结账处理

（1）执行“月末结账”命令，打开“月末结账”对话框，如图10-36所示。

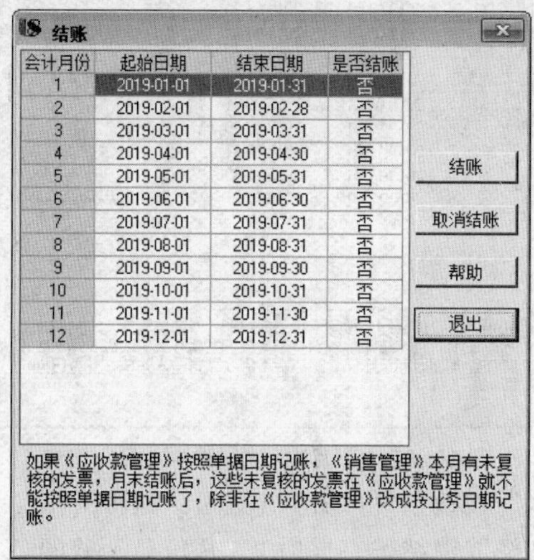

结账

会计月份	起始日期	结束日期	是否结账
1	2019-01-01	2019-01-31	否
2	2019-02-01	2019-02-28	否
3	2019-03-01	2019-03-31	否
4	2019-04-01	2019-04-30	否
5	2019-05-01	2019-05-31	否
6	2019-06-01	2019-06-30	否
7	2019-07-01	2019-07-31	否
8	2019-08-01	2019-08-31	否
9	2019-09-01	2019-09-30	否
10	2019-10-01	2019-10-31	否
11	2019-11-01	2019-11-30	否
12	2019-12-01	2019-12-31	否

结账 取消结账 帮助 退出

如果《应收款管理》按照单据日期记账，《销售管理》本月有未复核的发票，月末结账后，这些未复核的发票在《应收款管理》就不能按照单据日期记账了，除非在《应收款管理》改成按业务日期记账。

图10-36 “月末结账”窗口

（2）在1月份一栏显示蓝颜色，表示当前月份，单击“月末结账”按钮，如图10-37所示。

结账

会计月份	起始日期	结束日期	是否结账
1	2019-01-01	2019-01-31	是
2	2019-02-01	2019-02-28	否
3	2019-03-01	2019-03-31	否
4	2019-04-01	2019-04-30	否
5	2019-05-01	2019-05-31	否
6	2019-06-01	2019-06-30	否
7	2019-07-01	2019-07-31	否
8	2019-08-01	2019-08-31	否
9	2019-09-01	2019-09-30	否
10	2019-10-01	2019-10-31	否
11	2019-11-01	2019-11-30	否
12	2019-12-01	2019-12-31	否

结账 取消结账 帮助 退出

如果《应收款管理》按照单据日期记账，《销售管理》本月有未复核的发票，月末结账后，这些未复核的发票在《应收款管理》就不能按照单据日期记账了，除非在《应收款管理》改成按业务日期记账。

图10-37 “月末结账-1月已结账”窗口

（3）单击“结账”按钮，可以看到1月份“是否结账”一栏显示“是”字样，表示1月份销售管理系统已经结账；同时，2月份显示蓝颜色，且“是否结账”一栏显示“否”字样，表示当前月份已经是2月份，即销售管理只能进行2月份的业务处理。

（4）单击“退出”按钮。

2.取消结账

（1）执行“月末结账”命令，打开“月末结账”对话框。

（2）1月份“是否结账”一栏已经显示“是”字样，如需取消1月份结账，则选中1月份，如图10-38所示。

结账

会计月份	起始日期	结束日期	是否结账
1	2019-01-01	2019-01-31	否
2	2019-02-01	2019-02-28	否
3	2019-03-01	2019-03-31	否
4	2019-04-01	2019-04-30	否
5	2019-05-01	2019-05-31	否
6	2019-06-01	2019-06-30	否
7	2019-07-01	2019-07-31	否
8	2019-08-01	2019-08-31	否
9	2019-09-01	2019-09-30	否
10	2019-10-01	2019-10-31	否
11	2019-11-01	2019-11-30	否
12	2019-12-01	2019-12-31	否

结账
取消结账
帮助
退出

如果《应收款管理》按照单据日期记账，《销售管理》本月有未复核的发票，月末结账后，这些未复核的发票在《应收款管理》就不能按照单据日期记账了，除非在《应收款管理》改成按业务日期记账。

图10-38 “月末结账-选中1月”窗口

（3）单击“取消结账”按钮，可以看到1月份“是否结账”一栏显示“否”字样，表示1月份销售管理系统已经取消结账；同时，1月份显示蓝颜色，表示当前月份回到1月份，即销售管理只能进行1月份的业务处理，如图10-39所示。

结账

会计月份	起始日期	结束日期	是否结账
1	2019-01-01	2019-01-31	否
2	2019-02-01	2019-02-28	否
3	2019-03-01	2019-03-31	否
4	2019-04-01	2019-04-30	否
5	2019-05-01	2019-05-31	否
6	2019-06-01	2019-06-30	否
7	2019-07-01	2019-07-31	否
8	2019-08-01	2019-08-31	否
9	2019-09-01	2019-09-30	否
10	2019-10-01	2019-10-31	否
11	2019-11-01	2019-11-30	否
12	2019-12-01	2019-12-31	否

结账
取消结账
帮助
退出

如果《应收款管理》按照单据日期记账，《销售管理》本月有未复核的发票，月末结账后，这些未复核的发票在《应收款管理》就不能按照单据日期记账了，除非在《应收款管理》改成按业务日期记账。

图10-39 “月末结账-取消1月结账”窗口

（4）单击“退出”按钮。

下篇　金蝶KIS V8.1标准版软件

第十一章

金蝶KIS标准版的安装、卸载与基本操作

第一节　金蝶KIS标准版的安装方法与卸载方法

一、安装方法

金蝶KIS标准版的安装方法与一般软件安装方法类似，其安装步骤如下：

（1）将金蝶KIS安装光盘放入光驱，系统会自动打开“金蝶KIS安装程序”界面。

注意事项：

如果安装光盘无法自动运行，请打开“金蝶KIS安装程序”界面，可以双击打开光驱目录，双击KISSetup文件，即可打开“金蝶KIS安装程序”界面，如图11-1所示。

（2）单击“金蝶KIS标准版”，进入安装向导界面。

（3）单击“下一步”按钮，进入“许可证协议”界面。

（4）单击“是”按钮，进入“信息”界面。

（5）单击“下一步”按钮，进入“客户信息”窗口。

（6）单击“下一步”按钮，进入“选择目的地位置”窗口，如图11-2所示。

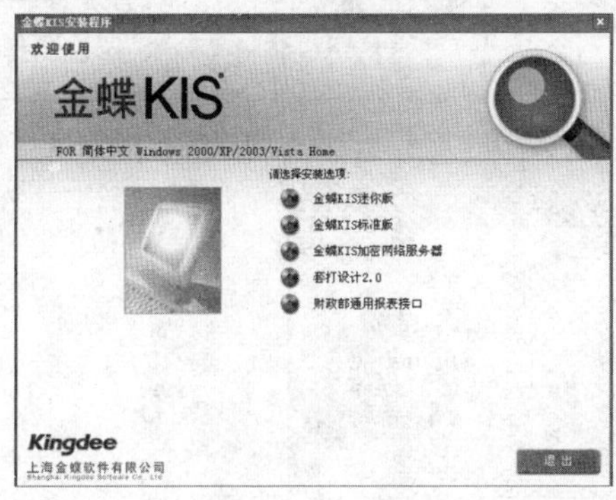

图11-1　“金蝶KIS安装程序”界面

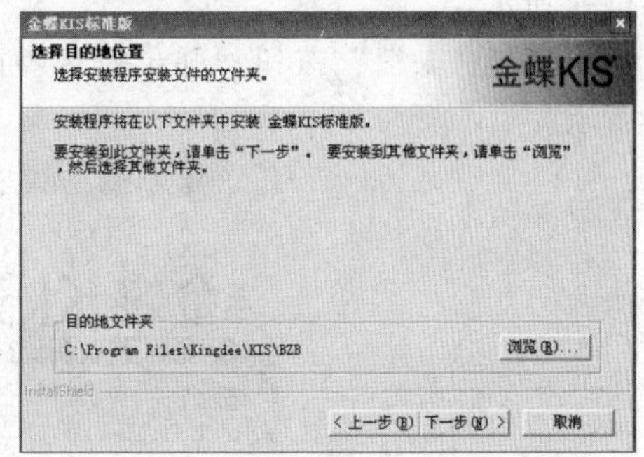

图11-2　“选择目的地位置”窗口

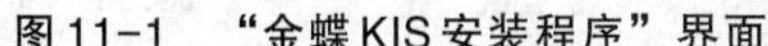

（7）单击“浏览”，将目的地文件夹改为D盘，如图11-3所示。

（8）单击“下一步”按钮，开始安装软件。

安装成功后，在桌面上可以看到金蝶KIS标准版快捷方式图标。

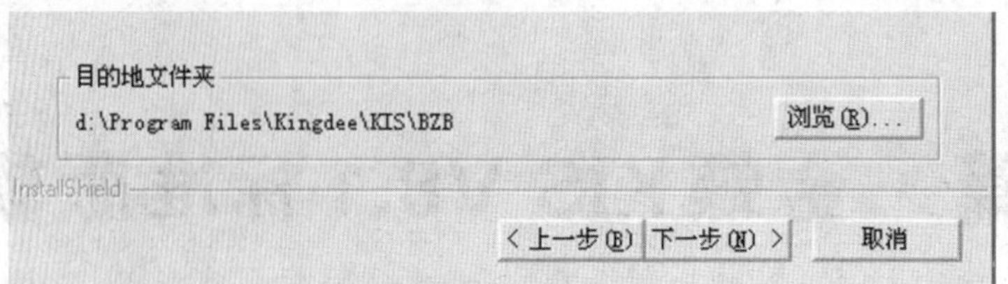

图 11-3 “选择目的地位置”窗口——目的地文件夹

二、卸载方法

如果该软件在使用过程中出现错误，可以先卸载该软件，再重新安装，以达到顺畅使用该软件的目的。

金蝶 KIS 标准版的卸载方法有两种，一种是通过自带的卸载功能处理，单击“开始”→“程序”→“金蝶 KIS”→“卸载金蝶 KIS 标准版”功能进行卸载处理。

另一种是通过“添加/删除程序”功能进行处理，其步骤如下：

单击“开始”→“控制面板”，系统弹出“控制面板”窗口，双击“添加/删除程序”选项。系统弹出“添加/删除程序”窗口，选择“金蝶 KIS 标准版”，单击“更改/删除”按钮即可进行卸载。

第二节 账套基本操作

一、登录账套

1.账套的概念

账套是一个数据库文件，用来存放所有账务数据资料，包含企业基本情况、会计科目、凭证、账簿、报表等内容。所有工作都需要在登录账套后才能进行。一个账套只能处理一个会计主体（公司）。一套金蝶 KIS 系统可以处理多个账套，也就是说一套金蝶 KIS 系统可以处理多个公司的账务。

2.账套的登录

（1）双击桌面快捷方式图标，弹出提示窗口，如图 11-4 所示。

（2）单击“取消”按钮，弹出登录界面，如图 11-5 所示。

图 11-4 “连接网络加密服务器”窗口

图 11-5 登录界面

3.账套的名称

可以选择要登录的账套所在路径，现在用演示账套即可。如果要选择某个账套来登录，则可以单击 图标来选择路径及账套文件，如图11-6所示，单击“打开”按钮即可。

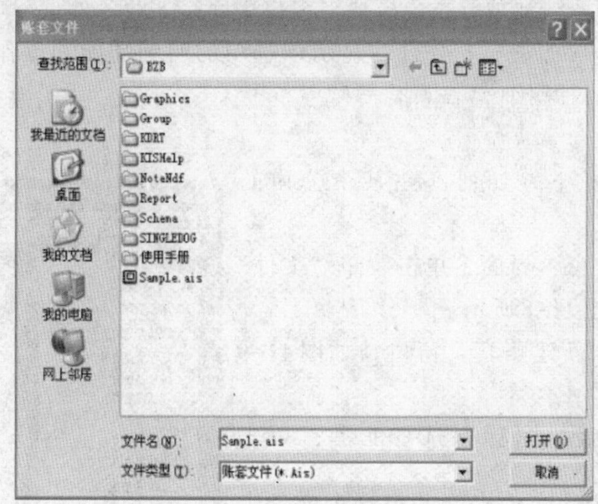

图11-6　“账套文件”窗口

4.用户名称

可以选择用哪位操作员来登录，现在用默认操作员“Manager”即可。如果要选择某个操作员，单击右侧下拉箭头即可。

5.用户密码

没有密码，可不填。

直接单击“确定”按钮登录账套。进入账套后，界面如图11-7所示。

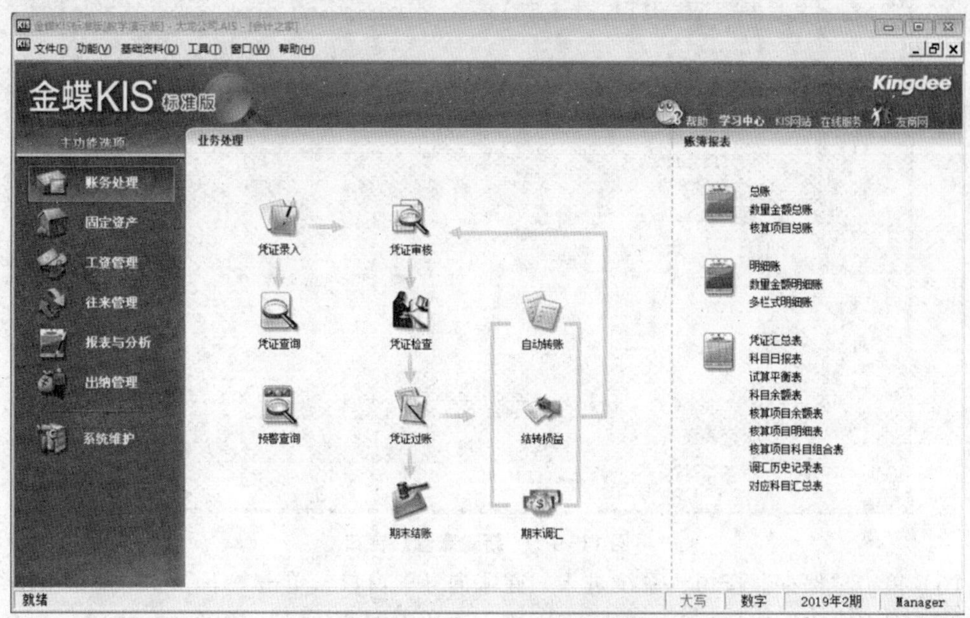

图11-7　“金蝶KIS标准版”界面

该界面称为“会计之家”，在界面最上方显示当前账套名称为“Sample.ais”，右下角显示当前操作员为“Manager”，账套当前期间为“2019年2期”。

“.ais”是文件扩展名，凡是以该扩展名命名的文件都是金蝶KIS账套文件。

窗口左边是“主功能选项”，包含账务处理、固定资产、工资管理、往来管理、报表与分析、出纳管理、系统维护等主要模块。窗口中间是“业务处理”功能，选择相应“主功能选项”，在“业务处理”下会自动显示该选项的明细功能和操作流程。窗口右边是“主功能选项”下的各种明细“账簿报表”。

二、新建账套

我们现在操作一下，如何新建某个公司的账套。

（1）在“会计之家”界面，单击菜单“文件”→“新建账套”，如图11-8所示。

（2）系统弹出“新建账套”窗口，如图11-9所示。

单击“我的电脑”图标，选择E盘，单击图标，创建一个新文件夹，并将这个文件夹命名为“某某班某某”（如10秋2班赵精宁），双击该文件夹，在文件名处录入要新建的账套文件名“大龙公司”，如图11-10所示。

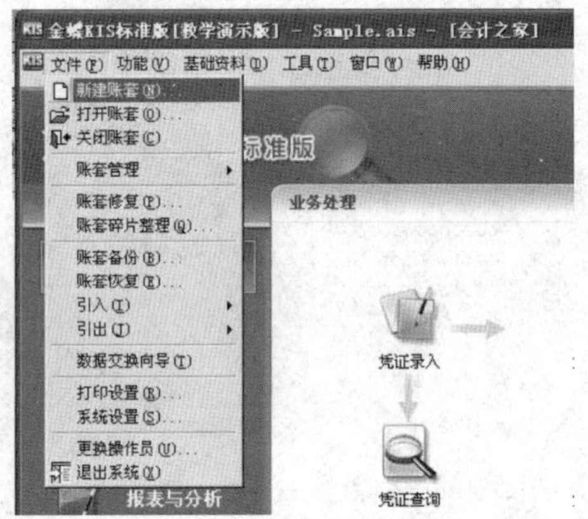

图11-8 “会计之家”界面——新建账套

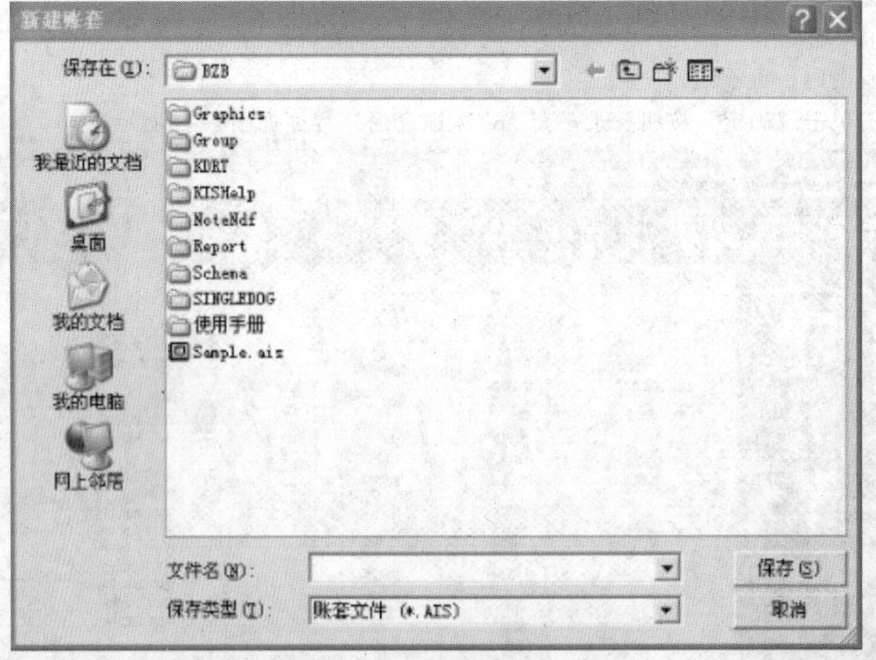

图11-9 “新建账套”窗口

（3）单击“保存”按钮，系统进入“建账向导”窗口，单击“下一步”按钮，系统进入“输入账套名称”对话框，在对话框中输入“沈阳大龙公司”，如图11-11所示。

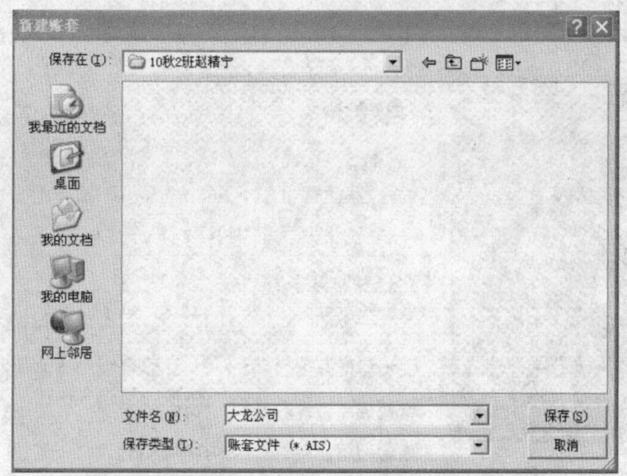

图11-10　“新建账套”窗口——文件命名

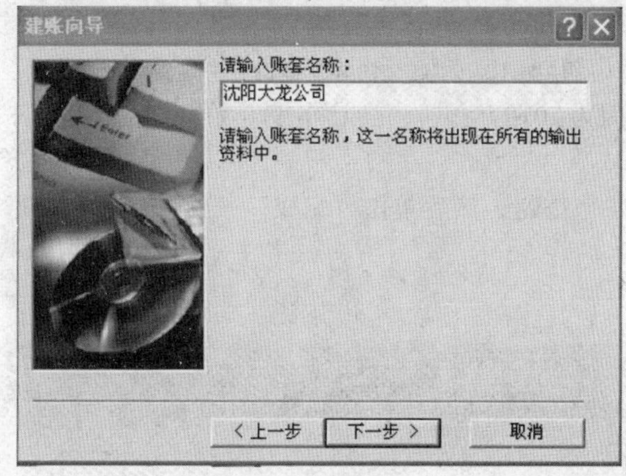

图11-11　“建账向导”窗口——输入账套名称

账套名称与账套文件名是两个不同的概念。账套名称一般是公司全称。账套文件名则是账套文件在计算机中的名字。

（4）单击“下一步”按钮，选择“新会计准则”，如图11-12所示。

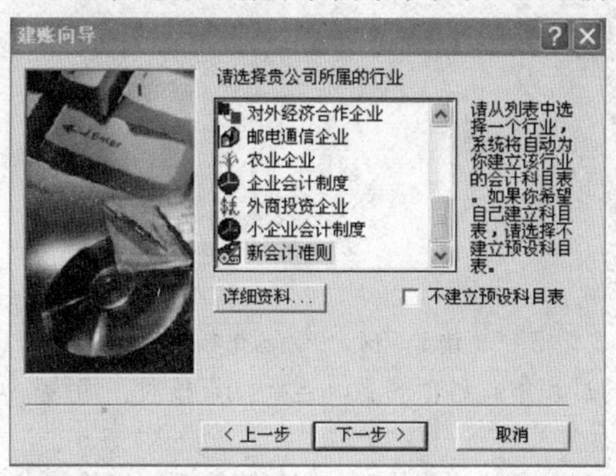

图11-12　“建账向导”窗口——选择公司所属行业

（5）单击“下一步”按钮，记账本位币为默认；单击“下一步”按钮，会计科目级数为默认；单击“下一步”按钮，账套启用会计期间录入“2019年1期”，如图11-13所示。

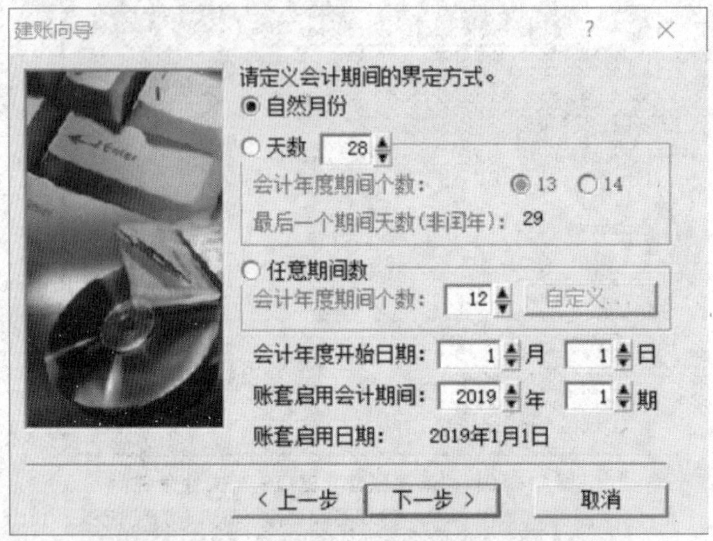

图 11-13　“账套向导”窗口——定义会计期间

账套启用会计期间为2019年1期，会计年度开始日期为1月1日，表示第一张凭证的日期是2019年1月1日。

（6）单击“下一步”按钮，然后单击“完成”按钮，新建账套过程完毕，进入初始化界面，如图11-14所示。

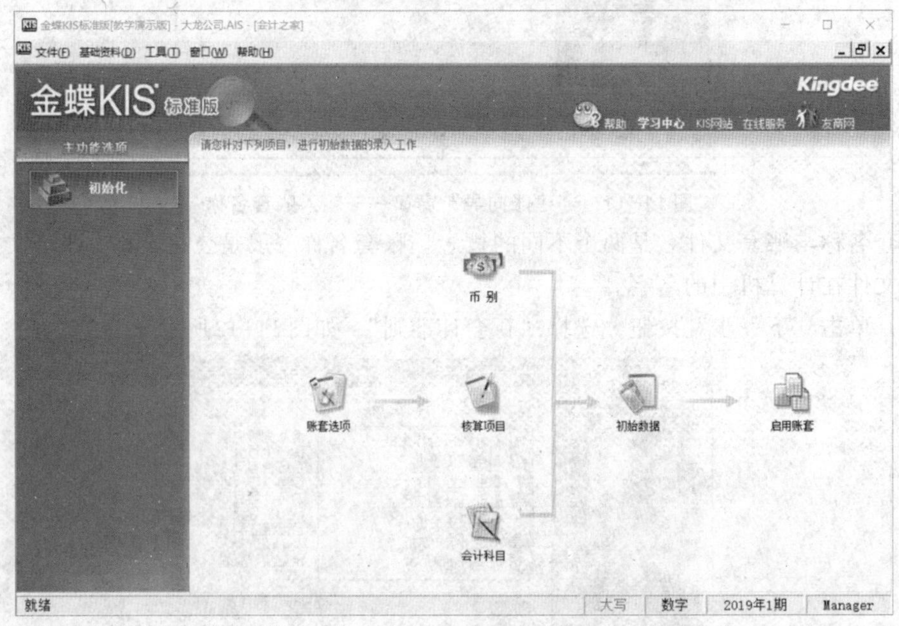

图 11-14　“初始化”界面

在上述新建账套的过程中，各项参数一定要认真核对，因为一旦账套建立后，这些参数就不能更改了。

账套建立后，账套参数虽然不能修改，但可以查看，以检查参数是否正确。查看账套参数的方法为：在初始化界面单击“账套选项”，弹出账套选项窗口，在“账套参数”选项卡中可以看到账套参数，如图11-15所示。

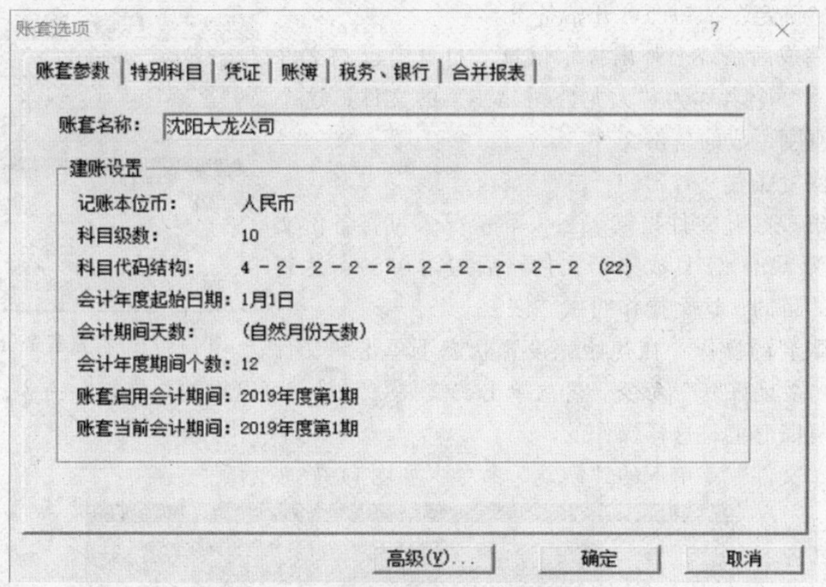

图11-15　“账套选项”窗口——账套参数（一）

如果建账后发现账套参数有误，只能删除账套，重新建立。

三、备份账套

为了防止发生意外对账套造成影响，如硬盘损坏、突然断电等，需要经常将账套备份。

备份的方法为：在初始化界面，单击菜单“文件”→“账套备份”命令，如图11-16所示。

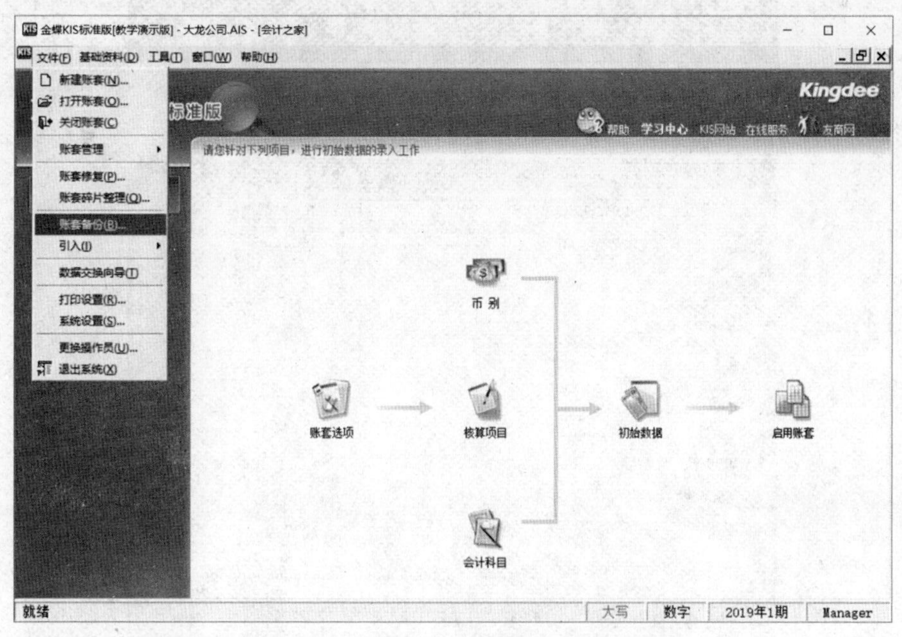

图11-16　“初始化”界面——账套备份

系统弹出“账套备份”窗口，选择E盘中自己的文件夹（即“10秋2班赵精宁”文件夹），如图11-17所示。

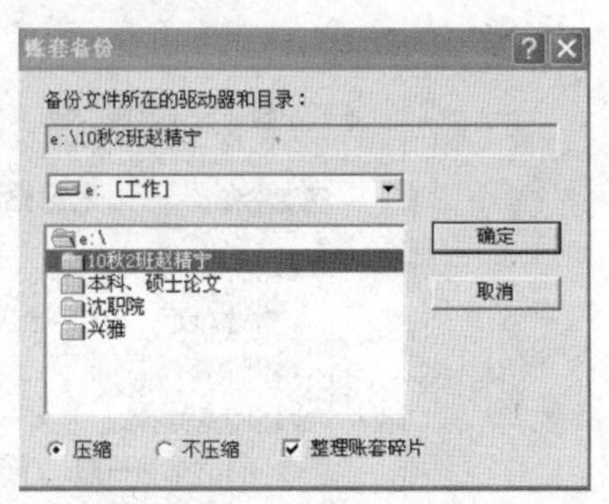

图11-17 “账套备份”窗口

单击“确定”按钮即可开始备份。

备份完成后系统会弹出提示信息。打开自己的文件夹，会看到一个名称为“大龙公司.AIB”的文件，这个文件就是刚刚生成的备份文件。

四、恢复账套

如果出现账套文件出错、丢失等情况，可将备份文件（后缀为AIB）恢复成账套文件（后缀为AIS），达到继续使用的目的，这个操作叫做“恢复”。

恢复账套的操作：在初始化设置状态下单击“文件”菜单下的“关闭账套”命令。再次单击“文件”菜单，可以看到“恢复”命令。在账套启用后，恢复账套也是这样操作的。

单击“文件”菜单下的“恢复”命令，如图11-18所示。

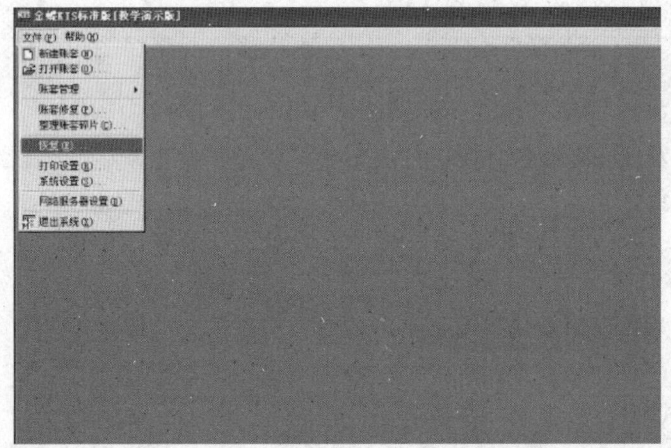

图11-18 “初始化”界面——恢复

系统弹出“恢复账套”窗口，如图11-19所示。

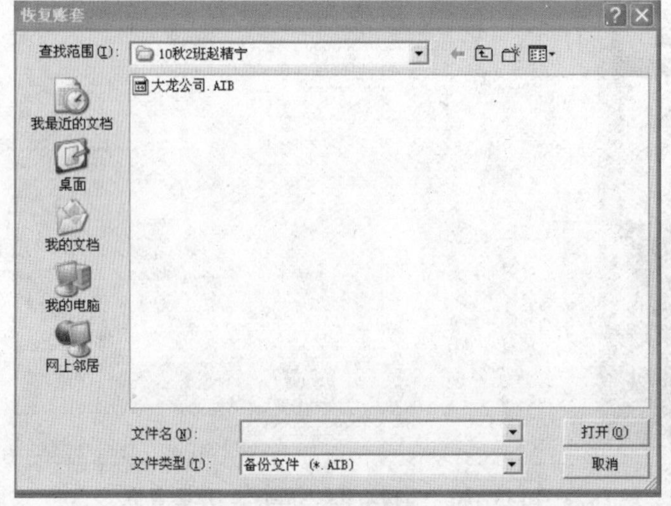

图11-19 “恢复账套”窗口

选择“大龙公司.AIB”文件，单击“打开”按钮，出现“恢复为”窗口，选择自己的文件夹，更改账套文件名为“大龙公司建账”，如图11-20所示。

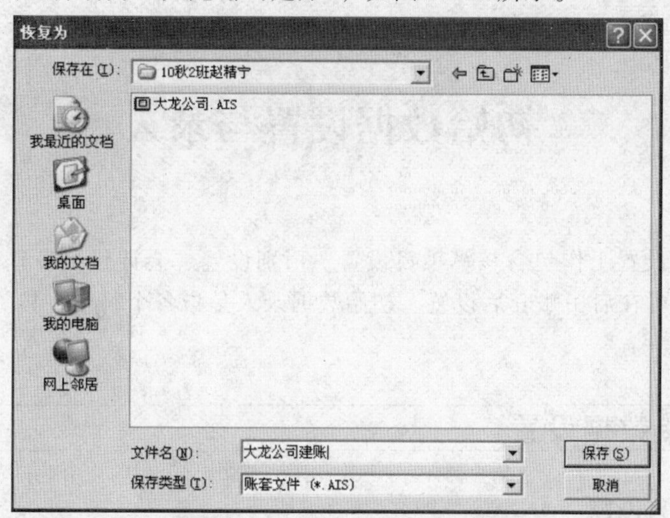

图11-20 “恢复为”窗口

单击“保存”按钮，之后系统自动进入“大龙公司建账”账套，如图11-21所示。

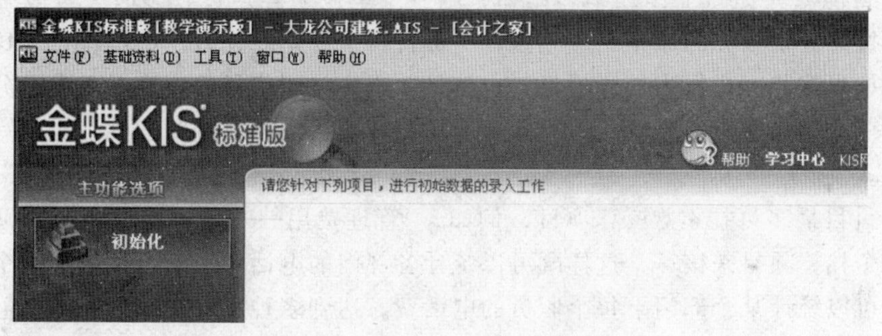

图11-21 “会计之家”界面

五、删除账套

不再使用账套时可以将其删除，删除方法为：首先，关闭金蝶KIS程序；然后，打开自己的文件夹，找到要删除的文件，单击鼠标右键，选择“删除”即可。

第十二章

初始数据设置与录入

初始数据的设置工作包含核算项目设置、币别设置、会计科目设置和账套选项设置，其中账套选项也可在启用账套后设置。初始数据录入是指各个科目、核算项目的期初余额的录入。

第一节 初始数据设置

一、核算项目设置

核算项目这个概念对于初学者来说比较陌生，但它是财务软件里非常重要的概念，用好核算项目能大大提高工作效率。比如，当一个单位的客户比较多时，可能有几百个客户，那么按照分别核算的原则，应收账款一级科目下要建立几百个明细科目，这显然不方便，那么如果这些客户作为核算项目，也就是并不作为明细科目，在录入会计分录时，只需要录到“应收账款”一级科目，再单独填写核算项目内容，随时遇到随时填写，这样就要方便很多。

一个科目最多可挂4类核算项目，例如，“管理费用——电话费”科目，可以按部门和职员两个核算项目来核算，这样既可以统计各部门的电话费，又可以统计每个职员的电话费，还可以统计某个部门下每个职员的电话费，达到多种方式统计的目的。但数据库的承受能力是有限的，如果某个科目下挂过多的核算项目，就会影响软件的运行速度。

金蝶KIS标准版已经预设了3类核算项目：往来单位、部门和职员。沈阳大龙公司的核算项目资料见表12-1，下面我们分别学习这些核算项目应如何设置。

表12-1 **核算项目**

往来单位		部门		职员		
代码	名称	代码	名称	代码	姓名	部门
1001	沈阳天谊	01	总经办	01	王总	总经办
1002	大连华府	02	财务部	02	李会计	财务部
2001	沈阳广利	03	销售部	03	小刘	财务部
2002	沈阳天地	04	生产部	04	小张	销售部
				05	小陈	生产部

1.往来单位设置

往来单位一般指客户及供应商等。按照上述资料，设置过程如下：

在“会计之家”界面，单击“核算项目”图标，系统弹出“核算项目”窗口。

在“往来单位”选项卡中，单击“增加”按钮，如图12-1所示。

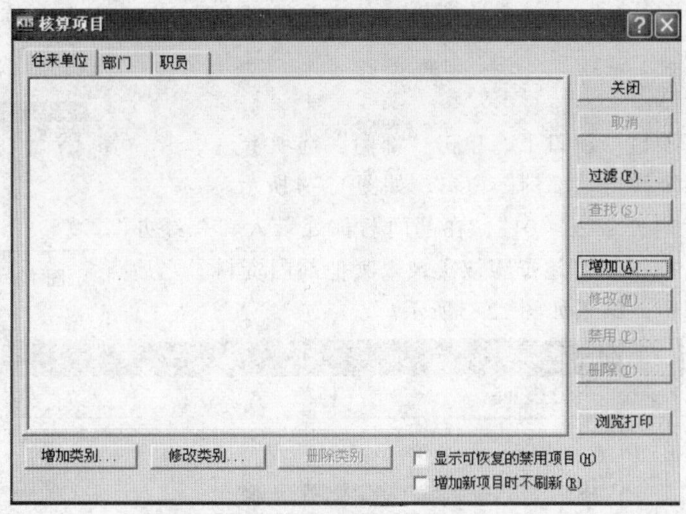

图12-1 “核算项目”窗口

系统弹出“往来单位”窗口，如图12-2所示。

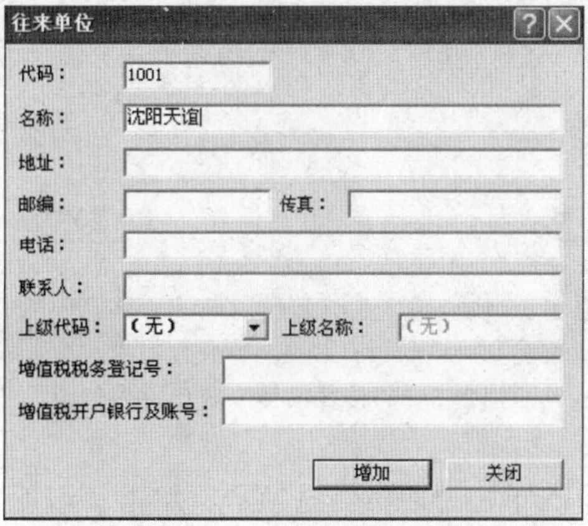

图12-2 “往来单位”窗口

按照资料，在代码处录入“1001”，在名称处录入“沈阳天谊”，单击“增加”按钮。按此步骤依次录入其他往来单位资料，然后点击“关闭”按钮，结果如图12-3所示。

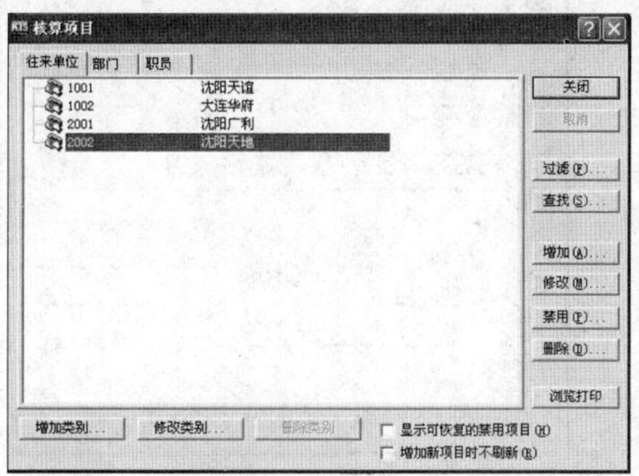

图12-3 “核算项目”窗口——往来单位

如果要修改往来单位资料，应先选中要修改的往来单位，再点击“修改”按钮。如果要删除某个往来单位，应选中该单位，再单击“删除”按钮。其他核算项目的修改、删除方法与此类似。

2.部门设置

在“核算项目”窗口下，单击“部门”选项卡，单击“增加”按钮，系统弹出“部门”窗口，如图12-4所示。

在部门代码处录入“01”，在部门名称处录入“总经办”，单击“增加”按钮。按此步骤依次录入其他部门资料，之后点击“关闭”按钮，结果如图12-5所示。

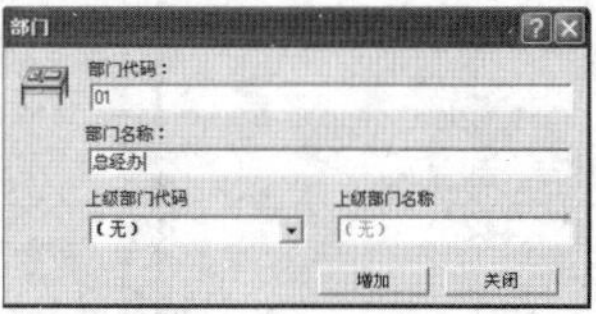

图12-4 “部门”窗口

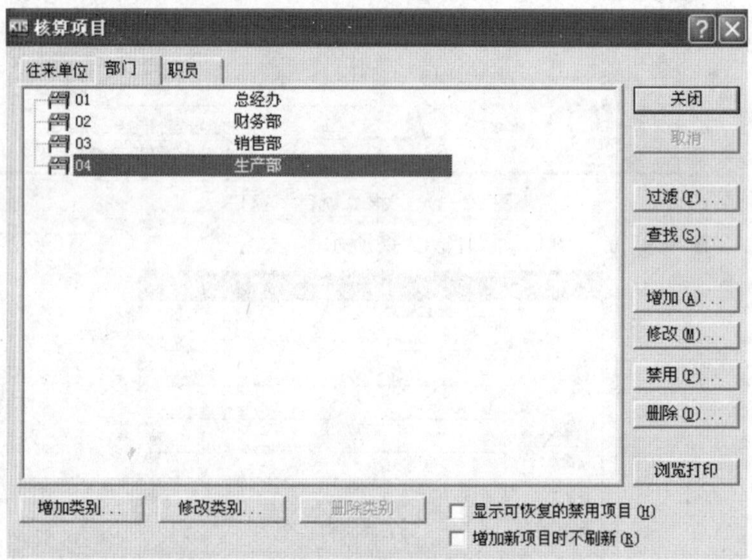

图12-5 “核算项目”窗口——部门

3.职员设置

在“核算项目”窗口，单击“职员”选项卡，单击“增加”按钮，弹出“职员”窗口，如图12-6所示。

图12-6 “职员”窗口

在代码处录入“01”，在姓名处录入“王总”；部门选择“总经办”。在部门录入栏右侧有个下拉箭头，点击下拉箭头，如图12-7所示，会出现若干部门可供选择。

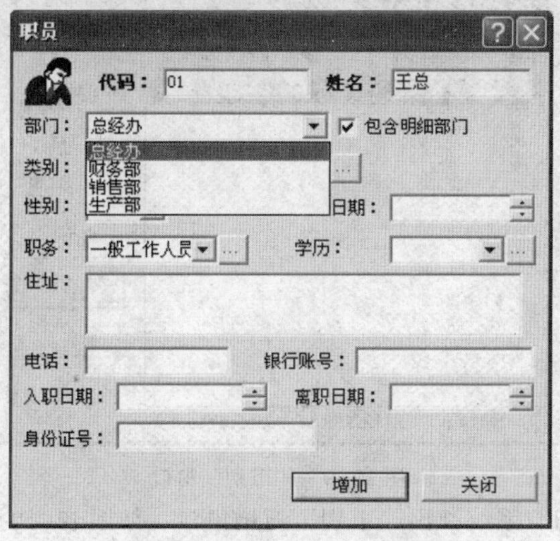

图12-7 “职员”窗口——选择部门

这些部门就是我们自行录入的那些部门；单击职务录入栏右侧下拉箭头，选择“一般工作人员”，单击“增加”按钮。依次填入其他职员资料，之后点击“关闭”按钮，结果如图12-8所示。

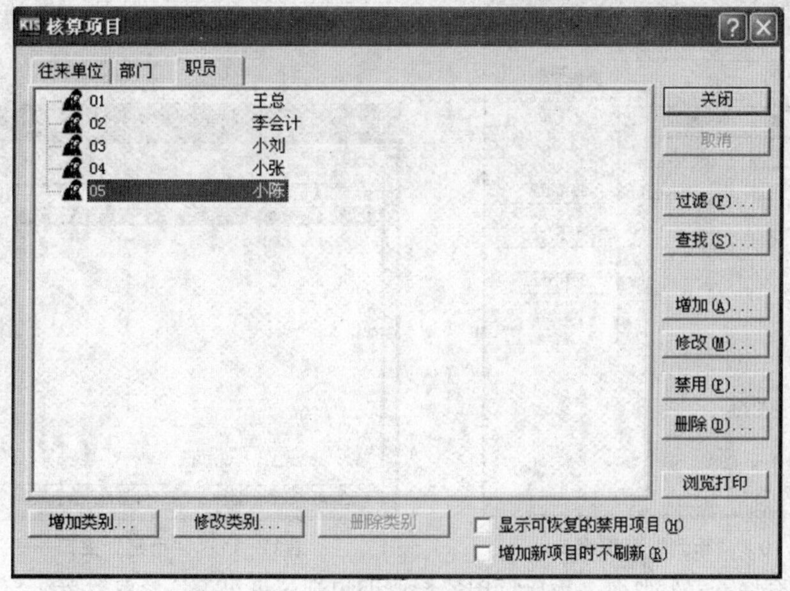

图12-8 “核算项目”窗口——职员

二、币别设置

企业经营可能会发生外币核算业务，例如可能遇到外国客户等。发生外币业务时，就要对外币进行相应处理。币别设置就是对企业用到的外币进行“币别”和“汇率”管理，用户可以对“币别”进行增加、修改、浏览等操作，还可以设置汇率。

大龙公司有美元业务，1月初的汇率是7.00，我们看看这种情况应如何设置。

在“会计之家”界面，单击“初始设置”下的“币别”选项，系统弹出“币别”窗口，如图12-9所示。

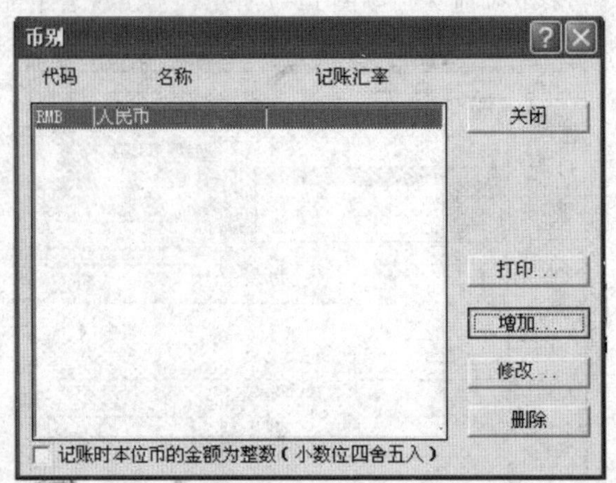

图12-9 “币别”窗口

单击“增加”按钮，系统弹出“币别”新增窗口，如图12-10所示。在币别代码处录入“USD”，在币别名称处录入“美元”，1月份期初汇率为“7.00”，单击“增加”按钮，单击“关闭”按钮返回“币别”管理窗口，结果如图12-11所示。单击“关闭”按钮，返回会计之家初始化界面。

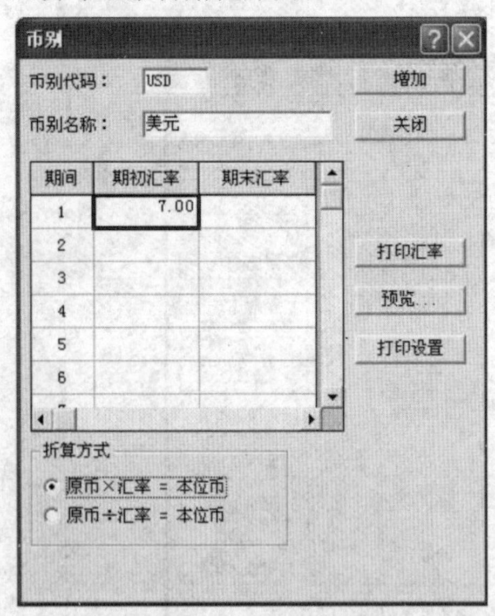

图12-10 “币别”新增窗口

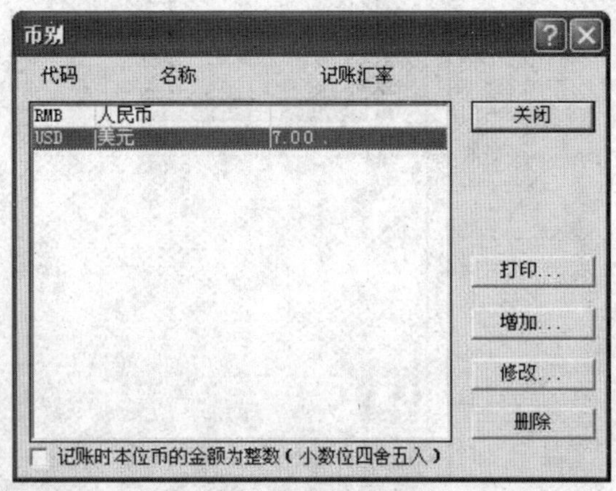

图12-11 “币别”窗口——汇率

当录入有误需要修改时，应先选中要修改的币别，再单击“修改”按钮。

三、会计科目设置

一个企业会用到很多会计科目，每个科目都有自己的特点和用处，就是说每个会计科目都有自己的属性，会计科目的属性包括科目代码、科目名称、科目类别等，在“会计之家”界面，单击“初始设置”下的“会计科目”选项，系统弹出“会计科目”管理窗口，我们先认识下这个窗口，如图12-12所示。

在这个窗口可以看到有6个选项卡，分别为资产、负债、共同、权益、成本和损益，每个选项卡下有不同类别的科目，这些科目是按照标准科目预设好的。

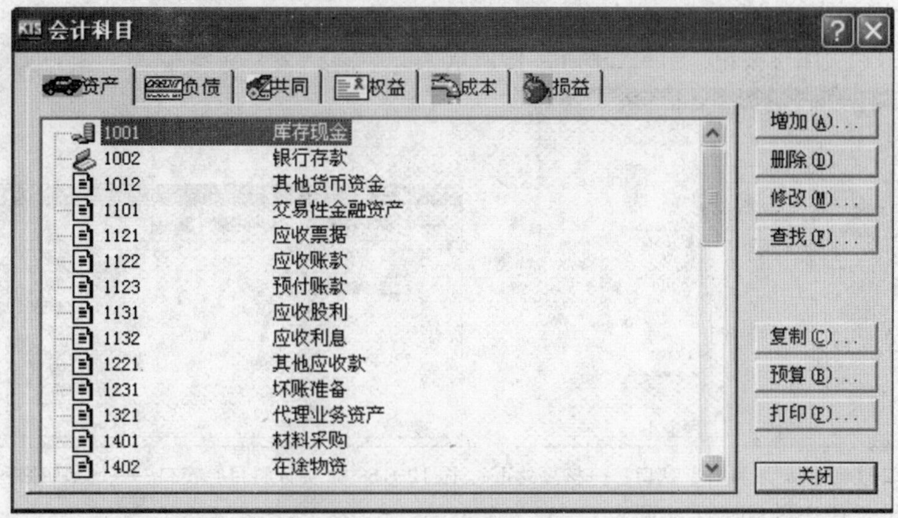

图 12-12 “会计科目”窗口

1.增加“银行存款”科目

大龙公司的银行存款明细科目见表 12-2。

表 12-2 银行存款明细科目

科目代码	科目名称	币别核算	期末调汇
100201	人民币	不核算外币	无
100202	美元	核算单一外币(美元)	是

单击“增加”按钮，系统进入“新增科目”窗口。

在科目代码处录入“100201”，在科目名称处录入“人民币”，单击“增加”按钮，如图 12-13 所示。

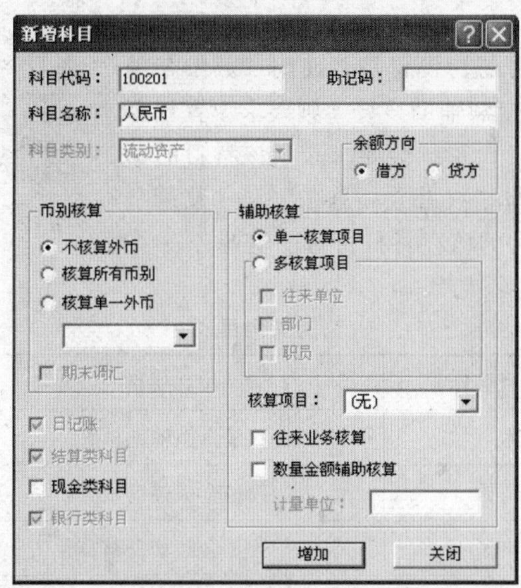

图 12-13 “新增科目”窗口

录入100202科目时，币别核算选择“核算单一外币”，“美元”自动带出，选中“期末调汇”，单击“增加”按钮，如图12-14所示。

单击“关闭”按钮，结果如图12-15所示。

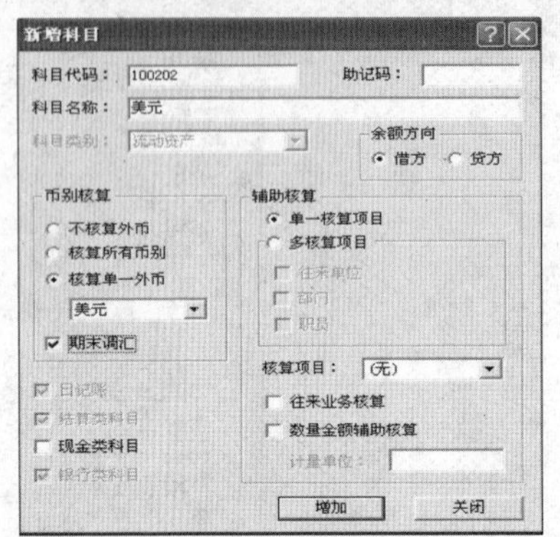

图12-14 “新增科目”窗口——核算外币

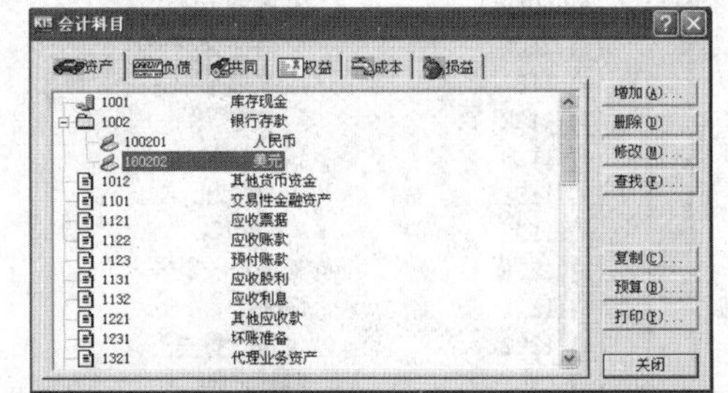

图12-15 “会计科目”窗口——增加明细科目

2.设置往来科目属性（见表12-3）

表12-3 往来科目

科目代码	科目名称	辅助核算	核算项目
1122	应收账款	单一辅助核算	往来单位
2202	应付账款	单一辅助核算	往来单位

在“会计科目”窗口，选中“1122应收账款”科目，单击“修改”按钮，或者双击“1122应收账款”科目，系统弹出“修改科目”窗口，将“核算项目”选为“往来单位”，如图12-16所示，单击“确定”按钮。用同样的方法将“应付账款”科目属性修改为核算“往来单位”。

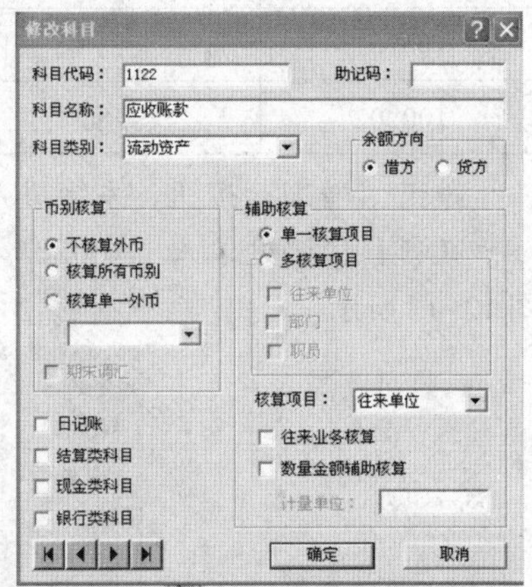

图12-16 “修改科目”窗口

3.设置存货类科目（见表12-4）

存货类科目设置的目的为设置是否使用“数量金额辅助核算”，若进行数量金额辅助核算，则要求设置核算的计量单位。录入凭证时，系统会要求录入该科目的单价和数量，这样在以后的“数量金额总账”和“数量金额明细账”中，就能查询到该存货科目每一笔业务发生时的单价、数量。

表12-4 存货科目

科目代码	科目名称	核算项目	单位
140301	实木颗粒	数量金额辅助核算	吨
140302	铸铁	数量金额辅助核算	吨
140501	桌子	数量金额辅助核算	个
140502	凳子	数量金额辅助核算	个

在“会计科目”窗口，单击“增加”按钮，系统弹出“新增科目”窗口，如图12-17所示，在科目代码处录入“140301”，在科目名称处录入“实木颗粒”，选中“数量金额辅助核算”，在计量单位处录入“吨”，单击“增加”按钮。用同样的方法录入“铸铁”的有关资料。

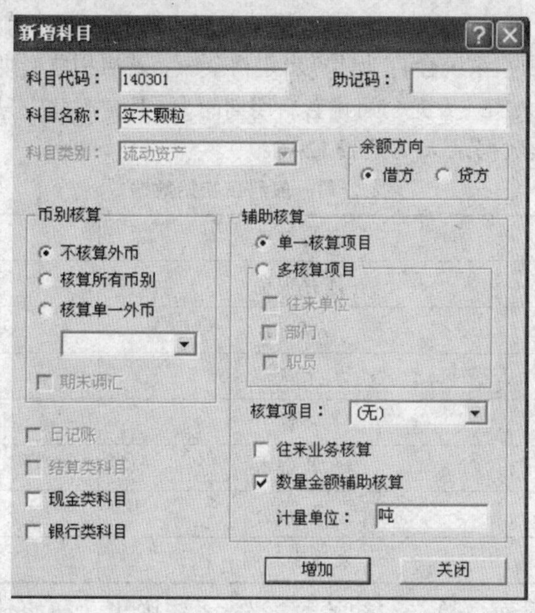

图12-17 “新增科目”窗口——数量金额辅助核算

4.设置其他科目（见表12-5）

表12-5 其他科目

科目代码	科目名称	科目代码	科目名称
160101	房屋	660101	工资
160102	设备	660102	社会保险费
221101	工资	660103	折旧费
221102	社会保险费	660201	工资
510101	折旧费	660202	社会保险费
510102	水电费	660203	折旧费
500101	桌子	660204	水电费
500102	凳子	410401	未分配利润
		410101	法定盈余公积
		410102	任意盈余公积

在“会计科目”窗口，选中“1601 固定资产”科目，单击“增加”按钮，系统弹出“新增科目”窗口。在科目代码处录入“160101”，在科目名称处录入“房屋”。用同样的方法录入其余科目。

第二节 初始数据录入

币别、核算项目、会计科目等基础资料设置完成后，才能录入各科目初始数据。录入数据时，如果启用账套期间不是1月份，那么要录入期初余额、累计借方、累计贷方以及本年累计损益实际发生额4项，系统会自动计算出年初余额。若启用账套期间在1月份，则只需录入期初余额，即为年初余额。大龙公司账套启用期间为1月，因此，只需录入期初余额。

一、一般科目初始数据录入（见表12-6）

表12-6　**大龙公司一般科目初始数据**　单位：元

科目代码	科目名称	金额
1001	库存现金	2 750
100201	人民币	200 000
140301	实木颗粒	9 000
140302	铸铁	8 000
4001	实收资本	1 000 000
410101	法定盈余公积	150 000
410401	未分配利润	151 000

在“会计之家”界面，单击“初始数据”，系统弹出“初始数据录入”窗口，如图12-18所示。

图12-18　“初始数据录入”窗口

录入窗口中不同颜色表示不同类型的数据：白色表示可以直接录入的账务数据资料，它们是最明细级科目的数据；黄色表示非最明细级科目的账务数据或者具有核算项目的会计科目数据，其数据是系统根据最明细级科目的数据自动汇总计算出来的或根据核算项目的数据自动计算出来的；绿色表示有关固定资产的初始数据资料，业务数据涉及“固定资产”“累计折旧”“固定资产减值准备”三个科目，其数据由固定资产卡片自动处理生成。

“核算项目”列中显示“√”，则表示该会计科目下设置了核算项目，双击该列的任何位置，都可进行核算项目的初始数据录入工作。

左上角为数据类型选择框，可以选择要处理的初始数据大类，如图12-19所示，如录入美元。

图12-19 “初始数据录入”窗口——选择数据类别

录入科目数据时，在数据类型选择框中选“美元”，则切换到美元科目初始数据录入窗口，如图12-20所示。录入固定资产、数据金额辅助核算中的数量，都需要在数据类型选择框中选择相应数据类型。录入明细科目数据完毕后，要单击工具栏中的“汇总”选项对数据进行汇总。

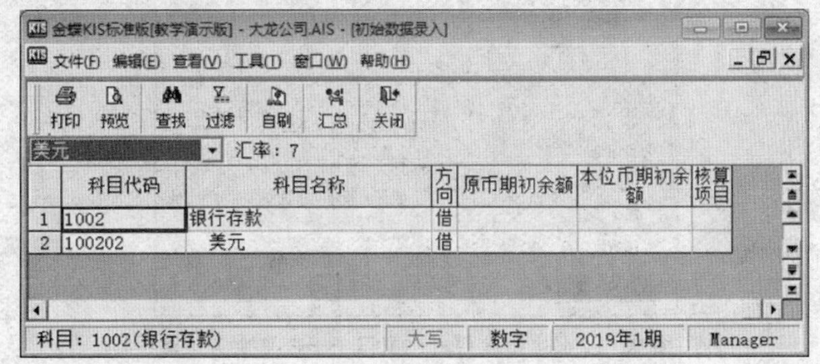

图12-20 “初始数据录入”窗口——显示美元

二、往来科目初始数据录入

金蝶KIS标准版提供两种方式录入往来初始数据，分别为余额式录入和业务核算式录入。在初始数据录入界面，双击“应收账款”科目，进入“核算项目余额”窗口，如图12-21所示，这种方式为余额式录入方式，只需录入往来单位之间的发生额和余额。如果企业除了想了解往来单位余额之外，还想了解与往来单位结算的是哪笔业务（或根据哪份合同），可以使用业务核算式录入方式。此时需要在会计科目属性中选择“往来业务核算”功能。

核算项目余额：科目－1122

核算项目类别	核算项目代码	核算项目名称	期初余额
往来单位	1001	沈阳天谊	0.00
往来单位	1002	大连华府	0.00
往来单位	2001	沈阳广利	0.00
往来单位	2002	沈阳天地	0.00

插入行(I) 删除行(D) 保存(S) 刷新(R) 检测平衡 不显示余额为零的核算项目 关闭

图12-21 “核算项目余额”窗口

大龙公司采用业务核算式录入方式的有关资料见表12-7，具体操作步骤如下：

表12-7 **大龙公司业务核算式录入资料表** 单位：元

业务编号	往来单位代码	日期	顺序号	摘要	借方
ty1098	1001	2018-12-30	1	销售	11 000
ty1099	1001	2018-12-31	2	销售	13 000

在“会计之家”界面，单击“会计科目”，系统弹出“会计科目”管理窗口。选中“应收账款”科目，单击“修改”按钮，系统弹出“修改科目”窗口，如图12-22所示。

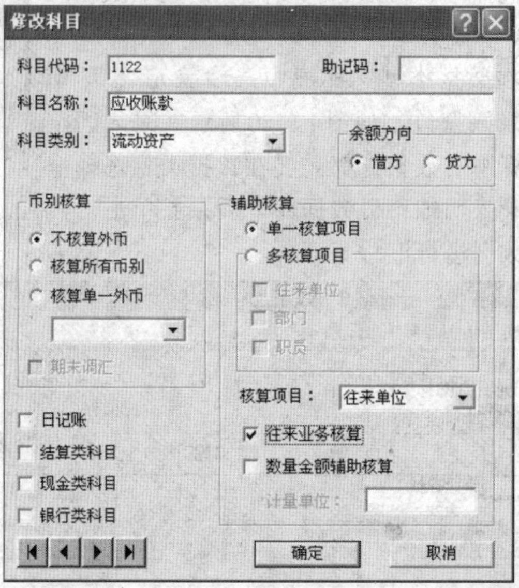

图12-22 “修改科目”窗口——往来业务核算

选中“往来业务核算”，单击“确定”按钮。同理，将“应付账款”科目属性设置为往来业务核算。

单击“初始设置”下的“初始数据”选项，进入“初始数据录入”窗口，双击“应收账款”科目，系统弹出“应收账款”初始数据录入窗口，如图12-23所示。

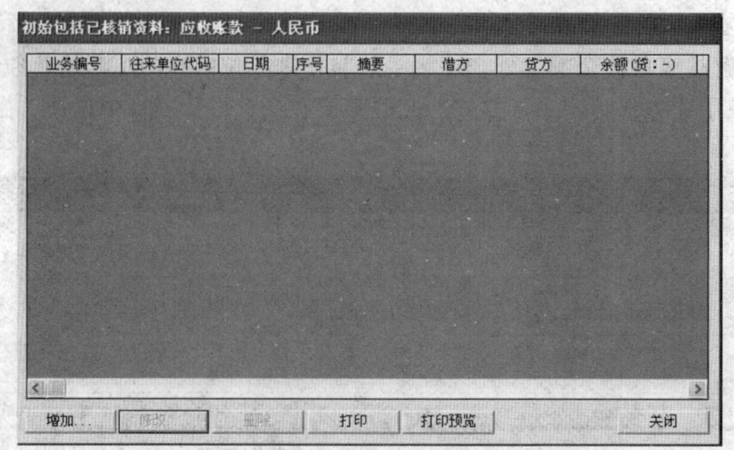

图12-23 “应收账款”初始数据录入窗口

单击“增加”按钮，系统弹出“初始往来业务资料”录入窗口。按照表12-7的资料录入应收账款初始数据，如图12-24所示，在业务编号处录入“ty1098”，在发生日期处录入“2018-12-30”，在顺序号处录入“1”，在摘要处录入“销售”，在借方处录入金额“11 000”，余额自动带出。点击往来单位代码录入栏右侧图标，可以打开相应窗口，选择“1001”。在这条资料录入完成后，单击“增加”按钮，继续录入业务编号为“ty1099”的有关资料。

初始往来业务资料：应收账款 - 人民币
业务编号：ty1098
发生日期：2018/12/30
顺序号：1
摘要：销售
借方：11000.00
贷方：
余额：11000.00
确定
取消
往来单位代码：1001
部门代码：
职员代码：
自定义核算项目代码：
注意：1.顺序号表示同一业务在同一天多次发生的顺序。
2.借方、贷方和余额中要求输入原币金额。
3.同一业务的余额只有第一笔有效，以后输入的余额将忽略。
4.借方余额用正数表示，贷方余额用负数表示。
5.同一业务的余额第一笔必须录入金额。

图12-24　“初始往来业务资料”录入窗口

三、固定资产初始数据录入

1.固定资产卡片

固定资产卡片是记录固定资产信息的卡片，财务工作中用到的信息全部都要记录在卡片上。有关固定资产的业务，如固定资产增加、减少、计提折旧等，都要通过卡片完成。每个固定资产都对应一张固定资产卡片，有多少个固定资产，就有多少张固定资产卡片。

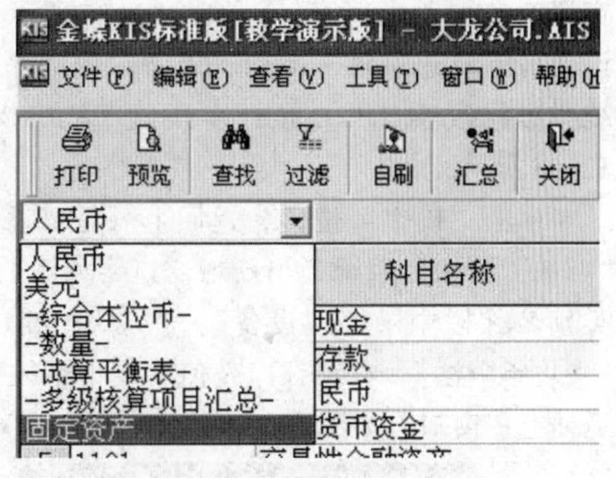

图12-25　“固定资产”录入窗口

在初始数据录入界面，双击“固定资产”科目（绿色框）或在录入窗口左上角的“数据类型选择框”中选择“固定资产”项目，如图12-25所示，系统进入“固定资产”录入窗口。单击工具栏“新增”按钮，系统弹出“固定资产卡片”新增窗口，如图12-26所示。卡片上有三个选项卡，分别是“基本-入账信息”、“折旧与减值准备信息”和“本年变动数据”，每个选项卡包含不同的内容，录入时需要注意。

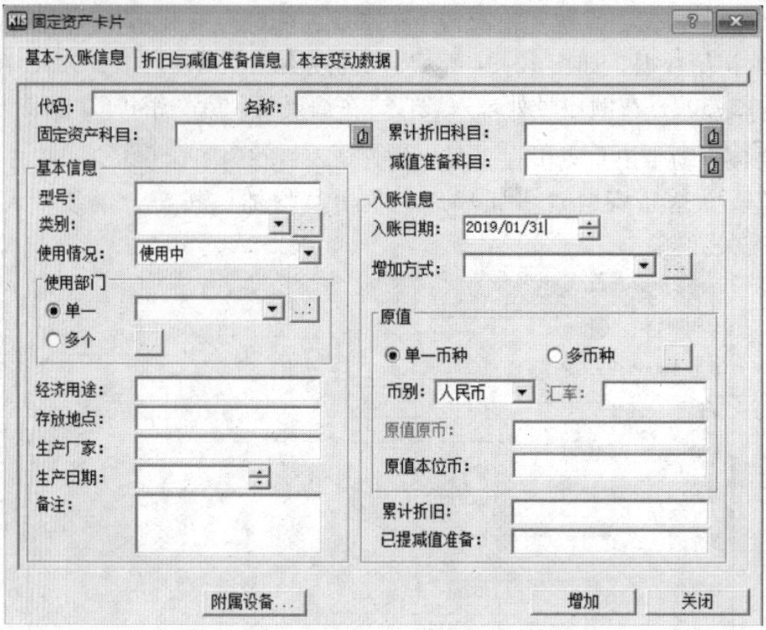

图 12-26 “固定资产卡片”新增窗口

2. 固定资产类别设置（见表 12-8）

表 12-8 大龙公司固定资产类别

类别名称	折旧方法	预计净残值率
房屋及建筑物	平均年限法	10%
设备	平均年限法	10%

其设置方法是：在“基本-入账信息”选项卡下，单击“类别”项右侧的 ... （编辑）按钮，系统弹出“固定资产类别”管理窗口，如图 12-27 所示，软件已经预设“房屋及建筑物”类别。单击右侧“修改”按钮，系统弹出修改窗口，在预计净残值率栏录入“10”，如图 12-28 所示。

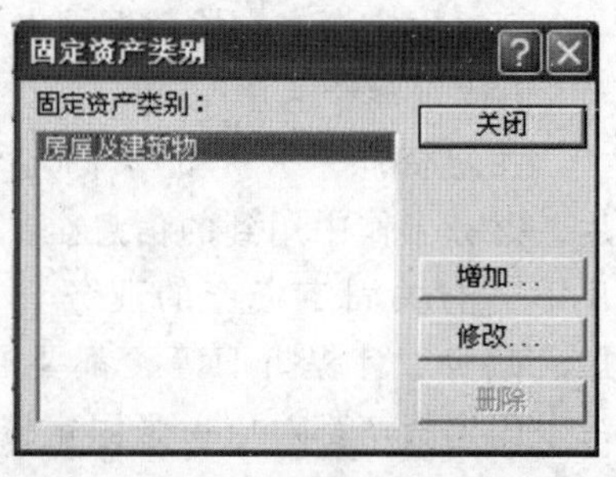

图 12-27 “固定资产类别”管理窗口——设置

单击“确定”按钮，返回上一窗口。单击窗口右侧“增加”按钮，系统弹出新增窗口，如图 12-29 所示，在类别名称栏中录入“设备”，在常用折旧方法栏中选择“平均年限法”，在预计净残值率栏中录入“10”，单击“增加”按钮，单击“关闭”按钮返回上一窗口，如图 12-30 所示，单击“关闭”按钮。固定资产类别设置完毕。

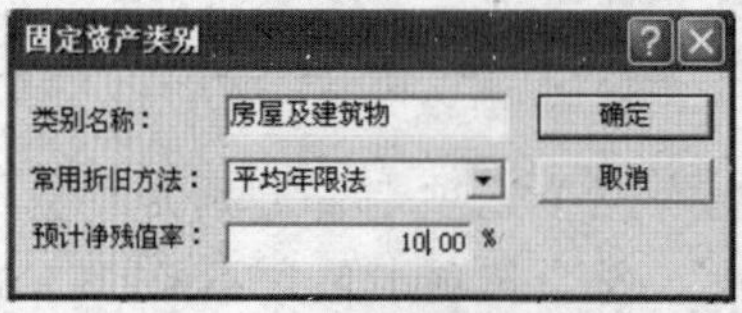

图 12-28 “固定资产类别”管理窗口——房屋及建筑物

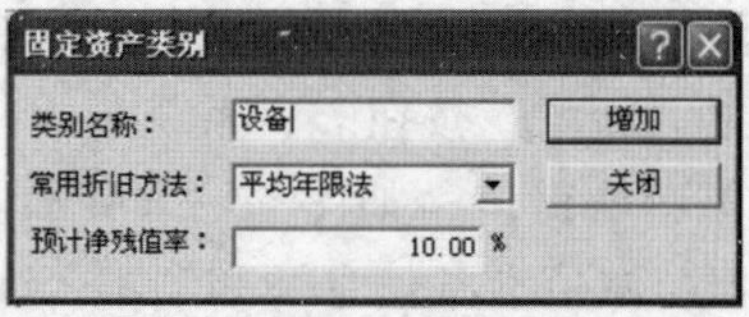

图 12-29 “固定资产类别”管理窗口——设备

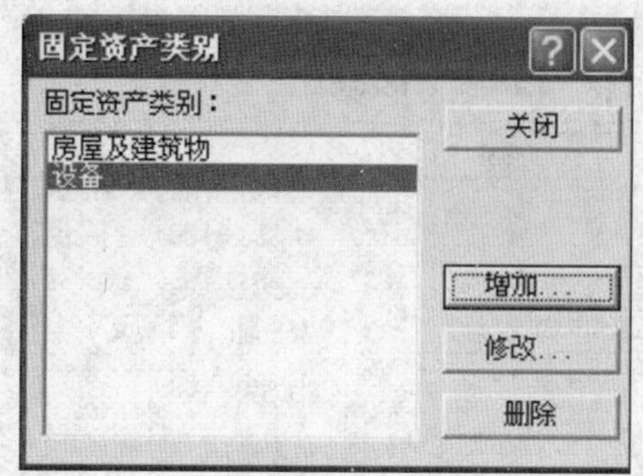

图12-30　“固定资产类别”管理窗口——增加类别

3.固定资产卡片录入（见表12-9）

表12-9　　大龙公司固定资产资料1

基本-入账信息		折旧与减值准备信息	
代码	101	折旧方法	平均年限法
名称	厂房	从入账到预计使用期间数	20年
固定资产科目	房屋	折旧费用科目	多个 管理费用——折旧（20%）， 销售费用——折旧（10%）， 制造费用——折旧（70%）
累计折旧科目	累计折旧	减值准备对方科目	资产减值损失
减值准备科目	固定资产减值准备	原值	900 000元
类别	房屋及建筑物	累计折旧	33 750元
使用情况	使用中	预计净残值	90 000元
使用部门	多个 总经办、财务部、销售部各（10%），生产部（70%）		
入账日期	2018-02-02		
增加方式	购入		
原值本位币	900 000元		

录入过程如下：在固定资产初始数据录入界面，单击工具栏“新增”，系统弹出“固定资产卡片”窗口，单击“基本-入账信息”选项卡，在代码处录入“101”，名称处录入“厂房”，固定资产科目选择“160101”（固定资产——房屋），累计折旧科目选择“1602”，减值准备科目选择“1603”，类别选择“房屋及建筑物”，使用部门选择“多个”，如图12-31所示。单击“多个”右侧…编辑按钮，系统弹出“固定资产使用部门”编辑窗口，单击右侧“增加”按钮，部门选择“总经办”，折旧费用和减值准备的分配比率均为“10%”。单击“增加”按钮，继续录入其他部门及分配比率，如图12-32所示。单击“关闭”按钮，返回上一窗口。

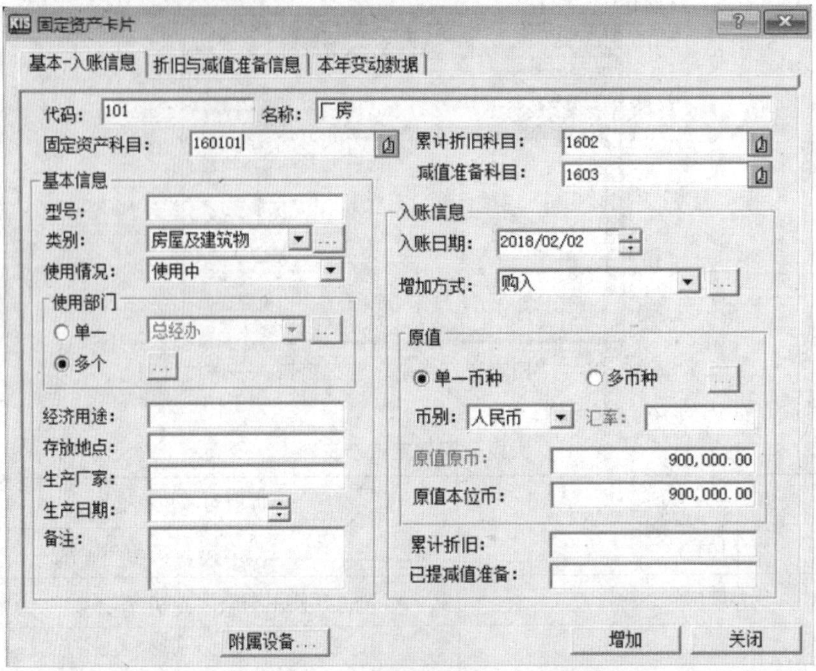

图 12-31　“固定资产卡片”窗口

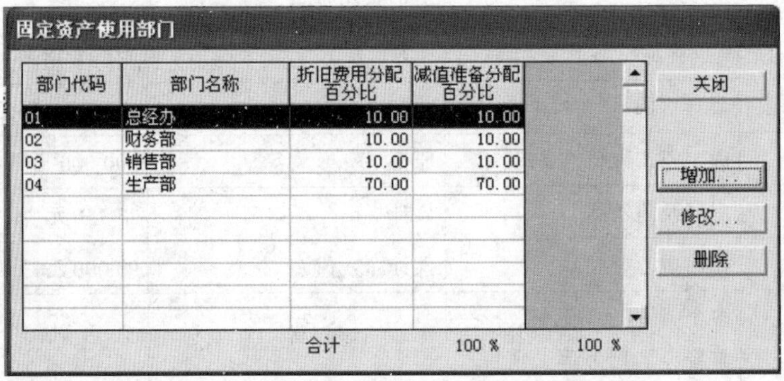

固定资产使用部门

部门代码	部门名称	折旧费用分配百分比	减值准备分配百分比
01	总经办	10.00	10.00
02	财务部	10.00	10.00
03	销售部	10.00	10.00
04	生产部	70.00	70.00
	合计	100 %	100 %

图 12-32　“固定资产使用部门”编辑窗口

单击“关闭”按钮，入账日期选择“2018-02-02”，增加方式选择“购入”，原值处录入金额“900 000”。单击“折旧与减值准备信息”选项卡，折旧方法选“平均年限法”，从入账日期起的预计使用期间数“240”（月），折旧费用科目选“多个”，单击右侧编辑按钮，弹出“固定资产折旧费用科目”编辑窗口。单击“增加”，科目代码处录入或选择“660203”，分配比率处录入“20%”，如图 12-33 所示。单击“增加”，继续录入其他科目及比率，单击“关闭”，返回上一界面，结果如图 12-34 所示。单击“关闭”，减值准备对方科目选择“资产减值损失”，原值处录入“900 000.00”，累计折旧处录入“33 750”，预计净残值处录入“90 000.00”，单击卡片下部“增加”按钮，该项固定资产卡片录入完毕，返回固定资产初始数据录入窗口，如图 12-35 所示。

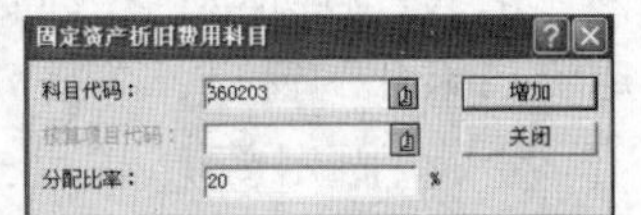

图 12-33　“固定资产折旧费用科目”编辑窗口

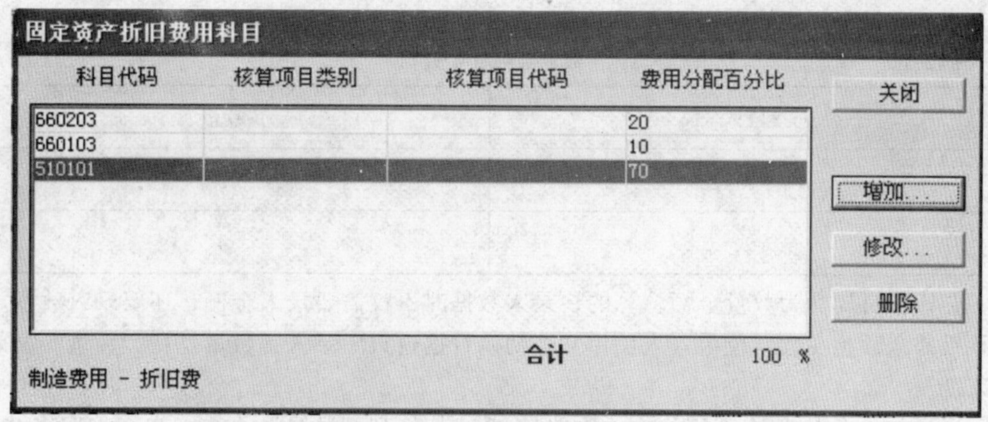

图12-34 “固定资产折旧费用科目”窗口——费用分配

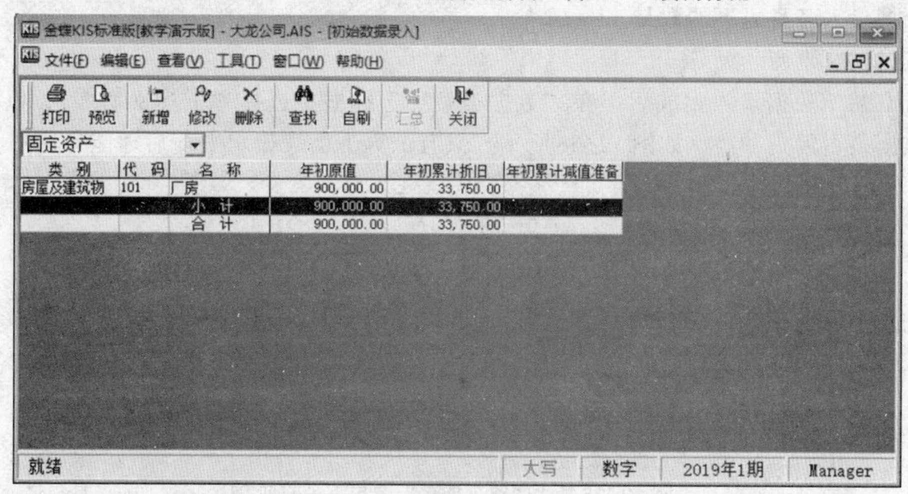

图12-35 “初始数据录入”窗口——固定资产

继续录入下一个固定资产有关数据（见表12-10）。

表12-10 大龙公司固定资产资料2

基本-入账信息		折旧与减值准备信息	
代码	201	折旧方法	平均年限法
名称	生产线	从入账到预计使用期间数	10年
固定资产科目	设备	折旧费用科目	制造费用——折旧
累计折旧科目	累计折旧	减值准备对方科目	资产减值损失
减值准备科目	固定资产减值准备	原值	200 000元
类别	设备	累计折旧	9 000元
使用情况	单一	预计净残值	20 000元
使用部门	生产部		
入账日期	2018-06-05		
增加方式	购入		
原值本位币	200 000元		

四、数量金额初始数据录入（见表12-11）

表12-11　　**数量金额初始数据**

科目	数量
实木颗粒	3
铸铁	4

会计科目属性为数量金额核算的，录入数据时不仅需要录入金额，还要录入数量。有关科目的金额是在“本位币（人民币）”初始数据窗口中录入，数量是在“数量”窗口中录入。

选择左上角数据类型框中的“数量”，系统切换到“数量”录入窗口，按照表12-11中的数据录入各科目下的数量。

五、试算平衡

所有初始数据录入完成后，在“数据类型”选择框中选择“试算平衡表”，以查看输入的数据是否借贷平衡，如图12-36所示，只有试算平衡表显示平衡后才能启用账套。

金蝶KIS标准版[教学演示版] - 大龙公司.AIS - [初始数据录入]

文件(F)　编辑(E)　查看(V)　工具(T)　窗口(W)　帮助(H)

打印　预览　查找　过滤　自刷　汇总　关闭

-试算平衡表-　试算表已平衡。

	科目代码	科目名称	期初借方	期初贷方
1	1001	库存现金	2,750.00	
2	1002	银行存款	200,000.00	

图12-36　“试算平衡表”窗口——已平衡

如果试算不平衡，意味着初始数据录入有误，这时就要将所录入的数据一一核对，直到试算平衡为止。

需要注意的是，虽然试算平衡后才能启用账套，但并不代表试算平衡后初始数据全部正确。因为试算平衡的原理是检查借贷双方金额是否相等，借贷双方金额不相等则不平衡。当初始数据存在下列错误时，借贷双方仍然可以平衡：

（1）借贷双方录入的金额比正确金额同时多了或少了相同的金额。

（2）应该录入某个科目的金额录入到了另外一个科目。

（3）固定资产卡片上的资料录入错误。

当所有初始资料录入完毕时，就可以启用账套了。在“会计之家”界面，单击“启用账套”，系统弹出“启用账套”向导窗口，如图12-37所示，单击“继续”按钮，进入“账套备份”窗口，选择账套备份的

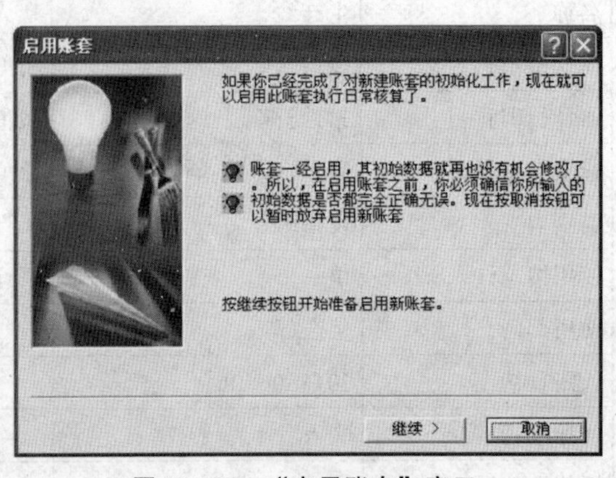

图12-37　“启用账套”窗口

目标文件夹，选择“10秋2班赵精宁”文件夹即可，如图12-38所示。单击“确定”，系统弹出提示窗口，如图12-39所示，这是因为该文件夹下已经有个文件“大龙公司.AIB”。我们知道，一个文件夹下不能有两个同名文件，所以系统就自动将此时产生的备份文件名改为“大龙公司2019-02-06.AIB”，单击“是”，备份完成，如图12-40所示。

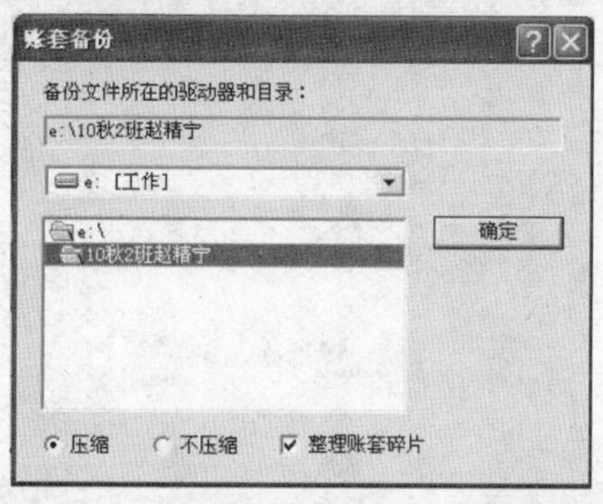

图12-38　“账套备份”窗口——存放路径

图12-39　“信息提示”窗口——重命名备份文件

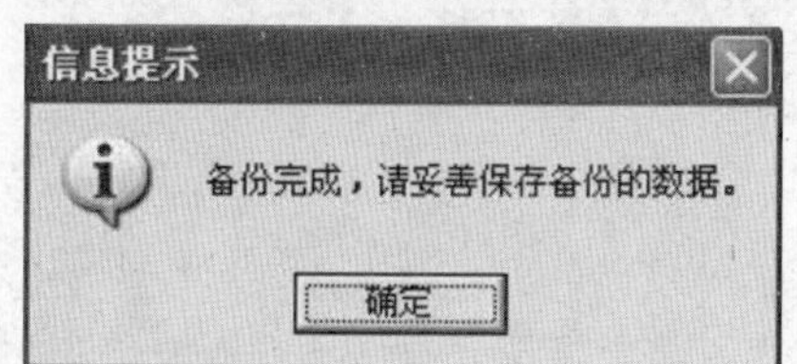

图12-40　“信息提示”窗口——备份完成

单击“确定”，单击“完成”，结果如图12-41所示。

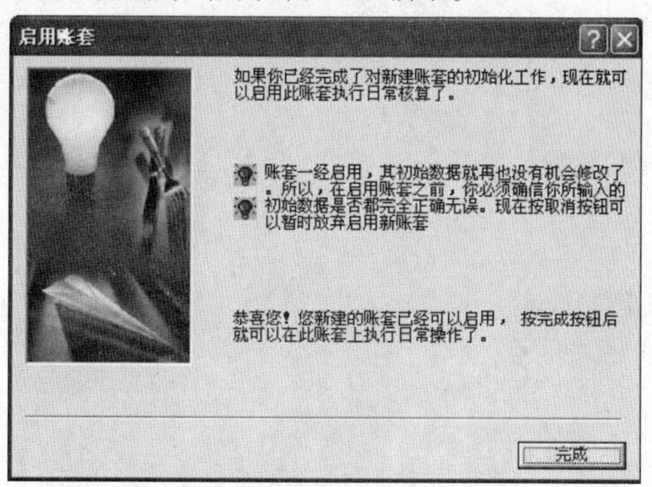

图12-41　“启用账套”窗口——完成初始化

进入“会计之家”界面，如图12-42所示，在界面最上方显示当前账套名称为“大龙公司.AIS”，右下角显示当前操作员为“Manager”，当前期间为“2019年1期”。

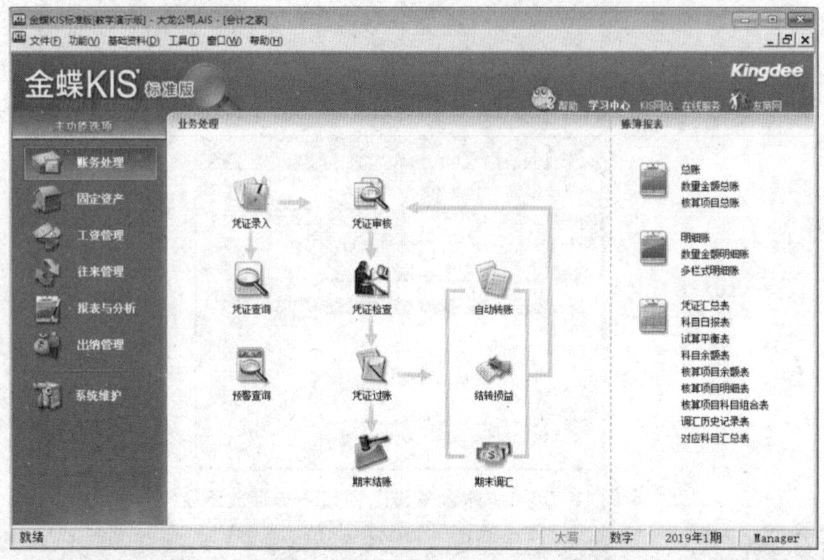

图12-42 “会计之家”界面——大龙公司

第十三章

凭证管理

第一节 用户管理

1.增加用户

企业会计部门往往有两个以上的会计人员，每个会计人员都要登录公司账套来进行会计工作。如果某个人登录账套，这个人就是操作员，又叫用户。

大龙公司账套用户资料见表13-1。

表13-1 大龙公司账套用户资料

姓名	组别	安全码	权限	授权范围
李会计	系统管理员组	123456	所有权限	所有用户
小刘	缺省组	123456	所有权限	所有用户

在“会计之家”界面，单击菜单栏“工具”选项下的“用户”，系统进入“用户（组）管理”窗口，如图13-1所示。进入本窗口的另一种方式是，在“会计之家”界面，单击主功能选项中的“系统维护”，如图13-2所示，再单击右侧的“用户管理”。

在“用户（组）管理”窗口右边有“用户组设置”和“用户设置”，“用户组设置”是对用户组进行管理，“用户设置”是对某个组下的用户进行管理。

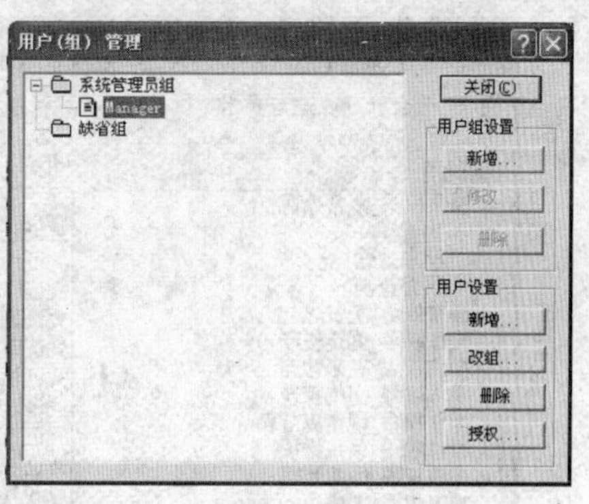

图13-1 “用户（组）管理”窗口

图13-2 “系统维护”窗口

选中“系统管理员组”，单击“用户设置”下的“新增”按钮，系统弹出“新增用户”窗口，如图13-3所示，在用户名栏录入“李会计”，安全码栏录入“123456”，单击“确定”，返回“用户（组）管理”窗口。再单击“缺省组”，单击“新增”按钮，在用户名栏录入“小刘”，在安全码栏录入“123456”。单击“确定”，返回“用户（组）管理”窗口，如图13-4所示。

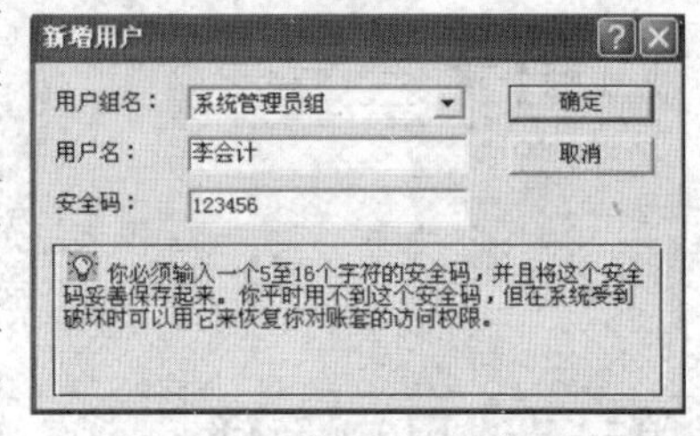

图13-3 “新增用户”窗口

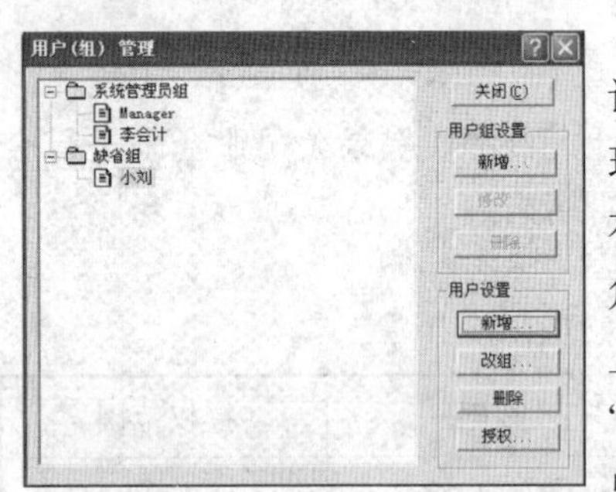

图13-4 “用户（组）管理”窗口——增加用户

接下来再对这两个用户进行授权，选中用户“李会计”，再单击右下角“授权”按钮，系统弹出“权限管理”窗口，如图13-5所示。窗口左边是权限对象，窗口右边是各个权限下的各项明细权限。设置时先单击左下角“授予所有权限”，弹出提示，点“是”即可。再选中上面的“所有用户”，单击右下角“授权”按钮，单击“关闭”按钮。选中用户“小刘”，单击“授权”按钮，单击左下角“授予所有权限”，选中上面的“所有用户”，再单击右下角“授权”按钮，单击“关闭”按钮，返回“用户（组）管理”窗口，单击“关闭”按钮。

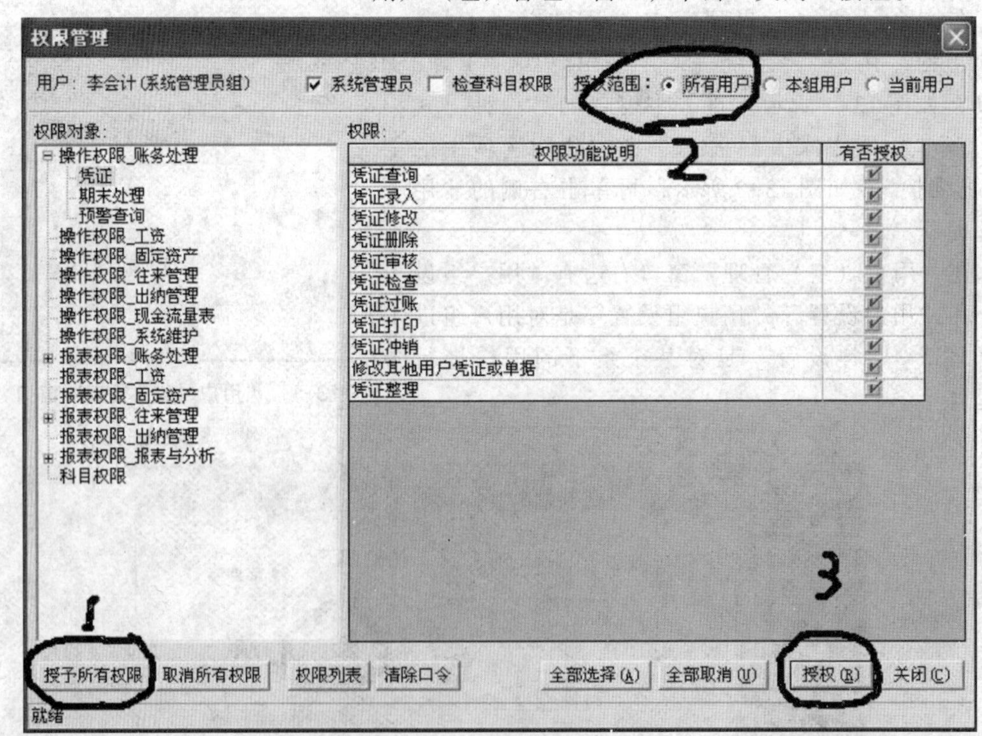

图13-5 “权限管理”窗口

现在我们以李会计的身份登录。首先关闭金蝶KIS程序，然后打开金蝶KIS程序，在用户名称栏选择“李会计”，如图13-6所示，单击“确定”；或者单击“会计之家”界面右下角当前操作员显示栏，如图13-7所示，弹出登录界面，然后选择相应操作员。

图13-6 “金蝶KIS标准版系统登录”窗口

图13-7 “会计之家”界面——当前操作员

2.删除用户

用户不需用时可以删除。在“会计之家”界面，单击菜单栏“工具”→“用户管理”，假设删除Manager，选中Manager，单击“删除”，如图13-8所示，弹出提示“不能删除具有系统管理员身份的用户”，这是因为用户Manager属于系统管理员组，不能被删除，只有将其改为其他组后才能被删除。单击“确定”，单击“改组”，弹出“修改用户所属组别”窗口，如图13-9所示，用户组别选“缺省组”，单击“确定”，返回“用户（组）管理”窗口，这时单击“删除”即可删除用户Manager。

图13-8 “信息提示”窗口——不能删除系统管理员

3.修改登录密码

为了保证财务资料的安全性和保密性，防止他人随意进入账套，可以设置登录密码。在“会计之家”界面，单击菜单栏“工具”下的“修改密码”，弹出“修改密码”窗口，如图13-10所示。如果要修改李会计的密码，先输入旧密码，再输入新密码即可。

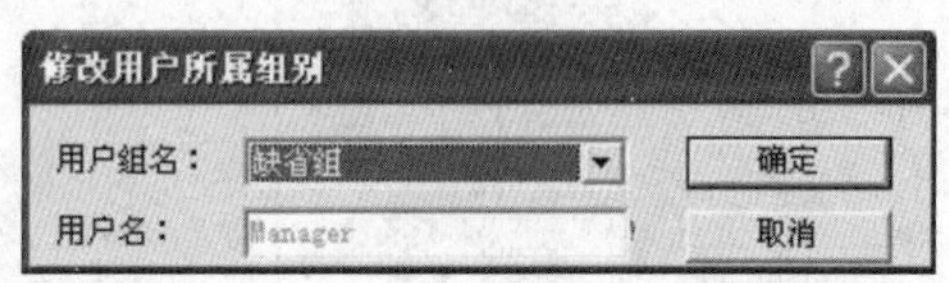

图13-9 “修改用户所属组别”窗口

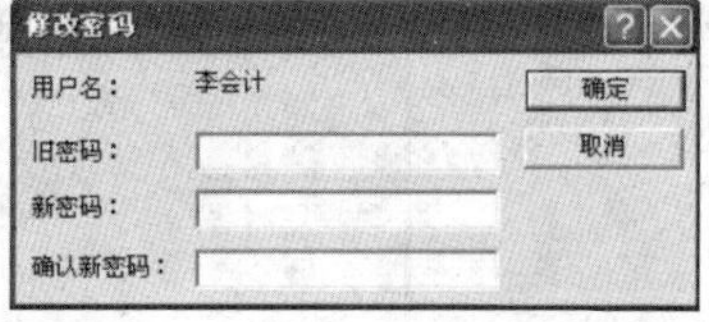

图13-10 “修改密码”窗口

在实际工作中，每个用户往往设置各自的登录密码。在教学中，为了方便使用，可以不设密码。

第二节 凭证处理

1.修改凭证字

在录入凭证前，用户根据需要来确认使用何种凭证字，常见的凭证字有“收”“付”“转”“记”，金蝶KIS标准版默认的凭证字为“收”“付”“转”，用户可以自行更改。大龙公司使用“记”凭证字，其设置方法是：在“会计之家”界面，单击“系统维护”，再单击“凭证字”，系统弹出“新增凭证字”窗口，如图13-11所示，单击“新增”，弹出“新增凭证字”窗口，如图13-12所示，在凭证字栏录入“记”，单击“确定”，返回上一界面。

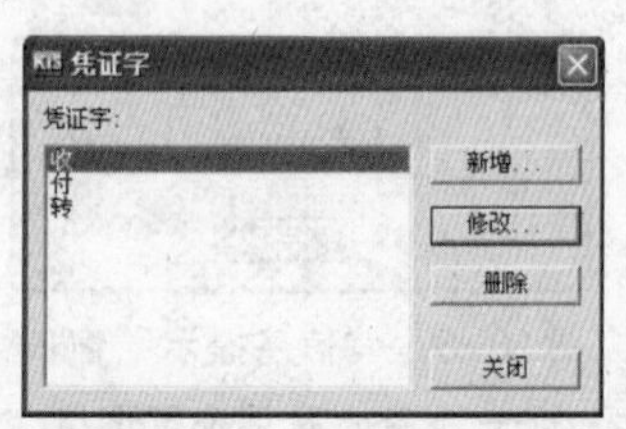

图13-11 “凭证字”窗口

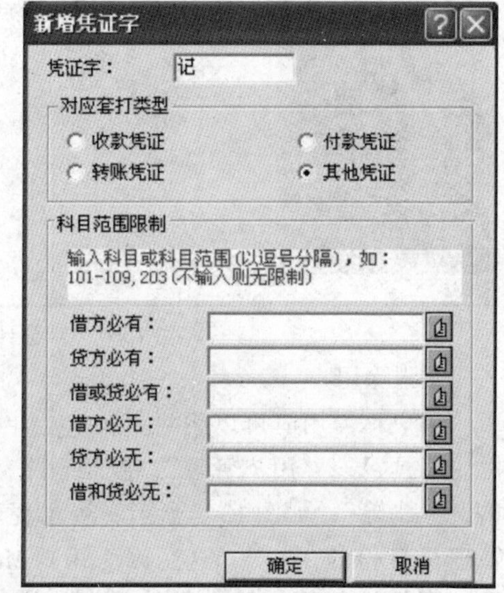

图13-12 “新增凭证字”窗口

选中“收”字，单击“删除”按钮，弹出提示窗口，点击“是”。用同样的方法删除“付”“转”凭证字，结果如图13-13所示，单击“关闭”按钮。

2.凭证录入

凭证是财务工作的基础，凭证是否准确直接关系到会计账簿、会计报表是否准确。准确录入记账凭证，是财务软件操作的基础，也是极为重要的一个环节。

(1) 一般凭证录入

因为制单人是小刘，因此以小刘的身份登录。在“会计之家”界面，单击“账务处理”→“凭证录入”选项，系统进入“记账凭证”窗口，如图13-14所示，可以看到右下角显示制单人为小刘。

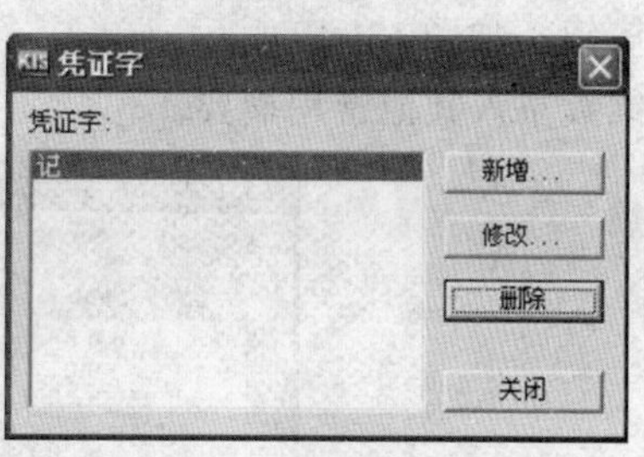

图13-13 “凭证字”窗口
——新增凭证字

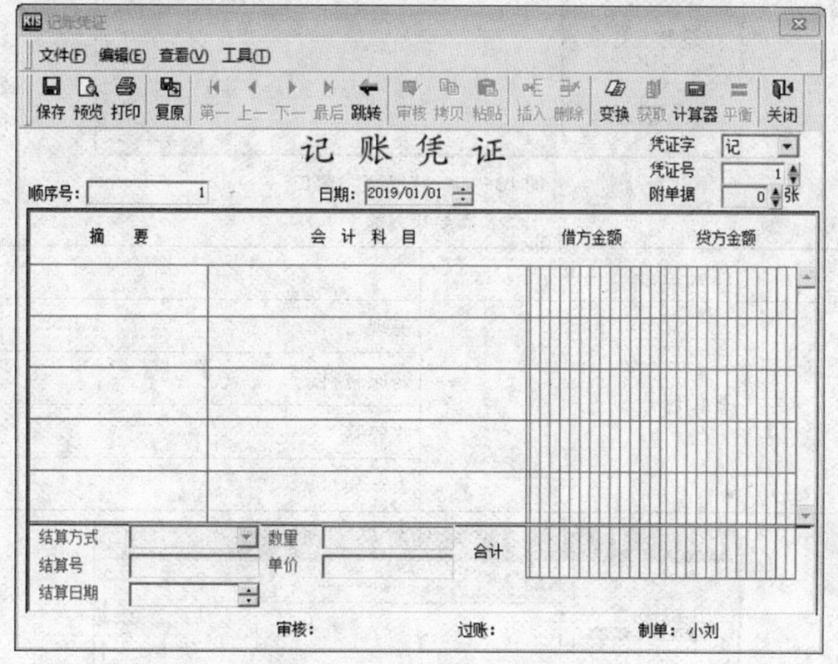

图13-14 “记账凭证”窗口

大龙公司1月份的第1号凭证见表13-2。

表13-2 **大龙公司1月份的第1号凭证** 单位：元

制单人	日期	摘要	会计科目	借方金额	贷方金额
小刘	1月4日	提现	1001库存现金	2 000	
		提现	100201银行存款——人民币		2 000

录入凭证的过程如下：将光标移到日期栏，在日期栏录入或选择“2019-01-04”。在实际工作中，每天要录入很多凭证，一些凭证的摘要基本相同，例如提现、销售、收款、发工资等，这些摘要可称为“常用摘要”。为了快捷，可以将常用摘要录入摘要库，用时从摘要库中选择即可。将光标移到摘要栏，单击键盘按键“F7”，弹出“摘要”窗口，如图13-15所示，单击“增加”按钮，按照表13-3，在摘要类别栏录入“常用摘要”（见表13-3），单击“关闭”按钮，返回“摘要”窗口。单击“常用摘要”，如图13-16所示，点击右侧的“增加”按钮，弹出“增加摘要”窗口，在摘要栏录入“提现”，单击“增加”

按钮，如图13-17所示。单击“关闭”按钮，返回“摘要”窗口，结果如图13-18所示。继续录入其他常用摘要。

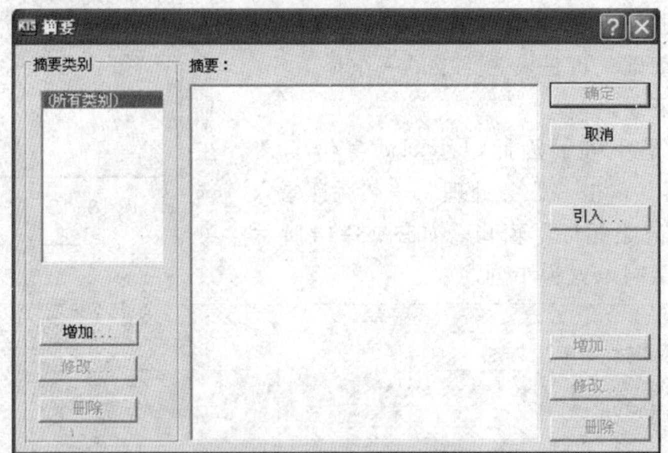

图13-15 “摘要”窗口

表13-3 摘要录入表

摘要类别	摘要
常用摘要	提现
	购原材料
	收欠款
	生产领料

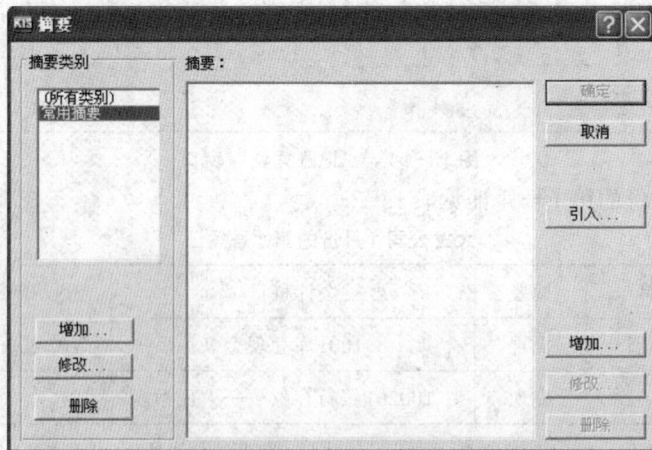

图13-16 “摘要”窗口——增加摘要类别

选中“提现”，单击“确定”按钮，或者双击“提现”，返回凭证录入界面，将“提现”带到凭证中，结果如图13-19所示。摘要库还可以通过“引入”按钮从其他账套中引入摘要，也可以通过“系统维护”模块下的“常用摘要”选项进行管理。

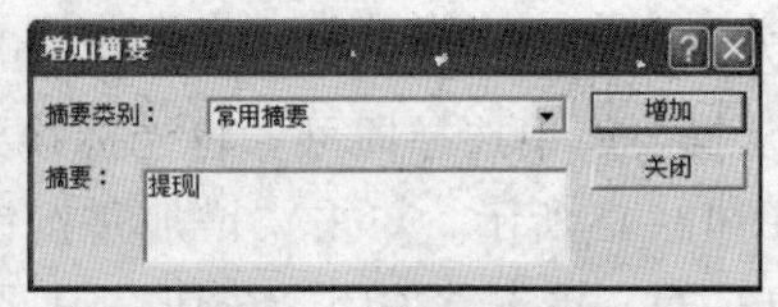

图13-17 “增加摘要”窗口

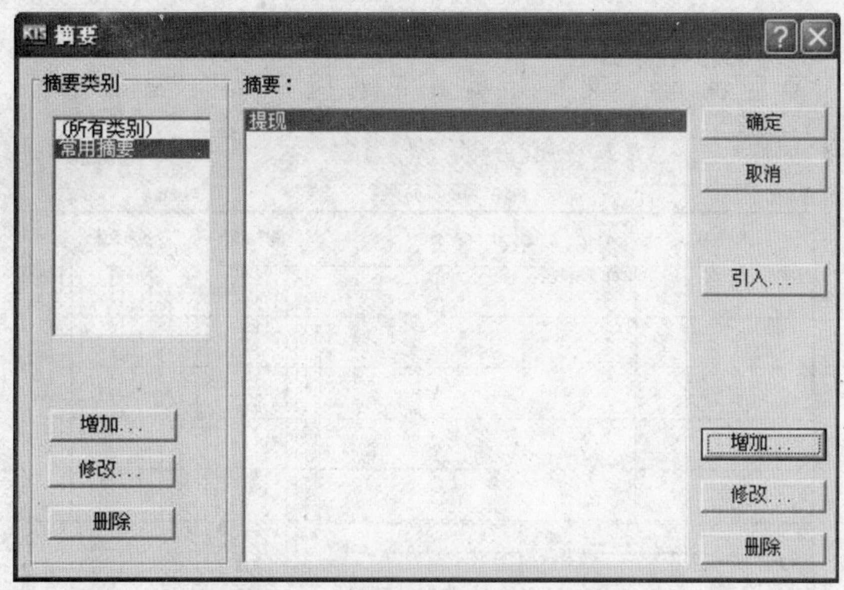

图 13-18 “摘要”窗口——增加摘要

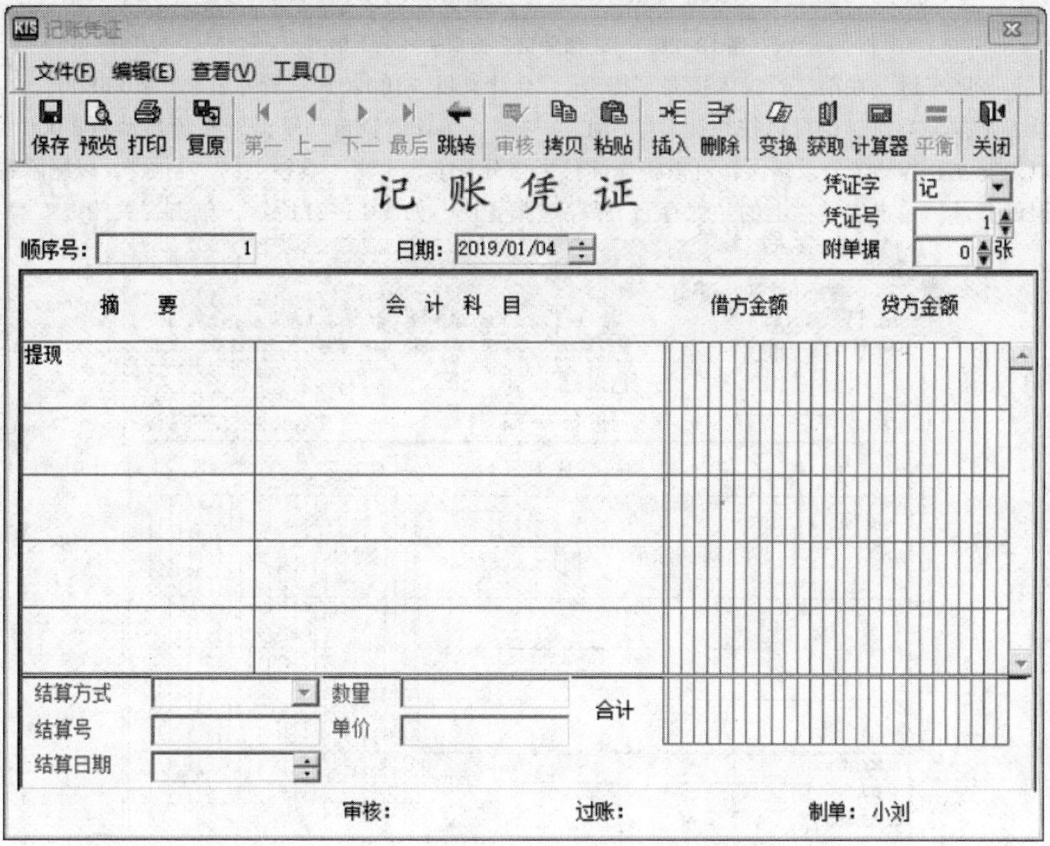

图 13-19 “记账凭证”窗口——自动生成摘要

将光标移到会计科目栏，录入科目代码“1001”或者按“F7”键，弹出“会计科目”窗口，双击“1001”科目，将该科目显示到凭证上。将光标移到借方金额栏，录入“2 000.00”，结果如图 13-20 所示。

记账凭证
文件(F) 编辑(E) 查看(V) 工具(T)
保存 预览 打印 复原 第一 上一 下一 最后 跳转 审核 拷贝 粘贴 插入 删除 变换 获取 计算器 平衡 关闭

记 账 凭 证

凭证字：记
凭证号：1
顺序号：1　日期：2019/01/04　附单据：0 张

摘　要	会计科目	借方金额	贷方金额
提现	1001 库存现金	200000	
合计		200000	

结算方式　数量
结算号　单价
结算日期
审核：　过账：　制单：小刘

图13-20　“记账凭证”窗口——录入借方

按回车键，在第二行录入摘要“提现”，会计科目“100201”，贷方金额“2 000.00”。在录入贷方金额时，也可以按快捷键“Ctrl”＋“=”，实现借贷自动平衡，系统自动将2 000元填入贷方。若某条分录错误，可以将光标移到该分录上，单击工具栏上的“删除”，以删除错误的分录。单击工具栏上的“保存”，保存这张凭证，如图13-21所示，单击“关闭”。

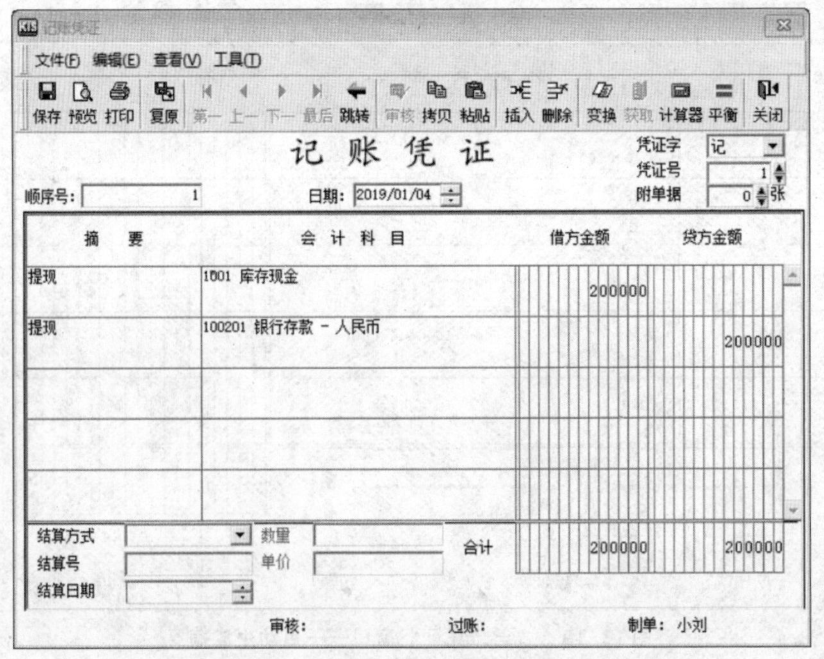
记账凭证
文件(F) 编辑(E) 查看(V) 工具(T)
保存 预览 打印 复原 第一 上一 下一 最后 跳转 审核 拷贝 粘贴 插入 删除 变换 获取 计算器 平衡 关闭

记 账 凭 证

凭证字：记
凭证号：1
顺序号：1　日期：2019/01/04　附单据：0 张

摘　要	会计科目	借方金额	贷方金额
提现	1001 库存现金	200000	
提现	100201 银行存款 - 人民币		200000
合计		200000	200000

结算方式　数量
结算号　单价
结算日期
审核：　过账：　制单：小刘

图13-21　“记账凭证”窗口——录入贷方

（2）数量金额式凭证录入

如果输入凭证数量较多时，为了提高录入速度，可以做如下设置：在“会计之家”界面，单击“系统维护”→“账套选项”，弹出“账套选项”窗口，如图13-22所示。

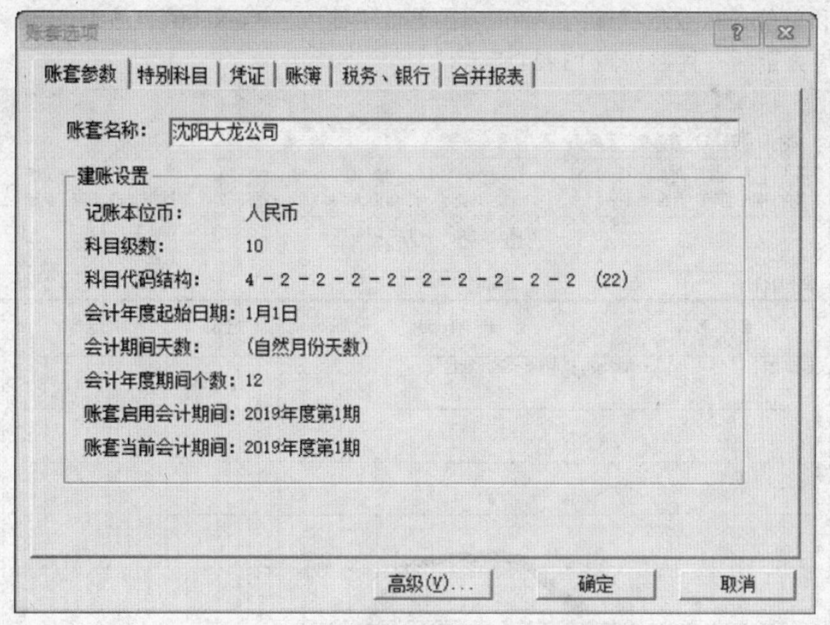

图13-22 “账套选项”窗口——账套参数

单击“凭证”选项卡，选中“凭证保存后立即新增“项目，如图13-23所示，单击“确定”。

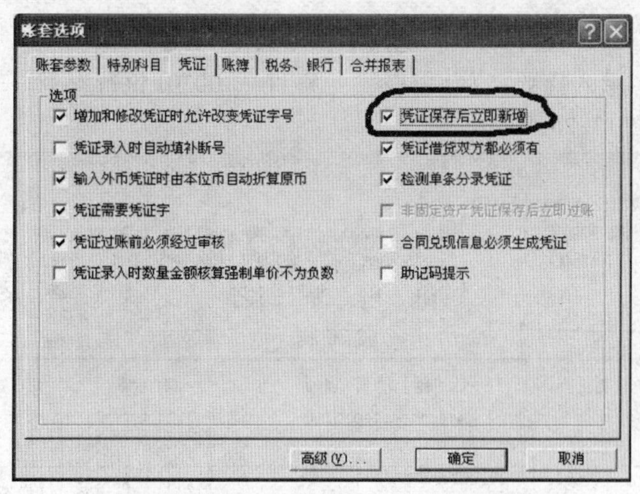

图13-23 “账套选项”窗口——凭证选项设置

大龙公司1月份的第2号凭证见表13-4。

表13-4 大龙公司1月份的第2号凭证 金额单位：元

制单人	日期	摘要	会计科目	数量	金额	借方金额	贷方金额
小刘	1月5日	购原材料	140301原材料——实木颗粒	30	3 000	90 000	
		购原材料	100201银行存款——人民币				900 000

进入“记账凭证”录入窗口，录入日期“2019-01-05”，摘要“购原材料”。在会计科目栏录入“140301原材料——实木颗粒”科目，这时注意窗口下面的数量栏、单价栏，

其状态是激活状态，因为当前科目在初始化设置时已经设为“数量金额辅助核算”，必须录入数量和单价，在数量栏输入“30”，在单价栏输入“3 000.00”，按回车键，金额会自动显示到借方金额一栏，如图13-24所示。

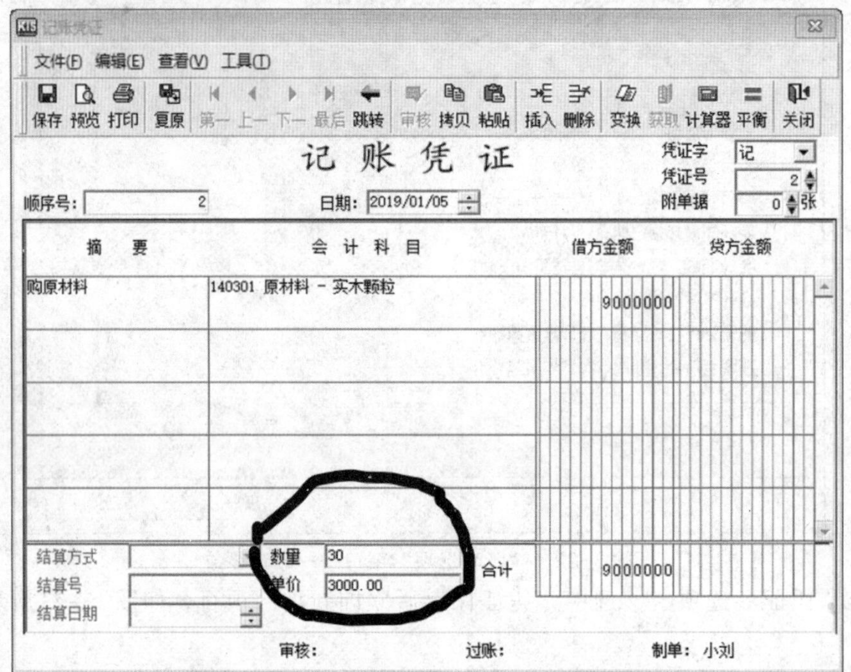

图13-24 “记账凭证”窗口——数量与单价

单击第二行，录入摘要“购原材料”，科目“100201银行存款——人民币”，金额“900 000.00”，如图13-25所示。

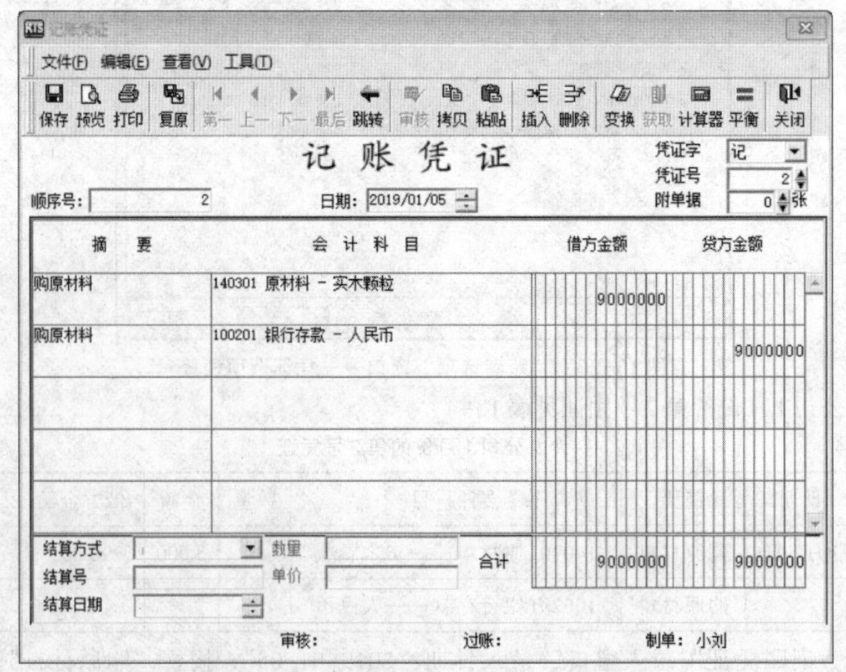

图13-25 “记账凭证”窗口——记2号凭证

单击“保存”，可以看到保存后自动显示一张空白凭证，可以继续录入下一张凭证。

大龙公司1月份的第3号凭证见表13-5。

表13-5 大龙公司1月份的第3号凭证 金额单位：元

制单人	日期	摘要	会计科目	数量	金额	借方金额	贷方金额
小刘	1月6日	生产桌子领料	500101 生产成本——桌子			66 000	
		生产桌子领料	140301 原材料——实木颗粒	20	3 000		60 000
		生产桌子领料	140302 原材料——铸铁	3	2 000		6 000

录入第3号凭证，结果如图13-26所示。

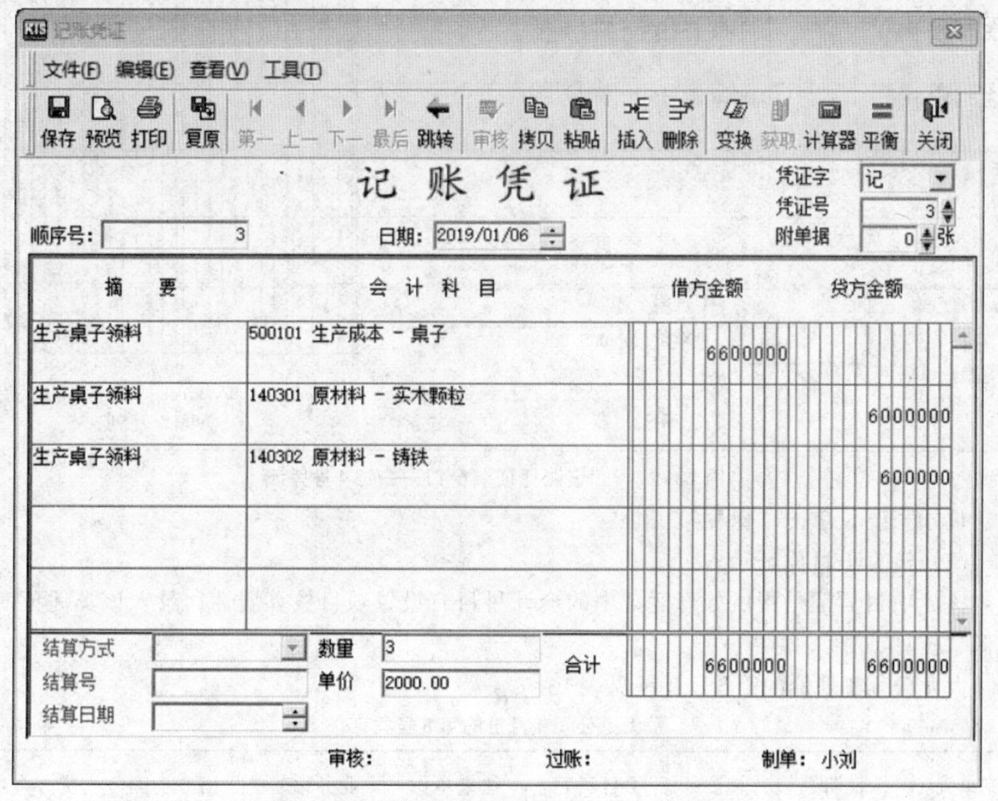

图13-26 “记账凭证”窗口——记3号凭证

单击“保存”，继续录入下一张凭证。

大龙公司1月份的第4号凭证见表13-6。

表13-6 大龙公司1月份的第4号凭证 金额单位：元

制单人	日期	摘要	会计科目	数量	金额	借方金额	贷方金额
小刘	1月6日	生产凳子领料	500102 生产成本——凳子			41 000	
		生产凳子领料	140301 原材料——实木颗粒	13	3 000		39 000
		生产凳子领料	140302 原材料——铸铁	1	2 000		2 000

录入第4号凭证，结果如图13-27所示。

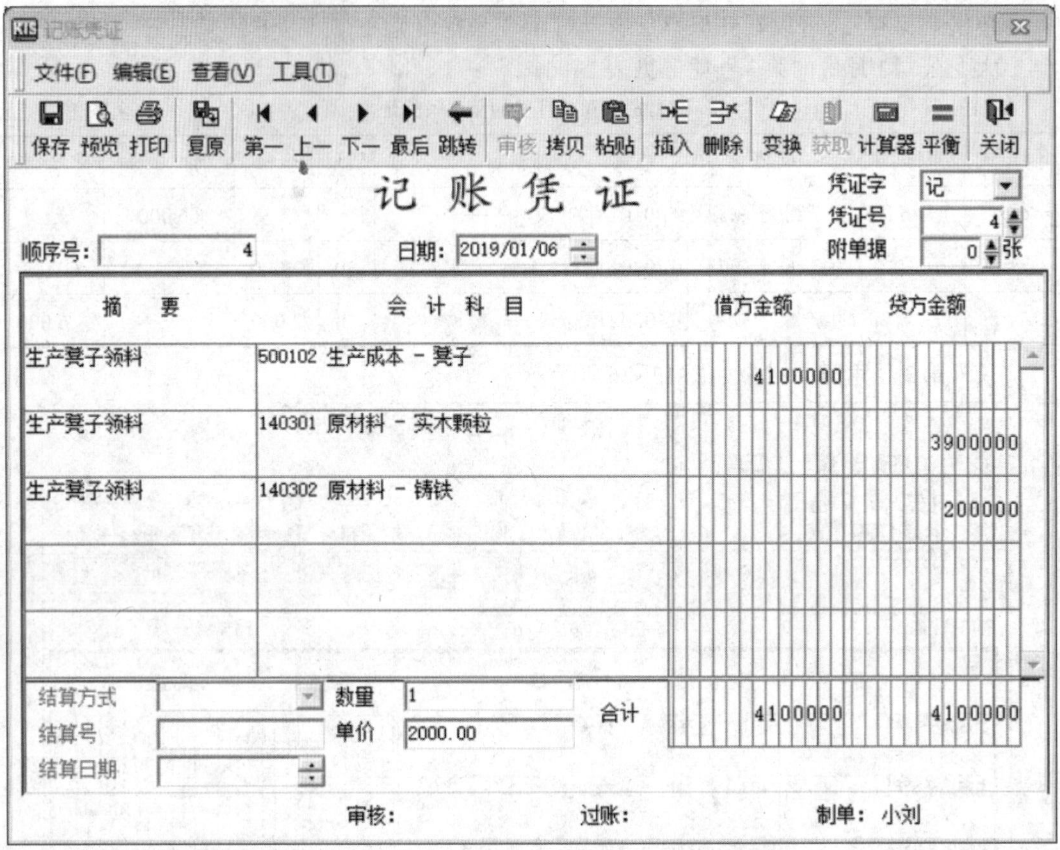

记账凭证

文件(F) 编辑(E) 查看(V) 工具(T)

保存 预览 打印 复原 第一 上一 下一 最后 跳转 审核 拷贝 粘贴 插入 删除 变换 获取 计算器 平衡 关闭

记 账 凭 证

凭证字 记
凭证号 4
顺序号: 4 日期: 2019/01/06 附单据 0 张

摘 要	会 计 科 目	借方金额	贷方金额
生产凳子领料	500102 生产成本 - 凳子	4100000	
生产凳子领料	140301 原材料 - 实木颗粒		3900000
生产凳子领料	140302 原材料 - 铸铁		200000

结算方式 数量 1 合计 4100000 4100000
结算号 单价 2000.00
结算日期

审核: 过账: 制单: 小刘

图 13-27 “记账凭证”窗口——记 4 号凭证

录入完毕，单击“保存”。

(3) 核算项目凭证录入

核算项目凭证是指所处理凭证中的会计科目有设置项目核算属性，录入该类凭证时要选择“核算项目”。

大龙公司1月份的第5号凭证见表13-7。

表 13-7 大龙公司1月份的第5号凭证 单位：元

制单人	日期	摘要	会计科目	往来单位	业务编号	借方金额	贷方金额
小刘	1月6日	收欠款	100201			11 000	
		收欠款	1122	1001	ty1098		11 000

录入第5号凭证，结果如图13-28所示。

“应收账款“科目属性设为“往来单位”和“往来业务”核算，因此当前分录的录入格式也随之改变。在第一行录入会计科目“1122”，在第二行左列录入往来单位代码“1001”，在第二行右列录入业务编号“ty1098”，结果如图13-29所示。录入完毕按回车键，系统弹出提示，如图13-30所示。单击“是”，继续录入金额，将这张凭证录入完整，结果如图13-31所示。注意“应收账款”科目后面显示的内容，单击“保存”。

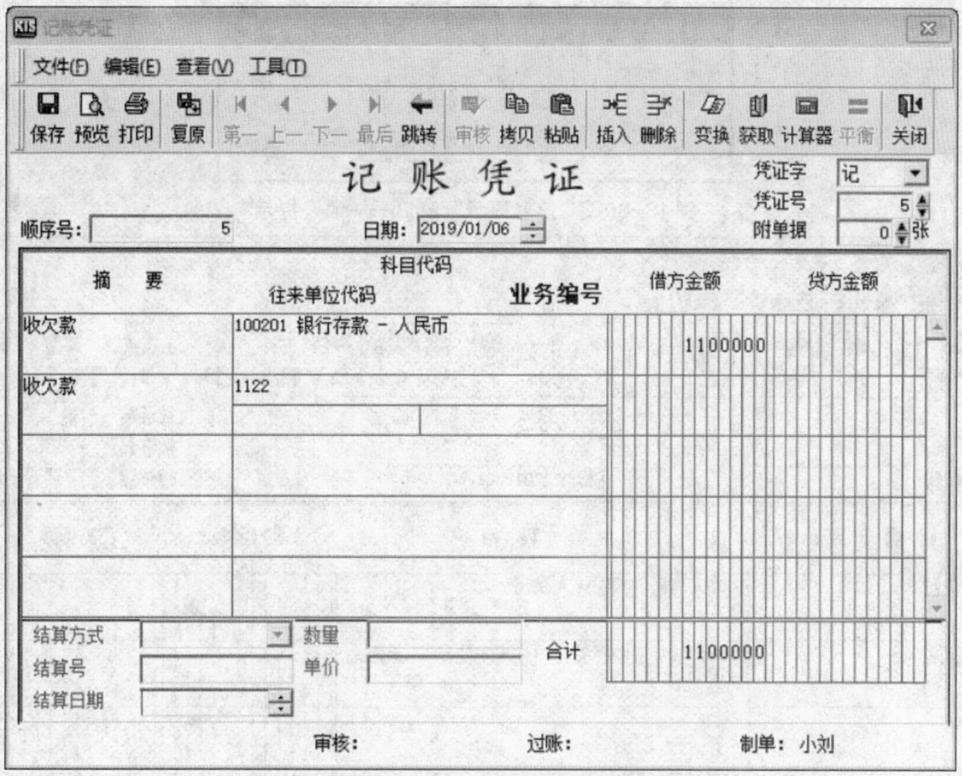

记账凭证
文件(F) 编辑(E) 查看(V) 工具(T)
保存 预览 打印 复原 第一 上一 下一 最后 跳转 审核 拷贝 粘贴 插入 删除 变换 获取 计算器 平衡 关闭
记 账 凭 证
凭证字 记
凭证号 5
顺序号: 5
日期: 2019/01/06
附单据 0 张
摘 要
科目代码
往来单位代码
业务编号
借方金额
贷方金额
收欠款
100201 银行存款 - 人民币
1100000
收欠款
1122
结算方式
数量
结算号
单价
结算日期
合计
1100000
审核:
过账:
制单: 小刘

图 13-28 “记账凭证”窗口——记 5 号凭证

记账凭证
文件(F) 编辑(E) 查看(V) 工具(T)
保存 预览 打印 复原 第一 上一 下一 最后 跳转 审核 拷贝 粘贴 插入 删除 变换 获取 计算器 平衡 关闭
记 账 凭 证
凭证字 记
凭证号 5
顺序号: 5
日期: 2019/01/06
附单据 0 张
摘 要
科目代码
往来单位代码
业务编号
借方金额
贷方金额
收欠款
100201 银行存款 - 人民币
1100000
收欠款
1122
1001
ty1098
结算方式
数量
结算号
单价
结算日期
合计
1100000
审核:
过账:
制单: 小刘

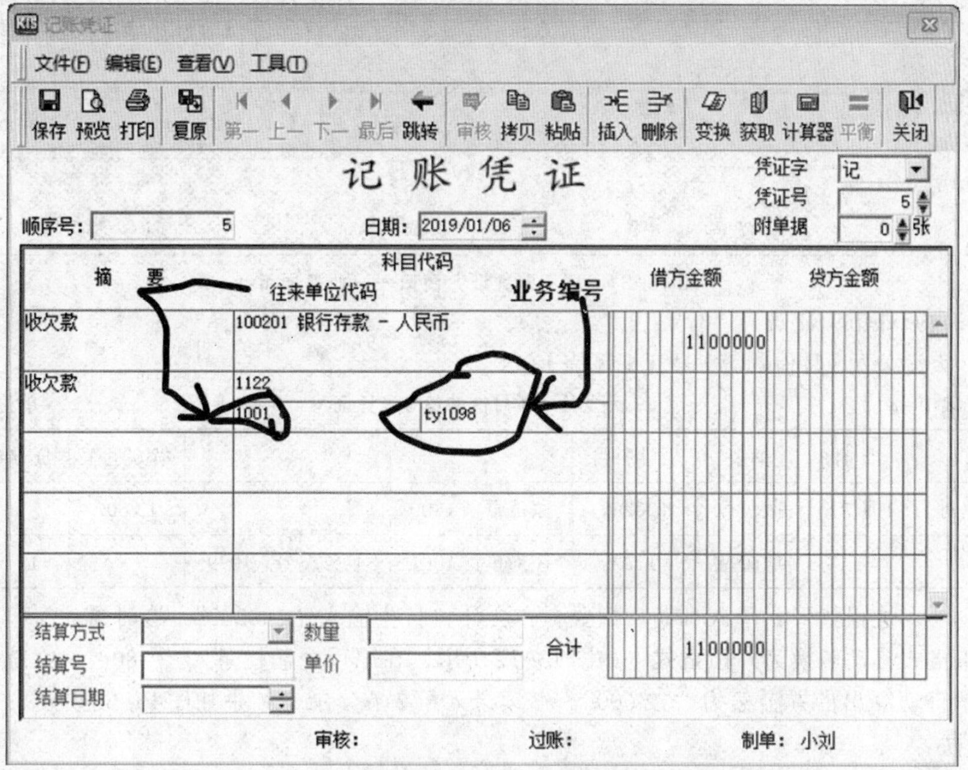

图 13-29 “记账凭证”窗口——往来单位代码及业务编号

信息提示
警告：往来业务编号“ty1098”已存在，是否继续？
是(Y)
否(N)

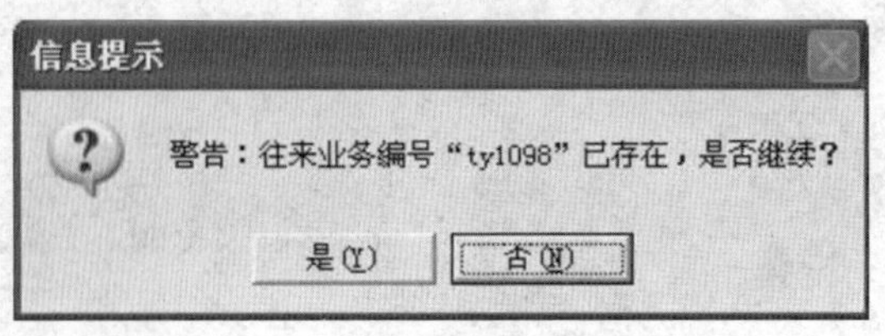

图 13-30 “信息提示”窗口——编号提示

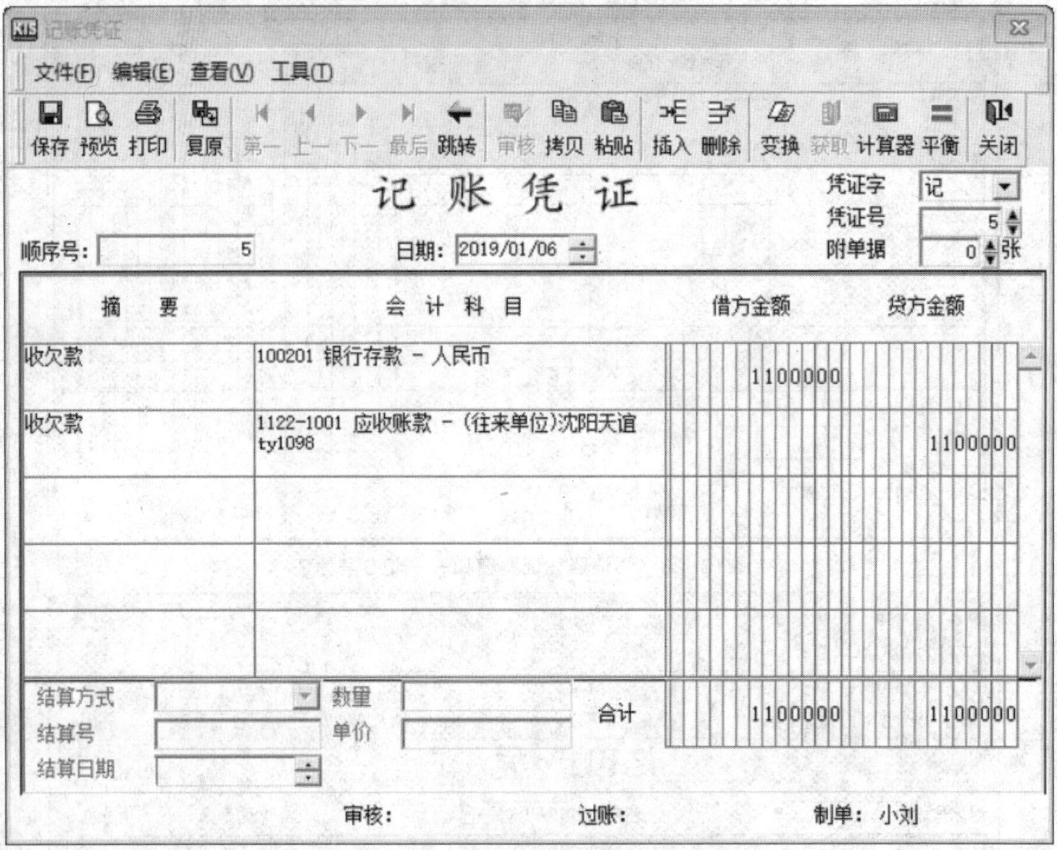

记账凭证
文件(F) 编辑(E) 查看(V) 工具(T)
保存 预览 打印 复原 第一 上一 下一 最后 跳转 审核 拷贝 粘贴 插入 删除 变换 获取 计算器 平衡 关闭
记 账 凭 证
凭证字 记
凭证号 5
顺序号: 5
日期: 2019/01/06
附单据 0 张
摘 要
会 计 科 目
借方金额
贷方金额
收欠款
100201 银行存款 - 人民币
1100000
收欠款
1122-1001 应收账款 - (往来单位)沈阳天谊 ty1098
1100000
结算方式
数量
结算号
单价
结算日期
合计
1100000
1100000
审核:
过账:
制单: 小刘

图 13-31 “记账凭证”窗口——业务显示

（4）外币凭证录入

大龙公司1月份的第6号凭证见表13-8。

表 13-8 大龙公司1月份的第6号凭证 单位：元

制单人	日期	摘要	会计科目			借方金额	贷方金额
小刘	1月7日	收欠款	100202	原币金额1800		12 600	
		收欠款	1122	往来单位1001	业务编号ty1099		12 600

录入过程如下：录入日期、摘要，在会计科目栏输入“100202”，这时录入窗口由本位币格式自动转换为外币格式，如图13-32所示，在原币金额栏录入“1 800”，系统根据汇率自动算出借方金额为“12 600”。继续录入第2条分录，结果如图13-33所示，单击“保存”。

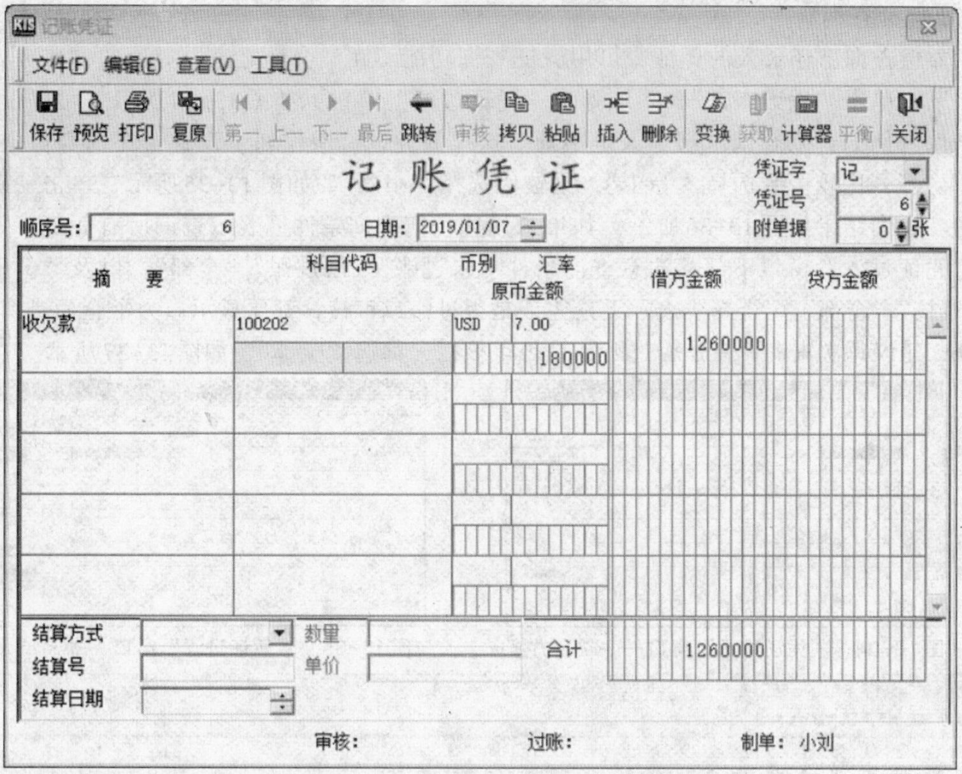

图 13-32 “记账凭证”窗口——录入外币

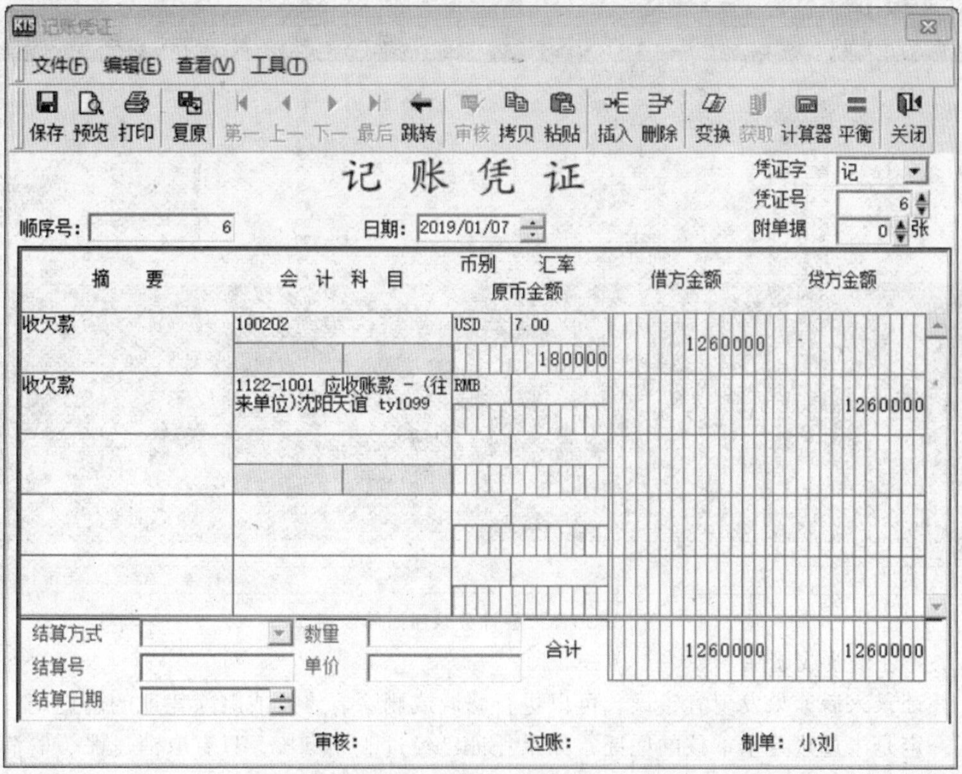

图 13-33 “记账凭证”窗口——记 6 号凭证

3.凭证查询

要想查询已经录入的凭证，可用凭证查询功能。在“会计之家”界面的“账务处理”模块下，单击“凭证查询”，系统弹出“凭证过滤”窗口，如图13-34所示，可以设置查询条件。例如，要查询“制单人是小刘”这样的凭证，应作如下设置：在内容栏处选择“制单人”，比较关系选择“等于”，比较值选择“小刘”，如图13-35所示，单击“确定”按钮。查询结果如图13-36所示。如果未设置任何查询条件，表示查询所有凭证。另外，在“凭证过滤”窗口下部，注意查询条件“未过账”“已过账”“全部”，以及“未审核”“已审核”“全部”。“全部”表示无论凭证是否过账或审核，都要显示。为了全面查询已有凭证，建议每次查询，在是否过账、是否审核栏，都选“全部”，如图13-37所示。

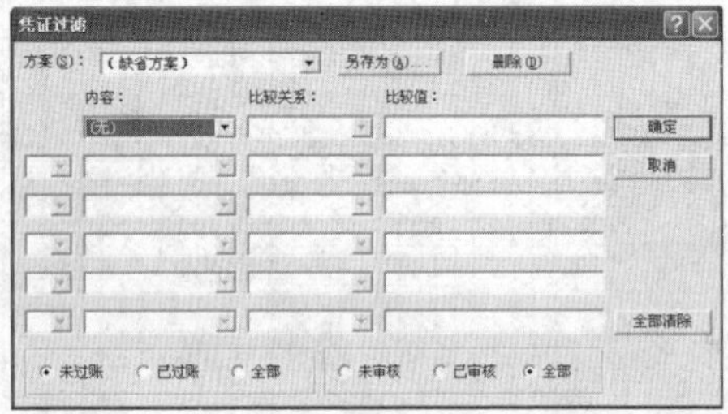

图13-34 “凭证过滤”窗口——缺省方案

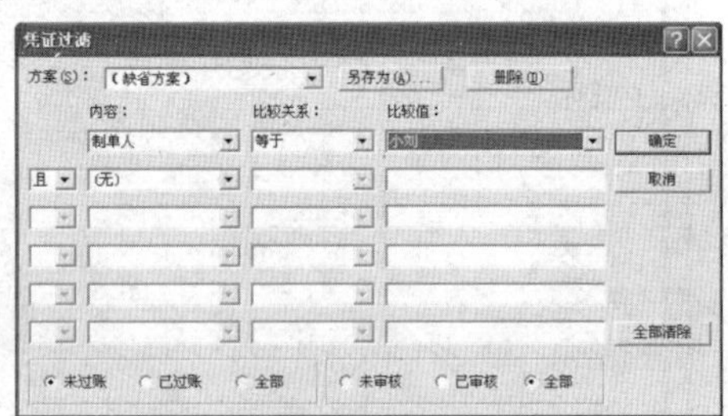

图13-35 “凭证过滤”窗口——制单人

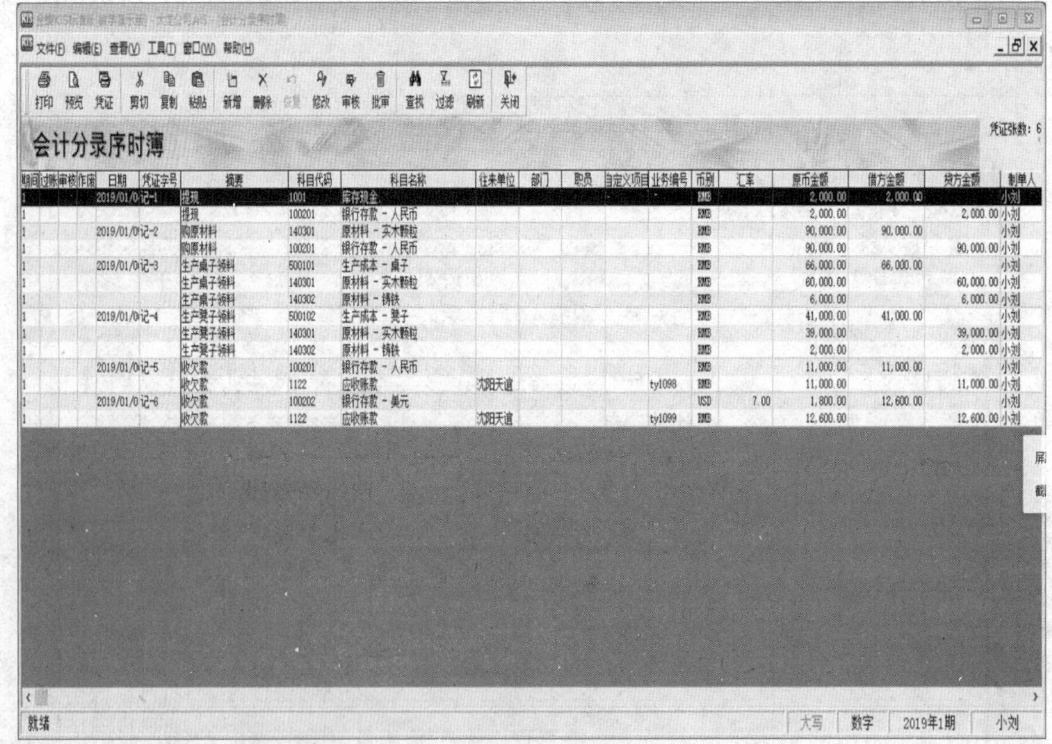

会计分录序时簿

期间	过账	审核	作废	日期	凭证字号	摘要	科目代码	科目名称	往来单位	部门	职员	自定义项目	业务编号	币别	汇率	原币金额	借方金额	贷方金额	制单人
1				2019/01/0	记-1	提现	1001	库存现金						RMB		2,000.00	2,000.00		小刘
1						提现	100201	银行存款－人民币						RMB		2,000.00		2,000.00	小刘
1				2019/01/0	记-2	购原材料	140301	原材料－实木颗粒						RMB		90,000.00	90,000.00		小刘
1						购原材料	100201	银行存款－人民币						RMB		90,000.00		90,000.00	小刘
1				2019/01/0	记-3	生产桌子领料	500101	生产成本－桌子						RMB		66,000.00	66,000.00		小刘
1						生产桌子领料	140301	原材料－实木颗粒						RMB		60,000.00		60,000.00	小刘
1						生产桌子领料	140302	原材料－铸铁						RMB		6,000.00		6,000.00	小刘
1				2019/01/0	记-4	生产凳子领料	500102	生产成本－凳子						RMB		41,000.00	41,000.00		小刘
1						生产凳子领料	140301	原材料－实木颗粒						RMB		39,000.00		39,000.00	小刘
1						生产凳子领料	140302	原材料－铸铁						RMB		2,000.00		2,000.00	小刘
1				2019/01/0	记-5	收欠款	100201	银行存款－人民币						RMB		11,000.00	11,000.00		小刘
1						收欠款	1122	应收账款	沈阳天谊				ty1098	RMB		11,000.00		11,000.00	小刘
1				2019/01/0	记-6	收欠款	100202	银行存款－美元						USD	7.00	1,800.00	12,600.00		小刘
1						收欠款	1122	应收账款	沈阳天谊				ty1099	RMB		12,600.00		12,600.00	小刘

图13-36 “会计分录序时簿”窗口

4.凭证修改或删除

凭证录入后如果发现有错误，可以进行修改或删除。修改或删除凭证的前提是，这张凭证一定是未过账且未审核的凭证，如果凭证已经过账或审核，只有取消过账、取消审核后才能修改或删除。

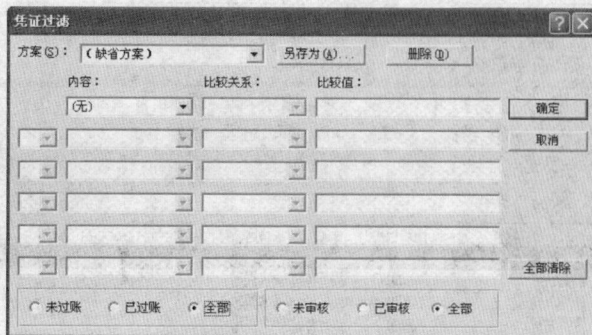

图 13-37　“凭证过滤”窗口——过滤设置

凭证的修改原则是怎么录入就怎么修改。通过凭证查询，打开“会计分录序时簿”窗口，如图 13-38 所示，选中需要修改的凭证，单击工具栏上的“修改”按钮，或者双击需要修改的凭证，系统弹出“记账凭证”窗口，在窗口中直接单击要修改的项目，将其修改为正确的内容，单击“保存”即可。

会计分录序时簿　　凭证张数：6

期间	过账	审核	作废	日期	凭证字号	摘要	科目代码	科目名称	往来单位	部门	职员	自定义项目	业务编号	币别	汇率	原币金额	借方金额	贷方金额	制单人	审核人	过账人	结算方式
1				2019/01/0	记-1	提现	1001	库存现金						RMB		2,000.00	2,000.00		小刘			
1						提现	100201	银行存款 - 人民币						RMB		2,000.00		2,000.00	小刘			
1				2019/01/0	记-2	购原材料	140301	原材料 - 实木颗粒						RMB		90,000.00	90,000.00		小刘			
1						购原材料	100201	银行存款 - 人民币						RMB		90,000.00		90,000.00	小刘			
1				2019/01/0	记-3	生产桌子领料	500101	生产成本 - 桌子						RMB		66,000.00	66,000.00		小刘			
1						生产桌子领料	140301	原材料 - 实木颗粒						RMB		60,000.00		60,000.00	小刘			
1						生产桌子领料	140302	原材料 - 铸铁						RMB		6,000.00		6,000.00	小刘			
1				2019/01/0	记-4	生产凳子领料	500102	生产成本 - 凳子						RMB		41,000.00	41,000.00		小刘			
1						生产凳子领料	140301	原材料 - 实木颗粒						RMB		39,000.00		39,000.00	小刘			
1						生产凳子领料	140302	原材料 - 铸铁						RMB		2,000.00		2,000.00	小刘			
1				2019/01/0	记-5	收欠款	100201	银行存款 - 人民币						RMB		11,000.00	11,000.00		小刘			
1						收欠款	1122	应收账款	沈阳天道				ty1098	RMB		11,000.00		11,000.00	小刘			
1				2019/01/0	记-6	收欠款	100202	银行存款 - 美元						USD	7.00	1,800.00	12,600.00		小刘			
1						收欠款	1122	应收账款	沈阳天道				ty1099	RMB		12,600.00		12,600.00	小刘			

图 13-38　“会计分录序时簿”窗口——列表

凭证删除的方法是在“会计分录序时簿”窗口，选中需要删除的凭证，单击工具栏上的“删除”按钮，系统弹出提示，如图 13-39 所示，单击“确定”即可。如果删除的凭证是本类凭证字最后一张，系统会直接从序时簿中完全删除。如果不是最后一张，系统会对该凭证加注“X”标记表示“作废”，而不是真正删除，如图 13-40 所示。作废的凭证并没有真正删除，继续单击“删除”后才真正删除。

图 13-39　“信息提示”窗口——确认删除

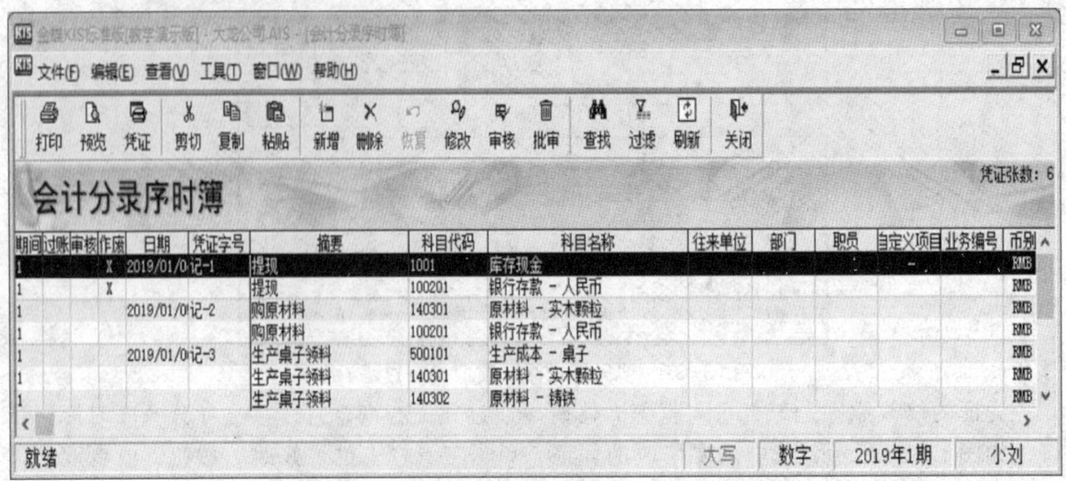

图 13-40 “会计分录序时簿”窗口——显示作废

如果想恢复作废凭证，可用系统管理员身份登录，选中作废的凭证，单击“编辑”菜单下的“恢复已删除凭证”命令，或者单击工具栏中的“恢复”按钮取消作废，如图13-41所示。

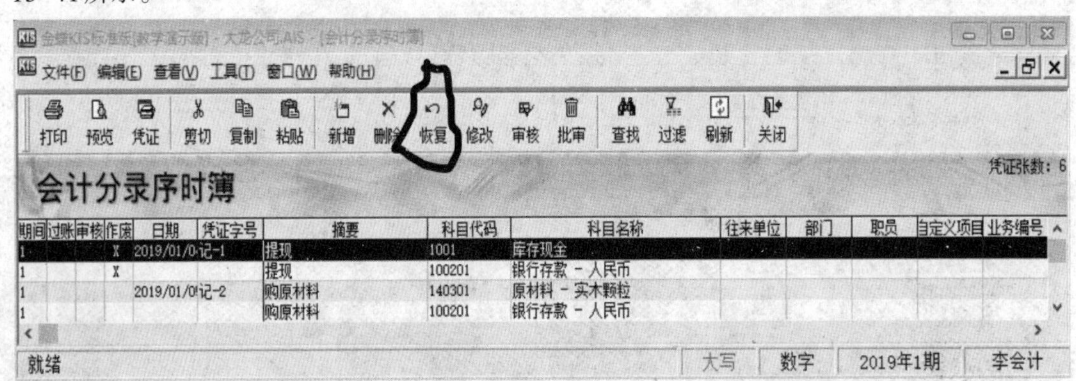

图 13-41 “会计分录序时簿”窗口——恢复凭证

5.凭证审核

记账凭证是登记账簿的依据，记账凭证数据是否准确直接关系到账簿数据是否准确。因此，记账凭证在登记账簿以前，也就是记账前，要先经过审核，以检查凭证输入是否有错误。凭证的审核人与制单人不能为同一人，这是为了更好地达到检查监督的目的，以保证凭证的正确性。记账凭证一经审核，就不能修改或删除，必须反审核后才能修改或删除。

为了提高工作效率，简化工作流程，软件进行了凭证未经审核也能过账的设置，单击“系统维护”→“账套选项”，系统弹出“账套选项”窗口，如图13-42所示，在“凭证”选项卡中取消“凭证过账前必须经过审核”。不过，为了使初学者养成良好的软件操作习惯，建议先审核再记账。

凭证审核的方式有单张审核和成批审核两种。

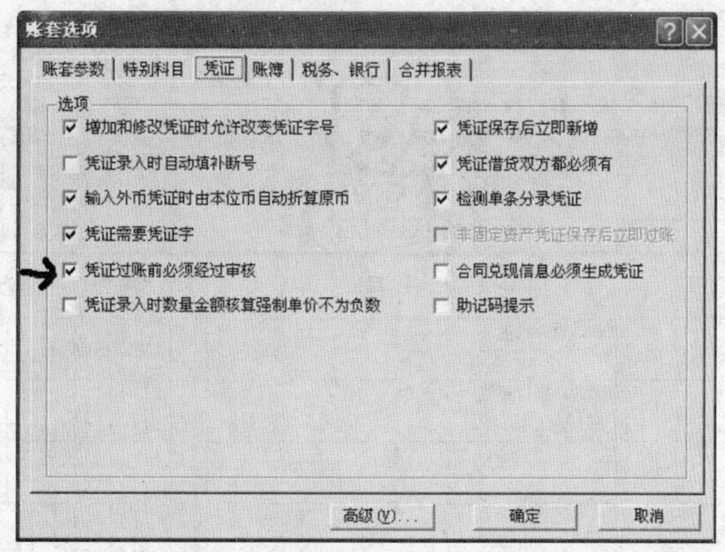

图 13-42 "账套选项"窗口——"审核"选项

(1) 单张审核方式

以"李会计"身份登录，单击"账务处理"→"凭证审核"选项，系统弹出"凭证过滤"窗口，选中窗口下部的两个"全部"，如图 13-43 所示。单击"确定"，进入"会计分录序时簿"窗口，选中要审核的凭证，如图 13-44 所示，单击工具栏上的"审核"按钮，弹出"记账凭证"窗口，如图 13-45 所示，单击工具栏上的"审核"按钮，这时记账凭证下部的"审核"栏就会显示李会计，如图 13-46 所示，表示这张凭证是由李会计审核的。单击"关闭"，返回"会计分录序时簿"窗口，这时可以看到审核栏已经有个标记，如图 13-47 所示，表示这张凭证已审核。

图 13-43 "凭证过滤"窗口——全部

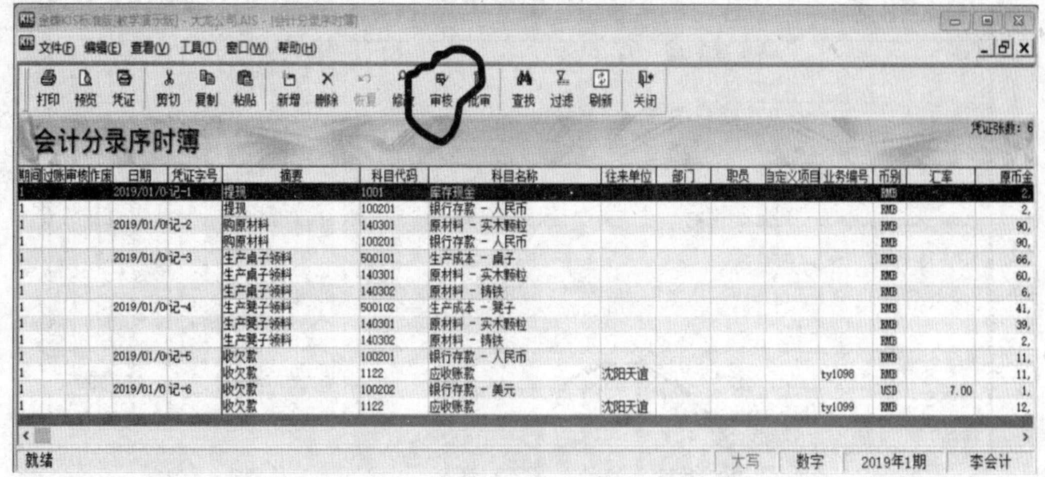

图 13-44 "会计分录序时簿"窗口——审核

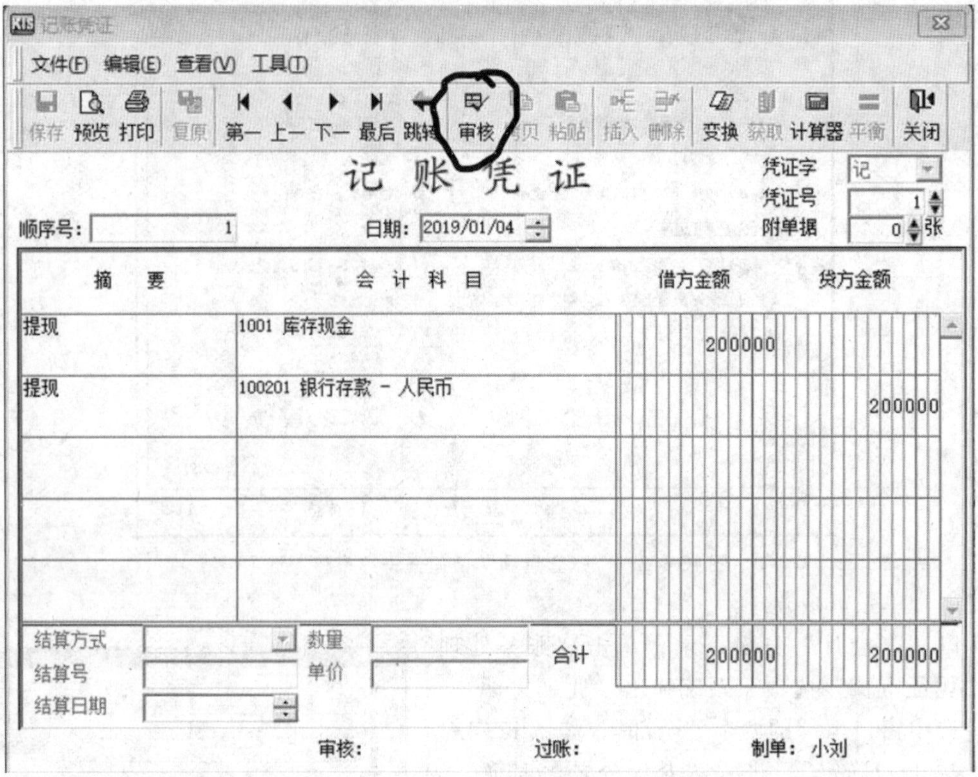

图 13-45 “记账凭证”窗口——未审核

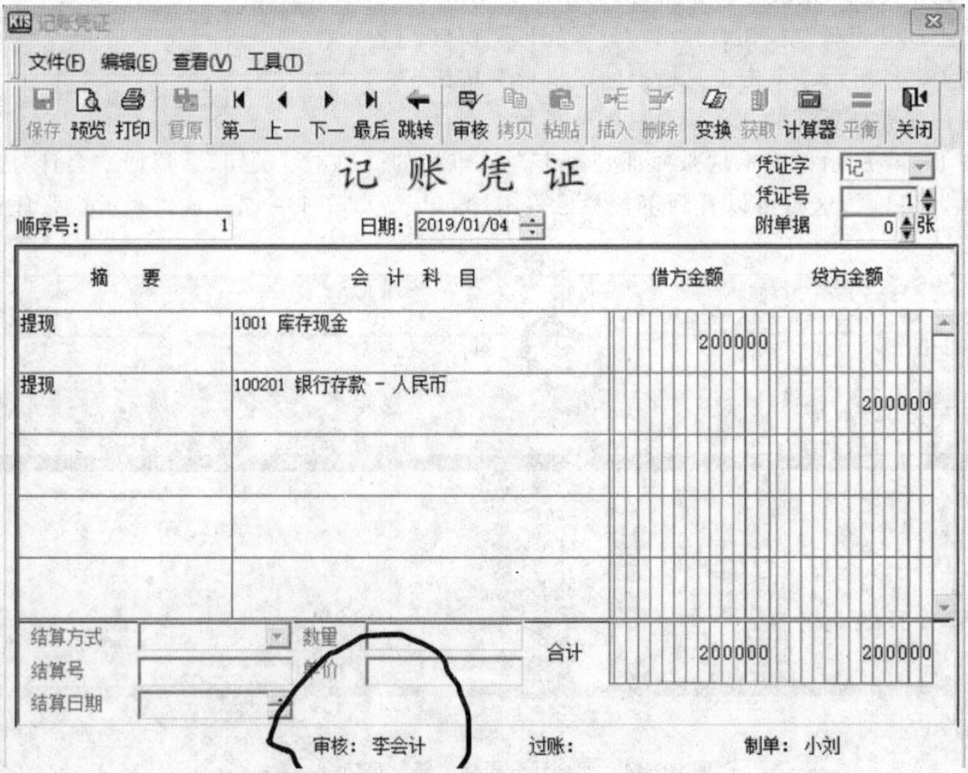

图 13-46 “记账凭证”窗口——已审核

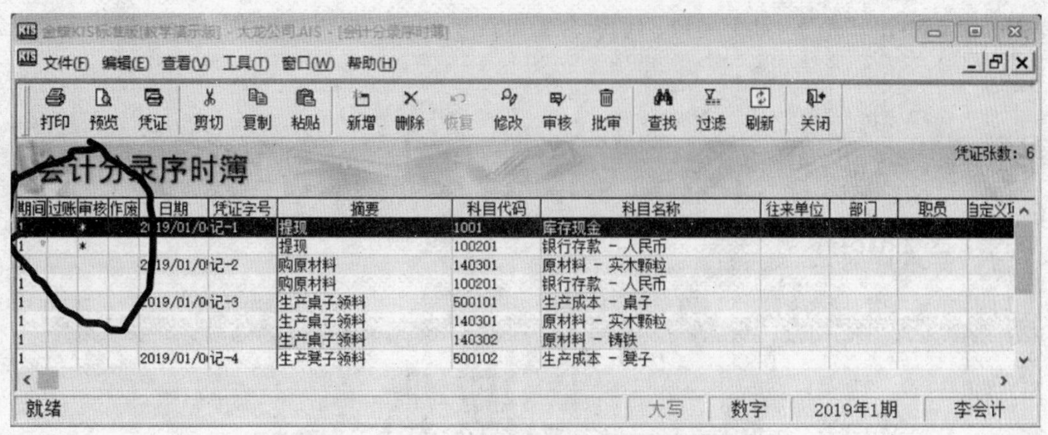

图 13-47　“会计分录序时簿”窗口——显示审核

取消审核的方法是在“会计分录序时簿”窗口，选中需要取消审核的凭证，单击工具栏上的“审核”按钮，系统进入“记账凭证”窗口，如图13-48所示，再单击工具栏上的“审核”按钮，这时凭证下部审核处显示空白，表示已经取消审核。需要注意的是，只有凭证的审核人才能对这张凭证取消审核。

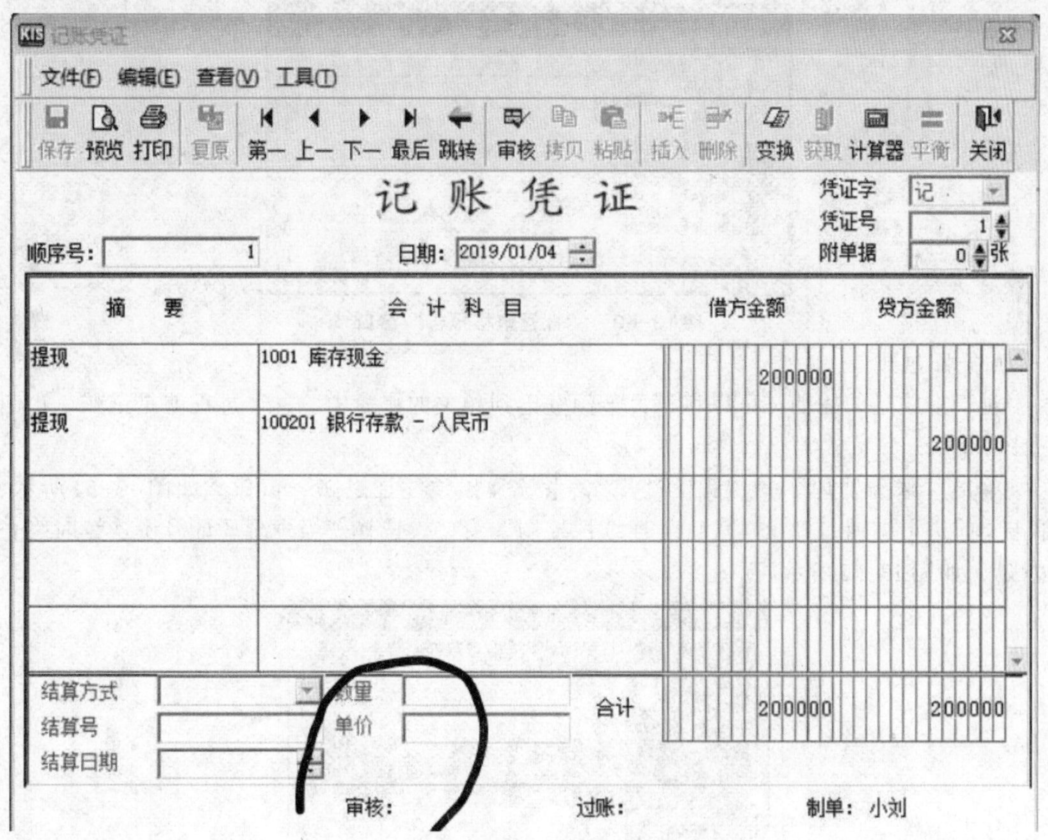

图 13-48　“记账凭证”窗口——取消审核

（2）成批审核方式

单击“账务处理”下的“凭证审核”，单击“确定”按钮，如图13-49所示，进入“会计分录序时簿”窗口。在“会计分录序时簿”窗口，单击工具栏中的“批审”按钮，弹出提示，单击“是”。批审完成，系统会给出批量审核报告，如图13-50所示。

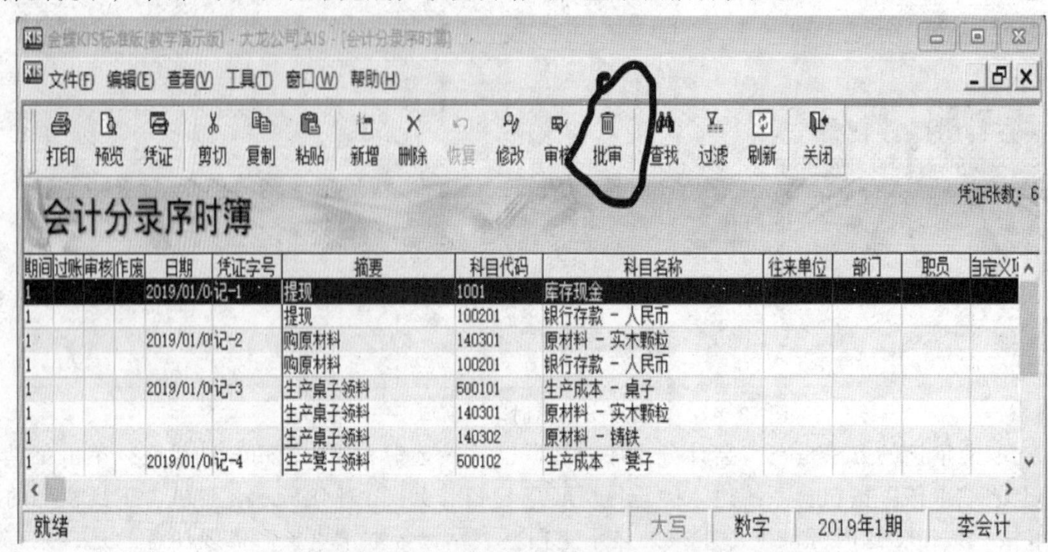

图13-49　“会计分录序时簿”窗口——批审

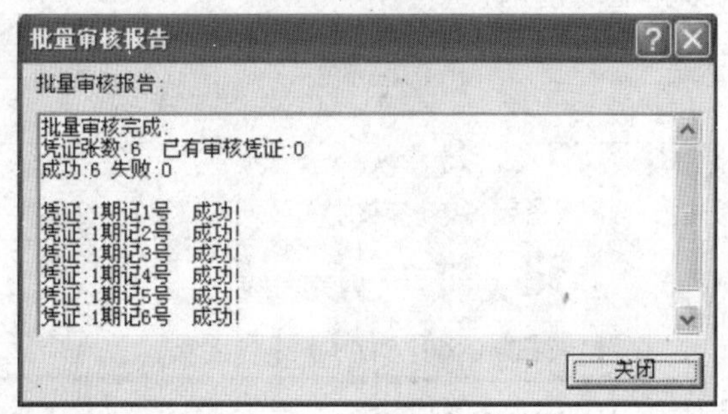

图13-50　“批量审核报告”窗口

6.凭证过账

对于审核过的凭证，可以将科目金额登记到相关的账簿中，这个过程就是记账，也叫过账。

单击“账务处理”→“凭证过账”，系统弹出“凭证过账”窗口，如图13-51所示，单击“前进”按钮，弹出“凭证号连续性控制”窗口，选择“当发现凭证号不连续时终止过账”，如图13-52所示。

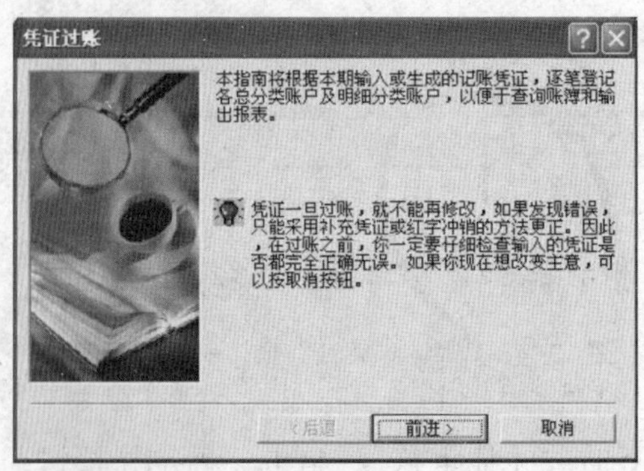

图13-51　“凭证过账”窗口——检查提示

单击“前进”按钮，单击“完成”按钮开始过账功能，如图13-53所示。

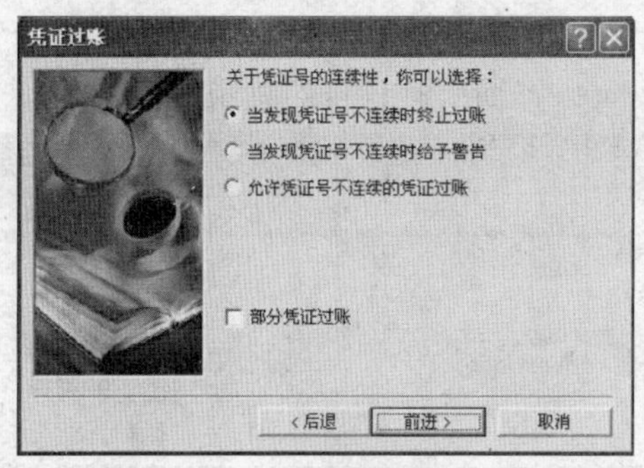

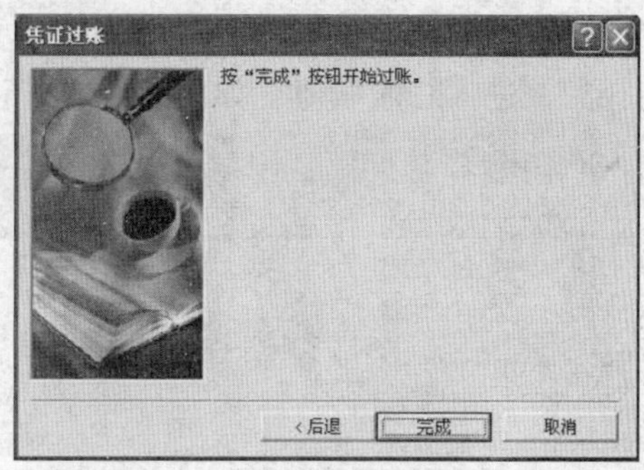

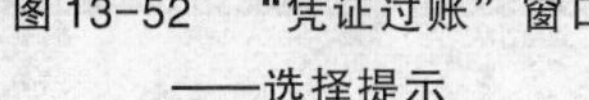

图13-52 “凭证过账”窗口——选择提示

图13-53 “凭证过账”窗口——选择提示——准备过账

一般来说，已经过账的凭证不允许修改，只能采取补充凭证或红字冲销凭证的方式进行更正。不过为了方便用户，金蝶KIS标准版提供了反过账的功能，用系统管理员的身份登录，在“会计之家”界面，同时按快捷键“Ctrl+F11”，弹出反过账窗口。凭证反过账、反审核后，就可以进行修改或删除。

过账后的凭证可以打印出来，打印分为普通打印和套打两种方式。套打模式是指用户的打印纸张已经印制好统一格式，在打印时只需要将内容打印在对应项目中，类似支票打印和增值税发票打印操作。

第三节 账簿查询

账簿查询可以查询总账、明细账、数量金额账、科目余额表等账簿报表。

1.总账

在“账务处理”界面右侧，单击“总账”，系统弹出“总账”查询条件设置窗口，如图13-54所示。

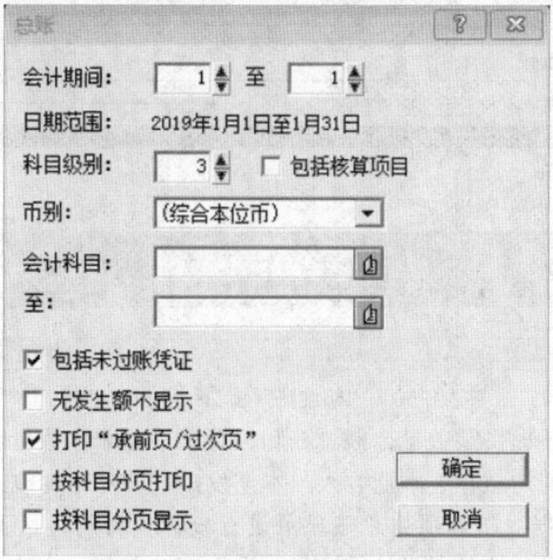

总账
会计期间： 1 至 1
日期范围： 2019年1月1日至1月31日
科目级别： 3 包括核算项目
币别： (综合本位币)
会计科目：
至：
包括未过账凭证
无发生额不显示
打印“承前页/过次页”
按科目分页打印
按科目分页显示
确定
取消

图13-54 “总账”查询条件设置窗口

可以依据实际情况来设置查询条件。例如，设置科目级别为“3”级，选中“包括核算项目”，币别选“综合本位币”，选中“包括未过账凭证”，取消“无发生额不显示”，单击“确定”，进入总账账簿，如图13-55所示，可以查询所有科目的总账数据。

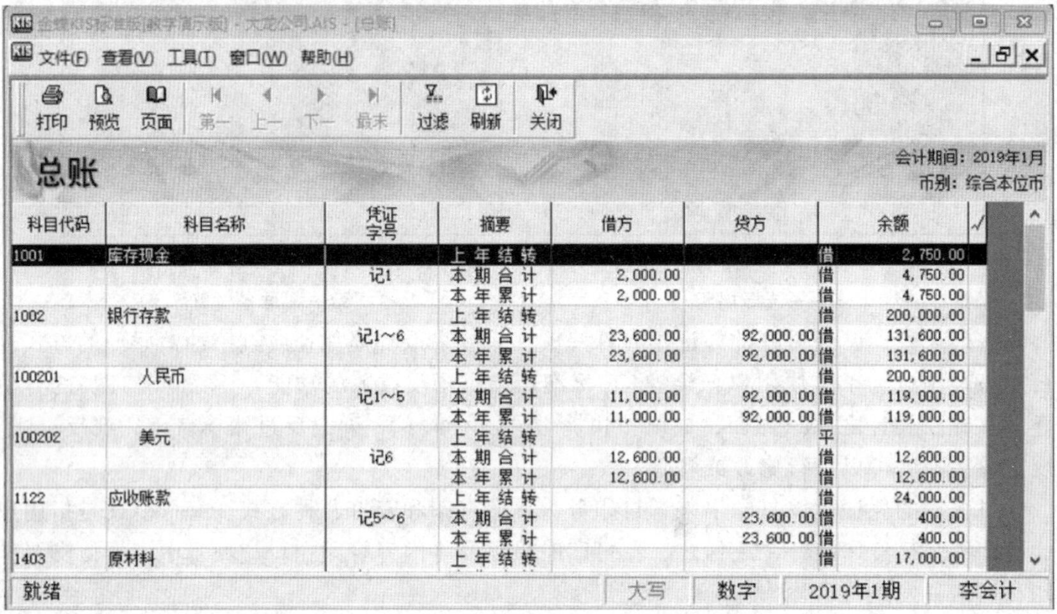

总账

会计期间：2019年1月
币别：综合本位币

科目代码	科目名称	凭证字号	摘要	借方	贷方		余额
1001	库存现金		上年结转			借	2,750.00
		记1	本期合计	2,000.00		借	4,750.00
			本年累计	2,000.00		借	4,750.00
1002	银行存款		上年结转			借	200,000.00
		记1~6	本期合计	23,600.00	92,000.00	借	131,600.00
			本年累计	23,600.00	92,000.00	借	131,600.00
100201	人民币		上年结转			借	200,000.00
		记1~5	本期合计	11,000.00	92,000.00	借	119,000.00
			本年累计	11,000.00	92,000.00	借	119,000.00
100202	美元		上年结转			平	
		记6	本期合计	12,600.00		借	12,600.00
			本年累计	12,600.00		借	12,600.00
1122	应收账款		上年结转			借	24,000.00
		记5~6	本期合计		23,600.00	借	400.00
			本年累计		23,600.00	借	400.00
1403	原材料		上年结转			借	17,000.00

就绪 大写 数字 2019年1期 李会计

图13-55 “总账”窗口

双击任何一个科目，可以进入该科目的明细账，如图13-56所示，可以查询该科目的明细数据。双击某个凭证，可以进入到该张凭证的记账凭证界面。从查询总账能直接查询明细账、记账凭证，这叫做财务软件的一体化查询，也叫作联查。

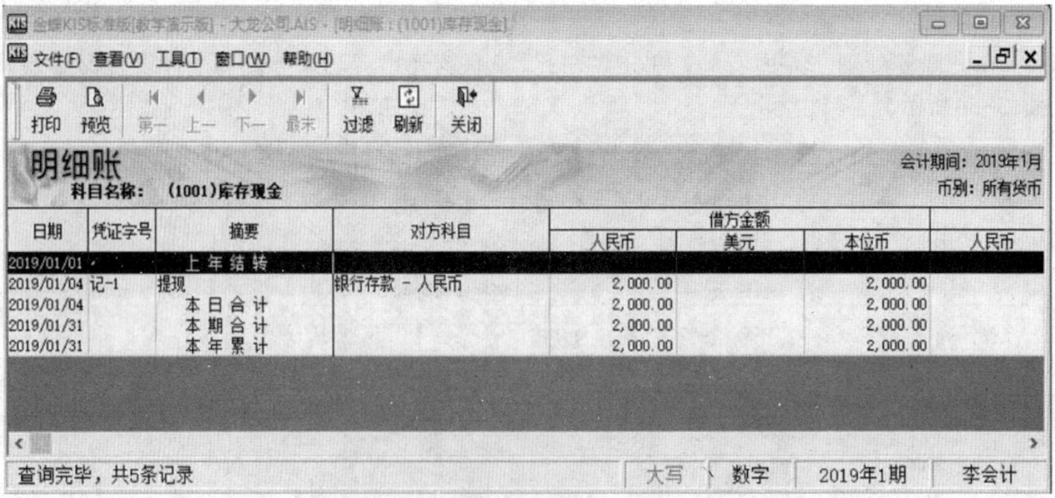

明细账

科目名称：（1001）库存现金

会计期间：2019年1月
币别：所有货币

日期	凭证字号	摘要	对方科目	借方金额			
				人民币	美元	本位币	人民币
2019/01/01		上年结转					
2019/01/04	记-1	提现	银行存款 - 人民币	2,000.00		2,000.00	
2019/01/04		本日合计		2,000.00		2,000.00	
2019/01/31		本期合计		2,000.00		2,000.00	
2019/01/31		本年累计		2,000.00		2,000.00	

查询完毕，共5条记录 大写 数字 2019年1期 李会计

图13-56 “明细账”窗口——所有货币

除了总账，系统还提供了数量金额总账和核算项目总账。数量金额总账可以查询设有数量金额核算科目的期初结存、本期收入、本期发出、本年累计收入、本年累计发出、期末结存数量和金额数据。核算项目总账显示设有核算项目的科目下各核算项目的总账数据，主要反映核算项目所涉及科目的借、贷方发生额和余额。

2.明细账

在“账务处理”界面右侧，单击“明细账”，系统弹出“过滤条件”设置窗口，如图13-57所示，查询条件界面与总账类似，可参照总账操作。

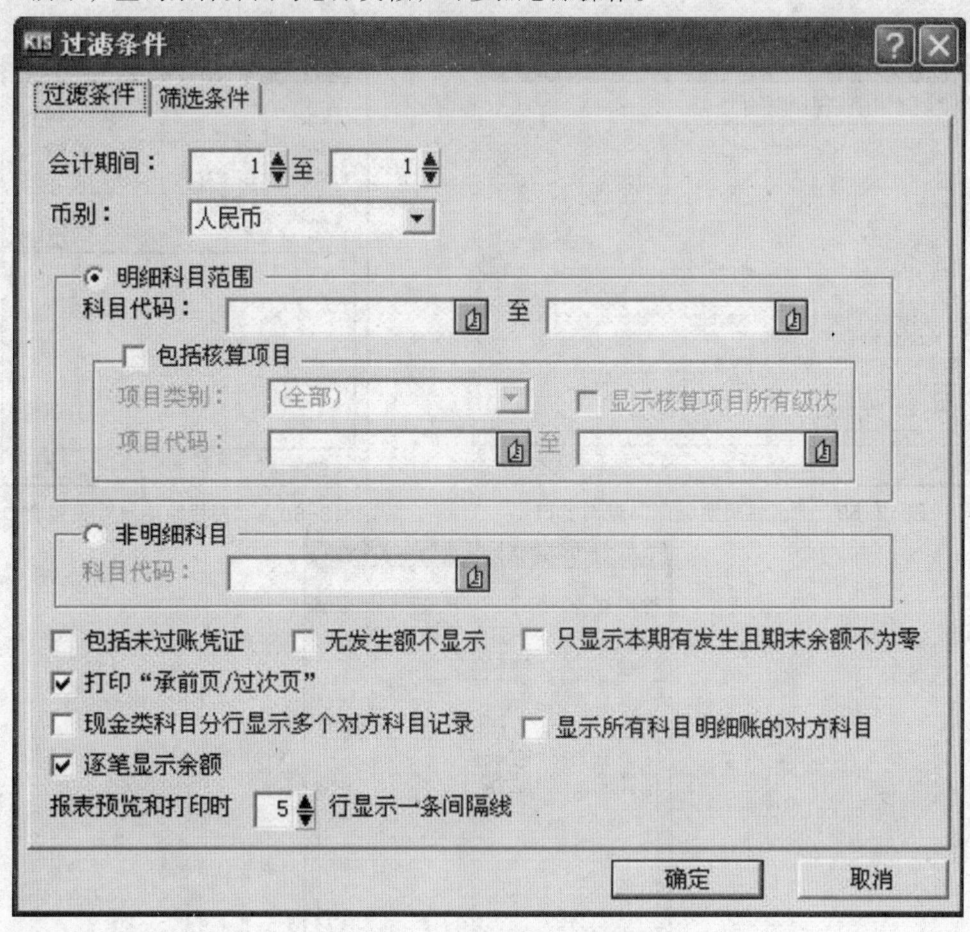

图13-57　“过滤条件”设置窗口

例如，直接单击“确定”，进入明细账页面，如图13-58所示，可以点击工具栏上的“下一”按钮，来查看下一个账户的明细账。

文件(F)　查看(V)　工具(T)　窗口(W)　帮助(H)

打印　预览　第一　上一　下一　最末　过滤　刷新　关闭

明细账　　会计期间：2019年1月
科目名称：(1001)库存现金　　币别：人民币

日期	凭证字号	摘要	对方科目	借方金额	贷方金额		余额
2019/01/01		上 年 结 转				借	2,750.00
2019/01/04	记-1	提现	银行存款 - 人民币	2,000.00		借	4,750.00
2019/01/04		本 日 合 计		2,000.00		借	4,750.00
2019/01/31		本 期 合 计		2,000.00		借	4,750.00
2019/01/31		本 年 累 计		2,000.00		借	4,750.00

查询完毕，共5条记录　大写　数字　2019年1期　李会计

图13-58　“明细账”窗口——人民币

除了明细账，系统还提供了数量金额式明细账和多栏式明细账。

多栏式明细账需要自行设置，其设置方法是：单击“多栏式明细账”，弹出多栏式明细账查询窗口，如图13-59所示。单击“增加”按钮，弹出多栏明细账设置窗口，如图13-60所示，在多栏账处录入“6601”，单击窗口下部的“自动编排”按钮，结果如图13-61所示。

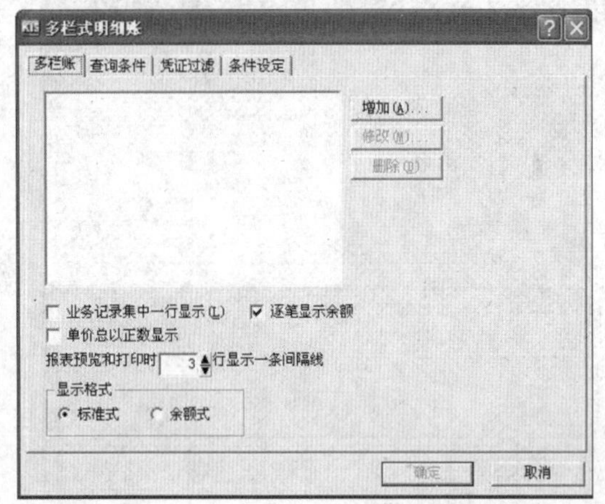

图13-59 “多栏式明细账”查询窗口

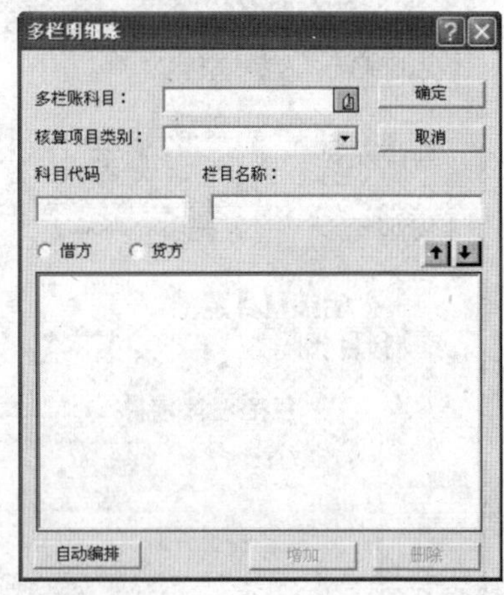

图13-60 “多栏明细账”设置窗口

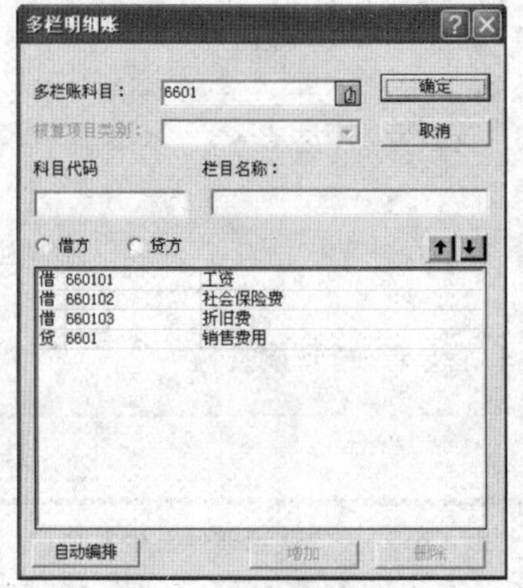

图13-61 “多栏明细账”窗口

单击“确定”按钮，弹出“保存多栏账”窗口，输入多栏账名称“销售费用明细账”，如图13-62所示。单击“确定”按钮，返回上一窗口，结果如图13-63所示。

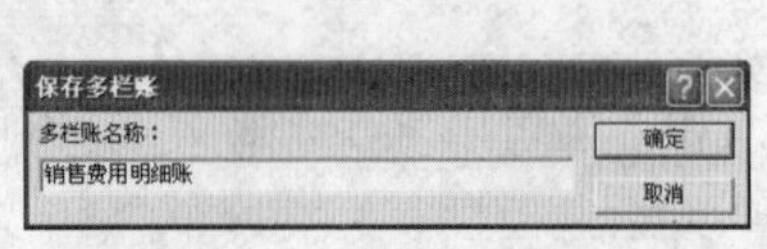

图13-62 “保存多栏账”窗口

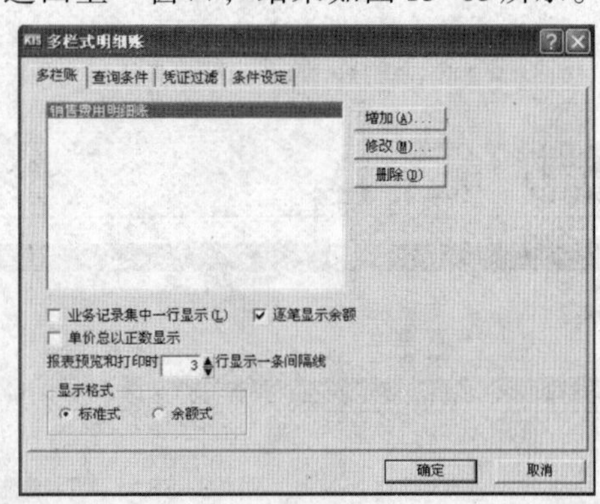

图13-63 “多栏式明细账”窗口——账簿名称

选中“销售费用明细账”，单击“确定”，进入明细账账页，如图13-64所示。

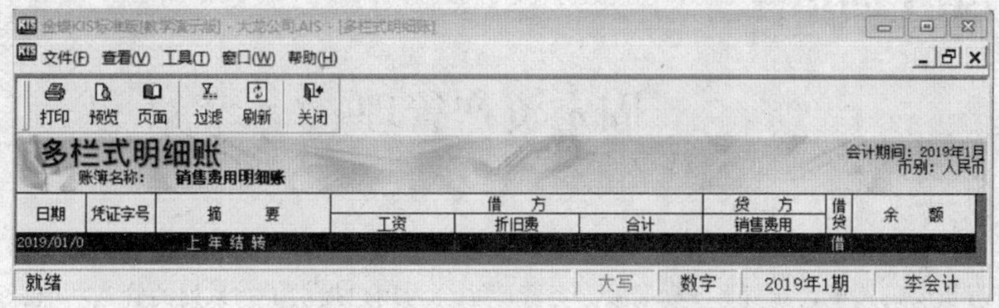

图13-64 “多栏式明细账”窗口——账簿显示

3.科目余额表

科目余额表是实际工作中常用的报表之一，用来查询各科目某个会计期间的发生额及余额。企业可以根据实际需要来设置科目余额表的查询条件。

在“账务处理”模块，单击“科目余额表”，系统弹出查询设置窗口，如图13-65所示。

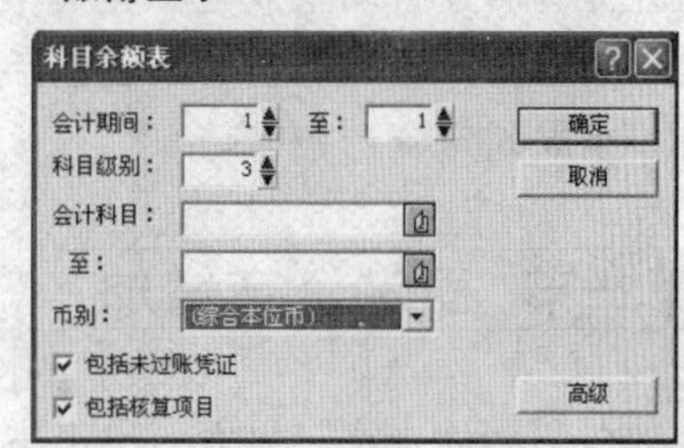

图13-65 “科目余额表”查询设置窗口

科目级别选“3”，币别选“综合本位币”，选中“包括未过账凭证”、“包括核算项目”，单击“确定”，进入“科目余额表”窗口，如图13-66所示，可直接查看所有一级科目、明细科目、核算项目的发生额及余额。通过科目余额表，可以快速查看企业的账务数据，非常方便。

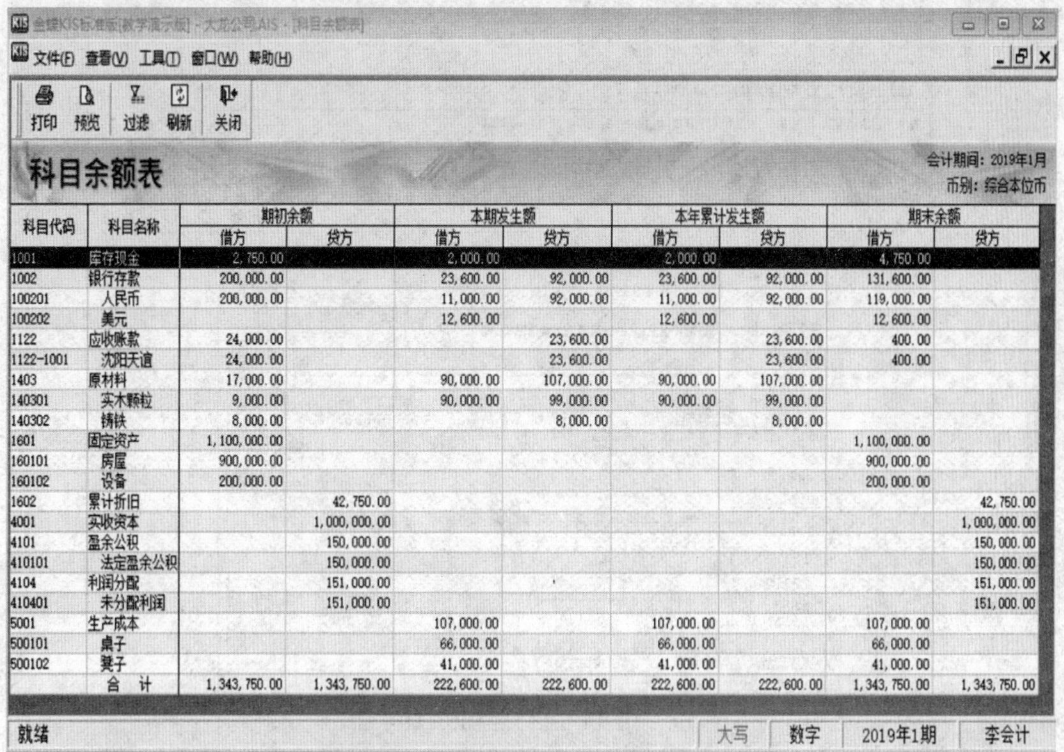

科目余额表

会计期间：2019年1月　币别：综合本位币

科目代码	科目名称	期初余额		本期发生额		本年累计发生额		期末余额	
		借方	贷方	借方	贷方	借方	贷方	借方	贷方
1001	库存现金	2,750.00		2,000.00		2,000.00		4,750.00	
1002	银行存款	200,000.00		23,600.00	92,000.00	23,600.00	92,000.00	131,600.00	
100201	人民币	200,000.00		11,000.00	92,000.00	11,000.00	92,000.00	119,000.00	
100202	美元			12,600.00		12,600.00		12,600.00	
1122	应收账款	24,000.00			23,600.00		23,600.00	400.00	
1122-1001	沈阳天谊	24,000.00			23,600.00		23,600.00	400.00	
1403	原材料	17,000.00		90,000.00	107,000.00	90,000.00	107,000.00		
140301	实木颗粒	9,000.00		90,000.00	99,000.00	90,000.00	99,000.00		
140302	铸铁	8,000.00			8,000.00		8,000.00		
1601	固定资产	1,100,000.00						1,100,000.00	
160101	房屋	900,000.00						900,000.00	
160102	设备	200,000.00						200,000.00	
1602	累计折旧		42,750.00						42,750.00
4001	实收资本		1,000,000.00						1,000,000.00
4101	盈余公积		150,000.00						150,000.00
410101	法定盈余公积		150,000.00						150,000.00
4104	利润分配		151,000.00						151,000.00
410401	未分配利润		151,000.00						151,000.00
5001	生产成本			107,000.00		107,000.00		107,000.00	
500101	桌子			66,000.00		66,000.00		66,000.00	
500102	凳子			41,000.00		41,000.00		41,000.00	
	合　计	1,343,750.00	1,343,750.00	222,600.00	222,600.00	222,600.00	222,600.00	1,343,750.00	1,343,750.00

就绪　大写　数字　2019年1期　李会计

图13-66 “科目余额表”窗口——显示余额表

第十四章

固定资产管理

固定资产是企业的重要资产，固定资产管理是否准确严格，对企业经营过程和经营成果都有重要的影响。金蝶KIS标准版固定资产系统为用户提供了一系列的管理功能，可自动计提折旧并自动生成记账凭证，也可输出报表，减轻了会计人员的工作量。

固定资产管理的主要内容包括：固定资产增加、减少、变动，计提折旧，计提减值准备，生成固定资产报表等。

第一节 固定资产增加

在“会计之家”界面，单击主功能选项下的“固定资产”模块，进入固定资产管理界面，单击“固定资产增加”，进入“固定资产变动资料-输入”界面，如图14-1所示，单击工具栏上的“增加”按钮，系统弹出“固定资产增加”窗口，如图14-2所示，也称为固定资产卡片。每件固定资产对应一张卡片，都有自己的代码，且代码不能重复。

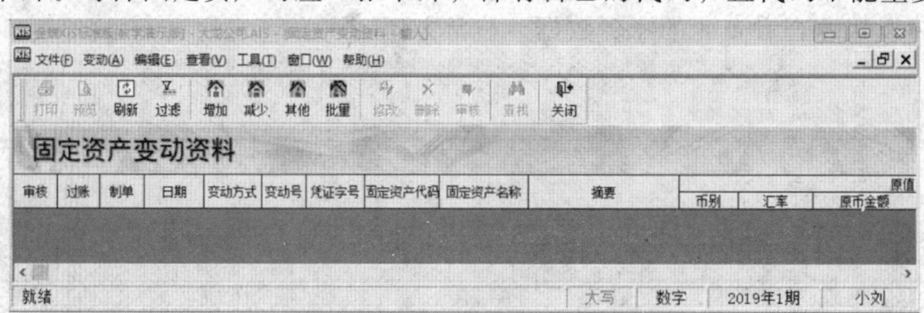

图14-1 “固定资产变动资料”窗口

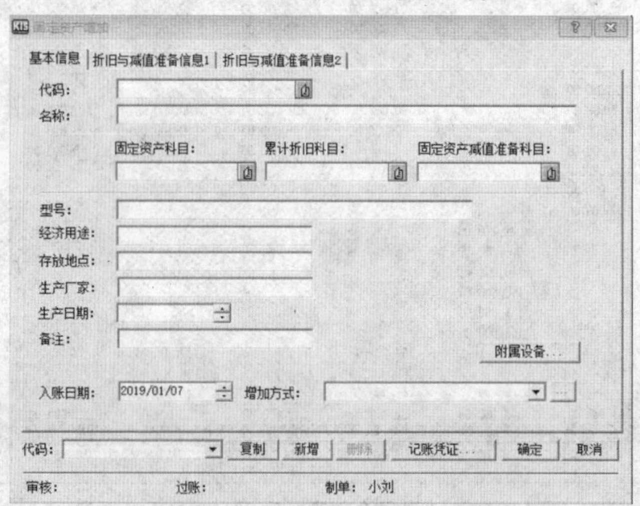

图14-2 “固定资产增加”窗口

新增固定资产资料见表14-1。

表14-1 **新增固定资产资料**

基本-入账信息		折旧与减值准备信息1		折旧与减值准备信息2	
代码	301	类别	电子设备	原值	6 000元
名称	电脑	预计净残值率	10%	从入账到预计使用期间数	3年
固定资产科目	160103电子设备	使用情况	使用中	折旧方法	直线
累计折旧科目	累计折旧	使用部门	财务部		
减值准备科目	固定资产减值准备	折旧费用科目	管理费用——折旧		
入账日期	2019-01-08	减值准备对方科目	资产减值损失		
增加方式	购入				

以小刘的身份录入新增固定资产资料，其操作过程如下：

（1）点击“基本-入账信息”选项卡，录入代码、名称、科目（遇到没有的科目要自行增加）、入账日期、增加方式，结果如图14-3所示。

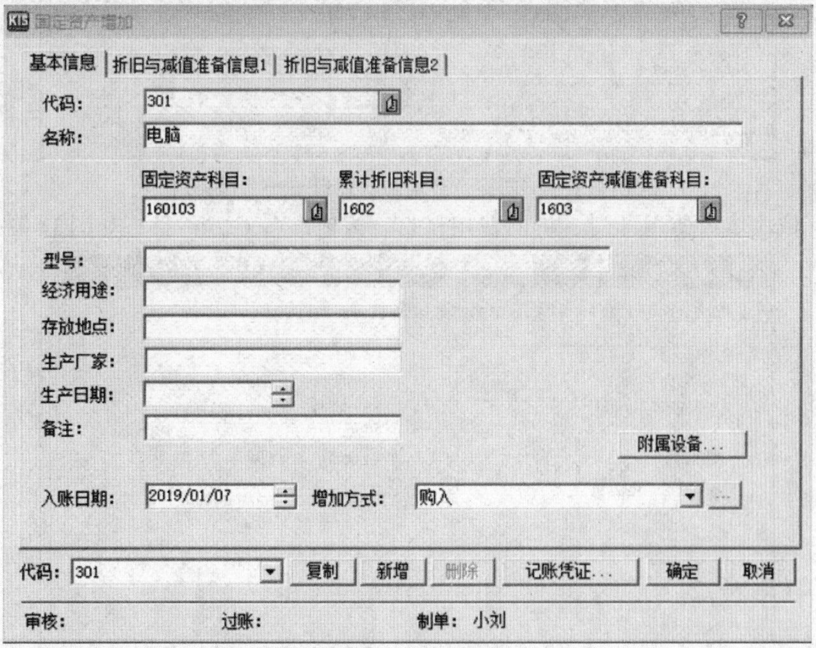

图14-3 “固定资产增加”窗口——基本信息

（2）点击“折旧与减值准备信息1”选项卡，单击类别栏右侧按钮，弹出“固定资产类别”窗口，单击“增加”，录入类别名称“电子设备”，预计净残值率“10”，如图14-4所示。

单击“增加”，再单击“关闭”，返回上一界面，如图14-5所示，单击“关闭”。在类别栏下拉框中选择“电子设备”，如图14-6所示。

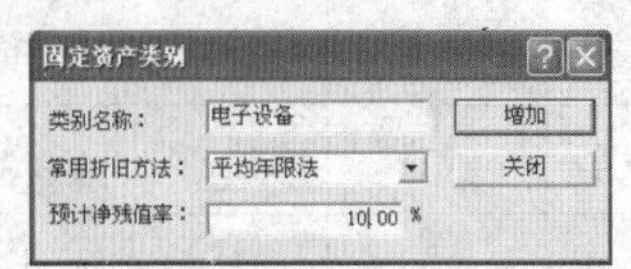

图14-4 “固定资产类别”窗口
——电子设备

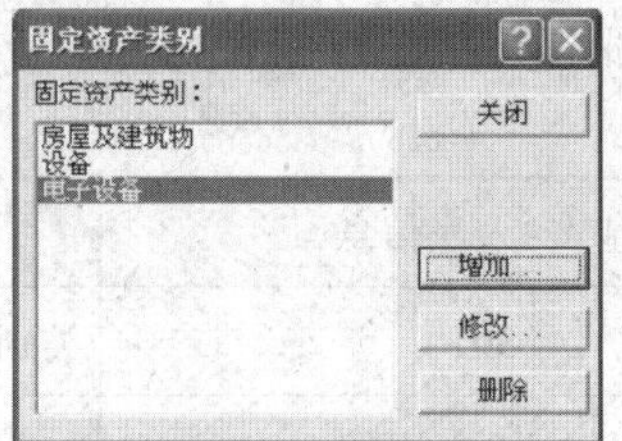

图14-5 “固定资产类别”窗口
——类别显示

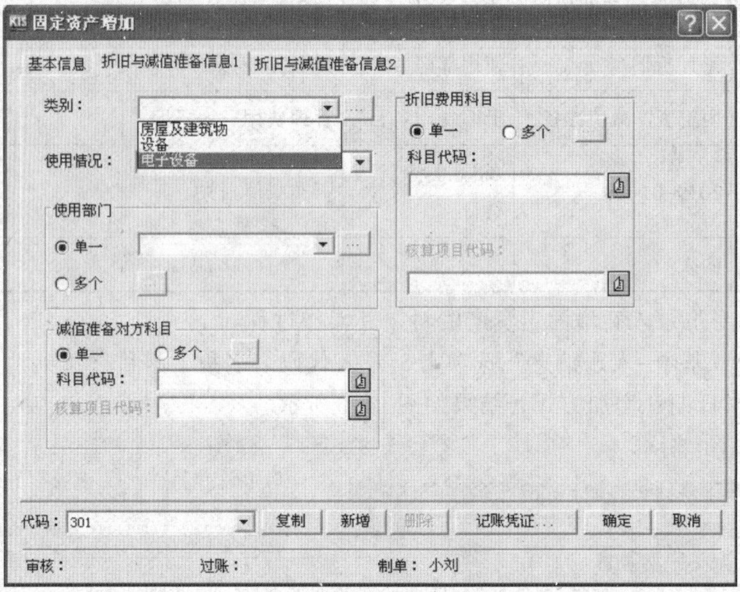

图14-6 “固定资产增加”窗口——选择类别

然后，依次填入使用部门、折旧费用科目、减值准备对方科目，如图14-7所示。

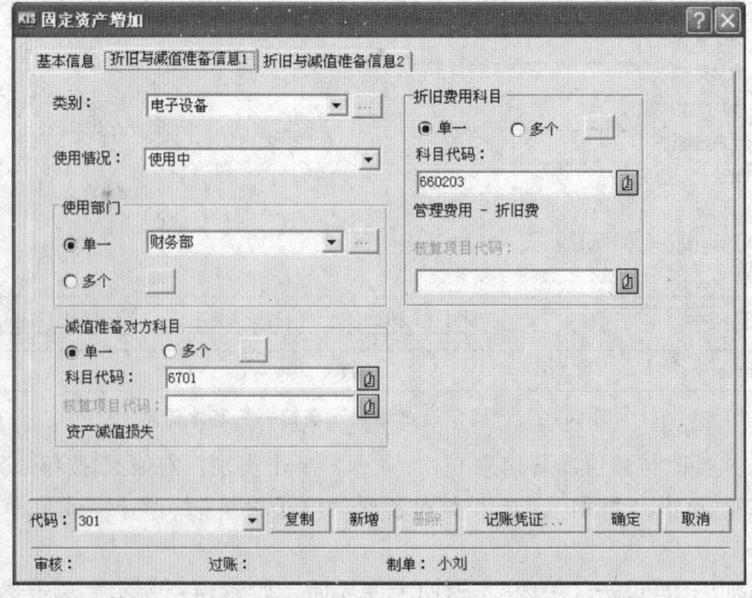

图14-7 “固定资产增加”窗口——折旧与减值准备信息1

（3）点击“折旧与减值准备信息2”选项卡，录入原值、从入账到预计使用期间数，如图14-8所示。

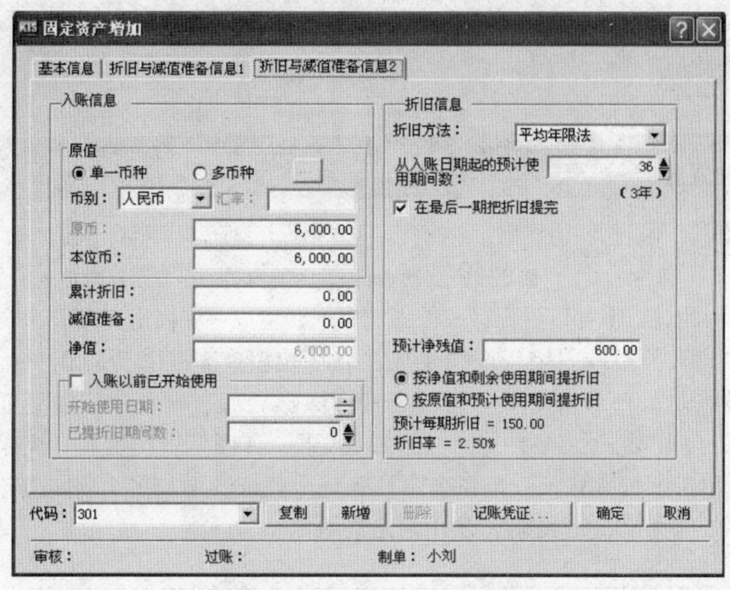

图14-8　“固定资产增加”窗口——折旧与减值准备信息2

（4）在卡片下部，单击“记账凭证”，进入记账凭证界面，可以看到“固定资产”科目显示为蓝色，表示该科目由其他模块自动生成而非直接录入。现将凭证补充完整，录入贷方科目“100201银行存款——人民币”，贷方金额“6 000.00”，如图14-9所示，单击“保存”，单击“关闭”，返回固定资产卡片窗口，单击“确定”，返回“固定资产变动资料-输入”窗口，可以看到新增的固定资产记录，如图14-10所示。

记账凭证
文件(F)　编辑(E)　查看(V)　工具(T)
保存　预览　打印　复原　第一　上一　下一　最后　跳转　审核　拷贝　粘贴　插入　删除　变换　获取　计算器　平衡　关闭

记　账　凭　证
凭证字：记　凭证号：7　附单据：0张
顺序号：7　日期：2019/01/08

摘　要	会计科目	借方金额	贷方金额
购入固定资产	160103 固定资产 - 电子设备	600000	
购入固定资产	100201 银行存款 - 人民币		600000
合计		600000	600000

结算方式　数量
结算号　单价
结算日期
审核：　过账：　制单：小刘

图14-9　“记账凭证”窗口——自动生成

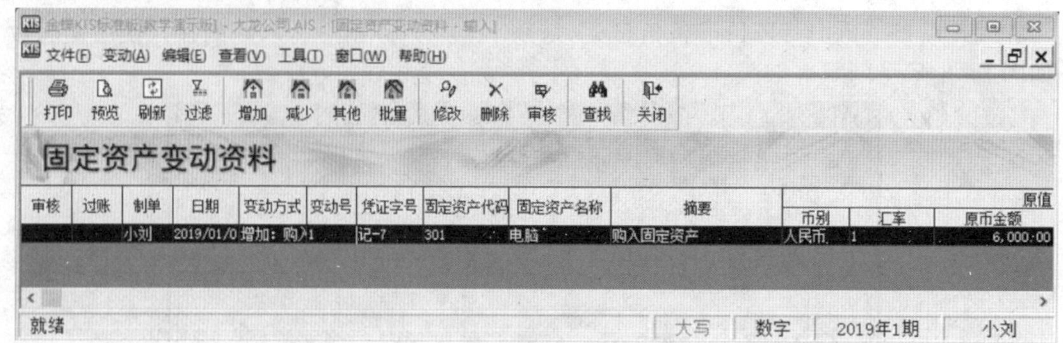

图14-10 “固定资产变动资料-输入”窗口——显示新增记录

从刚才录入的过程中可以看到：一件固定资产，生成一张固定资产卡片，生成一张凭证。

如果一次购入了多件固定资产，生成多张固定资产卡片，也可以只生成一张记账凭证。其具体做法是：在录入完毕一固件定资产数据之后，调整“记账凭证”之前，单击“新增”按钮，会出现一张空白卡片，可以录入下一件固定资产资料，当录入全部新增固定资产后，再单击“记账凭证”按钮弹出一张记账凭证，增加多个固定资产的会计分录就会显示在这一张凭证上，将凭证贷方补充完整即可。

第二节 固定资产减少

在“会计之家”界面，单击主功能选项下的“固定资产”模块，进入“固定资产”管理窗口，单击“固定资产减少”，进入“固定资产变动资料-输入”窗口，如图14-11所示。

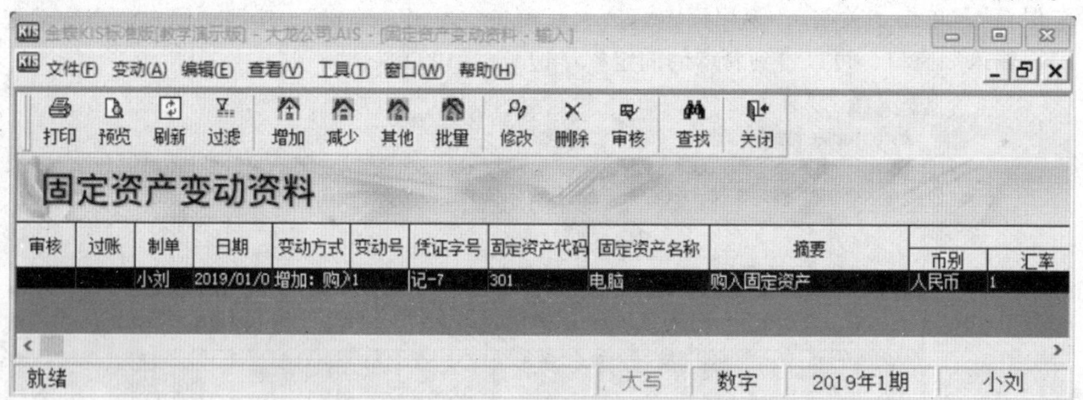

图14-11 “固定资产变动资料-输入”窗口——准备减少固定资产

减少固定资产资料见表14-2。

表14-2 减少固定资产资料

卡片内容		凭证内容		凭证内容	
代码	201	出售金额	180 000元	贷方	营业外收入
减少日期	2019-01-09	借方科目	银行存款——人民币		
减少方式	出售				
凭证借方	固定资产清理				

以小刘的身份录入资料，其操作过程如下：

（1）单击工具栏“减少”按钮，弹出“固定资产减少”窗口，如图14-12所示。

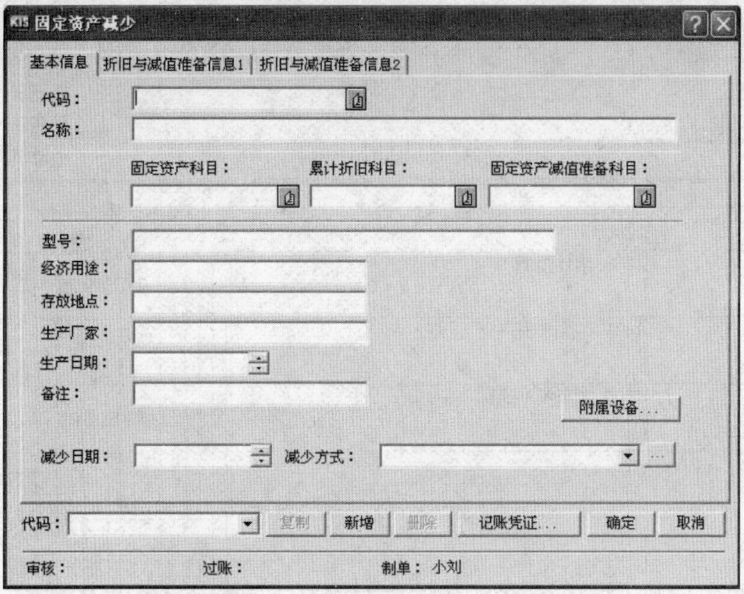

图14-12 “固定资产减少”窗口

在代码处选择“201”，相关信息会自动显示出来，录入减少日期“2019-01-09”，减少方式选择“出售”，如图14-13所示。

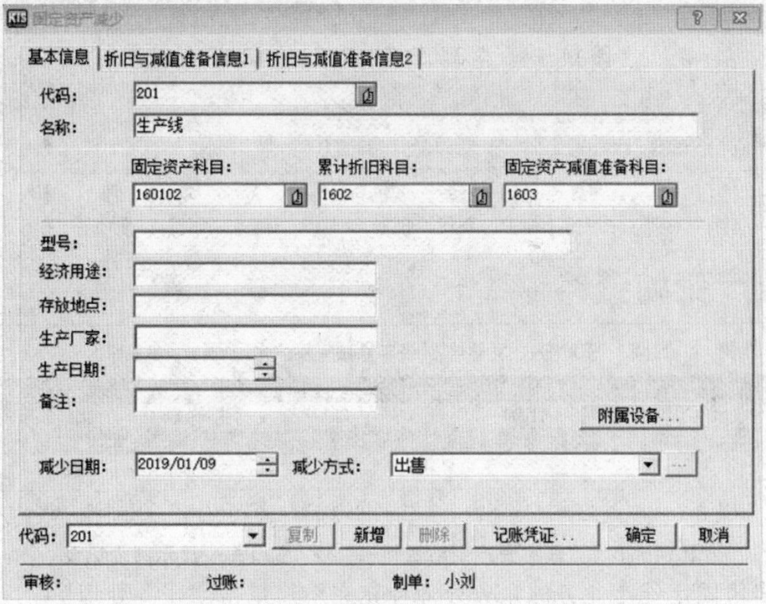

图14-13 “固定资产减少”窗口——代码、减少日期、减少方式

（2）单击“记账凭证”，系统弹出“记账凭证”窗口，录入贷方科目“1606固定资产清理”，按回车键，再按“=”键，差额自动填入，如图14-14所示，单击“保存”。单击“关闭”，返回固定资产卡片窗口，单击“确定”，返回“固定资产变动资料-输入”窗口，如图14-15所示。

记账凭证

文件(F) 编辑(E) 查看(V) 工具(T)

保存 预览 打印 复原 第一 上一 下一 最后 跳转 审核 拷贝 粘贴 插入 删除 变换 获取 计算器 平衡 关闭

记 账 凭 证

凭证字：记　凭证号：8　附单据：0 张

顺序号：8　日期：2019/01/09

摘　要	会计科目	借方金额	贷方金额
出售固定资产	1602 累计折旧	1050000	
	160102 固定资产 - 设备		20000000
	1606 固定资产清理	18950000	
合计		20000000	20000000

结算方式　数量　结算号　单价　结算日期

审核：　过账：　制单：小刘

图 14-14　“记账凭证”窗口——记 8 号凭证

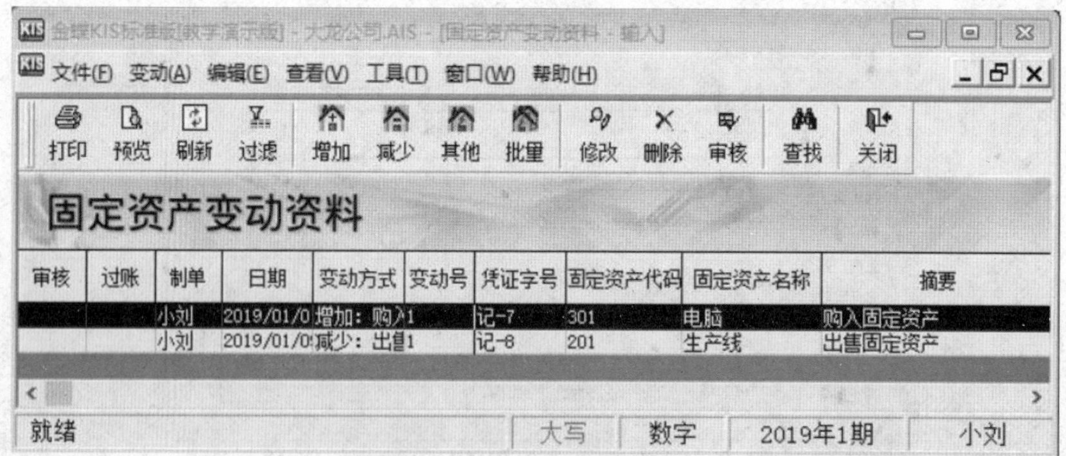
金蝶KIS标准版[教学演示版] - 大龙公司.AIS - [固定资产变动资料 - 输入]

文件(F) 变动(A) 编辑(E) 查看(V) 工具(T) 窗口(W) 帮助(H)

打印 预览 刷新 过滤 增加 减少 其他 批量 修改 删除 审核 查找 关闭

固定资产变动资料

审核	过账	制单	日期	变动方式	变动号	凭证字号	固定资产代码	固定资产名称	摘要
		小刘	2019/01/0	增加：购入	1	记-7	301	电脑	购入固定资产
		小刘	2019/01/0	减少：出售	1	记-8	201	生产线	出售固定资产

就绪　大写　数字　2019年1期　小刘

图 14-15　“固定资产变动资料-输入”窗口——显示减少记录

（3）将出售固定资产业务的账务处理补充完整。单击“账务处理”→“凭证录入”，打开“记账凭证”窗口，录入如图 14-16 所示的凭证，单击“保存”。

（4）继续录入下一张凭证，如图 14-17 所示，录入完毕后单击“保存”，单击“关闭”。

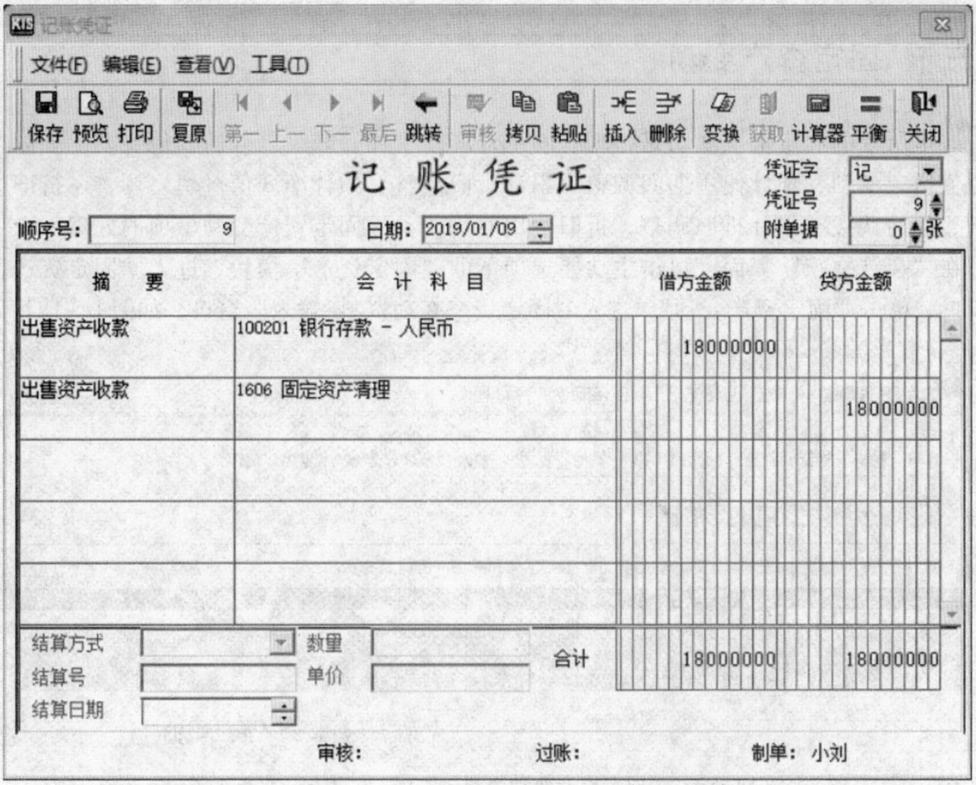

记账凭证

文件(F) 编辑(E) 查看(V) 工具(T)

保存 预览 打印 复原 第一 上一 下一 最后 跳转 审核 拷贝 粘贴 插入 删除 变换 获取 计算器 平衡 关闭

记 账 凭 证

凭证字：记　凭证号：9　附单据：0 张

顺序号：9　日期：2019/01/09

摘要	会计科目	借方金额	贷方金额
出售资产收款	100201 银行存款－人民币	18000000	
出售资产收款	1606 固定资产清理		18000000
结算方式　数量 结算号　单价 结算日期	合计	18000000	18000000

审核：　过账：　制单：小刘

图 14-16 “记账凭证”窗口——记 9 号凭证

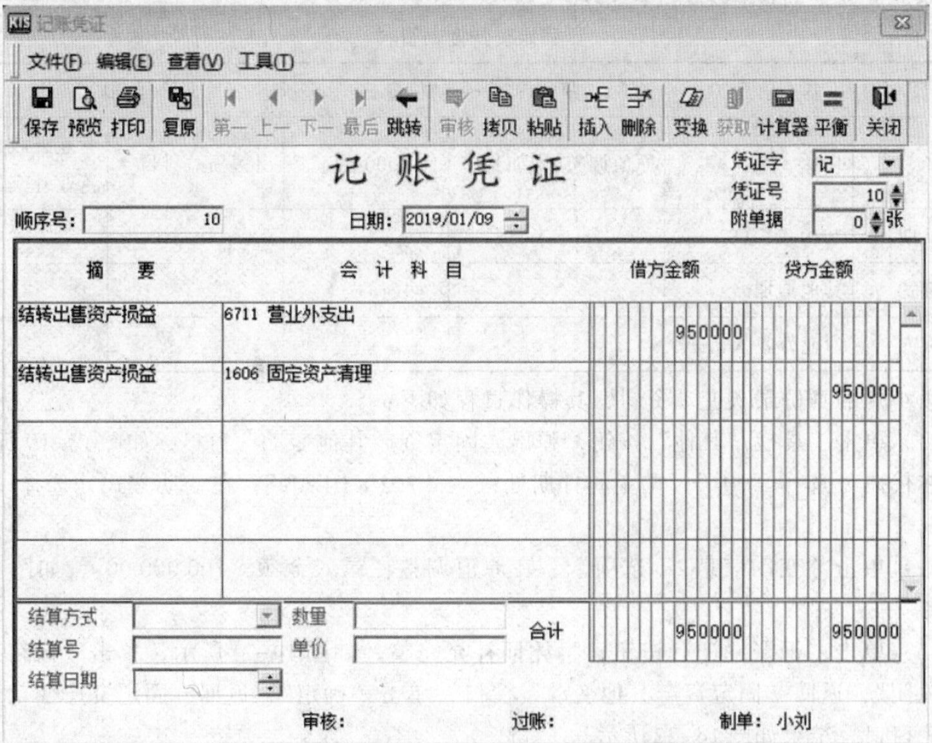

记账凭证

文件(F) 编辑(E) 查看(V) 工具(T)

保存 预览 打印 复原 第一 上一 下一 最后 跳转 审核 拷贝 粘贴 插入 删除 变换 获取 计算器 平衡 关闭

记 账 凭 证

凭证字：记　凭证号：10　附单据：0 张

顺序号：10　日期：2019/01/09

摘要	会计科目	借方金额	贷方金额
结转出售资产损益	6711 营业外支出	950000	
结转出售资产损益	1606 固定资产清理		950000
结算方式　数量 结算号　单价 结算日期	合计	950000	950000

审核：　过账：　制单：小刘

图 14-17 “记账凭证”窗口——记 10 号凭证

第三节 固定资产变动

这里所说的固定资产变动是指现有固定资产除增加、减少之外的其他变动。如固定资产原值增减变动、预计使用期间调整、累计折旧调整、预计净残值（率）调整、折旧方法变动、部门调拨、累计折旧调整、折旧费用科目变动等固定资产变动事项的处理。

在“会计之家”界面，单击主功能选项下的“固定资产”模块，进入“固定资产”管理窗口，单击“固定资产变动”，进入“固定资产变动资料-输入”窗口，如图14-18所示。

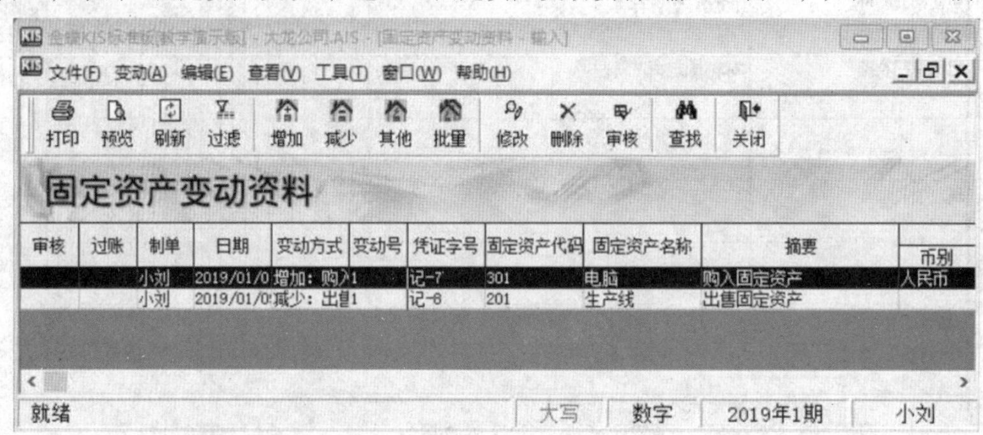

图14-18 “固定资产变动资料-输入”窗口——准备变动

固定资产变动资料见表14-3。

表14-3 固定资产变动资料

变动内容-基本信息		变动内容-变动信息2		凭证内容	
代码	101	原值调整(增加)	100 000元	出售损益科目	营业外收入或营业外支出
变动日期	2019-01-09				
变动方式	其他增加				
凭证贷方	营业外收入				

以小刘的身份录入变动资料，其操作过程如下：

（1）单击工具栏“其他”按钮，弹出“固定资产其他变动”窗口，如图14-19所示。

在代码处选择“101”，在变动日期处录入“2019-01-09”，在变动方式处选择“其他增加”。

（2）单击“变动信息2”选项卡，在原值调整栏录入金额“100 000.00”，如图14-20所示。

（3）单击“记账凭证”按钮，将凭证补充完整，如图14-21所示，单击“保存”，单击“关闭”，返回“固定资产其他变动”窗口，单击“确定”，返回“固定资产变动资料-输入”窗口，结果如图14-22所示。

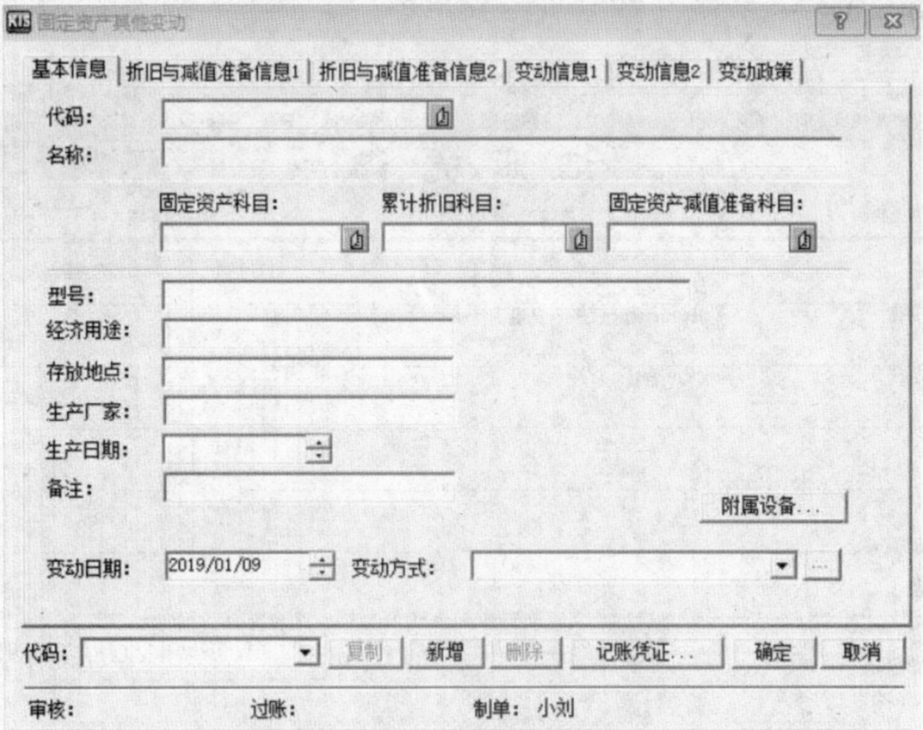

图 14-19 “固定资产其他变动”窗口

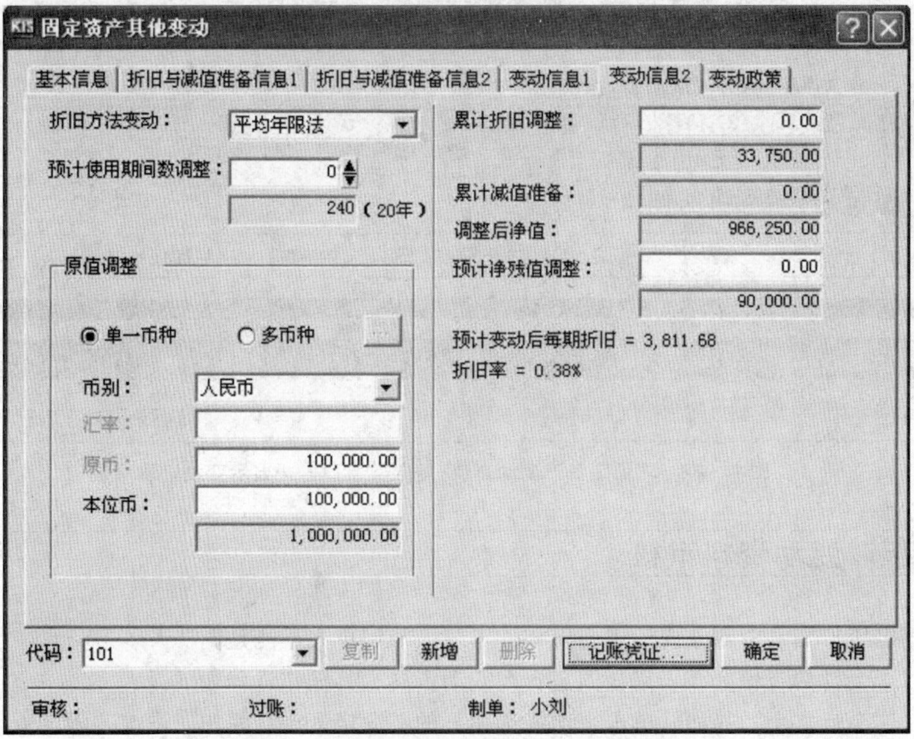

图 14-20 “固定资产其他变动”窗口——变动信息 2

记账凭证

文件(F) 编辑(E) 查看(V) 工具(T)

保存 预览 打印 复原 第一 上一 下一 最后 跳转 审核 拷贝 粘贴 插入 删除 变换 获取 计算器 平衡 关闭

凭证字：记 凭证号：11 附单据：0 张

顺序号：11 日期：2019/01/10

摘要	会计科目	借方金额	贷方金额
增值	160101 固定资产－房屋	10000000	
增值	6301 营业外收入		10000000
结算方式 / 结算号 / 结算日期	数量 / 单价	合计 10000000	10000000

审核： 过账： 制单：小刘

图14-21 “记账凭证”窗口——记11号凭证

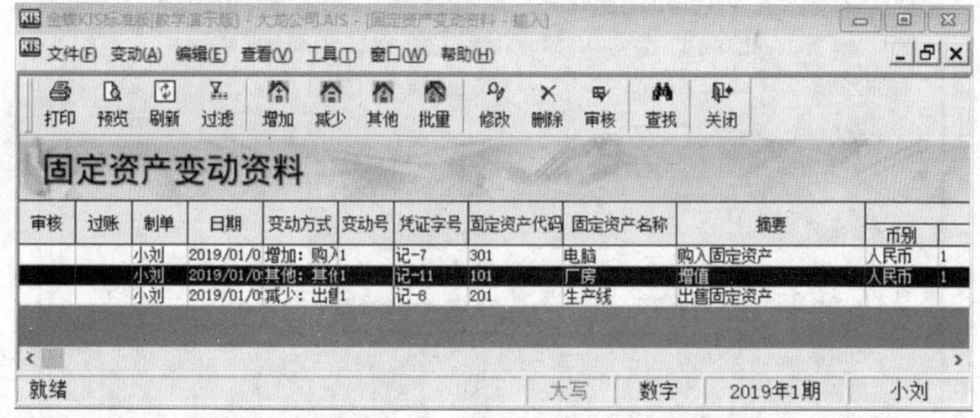

图14-22 “固定资产变动资料-输入”窗口——显示变动记录

第四节 变动资料审核

固定资产变动资料录入后需要审核，审核人与制单人不能是同一人。

以李会计的身份登录，审核固定资产变动资料，其操作过程如下：

在“会计之家”界面，单击主功能选项下的“固定资产”模块，进入“固定资产”管理窗口，单击“固定资产变动”，进入“固定资产变动资料-输入”窗口，选中第一条记录，单击工具栏中的“审核”，弹出“固定资产查看”窗口，单击窗口下部的“审核”按钮，如图14-23所示。

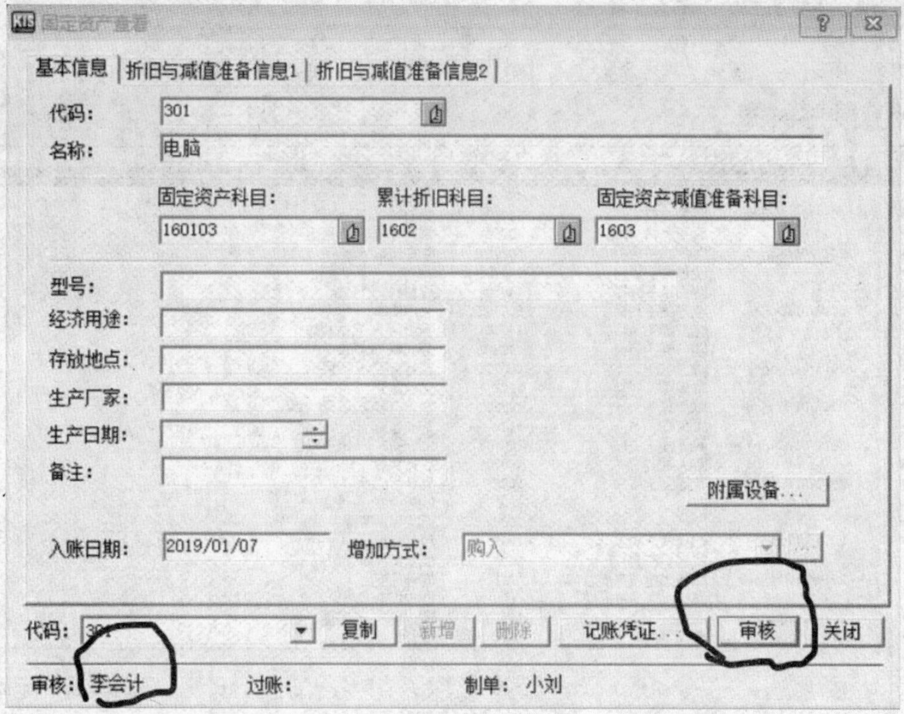

图14-23　“固定资产查看”窗口——审核

此时在审核栏显示“李会计”，表示审核成功，单击“关闭”，返回“固定资产变动资料-输入”窗口，结果如图14-24所示。

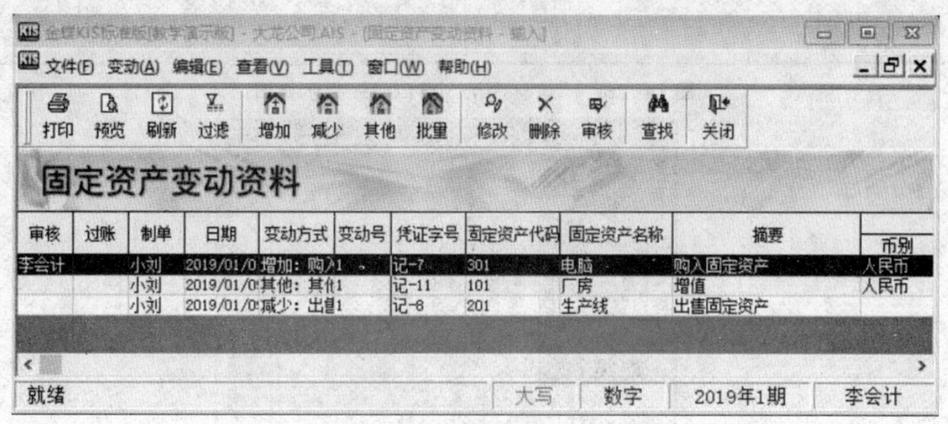

图14-24　“固定资产变动资料-输入”窗口——已审核

按照同样的操作，依次对其他变动资料进行审核。全部审核完毕后，单击“账务处理”→“凭证审核”，选择全部凭证，进入“会计分录序时簿”，如图14-25所示，可以看到由“固定资产”模块生成的凭证都已审核，只需将未审核凭证审核即可。

审核完所有凭证后，将所有凭证过账，单击“账务处理”→“凭证过账”，弹出提示，如图14-26所示。单击“是”，弹出“凭证过账”窗口，如图14-27所示，单击“完成”。

固定资产变动资料过账后，就可以在“固定资产”模块下的变动资料查询中看到。

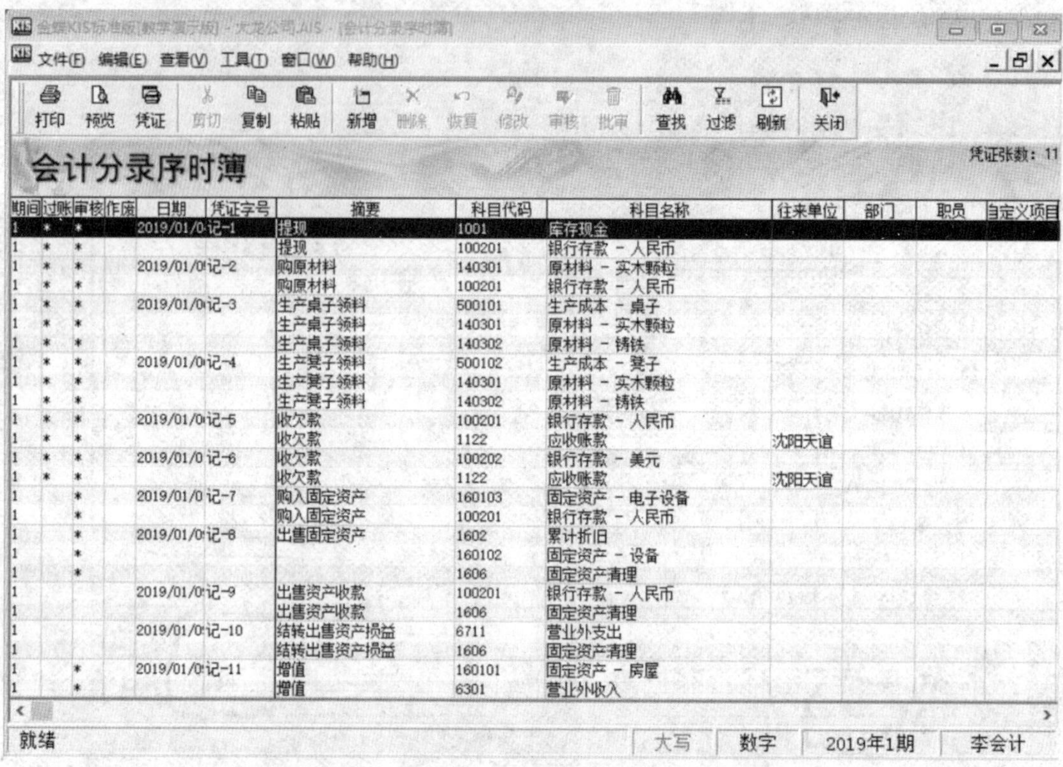

期间	过账	审核	作废	日期	凭证字号	摘要	科目代码	科目名称	往来单位	部门	职员	自定义项目
1	*	*		2019/01/0	记-1	提现	1001	库存现金				
1	*	*				提现	100201	银行存款 - 人民币				
1	*	*		2019/01/0	记-2	购原材料	140301	原材料 - 实木颗粒				
1	*	*				购原材料	100201	银行存款 - 人民币				
1	*	*		2019/01/0	记-3	生产桌子领料	500101	生产成本 - 桌子				
1	*	*				生产桌子领料	140301	原材料 - 实木颗粒				
1	*	*				生产桌子领料	140302	原材料 - 铸铁				
1	*	*		2019/01/0	记-4	生产凳子领料	500102	生产成本 - 凳子				
1	*	*				生产凳子领料	140301	原材料 - 实木颗粒				
1	*	*				生产凳子领料	140302	原材料 - 铸铁				
1	*	*		2019/01/0	记-5	收欠款	100201	银行存款 - 人民币				
1	*	*				收欠款	1122	应收账款	沈阳天谊			
1	*	*		2019/01/0	记-6	收欠款	100202	银行存款 - 美元				
1	*	*				收欠款	1122	应收账款	沈阳天谊			
1		*		2019/01/0	记-7	购入固定资产	160103	固定资产 - 电子设备				
1		*				购入固定资产	100201	银行存款 - 人民币				
1		*		2019/01/0	记-8	出售固定资产	1602	累计折旧				
1		*					160102	固定资产 - 设备				
1		*					1606	固定资产清理				
1				2019/01/0	记-9	出售资产收款	100201	银行存款 - 人民币				
1						出售资产收款	1606	固定资产清理				
1				2019/01/0	记-10	结转出售资产损益	6711	营业外支出				
1						结转出售资产损益	1606	固定资产清理				
1		*		2019/01/0	记-11	增值	160101	固定资产 - 房屋				
1		*				增值	6301	营业外收入				

图 14-25　“会计分录序时簿”窗口——显示审核记录

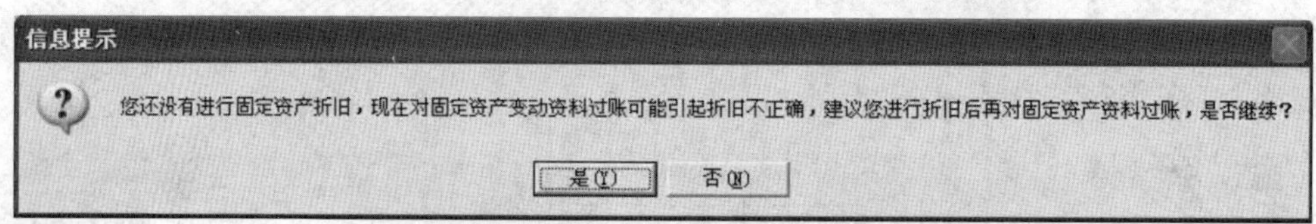

图 14-26　“信息提示”窗口——提示折旧

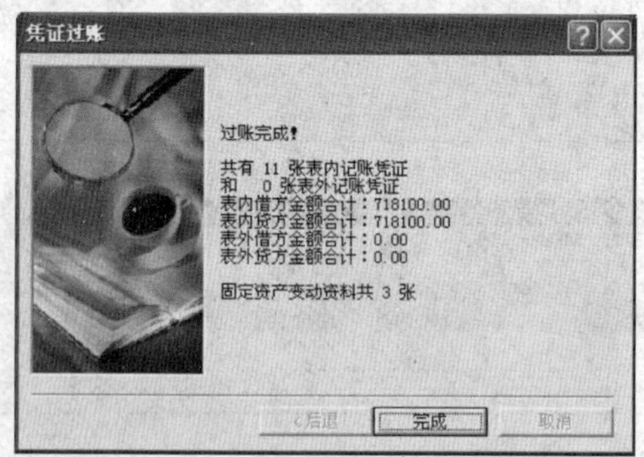

图 14-27　“凭证过账”窗口——过账完成

第五节　计提折旧

在“固定资产”模块，单击“计提折旧”，弹出“计提折旧”窗口，如图 14-28 所示。单击“前进”，弹出下一窗口，如图 14-29 所示。

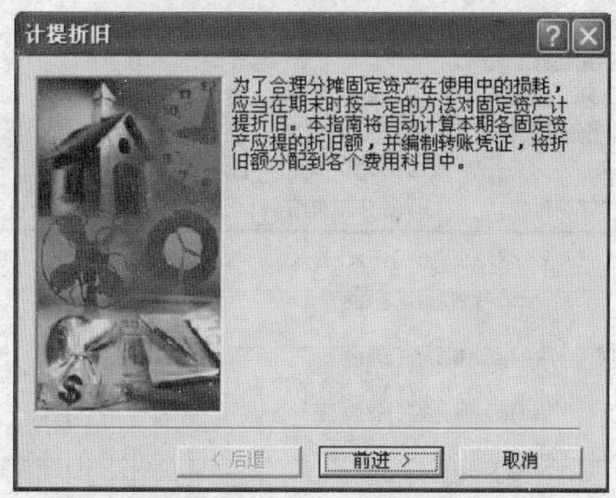

图 14-28　“计提折旧”窗口

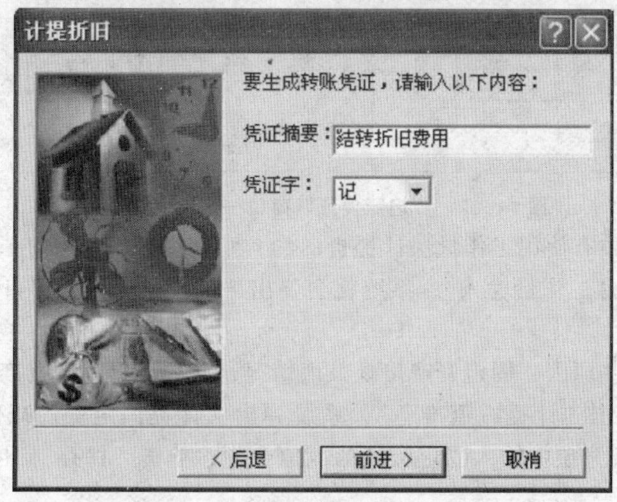

图 14-29　“计提折旧”窗口——凭证设置

单击“前进”，如图 14-30 所示，单击“完成”，弹出提示，生成一张凭证，如图 14-31 所示，可以在“账务处理”模块下查询这张凭证，如图 14-32 所示。

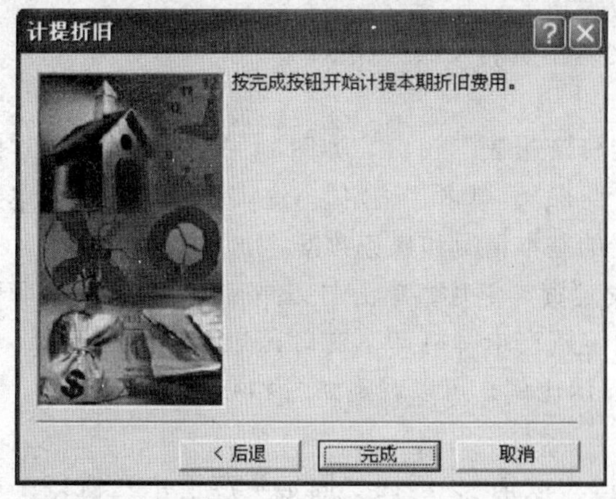

图 14-30　“计提折旧”窗口——准备计提

图 14-31　“信息提示”窗口——生成记 12 号凭证

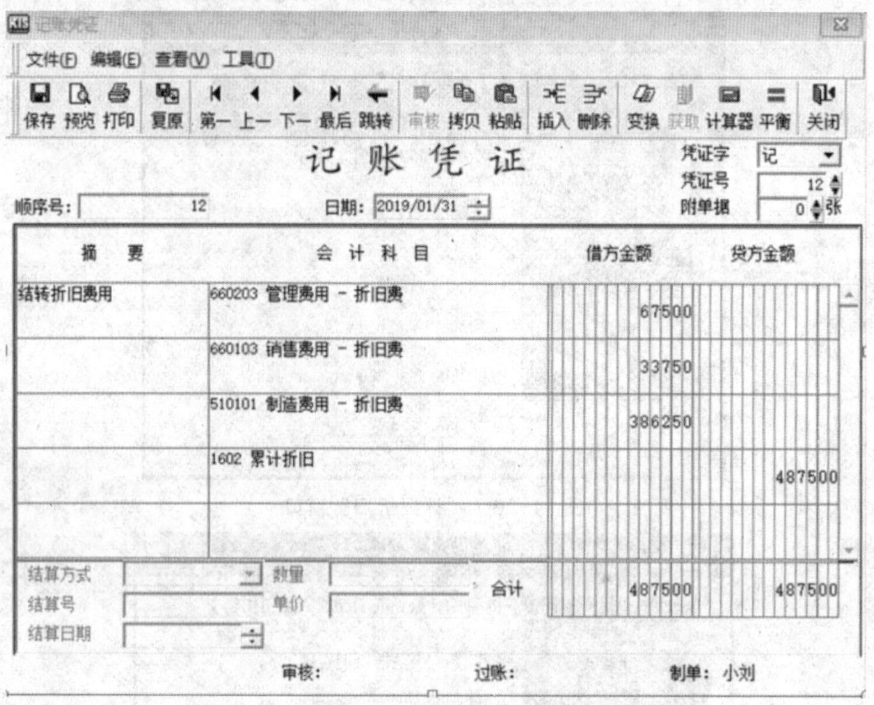

图14-32 “记账凭证”窗口——记12号凭证

如果固定资产中有使用工作量法计提折旧的，则计提折旧费用前必须先输入本期的实际工作量。单击“月工作量输入”，系统就会弹出“工作量输入”窗口，在窗口中录入实际工作量即可。

另外，由于某些原因，固定资产出现减值情况，就要计提固定资产减值准备，在“固定资产”模块中单击“计提减值准备”，系统弹出“计提固定资产减值准备”窗口，在“本期计提减值准备”项中输入固定资产的减值金额，单击“保存”，再单击“生成凭证”按钮即可。

第六节 报表

固定资产报表可以用于查询固定资产基本资料及账务数据。

1.固定资产清单

单击“固定资产清单”，弹出“固定资产报表”窗口，如图14-33所示。选中“固定资产清单”，会计期间选择“1”，选中“期末”，单击“确定”，进入“固定资产清单”窗口，如图14-34所示，可以看到固定资产的基本情况和账务数据。

在“固定资产清单”窗口可以查看固定资产卡片，单击“文件”菜单下的“打印固定资产卡片”，如图14-35所示，弹出“固定资产卡片打印”窗口，如图14-36所示，单击“打印预览”，弹出固定资产卡片，调整显示比例，可以看到如图14-37所示的卡片。每件固定资产对应一张固定资产卡片。

单击“关闭”，返回打印窗口，单击“取消”，返回“固定资产清单”窗口，单击“关闭”。

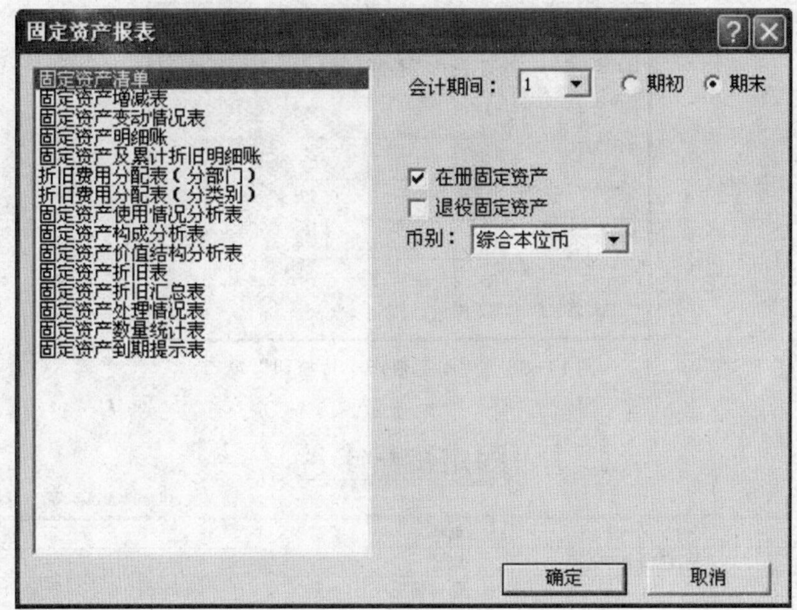

图 14-33 “固定资产报表”窗口

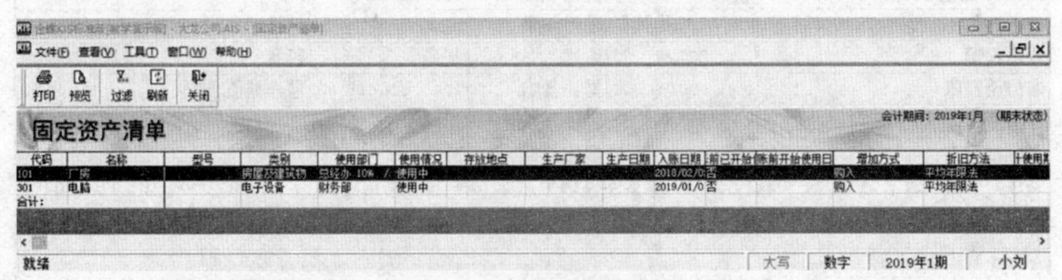

图 14-34 “固定资产清单”窗口

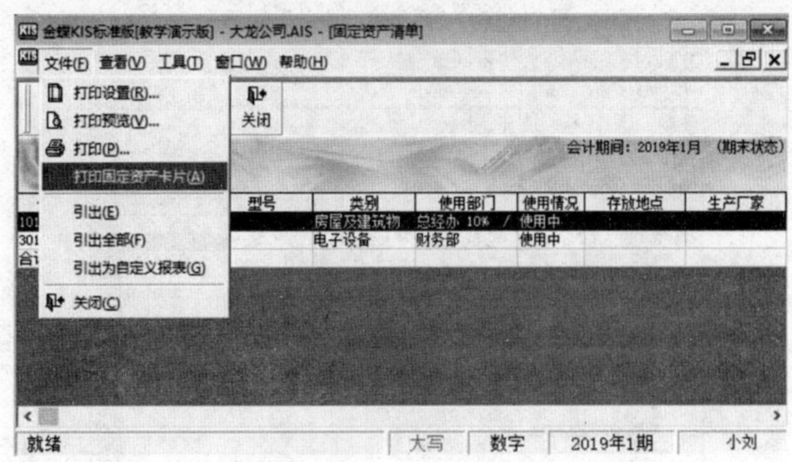

图 14-35 “固定资产清单”窗口——打印固定资产卡片

2. 固定资产增减表

在“固定资产”模块，选中“固定资产增减表”，单击“确定”，进入“固定资产增减表”，如图 14-38 所示。从表中可以看到固定资产原值及累计折旧期初金额、本期增减金额、期末金额等。

固定资产卡片打印

固定资产类别：(全部) 打印预览(V)
使用情况：(全部) 打印(P)
使用部门：(全部) 打印机设置(R)
入账情况：(全部) 套打卡片(T)
固定资产代码：
至： 取消
打印固定资产附属设备

图 14-36 “固定资产卡片打印”窗口

沈阳大龙公司

固定资产卡片

会计期间：2019年1期 (期末状态

代码	101	名称	厂房		
类别	房屋及建筑物	型号			
存放地点		使用情况	使用中	使用部门	总经办 10%..
折旧费用科目	660203 20%...	科目名称	管理费用 - 折旧费 20%...		
减值准备对方科目	6701	科目名称	资产减值损失		
折旧方法	平均年限法	使用年限	20 年	月折旧额	3,375.00
原币原值	1,000,000.00	币别	人民币	汇率	1.000000
本位币原值	1,000,000.00	累计折旧	37,125.00	累计减值准备	0.00
净值	962,875.00	预计净残值			90,000.00
入账日期	2018年02月02日	增加方式	购入	入账情况	已入账

备注： 使用部门：总经办 10%财务部 10%销售部 10%生产部 70% 折旧费用科目：660203 20%660103 10%510101 70% 科目名称：管理费用 - 折旧费 20%销售费用 - 折旧费 10%制造费用 - 折旧费 70%

图 14-37 “固定资产卡片”窗口

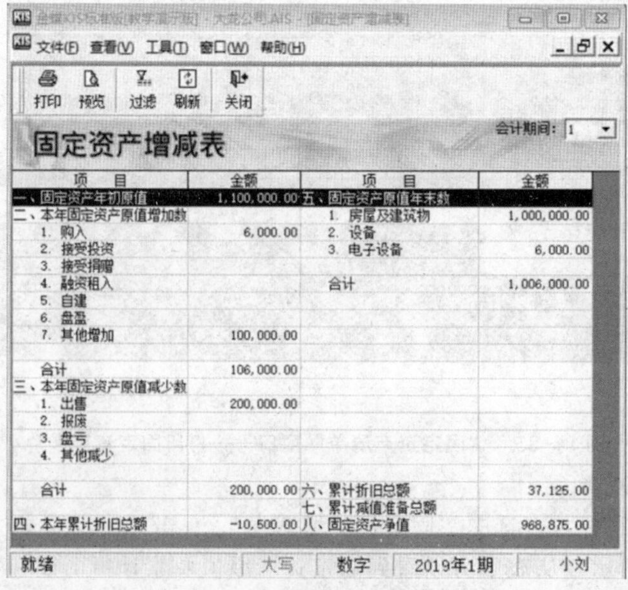

固定资产增减表

会计期间：1

项目	金额	项目	金额
一、固定资产年初原值	1,100,000.00	五、固定资产原值年末数	
二、本年固定资产原值增加数		1. 房屋及建筑物	1,000,000.00
1. 购入	6,000.00	2. 设备	
2. 接受投资		3. 电子设备	6,000.00
3. 接受捐赠			
4. 融资租入		合计	1,006,000.00
5. 自建			
6. 盘盈			
7. 其他增加	100,000.00		
合计	106,000.00		
三、本年固定资产原值减少数			
1. 出售	200,000.00		
2. 报废			
3. 盘亏			
4. 其他减少			
合计	200,000.00	六、累计折旧总额	37,125.00
		七、累计减值准备总额	
四、本年累计折旧总额	-10,500.00	八、固定资产净值	968,875.00

就绪 大写 数字 2019年1期 小刘

图 14-38 “固定资产增减表”窗口

3.固定资产变动情况表

在"固定资产"模块，选中"固定资产变动情况表"，单击"确定"，进入"固定资产变动情况表"窗口，如图14-39所示。从表中可以看到每件固定资产的原值及累计折旧期初金额、本期增减金额、净值等。

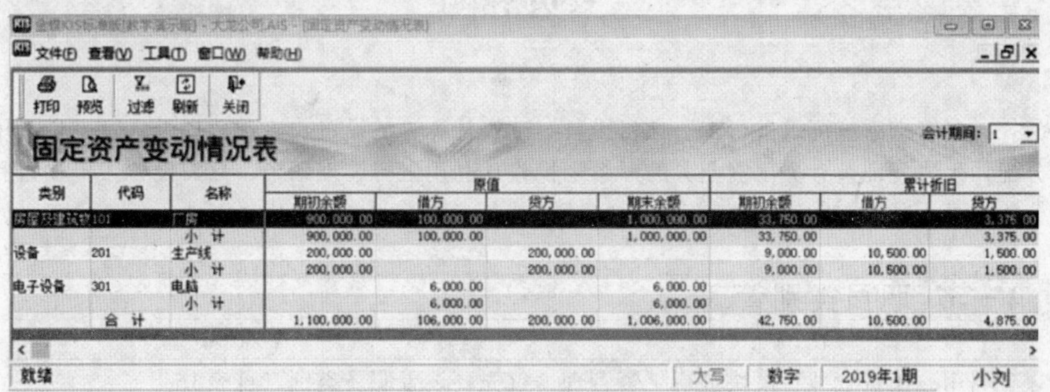

固定资产变动情况表

类别	代码	名称	原值				累计折旧		
			期初余额	借方	贷方	期末余额	期初余额	借方	贷方
房屋及建筑物	101	厂房	900,000.00	100,000.00		1,000,000.00	33,750.00		3,375.00
		小　计	900,000.00	100,000.00		1,000,000.00	33,750.00		3,375.00
设备	201	生产线	200,000.00		200,000.00		9,000.00	10,500.00	1,500.00
		小　计	200,000.00		200,000.00		9,000.00	10,500.00	1,500.00
电子设备	301	电脑		6,000.00		6,000.00			
		小　计		6,000.00		6,000.00			
	合　计		1,100,000.00	106,000.00	200,000.00	1,006,000.00	42,750.00	10,500.00	4,875.00

图14-39　"固定资产变动情况表"窗口

固定资产报表还包括其他一些账表，其查询方法与以上账表的查询方法类似。

第十五章

工资管理

工资管理系统可以进行工资项目设置、工资计算方法设置、工资数据录入及工资费用分配并生成凭证等有关工资业务的一系列操作。利用工资管理系统，只需设置工资项目和公式，录入基本工资等数据，系统会自动计算总工资，并自动生成工资费用凭证。

第一节 职员类别管理

利用“工资管理”模块进行工资管理，首先要设置职员类别（见表15-1）。

表15-1 大龙公司职员类别表

职员	职员类别
王总	管理人员
李会计	管理人员
小刘	管理人员
小张	销售人员
小陈	生产人员

设置过程为：在“会计之家”界面，单击“系统维护”模块，单击“核算项目”，弹出“核算项目”窗口，如图15-1所示。单击“职员”选项卡，打开“王总”，看到类别一栏只有“不参与工资核算”，这显然不行。单击右侧编辑按钮，弹出“职员类别”窗口，如图15-2所示。单击“增加”，如图15-3所示。在职员类别名称栏录入“管理人员”，如图15-4所示，单击“增加”。

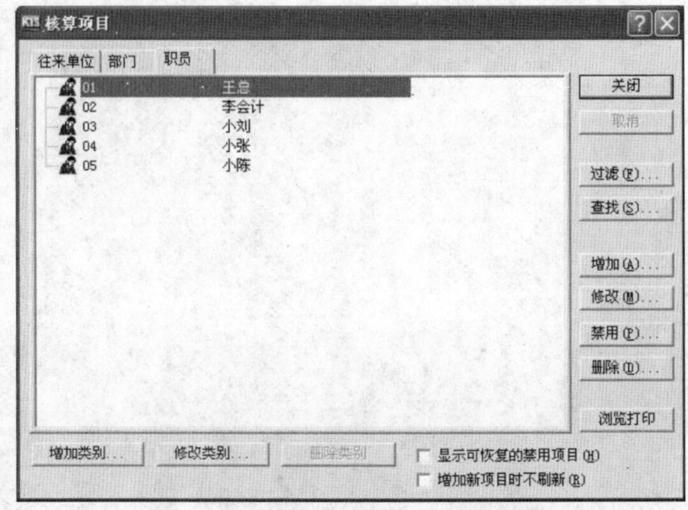

图15-1 “核算项目”窗口——全部职员

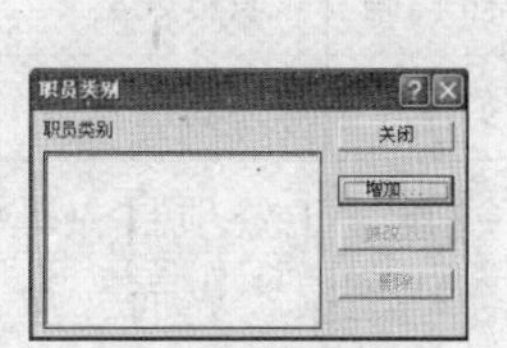

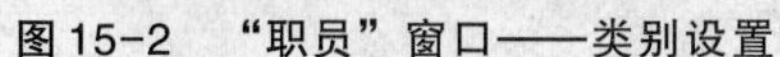
图 15-2　“职员”窗口——类别设置　　图 15-3　“职员类别”窗口——增加

继续录入“销售人员”和“生产人员”，单击“增加”，再单击“关闭”，返回“职员类别”窗口可以看到增加了两种类别，如图 15-5 所示。

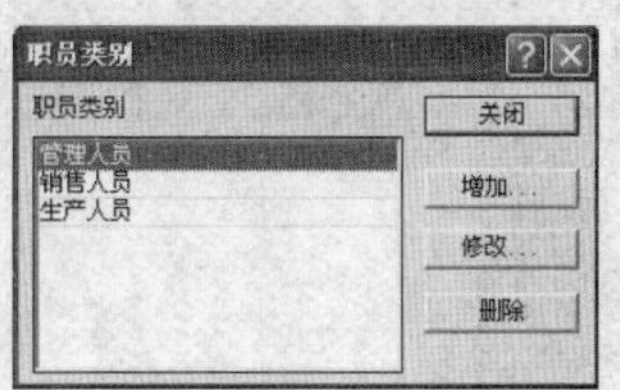

图 15-4　“职员类别”窗口——管理人员　　图 15-5　“职员类别”窗口——显示类别

单击“关闭”，返回到“职员”窗口。王总的类别为管理人员，选择“管理人员”，单击“确定“，如图 15-6 所示。依照上述操作，分别设置其他人员的类别。

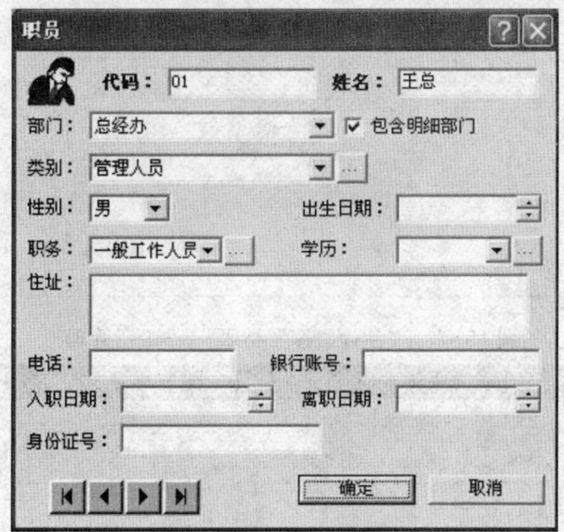

图 15-6　“职员”窗口——王总

第二节　工资项目

工资项目是在各个工资报表中需要显示的项目，如职员名称、基本工资、奖金、应发合计、扣保险、扣税、实发工资等。

工资项目有 2 种类型，数值型和文字型。数值型只能输入数字，可以参加计算。文字型可以作为逻辑判断的条件，但不能参加数据计算。

大龙公司工资项目见表 15-2。

表 15-2　　　　　　　　　　　　　　**大龙公司工资项目**

序号	1	2	3	4	5	6	7
项目名称	职员代码	职员姓名	基本工资	奖金	应发合计	扣保险	实发工资
项目类型	默认	默认	数值	数值	数值	数值	数值

按照表15-2设置工资项目，具体操作步骤如下：

（1）在“会计之家”界面，单击“工资管理”模块，如图15-7所示。单击“工资项目”选项，弹出“工资项目”窗口，如图15-8所示。

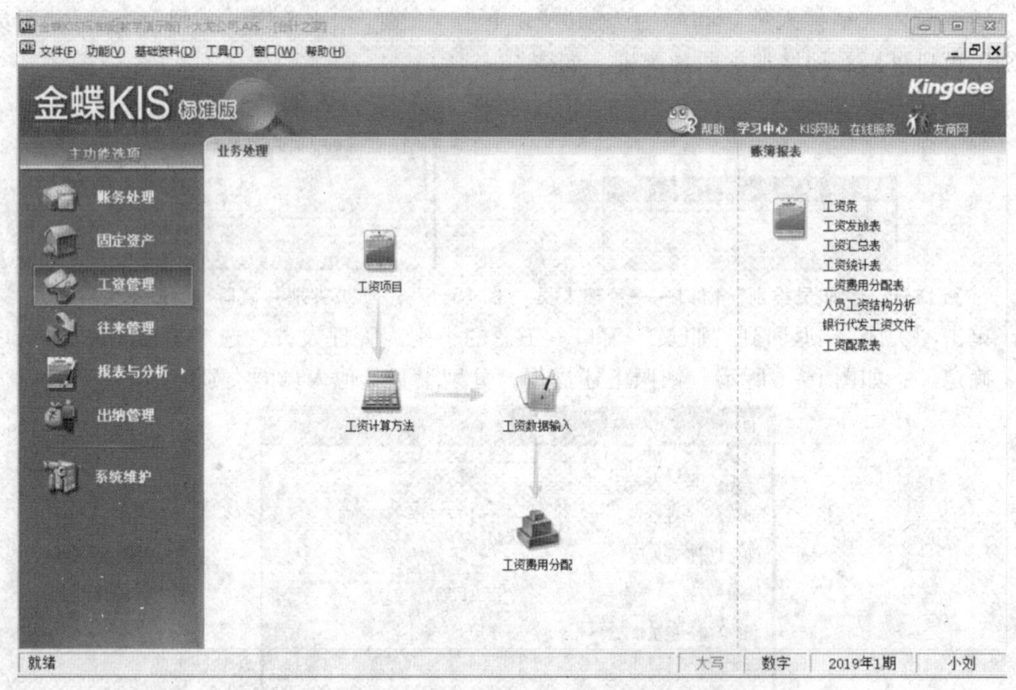

图 15-7　“会计之家”界面——工资管理

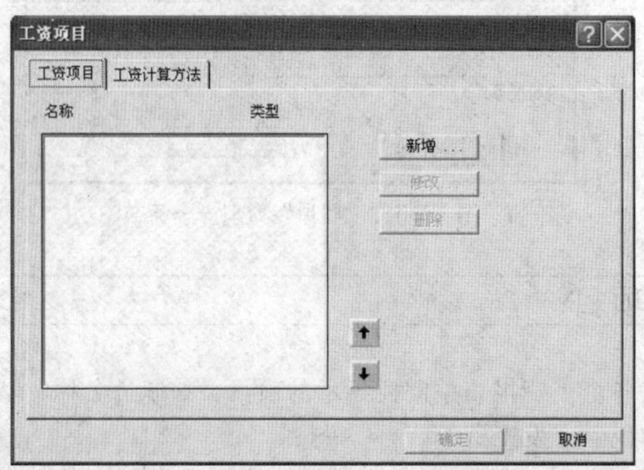

图 15-8　“工资项目”窗口——工资项目

（2）单击“工资项目”选项卡，单击“新增”按钮，弹出“工资项目”新增窗口，如图15-9所示。单击“名称”右侧下拉菜单，窗口会将系统预设的项目显示出来，如图

15-10所示。选定“职员代码”，单击“增加”按钮，此时在“工资项目”窗口显示出“职员代码”，如图15-11所示。

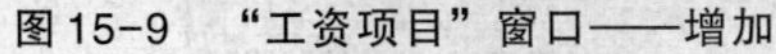

图15-9 “工资项目”窗口——增加

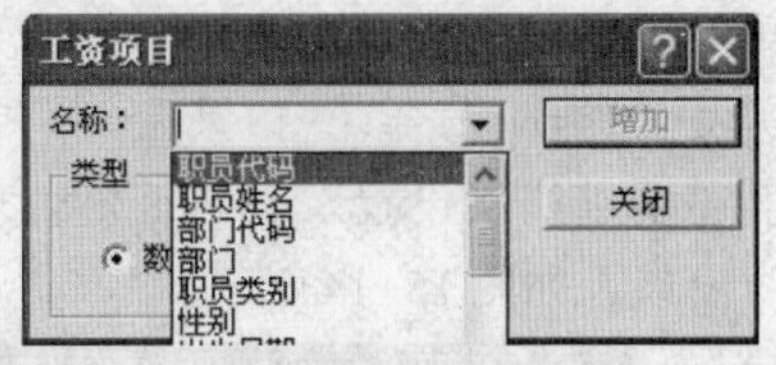

图15-10 “工资项目”窗口——选择名称

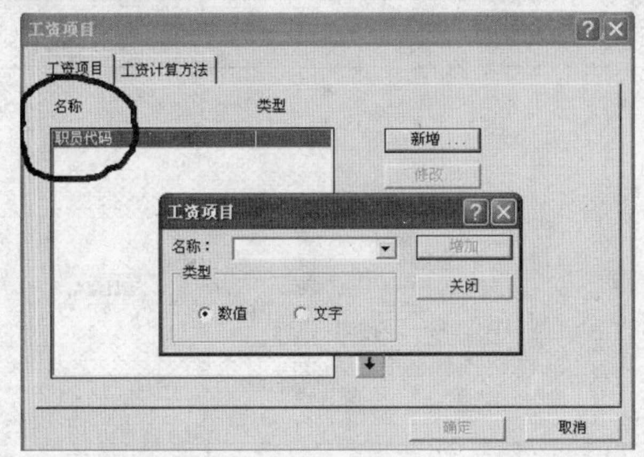

图15-11 “工资项目”窗口——职员代码

用同样的方法将“职员姓名”增加到“工资项目”中。

继续增加其他工资项目，当所需要的项目没有在系统内预设时，可以手工输入。将光标移动到“名称”栏，输入“基本工资”，类型选定“数值”型，单击“增加”，如图15-12所示，将工资项目录入完毕。当工资项目的顺序需要调整时，可以用窗口中向上或者向下的箭头按钮来调整，如图15-13所示。

图15-12 “工资项目”窗口——增加基本工资

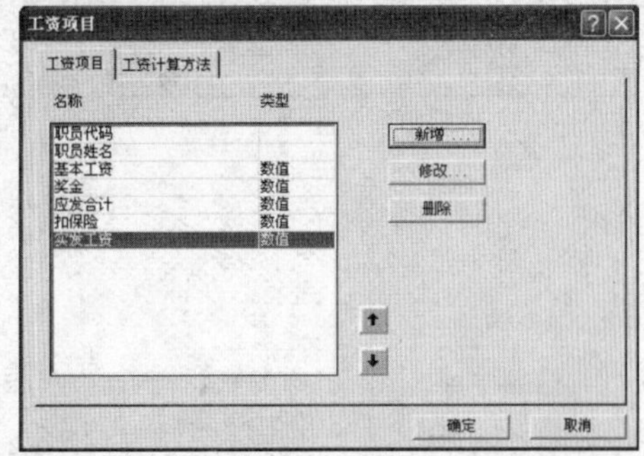

图15-13 “工资项目”窗口——实发工资

第三节 工资计算方法

工资项目设定好后，需要设定工资计算方法，即各工资项目之间的计算关系。大龙公司的工资计算方法有：

（1）应发合计=基本工资+奖金。

（2）如果职员类别是管理人员，则奖金=500。

（3）扣保险=应发合计×10%。

（4）实发工资=应发合计-扣保险。

按照上述要求依次设置。在“工资管理”模块，单击“工资计算方法”，弹出“工资计算方法”窗口，如图15-14所示。

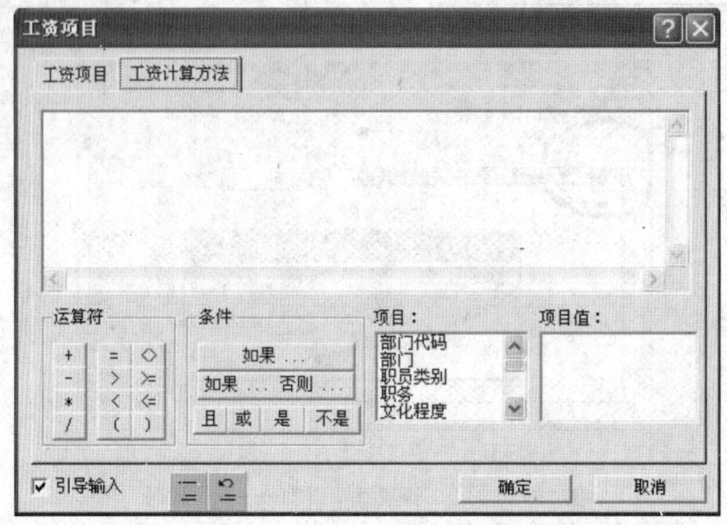

图15-14　“工资项目”窗口——工资计算方法

设置第一个方法：在项目选择区域双击“应发合计”，如图15-15所示，将其显示到公式编辑区域。在运算符区域单击“=”，将其显示到公式编辑区域，如图15-16所示。然后，依次在项目选择区域双击“基本工资”，在运算符区域单击“+”，在项目选择区域双击“奖金”。公式显示结果如图15-17所示。单击“确定”，弹出提示，单击“保存”即可。

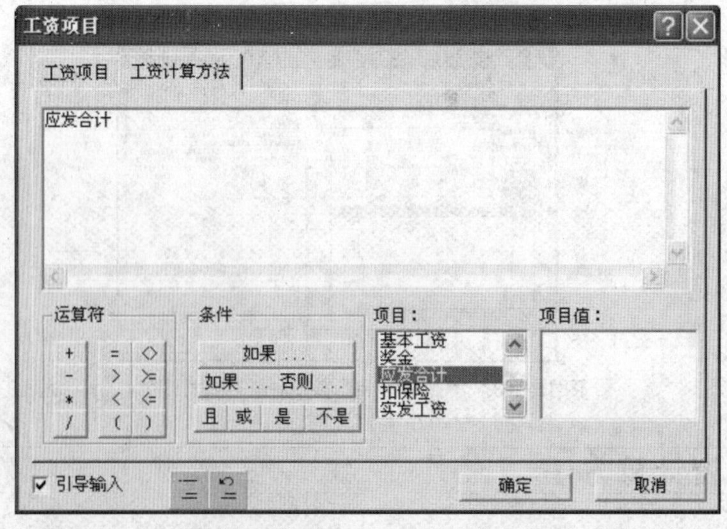

图15-15　“工资项目”窗口——工资计算方法——应发合计

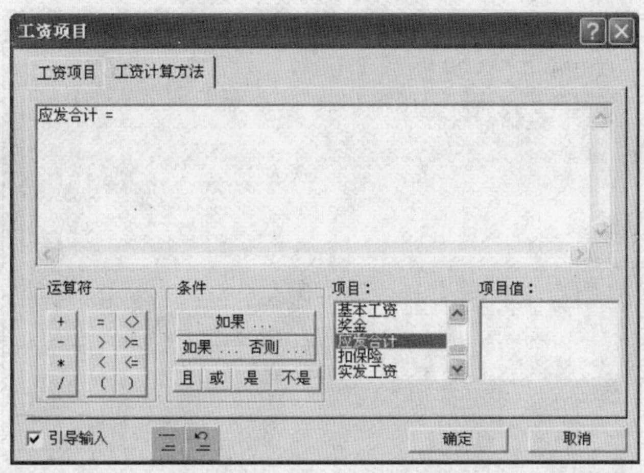

图 15-16 “工资项目”窗口——工资计算方法——符号录入

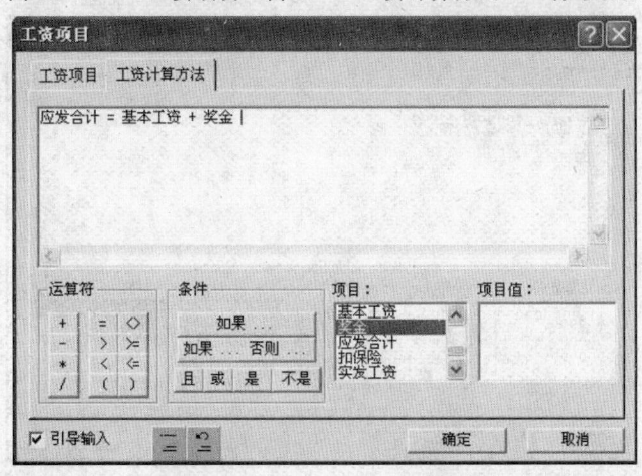

图 15-17 “工资项目”窗口——工资计算方法——公式录入

设置第二个方法：将光标移动到下一行，在条件选择区域双击“如果…”，如图15-18所示。在项目选择区域双击“职员类别”，将“职员类别”显示到指定位置，如图15-19所示。在条件区域单击“是”，在项目值区域双击“管理人员”，如图15-20所示。然后，将光标移动到“则”字的后面，在项目值区域双击“奖金”，在运算符区域单击“=”，之后直接输入“500”，单击“确定”，结果如图15-21所示。

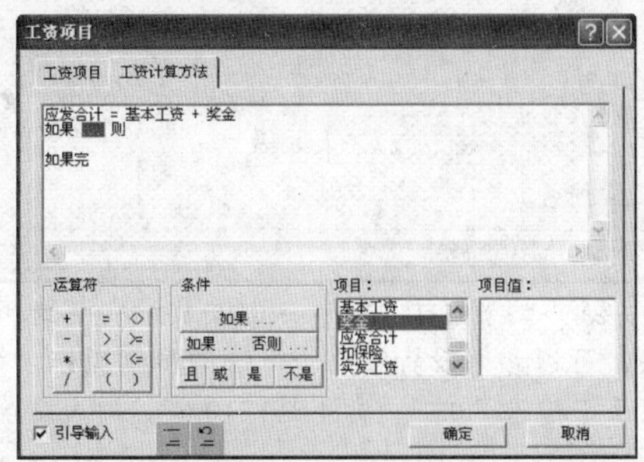

图 15-18 “工资项目”窗口——工资计算方法——条件录入

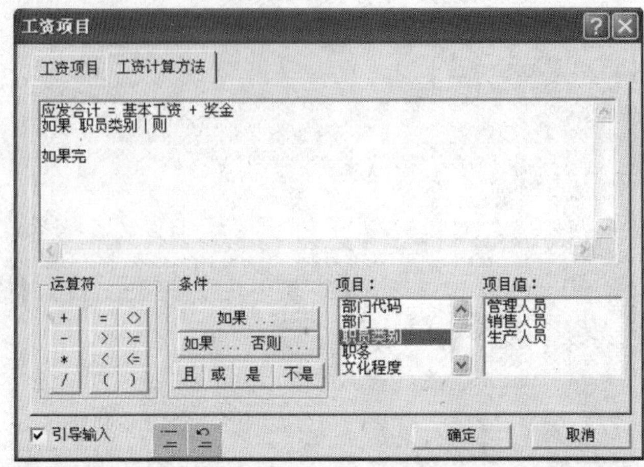

图 15-19 “工资项目”窗口——工资计算方法——职员类别

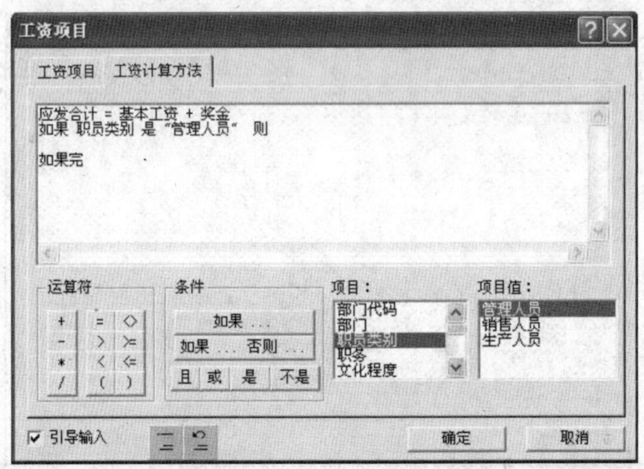

图 15-20 “工资项目”窗口——工资计算方法——管理人员

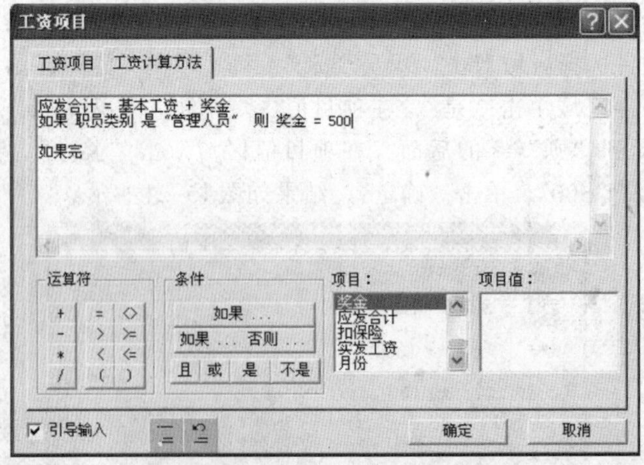

图 15-21 “工资项目”窗口——工资计算方法——返回结果

设置第三个方法：可以参照设置第一个方法的步骤操作，结果如图 15-22 所示。需要注意的是，需要手工输入“0.1”，而不是“10%”，因为系统不能识别“%”。

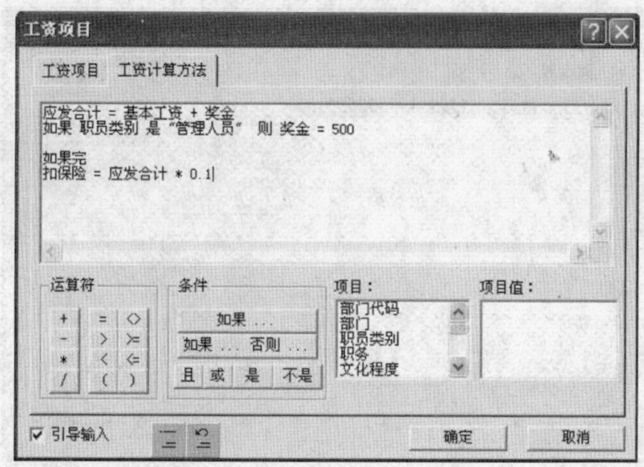

图 15-22 "工资项目"窗口——工资计算方法——扣保险

设置第四个方法：可以参照设置第一个方法的步骤操作，结果如图 15-23 所示。单击"确定"保存。

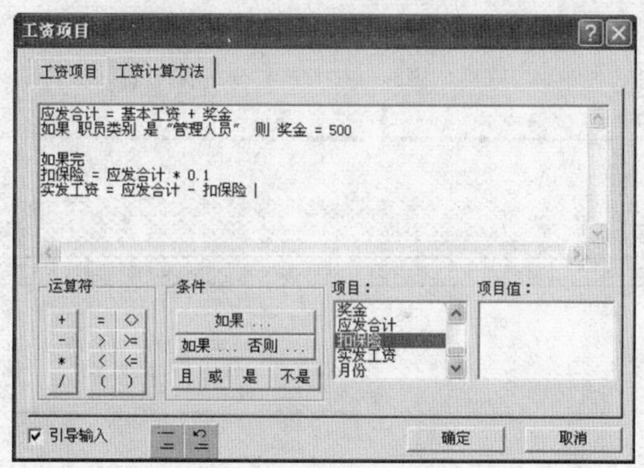

图 15-23 "工资项目"窗口——工资计算方法——实发工资

第四节 工资数据录入

当工资计算方法设置完毕后，就可以录入本期工资数据了（见表 15-3）。

表 15-3 **大龙公司本期工资数据** 单位：元

职员姓名	基本工资
王总	4 000
李会计	3 000
小刘	2 000
小张	2 000
小陈	2 000

单击"工资管理"模块下的"工资数据输入"，系统弹出"工资数据输入"窗口，如图 15-24 所示。

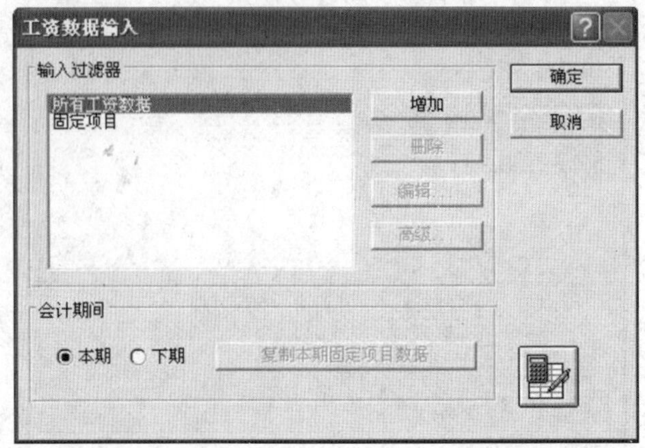

图 15-24　“工资数据输入”窗口——所有工资数据

单击“确定”，进入录入界面。如图15-25所示，窗口中黄色区域表示系统默认数据，或是由相关公式计算而得的数据，白色区域是可以直接手工输入的数据。按照表15-3中的数据直接录入，结果如图15-26所示。

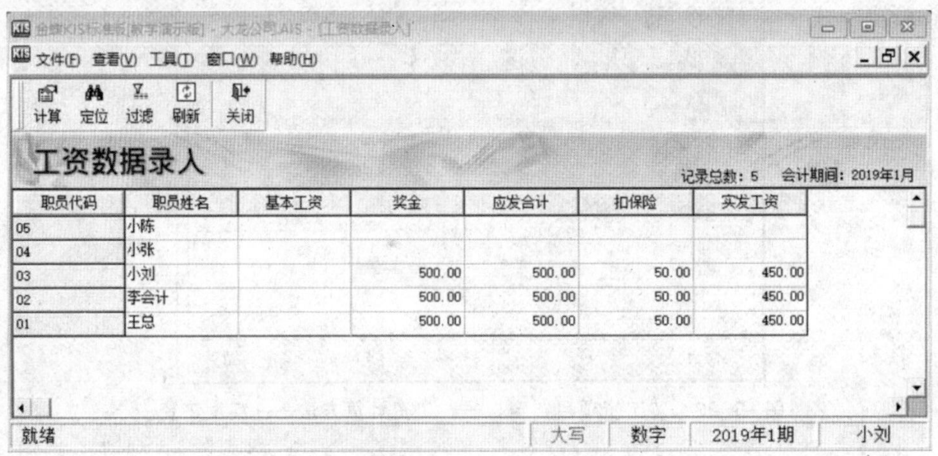

职员代码	职员姓名	基本工资	奖金	应发合计	扣保险	实发工资
05	小陈					
04	小张					
03	小刘		500.00	500.00	50.00	450.00
02	李会计		500.00	500.00	50.00	450.00
01	王总		500.00	500.00	50.00	450.00

图 15-25　“工资数据录入”窗口——工资列表

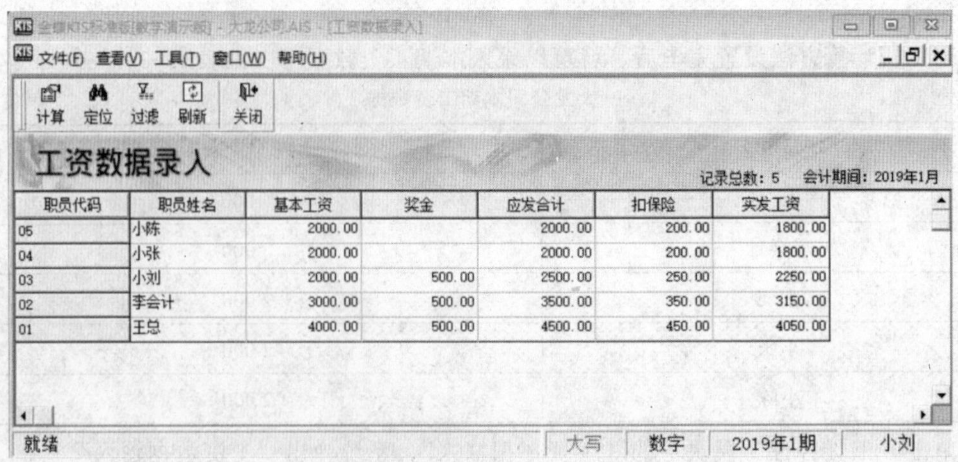

职员代码	职员姓名	基本工资	奖金	应发合计	扣保险	实发工资
05	小陈	2000.00		2000.00	200.00	1800.00
04	小张	2000.00		2000.00	200.00	1800.00
03	小刘	2000.00	500.00	2500.00	250.00	2250.00
02	李会计	3000.00	500.00	3500.00	350.00	3150.00
01	王总	4000.00	500.00	4500.00	450.00	4050.00

图 15-26　“工资数据录入”窗口——录入工资

第五节 工资费用分配

工资费用分配是将“工资管理”模块所计算出来的工资分配到相应的会计科目中，并且自动生成一张凭证传到“账务处理”模块。工资费用的分配以职员类别为依据，因此，要准确设置各职员类别的工资所对应的会计科目。

单击“工资管理”模块下的“工资费用分配”，系统弹出“工资分配向导”窗口，如图15-27所示，单击“前进”，进入下一窗口，选中“管理人员”，选中“应发合计”，在费用科目代码处选择“管理费用——工资”，在应付工资代码处选择“应付职工薪酬——工资”，如图15-28所示。

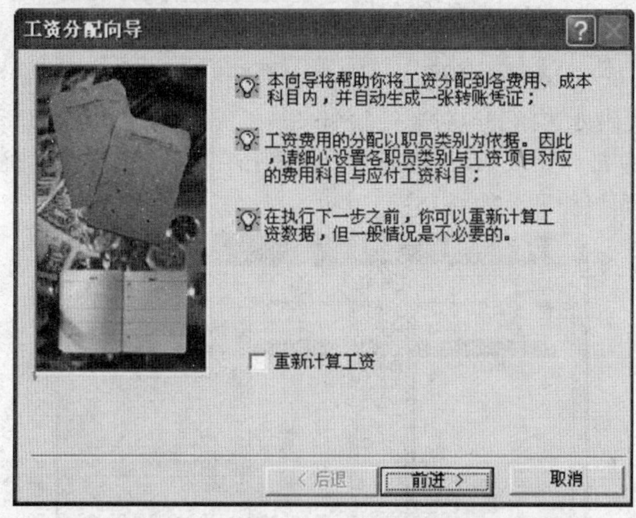

图15-27 “工资分配向导”窗口——信息提示

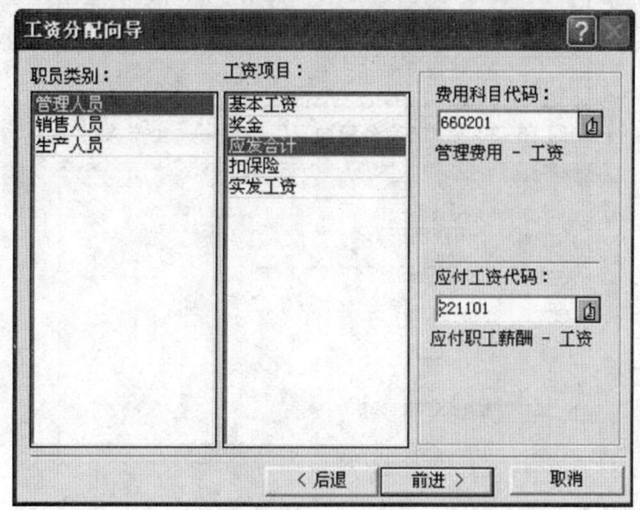

图15-28 “工资分配向导”窗口——管理人员

选中“销售人员”，选中“应发合计”，在费用科目代码处选择“销售费用——工资”，在应付工资代码处选择“应付职工薪酬——工资”，如图15-29所示。

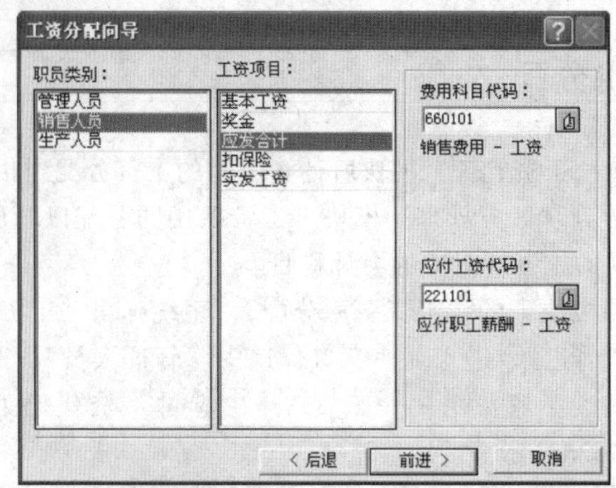

图 15-29 “工资分配向导”窗口——销售人员

选中“生产人员”，选中“应发合计”，在费用科目代码处选择“生产成本——桌子”，在应付工资代码处选择“应付职工薪酬——工资”，如图 15-30 所示。单击“前进”，如图 15-31 所示。单击“完成”，弹出提示，如图 15-32 所示，单击“确定”。到“账务处理”模块可以查询到该凭证，如图 15-33 所示。

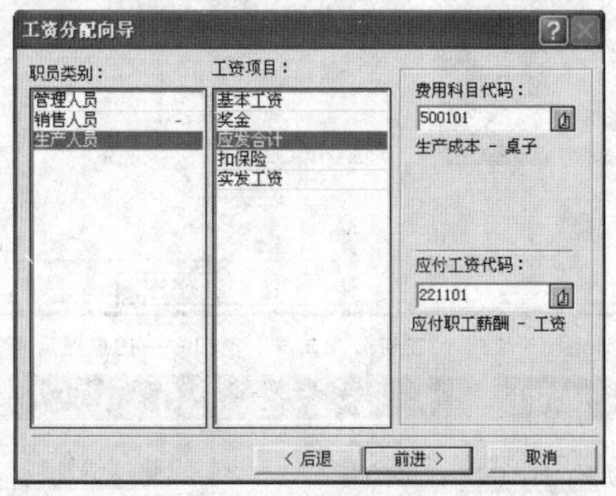

图 15-30 “工资分配向导”窗口——生产人员

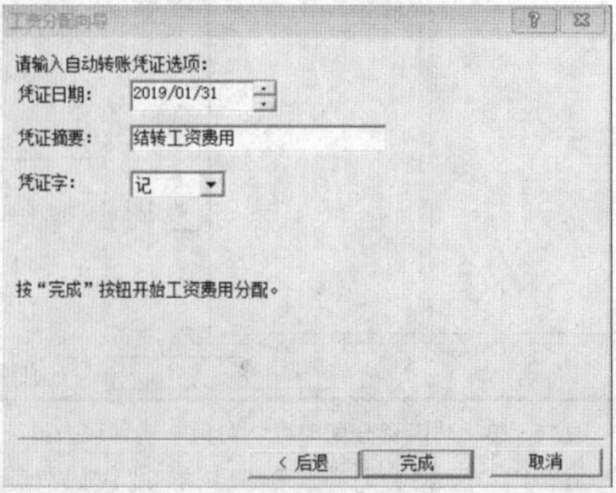

工资分配向导

请输入自动转账凭证选项：

凭证日期： 2019/01/31

凭证摘要： 结转工资费用

凭证字： 记

按“完成”按钮开始工资费用分配。

< 后退　完成　取消

图 15-31 “工资分配向导”窗口——凭证设置

信息提示
已生成了一张转账凭证，凭证字号为：记字第13号。
确定

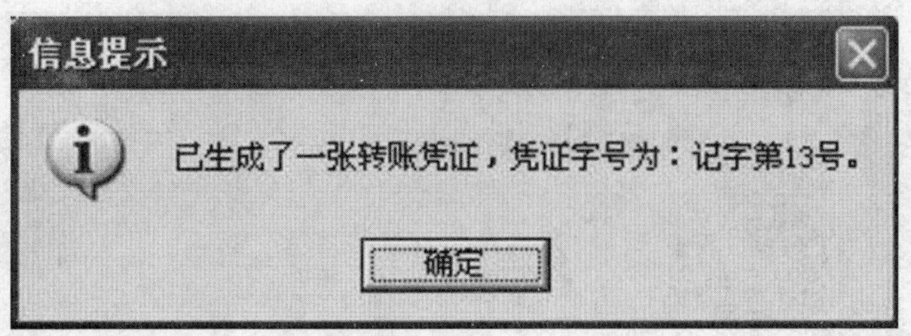

图 15-32 “信息提示”窗口——生成记 13 号凭证

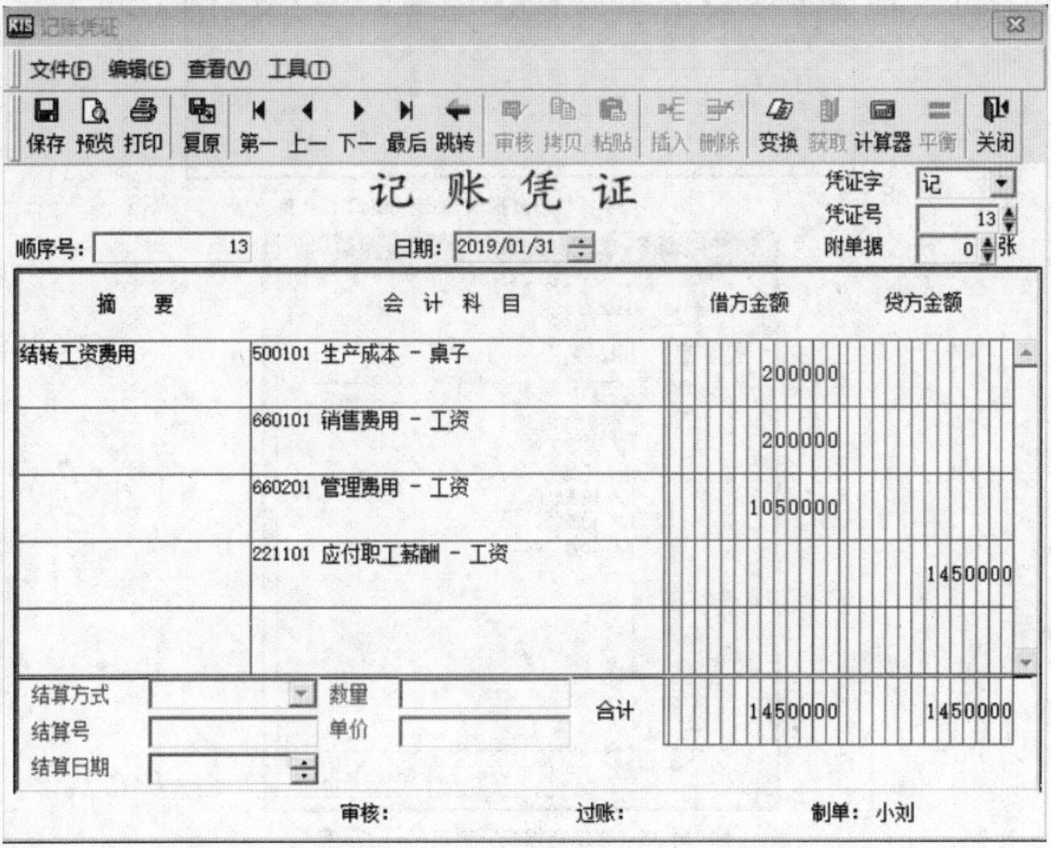

记账凭证
文件(F) 编辑(E) 查看(V) 工具(T)
保存 预览 打印 复原 第一 上一 下一 最后 跳转 审核 拷贝 粘贴 插入 删除 变换 获取 计算器 平衡 关闭
记 账 凭 证
凭证字 记
凭证号 13
顺序号: 13
日期: 2019/01/31
附单据 0 张
摘 要
会 计 科 目
借方金额
贷方金额
结转工资费用
500101 生产成本 - 桌子
200000
660101 销售费用 - 工资
200000
660201 管理费用 - 工资
1050000
221101 应付职工薪酬 - 工资
1450000
结算方式
数量
结算号
单价
结算日期
合计
1450000
1450000
审核:
过账:
制单: 小刘

图 15-33 “记账凭证”窗口——记 13 号凭证

第六节 工资报表

通过工资报表可以查看工资的相关数据。

1.工资条

在“工资管理”模块单击“工资条”，弹出“工资报表输出”窗口，如图 15-34 所示。选中“工资条”，单击“确定”，弹出提示，单击“确定”，选中全部工资项目，如图 15-35 所示。单击“确定”，进入“工资条打印”窗口，可以调整打印效果，如图 15-36 所示。单击“打印预览”，预览打印效果，如图 15-37 所示，单击“关闭”。

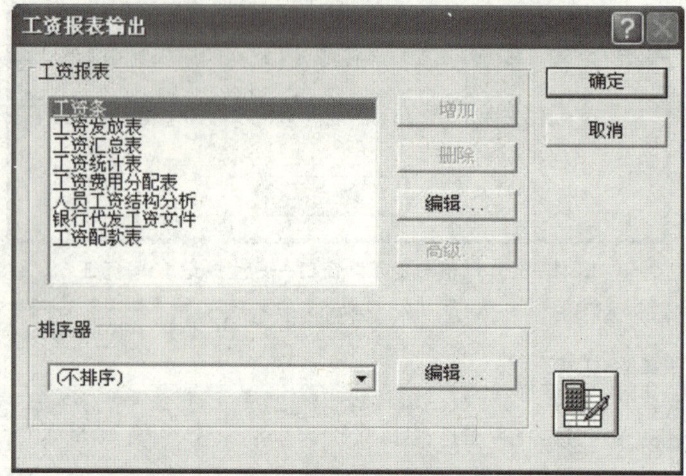

图 15-34 “工资报表输出”窗口

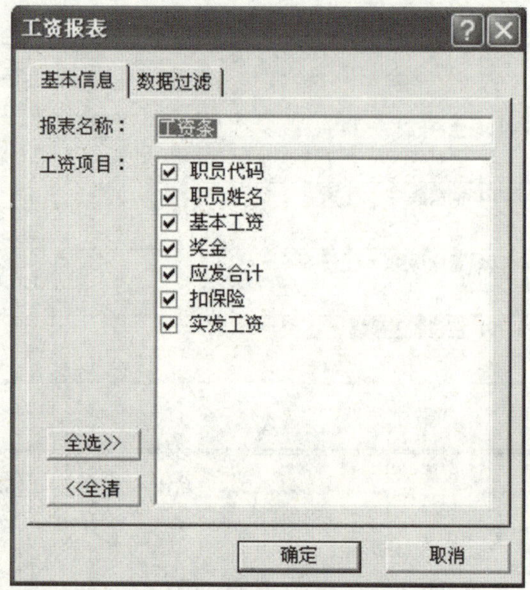

图 15-35 “工资报表”窗口——工资条

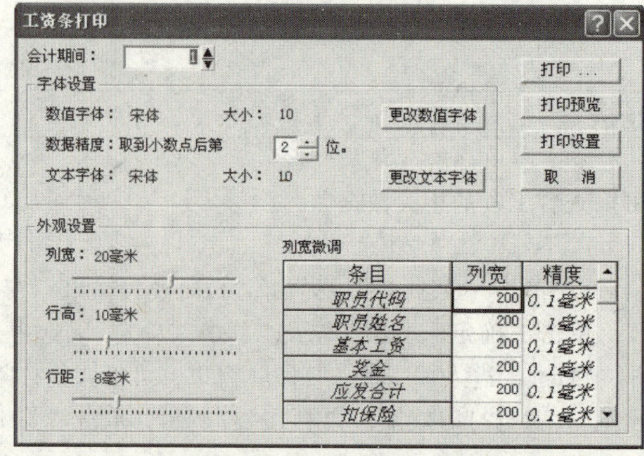

图 15-36 “工资条打印”窗口

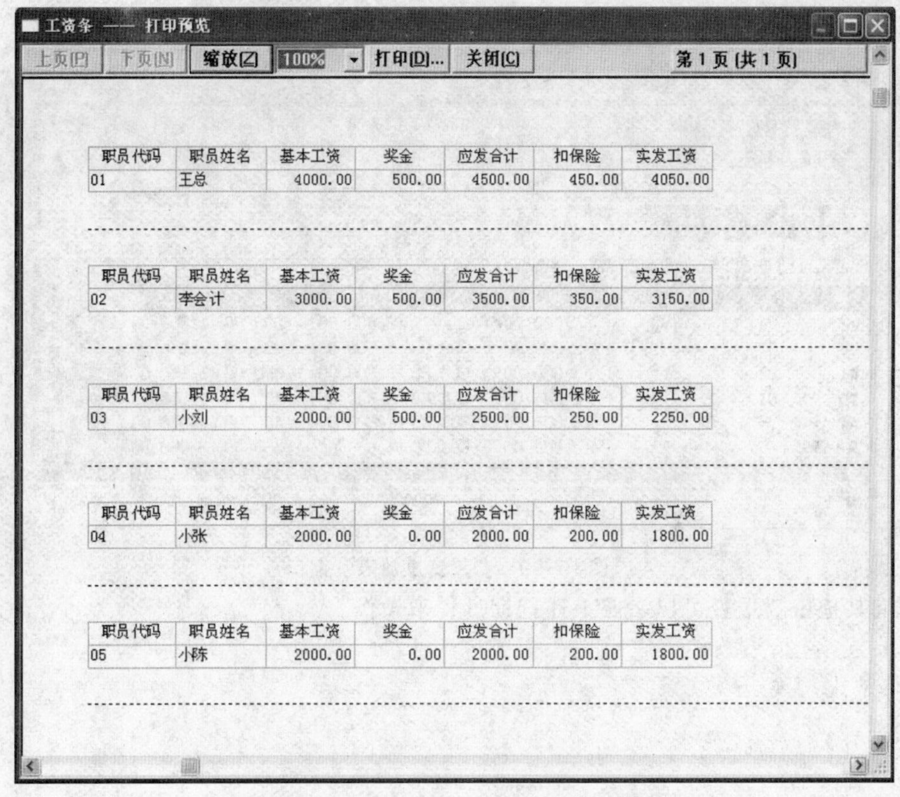

图 15-37 “工资条——打印预览”窗口

2. 工资发放表

在“工资管理”模块单击“工资发放表”，弹出“工资报表”窗口，选中“工资发放表”，单击“确定”，弹出提示，选定全部工资项目，单击“其他选项”选项卡，如图 15-38 所示。

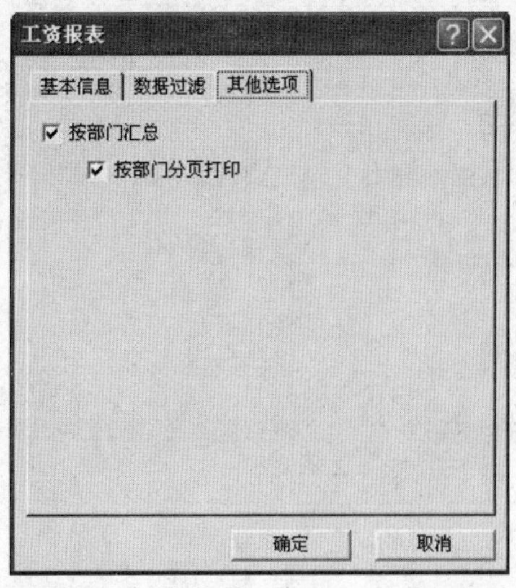

图 15-38 “工资报表”窗口——其他选项

可以选择数据汇总的方式，单击“确定”，进入“工资发放表”窗口，从表中可以查看工资数据，如图 15-39 所示。

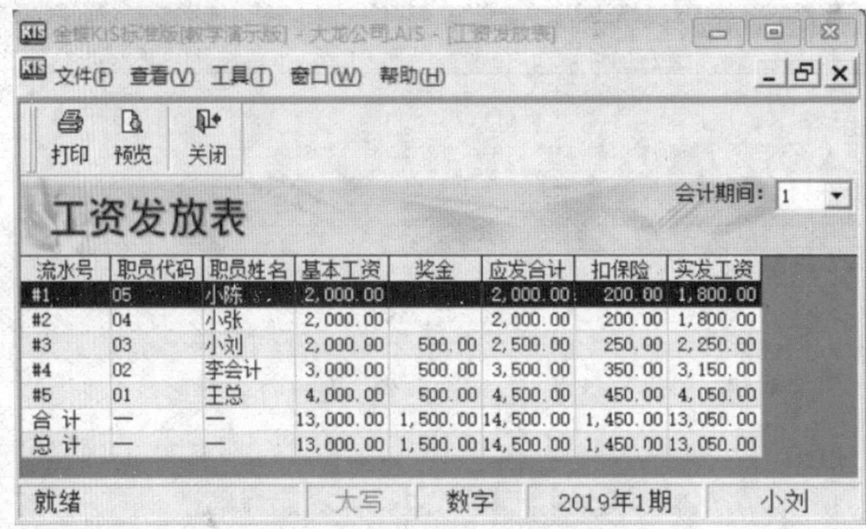

流水号	职员代码	职员姓名	基本工资	奖金	应发合计	扣保险	实发工资
#1	05	小陈	2,000.00		2,000.00	200.00	1,800.00
#2	04	小张	2,000.00		2,000.00	200.00	1,800.00
#3	03	小刘	2,000.00	500.00	2,500.00	250.00	2,250.00
#4	02	李会计	3,000.00	500.00	3,500.00	350.00	3,150.00
#5	01	王总	4,000.00	500.00	4,500.00	450.00	4,050.00
合 计	—	—	13,000.00	1,500.00	14,500.00	1,450.00	13,050.00
总 计	—	—	13,000.00	1,500.00	14,500.00	1,450.00	13,050.00

图 15-39 “工资发放表”窗口

查询其他工资报表可以参照上述查询过程来操作。

第十六章

往来管理

日常工作中存在大量的往来业务，包括与客户的往来业务、与供应商的往来业务等，核算好与每个客户、每个供应商之间的往来款项是一项重要的工作，且工作量很大。针对往来业务，“往来管理”模块可以方便快捷地对每个客户、每个供应商的往来款项进行管理。

往来管理包括核销往来业务、对账单查询、合同管理等内容。

第一节 核销往来业务

核销往来业务是指针对某一个往来单位，核对每笔业务的款项是否结清，已经结清的业务即为已核销的业务，也可以说核销后表示该笔业务已经结清。同时，还能查看哪笔业务没有结清，金额是多少等情况。

使用核销往来业务这个功能时，需要两个前提条件：(1) 对于核算往来的会计科目，在设置其属性时要选中“往来业务核算”，并且在录入往来业务凭证时录入“业务编号”；(2) 进行往来业务核算的凭证应已经过账。

在“往来管理”模块，单击“核销往来业务”，弹出“核销往来业务”窗口，选择会计科目“1122”(应收账款)，选择项目代码“1001”(沈阳天谊)，如图16-1所示。单击“确定”，进入核销情况显示窗口，如图16-2所示，可以看到每笔业务的款项结算情况。为了直观地查看每笔业务，可以选中窗口上方的“按业务编号汇总”，结果如图16-3所示。

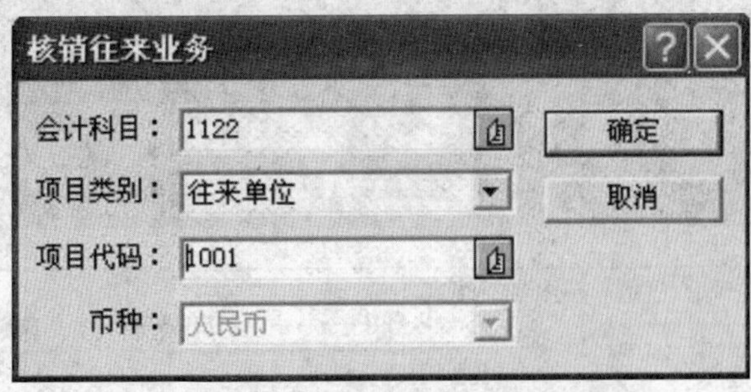

图16-1 “核销往来业务”窗口

单击窗口下部的“自动核销”进行核销，如图16-4所示，可以看到业务编码为“ty1098”的业务在核销栏下显示“*”核销标志，表示该笔业务已经结清。同时，可以看到业务编码为“ty1099”的业务没有结清，余额为400元。

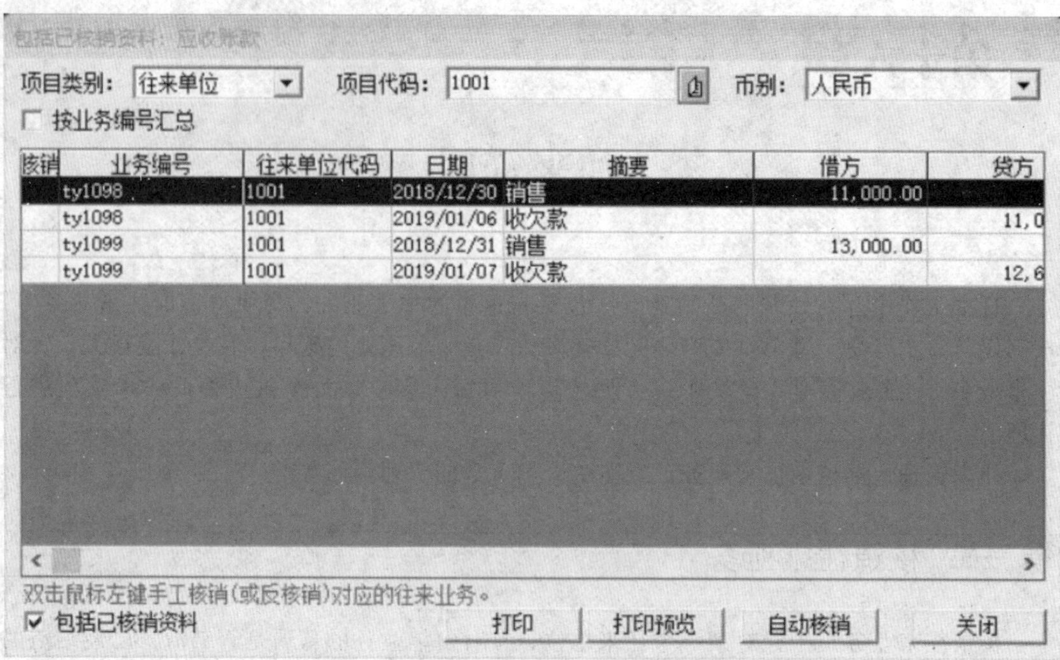

图 16-2 “包括已核销资料：应收账款”窗口——列表

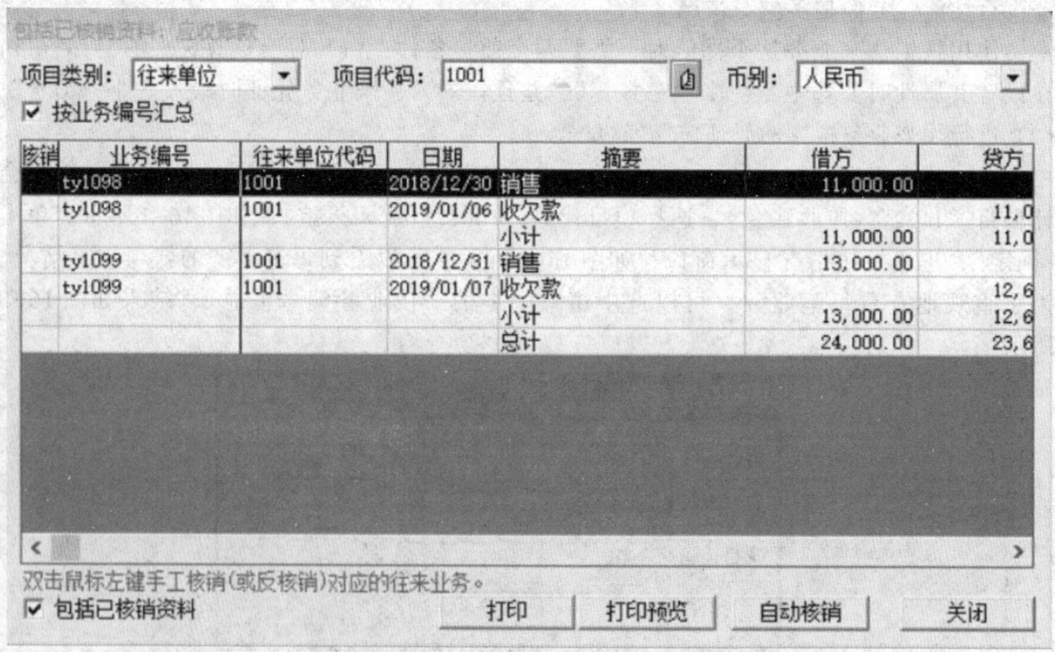

图 16-3 “包括已核销资料：应收账款”窗口——按业务编号汇总

除了自动核销，还可以手工核销，双击需要核销的业务，在核销栏下显示“*”，表示已经核销处理。

有时为了某些需要会取消核销，其方法是双击已经核销的业务资料即可，之后在核销栏下的“*”会消失，表示取消核销成功。

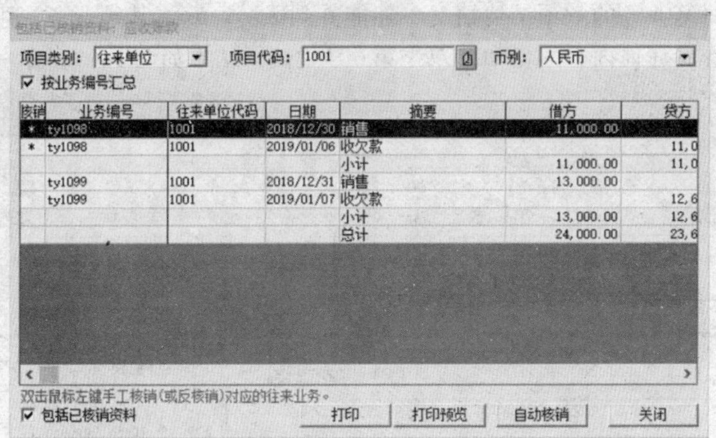

图 16-4 “包括已核销资料：应收账款”窗口——核销

第二节 往来对账单查询

针对往来业务款项的收付情况，还可以查询往来对账单，单击“往来对账单查询”，弹出“往来对账单”查询窗口，如图16-5所示。录入要查询的内容，会计科目为应收账款、核算项目为沈阳天谊，单击“确定”，进入“往来对账单”窗口，如图16-6所示。

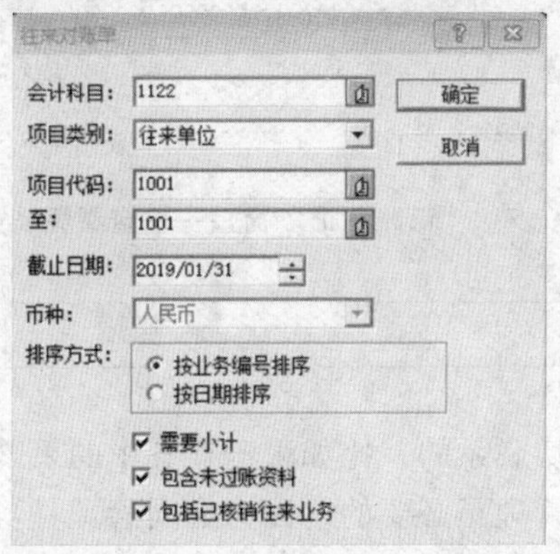

图 16-5 “往来对账单”查询窗口

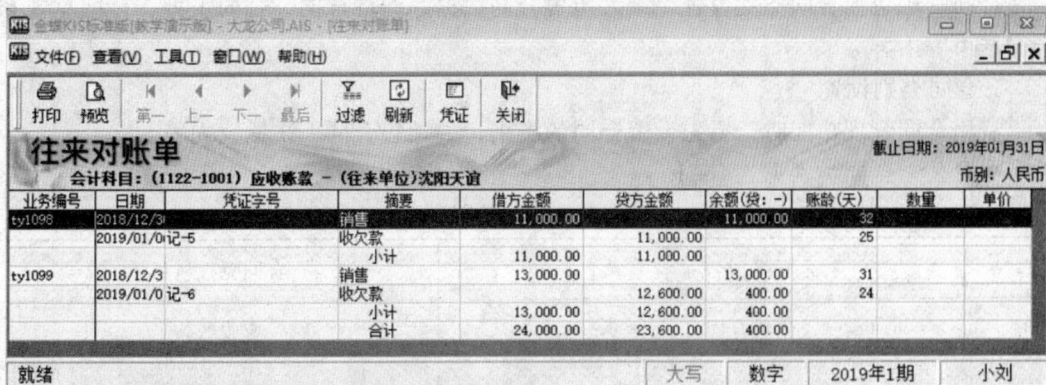

金蝶KIS标准版[教学演示版] - 大龙公司.AIS - [往来对账单]

文件(F) 查看(V) 工具(T) 窗口(W) 帮助(H)

打印 预览 第一 上一 下一 最后 过滤 刷新 凭证 关闭

往来对账单 截止日期：2019年01月31日

会计科目：(1122-1001) 应收账款 - (往来单位)沈阳天谊 币别：人民币

业务编号	日期	凭证字号	摘要	借方金额	贷方金额	余额(贷：-)	账龄(天)	数量	单价
ty1098	2018/12/3		销售	11,000.00		11,000.00	32		
	2019/01/0	记-5	收欠款		11,000.00		25		
			小计	11,000.00	11,000.00				
ty1099	2018/12/3		销售	13,000.00		13,000.00	31		
	2019/01/0	记-6	收欠款		12,600.00	400.00	24		
			小计	13,000.00	12,600.00	400.00			
			合计	24,000.00	23,600.00	400.00			

就绪 大写 数字 2019年1期 小刘

图 16-6 “往来对账单”窗口

可以看到每笔业务的款项结清情况，还能看到账龄。双击某笔业务，可以打开该笔业务的凭证，以查看凭证内容。例如，双击第6号凭证，结果如图16-7所示。

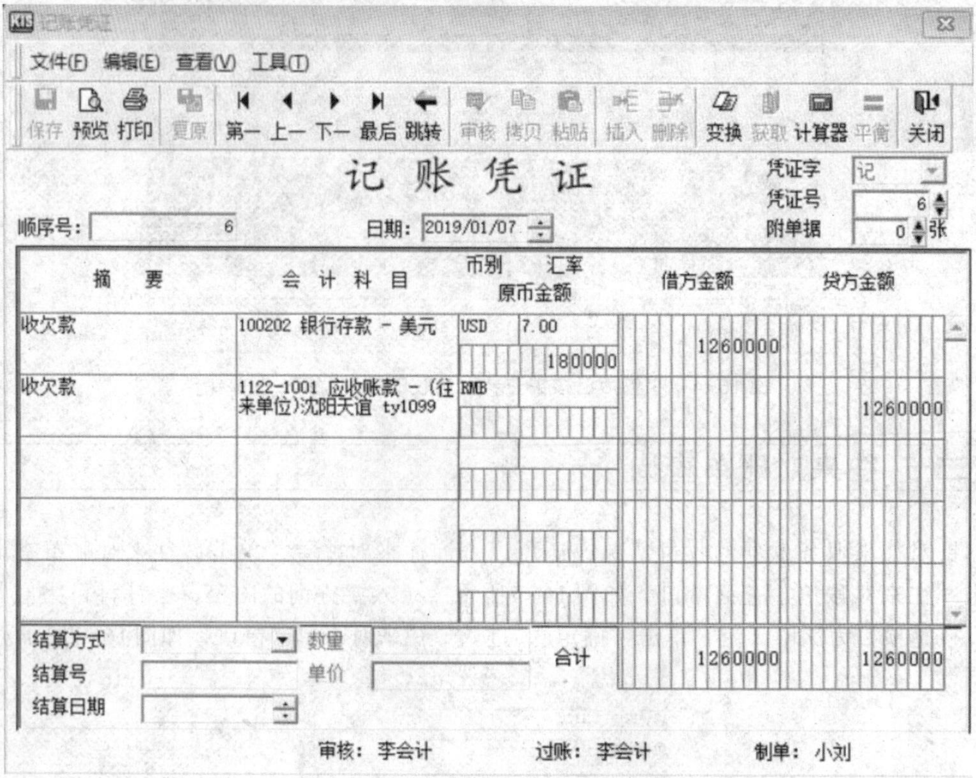

图16-7 “记账凭证”窗口——查看凭证内容

第三节 合同管理

合同是与采购、销售密切联系的，比如采购业务中的采购合同；销售业务中的销售合同。对合同进行准确及时的管理是必要的，因为合同管理是与往来业务密不可分的，故系统将合同管理的功能放在“往来管理”模块中。

合同管理包括合同类别设置、录入历史合同数据、新增合同、合同审批、合同兑现和合同结束等内容。

1.合同类别设置

启用合同管理功能时，要先设置合同的类别，如销售合同、采购合同等。

大龙公司合同类别见表16-1。

表16-1 大龙公司合同类别

合同类别名称	合同兑现科目
销售合同	应收账款
采购合同	应付账款

在"往来管理"模块中单击"合同类别"，弹出"合同类别"窗口，如图16-8所示。单击"增加"，弹出"类别"窗口，录入类别名称"销售合同"，选择合同兑现科目"1122"（应收账款），如图16-9所示，单击"增加"。继续录入采购合同，合同兑现科目为"2202"（应付账款），如图16-10所示，单击"增加"。单击"关闭"，返回上一界面，如图16-11所示，再单击"关闭"即可。

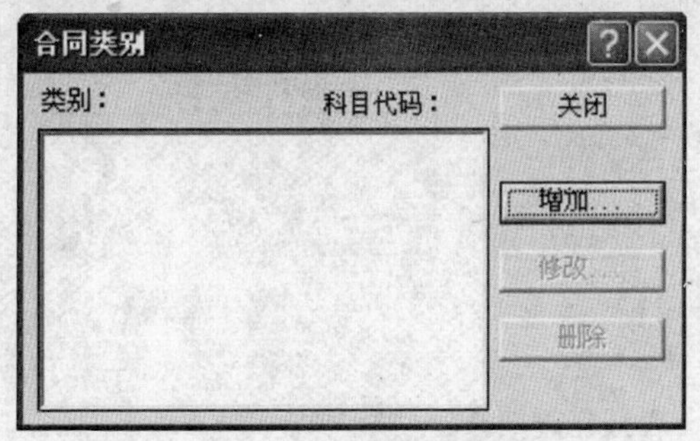

图16-8 "合同类别"窗口

图16-9 "类别"窗口——销售合同

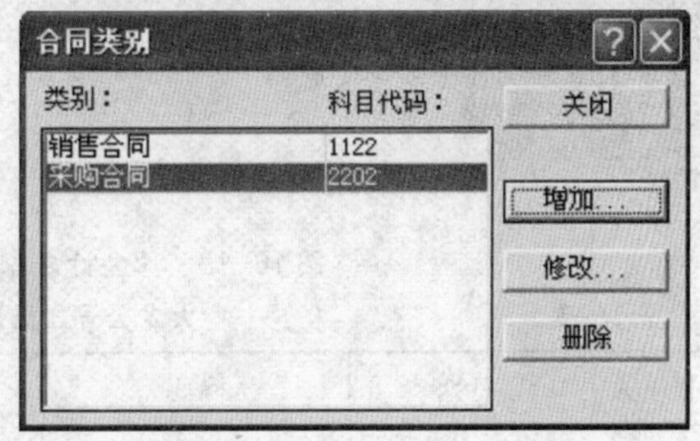

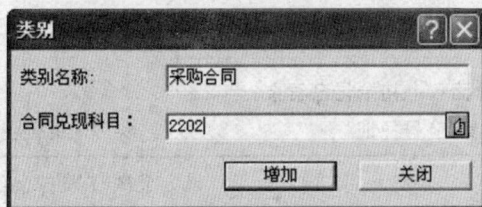

图16-10 "类别"窗口——采购合同

图16-11 "合同类别"窗口——类别列表

2.录入历史合同数据

历史合同数据录入，是指在启用合同管理前，对已有合同资料的录入。

单击"历史合同数据录入"，进入"合同序时簿"窗口，录入已有的合同资料即可。录入完毕后，结束初始化。初始化结束后，系统将自动关闭初始化界面，初始化录入的所有内容都不能修改。

本账套没有要录入的合同资料，可以直接结束初始化。结束初始化的操作是，在"合同序时簿"窗口，单击菜单栏"编辑"下的"结束初始化"，弹出提示，如图16-12所示。单击"是"，返回"合同序时簿"窗口，单击"关闭"，回到"会计之家"界面，这时可以看到"历史合同数据录入"按钮呈灰色，如图16-13所示，表示初始化已经结束，不能修改。

图16-12 "信息提示"窗口——确认结束合同初始化工作

3.新增合同

在新增合同之前，先录入几张凭证。

大龙公司1月份的第14号凭证见表16-2。

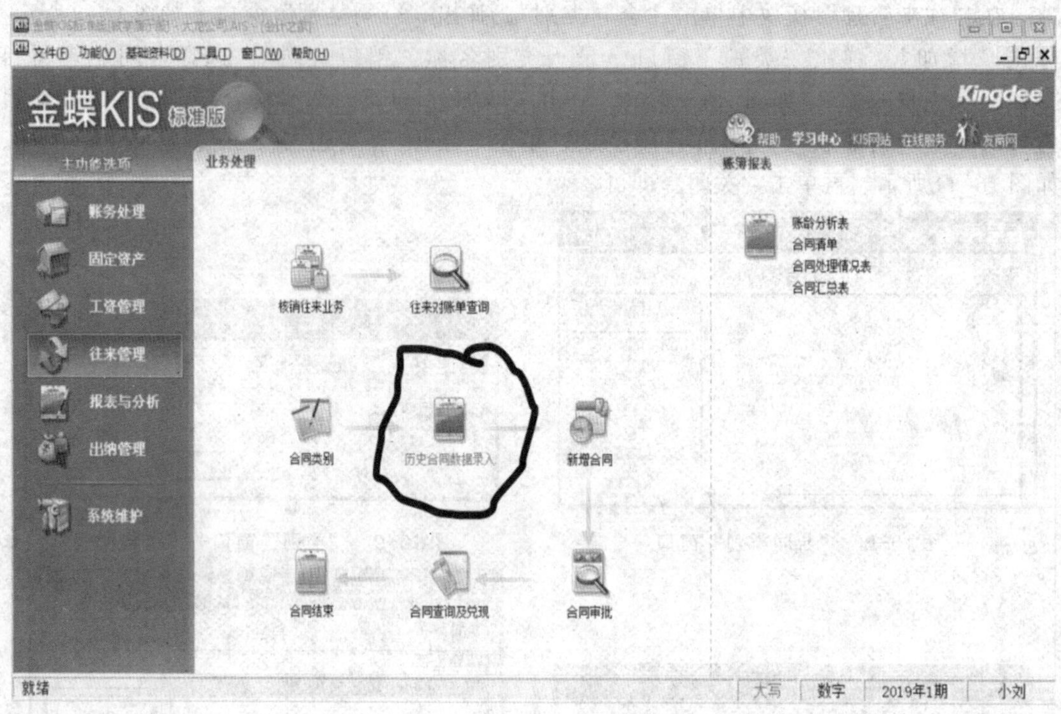

图 16-13 “会计之家”界面——初始化已结束

表 16-2 大龙公司 1 月份的第 14 号凭证 单位：元

制单人	日期	摘要	会计科目	借方金额	贷方金额
小刘	1月31日	结转制造费用	500101 生产成本——桌子	2 000	
		结转制造费用	500102 生产成本——凳子	362.50	
		结转制造费用	510101 制造费用——折旧费		2 362.50

大龙公司 1 月份的第 15 号凭证见表 16-3。

表 16-3 大龙公司 1 月份的第 15 号凭证 单位：元

制单人	日期	摘要	会计科目	借方金额	贷方金额
小刘	1月31日	结转完工产品	140501 库存商品——桌子	70 000	
		结转完工产品	140502 库存商品——凳子	41 362.50	
		结转完工产品	500101 生产成本——桌子		70 000
		结转完工产品	500102 生产成本——凳子		41 362.50

大龙公司 1 月份的第 16 号凭证见表 16-4。

表 16-4 大龙公司 1 月份的第 16 号凭证 单位：元

制单人	日期	摘要	会计科目	核算项目	业务编号	借方金额	贷方金额
小刘	1月31日	销售	应收账款	大连华府	hf-1101	230 000	
		销售	主营业务收入				230 000

凭证录入完毕后，开始新增合同，大龙公司合同资料见表 16-5。

表16-5　　大龙公司合同资料

合同类别	销售合同	登记日期	2019-01-30
合同编号	hf-1101	合同名称	大连华府销售
合同项目	大连华府销售	我方签约代表	小张
签约日期	2019-01-30	期限	2019-01-30至2019-01-31
合同总额	230 000元		

在“往来管理”模块，单击“新增合同”，弹出“合同单据”录入窗口，如图16-14所示。

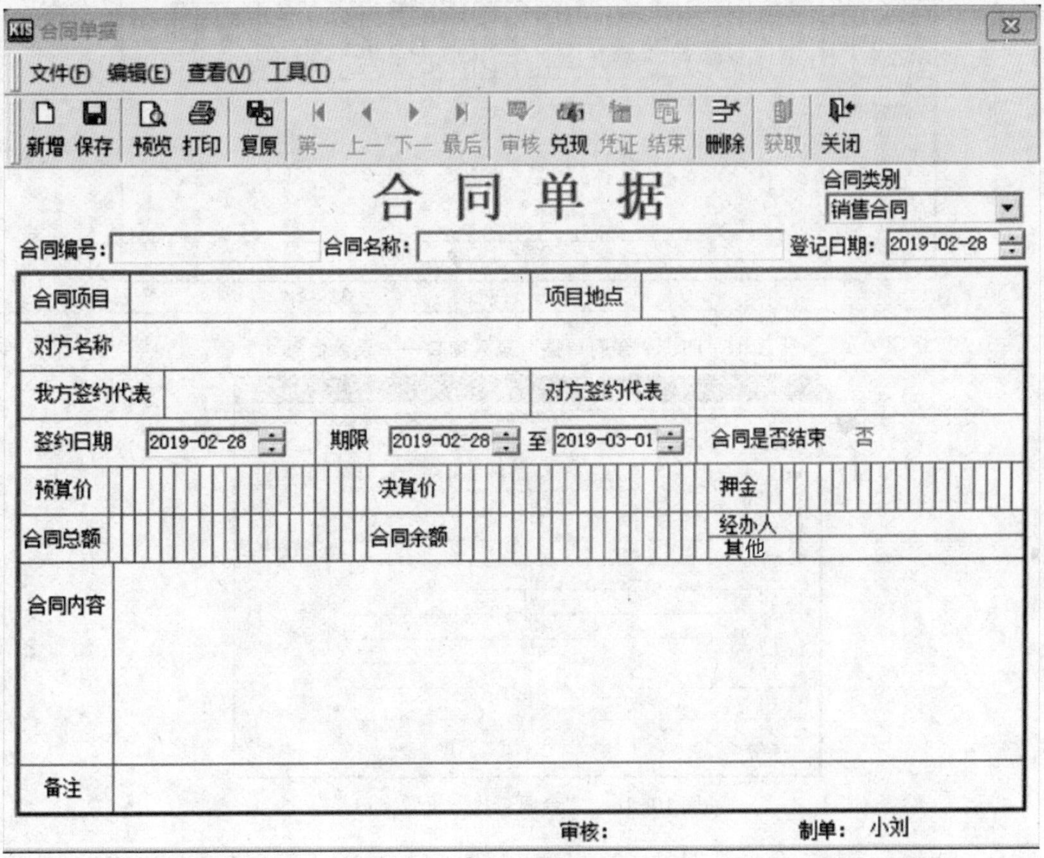

图16-14　“合同单据”录入窗口

按照表16-5的内容录入合同资料，结果如图16-15所示，单击“保存”，单击“关闭”。

4.合同审批

以李会计的身份登录系统，在“往来管理”模块，单击“合同审批”，弹出“合同查找”设置窗口，如图16-16所示。直接单击“确定”，进入“合同序时簿”窗口。选中第一条合同，单击工具栏上的“审核”按钮，如图16-17所示。此时打开“合同单据”窗口，我们可以看到合同余额为230 000元，这是因为合同总额是230 000元，实际上还没有资金的收付，所以余额为230 000元，如图16-18所示。

合同单据

文件(F) 编辑(E) 查看(V) 工具(T)

新增 保存 预览 打印 复原 第一 上一 下一 最后 审核 兑现 凭证 结束 删除 获取 关闭

合 同 单 据

合同类别：销售合同

合同编号：hf-1101 合同名称：大连华府销售 登记日期：2019-01-30

合同项目	大连华府销售		项目地点		
对方名称	大连华府				
我方签约代表	小张		对方签约代表		
签约日期	2019-01-30	期限	2019-01-30 至 2019-01-31	合同是否结束	否
预算价		决算价		押金	
合同总额	23000000	合同余额	23000000	经办人 其它	
合同内容					
备注					

审核： 制单： 小刘

图 16-15 “合同单据”录入窗口——录入信息

图 16-16 “合同查找”设置窗口

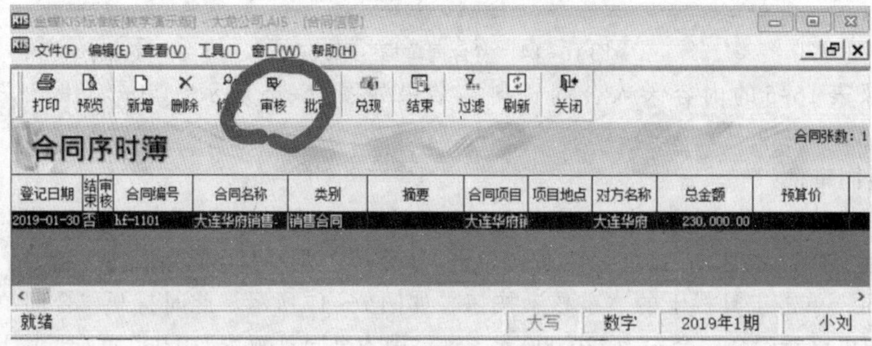

图 16-17 “合同序时簿”窗口——审核

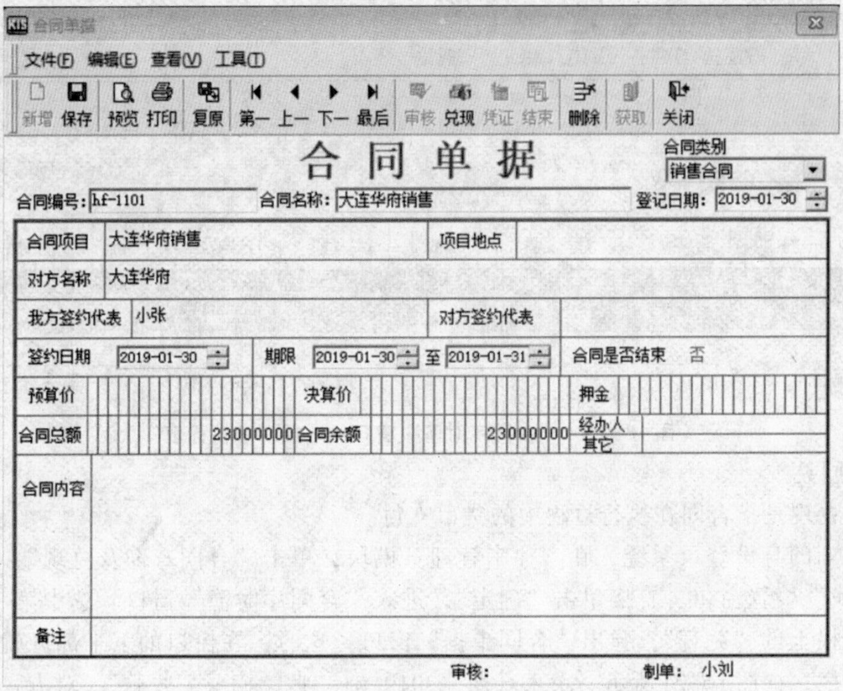

图 16-18 “合同单据”窗口——未审核

单击工具栏上的“审核”，在审核栏显示“李会计”，如图 16-19 所示。单击“关闭”，返回“合同序时簿”窗口，可以看到审核栏已经标注了审核标记，如图 16-20 所示。

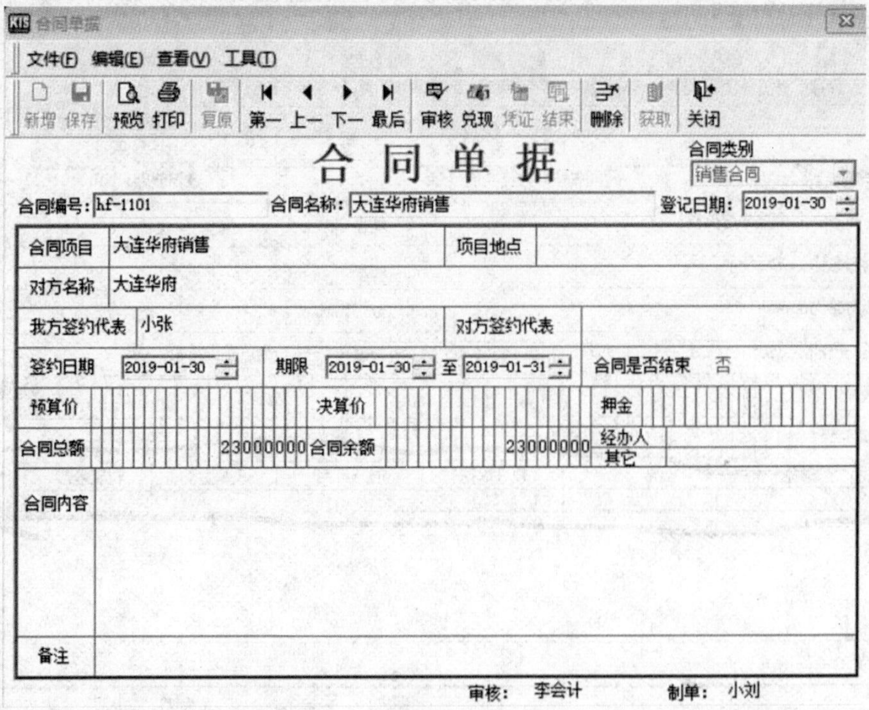

图 16-19 “合同单据”窗口——已审核

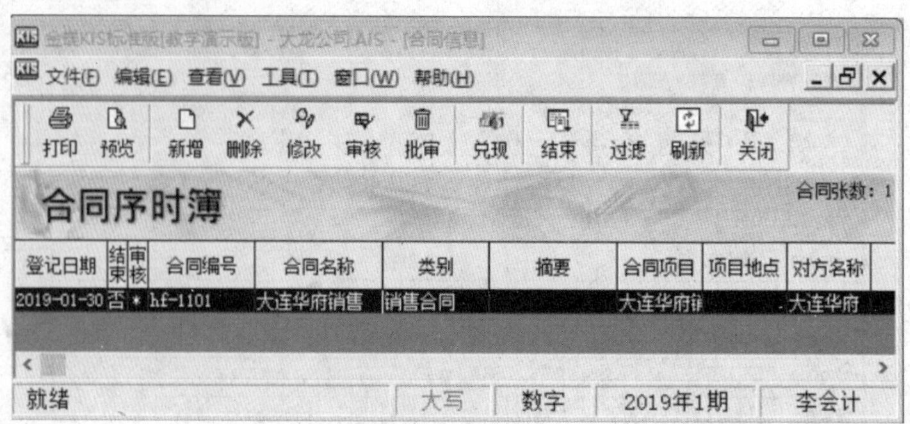

图16-20 “合同序时簿”窗口——显示审核标记

5.合同兑现

合同兑现是指合同在执行过程中的货币支付。

以小刘的身份登录系统，在“往来管理”模块，单击“合同查询及兑现”，系统弹出“合同查找”设置窗口。直接单击“确定”，进入“合同序时簿”窗口。选中第一条合同，单击工具栏上的“兑现”，弹出“合同单据”窗口，这时，在窗口的下半部分就可以看到兑现信息栏，如图16-21所示。录入日期“2019-01-31”、摘要“收款”、对方科目“银行存款——人民币”、收款金额“200 000.00”，按回车键，此时单击工具栏上的“凭证”，打开记账凭证窗口，如图16-22所示。

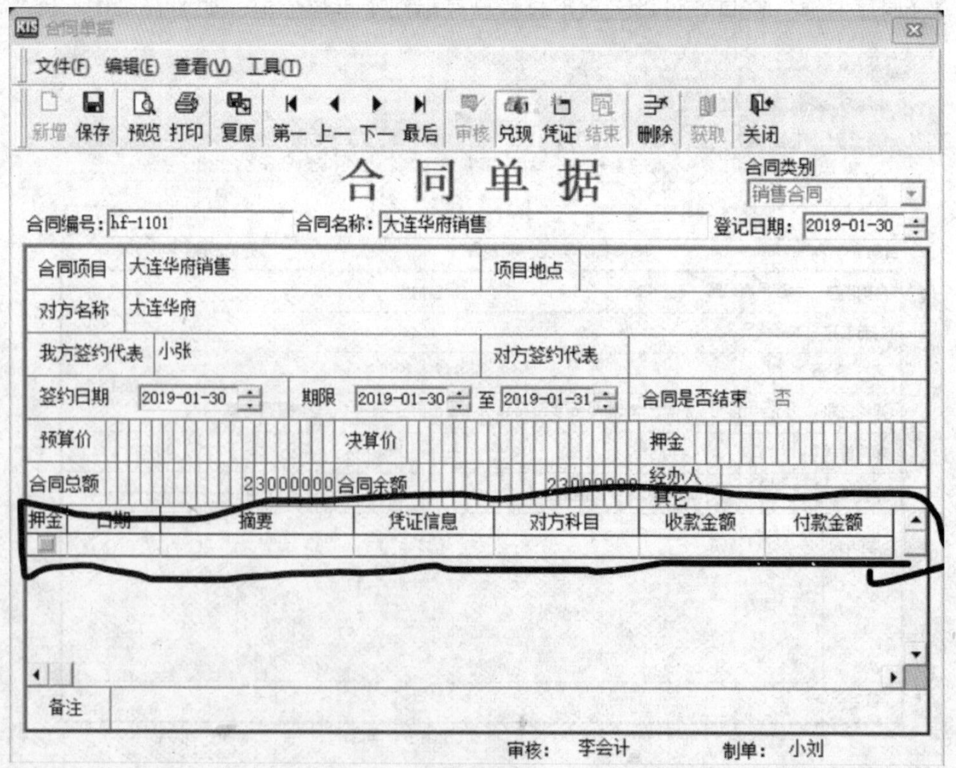

图16-21 “合同单据”窗口——兑现

记账凭证

文件(F) 编辑(E) 查看(V) 工具(T)

保存 预览 打印 复原 第一 上一 下一 最后 跳转 审核 拷贝 粘贴 插入 删除 变换 获取 计算器 平衡 关闭

记 账 凭 证

凭证字 记

凭证号 17

附单据 0 张

顺序号：17　　日期：2019/01/31

摘要	会计科目	借方金额	贷方金额
收款	1122 应收账款 -（往来单位）	20000000	
收款	100201 银行存款 - 人民币		20000000
合计		20000000	20000000

结算方式　数量

结算号　单价

结算日期

审核：　过账：　制单：小刘

图 16-22 “记账凭证”窗口——记17号凭证

这里应注意金额方向，确认正确后，录入核算项目“大连华府”及业务编号“hf-1101”，如图16-23所示。

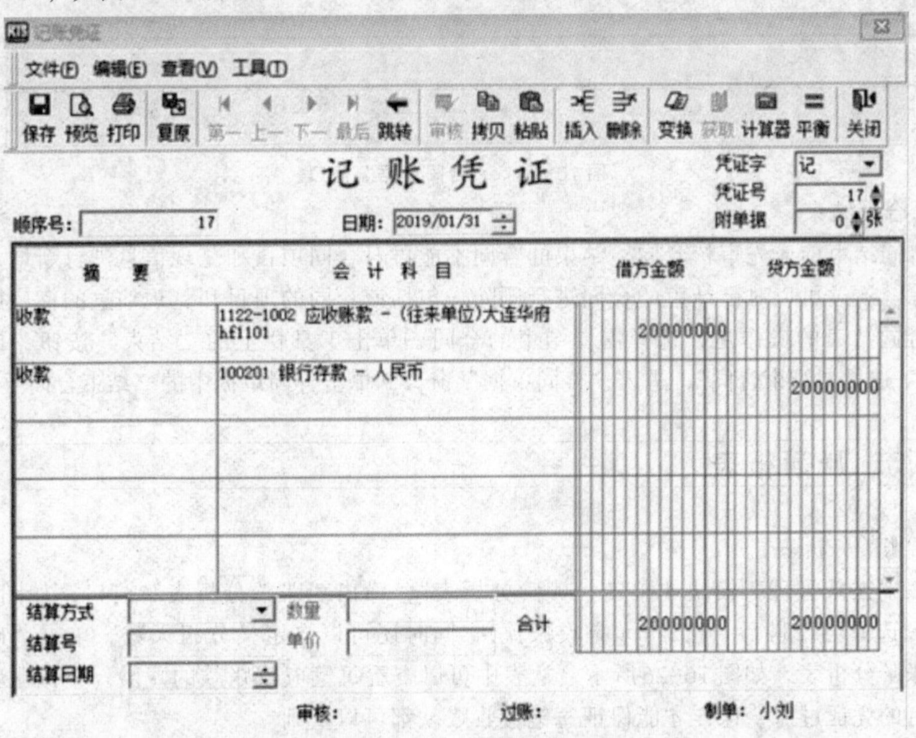

图 16-23 “记账凭证”窗口——核算项目

保存凭证。单击“关闭”，返回“合同单据”窗口，可以看到凭证信息，单击“保存”，单击“关闭”，如图16-24所示。

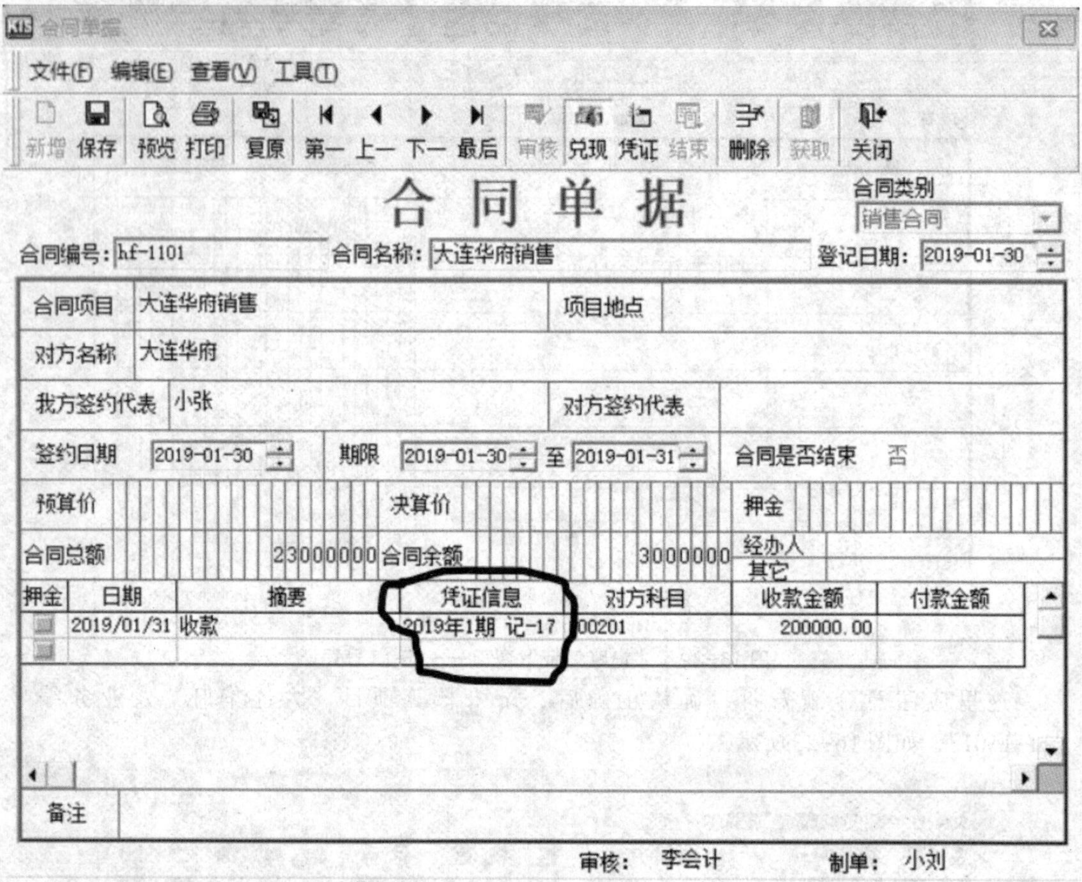

图16-24 “合同单据”窗口

6.合同结束

合同结束前应先审核合同，结束的合同不能再对合同项目和兑现信息进行新增、修改和删除。不过可以对已结束的合同进行删除，包括该合同的项目和兑现信息的彻底删除。

合同结束的操作是，选择需要结束的合同，单击工具栏上的“结束”按钮，或单击“编辑”选择“结束合同”，进入“合同单据”窗口，单击合同单据中的“结束合同”即可。

第四节 账簿报表

1.账龄分析表

在“往来管理”模块中单击“账龄分析表”，弹出“账龄分析表”窗口，如图16-25所示。选择会计科目“1122”(应收账款)，同时还可以自定义分组天数，单击“确定”，进入账龄分析表，如图16-26所示，从表中可以查看每笔应收账款的账龄。查询账龄前要将所有的凭证过账，这样才能保证每笔应收账款都可以查到。

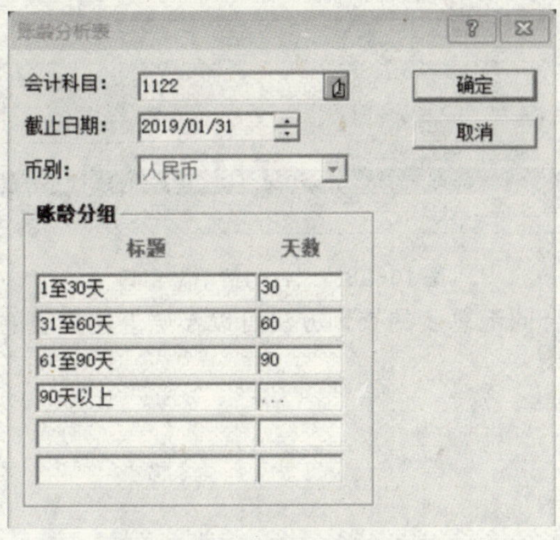

图 16-25 “账龄分析表”窗口

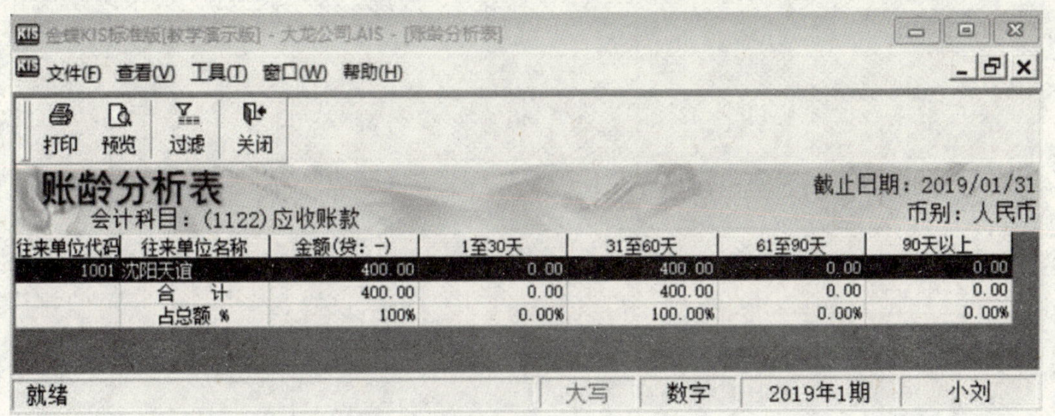

图 16-26 “账龄分析表”窗口——应收账款

2. 合同清单

在“往来管理”模块中单击“合同清单”，弹出“合同报表过滤”窗口，如图 16-27 所示，可以设定查询的范围。这里直接单击“确认”，进入“合同清单”窗口，可以查看合同数据，如图 16-28 所示。

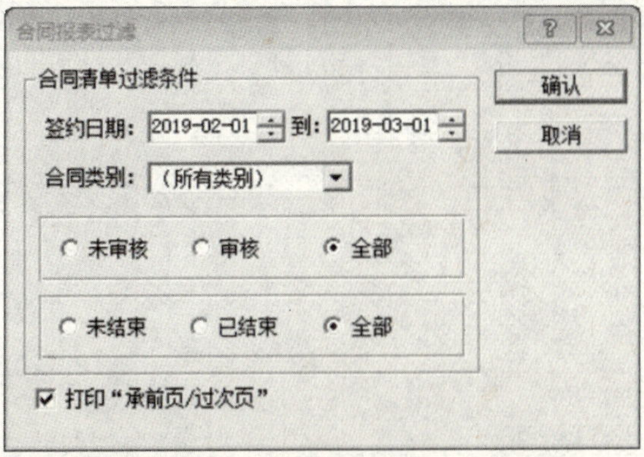

合同报表过滤
合同清单过滤条件
签约日期：2019-02-01 到：2019-03-01
合同类别：（所有类别）
未审核 审核 全部
未结束 已结束 全部
打印“承前页/过次页”
确认
取消

图 16-27 “合同报表过滤”窗口

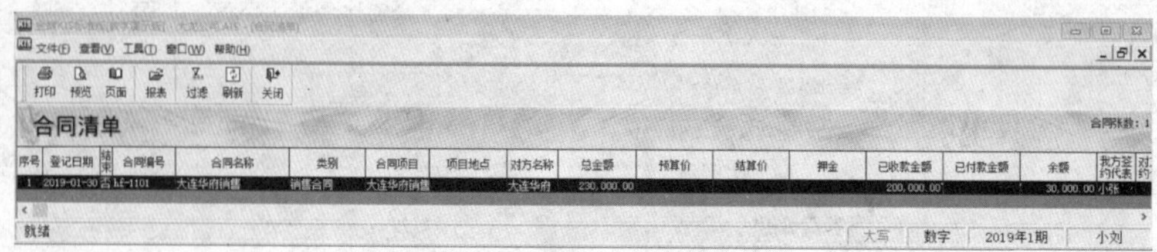

图16-28 “合同清单”窗口

合同处理情况表、合同汇总表的查询方法可以参照上述报表的查询方法操作。

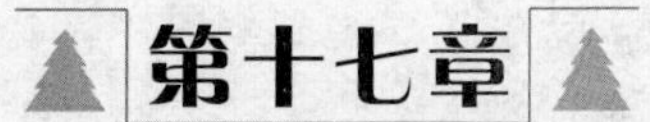

出纳管理

出纳管理模块包括现金管理、银行存款管理、支票管理及出纳账簿报表。

第一节 现金管理

1.现金初始余额

启用现金管理功能时，要先录入现金期初金额。在“出纳管理”模块，单击“现金初始余额”，进入“现金初始余额”窗口，如图17-1所示。在启用期初原币余额处录入“2 750”，单击“确定”即可。

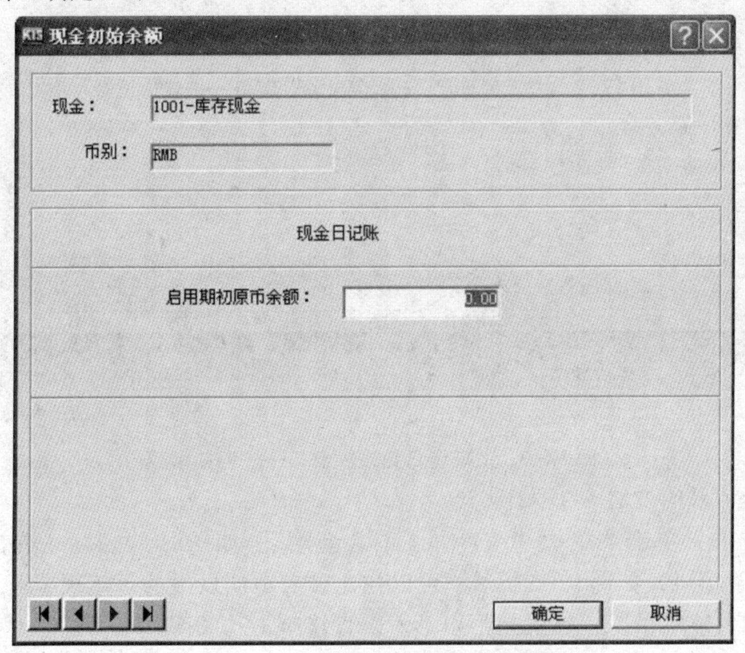

图17-1 “现金初始余额”窗口

如果“库存现金”一级科目下面设有明细科目，那么要分别录入每个明细科目的期初余额。

2.现金日记账

在“出纳管理”模块，单击“现金日记账”，弹出“现金日记账-库存现金”窗口，如图17-2所示，可以设定查询条件。查询条件设置完毕后单击“确定”，进入“现金日记账”窗口，可以看到只有期初余额2 750元，如图17-3所示。这是因为我们还没有录入现金的有关记录。

现金日记账 - 库存现金

现金科目： 1001

币别： 人民币

按期间　按日期

2019 年第 1 期至 2019 年第 1 期

金额：　至

方向：　借方　贷方　全部

摘要：

经手人：

制单人： （全部）

打印“承前页/过次页”

确定　取消

图 17-2　“现金日记账-库存现金”窗口——查询设置

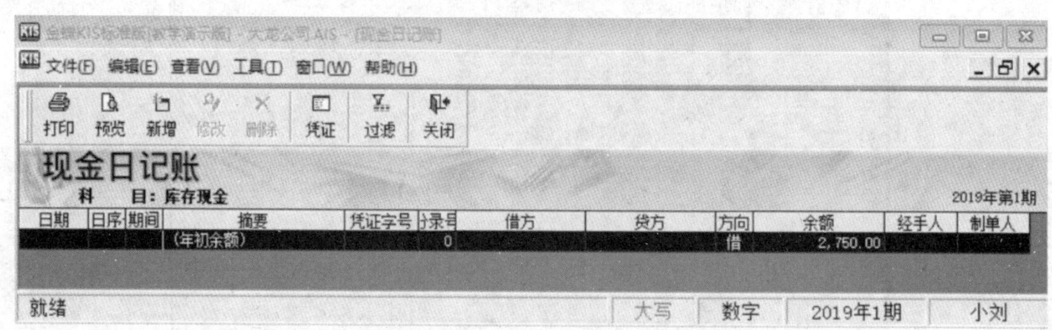

图 17-3　“现金日记账”窗口——期初余额

录入现金记录的方法有3种：

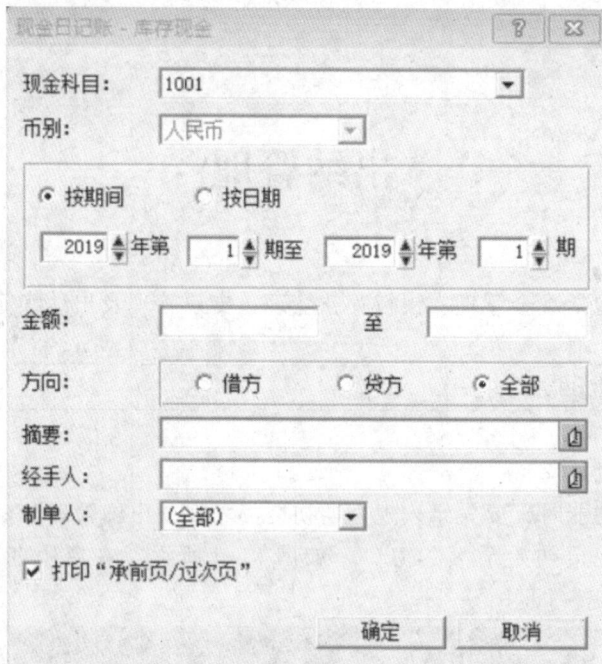

第一种方法：单击菜单栏“编辑”下的“新增”，如图17-4所示，弹出“现金日记账-库存现金”窗口，如图17-5所示，可以在此录入本期发生的每笔现金业务的金额。如有多笔业务，要逐笔录入。这里先不用录入，直接单击“关闭”即可。

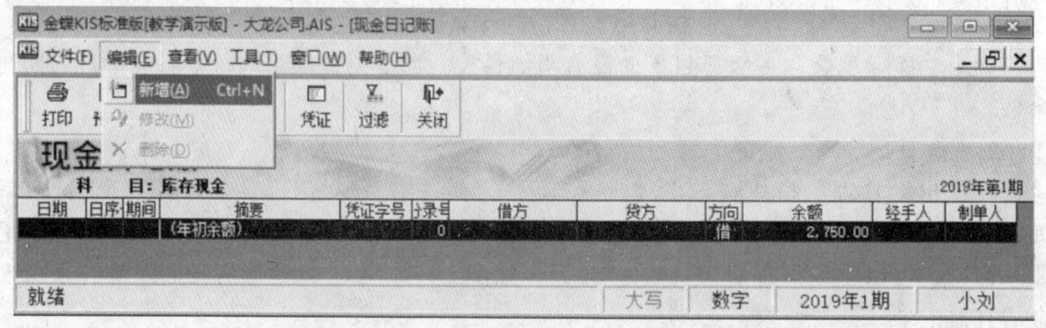

图 17-4　“现金日记账”窗口——新增

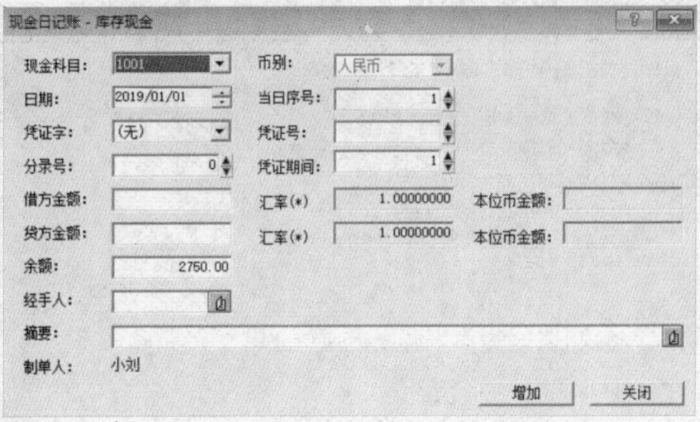

图17-5 “现金日记账-库存现金”窗口

第二种方法：返回“会计之家”界面，单击“账套选项”，弹出“账套选项”窗口，如图17-6所示。

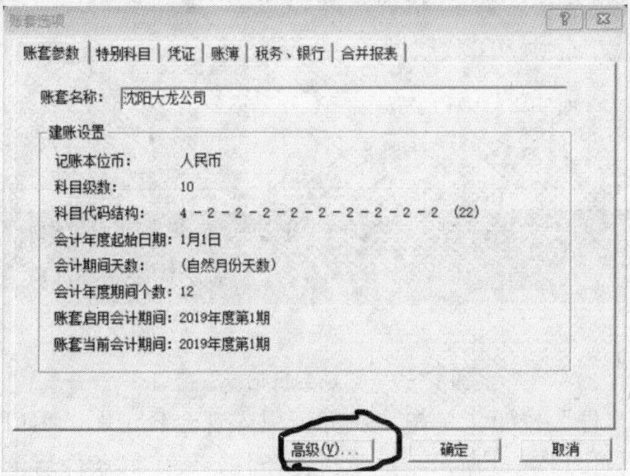

图17-6 “账套选项”窗口——高级（一）

单击“高级”，弹出“高级配置选项”窗口，如图17-7所示。单击“出纳”选项卡，对出纳进行设置，如图17-8所示，选中“可以从凭证引入现金日记账”和“从凭证引入日记账时覆盖出纳中相同的记录”，单击“确定”，返回上一窗口，再单击“确定”，回到“现金日记账”窗口，如图17-9所示。

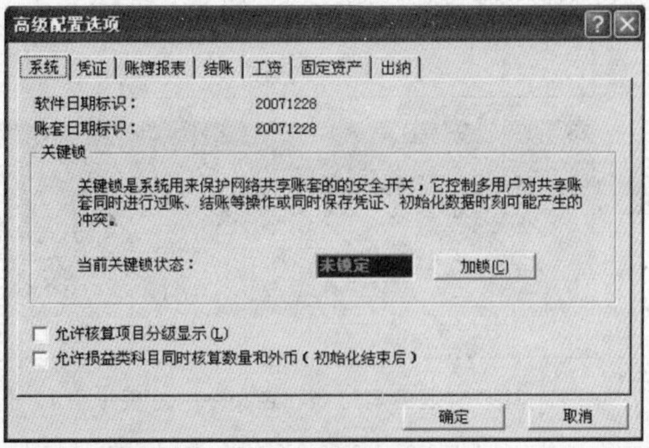

图17-7 “高级配置选项”窗口（一）

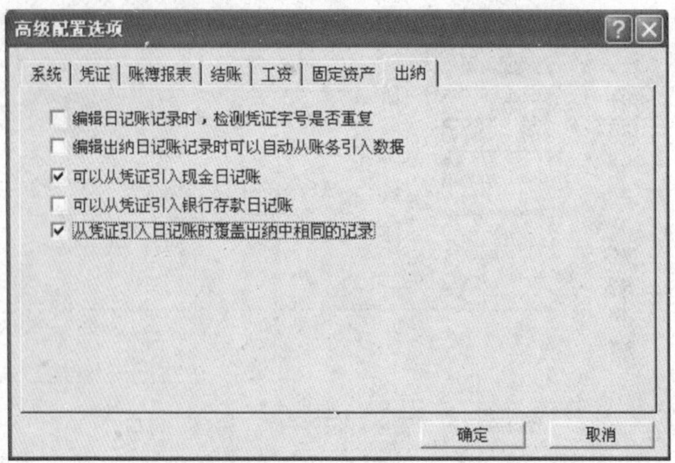

图 17-8 “高级配置选项”窗口——出纳（一）

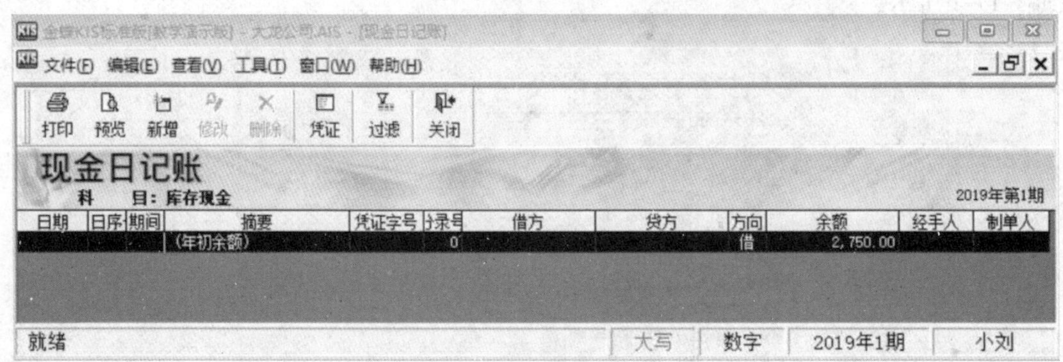

图 17-9 “现金日记账”窗口

单击菜单栏“文件”按钮，单击“从凭证引入现金日记账”，如图 17-10 所示，弹出“凭证过滤”窗口，如图 17-11 所示。注意过滤条件，设定好条件后单击“确定”，弹出信息提示，如图 17-12 所示，单击“确定”可以看到引入的这条记录，如图 17-13 所示。单击“关闭”。

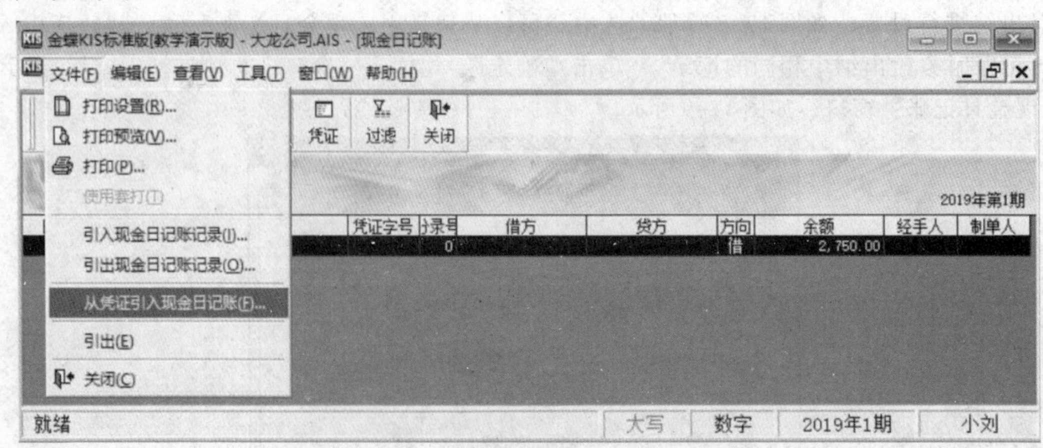

图 17-10 “现金日记账”窗口——从凭证引入

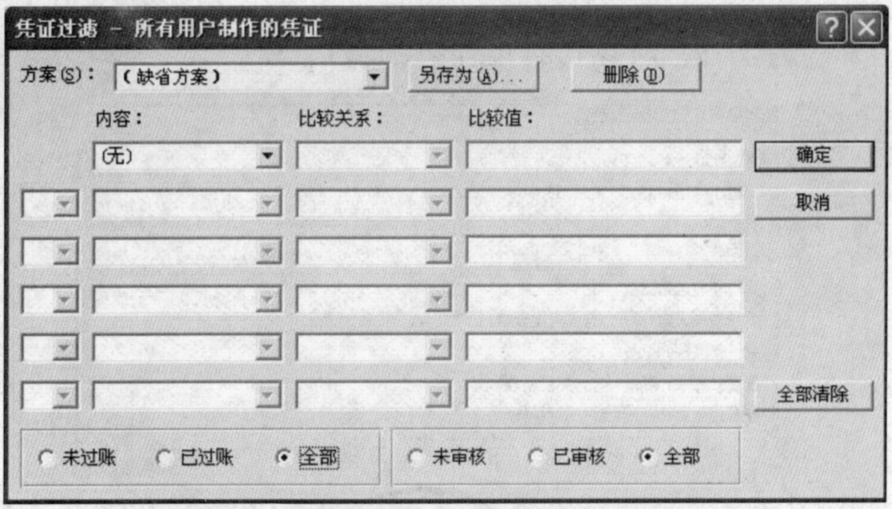

图 17-11 “凭证过滤——所有用户制作的凭证”窗口

图 17-12 “信息提示”窗口——引入资料

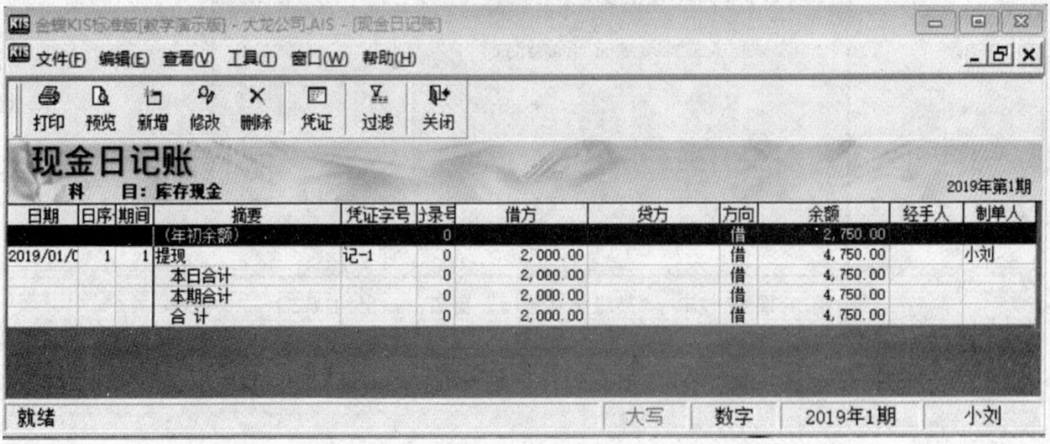

图 17-13 “现金日记账”窗口——显示结果

第三种方法：打开“账套选项”窗口，单击“高级”按钮，如图 17-14 所示，弹出“高级配置选项”窗口，如图 17-15 所示，切换到出纳选项卡，选中“编辑出纳日记账记录时可以自动从账务引入数据”，单击“确定”。回到“现金日记账”窗口，如图 17-16 所示。单击菜单栏“编辑”，选中“编辑时自动从账务引入数据”，单击“编辑”下的“新增”，弹出“现金日记账-库存现金”窗口，如图 17-17 所示。与第一种方法不同的是，在选择凭证号与凭证字后，金额自动带出。这里先不用录入，直接单击“关闭”即可。

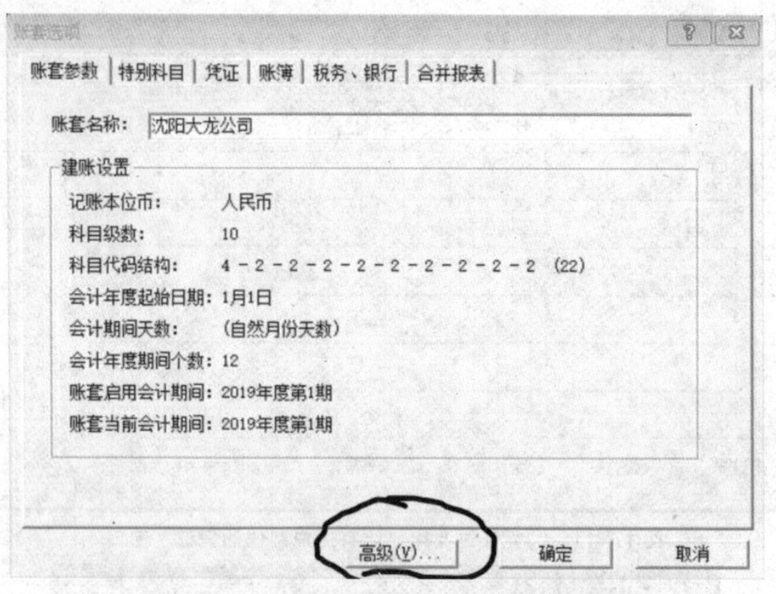

图 17-14 “账套选项”窗口——高级（二）

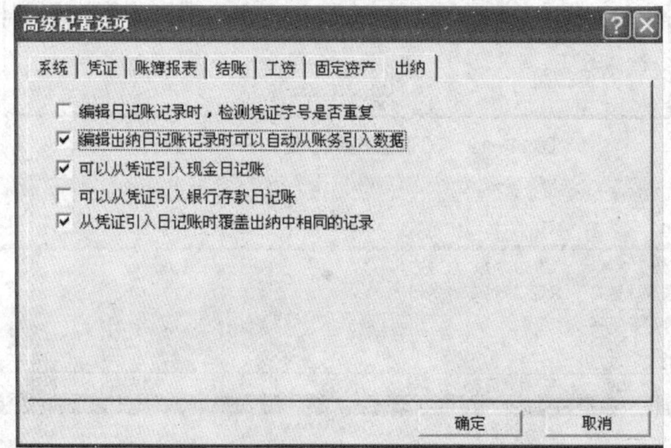

图 17-15 “高级配置选项”窗口——出纳（二）

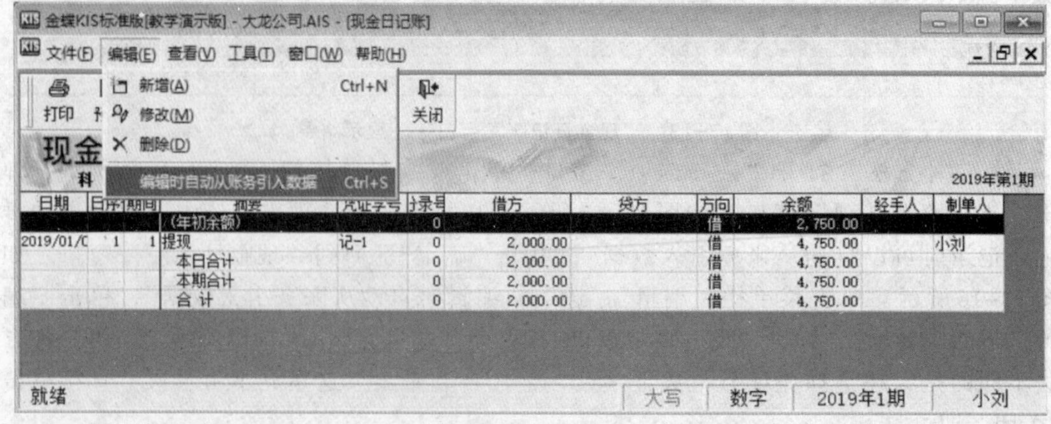

图 17-16 “现金日记账”窗口——从账务引入数据

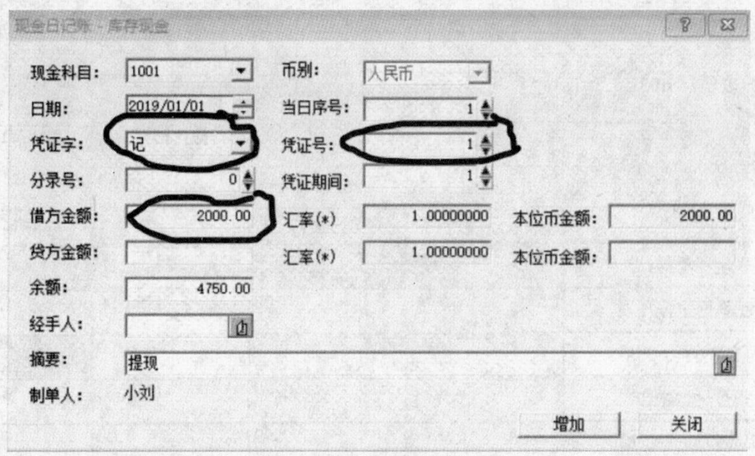

图 17-17　“现金日记账-库存现金”窗口——记 1 号凭证

3. 现金盘点与对账

现金管理的主要方法是现金盘点，盘点之后再与现金账对账。单击“现金盘点与对账”，弹出“现金盘点与对账-库存现金”窗口，如图 17-18 所示。直接单击“确定”，弹出录入窗口，如图 17-19 所示，可以录入现金盘点金额。假设现金盘点金额为 4 750 元，在“现金实盘数”行“今日余额”栏录入“4 750.00”，录入后可以看到账存差额为“0”，表示现金实盘金额与账上金额一致，如图 17-20 所示。查看后，单击“退出”即可。

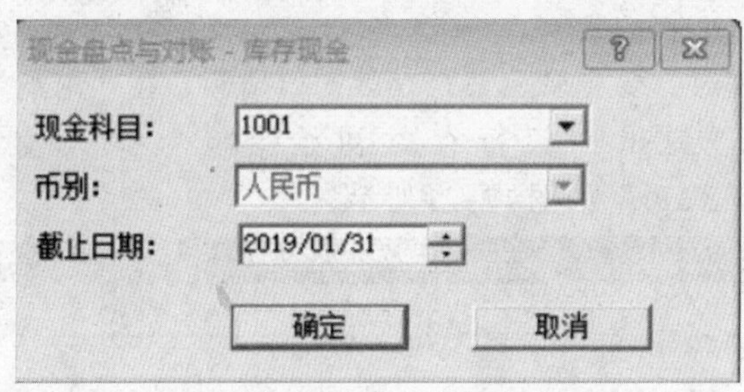

图 17-18　“现金盘点与对账-库存现金”窗口——现金科目

现金盘点与对账

现金科目: 1001 - 库存现金

币别: RMB　　截止日期: 2019/01/31

	昨日余额	今日借方	今日贷方	今日余额
现金实盘数(A)				
出纳日记账(B)	4750.00	0.00	0.00	4750.00
账存差额(C=B-A)				4750.00
现金分类账(D)	4750.00	0.00	0.00	4750.00
账账差额(E=D-B)	0.00	0.00	0.00	0.00

过滤条件　退出

图 17-19　“现金盘点与对账”窗口——盘点表

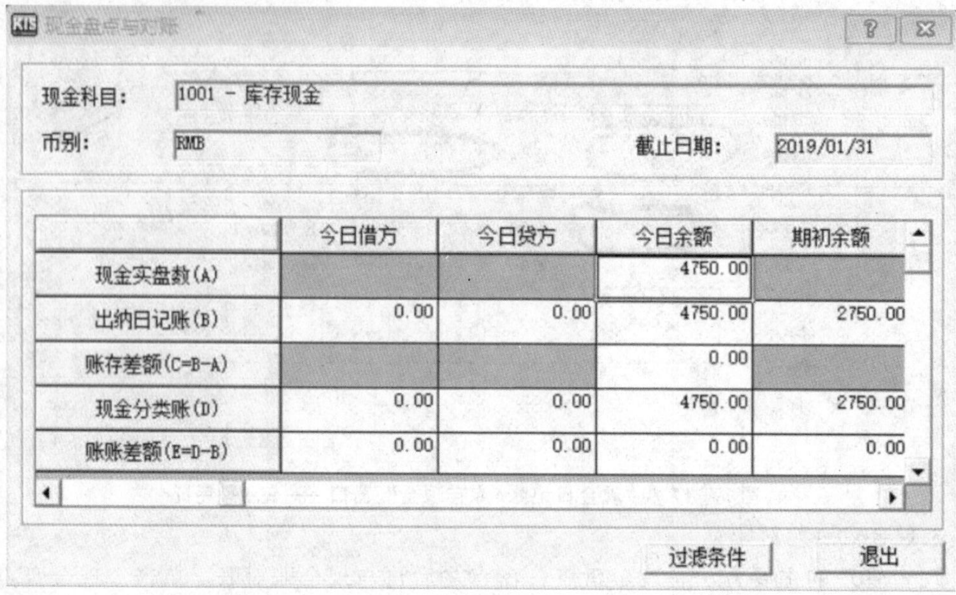

图 17-20 “现金盘点与对账”窗口——录入数据

第二节 银行存款管理

1.银行初始余额

启用银行存款管理时，要先录入银行存款初始余额。在“出纳管理”模块，单击“银行存款初始余额”，弹出“银行存款初始余额”录入窗口，会计科目选择“100201-银行存款-人民币”如图17-21所示。

银行存款初始余额
银行存款： 100201-银行存款 - 人民币
币别： RMB
银行日记账
银行对账单
启用期初原币余额： 200000.00
启用期初原币余额： 200000.00
加：银收企未收
加：企收银未收
减：银付企未付
减：企付银未付
调整后原币余额： 200000.00
调整后原币余额： 200000.00
企业未达...
银行未达...
确定
取消

图 17-21 “银行存款初始余额”录入窗口

录入银行日记账期初余额和银行对账单期初余额，金额都是200 000元。如果有未达账项，则单击“企业未达”或“银行未达”进行录入。

2.银行日记账

在“出纳管理”模块，单击“银行日记账”，弹出“银行日记账”窗口，如图17-22所示，这里可以设定查询条件。

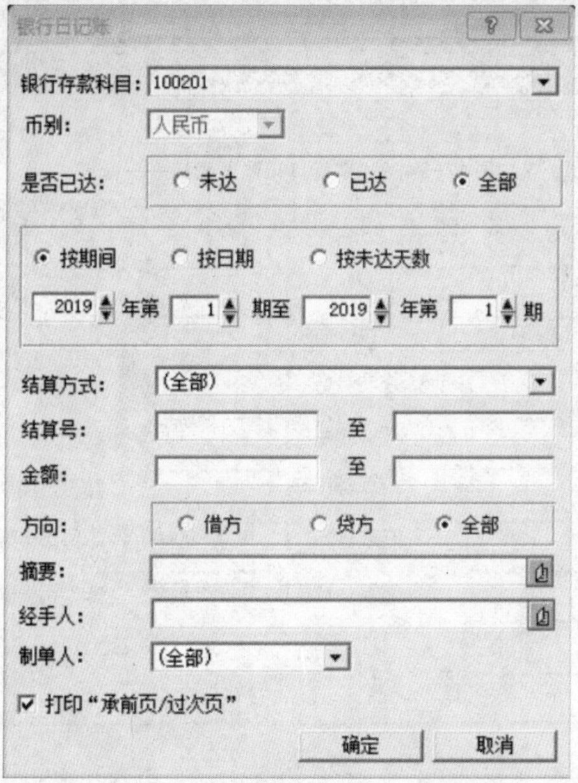

图17-22 “银行日记账”窗口——查询条件

选择“100201”科目，单击“确定”，进入“银行日记账”窗口，如图17-23所示，我们可以看到只有期初余额200 000元，这是因为我们还没有录入银行存款有关数据。

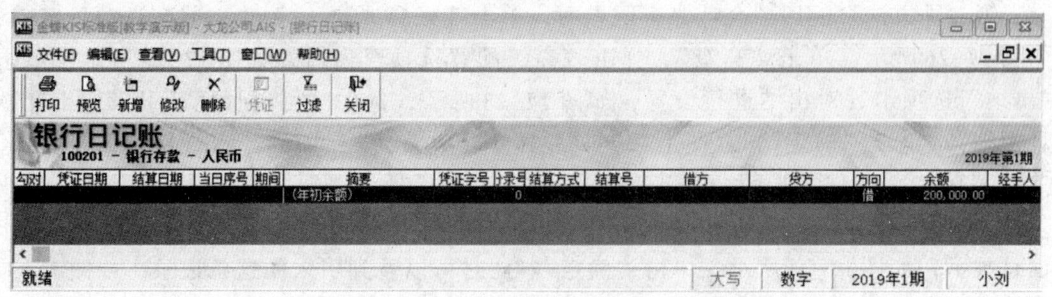

图17-23 “银行日记账”窗口——人民币

录入银行存款记录的方法有3种：

第一种方法：单击菜单栏“编辑”下的“新增”，如图17-24所示，弹出“银行日记账-银行存款-人民币”录入窗口，可以在此录入本期发生的每笔银行存款业务的金额。如有多笔业务，要逐笔录入。这里先不用录入，直接单击“关闭”即可，如图17-25所示。

图 17-24 “银行日记账”窗口——新增

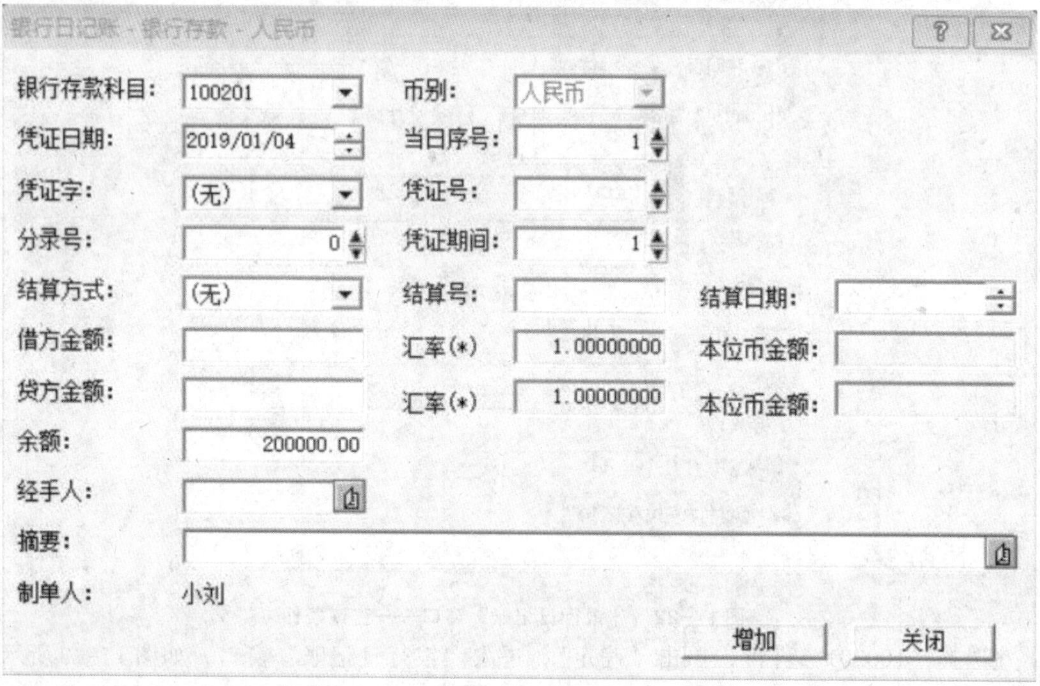

图 17-25 “银行日记账-银行存款-人民币”窗口

第二种方法：返回“会计之家”界面，单击“账套选项”，弹出“账套选项”窗口，如图 17-26 所示。单击“高级”，弹出“高级配置选项”窗口，如图 17-27 所示。单击“出纳”选项卡，对出纳进行设置，如图 17-28 所示，选中“可以从凭证引入银行存款日记账”。单击“确定”，返回上一窗口，再单击“确定”，回到“银行日记账”窗口。单击菜单栏“文件”按钮，单击“从凭证引入银行日记账”，如图 17-29 所示，弹出“凭证过滤”窗口，如图 17-30 所示。注意过滤条件，设定好条件后单击“确定”，弹出信息提示，如图 17-31 所示，单击“确定”。此时可以看到引入的这条记录，如图 17-32 所示。

第三种方法：打开“账套选项”窗口，单击“高级”按钮，弹出“高级配置选项”窗口，切换到“出纳”选项卡，选中“编辑出纳日记账记录时可以自动从账务系统引入数据”，单击“确定”。进入“银行日记账”窗口，录入银行存款记录的方法同录入库存现金记录的第三种方法。

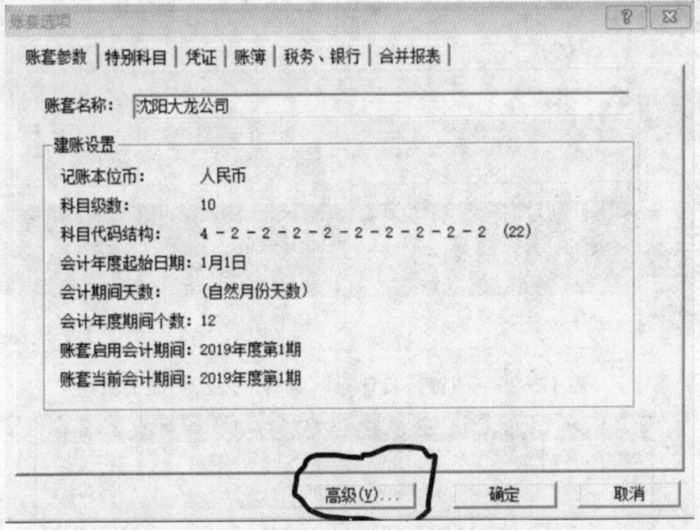

图 17-26 "账套选项"窗口——高级(三)

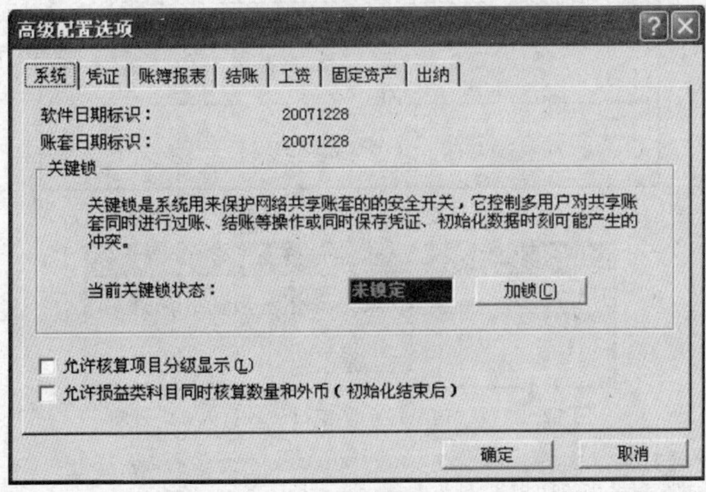

图 17-27 "高级配置选项"窗口(二)

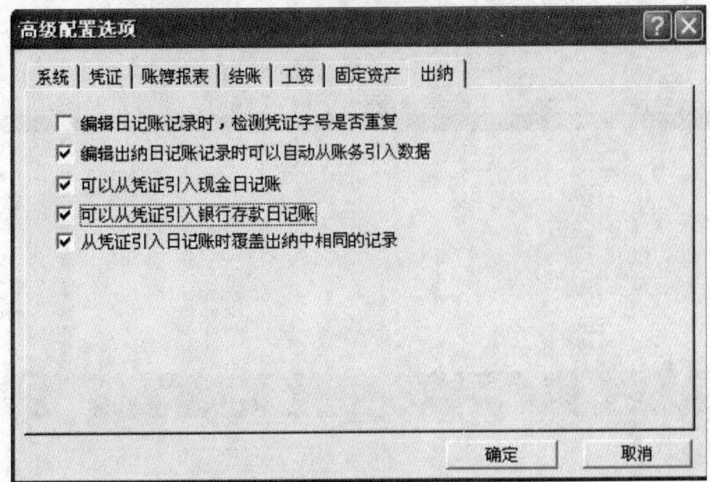

图 17-28 "高级配置选项"窗口——出纳(三)

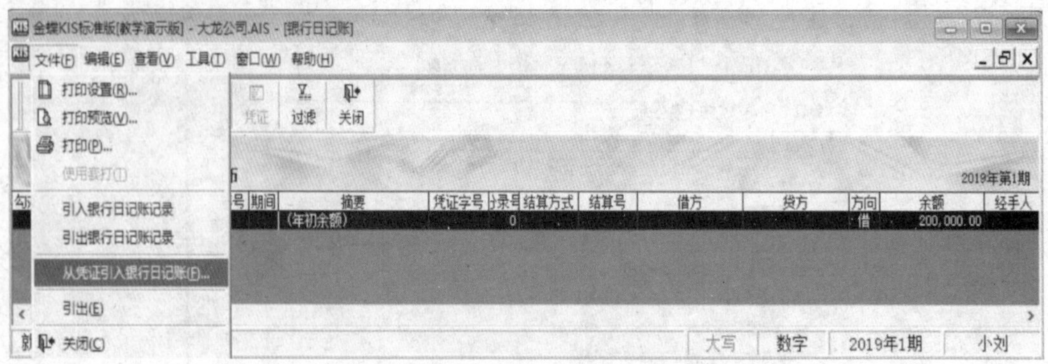

图 17-29　“银行日记账”窗口——从凭证引入

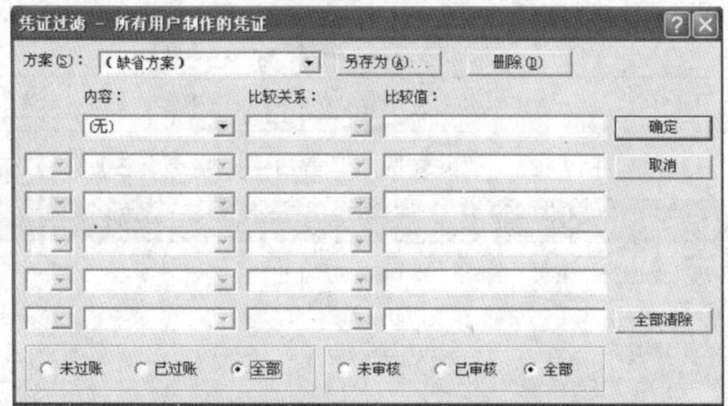

图 17-30　“凭证过滤”窗口——所有用户制作的凭证

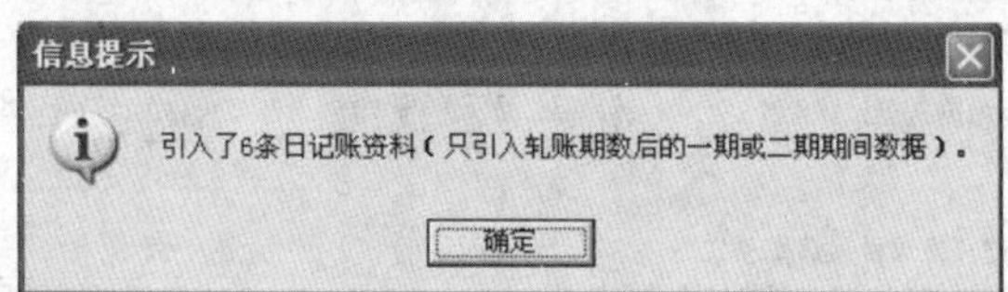

图 17-31　“信息提示”窗口——引入 6 条资料

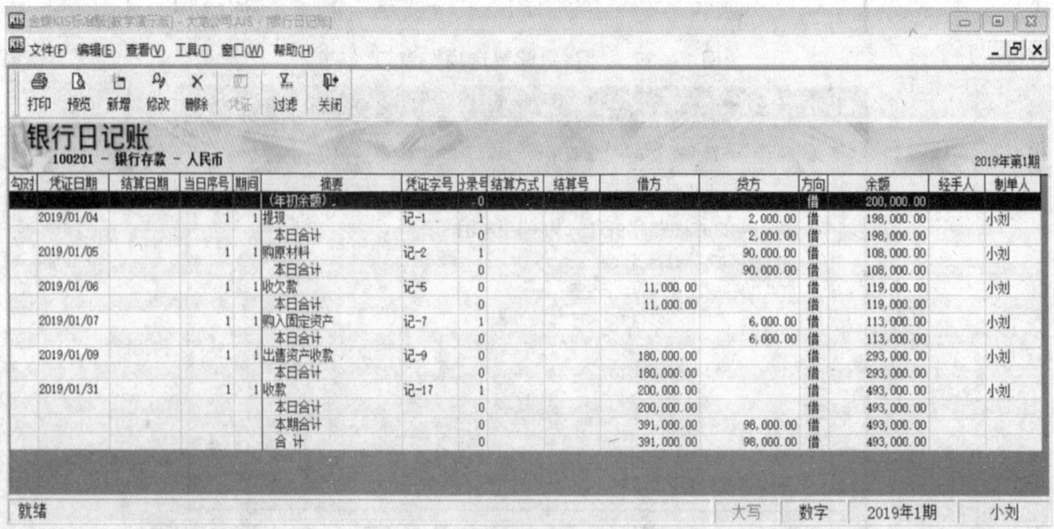

金蝶KIS标准版[教学演示版] - 大龙公司.AIS - [银行日记账]

文件(F) 编辑(E) 查看(V) 工具(T) 窗口(W) 帮助(H)

打印 预览 新增 修改 删除 凭证 过滤 关闭

银行日记账

100201 - 银行存款 - 人民币　　2019年第1期

勾对	凭证日期	结算日期	当日序号	期间	摘要	凭证字号	分录号	结算方式	结算号	借方	贷方	方向	余额	经手人	制单人
					(年初余额)		0					借	200,000.00		
	2019/01/04		1	1	提现	记-1	1				2,000.00	借	198,000.00		小刘
					本日合计		0				2,000.00	借	198,000.00		
	2019/01/05		1	1	购原材料	记-2	1				90,000.00	借	108,000.00		小刘
					本日合计		0				90,000.00	借	108,000.00		
	2019/01/06		1	1	收欠款	记-5	0			11,000.00		借	119,000.00		小刘
					本日合计		0			11,000.00		借	119,000.00		
	2019/01/07		1	1	购入固定资产	记-7	1				6,000.00	借	113,000.00		小刘
					本日合计		0				6,000.00	借	113,000.00		
	2019/01/09		1	1	出售资产收款	记-9	0			180,000.00		借	293,000.00		小刘
					本日合计		0			180,000.00		借	293,000.00		
	2019/01/31		1	1	收款	记-17	1			200,000.00		借	493,000.00		小刘
					本日合计		0			200,000.00		借	493,000.00		
					本期合计		0			391,000.00	98,000.00	借	493,000.00		
					合 计		0			391,000.00	98,000.00	借	493,000.00		

就绪　大写　数字　2019年1期　小刘

图 17-32　“银行日记账”窗口

3.银行对账单

银行对账单是企业与银行对账所依据的重要单据，详细记录了企业银行账户里每笔资金的收付情况。

大龙公司对账单（“银行存款-人民币”科目）见表17-1。

表17-1 大龙公司对账单(“银行存款-人民币”科目) 单位：元

结算日期	银行借方	银行贷方
1月4日	2 000	
1月5日	90 000	
1月6日		11 000
1月8日	6 000	
1月9日		180 000
1月31日		200 000

单击“银行对账单”，弹出“银行对账单”查询窗口，如图17-33所示，可以设置查询条件。这里直接单击“确定”，进入“银行对账单”窗口，如图17-34所示，可以看到此时没有对账单数据，要先将数据录入。单击工具栏“新增”，如图17-35所示，录入结算日期“2019-01-04”，银行借方“2 000”，单击“增加”，弹出提示，单击“确定”即可。单击“关闭”，返回“银行对账单”窗口，可以看到如图17-36所示的记录。继续录入对账单上的其他数据，录入完成后，单击“关闭”，返回“银行对账单”窗口，结果如图17-37所示，单击“关闭”。

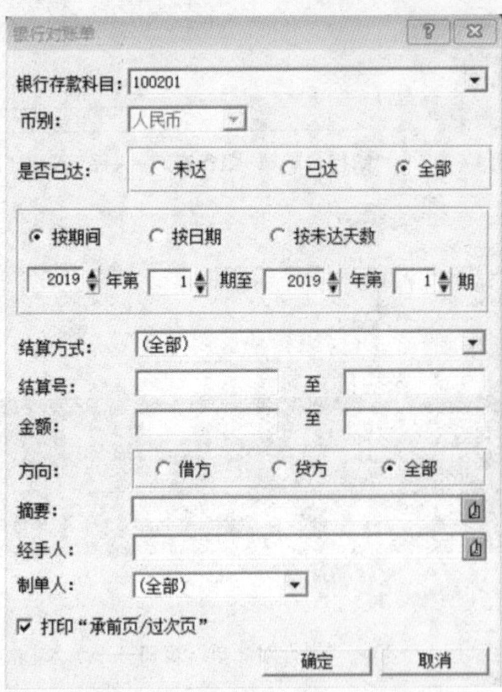

图17-33 “银行对账单”查询窗口

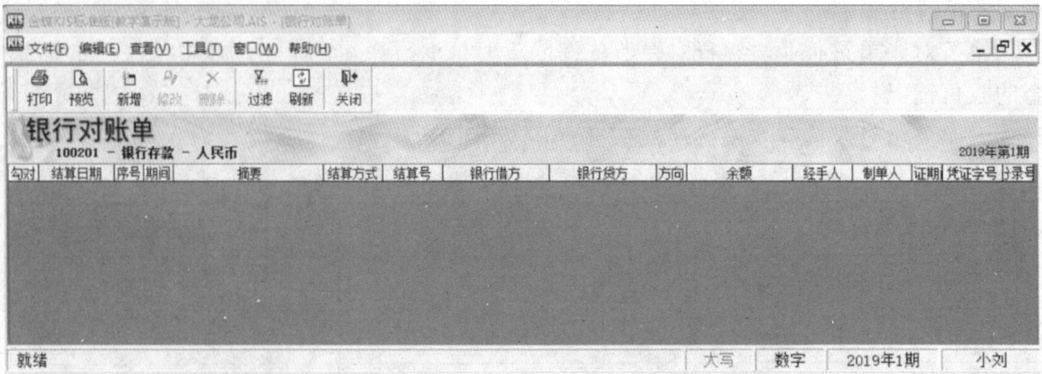

图 17-34　“银行对账单”窗口

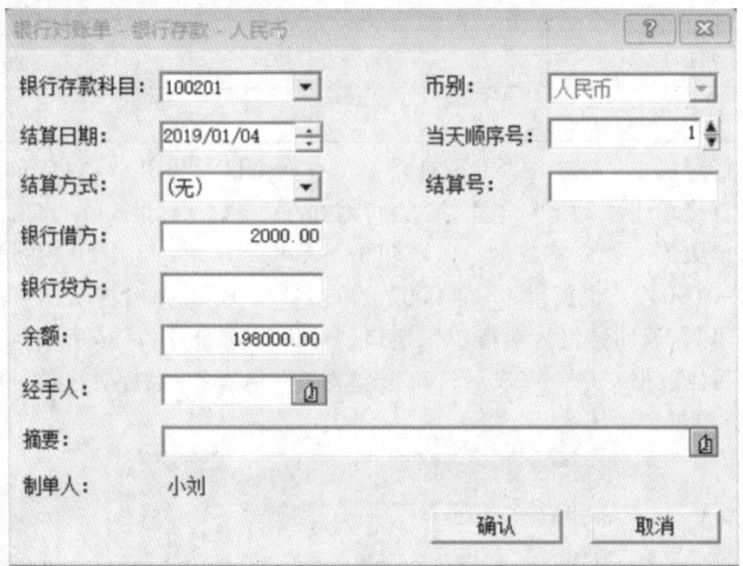

图 17-35　“银行日记账-银行存款-人民币”窗口

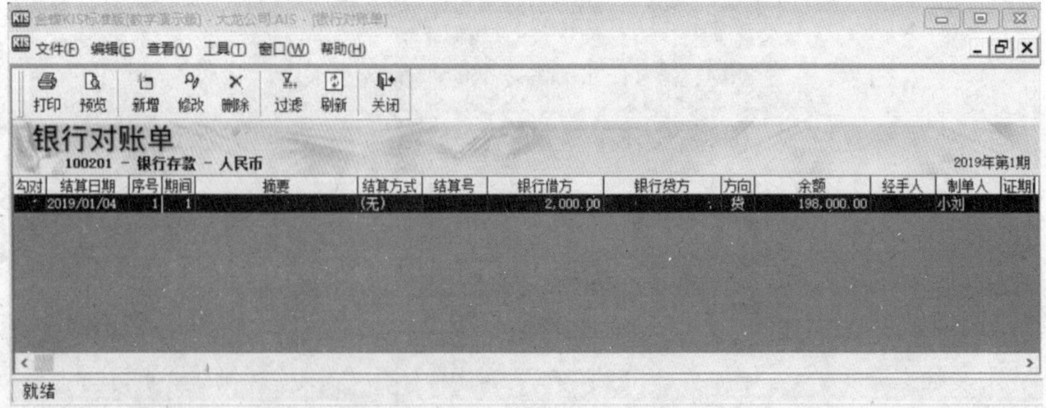

图 17-36　“银行对账单”窗口——录入

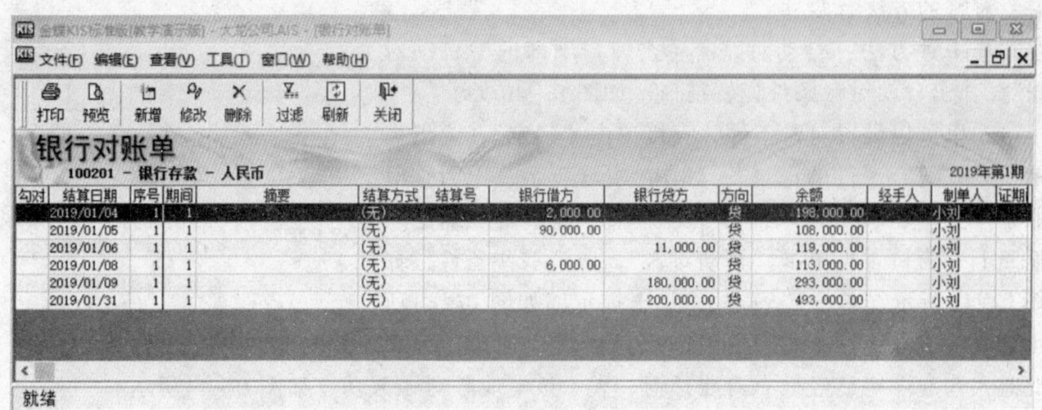

图 17-37　“银行对账单”窗口——列表

4.银行存款对账

企业为了检查银行存款核算是否准确及时，需要经常对账。

单击“银行存款对账”，弹出对账日期录入窗口，如图 17-38 所示。首先录入本次对账的日期“2019年01月31日”，单击“确定”，进入“银行存款对账”窗口，如图 17-39 所示。

图 17-38　对账日期录入窗口

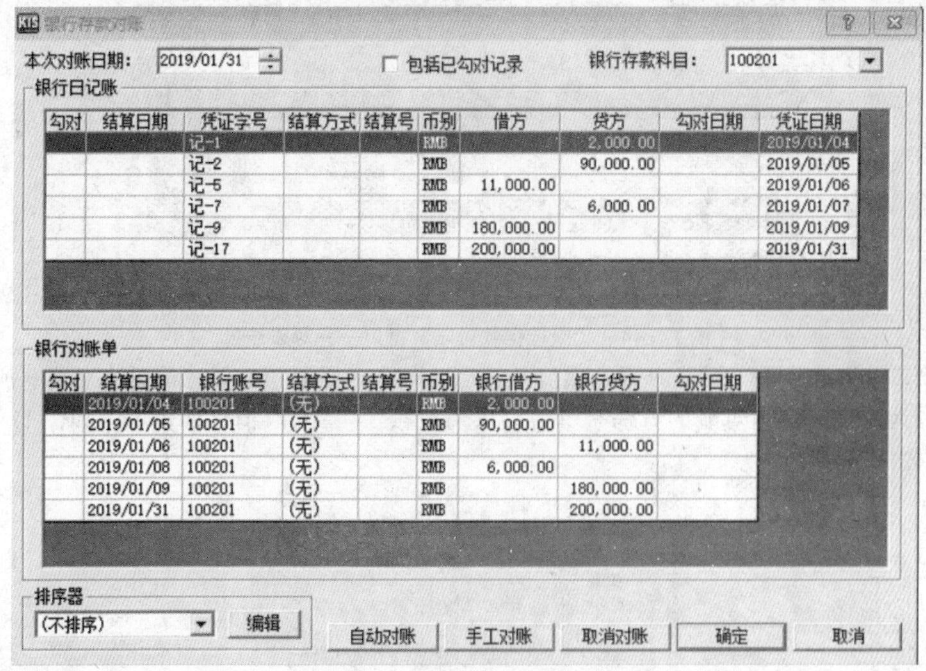

图 17-39　“银行存款对账”窗口

对账的方法有两种：

第一种方法：自动对账。单击窗口下部的“自动对账”，弹出自动对账条件设置窗口，如图17-40所示。

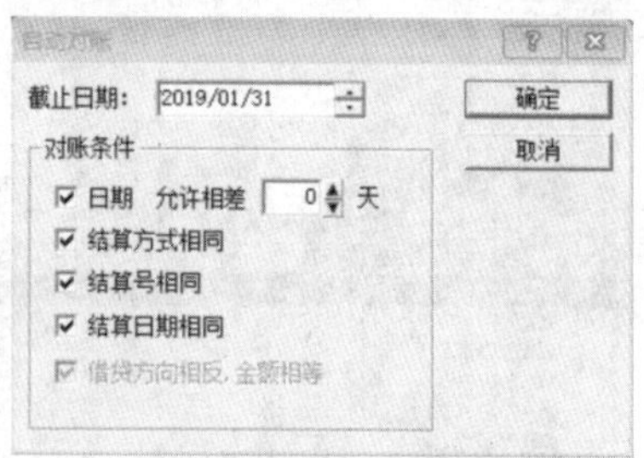

图17-40 自动对账条件设置窗口

这里可以设置对账条件，直接单击“确定”，弹出提示“没有符合条件的记录”，如图17-41所示，原因是对账条件太严格，可以取消一些对账条件。单击“确定”，返回上一窗口，再单击“自动对账”，取消一些条件，如图17-42所示。单击“确定”，弹出提示，如图17-43所示，表明成功对账6对对账单记录。单击“确定”返回，此时“勾对”栏已经标有对账标记，表示该笔业务对账成功，如图17-44所示。

图17-41 “信息提示”窗口——对账提示

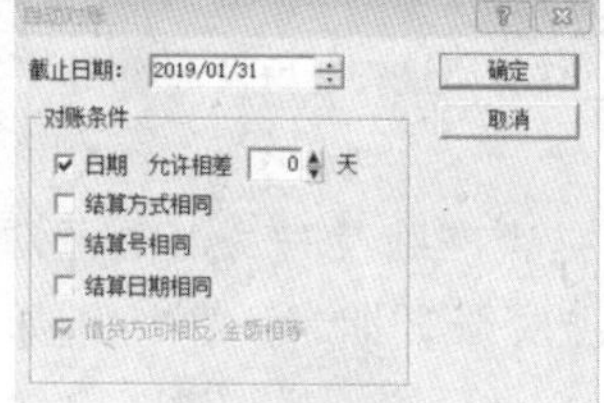

图17-42 “自动对账”窗口

图17-43 “信息提示”窗口——成功对账

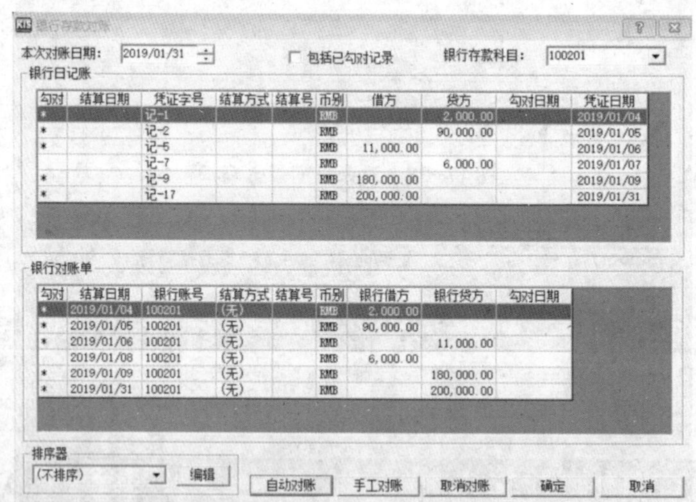

勾对	结算日期	凭证字号	结算方式	结算号	币别	借方	贷方	勾对日期	凭证日期
*		记-1			RMB		2,000.00		2019/01/04
*		记-2			RMB		90,000.00		2019/01/05
*		记-5			RMB	11,000.00			2019/01/06
		记-7			RMB		6,000.00		2019/01/07
*		记-9			RMB	180,000.00			2019/01/09
*		记-17			RMB	200,000.00			2019/01/31

勾对	结算日期	银行账号	结算方式	结算号	币别	银行借方	银行贷方	勾对日期
*	2019/01/04	100201	(无)		RMB	2,000.00		
*	2019/01/05	100201	(无)		RMB	90,000.00		
*	2019/01/06	100201	(无)		RMB		11,000.00	
	2019/01/08	100201	(无)		RMB	6,000.00		
*	2019/01/09	100201	(无)		RMB		180,000.00	
*	2019/01/31	100201	(无)		RMB		200,000.00	

图17-44 “银行存款对账”窗口——对账结果

第二种方法：手工对账。因为之前已经自动对账，要取消对账才能再次对账，所以我们先取消对账。取消对账的方法是单击“取消对账”，录入取消日期范围，如图17-45所示，单击“确认”。

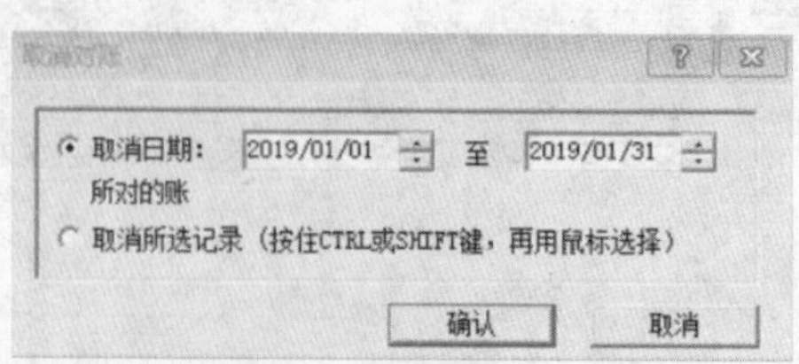

图17-45 “取消对账”窗口

如图 17-46 所示，可以看到在“勾对”栏已经取消了勾对标记，表示已经取消对账。现在可以进行手工对账，双击要对账的记录，可以看到在勾对栏显示了“**”，表示手工对账，如图 17-47 所示。再次双击该条记录，则可以取消对账。

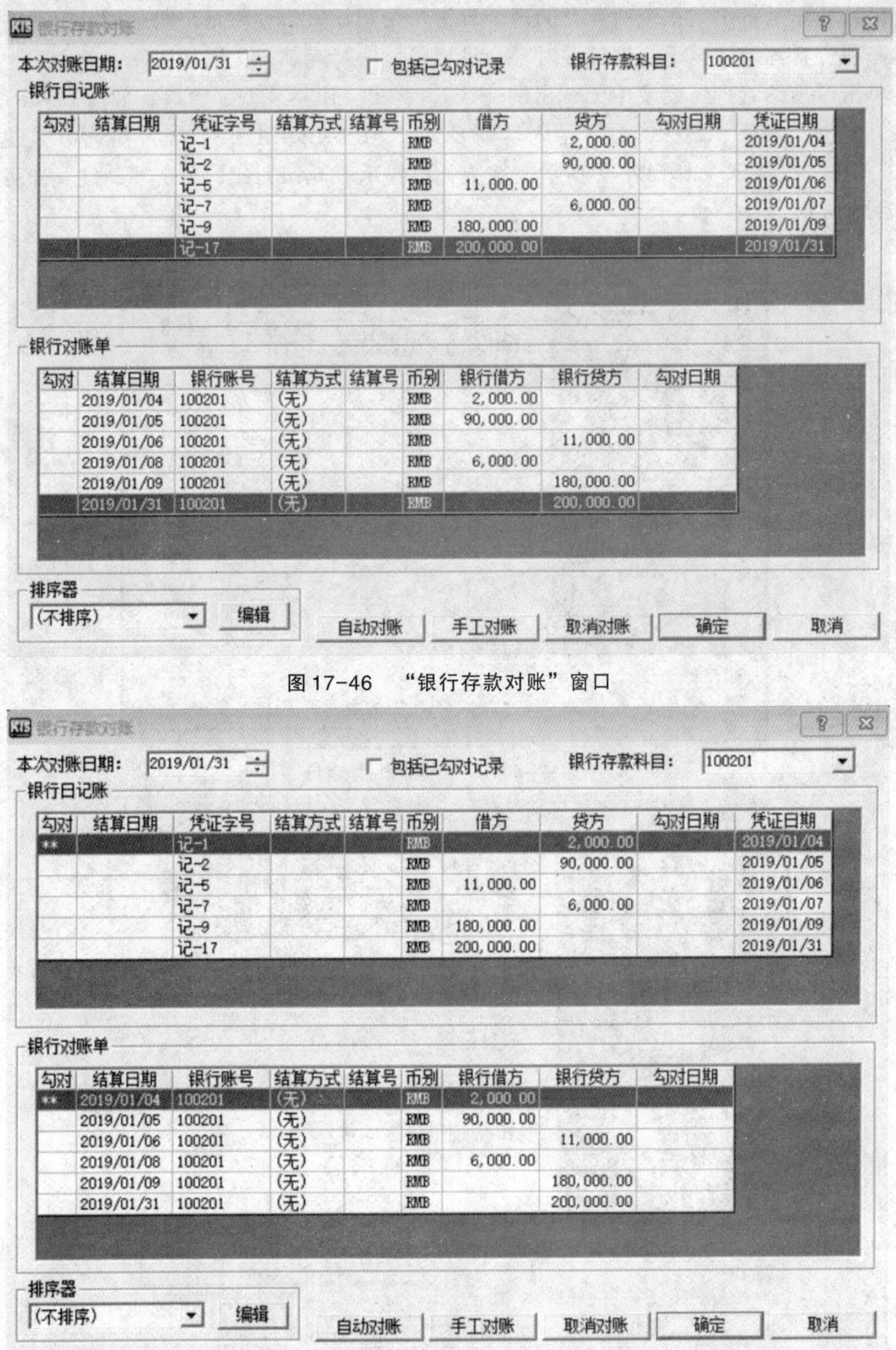

图 17-46 “银行存款对账”窗口

图 17-47 “银行存款对账”窗口——手工对账

第三节 出纳轧账

出纳轧账是将出纳系统所涉及的现金日记账余额、银行存款日记账余额及银行对账单未达账项资料等结转至下一期，并对现金日记账、银行存款日记账加注发生额。

单击“出纳管理”模块中的“出纳轧账”，弹出“出纳轧账”窗口，如图17-48所示。单击“前进”，弹出下一窗口，录入轧账日期“2011-01-31”，系统自动选中“期末轧账”，单击“完成”，如图17-49所示。系统弹出提示，轧账完成，单击“确定”即可，如图17-50所示。

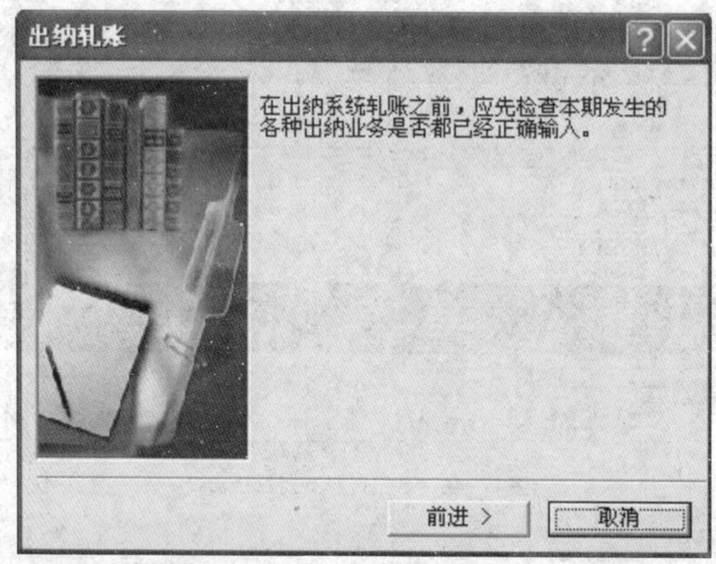

图17-48　“出纳轧账”窗口

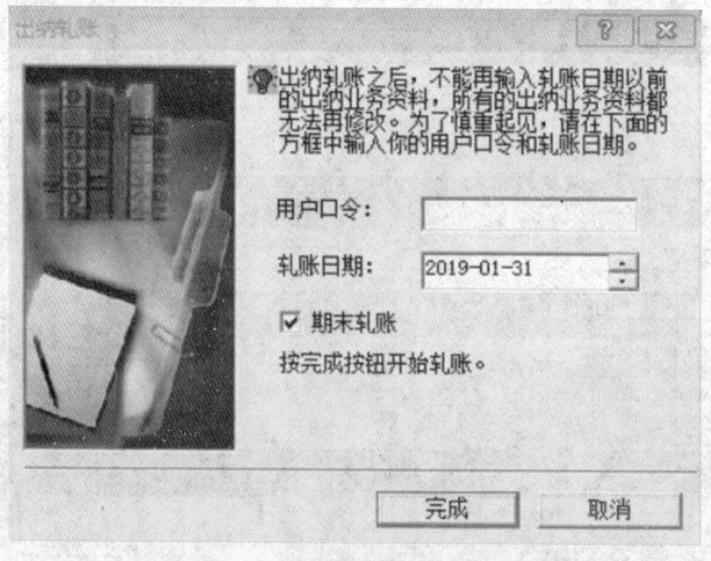

图17-49　“出纳轧账”窗口——轧账日期

图17-50 “信息提示”窗口——轧账成功

轧账之后，库存现金及银行存款资料不能修改。如需修改，要先取消轧账即反轧账。

取消轧账的操作是，以系统管理员的身份登录，在“会计之家”界面，按快捷键“Ctrl+F9”，弹出“出纳反轧账”窗口，录入“反轧账到”日期“2019-01-01”，单击“完成”，如图17-51所示。系统弹出提示，反轧账完成，单击“确定”，如图17-52所示。

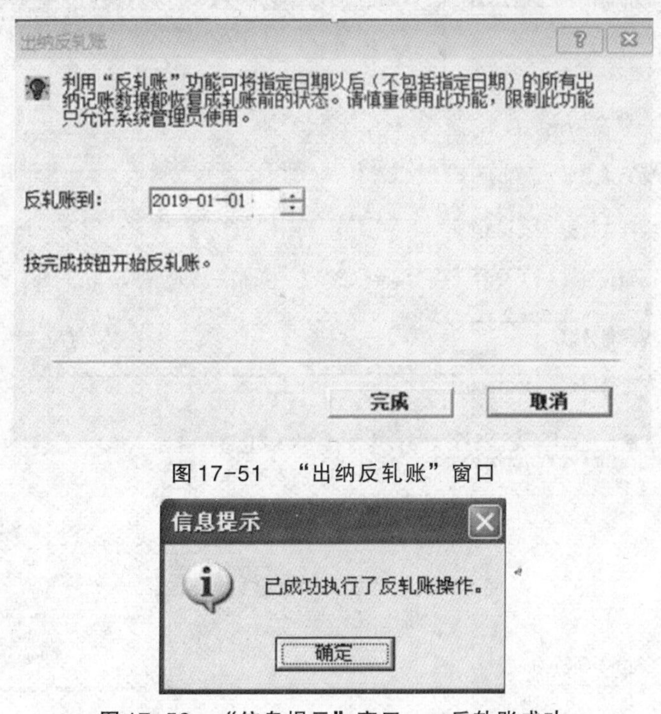

图17-51 “出纳反轧账”窗口

图17-52 “信息提示”窗口——反轧账成功

第四节 支票管理

支票管理是一个辅助管理功能，可以方便地管理支票的登记、领用及报销、核销等。

1.支票登记

支票登记是指购入支票后，对支票的基本情况进行登记。

在“出纳管理”模块，单击“支票登记”，弹出“支票登记”窗口，如图17-53所示。单击工具栏上的“新增”，弹出“支票购置登记”窗口，如图17-54所示，录入有关数据。例如，录入银行名称“建设银行”、银行账号“101001”，币别选择“人民币”，日期选择“2019-01-01”，支票有效期为“30天”，支票号码为“0001-0010”，单击“增加”，再单击“关闭”，结果如图17-55所示。

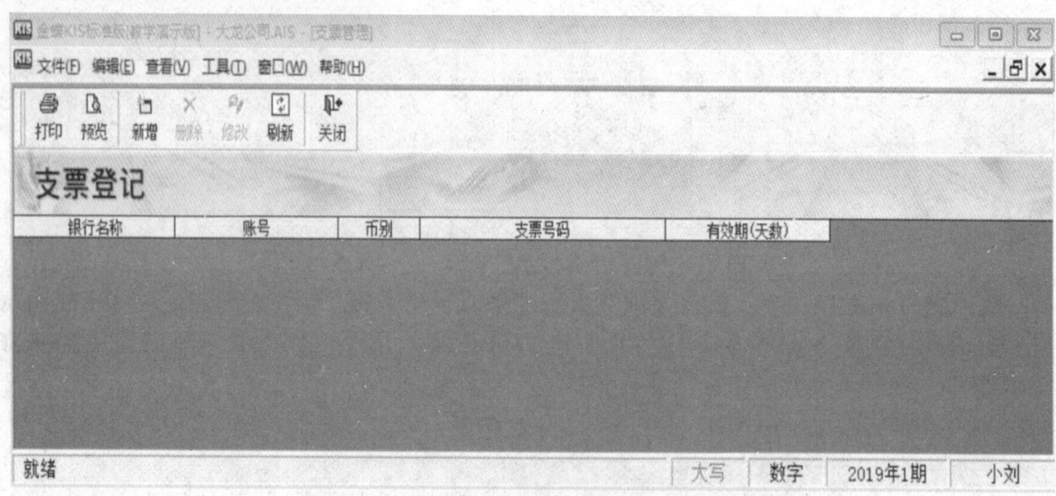

图17-53 “支票登记”窗口

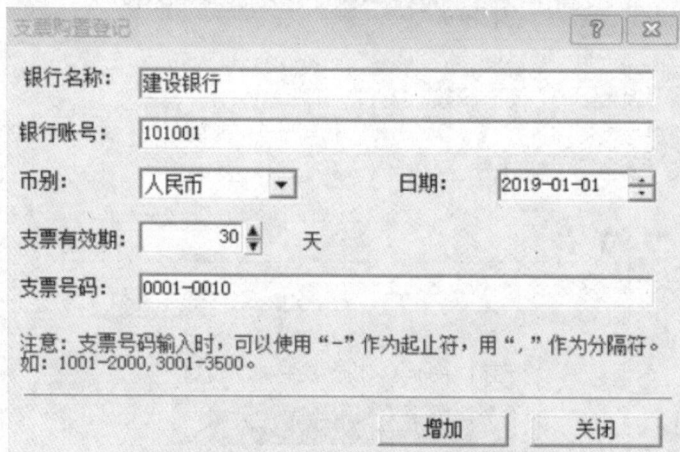

支票购置登记

银行名称：建设银行

银行账号：101001

币别：人民币 日期：2019-01-01

支票有效期：30 天

支票号码：0001-0010

注意：支票号码输入时，可以使用“-”作为起止符，用“，”作为分隔符。如：1001-2000,3001-3500。

增加 关闭

图17-54 “支票购置登记”窗口

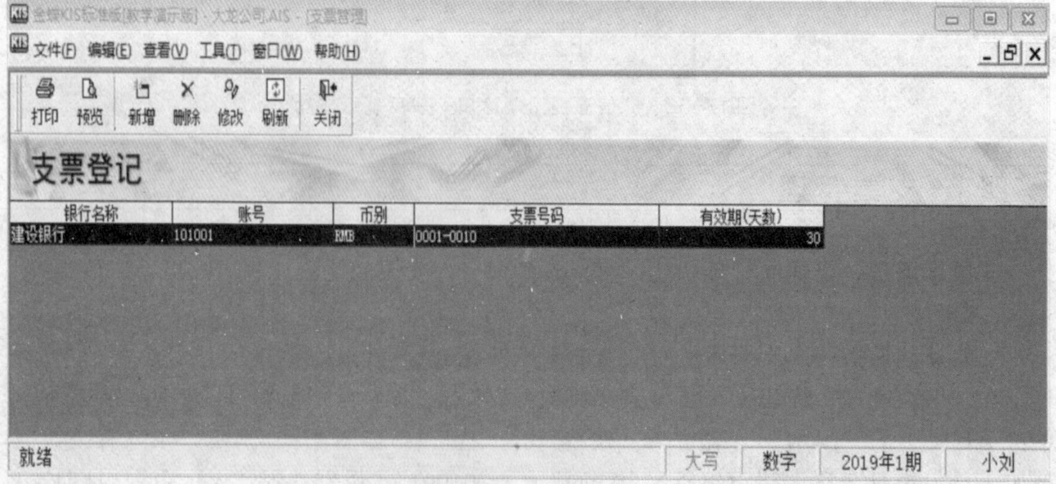

图17-55 “支票登记”窗口——支票记录

2. 支票领用及报销

（1）支票领用

在“出纳管理”模块，单击“支票领用及报销”，弹出“支票管理”窗口，如图17-56所示。选中窗口下部的“未核销”“已核销”“已退票”三个选项，单击“确定”，进入“领用与报销”窗口，如图17-57所示。单击工具栏上的“新增”，弹出“支票管理-新增”窗口，录入领用支票的信息，如图17-58所示，对方科目为“100201”，支票号为“0001”，领用日期为“2019-01-04”，领用人为“小刘”，使用金额为“2 000”，预计报销日期为“2019-01-04”，备注为“提现金”。单击“新增”，单击“关闭”，结果如图17-59所示。

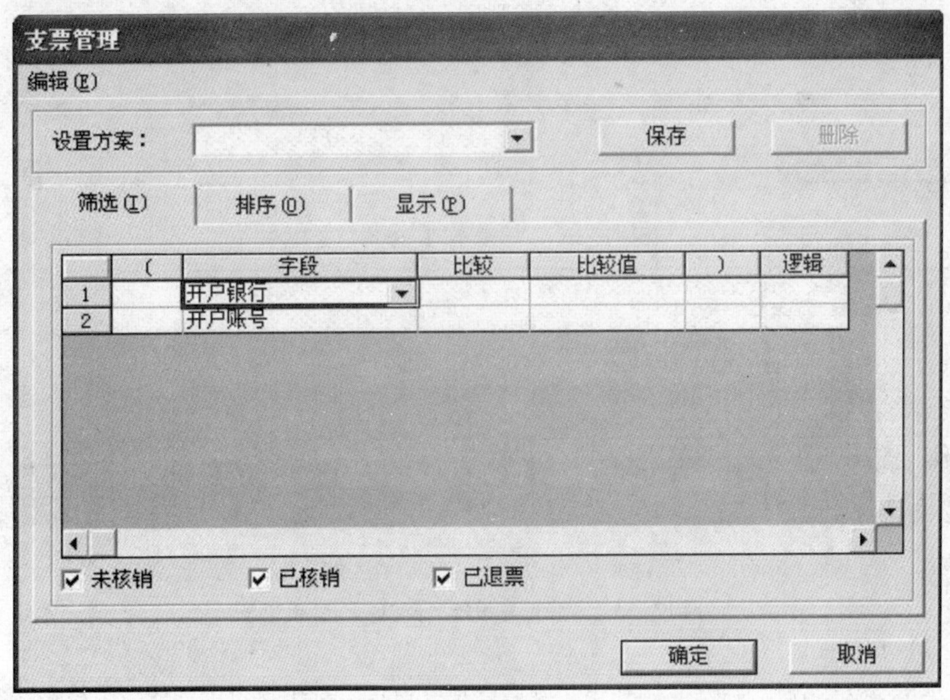

图17-56 “支票管理”窗口（一）

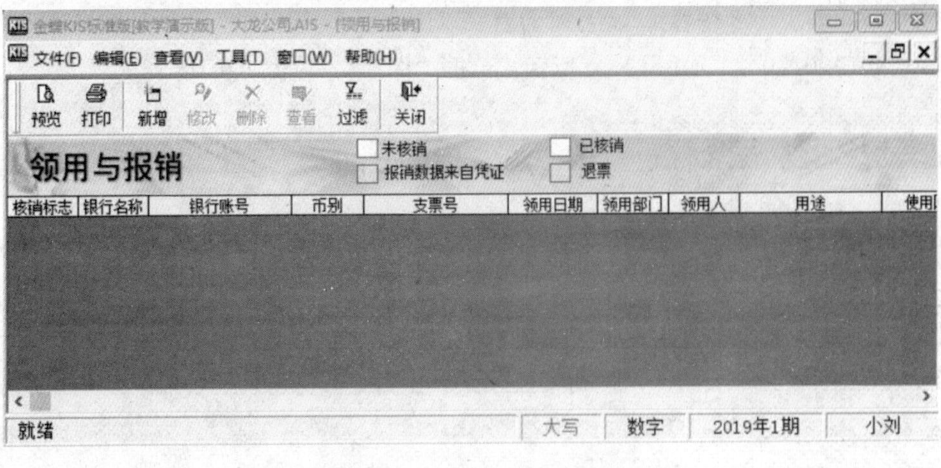

图17-57 “领用与报销”窗口

支票管理 - 新增

银行：建设银行　账号：101001　对应科目：100201
支票号：0001　币别：人民币
领用部门：财务部　用途：　领用日期：2019/01/04
领用人：小刘　使用限额：2,000.00　预计报销日期：2019/01/04
报销人：　报销金额：0.00　报销日期：
备注：提现金
录入人：小刘　核销/退票人：　最后修改日期：
新增　关闭

图 17-58 “支票管理-新增”窗口

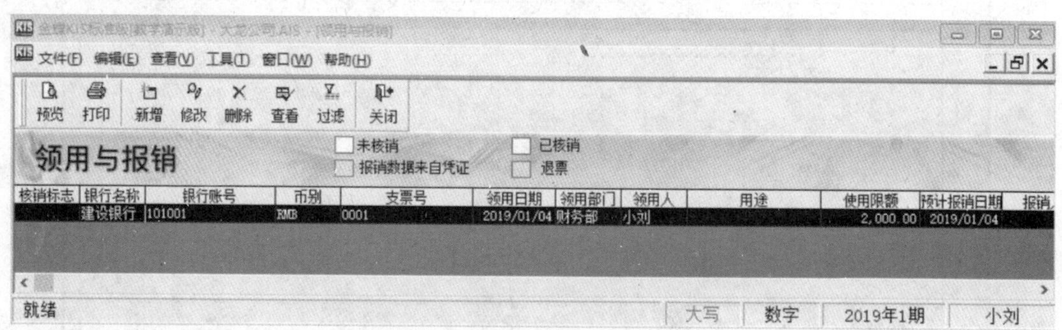

图 17-59 “领用与报销”窗口——领用记录

（2）支票报销

单击“支票领用及报销”，弹出“支票管理”窗口，选中窗口下部的“未核销”“已核销”“已退票”三个选项，单击“确定”，进入“领用与报销”窗口，如图17-60所示。双击支票记录，进入“支票管理-修改”窗口。录入报销人“小刘”、报销金额“2 000”、报销日期“2019-01-04，”如图17-61所示，单击“保存”，单击“关闭”。

文件(F) 编辑(E) 查看(V) 工具(T) 窗口(W) 帮助(H)
预览 打印 新增 修改 删除 查看 过滤 关闭
领用与报销
未核销　报销数据来自凭证　已核销　退票

核销标志	银行名称	银行账号	币别	支票号	领用日期	领用部门	领用人	用途	使用限额
	建设银行	101001	RMB	0001	2019/01/04	财务部	小刘		2,000.00

就绪 大写 数字 2019年1期 小刘

图 17-60 “领用与报销”窗口——小刘

支票管理 - 修改

银行：建设银行 账号：101001 对应科目：100201

支票号：0001 币别：人民币

领用部门：财务部 用途： 领用日期：2019/01/04

领用人：小刘 使用限额：2,000.00 预计报销日期：2019/01/04

报销人：小刘 报销金额：2,000.00 报销日期：2019/01/04

备注：提现金

未核销 录入人：小刘 核销/退票人： 最后修改日期：2019/04/11

核销 退票 保存 关闭

图 17-61 “支票管理-修改”窗口

3. 支票核销

已经报销的支票应该进行核销。单击“支票核销”，弹出“支票管理”窗口，如图17-62所示。选中窗口下部的“未核销”“已核销”“已退票”三个选项，单击“确定”。进入“支票核销”窗口，如图17-63所示，双击要核销的支票，弹出“支票管理-修改”窗口，单击窗口下部的“核销”，如图17-64所示，如果想取消核销，则单击“取消核销”即可。单击“保存”，单击“关闭”，返回“支票核销”窗口，此时可以看到核销栏显示核销标记，如图17-65所示。

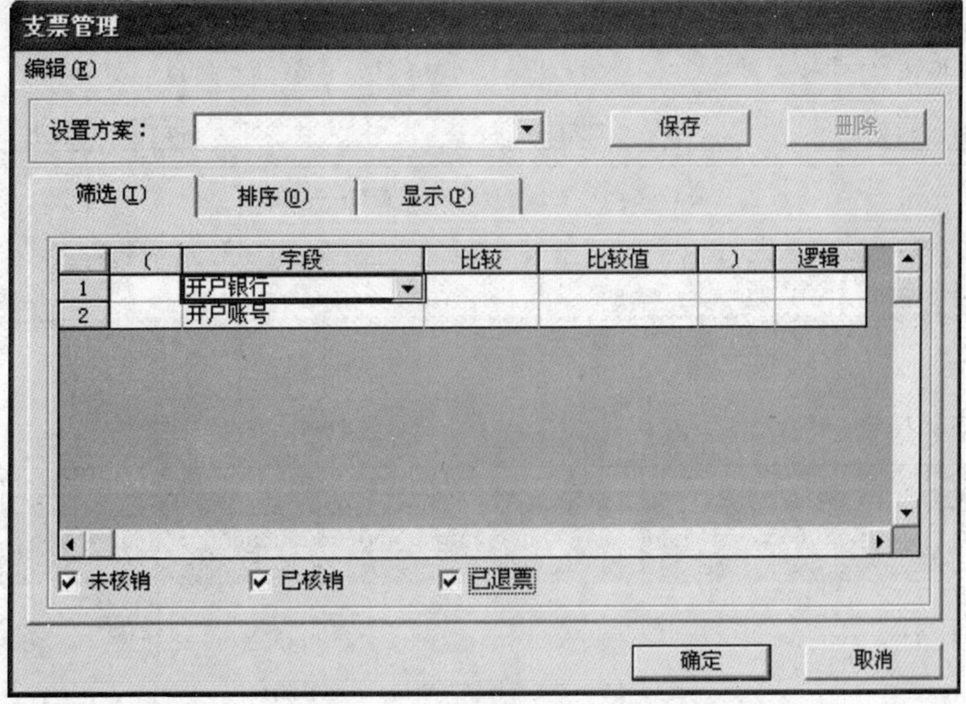

图 17-62 “支票管理”窗口（二）

金蝶KIS标准版[教学演示版] - 大龙公司.AIS - [支票核销]

文件(F) 编辑(E) 查看(V) 工具(T) 窗口(W) 帮助(H)

预览 打印 新增 修改 删除 查看 过滤 关闭

支票核销

未核销 已核销 报销数据来自凭证 退票

核销标志	银行名称	银行账号	币别	支票号	领用日期	领用部门	领用人	用途	使用限额
	建设银行	101001	RMB	0001	2019/01/04	财务部	小刘		2,000.00

就绪

图 17-63 “支票核销”窗口

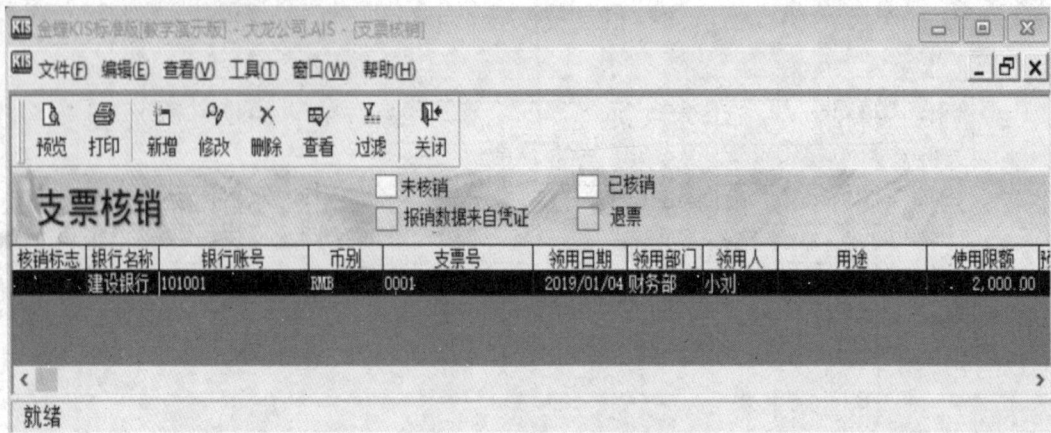

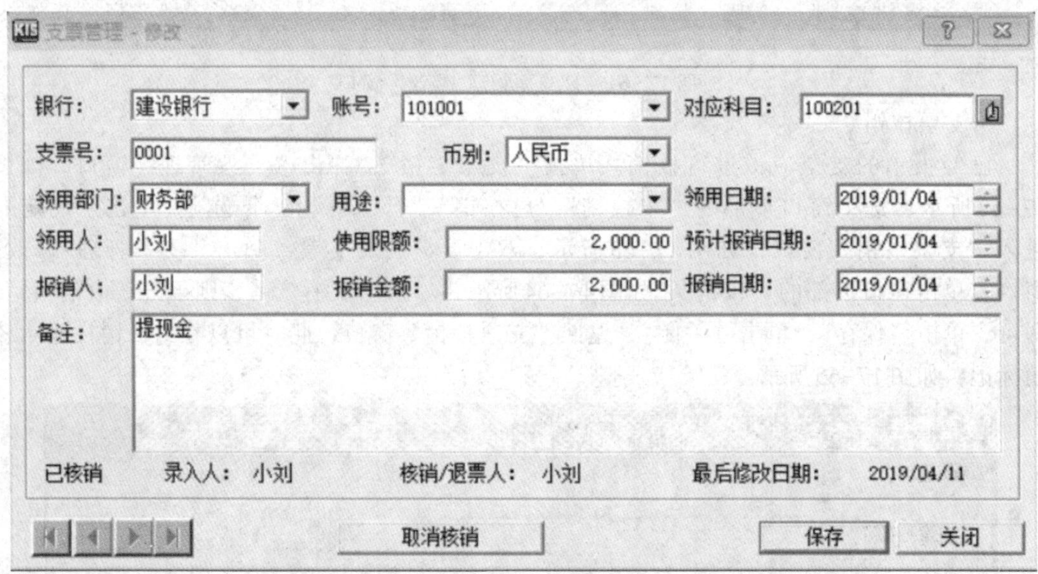

图 17-64 “支票管理-修改”窗口——核销

金蝶KIS标准版[教学演示版] - 大龙公司.AIS - [支票核销]

文件(F) 编辑(E) 查看(V) 工具(T) 窗口(W) 帮助(H)

预览 打印 新增 修改 删除 查看 过滤 关闭

支票核销

未核销 已核销 报销数据来自凭证 退票

核销标志	银行名称	银行账号	币别	支票号	领用日期	领用部门	领用人	用途	使用限额	预计报
核销	建设银行	101001	RMB	0001	2019/01/04	财务部	小刘		2,000.00	2019/

就绪 大写 数字 2019年1期 小刘

图 17-65 “支票核销”窗口——已核销

第五节　出纳报表

1.资金日报表

在“出纳管理”模块，单击“资金日报表”，弹出“现金、银行日报表”窗口，如图17-66所示。单击“确定”，进入“资金日报表”窗口，可以看到库存现金及银行存款的情况，如图17-67所示。

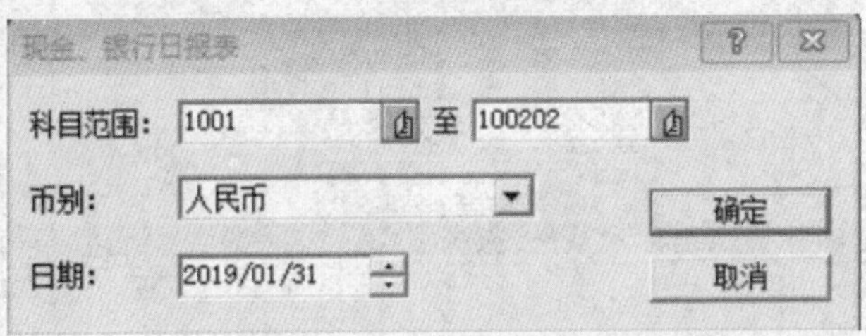

图17-66　“现金、银行日报表”窗口

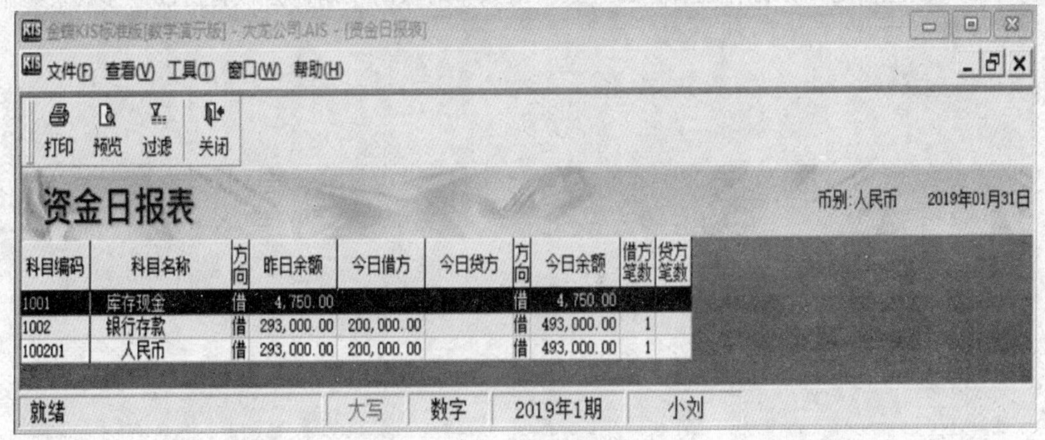

科目编码	科目名称	方向	昨日余额	今日借方	今日贷方	方向	今日余额	借方笔数	贷方笔数
1001	库存现金	借	4,750.00			借	4,750.00		
1002	银行存款	借	293,000.00	200,000.00		借	493,000.00	1	
100201	人民币	借	293,000.00	200,000.00		借	493,000.00	1	

图17-67　“资金日报表”窗口

2.银行存款余额调节表

在“出纳管理”模块，单击“银行存款余额调节表”，弹出“银行存款余额调节表-人民币”窗口，如图17-68所示。直接单击“确定”，进入“银行存款余额调节表”窗口，可以看到银行存款余额调节情况，如图17-69所示。

银行存款余额调节表 - 人民币
银行存款科目: 100201
币别: 人民币
截止日期: 2019/01/31
确定　取消

图17-68　“银行存款余额调节表-人民币”窗口

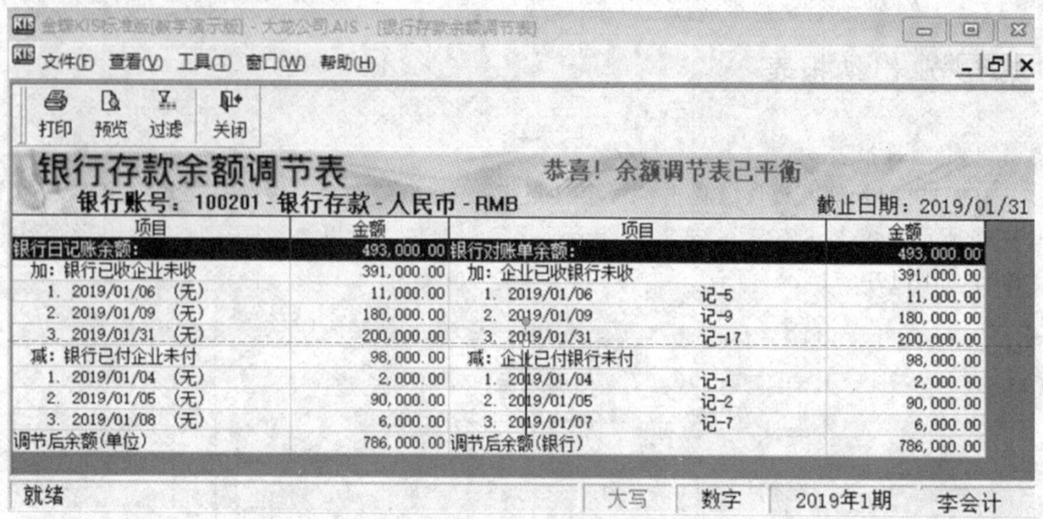

项目	金额	项目		金额
银行日记账余额:	493,000.00	银行对账单余额:		493,000.00
加：银行已收企业未收	391,000.00	加：企业已收银行未收		391,000.00
1. 2019/01/06 (无)	11,000.00	1. 2019/01/06	记-5	11,000.00
2. 2019/01/09 (无)	180,000.00	2. 2019/01/09	记-9	180,000.00
3. 2019/01/31 (无)	200,000.00	3. 2019/01/31	记-17	200,000.00
减：银行已付企业未付	98,000.00	减：企业已付银行未付		98,000.00
1. 2019/01/04 (无)	2,000.00	1. 2019/01/04	记-1	2,000.00
2. 2019/01/05 (无)	90,000.00	2. 2019/01/05	记-2	90,000.00
3. 2019/01/08 (无)	6,000.00	3. 2019/01/07	记-7	6,000.00
调节后余额(单位)	786,000.00	调节后余额(银行)		786,000.00

图 17-69 “银行存款余额调节表”窗口

需要注意的是，银行存款日记账与银行对账单对账的日期，会影响到银行存款余额调节表的显示结果。

期末处理

除了凭证处理、固定资产管理、工资管理、往来管理、出纳管理等业务以外，每到月末会有一些特定的业务，主要包括期末调汇、结转损益、期末报表、结账等。这些业务都属于期末处理。

第一节 自动转账

在企业发生的众多业务中，有些业务每个月都发生，而且会计科目和金额都相同。例如，企业租用的房屋，每个月都要交纳租金。这样的业务发生时，可以利用自动转账功能，设置一个自定义凭证，以后每个月就能很方便地生成凭证。

大龙公司自动转账设置资料见表18-1。

表18-1 **大龙公司自动转账设置资料**

项目	金额/月(元)	费用科目	支付方式
写字间租金	1 500	管理费用——租金	银行存款

注意事项："管理费用——租金"科目需先行增加。

在"账务处理"模块，单击"自动转账"，弹出"自动转账凭证"窗口，如图18-1所示。单击"增加"，弹出"自动转账凭证"设置窗口，如图18-2所示。在自动转账凭证名称栏录入"写字间租金"，在第一行录入摘要及科目，如图18-3所示，借贷栏选择"借"，转账方式选择"转入"。在第二行录入摘要及科目，借贷栏选择"贷"，转账方式选择"按公式转出"，是否包含本期未过账凭证栏默认即可，如图18-4所示。在本位币金额公式栏录入"1 500"，如图18-5所示。单击工具栏上的"保存"按钮，再单击工具栏最右端的"退出"按钮，返回"自动转账凭证"窗口，如图18-6所示。双击本张转账凭证，即在选择栏显示选择标记，如图18-7所示。再单击"生成凭证"，弹出提示，单击"是"即可，如图18-8所示，之后提示生成了凭证，单击"确定"，单击"关闭"。可以查询所生成的凭证是否正确，如图18-9所示。自动转账凭证设置时，有时会用到转账公式，如图18-10所示，将光标移到本位币金额公式栏的金额处，按F7获取按钮，弹出"自动转账公式设置"窗口，在这里可以设置取数公式及运算函数，如图18-11所示，有兴趣的读者可以自行操作练习。

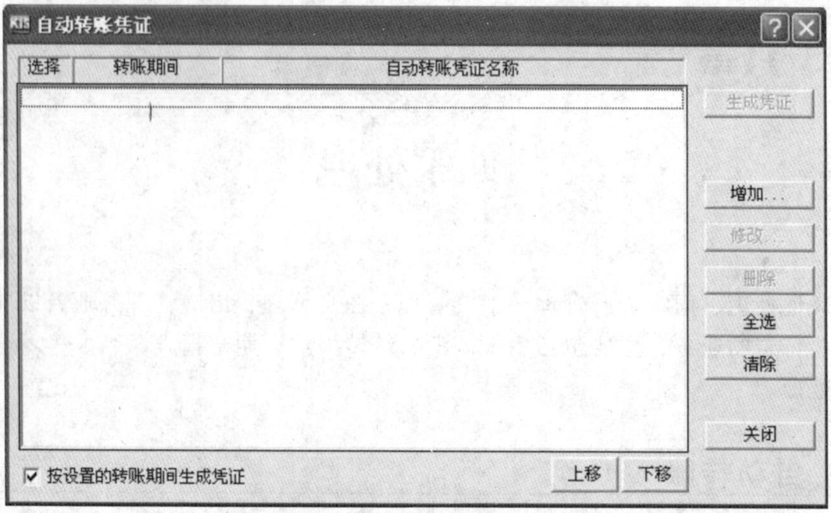

图 18-1 “自动转账凭证”窗口

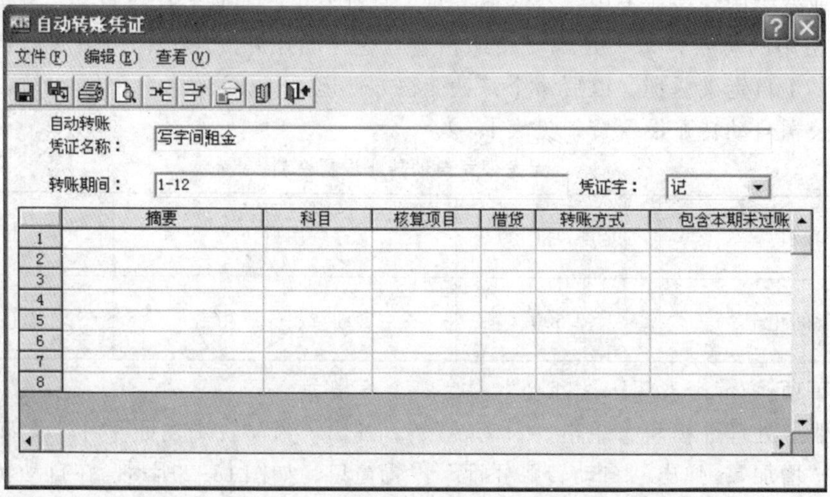

图 18-2 “自动转账凭证”设置窗口

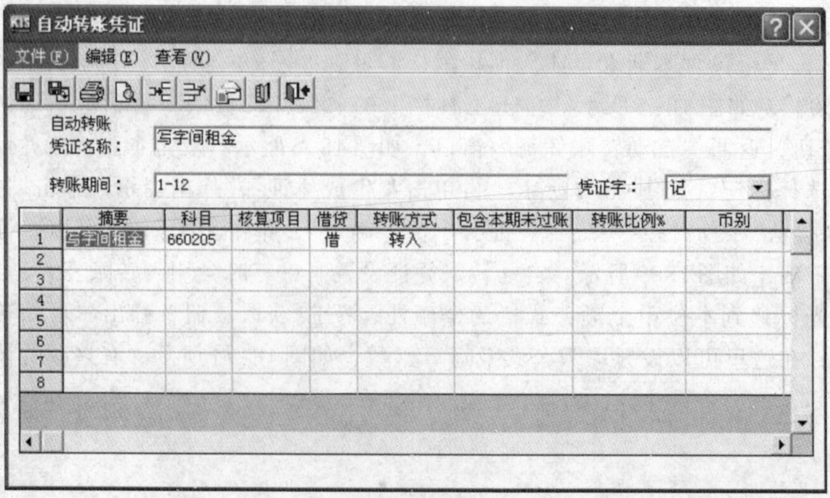

图 18-3 “自动转账凭证”设置窗口——设置借方

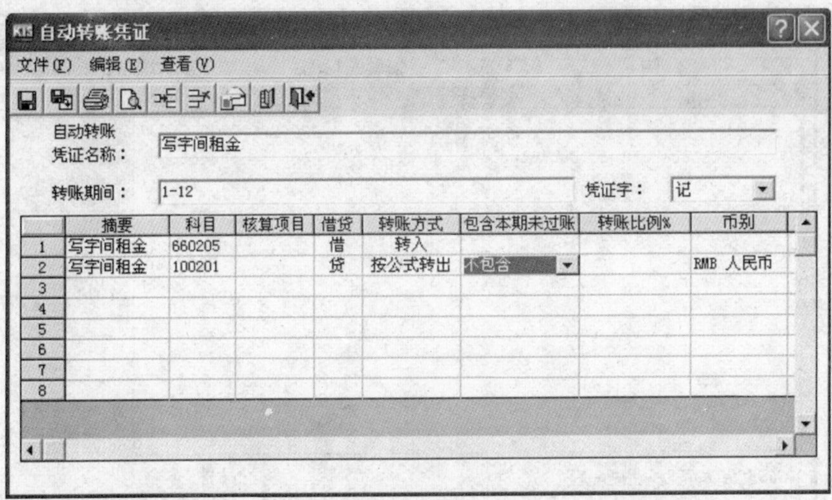

图 18-4 “自动转账凭证”设置窗口——设置贷方

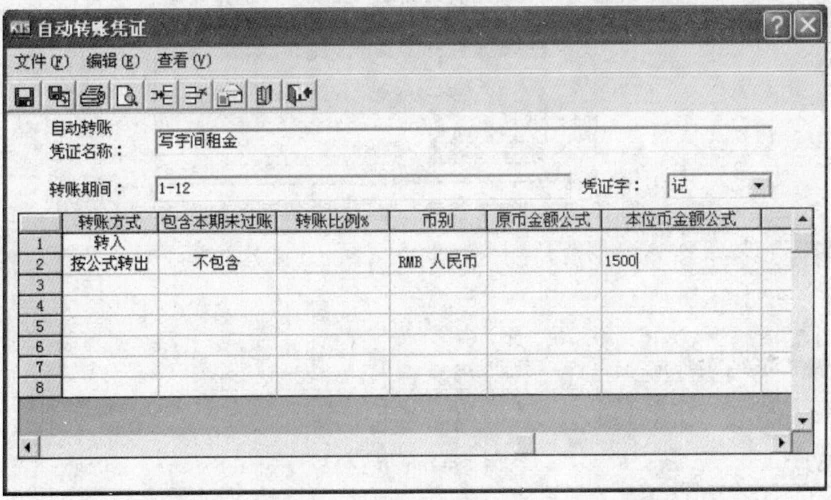

自动转账凭证

文件(F) 编辑(E) 查看(V)

自动转账凭证名称：写字间租金

转账期间：1-12 凭证字：记

	转账方式	包含本期未过账	转账比例%	币别	原币金额公式	本位币金额公式
1	转入					
2	按公式转出	不包含		RMB 人民币		1500
3						
4						
5						
6						
7						
8						

图 18-5 “自动转账凭证”设置窗口——设置金额

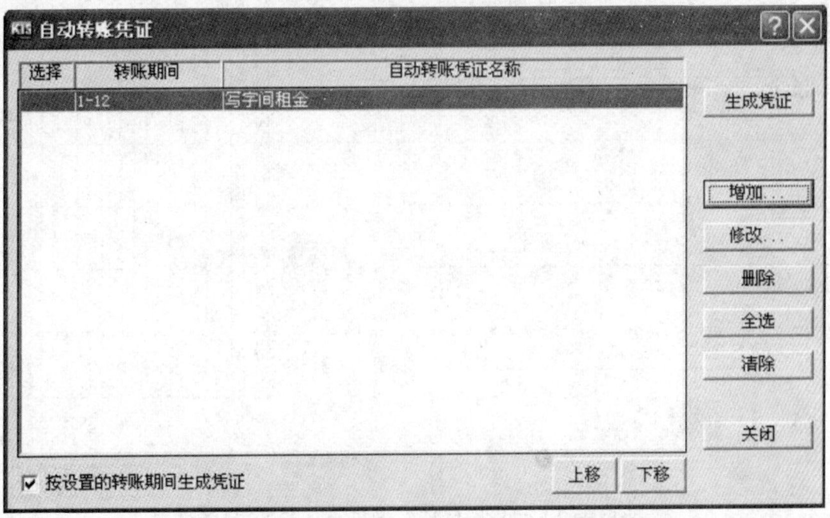

自动转账凭证

选择	转账期间	自动转账凭证名称
	1-12	写字间租金

生成凭证 增加... 修改... 删除 全选 清除 关闭

☑ 按设置的转账期间生成凭证 上移 下移

图 18-6 “自动转账凭证”窗口——凭证名称

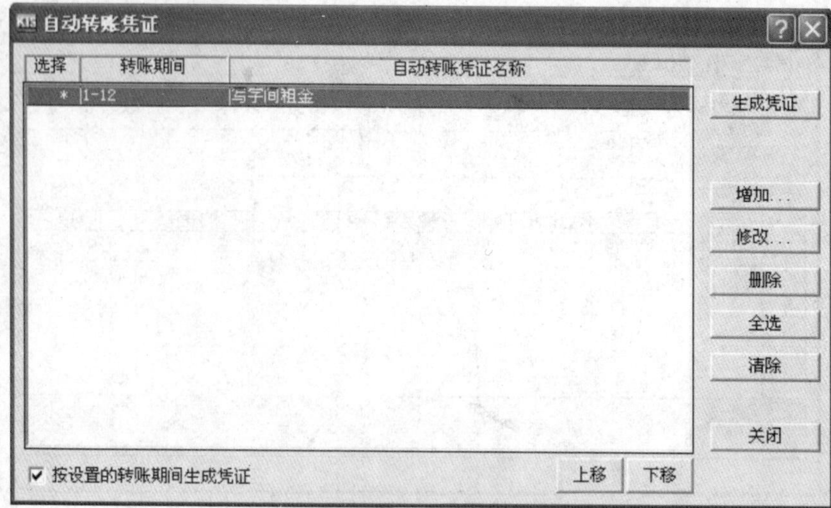

图 18-7 “自动转账凭证”窗口——选择凭证

图 18-8 “信息提示”窗口——提示保存凭证

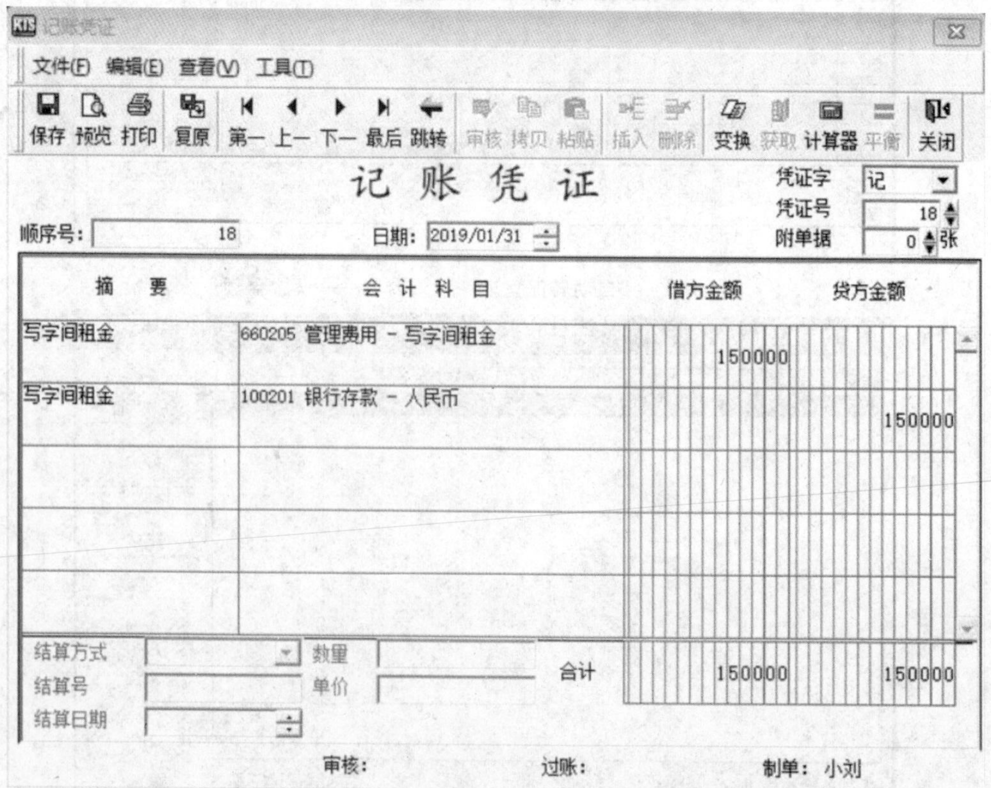

图 18-9 “记账凭证”窗口——记 18 号凭证

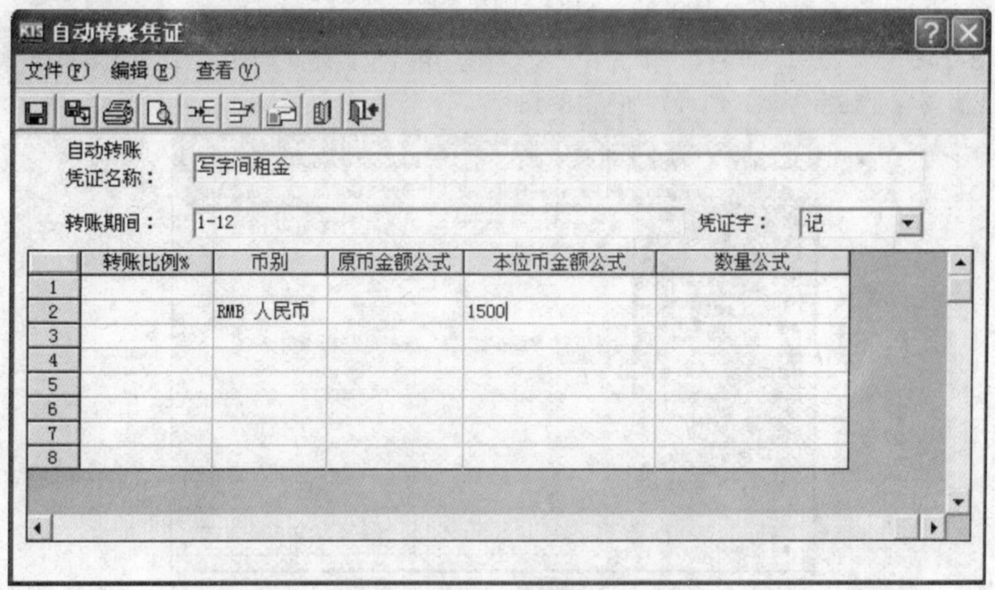

图18-10 “自动转账凭证”设置窗口——运用转账公式

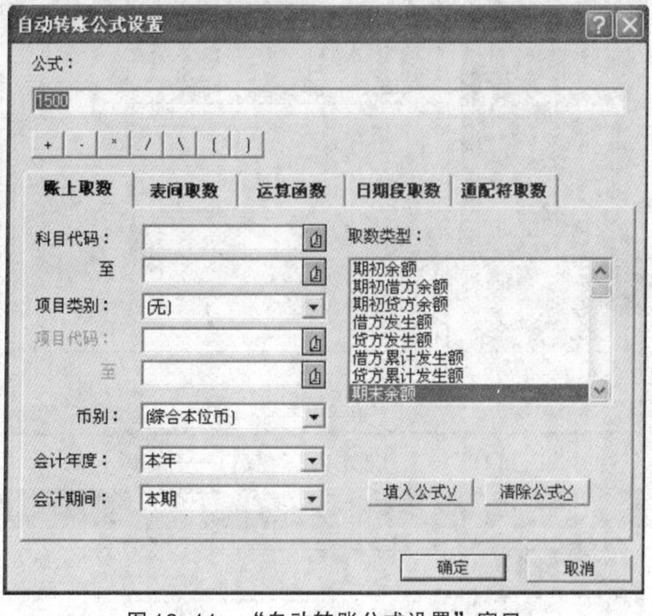

图18-11 “自动转账公式设置”窗口

第二节 期末调汇

期末调汇是对外币核算的账户在期末自动计算汇兑损益，生成汇兑损益凭证及期末汇率调整表。只有会计科目属性设定为期末调汇的科目才能进行期末调汇处理。

例如，美元期末汇率为6.90，大龙公司需要进行期末调汇。其操作如下：

在“账务处理”模块下，单击“期末调汇”，系统弹出期末调汇向导窗口，如图18-12所示，单击“前进”，弹出下一窗口，在期末汇率栏录入“6.90”，如图18-13所示。

单击“前进”，弹出下一窗口，录入汇兑损益所记入的会计科目“6603”（财务费用），如图18-14所示。单击“前进”，弹出下一窗口，选中“生成转账凭证”“输出汇率调整表”，凭证摘要、凭证字等默认即可，如图18-15所示。

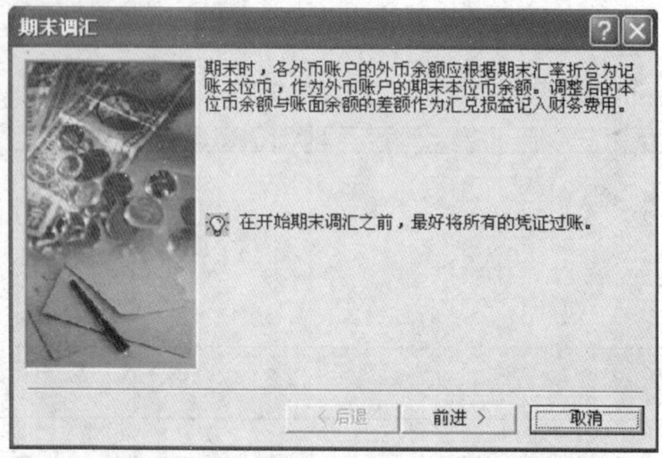

图18-12 “期末调汇”窗口——信息提示

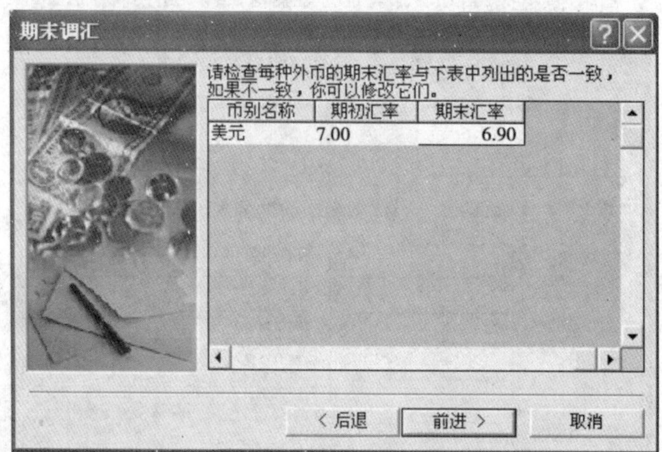

图18-13 “期末调汇”窗口——汇率

图18-14 “期末调汇”窗口——科目

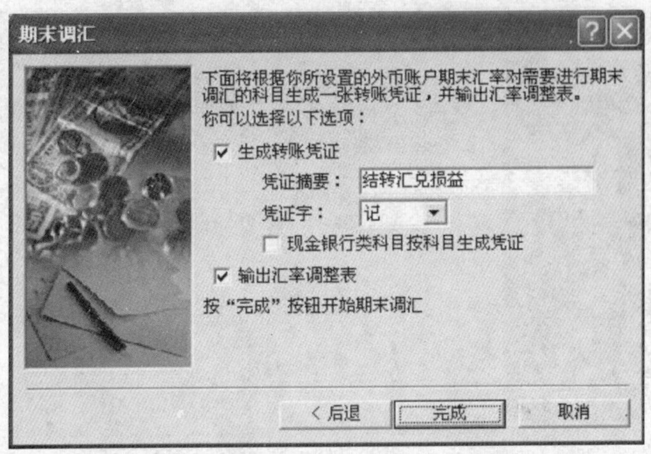

图 18-15　“期末调汇”窗口——生成转账凭证

单击“完成”，弹出提示，单击“确定”即可，如图 18-16 所示。系统自动打开“汇率调整表”，可以查看汇率变化对损益的影响情况，如图 18-17 所示。

图 18-16　“信息提示”窗口——生成记 19 号凭证

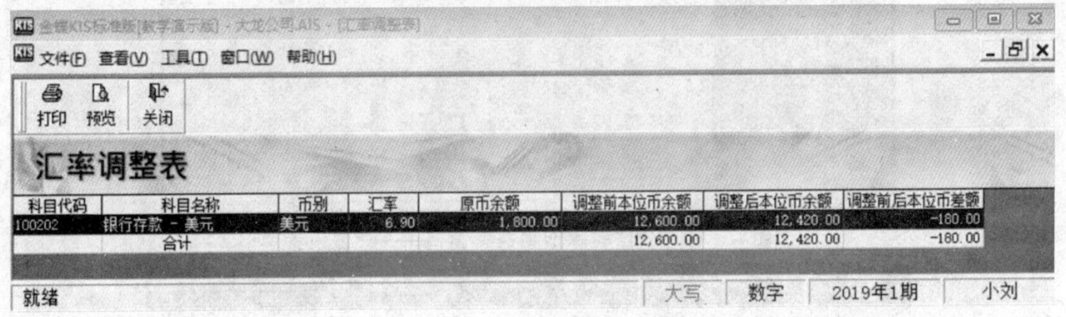

科目代码	科目名称	币别	汇率	原币余额	调整前本位币余额	调整后本位币余额	调整前后本位币差额
100202	银行存款 - 美元	美元	6.90	1,800.00	12,600.00	12,420.00	-180.00
	合计				12,600.00	12,420.00	-180.00

图 18-17　“汇率调整表”窗口

第三节　结转损益

结转损益是指将损益类科目的余额结转到“本年利润”科目中，并生成结转损益的凭证。结转损益前要将所有的凭证过账。

在“账务处理”模块下，单击“结转损益”，系统弹出结转损益向导窗口，如图 18-18 所示。单击“前进”，弹出下一窗口，凭证摘要及凭证字默认即可，如图 18-19 所示。单击“前进”，弹出下一窗口，系统列出全部损益类科目，如图 18-20 所示。直接单击“前进”，系统弹出下一窗口，提示要将所有的凭证过账，如图 18-21 所示。单击“完成”，系统弹出提示，生成第 20 号凭证，如图 18-22 所示，单击“确定”。

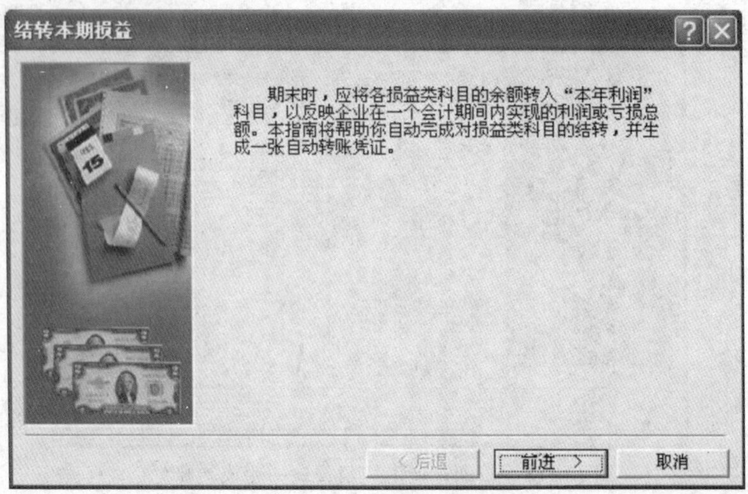

图 18-18　“结转本期损益”窗口

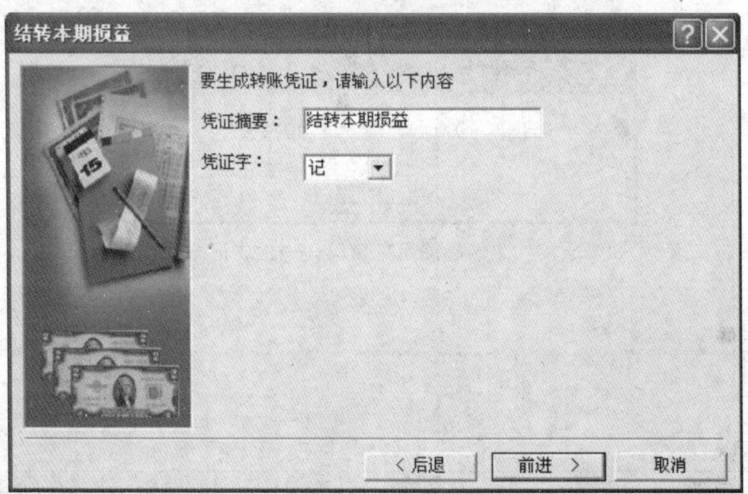

图 18-19　“结转本期损益”窗口——凭证设置

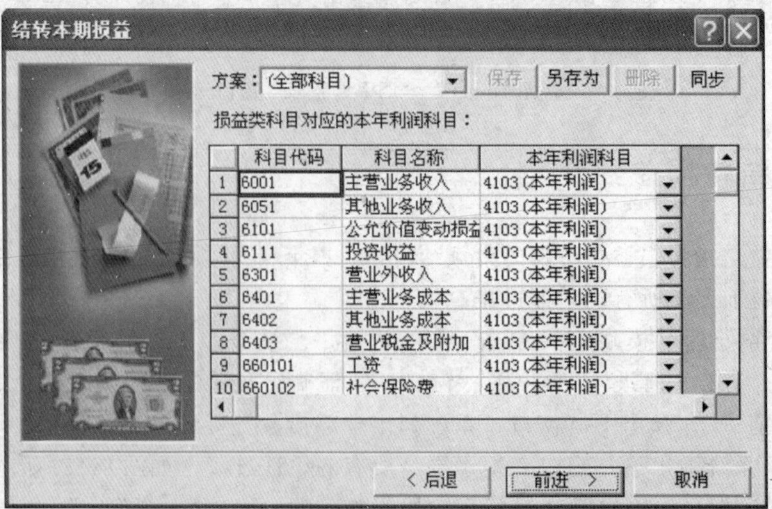

图 18-20　“结转本期损益”窗口——选择科目

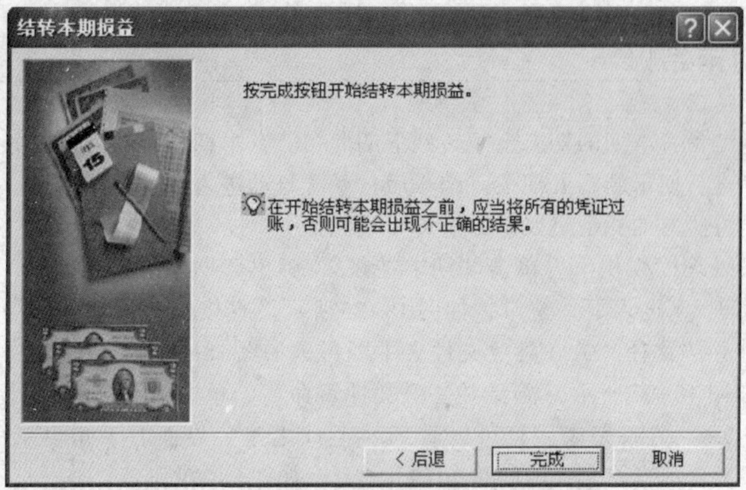

图 18-21 “结转本期损益”窗口——信息提示

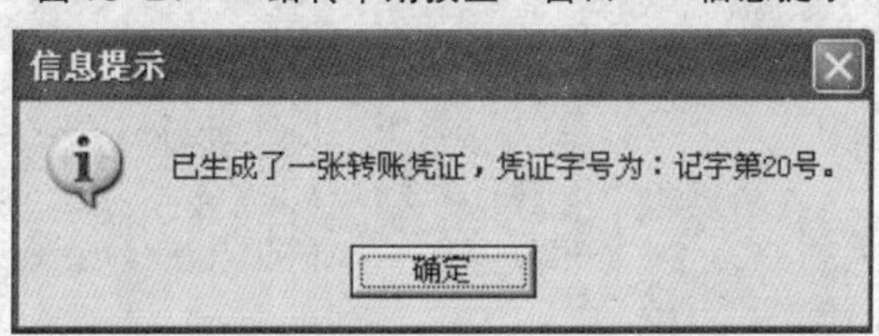

图 18-22 “信息提示”窗口——生成记 20 号凭证

可以查询该凭证以检查凭证是否正确，如图 18-23 所示。

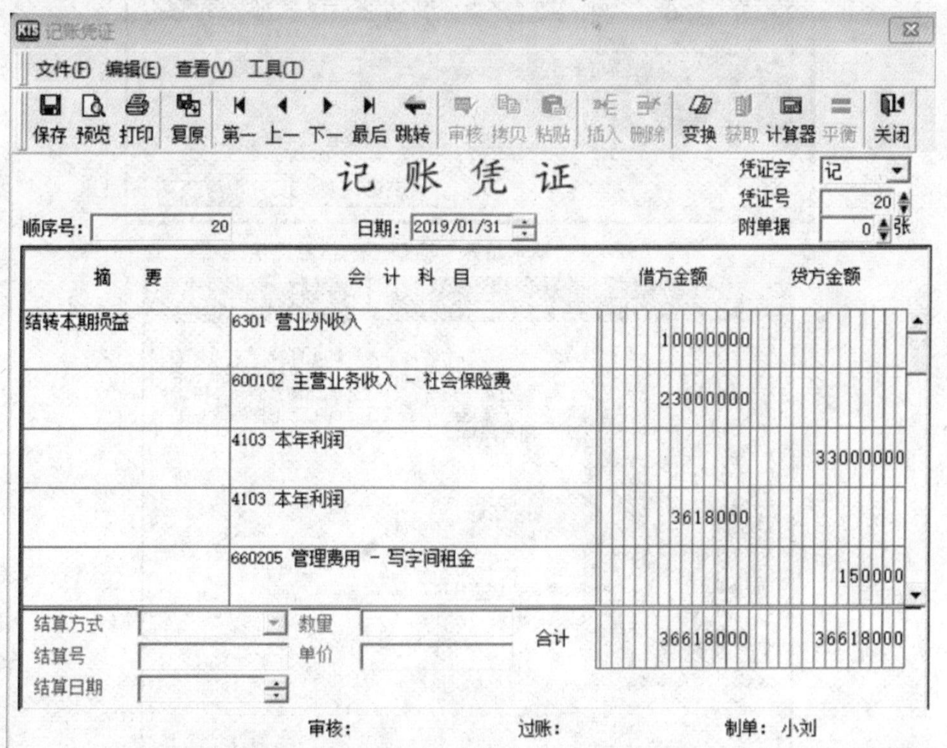

图 18-23 “记账凭证”窗口——记 20 号凭证

第四节 期末结账

期末结账是指将本期的期末余额转到下期期初。在本期所有的会计业务全部处理完毕之后，就可以进行期末结账处理了。结账后，系统自动进入下一会计期间。

结账前要将所有的凭证过账，并进行出纳轧账。

在“账务处理”模块下，单击“期末结账”，弹出“期末结账”窗口，如图18-24所示。单击“前进”，进入下一窗口，如图18-25所示。直接单击“完成”，进入下一窗口，选择备份文件存放路径，放在指定文件夹中即可，如图18-26所示。单击“确定”，系统弹出提示，如图18-27所示，需要对备份文件重命名，单击“是”，弹出提示完成结账，如图18-28所示。结账完成后，可以看到“会计之家”界面右下角显示的会计期间为“2019年2期”，表示当前会计期间是2019年2月，如图18-29所示。

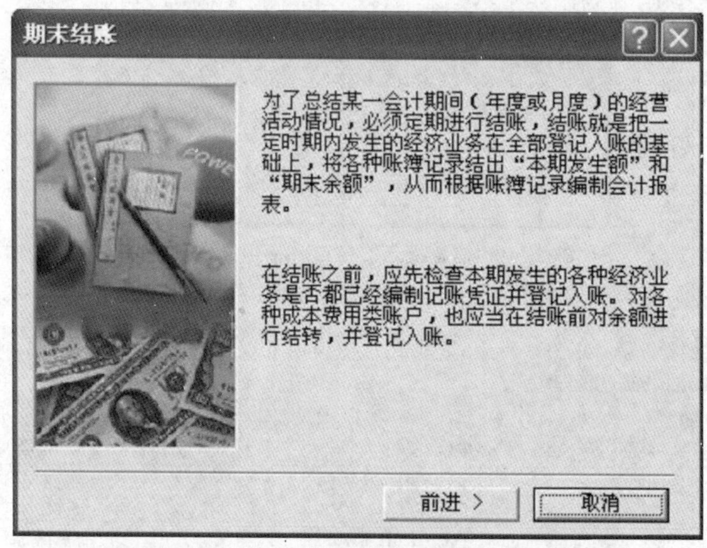

图18-24 “期末结账”窗口——信息提示

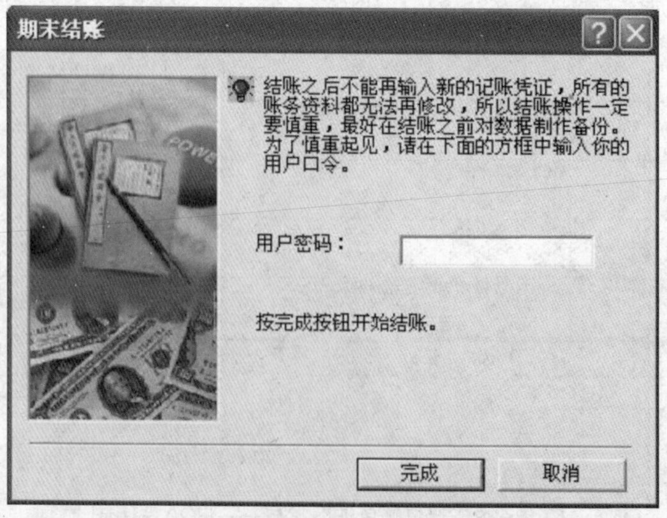

图18-25 “期末结账”窗口——密码提示

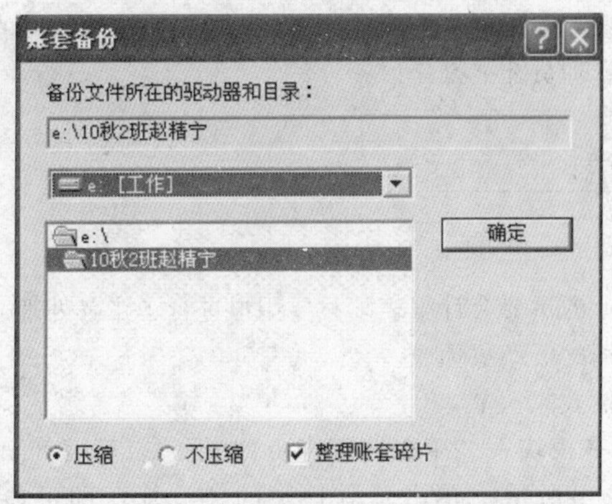

图 18-26 “账套备份”窗口——选择路径

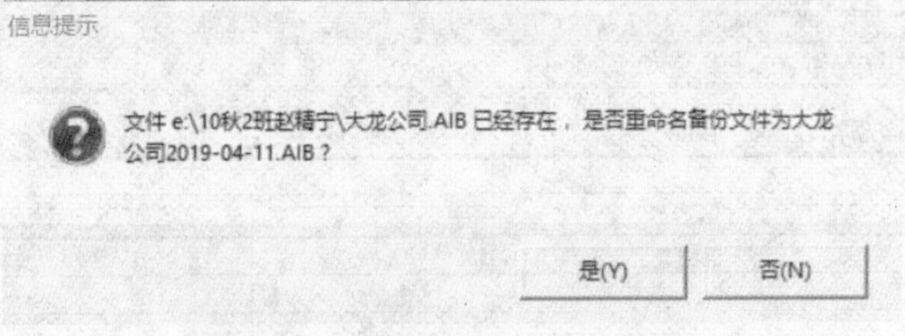

图 18-27 “信息提示”窗口——重命名

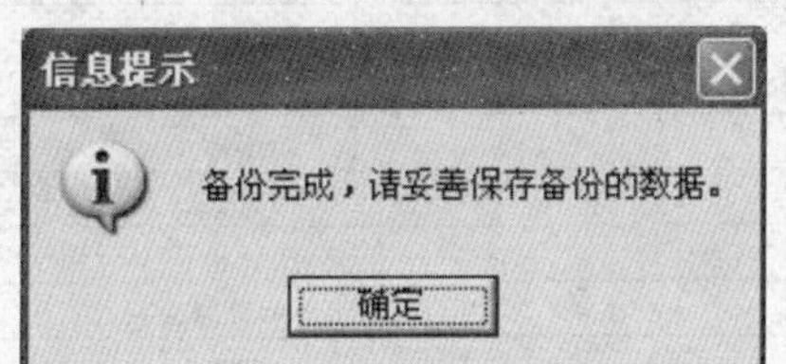

图 18-28 “信息提示”窗口——备份完成

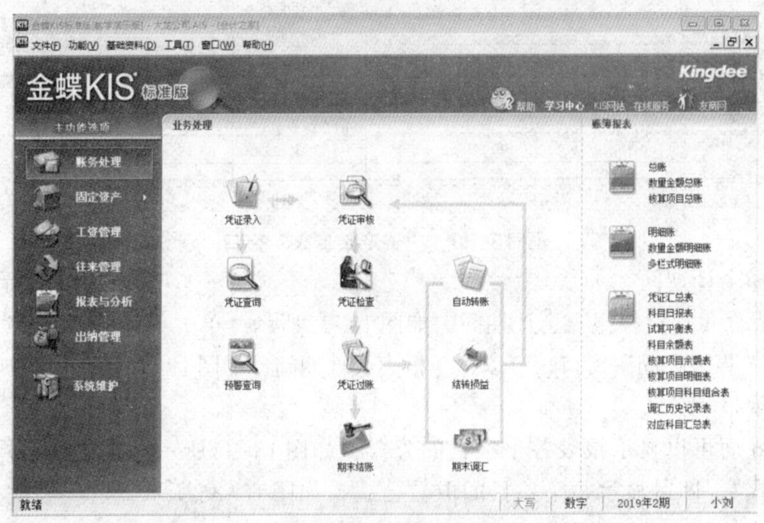

图 18-29 “会计之家”界面——2019 年 2 期

结账后，若想修改1月份的凭证，需要先取消结账，取消结账的操作是按“Ctrl+F12”快捷键，且只有系统管理员才能操作。

第五节 财务报表

1.资产负债表

资产负债表是企业的重要会计报表。只要用户进行了账务处理，对凭证进行了过账操作，即可随时查看当期的资产负债表。

（1）查看资产负债表

在“报表与分析”模块下，单击“资产负债表”，打开资产负债表，此时该报表是空白报表，如图18-30所示。单击工具栏中的“计算”即可显示金额，如图18-31所示。

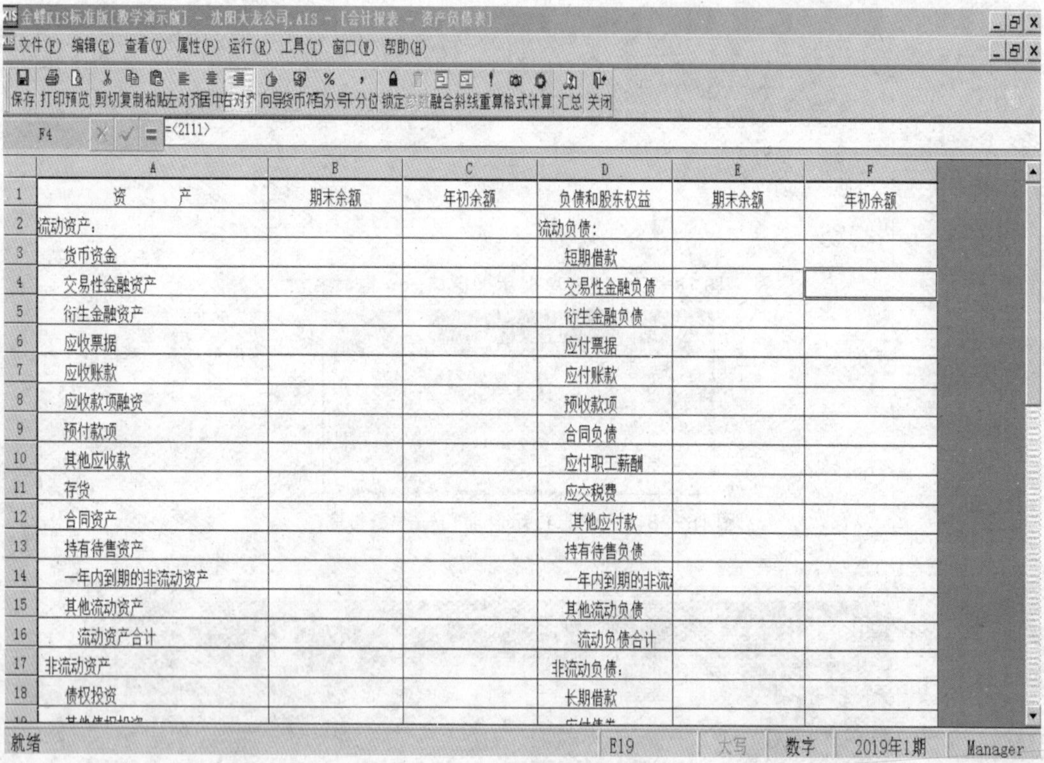

金蝶KIS标准版[教学演示版] - 沈阳大龙公司.AIS - [会计报表 - 资产负债表]

文件(F) 编辑(E) 查看(V) 属性(P) 运行(R) 工具(T) 窗口(W) 帮助(H)

保存 打印预览 剪切 复制 粘贴 左对齐 居中 右对齐 向导 货币符 百分号 千分位 锁定 解锁 融合 斜线 重算 格式 计算 汇总 关闭

F4 =<2111>

	A	B	C	D	E	F
1	资　　产	期末余额	年初余额	负债和股东权益	期末余额	年初余额
2	流动资产：			流动负债：		
3	货币资金			短期借款		
4	交易性金融资产			交易性金融负债		
5	衍生金融资产			衍生金融负债		
6	应收票据			应付票据		
7	应收账款			应付账款		
8	应收款项融资			预收款项		
9	预付款项			合同负债		
10	其他应收款			应付职工薪酬		
11	存货			应交税费		
12	合同资产			其他应付款		
13	持有待售资产			持有待售负债		
14	一年内到期的非流动资产			一年内到期的非流		
15	其他流动资产			其他流动负债		
16	流动资产合计			流动负债合计		
17	非流动资产			非流动负债：		
18	债权投资			长期借款		

就绪 E19 大写 数字 2019年1期 Manager

图18-30 “资产负债表”窗口

（2）选择会计期间

在报表界面可以选择报表会计期间，如图18-32所示，单击菜单栏“查看”下的“会计期间”，弹出“报表期间”窗口，可以选择报表会计期间，如图18-33所示。

（3）显示报表公式

在报表界面可以显示报表各个项目的公式，如图18-34所示，单击菜单栏“查看”下的“显示公式”，即可显示每个项目的取数公式，如图18-35所示，这些公式是预设好的，一般不会出错。单击“查看”下的显示数据，即可显示报表数据。

	A	B	C	D	E	F
1	资　　产	期末余额	年初余额	负债和股东权益	期末余额	年初余额
2	流动资产：			流动负债：		
3	货币资金	108,670.00	202,750.00	短期借款		
4	交易性金融资产			交易性金融负债		
5	衍生金融资产			衍生金融负债		
6	应收票据			应付票据		
7	应收账款	430,400.00	24,000.00	应付账款		
8	应收款项融资			预收款项		
9	预付款项			合同负债		
10	其他应收款			应付职工薪酬	29,000.00	
11	存货	113,362.50	17,000.00	应交税费		
12	合同资产			其他应付款		
13	持有待售资产			持有待售负债		
14	一年内到期的非流动资产			一年内到期的非流		
15	其他流动资产			其他流动负债		
16	流动资产合计	652,432.50	243,750.00	流动负债合计	29,000.00	
17	非流动资产	243,750.00		非流动负债：		
18	债权投资			长期借款		

图 18-31　“资产负债表”窗口——生成数据

	A	B	C	D	E	F
2	流动资产：			流动负债：		
3	货币资金	108,670.00	202,750.00	短期借款		
4	交易性金融资产			交易性金融负债		
5	衍生金融资产			衍生金融负债		
6	应收票据			应付票据		
7	应收账款	430,400.00	24,000.00	应付账款		
8	应收款项融资			预收款项		
9	预付款项			合同负债		
10	其他应收款			应付职工薪酬	29,000.00	
11	存货	113,362.50	17,000.00	应交税费		
12	合同资产			其他应付款		
13	持有待售资产			持有待售负债		
14	一年内到期的非流动资产			一年内到期的非流		
15	其他流动资产			其他流动负债		
16	流动资产合计	652,432.50	243,750.00	流动负债合计	29,000.00	
17	非流动资产	243,750.00		非流动负债：		
18	债权投资			长期借款		
19	其他债权投资			应付债券		

图 18-32　“资产负债表”窗口——选择期间

图 18-33　“报表期间”窗口

2. 利润表

利润表的查看与资产负债表类似。在“报表与分析”模块下，单击“利润表”，此时该报表也是空白报表，如图 18-36 所示。单击工具栏中的“计算”即可显示金额，如图 18-37 所示。

金蝶KIS标准版[教学演示版] - 沈阳大龙公司.AIS - [会计报表 - 资产负债表]

文件(F) 编辑(E) 查看(V) 属性(P) 运行(R) 工具(T) 窗口(W) 帮助(H)

会计期间(P)　显示公式(F) Ctrl+F　显示数据(D) Ctrl+D　刷新屏幕(R)

E19

	A	B	C	D	E	F
2	流动资产:			流动负债:		
3	货币资金	108,670.00	202,750.00	短期借款		
4	交易性金融资产			交易性金融负债		
5	衍生金融资产			衍生金融负债		
6	应收票据			应付票据		
7	应收账款	430,400.00	24,000.00	应付账款		
8	应收款项融资			预收款项		
9	预付款项			合同负债		
10	其他应收款			应付职工薪酬	29,000.00	
11	存货	113,362.50	17,000.00	应交税费		
12	合同资产			其他应付款		
13	持有待售资产			持有待售负债		
14	一年内到期的非流动资产			一年内到期的非流		
15	其他流动资产			其他流动负债		
16	流动资产合计	652,432.50	243,750.00	流动负债合计	29,000.00	
17	非流动资产	243,750.00		非流动负债:		
18	债权投资			长期借款		
19	其他债权投资			应付债券		

重算完成，耗时 0.50 秒.　A[1]　大写　数字　2019年1期　Manager

图 18-34　“资产负债表”窗口——显示选择

金蝶KIS标准版[教学演示版] - 沈阳大龙公司.AIS - [会计报表 - 资产负债表]

文件(F) 编辑(E) 查看(V) 属性(P) 运行(R) 工具(T) 窗口(W) 帮助(H)

F20

	A	B	C	D	E	F
3	货币资金	=<1001:1009>.C@1	=<1001:1009>	短期借款	=<2101>.C@1	=<2101>
4	交易性金融资产	=<1101>.C@1-<1102>.C	=<1101>-<1102>	交易性金融负债	=<2111>.C@1	=<2111>
5	衍生金融资产			衍生金融负债		
6	应收票据	=<1111>.C@1	=<1111>	应付票据	=<2121>.DC@1+<1151>.	=<2121>.DY+<1151>.DY
7	应收账款	=<1121>.C@1	=<1121>	应付账款	=<2131>.DC@1+<1131>.	=<2131>.DY+<1131>.DY
8	应收款项融资	=<1122>.C@1	=<1122>	预收款项	=<2151>.DC@1	=<2151>.DY
9	预付款项	=<1131>.JC@1+<2131>.	=<1131>.JY+<2131>.JY	合同负债	=<2153>.C@1	=<2153>
10	其他应收款	=<1133>.JC@1	=<1133>.JY	应付职工薪酬	=<2161>.C@1	=<2161>
11	存货	=<1151>.JC@1+<2121>.	=<1151>.JY+<2121>.JY	应交税费	=<2171>.C@1	=<2171>
12	合同资产	=<1161>.C@1	=<1161>	其他应付款	=<2176>.C@1	=<2176>
13	持有待售资产	=<1201:1243>.C@1+<12	=<1201:1243>+<1251:1	持有待售负债	=<2181>.C@1	=<2181>
14	一年内到期的非流动资产	=<1301>.C@1+<2191>.J	=<1301>+<2191>.JY	一年内到期的非流	=<2191>.DC@1	=<2191>.DY
15	其他流动资产			其他流动负债	=<2211>.C@1	=<2211>
16	流动资产合计			流动负债合计		
17	非流动资产	=SUM(C3:C15)	=SUM(D3:D15)	非流动负债:	=<2201>.C@1	=<2201>
18	债权投资			长期借款		
19	其他债权投资	=<1401>.C@1-<1421>.C	=<1401>-<1421>	应付债券	=SUM(G2:G17)	=SUM(H2:H17)
20	长期应收款	=<1402>.C@1	=<1402>	其中：优先股		

就绪　A8　大写　数字　2019年1期　Manager

图 18-35　“资产负债表”窗口——显示公式

3. 自定义报表

在财务工作中会用到各种各样的报表。有些常用报表是软件预先设置好的，而有些报表不常用，并且因每个单位的具体情况不同而报表内容也不尽相同，所以软件中是没有这样的报表的，需要用到这样的报表时，可以利用“自定义报表”功能自行设定。

金蝶KIS标准版[教学演示版] - 沈阳大龙公司.AIS - [会计报表 - 利润表]

文件(F) 编辑(E) 查看(V) 属性(P) 运行(R) 工具(T) 窗口(W) 帮助(H)

C6 = 0

	A	B	C
1	项 目	本期金额	上期金额
2	一、营业收入	0.00	0.00
3	减:营业成本	0.00	0.00
4	税金及附加	0.00	0.00
5	销售费用	0.00	0.00
6	管理费用	0.00	0.00
7	研发费用	0.00	0.00
8	财务费用	0.00	0.00
9	其中：利息费用	0.00	0.00
10	利息收入	0.00	0.00
11	加:其他收益	0.00	0.00
12	投资收益（损失以“-”号填列）	0.00	0.00
13	其中：对联营企业和合营企业的投资收益	0.00	0.00
14	以摊余成本计量的金融资产终止确认收益（损失以“-”号填列）	0.00	0.00
15	净敞口套期收益（损失以“-”号填列）	0.00	0.00
16	公允价值变动收益（损失以“-”号填列）	0.00	0.00

图 18-36 “利润表”窗口

金蝶KIS标准版[教学演示版] - 沈阳大龙公司.AIS - [会计报表 - 利润表]

文件(F) 编辑(E) 查看(V) 属性(P) 运行(R) 工具(T) 窗口(W) 帮助(H)

C13 =<5301>.SL

	A	B	C
1	项 目	本期金额	上期金额
2	一、营业收入	0.00	2,230,000.00
3	减:营业成本	0.00	0.00
4	税金及附加	0.00	0.00
5	销售费用	0.00	4,337.50
6	管理费用	0.00	23,175.00
7	研发费用	0.00	0.00
8	财务费用	0.00	180.00
9	其中：利息费用	0.00	0.00
10	利息收入	0.00	0.00
11	加:其他收益	0.00	0.00
12	投资收益（损失以“-”号填列）	0.00	0.00
13	其中：对联营企业和合营企业的投资收益	0.00	0.00
14	以摊余成本计量的金融资产终止确认收益（损失以“-”号填列）	0.00	0.00
15	净敞口套期收益（损失以“-”号填列）	0.00	0.00
16	公允价值变动收益（损失以“-”号填列）	0.00	0.00

图 18-37 “利润表”窗口——显示金额

大龙公司应收账款情况表见表 18-2。

表 18-2 **大龙公司应收账款情况表**

单位名称	期初金额	本期增加货款	本期收回货款	期末金额
沈阳天谊				
大连华府				

(1) 报表内容编辑

在“报表与分析”模块下，单击“自定义报表”，弹出“会计报表”窗口，如图18-38所示。

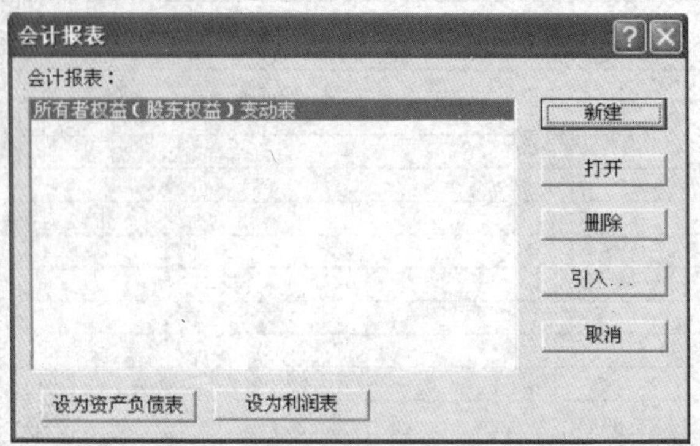

图18-38 “会计报表”窗口——新建

单击“新建”，弹出一张空白报表，如图18-39所示。在A1单元格录入“单位名称”，并依次录入报表的文字内容，如图18-40所示。该报表只用了3行5列，可以将多余的行和列删除。如图18-41所示，单击菜单栏“属性”下的“报表属性”。系统弹出“报表属性”窗口，录入报表名称“应收账款情况表”，录入总行数“3”、总列数“5”，如图18-42所示。单击“确定”，结果如图18-43所示。

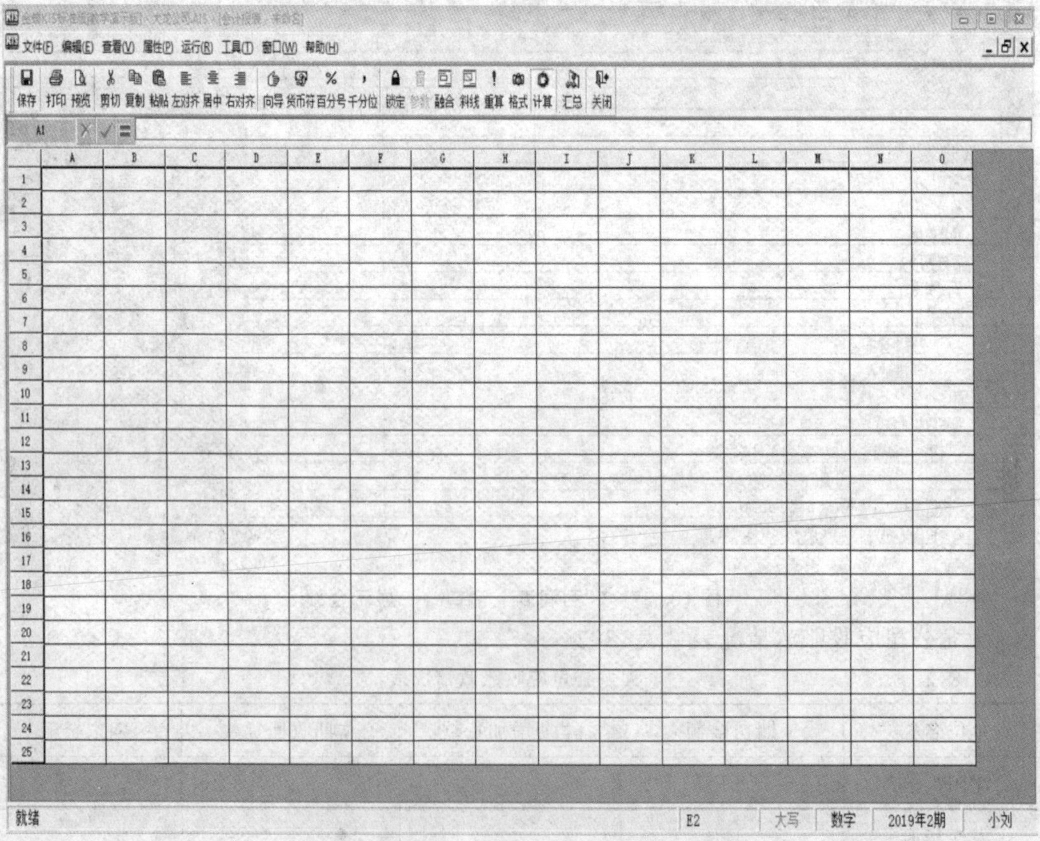

图18-39 “会计报表”窗口——空白表格

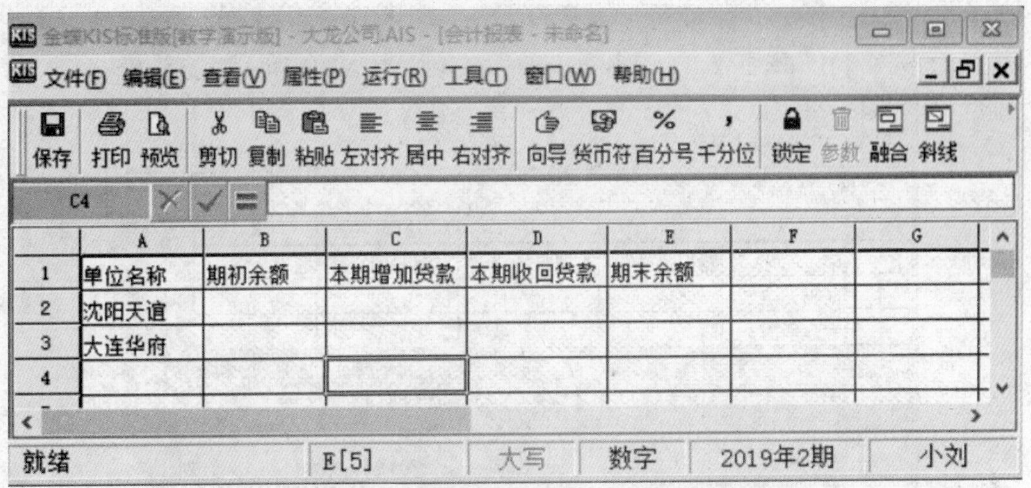

图 18-40 “会计报表”窗口——表格设计

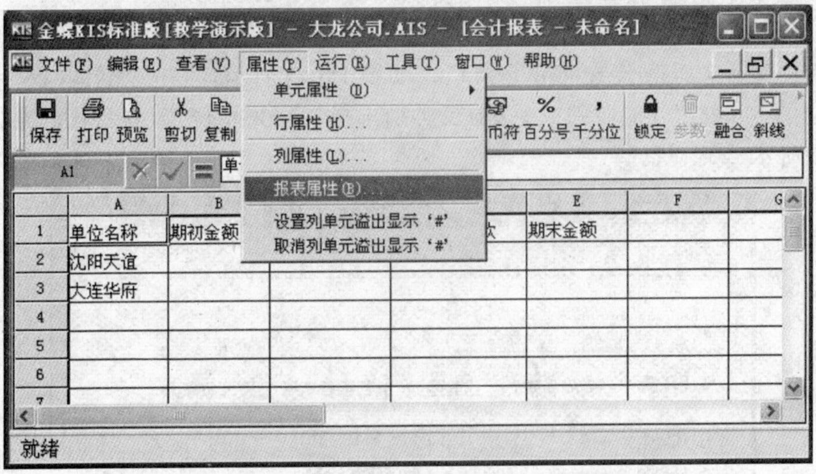

图 18-41 “会计报表”窗口——报表属性

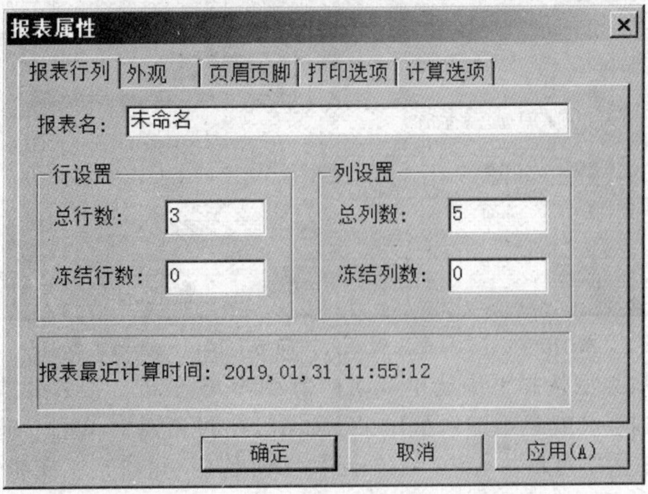

图 18-42 “报表属性”窗口——报表行列

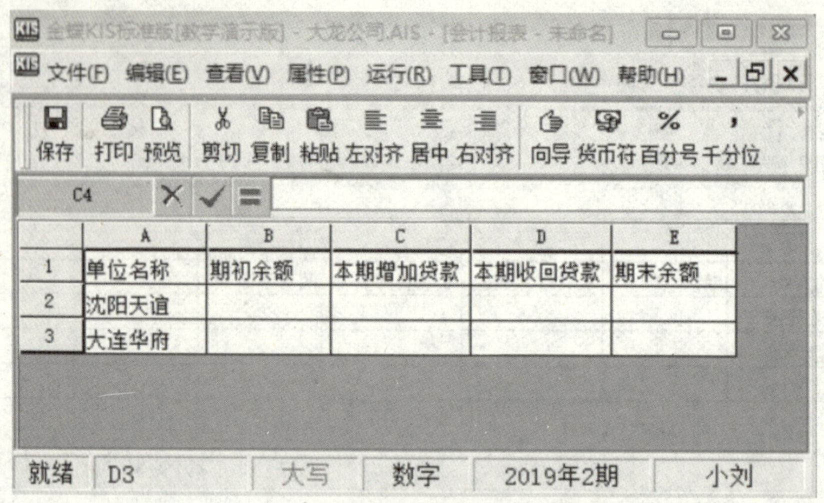

图 18-43　“会计报表”窗口——文字录入

文字内容录入完成后，需要继续编辑各栏公式。选中B2单元格，单击工具栏“向导”，弹出“自定义报表公式向导”窗口，如图18-44所示。在“账上取数”选项卡下，科目代码选择“1122”（应收账款），项目类别选择“往来单位”，项目代码选择“1001”，如图18-45所示。

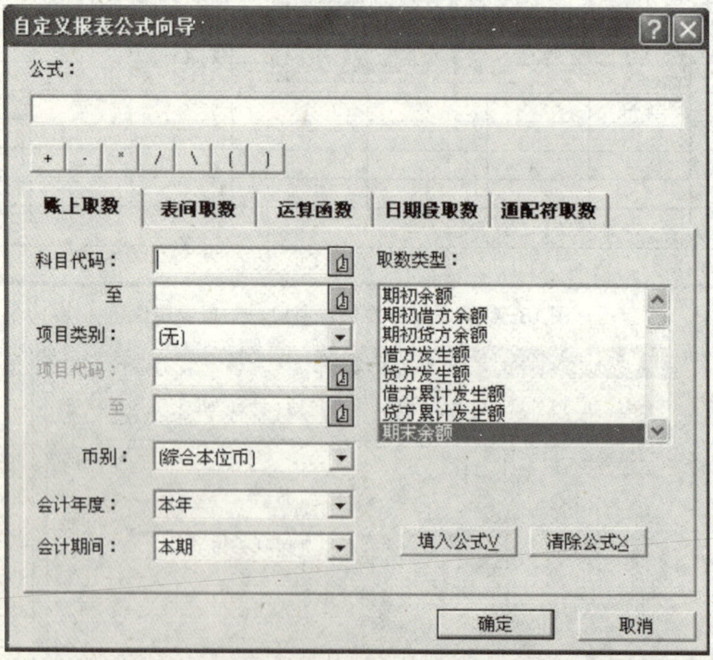

图 18-44　“自定义报表公式向导”窗口——账上取数

然后，在取数类型选择框中选中“期初余额”，再单击“填入公式”，如图18-46所示。之后可以看到在公式栏中显示的结果，如图18-47所示。单击“确定”，返回报表窗口，这时一定要单击工具栏下方的“√”按钮，如图18-48所示，才能将公式录入到该单元格中，如图18-49所示。

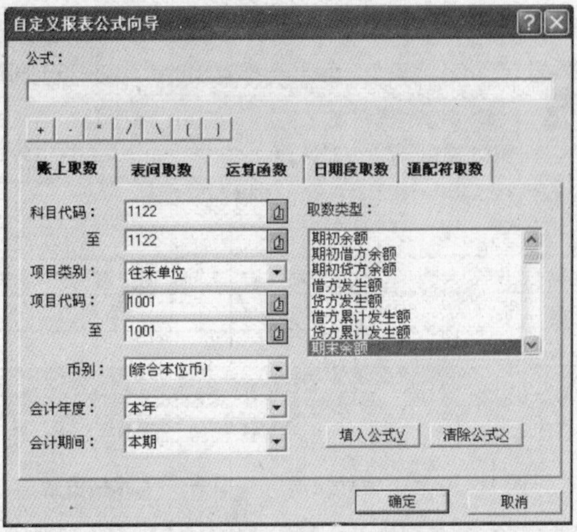

图 18-45 “自定义报表公式向导”窗口——期末余额

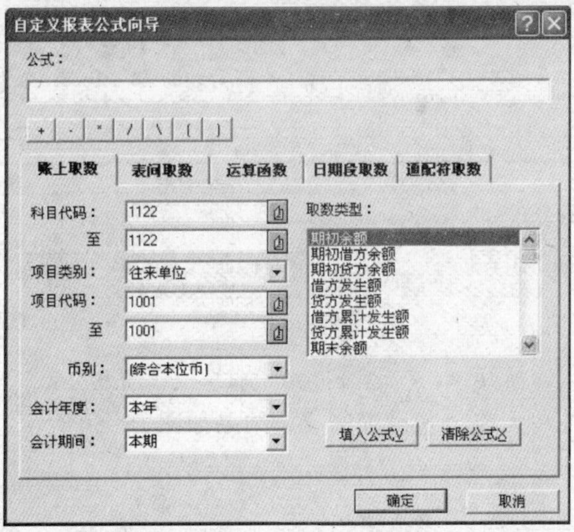

图 18-46 “自定义报表公式向导”窗口——期初余额

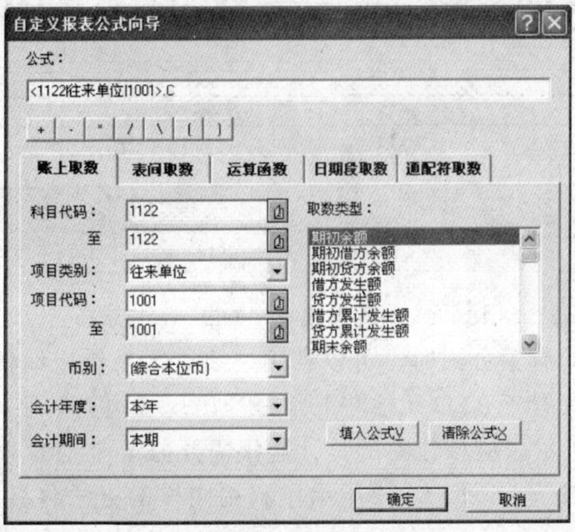

图 18-47 “自定义报表公式向导”窗口——公式设置

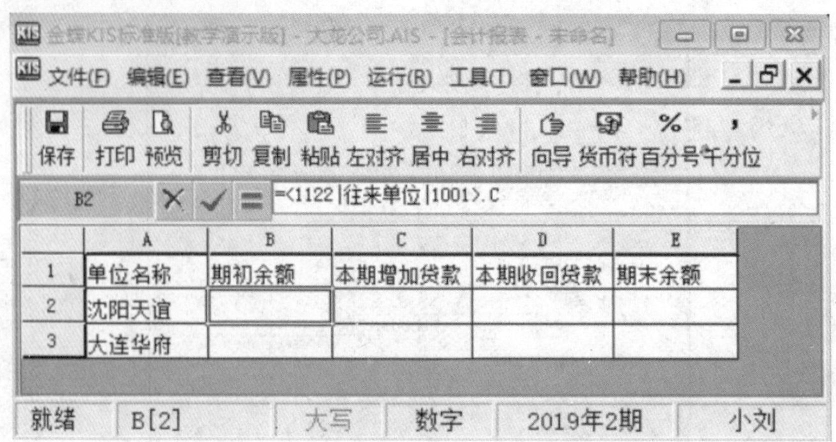

图 18-48 “会计报表”窗口——单元格设置

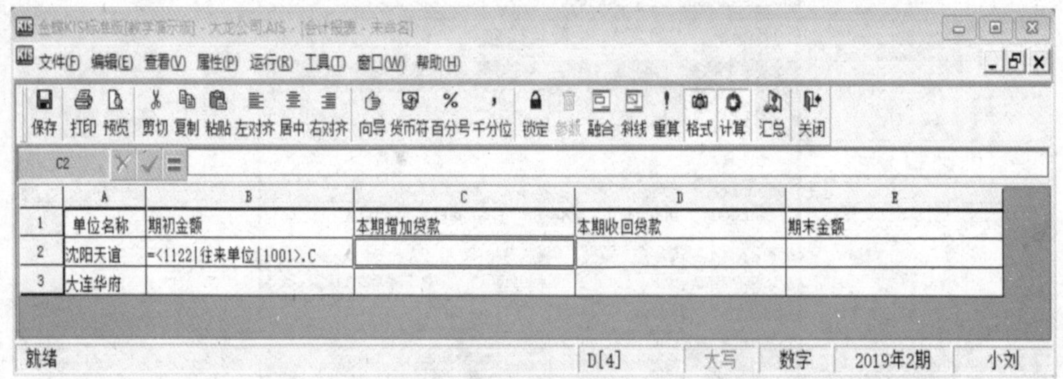

图 18-49 “会计报表”窗口——单元格公式

将沈阳天谊的其他单元格公式设置完成，结果如图 18-50 所示。

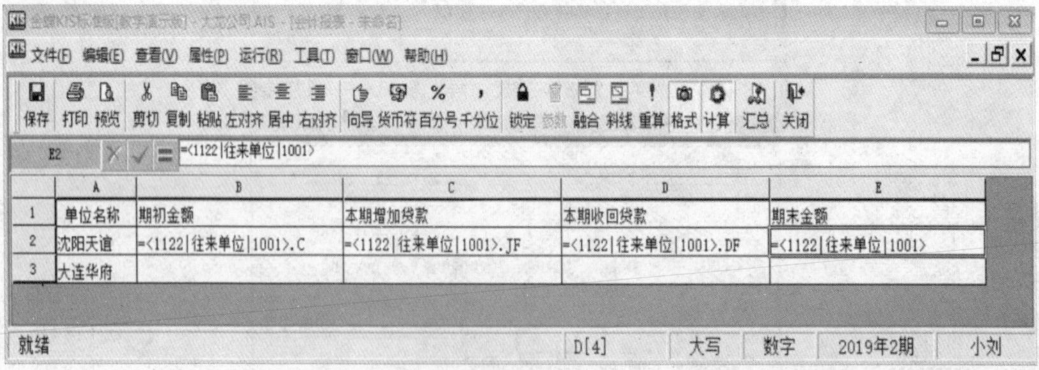

E2 =<1122|往来单位|1001>

<table>
<tr><th></th><th>A</th><th>B</th><th>C</th><th>D</th><th>E</th></tr>
<tr><td>1</td><td>单位名称</td><td>期初金额</td><td>本期增加贷款</td><td>本期收回贷款</td><td>期末金额</td></tr>
<tr><td>2</td><td>沈阳天谊</td><td>=<1122|往来单位|1001>.C</td><td>=<1122|往来单位|1001>.JF</td><td>=<1122|往来单位|1001>.DF</td><td>=<1122|往来单位|1001></td></tr>
<tr><td>3</td><td>大连华府</td><td></td><td></td><td></td><td></td></tr>
</table>

就绪 D[4] 大写 数字 2019年2期 小刘

图 18-50 “会计报表”窗口——显示公式

在编辑大连华府的有关公式时，可以利用“填充”来快速编辑。其方法是，单击 B2 单元格，并将光标箭头置于 B2 单元格右下角，当出现“填充”字样时，按住鼠标左键向下拖拽，如图 18-51 所示。应该注意的是，这里需要修改个别参数，将 B3 单元格公式中的“1123”改为“1122”，如图 18-52 所示。利用同样的方法将其他单元格填充并修改，全部公式如图 18-53 所示。

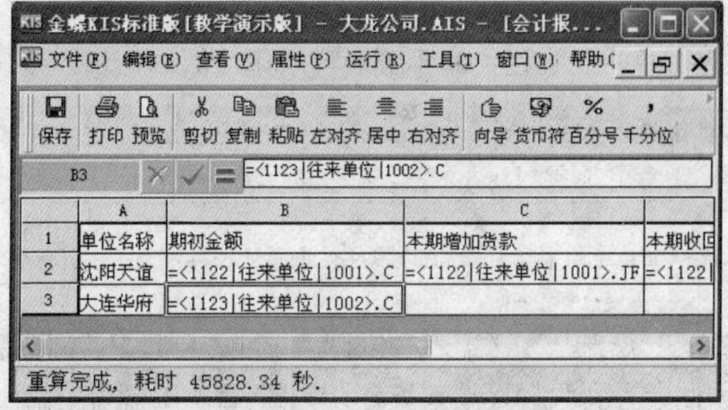

图 18-51 “会计报表”窗口——大连华府

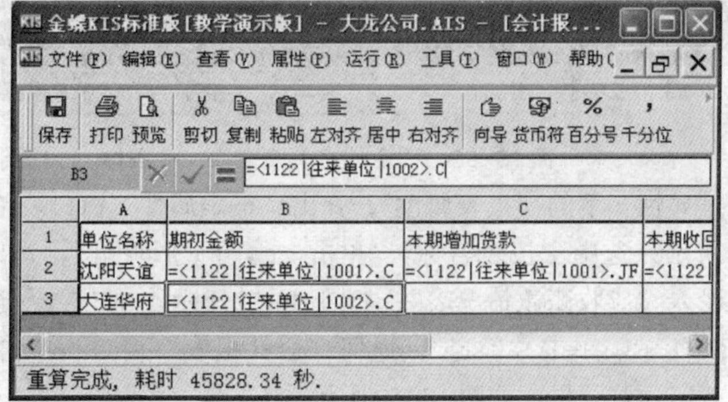

图 18-52 “会计报表”窗口——大连华府期初设置

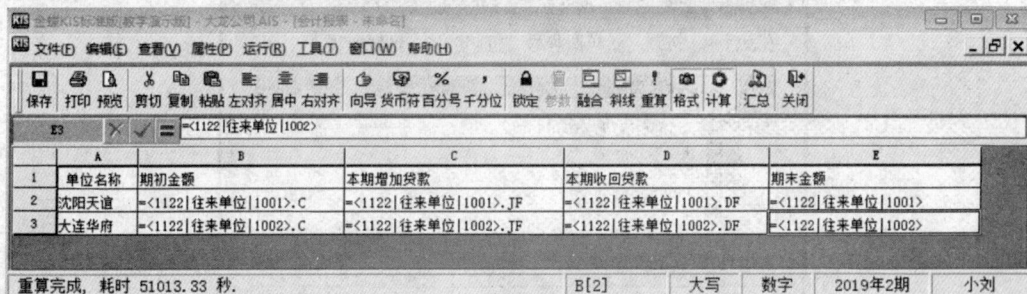

金蝶KIS标准版[教学演示版] - 大龙公司.AIS - [会计报表 - 未命名]

文件(F) 编辑(E) 查看(V) 属性(P) 运行(R) 工具(T) 窗口(W) 帮助(H)

保存 打印 预览 剪切 复制 粘贴 左对齐 居中 右对齐 向导 货币符 百分号 千分位 锁定 参数 融合 斜线 重算 格式 计算 汇总 关闭

E3 =<1122|往来单位|1002>

	A	B	C	D	E
1	单位名称	期初金额	本期增加贷款	本期收回贷款	期末金额
2	沈阳天道	=<1122|往来单位|1001>.C	=<1122|往来单位|1001>.JF	=<1122|往来单位|1001>.DF	=<1122|往来单位|1001>
3	大连华府	=<1122|往来单位|1002>.C	=<1122|往来单位|1002>.JF	=<1122|往来单位|1002>.DF	=<1122|往来单位|1002>

重算完成，耗时 51013.33 秒. B[2] 大写 数字 2019年2期 小刘

图 18-53 “会计报表”窗口——大连华府公式显示

公式编辑完成后，单击菜单栏中的“查看”，选择会计期间“1”，再单击“显示数据”，显示结果如图 18-54 所示。

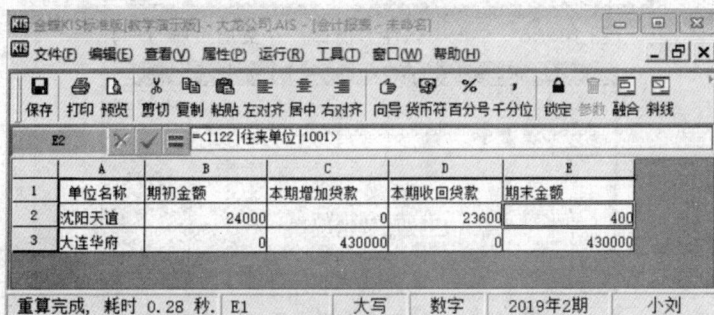

金蝶KIS标准版[教学演示版] - 大龙公司.AIS - [会计报表 - 未命名]

文件(F) 编辑(E) 查看(V) 属性(P) 运行(R) 工具(T) 窗口(W) 帮助(H)

保存 打印 预览 剪切 复制 粘贴 左对齐 居中 右对齐 向导 货币符 百分号 千分位 锁定 参数 融合 斜线

E2 =<1122|往来单位|1001>

	A	B	C	D	E
1	单位名称	期初金额	本期增加贷款	本期收回贷款	期末金额
2	沈阳天道	24000	0	23600	400
3	大连华府	0	430000	0	430000

重算完成，耗时 0.28 秒. E1 大写 数字 2019年2期 小刘

图 18-54 “会计报表”窗口——金额显示

（2）报表格式编辑

选中整个报表，单击工具栏中的“居中”，如图18-55所示。

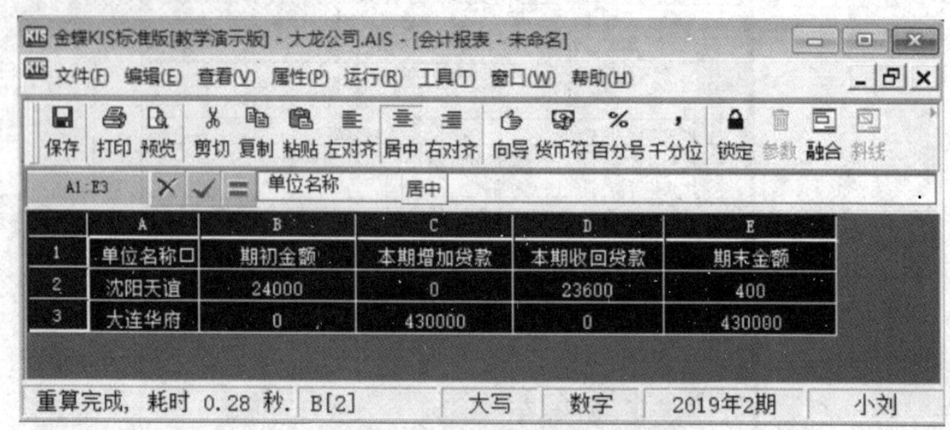

图18-55 “会计报表”窗口——居中

单击菜单栏“属性”下的“报表属性”，弹出“报表属性”窗口。单击“页眉页脚”选项卡，如图18-56所示，选中“报表名称”，单击“编辑页眉页脚”，弹出“自定义页眉页脚”窗口，在编辑栏录入“应收账款情况表”，如图18-57所示。单击“确定”，返回“报表属性”窗口，如图18-58所示。单击“确定”，返回“会计报表”窗口，单击工具栏中的“预览”，可以看到报表的打印预览效果，如图18-59所示。

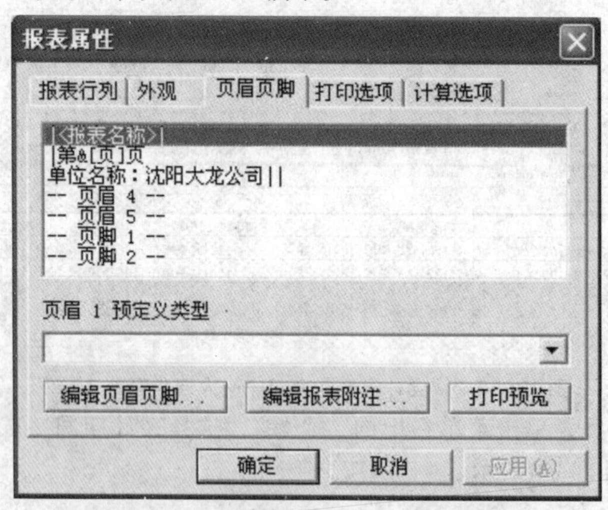

图18-56 “报表属性”窗口——页眉页脚（一）

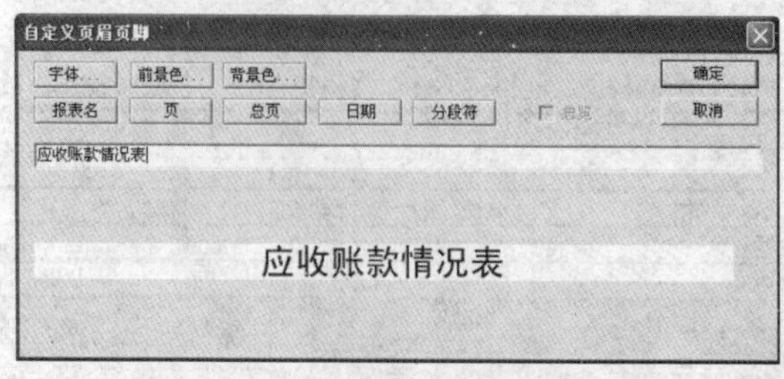

图18-57 “自定义页眉页脚”窗口

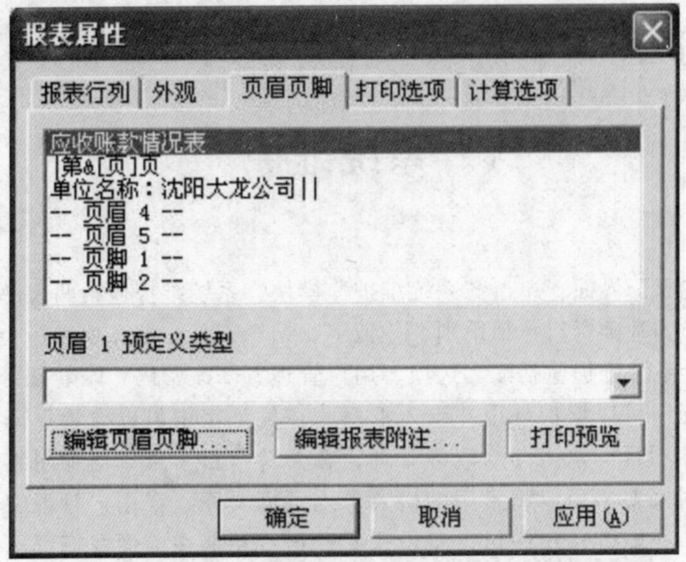

图 18-58　“报表属性”窗口——页眉页脚（二）

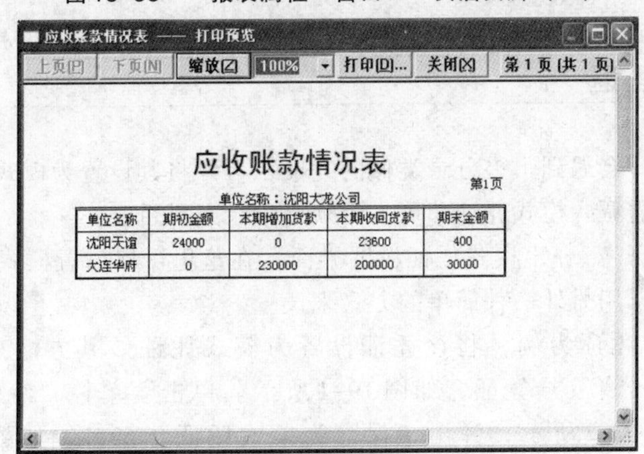

单位名称	期初金额	本期增加贷款	本期收回贷款	期末金额
沈阳天谊	24000	0	23600	400
大连华府	0	230000	200000	30000

图 18-59　“应收账款情况表——打印预览”窗口

退出报表时，系统会弹出提示，单击“是”即可，如图 18-60 所示。

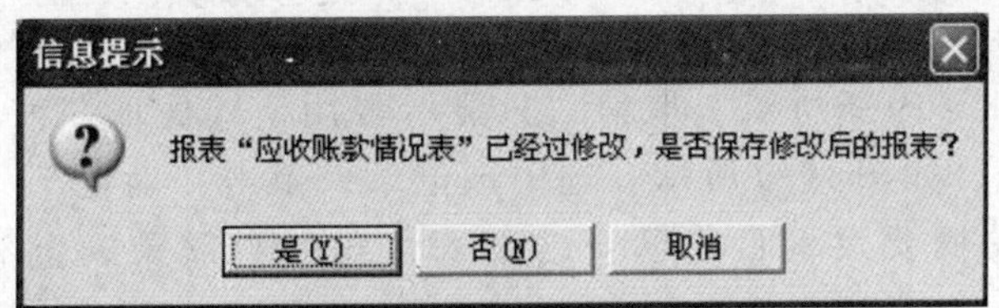

图 18-60　“信息提示”窗口——保存修改

第十九章

系统维护

在“会计之家”界面，单击“系统维护”模块，系统维护包括两大部分内容，即基础资料和系统维护。基础资料包括币别、凭证字、结算方式、核算项目、会计科目、常用摘要、模式凭证。系统维护包括账套选项、用户管理、修改密码、账套备份等。

在币别管理中可以增加外币并录入汇率，在凭证字中可以设置凭证字，在核算项目中可以进行核算项目的录入与修改等管理，在会计科目中可以增加明细科目及设置科目属性等，在常用摘要中可以将常用的摘要录入到摘要库，在用户管理中可以增加用户及设置用户权限，在账套备份中可以备份账套，这些功能在前面我们都已经学习过，不再重复。

第一节 模式凭证

在录入凭证时，会遇到很多分录类似的凭证，可以将其设置为模式凭证，以后再录入这样的凭证时，只需调入模式凭证即可，无须逐个录入科目。

单击“模式凭证”，弹出模式凭证设置界面，在这里可以设置模式凭证。不过该设置方式比较复杂，可以用另外一种简单的方式来设置。

以提取现金的凭证为例，将该凭证设置为模式凭证。其方法是，打开一张提现凭证，即打开1月份第1号凭证，如图19-1所示。单击菜单栏“编辑”下的“保存为模式凭证”，如图19-2所示，弹出“保存为模式凭证”窗口，如图19-3所示。直接单击“确定”，弹出信息提示，直接单击“是”即可，如图19-4所示，此时该模式凭证保存完毕，以后录入提现凭证时只需调入即可。调入模式凭证的操作是，打开一张空白凭证，单击菜单栏“编辑”下的“调入模式凭证”，如图19-5所示，弹出“模式凭证”窗口，如图19-6所示。取消“只显示常用模式凭证”前的对号，便可以看到提现的模式凭证，如图19-7所示。选中该记录，单击“确定”，可以看到弹出一张新凭证，该凭证的摘要及科目都已自动录入，我们只需录入金额即可，如图19-8所示。

记账凭证

文件(F) 编辑(E) 查看(V) 工具(T)

保存 预览 打印 复原 第一 上一 下一 最后 跳转 审核 拷贝 粘贴 插入 删除 变换 获取 计算器 平衡 关闭

记 账 凭 证

凭证字 记

凭证号 1

附单据 0 张

顺序号: 1 日期: 2019/01/04

摘 要	会 计 科 目	借方金额	贷方金额
提现	1001 库存现金	200000	
提现	100201 银行存款 - 人民币		200000
	合计	200000	200000

结算方式 数量

结算号 单价

结算日期

审核: 李会计 过账: 李会计 制单: 小刘

图 19-1 “记账凭证”窗口——打开凭证

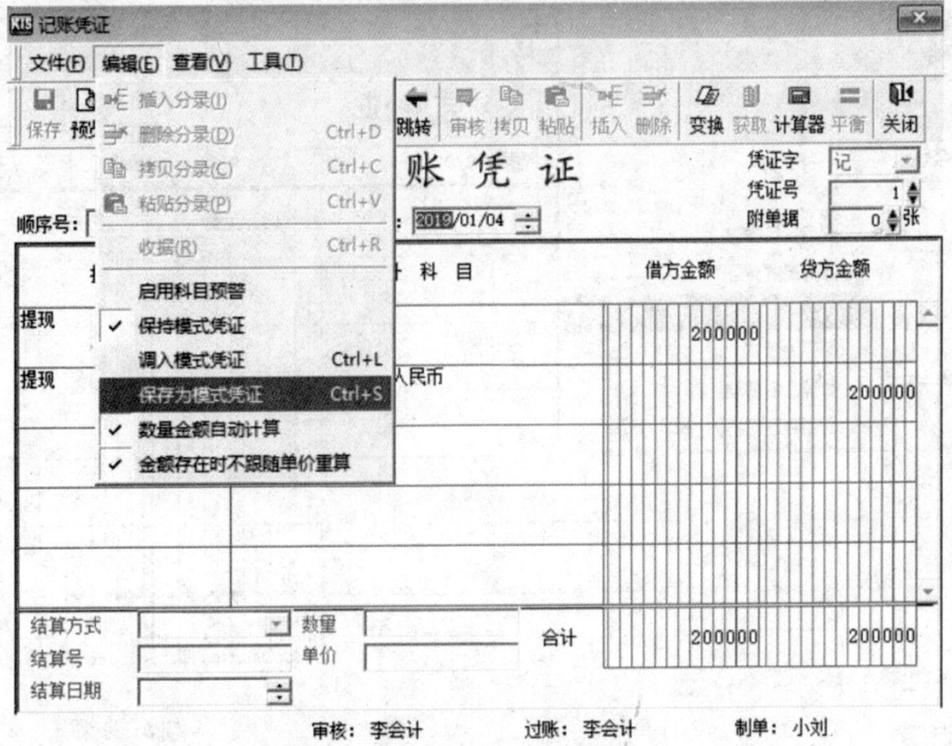

图 19-2 “记账凭证”窗口——保存为模式凭证

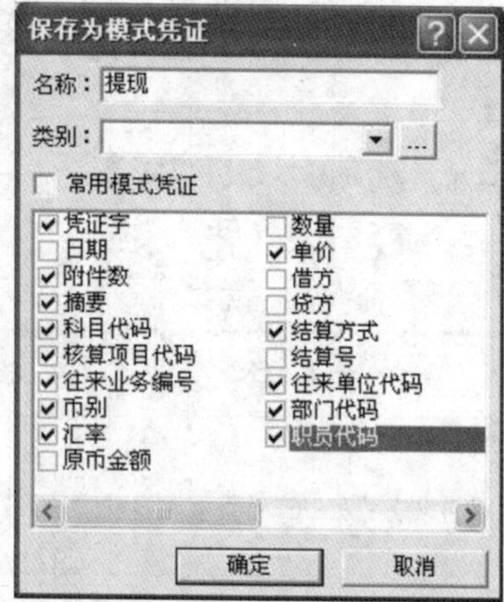

图 19-3 “保存为模式凭证”窗口

图 19-4 “信息提示”窗口——未选择模式凭证类别

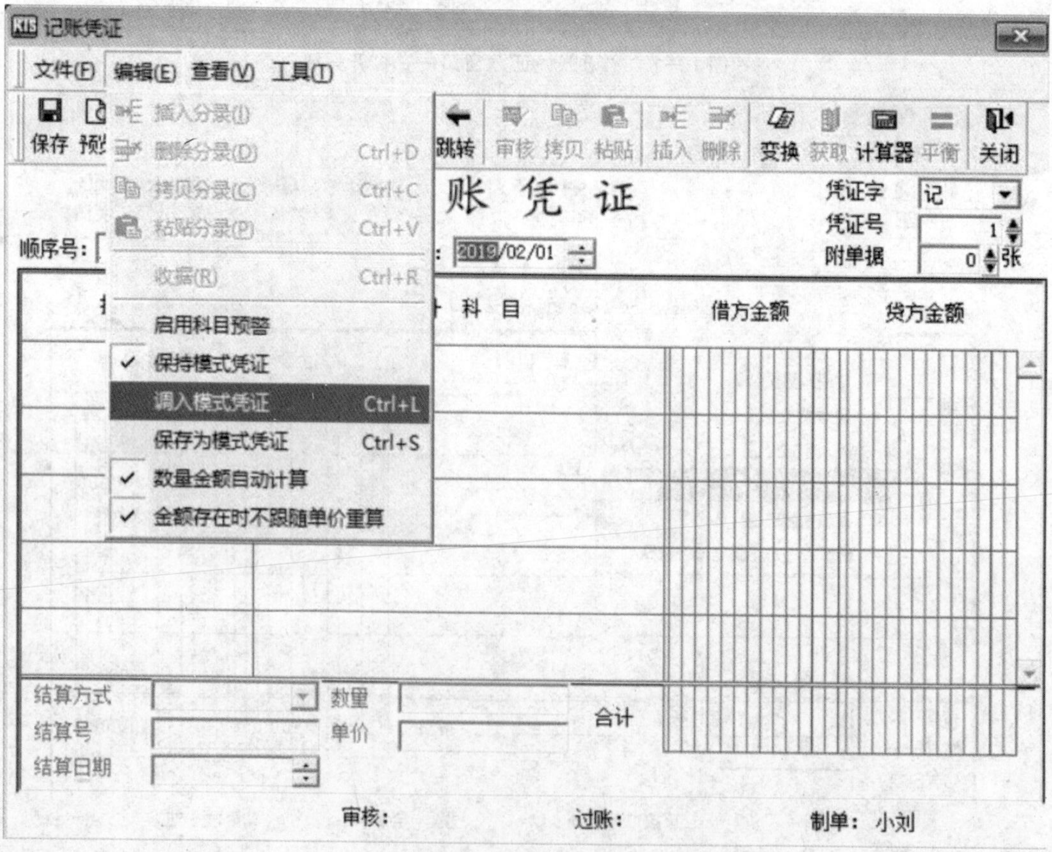

图 19-5 “记账凭证”窗口——调入模式凭证

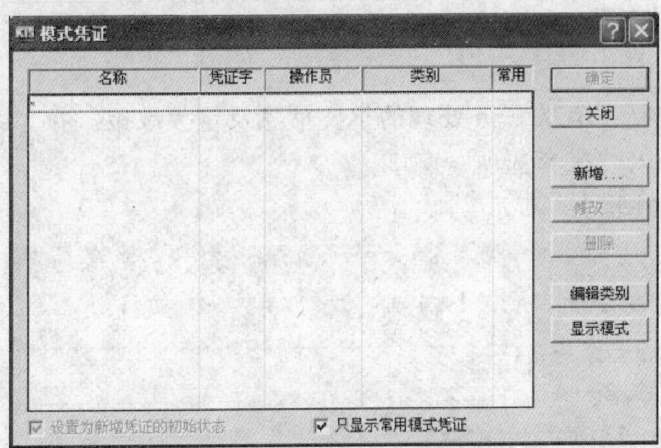

模式凭证
名称
凭证字
操作员
类别
常用
确定
关闭
新增...
修改...
删除
编辑类别
显示模式
设置为新增凭证的初始状态
只显示常用模式凭证

图 19-6 “模式凭证”窗口——新增

模式凭证
名称
凭证字
操作员
类别
常用
提现
记
小刘
确定
关闭
新增...
修改...
删除
编辑类别
显示模式
设置为新增凭证的初始状态
只显示常用模式凭证

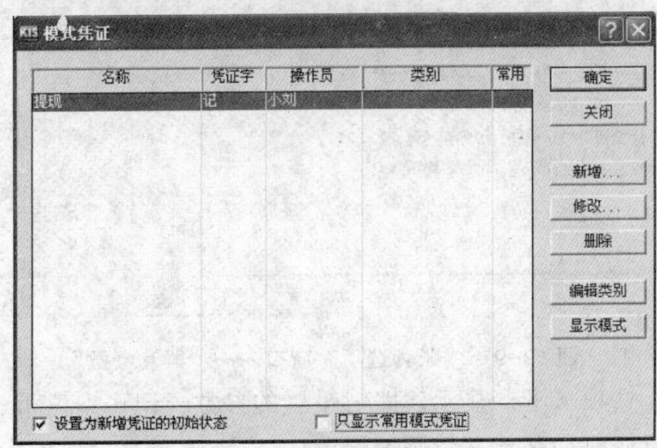

图 19-7 “模式凭证”窗口——提现

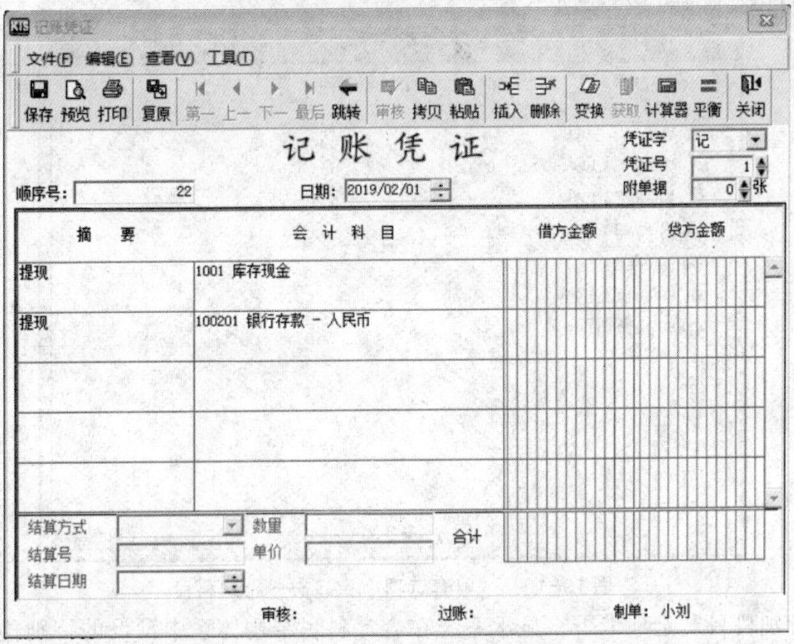

记账凭证
文件(F) 编辑(E) 查看(V) 工具(T)
保存 预览 打印 复原 第一 上一 下一 最后 跳转 审核 拷贝 粘贴 插入 删除 变换 获取 计算器 平衡 关闭
记 账 凭 证
凭证字 记
凭证号 1
附单据 0 张
顺序号: 22
日期: 2019/02/01
摘 要
会 计 科 目
借方金额
贷方金额
提现
1001 库存现金
提现
100201 银行存款 - 人民币
结算方式
数量
结算号
单价
结算日期
合计
审核:
过账:
制单: 小刘

图 19-8 “记账凭证”窗口——调用

第二节 账套选项

“账套选项”包括了有关账务处理的重要信息及重大政策。在“系统维护”模块中单击“账套选项”，进入“账套选项”窗口。

1.账套参数（如图19-9所示）

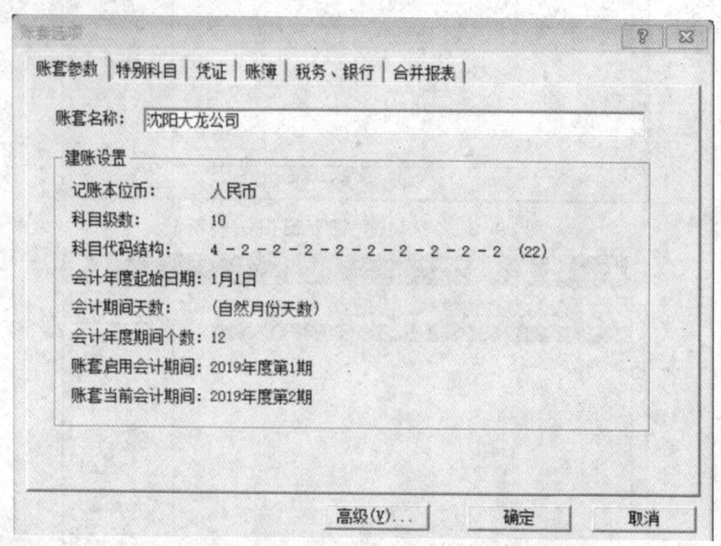

图19-9 “账套选项”窗口——“账套参数”

在“账套参数”选项卡下，显示建账时设置的参数，记账本位币、科目结构、会计期间等。账套名称可以修改，其他参数不能修改。

2.特别科目（如图19-10所示）

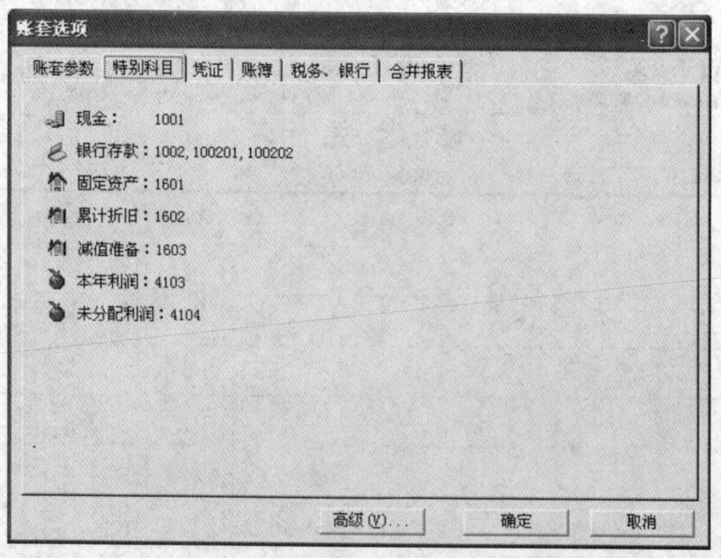

图19-10 “账套选项”窗口——特别科目

在“特别科目”选项卡下，显示系统在会计科目结构体系中预设的特别科目。用户只能修改这些特别科目，不能删除。

3.凭证（如图19-11所示）

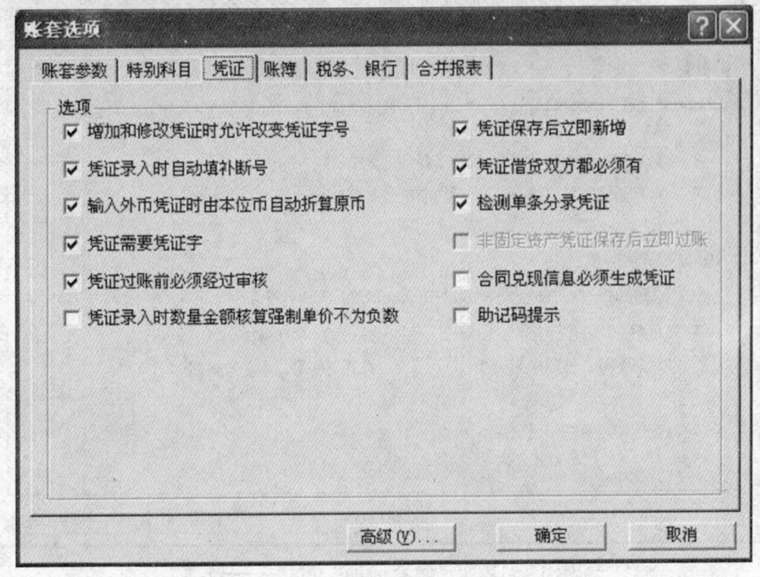

图19-11　“账套选项”窗口——凭证

增加和修改凭证时允许改变凭证字号：用以确定在录入或修改凭证时凭证号能否被修改。选择此项，则在修改凭证时可以修改凭证字号；反之，则不可以。

凭证录入时自动填补断号：如选择此项，则在凭证录入时会自动填补断号。

输入外币凭证时由本位币自动折算原币：如选择此项，则在录入外币凭证时由本位币自动折算原币。

凭证需要凭证字：如不选择此选项，在录入凭证时就不出现凭证字，只有凭证号。

凭证过账前必须经过审核：用以确定凭证过账之前是否必须经过审核。如不选择此项，系统在过账时不检验凭证是否经过审核。用户应根据工作需要进行选择。

凭证录入时数量金额核算强制单价不为负数：如选择此项，则强制以数量金额核算的科目其单价不为负数。

凭证保存后立即新增：如选择此项，则在凭证录入时，按“保存”按钮存入当前凭证后，记账凭证界面清空，等候录入新的凭证。

凭证借贷双方都必须有：表示凭证借贷双方都有会计分录，不能只存在贷方分录数或只存在借方分录数。

检测单条分录凭证：如果未选择“凭证借贷双方都必须有”的选项，则选择此项后，在凭证录入时，如只有单条分录，系统检测后，不予保存并给予提示。

非固定资产凭证保存后立即过账：如选择此项，则对于非固定资产凭证保存后立即过账。

助记码提示：如选择此项，则在录入凭证时，能够进行助记码的提示。

4.账簿（如图19-12所示）

账簿余额方向：用以确定输出有关账表时科目余额的方向。

账簿排列顺序：用以确定生成明细账时的排列方式。

明细账打印选项：用以选择是否在明细账中打印日记账。

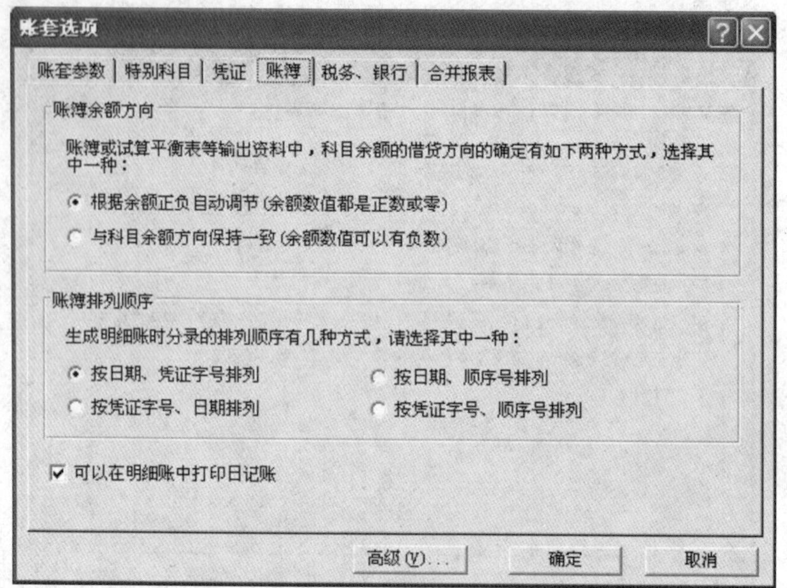

图 19-12 "账套选项"窗口——账簿

5.高级

单击"高级"按钮，弹出"高级配置选项"窗口。

(1) 系统(如图 19-13 所示)

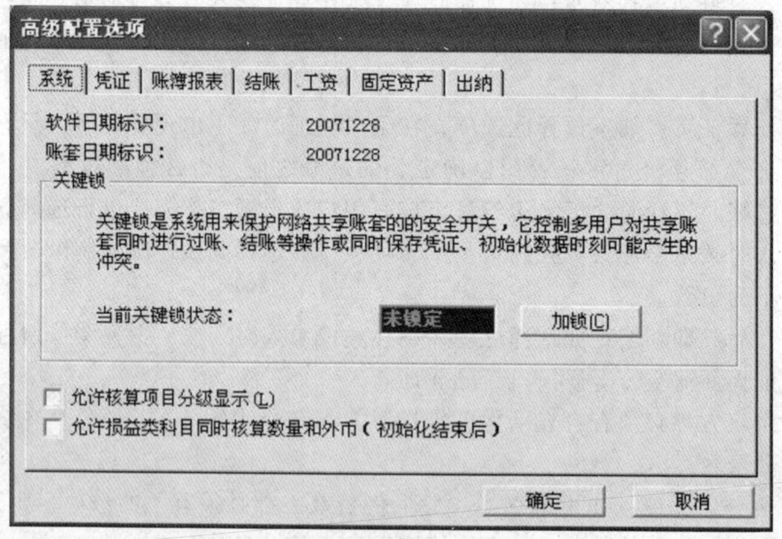

图 19-13 "高级配置选项"窗口——系统

当多个用户同时使用同一账套，多用户同时操作时，有时会产生一些网络上的冲突，尤其是正在进行如凭证过账、期末结账等关键操作时，并发的相同操作可能导致意料不到的错误。为了避免这些错误的发生，加强数据的安全性，系统在进行这些过程之前及过程中会对账套进行加锁，当某位用户进行关键操作时，其他用户就不能再进行关键操作。

(2) 凭证(如图 19-14 所示)

预览和打印凭证时显示底部信息：如选择此项，则在凭证的打印和预览时，显示凭证底部诸如审核人、制单人、出纳、会计主管等信息；反之，则不显示。

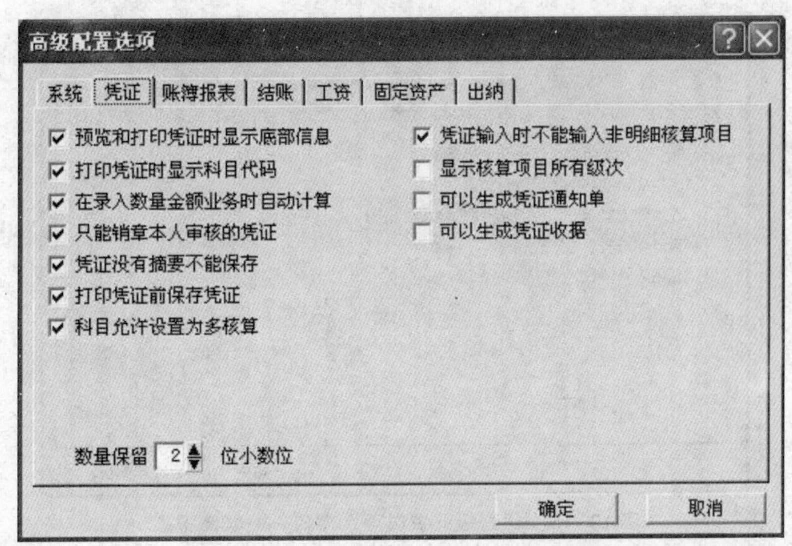

图19-14 “高级配置选项”窗口——凭证

打印凭证时显示科目代码：如选择此项，打印凭证时会显示科目代码；如果不选，则不显示。

可以生成凭证收据、可以生成凭证通知单：只有选择这两项，在凭证界面的编辑菜单中才会有“收据和通知单”的功能选项；反之则无。

在录入数量金额业务时自动计算：如选择此项，在凭证录入时，如科目设置了数量金额辅助核算，录入了金额和数量，则自动计算单价。

只能销章本人审核的凭证：表示同一登录用户只能销章本人所审核的凭证。

凭证没有摘要不能保存：如选择此项，则在录入凭证时，没有摘要凭证不能被保存。

打印凭证前保存凭证：如选择此项，则在打印凭证时，若凭证没有被保存，系统给予提示“请先保存凭证”。

科目允许设置为多核算：如选择此项，则科目允许设置为多核算项目；否则，最多只能设置单一核算项目。

显示核算项目所有级次：如选择此项，则在凭证查看、打印和预览时能够显示核算项目所有级次的代码和名称。

(3) 账簿报表（如图19-15所示）

数字显示长度溢出时用符号#掩盖：如选择此项，则在所有的账表资料中，如数字的长度超出行宽时，则系统自动用“#”符号表示。

多栏式明细账中显示数量信息：如选择此项，则多栏式明细账中显示数量信息；反之则不显示。

在账簿中显示总发生额和余额都为零的记录：如选择此项，则查询账簿时把总发生额和余额都为零的记录都显示出来。

凭证汇总表包含表外科目：如选择此项，则查询凭证汇总表时能够查询表外科目的数据。

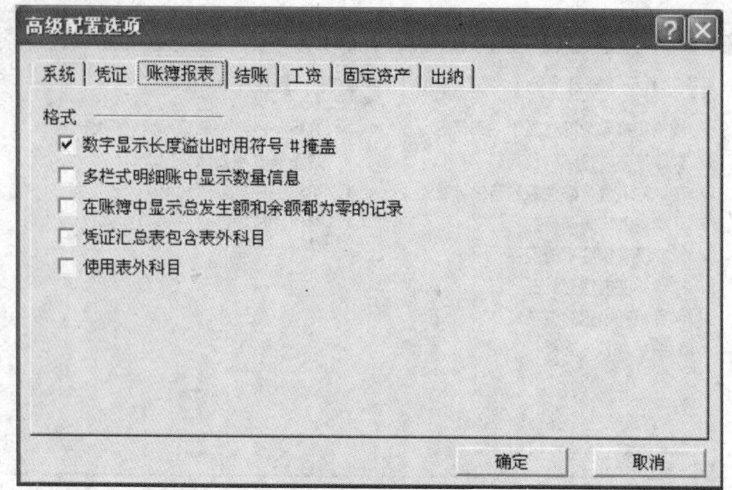

图 19-15 “高级配置选项”窗口——账簿报表

（4）结账（如图 19-16 所示）

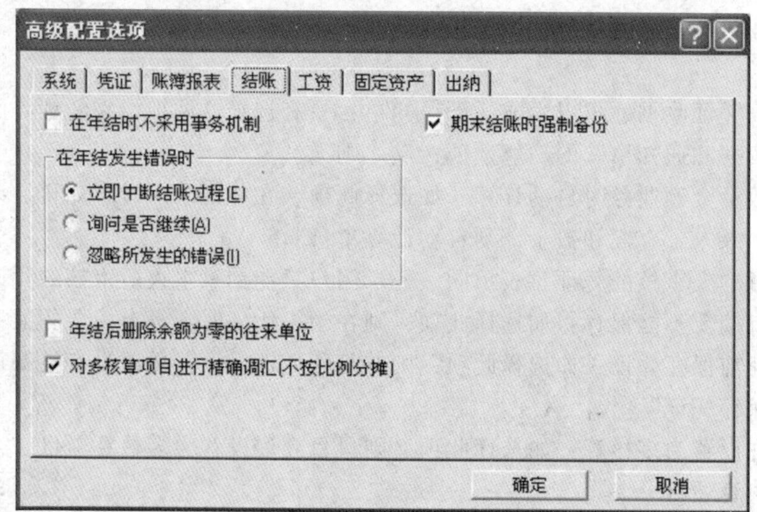

图 19-16 “高级配置选项”窗口——结账

在年结时不采用事务机制：对于一些每年业务数据量特别大的企业，在系统进行年结时可能会因系统内置的事务机制加上机器容量的限制而使得年结失败。此时可选择年结时不采用事务机制。

在年结发生的错误：包括立即中断结账过程、询问是否继续及忽略所发生的错误三个选项，可供用户在年结发生异常错误时处理。

年结后删除余额为零的往来单位：如选择此项，则年结后系统会删除“核算项目——往来单位”中余额为零的往来单位。

期末结账时强制备份：如选择此项，则在期末结账时系统强制进行备份，不备份则不能期末结账；如不选，则在进行期末结账时可以取消备份。

（5）固定资产（如图 19-17 所示）

固定资产折旧时将减值准备的值计算在内：若选择此项，则折旧时会将减值准备的值计算在内。

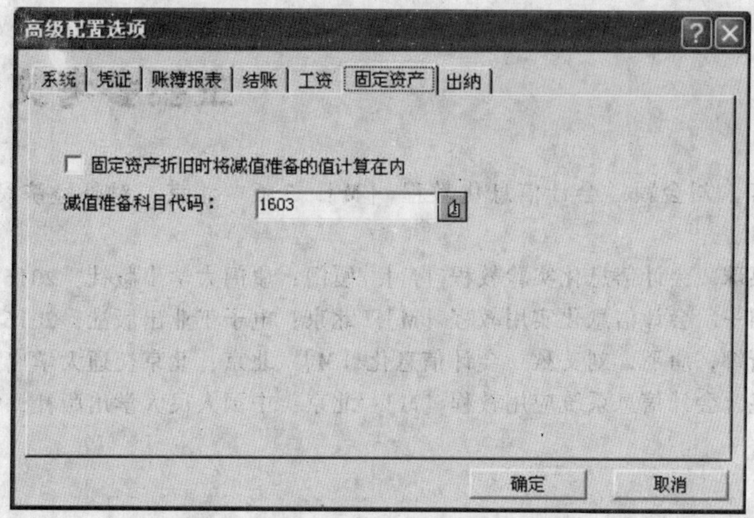

图 19-17 “高级配置选项”窗口——固定资产

（6）出纳（如图 19-18 所示）

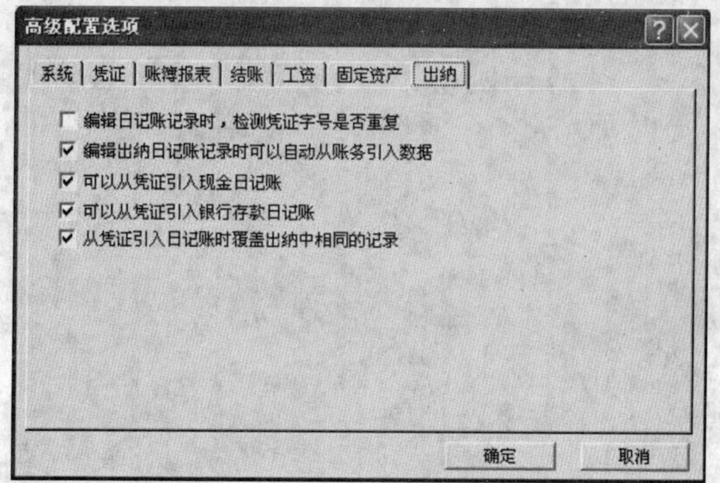

图 19-18 “高级配置选项”窗口——出纳

编辑日记账记录时，检测凭证字号是否重复：如选择此项，则在增加库存现金或银行存款日记账时，系统自动检测凭证字号，若有重复，则给出提示；反之，则不会有任何提示。

编辑出纳日记账记录时可以自动从账务引入数据：如选择此项，则在现金日记账和银行日记账中，当输入凭证字和凭证号时，系统自动从账务引入数据填充借方或贷方金额框处。

可以从凭证引入现金日记账：如选择此项，就可通过单击“现金日记账”窗口中文件菜单下的此功能，进行引入操作。

可以从凭证引入银行存款日记账：如选择此项，就可通过单击“银行存款日记账”窗口中文件菜单下的此功能，进行引入操作。

从凭证引入日记账时覆盖出纳中相同的记录：其缺省值为不选，否则可能造成记录丢失。

主要参考文献

[1] 伊静，刘会颖. 会计信息化教程 [M]. 3版. 北京：对外经济贸易大学出版社，2018.

[2] 周英珠. 会计信息化实验教程 [M]. 厦门：厦门大学出版社，2016.

[3] 李闻一. 会计信息化实用教程 [M]. 北京：电子工业出版社，2016.

[4] 郑新娜，唐羽，刘艾秋. 会计信息化 [M]. 北京：北京交通大学出版社，2018.

[5] 王巍. 会计信息系统应用教程 [M]. 北京：中国人民大学出版社，2016.